本书由安徽师范大学教育基金会宝文基金资助出版

现当代经典散文阅读

徐宏杰　宋中华◎编

安徽师范大学出版社

本书策划：汪鹏生
责任编辑：谢晓博　辛新新
装帧设计：丁奕奕

图书在版编目（CIP）数据

现当代经典散文阅读 / 徐宏杰, 宋中华编. —芜湖: 安徽师范大学出版社, 2014.1
ISBN 978-7-5676-0828-3
Ⅰ.①现… Ⅱ.①徐… ②宋… Ⅲ.①阅读课 - 高中 - 课外读物 Ⅳ.①G634.333

中国版本图书馆CIP数据核字(2013)第157655号

现当代经典散文阅读

徐宏杰　宋中华　编

出版发行：安徽师范大学出版社
芜湖市九华南路189号安徽师范大学花津校区　　邮政编码：241002
网　　址：http://www.ahnupress.com/
发 行 部：0553-3883578 5910327 5910310(传真)　E-mail：asdcbsfxb@126.com
经　　销：全国新华书店
印　　刷：安徽芜湖新华印务有限责任公司
版　　次：2014年1月第1版
印　　次：2014年1月第1次印刷
规　　格：700×1000　1/16
印　　张：35
字　　数：586千
书　　号：ISBN 978-7-5676-0828-3
定　　价：72.00元

出版说明

本书由安徽师范大学教育基金会宝文基金资助出版。本基金资助对象为安徽师范大学校友（凡毕业于本校及在本校接受过各类学历教育和工作过的各界人士均为我校校友），选题范围主要为工作在各级教育战线校友们的教育、教学、研究的论文论著及有关成果。本丛书自2013年起陆续出版，欢迎广大校友将自己的研究成果交给本社，我们将根据实际情况尽力予以支持出版。

联系单位：安徽师范大学出版社办公室

联系方式： 0553-3883579

网址：http://www.ahnupress.com/

安徽师范大学出版社

目　录

contents

075. 悠远的回响

139. 华丽的冒险

自序：拓展高中语文阅读教学第二课堂的有效途径

徐宏杰

《中庸》里说："天命之为性，率性之为道，修道之为教。"意为：教育的本质就是教人修道，修人之所以为人之道；用通俗的话来说就是"人"的培养。鲁迅先生所谓"立人"、德国古典主义哲学家康德所谓"人的完成"，就是从这个角度揭示了教育的最高境界和最终目的。

教育在人的培养中，是需要不同的学科携起手来共同完成的。语文教育的任务，就是要通过"读书"来实现人才的培养。欧阳修说："立身以立学为先，立学以读书为本。"读书可以丰富一个人的有限人生，就读书育人的功能而言，中小学生应该在人生的早期阶段通过读书受到教育，在理智的思考中接受熏陶、提高素质，启迪自己的人生，迈向自己的人生道路。语文和人生的密切关系，赋予了语文学科崇高的使命。

值得注意的是，语文课程和其它课程区别在于其它课程什么都写在书上，而语文课要读的一篇篇课文，则见仁见智。对完成教学任务，对学生人文、人性的关怀和人格的养成就显得随意和抽象，要解决这个矛盾，必须重视阅读，引导学生学会正确阅读尤为重要，只有学会阅读才能掌握学好语文的钥匙，只有学会阅读，"在阅读与鉴赏活动中，不断充实精神生活，完善自我人格，提升人生境界，逐步加深对个人与国家、个人与社会、个人与自然关系的思考和认识。"(《普通高中语文课程标准(实验)》)才会有利于学生的培养。中学生的阅读离不开教师的引导，更少不了一个适合课外阅读的文本。长期以来，人们对中小学语文教学的不满和指责可以归结为：语文教学最大的误区是我们教育的学生不读书，或者读书少。究其实，除了教育教学的体制和评价机制之外，课程设置上的不够重视也是一个不可低估的因素。有资料显示，母语教学在中学课程设置中的比例为：英国20%，美国22%，法国23.1%，俄罗斯27%，中国台湾26.7%，中国大陆还不到15%。这不能不引起我们的关注。学生的阅读除了必须有量的积累之外，还要"具有广泛的阅读兴趣，努力扩大阅读视野"。(《普通高中语文课程标准(实验)》)拓展第二课堂，引导学生有效阅读经典，是很有必要的。

意大利小说家伊塔洛·卡尔维诺在《为什么读经典》一书中列举了十四条经典有别于非经典的特质，第三条说："经典作品是一些产生某种特殊影响的书，它们要么本身以难忘的方式给我们想象力打下印记，要么乔装成个人或集体的无意识隐藏在深层的记忆中。"这启示我们，中学语文教学基本任务之一就是通过这样的经典作品阅读，"教育我们，鼓励我们，要我们变得更好、更纯洁、更善良，对别人更有用。文学的目的就是要人变得更好"（巴金）。这应该是语文教育在青少年的成长过程中起到巨大作用的基本定位。从经典作品的吸引力、影响力上说，经典是民族文化智慧的结晶，是民族文化传承的精神源泉，而经典阅读则是传承与激活民族精神与文化的关键环节，只有通过阅读经典，才能理解经典。按经典作家的说法就是，我们所读过的经典作品有一种特殊效力就是它可能被忘记，却能在我们的身上留下永恒的影响。

学生阅读经典，其实就是引导他们打破时空的界限，和那些从历史和现实中走来的思想与知识上的哲人进行精神对话，和心仪热爱的朋友进行心灵的交流；最大的好处就是不受时空的限制，哪怕身处不尽如人意的环境之中，心中会拥有属于自己的一片光明。经典作品中的人性的光辉、睿智的思想，会打动他们心灵、意识与良知，因为这不是教育体制背景下语文课堂上生硬的灌输，而是读者（学生）心灵和经典平等的交流。

作为课外阅读，它是课内教学的补充，但不是课内教学的简单重复。课外阅读当然也离不开教师的引导，但它着重强调的是学生从个性出发的自由选择、自主阅读，体现语文教学中阅读鉴赏的科学价值取向："注重个性化的阅读，充分调动自己的生活经验和知识积累，在主动积极的思维和情感活动中，获得独特的感受和体验。学习探究性阅读和创造性阅读，发展想象能力、思辨能力和批判能力。"（《普通高中语文课程标准（实验）》）我们称之为"主体性自由阅读"。

如何处理好学生主体性阅读和传统的阅读教学之间的关系，本书进行了以下三个方面探索：

1. 阅读与引导。读这些渗透着浓郁的人文精神的文章，教师应该放手。只要适度地引导学生认真阅读这些文章，感悟作品的语言，与课文的作者进行精神的对话，心灵交流，蕴含在文中的人文精神就自然会被消化吸收，内化为学生自己成长所需要的精神营养。长期以来，在语文教学中人们一直争论不休的一个问题，就是语文课该怎么教？即使是被广泛认可的学生的主体性、老师的主导性，两者之间该如何把握一个科学的“度”？一个有追求的语文教师，应该使自己的教学达到一种理想的境界，教学只能是以增强学生的主体性、开拓学生的精神空间为最终目的，要鼓励、引导学生对所阅读的课文有自己的见解，有自己的思想，不能使学生让自己的大脑变成“别人思想的跑马场”，要学生从自己的个性出发，丰富与充实自己的精神世界，追求自我心灵的超越，为未来的健康发展打下基础。20世纪60年代以来充斥语文课堂的所谓“讲深讲透”，从作者的历史现实谈到作品的前世今生，结果很可能事与愿违。我做过调查，学生在阅读的时候大多害怕一些面面俱到的评析文章，有的干脆跳过去不读以示“选择”(应试的文章材料另当别论)。因此，我坚决地摒弃了“作家作品、时代背景、段落大意、主题思想、写作特点”机械教条的传统的阅读方法。以一个读者的身份，把自己阅读中感受最强烈的地方写出来。至于更多、更细的评价，视需要学生自己可以深入进去，他们有这个能力，课堂上老师传授的阅读学习母语的知识和技能虽说不上系统，读一篇经典短文是不会有问题的。从本书编撰的定位上说，课外的阅读原本就是课内的补充。

2. 阅读与思维。经典作家的作品，在思想上与语言上都是一流的文章，常常会直接打动读者的心灵，所以说，阅读应该是一个思维的过程。有效的阅读指导必须具有阅读的挑战，没有思维层次的阅读难免流于浅薄。我们长期语文教学实践，基本上不重视阅读过程的思维含量，不重视培养学生思维能力的主要表现是，教师的讲授代替了学生的思考，文本解读越来越精细，教学设计越来越精致，教师往往把自己阅读文本的收获(有的干脆照搬教参的解读)，强势地教给学生。今天的语文课堂上屡见不鲜的是，在阅读过程中，“问答”代替了“思维”，很多问题的设计琐碎浅薄，“随心所问”的现象充斥了教学；还有无限夸大朗读在语文学习中的意义，以“朗读”取代传统阅读的精华——“涵泳读书法”。阅读教学必须加强学生的思维训练，让学生带着自己原生态的思维体验来阅读经典、讨论问题；提供足够的时间和空间，引发学生深层次的思维活动，就如同思想的攀登，在一步步登山的过程中，收获“登山则情满于山，观海则意溢于海”高峰体验，产生精神上实实在在的影响，经典阅读的目的也就达到了。

3. 阅读与方法。我国几十年语文教学的现实就在于人文精神的消失和科学主义的泛滥。我们记忆犹新的是在过去一段相当长的日子里，不断变化的语文教学的指导思想的变更，如：不要把语文课上成政治课；不要把语文课上成文学课；语文课是工具课，要抓基本知识、基本技能的训练，云云。这些不同的关于语文教学认识，有一个共同的特点就是把“人文教育、人本教育”阅读摒弃在语文之外，包括量的积累和质的升华，使纯技术性的训练在阅读中流行，最终导致读书这一语文教育的灵魂被异化。在阅读教材的处理上突出的表现是：对文本的分析极端精密化、准确化、细致化，用冷漠的学究式的解读取代鲜活生动的语文感受，把充满气韵和灵动的语言文学宰割得体无完肤。我们说文学经典的阅读，是一种发现，更是一种精神的探险，是对自我潜在精神力量的挖掘。中学生的阅读过程实际上也是一个文化传承、精神传承的过程。这里的对话与传承还有一个独特之处，那就是经典作家和中学生的相互交流，不应该是单向的作者向读者的灌输，也不是读者被动地接受，阅读中应该是对经典作品作出自己创造性的阐释，这同样是在阅读过程中主体性与主动性的展现，更有意义的是对自我的发现，对自我的创造力与思维能力的激发。还值得一提的是，经典作品撼人的艺术力量往往蕴含在作品的字里行间，初读作品很可能有一种说不清、道不明的朦胧的感觉，包括一些想象与冲动，尽管还不明晰，但可以肯定地说，这是很好的契机，善于阅读的人往往会紧紧地抓住这个契机，促使自己走进绚丽多姿的精神世界，大概这也是会读书的人不可或缺的素质吧，因为这个难得的契机是稍纵即逝的。

是为序。

心灵的顾盼

仔细想想，生于这世间真是一件幸运的事。花开花落，云卷云舒，山川胜景，花鸟虫鱼，乃至美食风俗，人情冷暖，皆是千种形貌，万般滋味，有意思得很。万卷书，万里路，情景交融，雅俗相益，合起来便是不虚此行的人生。用眼睛欣赏，用耳朵聆听，用双手把玩，都会归于用心灵感受。急功近利的现代社会常常会让心灵蒙尘，这尘土唯有一杯清茶，一本好书，一方美景方可洗涤干净。携一赤子之心行走人世间，让心灵的顾盼为人生注入感悟、趣味和新鲜。

西湖的雪景

钟敬文

——献给许多不能与我共欣赏的朋友。

从来谈论西湖之胜景的，大抵注目于春夏两季；而各地游客，也多于此时翩然来临——秋季游人已暂少，入冬后，则更形疏落了。这当中自然有所以然的道理。春夏之间，气温和煦，湖上风物，应时佳胜，或“杂花生树，群莺乱飞”，或“浴晴欧鹭争飞，拂袂荷风荐爽”，都是要教人眷眷不易忘情的。于此时节，往来湖上，陶醉于柔婉芳馨的情趣中，谁说不应该呢?但是春花固可爱，秋月不是也要使人喜欢么？四时的烟景不同，而真赏者各能得其佳趣；不过，这未易泛求于一般人罢了。高深父先生曾告诉我们：“若能高朗其怀，旷达其意……揽景会心，便得真趣。”这是前人深于体验的话。

自宋朝以来，平章西湖风景的，有所谓“西湖十景”，“钱塘十景”之说，虽里面也曾列入“断桥残雪”，“孤山霁雪”两个名目，但实际上，真的会去赏玩这种清寒的景致的，怕没有很多人。《四时幽赏录》的著者，在“冬时幽赏”门中，言及雪景的，几占十分的七八，其名目有“雪霁策蹇寻梅”，“三茅山顶望江天雪霁”，“西溪道中玩雪”，“扫雪烹茶玩画”，“山窗听雪敲竹”，“雪后镇海楼观晚炊”等。其中大半所述景色，读了不禁移人神思，固不徒文字粹美而已。

西湖的雪景，我共玩了两次。第一次是在此间初下雪的第三天。我于午前十点钟才出去。一个人从校门乘黄包车到湖滨，下车，徒步走出钱塘门，经白堤，旋转入孤山路，沿孤山西行，到西泠桥，折由大道回来。此次雪本不大，加以出去时间太迟，山野上盖着的，大都已消去，所以没有什么动人之处。现在我要细述的，是第二次的重游。

那天是一月廿四日。因为在床上感到意外冰冷之故，清晨初醒来时，我便推知昨宵是下了雪。果然，当我打开房门一看时，对面房屋的瓦上全变成白色了，天井中一株木樨花的枝叶上，也点缀着一小堆一小堆的白粉。详细的看去，觉得比前两三回所下的都来得大些，因为以前的虽然也铺盖了屋顶，但有些瓦沟上却仍然是黑色。这天却一色地白着，绝少铺不匀的地方了。并且都厚厚的，约莫有一两寸高的程度。目前的雪，虽然铺满了屋顶，但于木樨花树，却好像全无关系似的，这回它可不免受影响了，这也是雪落得比较大些的明证。

老李照例是起得很迟的。有时我上了两节课下来，才看见他在房里穿衣服，预备上办公厅去。这天，我起来跑到他的房里，把他叫醒之后，他犹带着几分睡意的问我道："老钟，今天外面有没有下雪！"我回答他说："不但有呢，并且很大。"他起初怀疑着，直待我把窗内的白布幔拉开，让他望见了屋顶才肯相信。"老钟，我们今天到灵隐去耍子吧？"他很高兴的说。我"哼"的应了一声，便回到自己的房里来了。

我们在校门上车时，大约已九点钟左右了，时小雨霏霏，冷风拂人如泼水。从车帘两旁缺处望出去，路旁高起之地，和所有一切高低不平的屋顶，都撒着白面粉似的，又如铺陈着新打好的棉被一般。街上的已经大半变成雪泥，车子在上面碾过，不绝的发生唧唧的声音，与车轮转动时，磨擦着中间横木的音响相杂。

我们到了湖滨，便换登汽车。往时这条路线的搭客是相当热闹的，现在却很冷落了。同车的不到十个人，为遨游而来的客人还怕没有一半。当车驶过白堤时，我们向车外眺望内外湖风景，但见一片迷蒙的水气弥漫着，对面的山峰，只有几于辨不清楚的薄影。葛岭、宝石山这边，因为距离比较密迩的原故，山上的积雪和树木，大略可以看得出来；但地位较高的保俶塔，便陷于朦胧中了，到西冷桥前近时，再回望湖中，见湖心亭四围枯秃的树干，好似怯寒般的在那里呆立着，我不禁联想起《陶庵梦忆》中一段情词幽逸的文字来：

> 崇祯五年十二月，余住西湖。大雪三日，湖中人鸟声俱绝。是日更定矣，余拿一小舟，拥毳衣炉火，独往湖心亭，看雪雾凇沆砀，天与云与水上下一白，湖上影子，惟长堤一痕，湖心亭一点，与余舟一芥，舟中人两三粒而已。到亭上有两人铺毡对坐，一童子烧酒，炉正沸，见余大喜，曰："湖中焉得更有此人！"拉余同饮，余强饮三大白而别。问其姓氏，是金陵人，客此。及下船，舟子喃喃曰："莫说相公痴，更有痴似相公者！"
>
> （《湖心亭看雪》）

心想这时不知湖心亭上，尚有此种痴人否?车过西泠桥以后，渐渐驶行于两边山岭林木连接着的野道中。所有的山上，都堆积着很厚的雪块，虽然不能如瓦屋上那样铺填得均匀普遍，那一片片清白的光彩，却尽够使我感到宇宙的清寒、壮旷与纯洁了。常绿树的枝叶上所堆着的雪，和枯树上的很有差别。前者因为有叶子衬托着之故，雪片特别堆积得大块点，远远望去，如开满了白的山茶花，或吾乡的水锦花。后者，则只有一小小块的雪片能够在上面粘着不堕落下去，与刚着花的梅李树绝然相似。实在，我初头几乎把那些近在路旁的几株错误了。野上半黄或全赤了的枯黄，多压在两三寸厚的雪褥下面；有些枝条软弱的树，也被压抑得欹欹倒倒的。路上行人很稀少。道旁野人的屋里，时见有衣着破旧而笨重的老人、童子，在围着火炉取暖。看了那种古朴清贫的情况，仿佛令我暂时忘怀了我们所处时代的纷扰、繁遽了。

到了灵隐山门，我们便下车了。一走进去，空气怪清冷的，不但没有游客，往时那些卖念珠、古钱、天竺筷子的小贩子也不见了。石道上铺积着颇深的雪泥。飞来峰疏疏落落的着了许多雪块，清冷亭及其它建筑物的顶面，一例的密盖着纯白的毡毯。一个拍照的，当我们刚进门时，便紧紧的跟在后面，因为老李的高兴，我们便在清冷亭旁照了两个影。

好奇心打动着我，使我感觉到眼前所看到的之不满足，而更向处境较幽深的韬光庵去。我悄悄地尽移着步向前走，老李也不声张的跟着我。以灵隐寺韬光庵的这条山径，实际上虽不见怎样的长，但颇深曲而饶于风致。这里的雪，要比城中和湖上各处都大些，在径上的雪，大约有半尺来厚，两旁树上的积雪，也比来路上所见的浓重。曾来游玩过的人，该不会忘记的吧，这条路上两旁是怎样的繁植着高高的绿竹。这时，竹枝和竹叶上，大都着满了雪，向下低低地垂着。《四时幽赏录》山窗听雪敲竹条云：“飞雪有声，惟在竹间最雅。山窗寒夜，时听雪洒竹林，淅沥萧萧，连翩瑟瑟，声韵悠然，逸我清听。忽尔回风交急，折竹一声，使我寒毡增冷。”这种风味，我们是没有福分消受的。

在冬天，本来是游客冷落的时候，何况这样雨雪清冷的日子呢?所以当我们跑到庵里时，别的游客一个都没有，——这在我们上山时看山径上的足迹便可以晓得的——而僧人的眼色里，并且也有一种觉得怪异的表示。我们一直跑上最后的观海亭。那里石阶上下都厚厚地堆满了水沫似的雪，亭前的树上，雪着得很重，在雪的下层并结了冰块。旁边有几株山茶花，正在艳开着粉红色的花朵。那花朵有些堕下来的，半掩在雪花里，红白相映，色彩灿然，使我们感到华而不俗，清而不寒；因而联忆起那“天寒翠袖薄，日暮倚修竹”的佳人来。

登上这亭，在平日是可以近瞰西湖，远望浙江，甚而至于那缥渺的沧海的。可是此刻却不能了。离庵不远的山岭、僧房、竹树，尚勉强可见，稍远则封锁在茫漠的烟雾里了。

空斋蹋壁卧，忽梦溪山好。
朝骑秃尾驴，来寻雪中道。
石壁引孤松，长空没飞鸟。
不见远山横，寒烟起林杪。

（《雪中登黄山》）

我倚着亭柱，默默地在咀嚼着渔洋这首五言诗的清妙；尤其是结尾两句，更道破了雪景的三昧。但说不定许多没有经验的人，要笑它是无味的词句呢。文艺的真赏鉴，确实是件不容易的事！

本来拟在僧房里吃素面的，不知为什么，竟跑到山门前的酒楼喝酒了。老李不能多喝，我一个人也就无多兴致干杯了。在那里，我把在山径上带下来的一团冷雪，放进在酒杯里混着喝。堂倌看了说：“这是顶上等的冰其淋呢。”

半因为等不到汽车，半因为想多玩一点雪景，我们决意步行到岳坟才叫划子去游湖。一路上，虽然走的是来时汽车经过的故道，但在徒步观赏中，不免觉得更有意味了。我们的革履，踏着一两寸厚的雪泥前进，频频地发出一种清脆的声音。有时路旁树枝上的雪片，忽然丢了下来，着在我们的外套上，正前人所谓“玉堕冰柯，沾衣生湿”的情景。我迟回着我的步履，旷展着我的视域，油然有一派浓重而灵秘的诗情，浮上我的心头来，使我幽然意远，漠然神凝。郑綮对人说他的诗思，在灞桥雪中，驴背上，真是懂得冷趣的说法。

当我们在岳王庙前登舟时，雪又纷纷地下来了。湖里除了我们的一支小划子以外，再看不到别的舟楫。平湖漠漠，一切都沉默无哗。舟穿过西泠桥，缓泛里西湖中，孤山和对面诸山及山下的楼、房屋，都白了头，在风雪中兀立着。山径上，望不见一个人影；湖面连水鸟都没有踪迹，只有乱飘的雪花堕下时，微起些涟漪而已。柳宗元诗云：“千山鸟飞绝，万径人踪灭。孤舟蓑笠翁，独钓寒江雪。”我想这时如果有一个渔翁在垂钓，它很可以借来说明眼前的景物。

舟将驶近断桥的时候，雪花飞飘得更其凌乱，我们向北一面的外套，差不多大半白而且湿了。风也似乎吹得格外紧劲些，我的脸不能向它吹来的方面望去。因为革履渗进了雪水的缘故，双足尤冰冻得难忍。这时，本来不多开过口的舟子，忽然问我们道：“你们觉得此处比较寒冷么？”我们问他什么原故，据说是宝石山一带的雪山风吹过来的原因。我于是默默的联想到智识的范围和它的获得等问题上去了。

我们到湖滨登岸时，已是下午三点多钟了。公园中各处都堆满了雪，有些已经变成了泥泞，除了极少数在等生意的舟子和别的苦力之外，平日朝夕在此间舒舒地来往着的少男少女，老爷太太，此时大都密藏在“销金帐中，低斟浅酌，饮羊羔美酒”——至少也靠在腾着红焰的火炉旁，陪伴家人或挚友，无忧虑地大谈其闲天，——以享受着他们“幸福”的时光，再不愿来这风狂雪乱的水涯，消受贫穷人所惯受的寒冷了！

简评：历代文人大都以“奇趣”为高雅，冬游西湖的本身正是这样一种奇趣。作者通过记述自己游览西湖的过程，徐徐展开一幅西湖赏雪图，从乘车赏雪到步行赏雪，从步行赏雪到棹舟赏雪，尽管表面上颇为记实，却又不时显露出西湖雪景所蕴藏着的奇妙情趣。结尾还体现了“潇洒型江湖之忧”传统文人的品格。

谈吃

夏丏尊

说起新年的行事，第一件在我脑中浮起的是吃。回忆幼时一到冬季就日日盼望过年，等到过年将届就乐不可支，因为过年的时候有种种乐趣，第一是吃的东西多。

中国人是全世界善吃的民族。普通人家，客人一到，男主人即上街办吃场，女主人即入厨罗酒浆，客人则坐在客堂里口嗑瓜子，耳听碗盏刀俎的声响，等候吃饭。吃完了饭，大事已毕，客人拔起步来说"叨扰"，主人说"没有什么好的待你"，有的还要苦留："吃了点心去"，"吃了夜饭去"。

遇到婚丧，庆吊只是虚文，果腹倒是实在。排场大的大吃七日五日，小的大吃三日一日。早饭，午饭，点心，夜饭，夜点心，吃了一顿又一顿，吃得来不亦乐乎，真是酒可为池，肉可成林。

过年了，轮流吃年饭，送食物。新年了，彼此拜来拜去，讲吃局。端午要吃，中秋要吃，生日要吃，朋友相会要吃，相别要吃。只要取得出名词，就非吃不可，而且一吃就了事，此外不必有别的什么。

小孩子于三顿饭以外，每日好几次地向母亲讨铜板，买食吃。普通学生最大的消费不是学费，不是书籍费，乃是吃的用途。成人对于父母的孝敬，重要的就是奉甘旨。中馈自古占着女子教育上的主要部分。"食不厌精，脍不厌细"，"沽酒，市脯"，"割不正"，圣人不吃。梨子蒸得味道不好，贤人就可以出妻。家里的老婆如果弄得出好菜，就可以骄人。古来许多名士至于费尽苦心，别出心裁，考察出好几部特别的食谱来。

不但活着要吃，死了仍要吃。他民族的鬼只要香花就满足了，而中国的鬼仍旧非吃不可。死后的饭碗，也和活时的同样重要，或者还更重要。普通人为了死后的所谓"血食"，不辞广蓄姬妾，预置良田。道学家为了死后的冷猪肉，不辞假仁假义，拘束一世。朱竹垞宁不吃冷猪肉，不肯从其诗集中删去《风怀二百韵》的艳诗，至今犹传为难得的美谈，足见冷猪肉牺牲不掉的人之多了。

不但人要吃，鬼要吃，神也要吃，甚至连没嘴巴的山川也要吃。有的但吃猪头，有的要吃全猪，有的是专吃羊的，有的是专吃牛的，各有各的胃口，各有各的嗜好，古典中大都详细有规定，一查就可知道，较之于他民族的对神只作礼拜，似乎他民族的神极端唯心，中国的神倒是极端唯物的。

梅村的诗道“十家三酒店”，街市里最多的是食物铺。俗语说“开门七件事”，家庭中最麻烦的不是教育或是什么，乃是料理食物。学校里最难处置的不是程度如何提高，教授如何改进，乃是饭厅风潮。

俗语说得好，只有“两脚的爷娘不吃，四脚的眠床不吃”。中国人吃的范围之广，真可使他国人为之吃惊。中国人于世界普通的食物之外，还吃着他国人所不吃的珍馐：吃西瓜的实，吃鲨鱼的鳍，吃燕子的窠，吃狗，吃乌龟，吃狸猫，吃癞虾蟆，吃癞鼋，吃小老鼠。有的或竟至吃到小孩的胞衣以及直接从人身上取得的东西。如果能够，怕连天上的月亮也要挖下来尝尝哩。

至于吃的方法，更是五花八门，有烤，有炖，有蒸，有卤，有炸，有烩，有醉，有炙，有熘，有炒，有拌，真正一言难尽。古来尽有许多做菜的名厨司，其名字都和名卿相一样煊赫地留在青史上。不，他们之中有的并升到高位，老老实实就是名卿相。如果中国有一件事可以向世界自豪的，那么这并不是历史之久，土地之大，人口之众，军队之多，战争之频繁，乃是善吃的一事。中国的肴菜已征服了全世界了。有人说中国人有三把刀为世界所不及，第一把就是厨刀。

不见到喜庆人家挂着的福禄寿三星图吗?福禄寿是中国民族生活上的理想。画上的排列是禄居中央，左是福，寿居右。禄也者，拆穿了说就是吃的东西。老子也曾说过：“虚其心实其腹”，“圣人为腹不为目”。吃最要紧，其他可以不问。“嫖赌吃着”之中，普通人皆认吃最实惠。所谓“着威风，吃受用，赌对冲，嫖全空”，什么都假，只有吃在肚里是真的。

吃的重要更可于国人所用的言语上证之。在中国，吃字的意义特别复杂，什么都会带了“吃”字来说。被人欺负曰“吃亏”，打巴掌曰“吃耳光”，希求非分曰“想吃天鹅肉”，诉讼曰“吃官司”，中枪弹曰“吃卫生丸”，此外还有什么“吃生活”“吃排头”等等。相见的寒暄，他民族说“早安”“午安”“晚安”，而中国人则说：“吃了早饭没有?”“吃了中饭没有?”“吃了夜饭没有?”对于职业，普通也用吃字来表示，营什么职业就叫做吃什么饭。“吃赌饭”，“吃堂子饭”，“吃洋行饭”，“吃教书饭”，诸如此类，不必说了。甚至对于应以信仰为本的宗教者，应以保卫国家为职志的军士，也都加吃字于上。在中国，教徒不称信者，叫做“吃天主教的”,“吃耶酥教的”,从军的不称军人,称做“吃粮的”,最近还增加了什么“吃党饭”“吃三民主义”的许多新名词。

衣食住行为生活四要素,人类原不能不吃。但吃字的意义如此复杂,吃的要求如此露骨,吃的方法如此麻烦,吃的范围如此广泛,好像除了吃以外就无别事也者,求之于全世界,这怕只有中国民族如此的了。

在中国,衣不妨污浊,居室不妨简陋,道路不妨泥泞,而独在吃上分毫不能马虎。衣食住行的四事之中,食的程度远高于其余一切,很不调和。中国民族的文化,可以说是口的文化。佛家说六道轮回,把众生分为天、人、修罗、畜生、地狱、饿鬼六道。如果我们相信这话,那么中国民族是否都从饿鬼道投胎而来,真是一个疑问。

简评:“中国人是全世界善吃的民族。”“食不厌精,脍不厌细。”“舌尖上的中国。”吃的习俗与文化源远流长。“中国民族的文化,可以说是口的文化”,这是本文所揭示出的中国民族的特征和民族文化的特征。虽是谈吃,却谈出了思想,又以杂文笔法出之,幽默的语言中闪露着讽刺的锋芒,表现着作者对“吃”的情感态度和价值评判。如作者健在,现在要写“谈吃”文章,恐怕触角要延伸得更广、更远。

家

丰子恺

从南京的朋友家里回到南京的旅馆里，又从南京的旅馆里回到杭州的别寓里，又从杭州的别寓里回到石门湾的缘缘堂本宅里，每次起一种感想，遂记如下。

当在南京的朋友家里的时候，我很高兴。因为主人是我的老朋友。我们在少年时代曾经共数晨夕。后来为生活而劳燕分飞，虽然大家形骸老了些，心情冷了些，态度板了些，说话空了些，然而心底里的一点灵火大家还保存着，常在谈话之中互相露示。这使得我们的会晤异常亲热。加之主人的物质生活程度的高低同我的相仿佛，家庭设备也同我的相类似。我平日所需要的：一毛大洋一两的茶叶，听头的大美丽香烟，有人供给开水的热水壶，随手可取的牙签，适体的藤椅，光度恰好的小窗，他家里都有，使我坐在他的书房里感觉同坐在自己的书房里相似。加之他的夫人善于招待，对于客人表示真诚的殷勤，而绝无优待的虐待。优待的虐待，是我在作客中常常受到而顶顶可怕的。例如拿了不到半寸长的火柴来为我点香烟，弄得大家仓皇失措，我的胡须几被烧去；把我所不欢喜吃的菜蔬堆在我的饭碗上，使我无法下箸；强夺我的饭碗去添饭，使我吃得停食；藏过我的行囊，使我不得告辞。这种招待，即使出于诚意，在我认为是逐客令：统称之为优待的虐待。这回我所住的人家的夫人，全无此种恶习，但把不缺乏的香烟自来火放在你能自由取得的地方而并不用自来火烧你的胡须；但把精致的菜蔬摆在你能自由挟取的地方，饭桶摆在你能自由添取的地方，而并不勉强你吃；但在你告辞的时光表示诚意的挽留，而并不监禁。这在我认为是最诚意的优待。这使得我非常高兴。英语称勿客气曰at home。我在这主人家里作客，真同at home一样。所以非常高兴。

然而这究竟不是我的home，饭后谈了一会，我惦记起我的旅馆来。我在旅馆，可以自由行住坐卧，可以自由差使我的茶房，可以凭法币之力而自由满足我的要求。比较起受主人家款待的作客生活来，究竟更为自由。我在旅馆要住四五天，比较起一饭就告别的作客生活来，究竟更为永久。因此，主人的书房的屋里虽然布置妥帖，主人的招待虽然殷勤周至，但在我总觉得不安心。所谓“凉亭虽好，不是久居之所”。饭后谈了一会，我就告别回家。这所谓“家”，就是我的旅馆。

当我从朋友家回到了旅馆里的时候，觉得很适意。因为这旅馆在各点上是称我心的。第一，它的价钱还便宜，没有大规模的笨相，像形式丑恶而不适坐卧的红木椅，花样难看而火气十足的铜床，工本浩大而不合实用、不堪入目的工艺品，我统统称之为大规模的笨相。造出这种笨相来的人，头脑和眼光很短小，而法币很多。像暴发的富翁，无知的巨商，升官发财的军阀，即是其例。要看这种笨相，可以访问他们的家。我们旅馆价既便宜，其设备当然不丰。即使也有笨相——像家具形式的丑恶，房间布置的不妥，壁上装饰的唐突，茶壶茶杯的不可爱——都是小规模的笨相，比较起大规模的笨相来，犹似五十步比百步，终究差好些，至少不使人感觉暴殄天物，冤哉枉也。第二，我的茶房很老实，我回旅馆时不给我脱外衣，我洗面时不给我绞手巾，我吸香烟时不给我擦自来火，我叫他做事时不喊“是——是——”，这使我觉得很自由，起居生活同在家里相差不多。因为我家里也有这么老实的一位男工，我就不妨把茶房当作自己的工人。第三，住在旅馆里没有人招待，一切行动都随我意。出门不必对人鞠躬说“再会”，归来也没有人同我寒暄。早晨起来不必向人道“早安”，晚上就寝的迟早也不受别人的牵累。在朋友家作客，虽然也很安乐，总不及住旅馆的自由：看见他家里的人，总得想出几句话来说说，不好不去睬他。脸孔上即使不必硬作笑容，也总要装得和悦一点，不好对他们板脸孔。板脸孔，好像是一种凶相。但我觉得是最自在最舒服的一种表情。我自己觉得，平日独自闭居在家里的房间里读书，写作的时候，脸孔的表情总是严肃的，极难得有独笑或独乐的时光。若拿这种独居时的表情移用在交际应酬的座上，别人一定当我有所不快，在板脸孔。据我推想，这一定不止我一人如此。最漂亮的交际家，巧言令色之徒，回到自己家里，或房间里，甚或眠床里，也许要用双手揉一揉脸孔，恢复颜面上的表情筋肉的疲劳，然后板着脸孔皱着眉头回想日间的事，考虑明日的战略。可知无论何人，交际应酬中的脸孔多少总有些不自然，其表情筋肉多少总有些儿吃力。最自然，最舒服的，只有板着脸孔独居的时候。所以，我在孤癖发作的时候，觉得住旅馆比在朋友家作客更自在而舒服。

然而，旅馆究竟不是我的家，住了几天，我惦记起我杭州的别寓来。

在那里有我自己的什用器物，有我自己的书籍文具，还有我自己雇请着的工人。比较起借用旅馆的器物，对付旅馆的茶房来，究竟更为自由；比较起小住四五天就离去的旅馆生活来，究竟更为永久。因此，我睡在旅馆的眠床上似觉有些浮动；坐在旅馆的椅子上似觉有些不稳；用旅馆的毛巾似觉有些隔膜。虽然这房间的主权完全属我，我的心底里总有些儿不安。住了四五天，我就算帐回家。这所谓家，就是我的别寓。

当我从南京的旅馆回到了杭州的别寓里的时候，觉得很自在。我年来在故乡的家里蛰居太久，环境看得厌了，趣味枯乏，心情郁结，就在离家乡还近而花样较多的杭州来暂作一下寓公，藉此改换环境，调节趣味。趣味，在我是生活上一种重要的养料，其重要几近于面包。

别人都在为了获得面包而牺牲趣味，或者为了堆积法币而抑制趣味。我现在幸而没有走上这两种行径，还可省下半只面包来换得一点趣味。

因此，这寓所犹似我的第二的家。在这里没有作客时的拘束，也没有住旅馆时的不安心。我可以吩咐我的工人做点我所喜欢的家常素菜，夜饭时同放学归来的一子一女共吃。我可以叫我的工人相帮我，把房间的布置改过一下，新一新气象。饭后睡前，我可以开一开蓄音机，听听新买来的几张蓄音片。窗前灯下，我可以在自己的书桌上读我所爱读的书。写我所愿写的稿。月底虽然也要付房钱，但价目远不似旅馆这么贵，买卖式远不及旅馆这么明显。虽然也可以合算每天房钱几角几分，但因每月一付，相隔时间太长，住房子同付房钱就好像不相联关的两件事，或者房钱仿佛白付，而房子仿佛白住，因有此种种情形，我从旅馆回到寓中觉得非常自然。

然而，寓所究竟不是我的本宅。每逢起了倦游的心情的时候，我便惦起故乡的缘缘堂来。在那里有我故乡的环境，有我关切的亲友，有我自己的房子，有我自己的书斋，有我手种的芭蕉、樱桃和葡萄。比较起租别人的房子，使用简单的器具来，究竟更为自由；比较起暂作借住，随时可以解租的寓公生活来，究竟更为永久。我在寓中每逢要在房屋上略加装修，就觉得要考虑；每逢要在庭中种些植物，也觉得不安心，因而思念起故乡的家来。牺牲这些装修和植物，倒还在其次；能否长久享用这些设备，却是我所顾虑的。我睡在寓中的床上虽然没有感觉像旅馆里那样浮动，坐在寓中的椅上虽然没有感觉像旅馆里那样不稳，但觉得这些家具在寓中只是摆在地板上的，没有像家里的东西那样固定得同生根一般。这种倦游的心情强盛起来，我就离寓返家。这所谓家，才是我的本宅。

当我从别寓回到了本宅的时候，觉得很安心。主人回来了，芭蕉鞠躬，樱桃点头，葡萄棚上特地飘下几张叶子来表示欢迎。两个小儿女跑来牵我的衣，老仆忙着打扫房间。老妻忙着烧素菜，故乡的臭豆腐干，故乡的冬菜，故乡的红米饭。窗外有故乡的天空，门外有打着石门湾土白的行人，这些行人差不多个个是认识的。还有各种商贩的叫卖声，这些叫卖声在我统统是稔熟的。我仿佛从飘摇的舟中登上了陆，如今脚踏实地了。这里是我的最自由，最永久的本宅，我的归宿之处，我的家。我从寓中回到家中，觉得非常安心。

但到了夜深人静，我躺在床上回味上述的种种感想的时候，又不安心起来。我觉得这里仍不是我的真的本宅，仍不是我的真的归宿之处，仍不是我的真的家。四大的暂时结合而形成我这身体，无始以来种种因缘相凑合而使我诞生在这地方。偶然的呢?还是非偶然的?若是偶然的，我又何恋恋于这虚幻的身和地?若是非偶然的，谁是造物主呢?我须得寻着了他，向他那里去找求我的真的本宅，真的归宿之处，真的家。这样一想，我现在是负着四大暂时结合的躯壳，而在无始以来种种因缘凑合而成的地方暂住，我是无“家”可归的。既然无“家”可归，就不妨到处为“家”。上述的屡次的不安心，都是我的妄念所生。想到那里，我很安心地睡着了。

简评：苏轼诗云：人生到处知何似，应是飞鸿踏雪泥。雪上偶然留指爪，鸿飞哪复计东西。人生不仅是渺小的，同样也是伟大的，因为他有思想，有光热，每个人都有他的价值。作者从朋友家到旅馆再到别寓再到本宅的每一次不同的感想，用平易自然、朴素的手法写得生动形象，把读者引到了作者心目中的最自由最永久的住所。这些感受我们每一个人都有过，可是在作者笔下变得栩栩如生，读之如临其境，可见作者非凡的文学功力。应该指出，文中的佛教色彩也是明显的，“负着四大暂时结合的躯壳”，难免虚无主义的因子。

翡冷翠山居闲话

徐志摩

在这里出门散步去,上山或是下山,在一个晴好的五月的向晚,正像是去赴一个美的宴会,比如去一果子园,那边每株树上都是满挂着诗情最秀逸的果实,假如你单是站着看还不满意时,只要你一伸手就可以采取,可以恣尝鲜味,足够你性灵的迷醉。阳光正好暖和,决不过暖;风息是温驯的,而且往往因为他是从繁花的山林里吹度过来,他带来一股幽远的淡香,连着一息滋润的水气,摩挲着你的颜面,轻绕着你的肩腰,就这单纯的呼吸已是无穷的愉快;空气总是明净的,近谷内不生烟,远山上不起霭,那美秀风景的全部正像画片似的展露在你的眼前,供你闲暇的鉴赏。

作客山中的妙处,尤在你永不须踌躇你的服色与体态;你不妨摇曳着一头的蓬草,不妨纵容你满腮的苔藓;你爱穿什么就穿什么,扮一个牧童,扮一个渔翁,装一个农夫,装一个走江湖的桀卜闪(吉卜赛),装一个猎户;你再不必提心整理你的领结,你尽可以不用领结,给你的颈根与胸膛一半日的自由;你可以拿一条这边艳色的长巾包在你的头上,学一个太平军的头目,或是拜伦那埃及装的姿态;但最要紧的是穿上你最旧的旧鞋,别管他模样不佳,他们是顶可爱的好友,他们承着你的体重却不叫你记起你还有一双脚在你的底下。

这样的玩顶好是不要约伴,我竟想严格的取缔,只许你独身;因为有了伴多少总得叫你分心,尤其是年轻的女伴,那是最危险最专制不过的旅伴,你应得躲避她像你躲避青草里一条美丽的花蛇!平常我们从自己家里走到朋友的家里,或是我们执事的地方,那无非是在同一个大牢里从一间狱室移到另一间狱室去,拘束永远跟着我们,自由永远寻不到我们;但在这春夏间美秀的山中或乡间你要有机会独身闲逛时,那才是你福星高照的时候,那才是你实际领受,亲口尝味,自由与自在的时候,那才是你肉体与灵魂行动一致的时候;朋友们,我们多长一岁年纪往往只是加重我们头上的枷,加紧我们脚胫上的链,我们见小孩子在草里在沙滩里在浅水里打滚作乐,或是看见小猫追他自己的尾巴,何尝没有羡慕的时候,但我们的枷,我们的链永远是制定我们行动的上司！所以只有你单身奔赴大自然的怀抱时，像一个裸体的小孩扑入他母亲的怀抱时，你才知道灵魂的愉快是怎样的，单是活着的快乐是怎样的，单就呼吸单就走道单就张眼看耸听的幸福是怎样的。因此你得严格的为己，极端的自私，只许你，体魄与性灵，与自然同在一个脉搏里跳动，同在一个音波里起伏，同在一个神奇的宇宙里自得。我们浑朴的天真是像含羞草似的娇柔，一经同伴的抵触，他就卷了起来，但在澄静的日光下，和风中，他的姿态是自然的，他的生活是无阻碍的。

你一个人漫游的时候，你就会在青草里坐地仰卧，甚至有时打滚，因为草的和暖的颜色自然的唤起你童稚活泼；在静僻的道上你就会不自主的狂舞，看着你自己的身影幻出种种诡异的变相，因为道旁树木的阴影在他们迂徐的婆娑里暗示你舞蹈的快乐；你也会得信口的歌唱，偶尔记起断片的音调，与你自己随口的小曲，因为树林中的莺燕告诉你春光是应得赞美的；更不必说你的胸襟自然会跟着漫长的山径开拓，你的心地会看着澄蓝的天空静定，你的思想和着山壑间的水声，山罅里的泉响，有时一澄到底的清澈，有时激起成章的波动，流，流，流入凉爽的橄榄林中，流入妩媚的阿诺河去……

并且你不但不须约伴，每逢这样的游行，不必带书。书是理想的伴侣，但你应得带书，是在火车上，在你住处的客室里，不是在你独身漫步的时候。什么伟大的深沉的鼓舞的清明的优美的思想的根源不是可以在风籁中，云彩里，山势与地形的起伏里，花草的颜色与香息里寻得？自然是最伟大的一部书，葛德说，在它每一页的字句里我们读得最深奥的消息。并且这书上的文字是人人懂得的；阿尔帕斯与五老峰，雪西里与普陀山，莱茵河与扬子江，梨梦湖与西子湖，建兰与琼花，杭州西溪的芦雪与威尼市夕照的红潮，百灵与夜莺，更不提一般黄的黄麦，一般紫的紫藤，一般青的青草同在大地上生长，同在和风中波动——他们应用的符号是永远一致的，他们意义是永远明显的，只要你自己性灵上不长疮瘢，眼不盲，耳不塞，这无形迹的最高等教育便永远是你的名分，这不取费的最珍贵的补剂便永远供你的受用：只要你认识了这一部书，你在这世界上寂寞时便不寂寞，穷困时不穷困，苦恼时有安慰，挫折时有鼓励，软弱时有督责，迷失时有南针。

简评：当多情的志摩陷入爱情的纠纷中，心绪烦乱时他跑到欧洲，在佛罗伦萨居留时，他终于找到使感情有所依托、性灵得以迷醉的途径——散步山中，走进自然。《翡冷翠山居闲话》正是这种心态的抒写。志摩多情，此篇情感之真挚浓烈，丝毫不亚于他向心爱的女郎倾吐满腔的相思。

作家谈读书

海明威的《老人与海》是一部具有原始主义倾向的作品，圣地亚哥老人的思维体现了原始思维的特征，而且包含了浓浓的禅意。圣地亚哥老人的思维保留着一种最为原始、最为直接的方式。原始人在捕鱼前总要有一些神秘的仪式，老人出海前也有这个神秘的准备过程。迪马济奥的形象在老人心中是混乱的，但是每当老人难以坚持需要力量时，总是想起或呼唤迪马济奥，而那个非洲海滩上的狮子则是老人儿时的一个记忆，在与大鱼相持不下时，老人也要想到狮子，狮子成了老人灵魂中的一个召唤。老人呼唤迪马济奥、梦见狮子，就是原始渔民出海前的神圣仪式。

小说的禅意主要体现在老人与大马林鱼的关系上。作为渔夫，老人是大鱼的对手，老人必须猎杀大鱼，这是第一层关系。随着对老人的深入了解，我们发现他作为渔夫的身份渐渐模糊，他称大鱼为“朋友”、“兄弟”，并觉得杀死大鱼是多么不公平的事，在老人的感情世界里，大鱼已经融入他的生命，这是第二层关系。后来，鲨鱼吞噬大鱼，老人既为自己损失财产而惋惜，也为失去朋友、兄弟而揪心，更多的是深深的歉意，这时候，老人对大鱼回归到一个最朴素最直接的认识，大鱼是大鱼，老人是老人，这是第三层关系。大鱼失去了，老人并没有失败，一切只是一个过程而已。

——柳东林：《〈老人与海〉的原始主义倾向及禅意体验》，《东北师大学报》2011.6.

读《伊索寓言》

钱钟书

比我们年轻的人，大概可以分作两种。第一种是和我们年龄相差得极多的小辈，我们能够容忍这种人，并且会喜欢而给以保护；我们可以对他们卖老，我们的年长只增添了我们的尊严。还有一种是比我们年轻得不多的后生，这种人只会惹我们的厌恨以至于嫉忌，他们已失掉尊敬长者的观念，而我们的年龄又不够引起他们对老弱者的怜悯；我们非但不能卖老，还要赶着他们学少，我们的年长反使我们吃亏。这两种态度是到处看得见的。譬如一个近三十的女人，对于十八九岁女孩子的相貌，还肯说好，对于二十三四岁的少女们，就批判得不留情面了。所以小孩子总能讨大人的喜欢，而大孩子跟小孩子之间就免不了时常冲突。一切人事上的关系，只要涉到年辈资格先后的，全证明了这个分析的正确。

把整个历史来看，古代相当于人类的小孩子时期。先前是幼稚的，经过几千百年的长进，慢慢地到了现代。时代愈古，愈在前，它的历史愈短；时代愈在后，它积的阅历愈深，年龄愈多。所以我们反是我们祖父的老辈，上古三代反不如现代的悠久古老。这样，我们的信而好古的态度，便发生了新意义。我们思慕古代不一定是尊敬祖先，也许只是喜欢小孩，并非为敬老，也许是卖老。没有老头子肯承认自己是衰朽顽固的，所以我们也相信现代一切，在价值上、品格上都比古代进步。

这些感想是偶尔翻看《伊索寓言》引起的。是的，《伊索寓言》大可看得。它至少给予我们三重安慰。第一，这是一本古代的书，读了可以增进我们对于现代文明的骄傲。第二，它是一本小孩子读物，看了愈觉得我们是成人了，已超出那些幼稚的见解。第三呢，这部书差不多都是讲禽兽的，从禽兽变到人，你看这中间需要多少进化历程！我们看到这许多蝙蝠、狐狸等的举动言论，大有发迹后访穷朋友、衣锦还故乡的感觉。但是穷朋友要我们帮助，小孩子该我们教导，所以我们看了《伊索寓言》，也觉得有好多浅薄的见解，非加以纠正不可。

例如蝙蝠的故事：蝙蝠碰见鸟就充作鸟，碰见兽就充作兽。人比蝙蝠就聪明多了。他会把蝙蝠的方法反过来施用：在鸟类里偏要充兽，表示脚踏实地；在兽类里偏要充鸟，表示高超出世。向武人卖弄风雅，向文人装作英雄；在上流社会里他是又穷又硬的平民，到了平民中间，他又是屈尊下顾的文化分子：这当然不是蝙蝠，这只是——人。

蚂蚁和促织的故事：一到冬天，蚂蚁出来晒米粒；促织饿得半死，向蚂蚁借粮，蚂蚁说："在夏天唱歌作乐的是你，到现在挨饿，活该！"这故事应该还有下文。据柏拉图《对话篇·菲得洛斯》说，促织进化，变成诗人。照此推论，坐看着诗人穷饿、不肯借钱的人，前身无疑是蚂蚁了。促织饿死了，本身就做蚂蚁的粮食；同样，生前养不活自己的大作家，到了死后偏有一批人靠他生活，譬如，写回忆怀念文字的亲戚和朋友，写研究论文的批评家和学者。

狗和它自己影子的故事：狗衔肉过桥，看见水里的影子，以为是另一只狗也衔着肉，因而放弃了嘴里的肉，跟影子打架，要抢影子衔的肉，结果把嘴里的肉都丢了。这篇寓言的本意是戒贪得，但是我们现在可以应用到旁的方面。据说每个人需要一面镜子，可以常常自照，知道自己是个什么东西。不过，能自知的人根本不用照镜子；不自知的东西，照了镜子也没有用——譬如这只衔肉的狗，照镜以后，反害他大叫大闹，空把自己的影子，当作攻击狂吠对象。可见有些东西最好不要对镜自照。

天文家的故事：天文家仰面看星象，失足掉在井里，大叫"救命"；他邻居听见了，叹气说："谁叫他只望着高处，不管地下呢！"只向高处看，不顾脚下的结果，有时是下井，有时是下野或者下台。不过，下去以后，决不说是不小心掉下去的，只说有意去做下层的调查和工作。譬如这位天文家就有很好的借口：坐井观天。真的，我们就是下去以后，眼睛还是向上看的。

乌鸦的故事：上帝拣最美丽的鸟做禽类的王，乌鸦把孔雀的长毛披在身上，插在尾巴上，到上帝前面去应选，果然为上帝挑中；其他鸟类大怒，把它插上的毛羽都扯下来，依然现出乌鸦的本相。这就是，披着长头发的，未必就真是艺术家；反过来说，秃顶无发的人当然未必是学者或思想家，寸草也不生的头脑，你想还会产生什么旁的东西？这个寓言也不就此结束，这只乌鸦借来的羽毛全给人家拔去，现了原形，恼羞成怒，提议索性大家把自己天生的毛羽也拔个干净，到那时候，大家光着身子，看真正的孔雀、天鹅等跟乌鸦有何分别。这个遮羞的方法至少人类是常用的。

牛跟蛙的故事:母蛙鼓足了气,问小蛙道:“牛有我这样大吗?”小蛙答说:“请你不要涨了,当心肚子爆裂!”这母蛙真是笨坯!她不该跟牛比伟大的,她应该跟牛比娇小的。所以,我们每一种缺陷都有补偿,吝啬说是经济,愚蠢说是诚实,卑鄙说是灵活,无才便说是德。因此世界上没有自认为一无可爱的女人,没有自认为百不如人的男子。这样,彼此各得其所,当然会相安无事。

老婆子和母鸡的故事:老婆子养只母鸡,每天下一个蛋。老婆子贪心不足,希望她一天下两个蛋,加倍喂她。从此鸡愈吃愈肥,不下蛋了——所以戒之在贪。伊索错了!他该说:大胖子往往是小心眼。

狐狸和葡萄的故事:狐狸看见藤上一颗颗已熟的葡萄,用尽方法,弄不到嘴只好放弃,安慰自己说:“这葡萄也许还是酸的,不吃也罢!”他就是吃到了,还要说:“这葡萄果然是酸的。”假如他是一只不易满足的狐狸,这句话他对自己说,因为现实终“不够理想”。假如他是一只很感满意的狐狸,这句话他对旁人说,因为诉苦经可以免得旁人来分甜头。

驴子跟狼的故事:驴子见狼,假装腿上受伤,对狼说:“脚上有刺,请你拔去了,免得你吃我时舌头被刺。”狼信以为真,专心寻刺,被驴踢伤逃去,因此叹气说:“天派我做送命的屠夫的,何苦做治病的医生呢!”这当然幼稚得可笑,他不知道医生也是屠夫的一种。

这几个例子可以证明《伊索寓言》是不宜做现代儿童读物的。卢梭在《爱弥儿》卷二里反对小孩子读寓言,认为有坏心术,举狐狸骗乌鸦,反会羡慕善骗的狐狸。要是真这样,不就证明小孩子的居心本来欠好吗?小孩子该不该读寓言,全看我们成年人在造成什么一个世界、什么一个社会,给小孩子长大了来过活。卢梭认为寓言会把纯朴的小孩教得复杂了,失去了天真,所以要不得。我认为寓言要不得,因为它把纯朴的小孩教得愈简单了,愈幼稚了,以为人事里是非的分别、善恶的果报,也像在禽兽中间一样公平清楚,长大了就处处碰壁上当。缘故是,卢梭是原始主义者,主张复古,而我是相信进步的人——虽然并不像寓言里所说的苍蝇,坐在车轮的轴心上,嗡嗡地叫道:“车子的前进,都是我的力量。”

简评:《伊索寓言》是古希腊民间流传的讽喻故事,其中许多故事脍炙人口，寓意深刻，读后往往使人在忍俊不禁中受到启发和教育。本文对这些流传既久的故事的品评，不落窠臼，或在原寓意上加以引申和发挥，或对故事本身作了全新的理解，读来兴趣盎然而且发人深省，而且在使自己受到教育的同时，明白如何去教育孩子。

作家谈读书

静默是语文教学的更高境界。语文课程标准明确指出："阅读教学是学生、教师、文本之间对话的过程……阅读是学生的个性化行为，不应以教师的分析来代替学生的阅读实践，应让学生在主动积极的思维和情感活动中，加深理解和体验。各个学段的阅读教学都要重视朗读和默读。"在实际教学中，应适时给语文课堂以静默的空间，让学生在静默中感悟，在静默中想象，在静默中品味。唯有如此，才能真正落实新课标，让学生学会独立思考，成为有思想的人。

语文课不同于其他课，学生应该有所"悟"，这不是光靠教师的讲解和热闹的课堂能达到的，它要学生在课堂中、在文本中细细阅读。阅读的过程需要凝神思考，潜心会悟。课堂教学理应给予学生足够的时间，让他们在从容默读中酝酿属于他们自己的思想，在与自身生活经验的联系中生成个性化理解。那种一提问就期望学生马上给个惊喜回答，或是一有问题就立刻组织讨论，期望"三个臭皮匠抵上个诸葛亮"的愿望与做法，不仅违背了学生的思维规律，而且遏制了他们的个性、思想的生长，是种急功近利的浮躁心态，必须加以克制。

——韩荣华：《语文课堂与静默艺术》，《教育旬刊》2011.6下.

萤火虫

贾祖璋

满天的繁星在树梢头辉耀着；黑暗中，四周都是黑魆魆的树影，只有东面的一池水，在微风中把天上的星，皱作一缕缕的银波，反映出一些光辉来。池边几丛的芦苇和一片稻田，也是黑魆魆的；但芦苇在风中摇曳的姿态，却隐约可以辨认，这芦苇底下和田边的草丛，是萤火虫的发祥地。它们一个从草丛中起来，是忽明忽暗的一点点的白光，好似天上的繁星，一个个在那里移动。最有趣的是这些白光虽然乱窜，但也有一些追逐的形迹：有时一个飞在前面，亮了起来，另一个就会向它一直赶去，但前面一个忽然隐没了，或者飞到水面上，与水中的星光混杂了；或者飞入芦苇或稻田里，给那枝叶遮住，于是追逐者失了目标，就迟疑地转换方向飞去。有时反给别个萤火虫作为追逐的目标了。而且这样的追逐往往不止一对，所以水面上，稻田上，一明一暗，一上一下的闪闪的白光与天上的星光同样的繁多；尤其是在水面的，映着皱起的银波，那情景是很感兴趣的。

这是幼年时暑假期中在乡间纳凉时所见的情景。当时与弟妹等一边听着在烈日中辛苦了一日才得这片刻安闲休息的邻舍们的谈笑，一边向萤火虫唱着质朴的儿歌：

> 萤火虫，
> 夜夜红；
> 飞到天上捉蚜虫，
> 飞到地上捉绿葱。

在这样的歌声中，偶然有几个飞到身边，赶忙用芭蕉扇去拍，有时竟会把它拍在地上，有时它突然一暗，就飞到扇子所能拍到的范围以外去了，这时就是追了上去，也往往是不能再拍着的。被拍在地上的，它把光隐了，也着实难以寻觅；或又悄悄地飞起，才再现它的光芒，也往往给它逃去。被捉住的最初是用它来赌胜负，就是放在地上，用脚一拖。在地上划起一条发光的线，比较哪个人划得长，就作为胜利。不消说，这是一种残酷的行为，真所谓“以生命为儿戏”的了。后来那些幸运的个体不会这样被牺牲，它们被闭入日间预备好的鸭蛋壳里，让它们一闪一闪，作为小灯笼。就睡时就携到枕边，颇有爱玩不忍释手的样子。但大人们以为萤火虫假如有机会钻入人的耳内，就会进去吃脑子，所以又往往被禁止携入房间里的。

萤火虫是怎样发生的，乡间没有谈起，但古书上却说它是腐草所化成的。去年那号称中国第一家的老牌杂志，竟发表过罗广庭博士的生物化生说，所以腐草化萤，大概是可靠的。但罗博士经广东方面几位大学教授要求严密实验以后，一直到现在还未曾有过下文，至少那家老牌杂志，没有再把他的实验发表过，大抵罗博士已被他们戳穿西洋镜了；那末腐草为萤的传说也就有重行估定价值的必要。

原来萤有许多种数，全世界所产能够发光的萤有二千种，形态相像而不能发光的也有二千种。我们这里最常见的一种是身体黄色，而翅膀的光端有些黑色的。它们也有雌雄，结婚以后，雄的以为责任已尽，随即死去；雌萤在水边的杂草根际产生微细的球形黄白色卵三四百粒，也随即死去。这卵也能发一些微光，经过廿七八天，就孵化为幼虫，幼虫的身体有十三个环节，长纺锤形，略扁平；头和尾是黑色的，体节的两旁也有黑点。尾端有一个能够吸附他物的附属器，可代足用。尾端稍前方的身体两侧还有一个特殊的发光器官，也能放青色的光。日中隐伏于泥土下，夜间出来觅食，它就吃一种做人类肺蛭中间宿主的螺类，所以有相当的益处。下一年的春天，长大成熟，在地下掘一个小洞，脱了皮化蛹。蛹淡黄色，夜间也能发光。到夏天就化作能够飞行的成虫。看了这一个简单的生活史，腐草为萤的传说，可以不攻自破了。

最令人感到兴趣的萤火，是从哪里来的呢？在科学上的研究，以前有人以为是某种发光性细菌与萤火虫共栖的缘故，但近来经过详细的研究，确定并没有细菌的形迹可寻，还是说它是一种化学作用来得妥当。这种发光器的构造，随萤的种类和发育的时代不同。幼虫和淡黄色透明质硬的薄膜，下面排列着多数整齐的细胞，形成扁平的光盘，细胞里有多数黄色细粒，叫做“萤火体”(Luciferase)，遇着氧气就起化学作用而发光。这些细胞的周围又满布毛细管，毛细管连接气管能送入空气，使萤光体可以接触氧气。又分布着许多神经，能随意调节空气的输送，所以现出忽明忽暗的样子，与发光的细胞相对的还有一层含有多数蚁酸盐或尿酸盐的小结晶的细胞，呈乳白色，好似一面镜子，能够把光反射到外方。

萤光不含赤外线（热线）和紫外线（化学线），所以只有光而没有热，是一种理想的照明用的光。但现在的人类还不能明白这些萤光体的内容；既不能直接利用它，也不能仿照它的化学成分来制出一种人造的萤光。人类所能利用的，在历史上有晋代的车胤，把它盛在袋里，以代烛火读书。在外国，墨西哥地方出产一种巨大的萤火虫，胸部有两个大发光器，放绿色的光；腹部下面也有一个发光器，放橙黄色的光；两色相映，极为美丽，妇人把它簪在发间，作为夜舞时的装饰品。还有，就是作为玩耍而已。至于在萤火虫的自身，藉此可以引诱异性，又可以威吓敌害，对于它的生活上是很有意义的。

在电灯，煤气灯和霓虹灯交互辉煌的上海，是没有机会遇到萤火虫的。故乡的萤火虫更是一年，二年，几乎十年没有见过了。最近家中来信说：三月没有雨，田里的稻都已枯死，桑树也有许多枯萎了。那末往时所见的一池水，当然已经干涸，一片稻田，看去一定像一片焦土，那黑魆魆的树影，也必定很稀疏了。我那辛苦工作的邻居们已经无工可作，他们可以作长期的休息了，但是在纳凉的时候，在他们的谈话中，未知还能闻到多少笑声。

因了萤火虫我记着了遭遇旱灾的故乡了。祝福我辛苦的邻人们，应该有一条生路可走。

简评：围绕着小小的萤火虫，作者的思维真是放射性的。对童年时代乡间纳凉所见情景的细致描绘，乡下孩子贫乏、寂寞的生活中也闪烁着纯洁的诗意。接下来，作为科普小品文的高手，写到萤火虫的本身，介绍了很多知识，引导着读者。思维的发散还表现在对萤光利用的联想和旁征博引上，最后，萤火虫和故乡、乡邻、乡情紧密融合在一起了，“记着了遭遇旱灾的故乡了”，心里是有热爱的。

画廊

李广田

“买画去么?”

“买画去。”

“看画去,去么?”

“去。看画去。”

在这样简单的对话里,是交换着多少欢喜的。谁个能不欢喜呢,除非那些终天忙着招待债主的人?年梢岁末,再过几天就是除日了,大小户人家,都按了当地的习惯把家里扫除一过,屋里的蜘蛛网,烂草芥,门后边积了一年的扫地土,都运到各自门口的街道上去了。——如果这几天内你走过这个村子,你一定可以看见家家门口都有一堆黑垃圾。有些懂事人家,便把这堆脏东西倾到肥料坑里去,免得叫行路人踢一脚灰,但大多数人家都不这么办,说是用那样肥料长起来的谷子不结粒,容易出稗。——这样一扫,各屋里都显得空落落的了,尤其是那些老人的卧室里,他们便趁着市集的一天去买些年画,说是要补补墙,闲着时看画也很好玩。

那画廊就位在市集的中间。说是“画廊”,只是这样说着好玩罢了,其实,哪里是什么画廊,也不过村里的一座老庙宇。因为庙里面神位太多的缘故,也不知谁个是宾,谁个是主,这大概也是乡下人省事的一种办法,把应该供奉的诸神都聚在一处了。然而这儿有“当庄土地”的一个位子该是无疑的,因为每逢人家有新死人时,便必须到这里来烧些纸钱,照例作那些“接引”“送路”等仪式,于是这座庙里就常有些闹鬼的传闻。多少年前,这座庙也许非常富丽,从庙里那口钟上也可知道,——一直到现在,它还于每年正腊月时被一个讨饭的瞎子敲着,平素也常被人敲作紧急的警号,有时,发生了什么聚众斗殴或说理道白的事情,也把这钟敲着当作号召。——这口钟算是这一带地方顶大的钟了。据老年人谈,说是多少年前的多少年前,这庙里住过一条大蛇,雷雨天出现，为行路人所见，尾巴在最后一层殿里藏着，中间把身子搭在第二殿，又第三殿，一直伸出大门来，把头探在庙前一个深潭里取饮——那个深潭现在变成一个浅浅的饮马池了。——而每两院之间，都有三方丈的院子，每个院子里还有十几棵三五抱的松柏树，现在呢，当然那样的大蛇已无处藏身，殿宇也只变成围了一周短垣的三间土屋了。近些年来，人们对于神的事情似乎不大关心，这地方也就更变得荒废，连仅存的三间土屋也日渐颓败，说不定，在连绵淫雨天里就会倾倒了下来，颇有神鬼不得安身之虞，院里的草，还时有牛羊去牧放，敬神的人去践踏，屋顶上则荒草三尺，一任其冬枯夏长。门虽设而常关，低垣断处，便是方便之门，不论人畜，要进去亦不过举足之劳耳。平常有市集的日子，这庙前便非常热闹，庙里却依然冷静。只有到近新年的时候，这座古庙才被惊动一下。自然，门是开着的了，里边外边，都由官中人打扫一过，不知从哪一天起，每天夜里，庙里也点起豆粒般大的长明灯火来。庙门上，照例有人来贴几条黄纸对联，如"一天新雨露，万古老禅林"之类，却似乎每年都借用了来作为这里的写照。然而这个也就最合适不过了，又破烂，又新鲜，多少人整年地不到这里来，这时候也都来瞻仰瞻仰了。每到市集的日子，里边就挂满了年画，买画的人固然来，看画的人也来，既不买，也不看，随便蹭了进来的也很多，庙里很热闹，真好像一个图画展览会的画廊了。

画呢，自然都很合乡下人的脾味，他们在那里拣着，挑着，在那里讲图画中故事，又在那里细琢细磨地讲价钱。小孩子，穿了红红绿绿的衣服，仰着脸看得出神，从这一张看到那一张，他们对于《有余图》或《莲生九子》之类的特别喜欢。老年人呢，都衔了长烟管，天气很冷了，他们像每人擎了一个小小手炉似的吸着，暖着，烟斗里冒着缕缕的青烟。他们总爱买些《老寿星》、《全家福》、《五谷丰登》或《仙人对棋》之类。一面看着也许有一个老者在那里讲起来了，说古时候有一个上山打柴的青年人，因贪看两个老人在石凳上下棋，竟把打柴回家的事完全忘了，一局棋罢，他乃如一梦醒来，从山上回来时，无论如何再也寻不见来路，人世间已几易春秋，树叶子已经黄过几十次又绿过几十次了。讲完了，指着壁上的画，叹息着。也有人在那里讲论戏文，因有大多数画是画了剧中情节，那讲着人自然是一个爱剧懂剧的，不知不觉间你会听到他哼哼起来了，哼哼着唱起剧文来，再没有比这个更能给人以和平之感的了。是的，和平之感，你会听到好些人在那里低低地哼着，低低地，像一群蜜蜂，像使人做梦的砖石的民工，想来不会有闲心情欣赏如画的山景。而心在功利的人物，即使身在山林，也不过是走马观花，心不在焉。只有以一份闲暇的心，才能欣赏山水的奇趣与妙趣。大漠中落日的壮美，山岭间白云的变幻，林中落叶的响动，春来江花如燃，涧边花开花落……山水的动静声容，以及她所呈现的说不尽也道不完的美，也确实只有悠闲者才有可能感知、领略和欣赏。

现在我们徜徉在青山绿水之间，尽可以享受自然赐予的美景，获得心灵上的愉悦，而不必非如晋人那样，来一番“悠然远想”。晋人是善于玄想的，他们不仅把山水作为欣赏的客观对象，而且把它看作是抽象的“道”的体现。因此他们放浪山水时，就常常冒出许多玄虚的想法。比如面对差不多与天地同样古老的山峰，会联想到个人的生命短得就像庄子所说的不知春秋的夏虫，于是惕然心惊，觉得应该及时行乐。又比如与几个好朋友漫游于山间水畔，又是吟诗，又是弹琴，逍遥自在了一阵子后，忽然会向往起庄子笔下的“无何有之乡”。置身于生机盎然、自然纯美的山水之间，如果漠然无感，神情都不关注山水，那固然说不上是个深于情者，甚至休闲的目的也未达到；但如果枯坐山石，一味作高深的玄想，那也并不就算是涵泳自然，有时反而会妨碍对美景的细细品味。

论游山玩水，李白的方式倒是颇值得效法的。他一生饱览祖国的山山水水，尽情地享受风日山川之美。他望庐山的五老峰，比作“青天削出金芙蓉”，说是“九江秀色可揽结，吾将此地巢云松”，赞叹庐山的秀美，表示要长住于此。他在泾川送别族弟，三百里曲曲折折两岸风光，所谓“佳境千万曲，客行我歇时”，边走边看，完全被美景醉倒了。总之，李白的游览山水是尽情吮吸美感，真好像“葡萄美酒夜光杯”，非要来个一醉方休。不过，游览山水最佳的方式或许是将晋人的深情和李白式的浪漫结合起来，兴高采烈又不乏对宇宙、人生和美的了悟。特别是青年朋友，既有胜情，又有济胜之具，不防攀援险峰，濯足清流，花下饮酒，高卧云巢，在与山水的亲近和拥抱中，自然而然会悟出一些高妙的道理。

简评：山水虽好，难得的是一份好心情。人在欣赏山水时，为的是移情于景色，寄情于山水。故我们徜徉在青山绿水不仅是为了享受自然给予我们的美景，更重要的是获得心灵上的愉悦。山水娱人，乃世间最大的欢乐之源。山水固然使人欢乐，但是，非悠闲者不能得其趣。历史上的六朝名士、唐宋骚客，寄情山水，不仅懂得了山水是世间之乐的道理，还在与山水的亲近和拥抱中收获了对宇宙、人生和美的感悟，积淀了深厚的山水文化。所以我们游山玩水时，欣赏的不仅是自然山水，更重要的是人文山水。文化是山水之魂，游览山水实际是与自然沟通，与先贤对话，与天地精神相往来。如果心在功利，神浮气躁，心不在焉，如何能欣赏山水之奇妙？

作家谈读书

就一个高中毕业生说，阅读能力和写作能力应该达到如下的程度：

阅读方面——(一)能读日报和各种非专门性质的杂志；(二)能看适合于中学程度各科参考书；(三)能读国人创作的以及翻译过来的各体文艺作品的一部分；(四)能读和教本里所选的欧阳修、苏轼、归有光等人所作散文那样的文言；(五)能适应需要，自己查看如《论语》、《孟子》、《史记》、《通鉴》一类的书；(六)能查看《国语辞典》、《词源》、《词海》一类的工具书。这里所说的"能"表示了解得到家，体会得透彻，至少不要发生错误。眼睛在纸面上跑一回马，心里不起什么作用，那是算不得"能"的。

写作方面——(一)能作十分钟的演说；(二)能写合情合理合式的书信；(三)能把自己的所见所闻所思所感记下来；(四)能写类似现社会中通用的文言那样的书信。这里所说的"能"指表达的正确而言。至少也得没有语法论理上的错误。就演说和书信说，还得没有礼貌上的错误。为什么把演说也列在写作方面？因为演说和写作是同一源头的两条水流，演说是用口的写作，写作是用笔的演说。

——叶圣陶：《中学国文学习法》，原载《中学生手册》，开明书店，1948.7.

简评："悲愤者和劳作者，是时时需要休息和高兴的。"只知道工作不知道休息的人，是不完整的人。我们提倡艰苦奋斗的工作作风，但不主张蛮干和无休止地苦干，因为这不符合劳逸结合的社会主义工作原则。工作和休闲，两者有着互相依存的辩证关系。重视闲暇和享受闲暇是个大课题，值得公民们，尤其是政府认真思考。关于休闲，马克思把它上升到人的发展和国家真正富裕的高度，甚至他的学生拉法格说得更直接：闲暇权，这一权利比干巴巴的人权要神圣高贵千万倍！

作家谈读书

阅读教学在诸多层面存在问题：(1)阅读取向偏差。不管什么样的文本都要刻意把情感、态度、价值观目标的实现作为主要追求，而没有认清构成阅读教学"质的规定性"的是教会学生阅读，培养学生阅读能力与素养。(2)阅读教学范式失误。目前对话教学成了阅读教学的基本范式，许多老师借着"对话"的名义，无论什么样的教学内容都要寻思着让生生、师生之间对话，而不管这种对话是否具有目标性意义与教育性价值，各种"假对话"、"非教学性对话"因此层出不穷。(3)阅读教学主体迷失。过激的"儿童中心主义"正在上演，表面上看是在发挥学生的主体性，但实际上是"放逐"了语文教师的职责。(4)阅读教学内容混乱。一是教学设计充斥着许多似是而非的教学内容；二是学生解读存在着四大弊病：不入文而曲解、不知人而妄谈、不论世而谬说、不察己而乱议。(5)阅读教学策略失当。出现了一大批诸如"感受""体验""熏陶""整体感知"等"感性"的阅读策略，虽然是对过去语文阅读教学重理性轻感性、重分析轻综合的反拨，但是却有矫枉过正的倾向。

——屠锦红：《中国阅读教学十年审视》，《教育学术月刊》2011.8.

小镇四季

张健行

在上海市北郊，有个小镇叫大场镇，我的大部分童年，便是在那里度过的。那是一个东西走向的小镇。镇后是一条公路，公路后是一条河，河那面是一个军用机场。小镇的前边也有一条河。我不知道这两条河起源于哪里，又流向哪里。这两条河都不宽，落潮时都能从河这岸趟到河那岸。所不同的是，镇后那条河的岸边长满了马兰(一种野菜)，春天我常和小伙伴们一起，腰间扎上个花袋(用布制成，摘棉花时装棉花用)，去河边挑马兰。也许因为紧靠军用机场，故这条河不管湖水涨得多满，河里从不走船，也没人到河边洗东西。可镇前的这条河，两岸几乎不长野草。满潮时，河边码头上挤满了洗衣淘米的女人。河里行船一只接一只。遇到船上艄公与码头上洗东西女人相识的，便会生出一串串情趣浓浓的笑骂。

那时的大场镇，实际上只是一条小街。以街中心的守仁桥为界，桥东的叫东街，桥西的叫西街。我家住在东街，我念书的大场镇中心小学在西街。镇的周围，是大片大片的农田。大场镇虽小，却也是政府机关、医院、银行、邮局、商店、学校等等一应俱全。现在回想起来，小镇的样样东西都让我感到亲切。我爱小镇，我爱小镇的四季风情。

春天，田野里桃红柳绿，麦苗青、菜花黄，阵阵煦风伴着花香迎面拂来，让人产生一种晕乎乎似醉酒的感觉。大人们可能是怕我们这些小孩在麦田里玩捉迷藏等游戏踏坏麦子，便吓唬我们说麦田里有种叫麦大大的鬼，专门捉小囡吃。他们边说边龇牙咧嘴，以此形容麦大大青面獠牙，十分可怕。我们也真的被大人们所说的麦大大吓住了，路过麦田时，只要有谁喊声："麦大大来了!"我们就会拼命地跑，好像那个面目狰狞的麦大大，真的在后面追我们。

在小镇周围的田野里，春天是野菜的世界，有马兰头、荠菜、野芹菜、枸杞藤及一些叫不上名字的野菜。当然，最多的是马兰头和荠菜。马兰头晒成干后烧红烧肉，其味之香美，妙不可言；荠菜和肉剁成馅包馄饨，用鸡汤下，盛到碗里后，在上面撒一把切得细细的葱花，那味道，什么时候想起来都会淌口水。

我的喜欢挑野菜，不仅仅是为了它们的美味及能为家庭省些菜钱，更让我神往的，是那种在明丽的阳光下，面迎着和煦的春风放眼望去，田野里芳草芊芊、百花竞开，身处其间，自觉像路边的一朵花、河边的一棵草，仿佛我就是自然、自然就是我的一种物我相融的感觉。

成年后，无论怎么努力，也再没有找回过这种感觉。看来，这种感觉只属于童年。

如果有人问，小镇的春天，哪里花最多?那末，我的回答可能会让他吓一跳，因为我将告诉他，花最多的地方是公墓。公墓在大场镇的西头。印象中，这个公墓好像是属于教会的，因为公墓中大多数墓碑上都有一个带翅膀的小天使。春天的公墓，繁花似锦，如果没有那些坟墓，就是一座天然公园。然而，让我眼馋的不是那些盛开着的各式野花，而是放在那一块块墓碑前的一束束鲜花。它们大多是很名贵的花，与遍地野花相比，它们显得高贵、典雅。在这些花中，我最喜欢的是暗红色的玫瑰和洁白的康乃馨，它们是那么美，美得深情。但墓碑前的鲜花再美，也是拿不得的，因为我们知道，那花是敬墓里死人的。拿了那花，墓里死人会抓你的。而死人，在我小时的心目中就是鬼。小时候我怕鬼。无奈，我只好去采野花。很快，我又全心全意地喜欢野花了，这些小家碧玉充满朝气、活力。因有了它们，平日里死气沉沉的墓地，也显出了勃勃生机。待斜阳西下，我们这些浑身沾满泥土、草屑、花瓣的小女孩、小男孩，高举着手中五颜六色的野花，你追我赶地奔跑在回家的路上，身后，洒下一路花香，一路欢笑。

桃花谢后，随着枝头上小毛桃的日日长大，天气也渐渐地热起来。终于，田野里玉米须子焦黄、甜芦菽(一种形似高粱、味似甘蔗的甜秸)穗子黑亮、街头巷尾滚满了西瓜;知了、蝈蝈在骄阳下欢叫;月光下，蟋蟀、纺织娘在草丛中疯了似的歌唱，——盛夏到了。

成年后，我走南闯北到过许多地方，吃过许多玉米和甘蔗，但我总觉得都没有我们大场镇的玉米和甜芦菽好吃。玉米在我们那里不叫玉米，叫珍珠米。这珍珠米颗粒的颜色不像其他地方是黄色的，它的颜色一般有三种:纯紫红色、纯白色、紫红色和白色相间。这种珍珠米不仅色泽艳丽，且极好吃，一口咬下去，糯糯的，满嘴香甜，只要吃一口，一辈子也忘不了。甜芦菽好像其他地方没有，只有上海有。一根长得好的甜芦菽，能长到一人半高。吃的时候把它砍下来,在节上折断,撕开皮,就像吃甘蔗一样吃。甜芦粟的味道有点像甘蔗,但比甘蔗清甜。甜芦粟的奇妙处是在于几段吃下去,便会打嗝。那嗝不是饱嗝,而是通气的嗝,嗝一打,顿觉胃气畅通,这感觉别提多舒服了。上海乡下还生长其他瓜果,如水蜜桃、西瓜、香瓜、白梨瓜、黄金瓜、杏子、青梅等等,这些瓜果我在别的地方也都见过,独独珍珠米和甜芦粟,出了上海乡下,就再难见到。

在夏天,有时就我自己,有时和小伙伴一起,挽起裤腿,站在镇前的河里,把捡来的西瓜皮掰成一块块,在水里打漂。如果是在一起玩,那就比看谁打得远。西瓜皮很轻,一漂打出去,有时在水面上一跳一跳地,能跳到河对岸。谁要是把西瓜皮打到了对岸,别的小伙伴会朝他拍手欢呼,他自己也显得很得意,那架势,很有点大赛中得了金牌的味道。一个夏天下来,由于常在水里玩,我被阳光晒得乌赤墨墨,加上瘦,活活像条黑泥鳅。

西瓜皮还没玩够,河里的水就变凉了。抬头看,河岸边柳树的叶子,也在不知不觉中变得枯黄了。秋风乍起,田埂上、小路边,开满了铜钱大小的野菊花,放眼望去,金灿灿一片,煞是好看。秋天,也是药店收购蒲公英的季节。据小镇上的药店师傅告诉我们,秋天的蒲公英药性最好,要我们去挖了来卖给他们药店。那时,我和我的小伙伴们家境都比较艰难,见有生财之道,便都相约着去挖蒲公英来卖给药店。有次我们挖蒲公英走得比较远,来到一个很大的水塘边。我们惊喜地发现,水塘里长着许多野菱角。我们不管风寒水冷,一个个跳进水里去采菱角,然后围坐一堆,一边擦着清鼻涕,一边吃着采来的菱角。尽管我们的嘴唇都冻得发青,但吃菱角吃得十分开心。以后,我也经常吃菱角,但都觉得没这次的香甜、好吃。

随着秋风一阵冷似一阵,原来满当当的田野,也日渐空旷起来。田里种的作物,该收的都收了,连摘尽了棉花的棉花秆也拔起收进了柴房。每年到这个时候,在守仁桥附近有家合作社就开始打草垫子卖了。打一条草垫子可得多少工钱,我现在记不得了,但可以肯定,这些钱对于我们这些穷孩子来说,还是挺有用的。那时我大约八、九岁,就懂得挣钱来减轻家庭负担。深秋的天十分干燥,加之打草垫子绳子勒、稻草割,小手上裂开许多血口,手指甲边上也长了许多倒刺,往打草垫子的架子上每添一把稻草,都会有钻心的疼痛。我把打草垫得来的钱拿去买铅笔、橡皮、练习簿,当然,也买些小核桃回家和妹妹们共享。

小镇的冬天，绝不比其他季节逊色。最令我难忘的是我家房东屋后院子里的腊梅。我家租房的房东姓戴，男主人好像是个教师，女主人务家，要是他们还健在，也是七、八十岁的老人了。房东家这个院子很大，里边种了十几棵腊梅花树。院子里还有一口井，那时还没有自来水，我们都吃这口井里的水。

那十几棵腊梅花树都挺大。它们在春天里长出嫩嫩的叶芽，到了夏天，浓浓的绿叶使整个院子都显得很阴凉。入秋，叶子渐渐枯黄脱落，枝头上开始孕育花蕾。待到三九严寒，在没有一片叶子的枝头上，密密匝匝，绽满了盛开怒放的腊黄色花朵。越冷，那花开得越好，也越香。记得有天晚上下了场鹅毛大雪，第二天清晨我提着桶去院里井台打水，一踏进院子，凛冽的寒气伴着清新而又浓郁的花香迎面扑来，直沁心肺。站在这冰天雪地里，闻着这阵阵清香，觉得自己也变得冰雕玉琢般的纯洁素雅。梅中，我最喜腊梅。我喜它朴实、淡泊中蕴涵着一种大彻大悟的空灵的美。

冬季里，田野上空荡荡的一片寂静，但小镇却变得热闹起来。人们上饭店里喝酒，到茶馆里喝茶听说书。最热闹的是正月里，因为正月里有集市。一天，我们几个小伙伴相约着去赶集。那天天特别冷，冷得挂在屋里的毛巾也结了冰，但为了去赶集，我还是早早地从暖被窝里爬出来，换上平时舍不得穿的衣服，认认真真地洗脸、梳头。那时我虽只有八、九岁，但已经有些懂得爱美了。梳洗完毕，我往口袋里揣上平时积攒下的零用钱，兴冲冲地赶往相约地点集合。

集市上很热闹，卖什么的都有，但我们按照事先的安排，先去吃早点。我们计算着口袋里的钱，挑选最爱吃的东西吃，什么生煎馒头、三鲜馄饨、油煎臭豆腐干……吃得我们这些平时天天早上吃泡饭的孩子，都不知道自己叫什么了。小肚皮微微挺起、嘴上油光光的我们，心满意足地离开那些小吃摊，便在集市上漫无目的地乱转起来。走着走着，见前面围着一堆人，里面传出鼓乐之声。

“走，看戏去。”

不知谁说了一声，我们几个便挤了进去。

这是我生平第一次看戏，演的是绍兴戏《梁山伯与祝英台》里的《十八相送》。戏里的梁山伯不管祝英台怎么暗示自己是个女子，他就是不理喻。有个观众急了，忍不住大声骂了一句：“这个梁山伯，真正是只阿木林。”一语未了，哄的一声，周围的人都笑了起来。我扭头看去，见是一个脸膛黑红黑红、农民模样的后生。我也笑了。我觉得他很可爱。

后来，随着我母亲工作调动，我家离开了小镇。再后来，我参军入伍来到福州，从此，远远离开了大场镇。几十年光阴似流水一去不回，但大场镇却一直留在我的心头，每每想起它，心里便会涌起一股浓浓的怀恋之情。

我常常梦见小镇前后的那两条河。梦见河边的马兰、田埂上的荠菜。梦见我在采野花、在河里打西瓜漂。梦见珍珠米、甜芦菽，梦见冰清玉洁的腊梅花，梦见在集市上看《十八相送》……

哦，小镇，我人生的源头……

简评：作者的笔下，小镇是一个神奇而鲜明的文化符号，是一个易分难舍的人生情结。春天，小镇周围是野菜的世界，镇西头的公墓，还有五颜六色的野花，斜阳西下孩子们高举野花、你追我赶，一路花香，一路欢笑……小镇为我们展开了一幅充满勃勃生机的风情画。作者恬淡自然的笔法在这篇文章里为我们描摹了清新灿烂的色彩，只有仔细品读才能领会其中妙处。

作家谈读书

阅读要多靠自己的力，自己能办到几分务必办到几分。不可专等老师给讲解，也不可专等老师抄给字典词典上的解释以及参考书上的文句。直到自己实在没法解决，才去请教老师或其他人。因为阅读是自己的事，像这样专靠自己的力才能养成好习惯，培养真能力。再说，我们总有离开可以请教的人的时候，这时候阅读些什么，非专靠自己的力不可。

要靠自己的力阅读，不能不有所准备。特别划一段时期特别定一个课程来准备，不但不经济，而且很无聊。也只须随时多用些心，不肯马虎，那就是为将来做了准备。譬如查字典，如果为了做准备，专看字典，从第一页开头，一页一页顺次看下去，这决非办法。只须在需要查某一字的时候看得仔细，记得清楚，以后遇到这个字就是熟朋友了，这就是做了准备。不但查字典如此，其他都如此。

——叶圣陶：《中学国文学习法》，原载《中学生手册》，开明书店，1948.7.

握住母亲的脚

春 华

日本一位名牌大学的毕业生到一家颇具实力的公司应聘面试，主考官只对这位才华横溢的大学生提了一个问题："你抱过你母亲的脚吗？"

年轻大学生被主考官的提问弄愣了，满脸绯红。主考官接着又说："明天这个时候，请你再来一次，不过有一个条件，你必须抱抱你母亲的脚。"

青年红着脸走了。他闹不明白主考官的用意，但无论如何，自己也要按照主考官的要求抱抱母亲的脚。

青年大学生早年丧父，贫寒的家里只有他与母亲相依为命。母亲靠替人做佣人才供他读完了大学。青年大学生其实是理解母亲的，也很爱他的母亲，但他压根儿没抱过母亲的脚，他不知抱母亲脚时心头会是一种什么样的滋味。

青年回到家时，母亲还没归来。他想，母亲长年在外奔波，那双脚一定很疲乏，今晚，我一定要替她洗洗脚，然后轻轻按摩一番。

母亲很晚了才归来。青年请母亲坐下，然后端来一盆热水，右手拿毛巾，左手握母亲的脚。陡然间，他发现母亲的脚竟然像木棒一样坚硬。青年大学生顿时潸然泪下，紧紧将那双脚拥在怀里，久久也不肯放下。

那晚，青年如约去了那家公司，心情沉重地对主考官说："我现在才真正明白，做人是那么不容易，成才又是何等的艰难。你让我明白了一个极其简单的道理，一个人只有理解了母亲，他才可能善待自己！"

主考官这时笑了，点点头说："你明天来公司上班吧！"

主考官旨在考验年轻大学生的悟性，岂料却让一个人的灵魂获得了升华。

年轻大学生从此铭记着母亲的艰辛，也一刻不忘自己肩负的责任。没几年，他便成长起来，而且做了一家大公司的老板。

故事一度让我感动，也令我深深羞愧。

母亲靠着替别人做洗衣工送我读完了大学，可对她一生的血泪辛酸，我除了感激，似乎已没了别的表达方式。相反，在我放纵自己的性情干无聊事的时候，又总是把母亲的牵挂当做一种负担，甚至不止一次地抢白母亲说："我已经长大了,你就甭管!”每每这时,母亲眼里便一片茫然。

然而,若干年后,当我看到这则故事,当我抱着比日本大学生更虔诚的心态去替母亲洗脚的时候,我竟情不自禁跪下了,抱着母亲的双脚哽咽不止。我轻抚着母亲脚上的冻疮留下的疤痕,亲吻着被岁月磨损的脚踝,擦拭着经生活挤压变形的脚趾,自己仿佛又回到了童年,眼前满是母亲奔波不停的疲惫身影。

怀里的那双已显衰老的母亲的脚,浓缩了母亲一生一世的沧桑,镌刻着母亲抚育儿子的满腹辛酸。母亲正是靠了那双脚,才满世界奔跑,才一次又一次为她的儿女们带回希望。母亲的脚踩出了儿女的前程,却送走了自己的青春;母亲的脚曾站立成一棵大树,为儿女遮风挡雨,可同时又被岁月剥蚀,风化成炭;母亲的脚其实已不仅仅是一双脚,那分明是支撑世界的擎天柱,是托举未来与希望的脚手架。

握母亲脚在手的那个夜晚,我终于读懂了母亲,也才真正弄明白人活着其实就是为了奉献。

许多年以后,当我终于长成一棵大树,当我坐在偌大的教室里给那些虔诚地唤我老师的朋友谈创作体会的时候,我就告诉他们:一个人要想真正读懂人生真谛,不妨回去握握母亲的脚,那是一部比任何经典教材都具震撼力的巨著,读懂了它,你就读懂了整个人生。

我不知我的朋友们是否真回家拥抱过母亲的脚,但我是记住了这点的。当我飘飘然的时候,当我目空一切找不着自己的时候,当我颓丧甚至快堕落的时候,我就会抽时间回到故乡,挑一个有月亮的宁静夜晚,坐在院里,为母亲洗脚,而后轻握着,闭上眼,平心静气地用灵魂去感触那沧桑,那高贵,那凛然。只在眨眼间,整个人就清醒了,亮堂了,没了失落的烦躁,没了落寞的苦恼,没了成功后的自以为是,人回归自然,心态趋于平静。

握母亲的脚在手,其实握着的是自己一生的命运。

简评:朱德笔下勤劳的母亲,老舍笔下仁慈的母亲,柔石小说里被侮辱被损害的母亲形象,读这些写母亲的文字我们的心是虔诚的。同样是写母亲,故事中的年轻大学生被有关握母亲的脚的问题,搞得“满脸绯红”。设问者从儿子的心境来体会母亲的艰辛,感悟人生的真谛,真是匠心独运。同样给人启迪的是:“一个人只有理解了母亲,他才可能善待自己。”这是作者读懂人生真谛之所在。

得壶记趣

陆文夫

我年轻时信奉一句格言，叫作玩物丧志。世界上的格言多如过江之鲫，有人信，有人不信；有人此时信，彼时非；有人专门制造格言叫别人遵守，自己根本就做不到等等，都是有原因的。

我所以信奉“玩物丧志”，是因为那时确实有点志，虽然称不起什么胸怀大志，却也有些意气风发的劲头，想以志降物，遏制着对物的欲念。另一个很实际的原因是想玩物也没有可能，一是没有时间，二是没有金钱，玩不起。换句话说，玩是也想玩的，只是怕分散精力和阮囊羞涩而已。事实也是如此，我对字画、古玩、盆景、古典家什、玲珑湖石等等都有兴趣，也有一定的欣赏能力，只是不敢妄图据为己有而已。

想玩而又玩不起，唯一的办法只有看了，即去欣赏别人的，公有的。此种办法很好，既不花钱，又不至于沦为物的奴隶。苏州是个文化古城，历代玩家云集，想看看总是有可能的。

50年代，苏州的人民路、景德路、临顿路上有许多旧书店和旧货店。所谓旧货店是个广义词，即不卖新货的店都叫旧货店。旧货店也分门别类，有卖衣着，有卖家什，更多的是卖旧艺术品的小古董店。有些不能称之为店，只是在大门堂里摆个摊头，破落的大户人家卖掉那些既不能吃，又不能穿的非生活必需品——玩艺。此种去处是“淘金”者的乐园，只要你有鉴赏的能力，偶尔可以得宝，捡便宜。

那时我已经写小说了，没命地干，每天都是从清晨写到晚上一两点，往往在收笔之际已闻远处鸡啼，可在午餐之后总得休息一下，饭后捉笔头脑总是昏昏沉沉地。休息也不睡，到街上去逛古董店。每日有一条规定的路线，一家家地逛过去，逛得哪家有点什么东西都很熟悉，甚至看得出哪件东西已被人买去了，哪件东西又是新收购进来的。好东西是不能多看的，眼不见心不动，看着看着就买一点。但我信奉“玩物丧志”，自有约法三章，如果要买的话，一是偶尔为之，二是要有实用价值，三是不能超过一元钱。

小古董店里的东西五花八门，有字画、瓷器、陶器、铜器、锡器、红木小件和古钱币，还有打簧表和破旧的照相机。我的兴趣广泛，样样都看，但对紫砂盆和紫砂茶壶特有兴趣。此种兴趣的养成和已故的作家周瘦鹃先生有关系。很多人都知道，周瘦鹃先生的盆景是海内一绝，举世无双。文人墨客、元帅、总理，到苏州来时都要到周家花园去一次。我也常到周先生家去，多是陪客人去欣赏他的盆景，偶尔也叩门而入，小坐片刻，看看盆景，谈谈文艺。周先生乘身边无人时，便送我一盆小品（人多时送不起），叫我拿回去放在案头，写累了看看绿叶，让眼睛得到调剂。我不敢收，因为周先生的盆景都是珍品，放在我的案头不出一月便会死掉的。周先生说不碍，死掉就死掉，你也不必去多费精力，只是有一点，当盆景死掉以后，可得把紫砂盆还给我。盆景有三要素，即盆、盆架、盆栽，三者之中以好的紫砂盆、古盆最为难求。周先生谈起紫砂盆来滔滔不绝，除掉盆的造型、质地、年代、制作高手之外，还谈到他当年如何在苏州的古董市场上与日本人竞相收购古盆的故事，谈到得意时，便从屏门后面的夹弄里（那儿是存放紫砂盆的小仓库）取出一二精品来让我观摩。谈到紫砂盆，必然语及紫砂壶，我们还曾经到宜兴的丁蜀去过一次，去的目的是想发现古盆，订购新盆，可那时宜兴的紫砂工艺已经凋蔽，除掉拎回几只砂锅以外，一无所获。

由于受到周瘦鹃先生的感染，我在逛小古董店的时候，便对紫砂盆和紫砂壶特别注意，似乎也有了一点鉴赏能力。但也只看看罢了，并无收藏的念头。

有一天，我也记不清是春是夏了，总之是三十三年前的一个中午。饭后，我照例到那小古董店里去巡视，忽然在一家大门堂内的摊上，见到一把鱼化龙紫砂茶壶。龙壶是紫砂壶中常见的款式，民间很多，我少年时也在大户人家见过。可这把龙壶十分别致，紫黑而有光泽，造型的线条浑厚有力，精致而不繁琐。壶盖的捏手是祥云一朵，龙头可以伸缩，倒茶时龙嘴里便吐出舌头，有传统的民间乐趣。我忍不住要买了，但仍需按约法三章行事。一是偶尔为之，确实，那一段时间内除掉花两毛钱买一朵木灵芝以外，其他什么也没有买过。二是有实用价值，平日写作时，总有清茶一杯放在案头，写一气，喝一口，写得入神往往忘记喝，人不走茶就凉了，如果有一把紫砂茶壶，保温的时间可以长点，冬天捧着茶壶喝，还可以暖暖手。剩下的第三条便是价钱了，一问，果然不超过一元钱，我大概是花八毛钱买下来的。

卖壶的人可能也使用了多年，壶内布满了茶垢，我拿回家擦洗一番，泡一壶浓茶放在案头。

这把龙壶随着我度过了漫长的岁月，度过了很多寒冷的冬天，我没有把它当作古董，虽然我也估摸得它的年龄要比我的祖父还大些。我只是把这龙壶当作忠实的侍者，因为我想喝上几口茶时它总是十分热心的。当我能写的时候，它总是满腹经纶，煞有介事地蹲在我的案头；当我不能写而去劳动时，它便浑身冰凉，蹲在一口玻璃柜内，成了我女儿的玩具，女儿常要对她的同学献宝，因为那龙头内可以伸出舌头。

文化大革命的初期要破四旧，我便让龙壶躲藏到堆破烂的角落里。全家下放到农村去，我便把它用破棉袄包好，和一些小盆，红木小件等装在一个柳条筐内。这柳条筐随着我来回大江南北，几度搬迁，足足有十二年没有开启，因为筐内都是些过苦日子用不着的东西，农民喝水都是用大碗，哪有用龙壶的？

直到我重新回到苏州，而且等到有了住房的时候，才把柳条筐打开，把我那少得可怜的玩艺拿了出来。红木盆架已经受潮散架了，龙壶却是完好无损，只是有股霉味。我把它擦一番，重新注入茶水，冬用夏藏，一如既往。

近十年间，宜兴的紫砂工艺突然蓬勃发展，精品层出，高手林立，许多著名的画家、艺术家都卷了进去。国内、香港、台湾兴起了一股紫砂热，数千元，数万元的名壶时有所闻，时有所见。我因对紫砂有特殊爱好，也便跟着凑凑热闹，特地做了一只什景橱，把友人赠给和自己买来的紫砂壶放在上面，因为现在没有什么小古董店可逛了，休息时向什景架上看一眼，过过瘾头。

我买壶还是老规律，前两年不超过十块钱，取其造型而已。收藏紫砂壶的行家见到我什景架上的茶壶，都有点不屑一顾，实在是没有什么值得称道的。我说有一把龙壶，可能是清代的，听者也不以为然，因为他们知道我没有什么收藏，连藏书也是寥寥无几。

1990年5月13日，不知道是刮的什么风，宜兴紫砂工艺二厂的厂长史俊棠，制壶名家许秀棠，以及冯祖东等几位紫砂工艺家到我家来作客，我也曾到他们家里拜访过，相互之间熟悉，所以待他们坐定之后便把龙壶拿出来，请他们看看，这把壶到底出自何年何月何人之手。因为壶盖内有印记，他们几位轮流看过后大为惊异，这是清代制壶名家俞国良的作品。《宜兴陶器图谱》中有记载："俞国良，同治、道光间人，锡山人，曾为吴大徵造壶，制作精而气格混成，每见大徵壶内有‘国良’二字，篆书阳文印，传器有朱泥大壶，色泽鲜妍，造工精雅。”

我的这把壶当然不是朱泥大壶，而是紫黑龙壶。许秀棠解释说，此壶叫作坞灰鱼化龙，烧制时壶内填满砻糠灰，放在烟道口烧制，成功率很低，保存得如此完整，实乃紫砂传器中之上品。史俊棠将壶左看右看，爱不释手，拿出照相机来连连拍下几张照片。

客人们走了以后，我确实高兴了一阵，想不到花了八毛钱竟买下了一件传世珍品，穷书生也有好运气，可入《聊斋志异》。高兴了一阵之后又有点犯愁了，我今后还用不用这把龙壶来饮茶呢，万一在沏茶、倒水、擦洗之际失手打碎这传世的珍品，岂不可惜！忠实的侍者突然成了碰拿不得的千金贵体，这事儿倒也是十分尴尬的。

世间事总是有得有失，玩物虽然不一定丧志，可是你想玩它，它也要玩你；物是人的奴仆，人也是物的奴隶。

简评：收藏是一种雅趣，但它毕竟受诸多条件的限制（经济能力、摆放空间），但鉴赏（欣赏）物品就无此局限了。有一定收藏欲望的人去淘旧货是一种别有情趣的活动，要有一定的识别能力，要物得其值，才舍得花钱买下。如本文作者，买一件旧货，写一篇文章，讲讲来龙去脉，让其他人分享喜悦，真是雅俗不挡。作者在不知不觉中得到了一把龙壶，行话叫捡漏，换个角度看，收藏是见功夫的事。再换个角度，当你发现一件日常习用的东西一下成为至宝的时候，那种亦喜亦忧亦惧的心态又填满胸中，此中三昧，只有当事者才知。

读书的心情

刘鸿伏

烦恼时读书，书便如一把梳子，把你从头到脚浑身梳理一次，在一种麻麻痒痒之中，心情就好起来，渐渐就进了忘忧之境，忘了面对的烦恼，进入书中铺陈构织的风景里去。所以书是可以助人遗忘眼前的不快和逆境，获得抚慰(一种来自前人的慈爱的轻抚)，获得梳理之效的。人生需要常常梳理，人的心情更需在读书的忘忧中得到一种超脱，否则，人的心情往往难得平衡和平和。人的烦恼总来自现实生活，而作为高于生活的书本，它是可以将人的灵魂提升到一定高度的，书可以将你的心境与现实用一道智慧抑或超常美丽的篱笆隔开，是一种缓冲，更是一种无声的温暖的安抚，抚平心上的皱折。

落寞时读书，便如面对一位不期而遇的故人。最好是寒冷的冬天，窗外雪满草树，无酒无客人，心情无聊到极限，便随便从书架上抽一本书来读读，最好读的是野史或浪漫又带点伤感的东西，当然那些明清的笔记也好，蒲松龄的故事也顶好。喝着有些苦味的绿茶，一个人袖了手，把书摊开在小几上，看一页，用手指粘一页，一页页翻过去，渐渐就忘形，就要读出声来，或者就自己以掌击案，口里喊一个"好！"字。陶陶然如对久别知交，不知不觉间窗外雪已无声，偶尔抬起眼睛赏一下雪景，心从书里游离出来，想起一些关于雪的诗句，心情便很愉悦，甚至有些兴奋，免不了在摊开的书页的空白处，写下张打油的咏雪诗，诗曰："天地一笼统，井上黑窟窿；黑狗身上白，白狗身上肿。"并在诗旁留一行感叹："若以野趣与气韵生动论之，张打油的诗为千古第一等咏雪诗也，文人墨客之咏，较之张打油，未免有做作之嫌。"雪天读书，书是故人，心情先是落寞无聊，不久就沉醉忘形，岂不快哉？

失意时读书，书便是一剂疗治心病的好药。一个人难免得失揪心，难免失意时多而快活得意时少。我从来就不相信除了和尚或智慧家之外的凡夫俗子真的能摆脱得失二字。何况人生天地间，大抵不愿做平庸之人，不愿平庸，心中就占了得失两字，失意太过，就有了心绞痛，治心绞痛，只有两味药，一是忽然就得了意；二是全身心沉醉在书中。选一些轻松的书或情节极佳的小说，当然也可以读点庄子或蔡志忠的漫画。读着读着，渐开三境：第一种境就是达到忘形，忘形就可以忘得失；第二种境就是从书中忽然悟出一些关于人生的哲理，对得失二字蓦然有了新的见解，此时心下便释然，轻轻松松，如卸重负，有一种豁然开朗之感；第三种境就是从书中找到与自身相类的人物际遇，然后看他是如何面对失意的现实，从中便可以学得反败为胜的本领。总之书是疗心之药，是完全可以让失意的人生重新焕发出勇气和力量的，也是可以让你明了如何超越了那份凡俗的痛苦，而升化了灵魂的呢。名人说书籍是人类前行的金杖，这恐怕是不假的。

在高兴愉快时读书，书便如锦上之花，春天时的风，樽中的酒，筝中的雅曲。愉快是人生的美酒，滋养的成分很高，于身心大有补益。而在愉快高兴中读书，更有扶强补贤之功。最好寻一本归有光的文集来读读，读几篇他的哀情文字，你在高兴时读到它们，心情激动难抑，正如一川江流，忽遇大石横空，难免浪花飞扬，作噌闳大响，所以对那份悲凉就有一种往日绝无的感受与震撼，忽然就对人生有了一种穿透或贯通感。当然也可以读沈复的《浮生六记》或一些关于秋天的古画。都带点悲凉，带点人生况味，但因为你的心情原是很愉快的，所以绝不会同在悲哀时读它们一样，心情反而由愉快兴奋转而平和宁静，宁静是可以致远的，快乐地读哀情之书，是读书人至佳之境，正如豪宴之上忽遇一味平日想吃而吃不到的家乡小菜，所有的滋味都齐全了。悲苦之间，便有悟道的可能。

读书人不可不读书。读书是有瘾的，正如烟瘾或酒瘾一样。不爱书的人以读书为苦，爱书的人以读书为乐，人有不同，境界有异。有了瘾，就不可一日或缺，缺则惚惚若有所失，如嗜酒者缺酒喝，嗜烟者缺烟抽，那种烦恼，或许不亚于仕途忽然受挫，买卖忽然亏本，这种体会，不足为外人道。有时也有厌倦之感，仿佛食肉过多难免腻味一样；有时忽觉天下之书已罕有读者，叹满世界竟寻不出一本好书来；有时见别人的书室四壁皆书，其实，心中很不以为然，并不觉得架上书多，腹中果就学富五车。凡此种种，是读书中常出现的心理风景，过后就“柳暗花明又一村”，还是照样手不释卷，照样把眼睛读成红灯笼，照样在读书中读出种种应有尽有的心情来。

简评：读书可以超越时空的限制，与古人谈心，与洋人交流，去自己从未去过的地方，过自己从未过的生活，体验自己从未体验的感情，延长自己有限的生命。读书可以成癖，故古人有一日不读书，便觉“语言乏味，面目可憎”之语；虽说开卷有益，读书还要有选择，关键是心境、口味，至于看一本书是抑制还是启发了人的生活情趣，不必有一个硬性的指标，古人的雪夜闭门读禁书，图的就是一种心境。

作家谈读书

如果经常做前面说的那些准备，阅读就不是什么难事情。阅读时候的心情也得自己调摄，务必起劲，愉快。认为阅读好像还债务，那一定读不好。要保持这么一种心情，好像腹中有些饥饿的人面对着甘美膳食的时候似的。

阅读总得“读”。出声念诵固然是读，不出声默诵也是读，乃至口腔喉舌绝不运动，只用眼睛在纸上面巡行，古人所谓“目治”，也是读。无论怎样读，起初该用论理的读法，把文句中一个词切断，读出它们彼此之间的关系来。又按各句各节的意义，读出它们彼此之间的关系来。这样读了，就好比听作者当面说一番话，大体总能听明白。最忌的是不能分解，不问关系，糊里糊涂读下去——这样读三五遍，也许还是一片朦胧。

读过一节停一停，回转去想一下这一节说的什么，这是个好办法。读过两节三节，又把两节三节连起来回想一下。这个办法可以使自己经常清楚，并且容易记住。

回想的时候，最好自己多多设问。文中讲的若是道理，问问是怎样的道理？用什么方法论证这个道理？文中讲的若是人物，问问是怎样的人物？用怎样的笔墨表现这个人物？有些国文读本在课文后面提出这一类的问题，就是帮读者回想的。一般的书籍报刊当然没有这一类的问题，惟有读者自己提出来。

——叶圣陶：《中学国文学习法》，原载《中学生手册》，开明书店，1948.7.

囚绿记

陆 蠡

这是去年夏间的事情。

我住在北平的一家公寓里。我占据着高广不过一丈的小房间,砖铺的潮湿的地面,纸糊的墙壁和天花板,两扇木格子嵌玻璃的窗,窗上有很灵巧的纸卷帘,这在南方是少见的。

窗是朝东的。北方的夏季天亮得快,早晨五点钟左右太阳便照进我的小屋,把可畏的光线射个满室,直到十一点半才退出,令人感到炎热。这公寓里还有几间空房子,我原有选择的自由的,但我终于选定了这朝东房间,我怀着喜悦而满足的心情占有它,那是有一个小小理由。

这房间靠南的墙壁上,有一个小圆窗,直径一尺左右。窗是圆的,却嵌着一块六角形的玻璃,并且左下角是打碎了,留下一个大孔隙,手可以随意伸进伸出。圆窗外面长着常春藤。当太阳照过它繁密的枝叶,透到我房里来的时候,便有一片绿影。我便是欢喜这片绿影才选定这房间的。当公寓里的伙计替我提了随身小提箱,领我到这房间来的时候,我瞥见这绿影,感觉到一种喜悦,便毫不犹疑地决定下来,这样了截爽直使公寓里伙伴都惊奇了。

绿色是多宝贵的啊!它是生命,它是希望,它是慰安,它是快乐。我怀念着绿色把我的心等焦了。我欢喜看水白,我欢喜看草绿。我疲累于灰暗的都市的天空,和黄漠的平原,我怀念着绿色,如同涸辙的鱼盼等着雨水!我急不暇择的心情即使一枝之绿也视同至宝。当我在这小房中安顿下来,我移徙小台子到圆窗下,让我的面朝墙壁和小窗。门虽是常开着,可没人来打扰我,因为在这古城中我是孤独而陌生。但我并不感到孤独。我忘记了困倦的旅程和已往的许多不快的记忆。我望着这小圆洞,绿叶和我对语。我了解自然无声的语言,正如它了解我的语言一样。

我快活地坐在我的窗前。度过了一个月,两个月,我留恋于这片绿色。我开始了解渡越沙漠者望见绿洲的欢喜,我开始了解航海的冒险家望见海面飘来花草的茎叶的欢喜。人是在自然中生长的,绿是自然的颜色。

我天天望着窗口常春藤的生长。看它怎样伸开柔软的卷须，攀住一根缘引它的绳索，或一茎枯枝；看它怎样舒开折叠着的嫩叶，渐渐变青，渐渐变老，我细细观赏它纤细的脉络，嫩芽，我以揠苗助长的心情，巴不得它长得快，长得茂绿。下雨的时候，我爱它淅沥的声音，婆娑的摆舞。

忽然有一种自私的念头触动了我。我从破碎的窗口伸出手去，把两枝浆液丰富的柔条牵进我的屋子里来，教它伸长到我的书案上，让绿色和我更接近，更亲密。我拿绿色来装饰我这简陋的房间，装饰我过于抑郁的心情。我要借绿色来比喻葱茏的爱和幸福。我要借绿色来比喻猗郁的年华。我囚住这绿色如同幽囚一只小鸟，要它为我作无声的歌唱。

绿的枝条悬垂在我的案前了，它依旧伸长，依旧攀缘，依旧舒放，并且比在外边长得更快。我好像发现了一种"生的欢喜"，超过了任何种的喜悦。从前我有个时候，住在乡间的一所草屋里，地面是新铺的泥土，未除净的草根在我的床下茁出嫩绿的芽苗，草菌在地角上生长，我不忍加以剪除。后来一个友人一边说一边笑，替我拔去这些野草，我心里还引为可惜，倒怪他多事似的。

可是每天在早晨，我起来观看这被幽囚的"绿友"时，它的尖端总朝着窗外的方向。甚至于一枚细叶，一茎卷须，都朝原来的方向。植物是多固执啊！它不了解我对它的爱抚，我对它的善意。我为了这永远向着阳光生长的植物不快，因为它损害了我的自尊心。可是我囚系住它，仍旧让柔弱的枝叶垂在我的案前。

它渐渐失去了青苍的颜色，变成柔绿，变成嫩黄，枝条变成细瘦，变成娇弱，好像病了的孩子。我渐渐不能原谅我自己的过失，把天空底下的植物移锁到暗黑的室内；我渐渐为这病损的枝叶可怜，虽则我恼怒它的固执，无亲热，我仍旧不放走它。魔念在我心中生长了。

我原是打算七月尾就回南去的。我计算着我的归期，计算这"绿囚"出牢的日子。在我离开的时候，便是它恢复自由的时候。

芦沟桥事件发生了。担心我的朋友电催我赶速南归。我不得不变更我的计划，在七月中旬，不能再留连于烽烟四逼中的旧都，火车已经断了数天，我每日须得留心开车的消息。终于在一天早晨候到了。临行时我珍重地开释了这永不屈服于黑暗的囚人。我把瘦黄的枝叶放在原来的位置上，向它致诚意的祝福，愿它繁茂苍绿。

离开北平一年了。我怀念着我的圆窗和绿友。有一天，得重和它们见面的时候，会和我面生么？

简评：绿色是生命的颜色，本文则是用纯洁的心灵吹奏的一曲婉转而优美的生命之歌、人生之歌。作者自己说过："有时我想把它记录下来，这心灵起伏的痕迹。我用文字的彩衣给它穿扮起来，犹如人们用美丽的衣服装扮一个灵魂。"开始，"喜悦而满足"，而"自私的念头"使文章顿起波澜，结尾，"烽烟四起"离旧都，包蕴着多么深切的友情。谨严的结构和跌宕的气势，加之联想，象征及隐喻，融成了文章的隽永与含蓄，文章的魅力也在这里。

作家谈读书

很多教师在读书的时候都会遇到读不懂的情况，特别是对一些教育理论方面的书籍，每当此时，教师们往往会怀疑自己的理解力，甚至认为自己的智商有问题，但实际上，读不懂不一定是理解力有问题，因为很多时候作者本身就没有把某个问题搞清楚、写清楚，也有很多时候是翻译有问题。

读书应该是一件给人快乐的事，当然，这里的快乐不是浅薄的开心，也包括"思考"的幸福。但有的书，无论你怎么思考，脑子里都是"糨糊"，怎么办？很简单，不读就是了。绝大多数中小学老师都是经过起码的教育学理论学习，基本的背景知识是具备的，这足以让我们读懂绝大多数教育理论著作。读不懂，原因多半不在我们，而在作者，最为经典和伟大的理论往往是朴素而容易理解的，如苏联教育家苏霍姆林斯基的理论。

——李镇西：《读不懂就无需去读》，《班主任》2011.7.

心境还须自己开

李哲良

一

苏东坡与佛印禅师，是很好的朋友。他们经常在一起参禅悟道。有一天，他们又斗起禅机来了。

苏东坡首先问："印老，你看我像什么？"

佛印禅师毫不犹豫地回答说："学士像一尊佛。"接着又反问他："你看老僧像什么？"

苏东坡想了又想，见佛印禅师穿了一件黑色僧袍，人长得胖，盘腿坐在那里，黑乎乎的一大堆，于是便冲口而出，说："和尚活像一堆牛屎。"

佛印禅师听了，不怒而笑，默默不语，然后怡然自得地闭目养神。

苏东坡回到家里，高兴地对他的妹妹说："妹妹啊，从来与印老斗禅机总是斗不过他，今天不知是和尚倒霉，还是我苏东坡走运，总算斗得他哑口无言。"接着便把他与佛印禅师斗禅的经过，绘声绘色地讲了一番。

苏小妹听后，禁不住"呸"了一声，便数落了苏东坡一顿："哥哥今天输光了啊！你还自以为大获全胜是不是？"

苏东坡翘起胡子，瞪大眼睛，问她这是什么意思？

苏小妹并不急于告诉他答案，只道："我且问哥哥，是佛名贵呢，还是牛屎名贵？"

苏东坡说："当然是佛名贵啰！"

苏小妹说："印老的见处是佛；哥哥的见处是牛屎。请问，谁高谁低？"

苏东坡一怔，揪着胡子只是发愣。

苏小妹接着又说："印老心中装的是佛，所以他看人人都是佛；哥哥一开口就是牛屎马粪，你心中装的是什么？可见印老的心境比你高啊！他既然获胜，便见好就收，还同你啰嗦什么？你就认了吧！"

苏东坡这才恍然大悟，说今天又栽在老和尚的禅窟里，发誓一定要赢回来。

苏东坡是否能赢回来，全看他的心境了。

君子所见无不善；小人所见无不恶。

心中有佛，说出来的是美言；

心中有尿，吐出来的是屁话。

二

心境还须自己开。

下面，再讲一个参禅的小故事。

宋代有个名叫张九成的居士，原为侍郎，中过状元，也算是一个文人士大夫了。但他放着官儿不好好做，却偏爱谈禅说道。

中国文人士大夫参禅学佛，大多是附庸风雅，闹着玩儿的，充其量以此排忧解乏而已。因此，十之八九的人，谈禅不知禅，学佛不知佛。

张九成也是如此。他读了不少禅书佛典，也参拜过许多禅师，但仍是“久之无省”，始终不能开悟。

有一天，他去拜访大慧宗杲禅师。

宗杲禅师问他：“你来干什么？”

张九成说：“打死心头火，特来参喜禅。”大慧宗杲禅师的法号叫“妙喜”，故张九成说“特来参喜禅”。

宗杲禅师是当时大名鼎鼎的老禅师，《五灯会元》说：“学者仰如星斗”，足见他的地位之高和影响之大。老禅师见张九成急急忙忙地一大早就跑来朝庙，刚一见面就口称要“参喜禅”，即知来者根基不深，机缘未至。于是便用一句戏言，同他开了个小小的玩笑。

宗杲禅师即对他说：“你为什么起得这么早啊！难道不怕家里的妻子同别人睡觉吗？”

张九成听了，顿时火冒三丈，气咻咻地说：“你这个愚昧无知的老秃驴，怎么敢说出这种话来？亏你还是一个出家人，竟然——”

宗杲禅师忙用手势止住他说：“我轻轻这么一煽，你就大为光火，这样的话，怎么能参禅呢？”

然后，老禅师又对他说："大海常被人唾骂；秋月常被人轻视；明镜常被人挫伤。你见它们发过火、生过气吗？没有。它们处之泰然，安然不动，闻而未闻，听时不惑，事过不留。为什么？因为它们的本体之心，一片明净，一片空灵，既深又广，既刚又柔，能容纳一切，又超越一切。故能见人之所未见，忍人之所不忍，岂是区区一句笑话，一点点不顺心的事能动其心的？"

又道："禅者之所以为禅者，就在于他心如大海那样深邃宽广，似秋月那样皎洁柔情，像明镜那样明亮清纯。所以禅者方能两袖一甩，一路清风；布履一双，踏破山河万朵；仰天一笑，快慰平生；张口即佛，人人都是菩萨；与人为善，天天都是好日子。这样，他怎么能被外缘所牵动呢？"

人生之真谛，本来就很单纯。饥来吃饭，困来即眠。眼横鼻直，生老病死。一切何等自然，何等简单明白。大可不必无事找事，惹一堆烦恼。

这就是禅者的境界。

心中无佛者，绝对见不到佛，成不了佛。这叫是佛而不知佛。

心中有火者，绝对参不了禅，悟不到道。这叫参禅而不知禅。

这一切取决于心境的高与低，空与实。

心境还须自己开。

简评：在禅宗看来，灵知、智慧是人的本性，人只要认识本心、本性，就能获得解脱，在自性中显现一切事物，体现佛性，这就是所谓的"见性成佛"。禅宗要求人们对自我本性，自我意识，进行反思、反归，使主体证悟宇宙整体的实际，达到与自然合一的境界。看来参禅是以悟性为要的。"菩提本无树，明镜亦非台。本来无一物，何处惹尘埃？"说的就是慧能和尚的悟性。自然人生也要讲点悟性。

蟋　蟀

吴秋山

时光真如电掣一般迅速，瞬息之间，大地上烘烘的热度，已在稀微断续的蝉声里，悄然辞去。森罗万象，经过了几番风雨之后，不觉已化为凉秋了。这时候，偶然从上海的近郊走过，便可听见唼唼唧唧的蟋蟀声，从路旁的草丛间透了出来；怪悦耳的鸣声，这使我忆起了儿时饲养蟋蟀的事了。

蟋蟀在当时，确是我所喜欢的昆虫之中的最爱好的一种；为的是它们善斗，能使我觉得好玩的缘故。所以每逢秋天，我便和兄弟们或邻居的小朋友们，各自养了好多匹的蟋蟀；有的是向贩蟋蟀者买来的，但有时我们常在晨曦里，大家携着竹筒篾篓，一同上郊野去捕捉。蟋蟀的家，是在败堵丛草间的小穴里，我们听见它的声音从穴中漏出时，便取潭水灌了进去，使它被水所淹，匿不住身子，于是跃出穴外，向草野里乱跳乱窜，我们便踌躇地用小铅丝罩笼住了它，连忙捉入篾篓里。这样接二连三地捉着，直到太阳高照之后，方才得意地携了回来。

蟋蟀携到家里之后，我们就忙着建筑它们的住宅了。用铅片制成的盒子(或空大的纸烟盒)，将里面隔着火柴盒壳及卡片，曲曲折折的好像富人的别墅似的，有沉院，有回廊，有阶砌，有园地。盒盖上还攒了许多小洞，当作天窗，以通空气，于是这蟋蟀的住宅便落成了。——江浙一带多用瓦盆，但在我们故乡(诏安)却很少见——它舒适似的住在里面，我们每天把新鲜的丝瓜花和黍穗等物，放在盒里，供作它们的食粮。

每天早上，大家都携着蟋蟀，聚集在一处。用量米的小斗，当作战场，把两只蟋蟀放在一起，它们一经接触，就各张牙鼓翅，迎头痛击；有的一战便分胜负，有的接连倒翻了几个筋斗，苦斗了好几合之后，才见输赢。胜的耀武扬威，振翅高鸣，好像胜利的战士在唱着凯旋之歌一般，使我们欢呼不已。败的则偃旗息鼓，不敢声张，以后虽再碰头，也只好望风而逃，不敢再启牙一斗了。这时败者的主人，不免失意地把它重新捉了过来，放在掌中，用左右手掌循环地连接着，教蟋蟀在掌上不断地操练，经过几分钟后，再放进去重斗，如果又输了，就再捉起来,用手指抹着舌涎,去擦热蟋蟀的牙,接着又用两指摄着它的触须,了了着,口里吹出阵阵的风,把它的翅翼吹得如罗裙似的飘着,然后重放掌中,向空间抛掷了若干回,使它昏醉地再行苦斗。间也可以冀得胜利的,但若力量太差,又终归于失败时,那就成为沙场败将了。

蟋蟀一名促织,又名趋织,又叫吟蛩。白石道人云:“蟋蟀中都呼为促织,善斗,好事者或以二三万钱致一枚,镂象齿为楼观,以贮之。”《宋史·贾似道传》云:“日与群姬斗蟋蟀于葛岭山庄。”可见在好几百年前,已经有人玩这把戏了。

后来我们年纪渐长,觉得它们这样的同种相戕,弄得破头断肢,未免有些不忍。正如中国的军阀,只能互相争斗,不能共御外侮,同样地引为遗憾!于是我们不再让蟋蟀去阋墙相斗了。把它们单独地各自放在一只小盒子里;夜晚排列在天井中,寂静地卧听它们那凄清的声调,觉得别有一种情趣。

蟋蟀是一种直翅类的昆虫,也属于节肢动物。它的身体是长圆形的,长约五六分的光景。体的颜色,大别可分为二种:一种是黑色的,还有一种是褐色的。它的头部很是发达,大约占全身十分之三强。生有一对浓褐色的触须,比较它的身体还是长些。在触须近处,有两只椭圆形的黑色复眼,用以观察物象。此外还有三只单眼,藉以感觉明暗。下面便是嘴部,嘴角露出犀利的牙,以便食物及咬斗。前胸是长方形的,有斑纹。雄的前翅分左右一对,达到腹部的末节;左翅在下面,质软而透明,边缘有锯齿。右翅在上面,质硬而坚固,表面有波状脉。两翅相重迭,连接的地方,有刚强声器,所以左右两翅互相摩擦,就会发出响亮的声音。当声音发出时,两翅是比平时较为提高的。及到两翅迭实,恢复原状的时候,那声音遂即停止。可见它的鸣声,实际上并不是从口里唱出,而是由翅膀发出来的。它的腹下,有肢三对,后肢较为强大,善于跳跃。在尾端还有尾毛一对。雌的生理上的构造,和雄的不同;她的翅较短,有直棱。而翅间没有刚强的声器,所以虽是两翅摩擦,也不能够发出高声,只能发出唧唧的微吟而已。她的腹部较大,末端也有尾毛一对,但比较雄的稍为短些。在尾毛的中间,具有产卵管,它们交尾之后,雌的卵子受精,身体就渐渐大了起来,后来她便在草丛间的泥土里产卵,迨至北风凛冽的时候,它们便先后受着严寒的侵凌而僵殒了。卵子在泥土里越过了寒冬,到翌年的春间,便在温暖的阳光里孵成小虫,于是逐渐长大起来,到了秋天,发育方告完全,就变成能鸣善斗的蟋蟀了。

它们性怕日光。所以当太阳朗照的时候,它们都栖息在土穴里或石砾下,不敢出来。到了日落西山的夜晚，它们便擦翅高鸣，并且出来觅食了。它们的食物，是小昆虫与草木的幼根。对于植物的滋长是有妨碍的。但有时它们又常吃些有害禾稻的毒草和害虫，所以它们对于农业上可以说是利害参半。

蟋蟀的鸣声，是开始于秋天的。这在旧书上也有记载。如《四子讲德论》曰："蟋蟀候秋吟。"《埤雅》也云："蟋蟀随阴迎阳，一名吟蛩。秋初生，得寒乃鸣。"但是古人尝谓蟋蟀鸣时，是在催促织工勤紧工作的意思。如诗纬《汜历枢》云："立秋促织鸣，女工急促之候也。"又《尔雅疏》里语曰："趋织鸣，懒妇惊。"又《诗经》云：

蟋蟀在堂，岁聿其莫；今我不乐，日月其除。无已大康，职思其居；好乐无荒，良士瞿瞿。

蟋蟀在堂，岁聿其逝；今我不乐，日月其迈。无已大康，职思其外，好乐无荒，良士蹶蹶。

蟋蟀在堂，役车其休；今我不乐，日月其慆。无已大康，职思基忧；好乐无荒，良士休林。

这都是说因为蟋蟀的鸣声，而唤起人们对于职务的警惕的心理。但从生物学的立场看来，蟋蟀的自身不过是一种昆虫。它的鸣声也纯粹是一种昆虫的鸣声，并没有含其他的意义，和人们的职务是丝毫没有相干的。不过人们总是善感的，往往听到它的凄凄切切的鸣声，就要触起无限的感怀。所以历来许多诗人词客多把它作为写愁抒怨的资料。如阮籍的咏怀诗云：

开秋兆凉气，蟋蟀鸣床帷。感物怀殷忧，悄悄令心悲……

又姜夔咏蟋蟀的《齐天乐》词云：

庾郎先自吟愁赋，凄凄更闻私语。露湿铜铺，苔侵石井，都是曾听伊处；哀音似诉，正思妇无眠，起寻机杼。曲曲屏山，夜凉独自甚情绪！西窗又吹暗雨，为谁频断续，相和砧杵?候馆吟秋，离宫吊月，别有伤心无数。豳诗漫与，笑离落呼灯，世间儿女，写入琴诗，一声声更苦。

又纳兰容若《清平乐》词云：

凄凄切切，惨淡黄花节。梦里砧声浑未歇，那更乱蛩悲咽……

肃杀的秋天，原很容易惹人伤感的，更何况听到唧唧哀吟的蛩声呢，当然是更免不了要百感交集，愁绪填膺了。所以他们借文字来发泄心中的牢骚，是无怪的。

然而这得要在乡野，才有这种情调。若是在“铅色”的都市，那就不同了。就说现在的上海吧，所看到的，随处都是水门汀，很难找到一片草地，当然没有蟋蟀们的足迹了。我虽然喜欢蟋蟀，但是现在已没有儿时那样的兴致与余闲去养它。纵使有时到郊外碰巧听到它们几声微吟，但也是很难得的机会。因此常想起如得几日清闲，到江村茅舍里去卧听那残夜雨余的吟蛩，那是多么饶有诗意的事，虽然这诗意许是很凄凉的！又杜甫《促织》诗云：

促织甚微细，哀音何动人。草根吟不稳，床下夜相亲。久客得无泪，故妻难及晨。悲诗与急管，感激异天真。

又白居易《闻蛩诗》云：

闻蛩唧唧夜绵绵，况是秋阴欲雨天。犹恐愁人暂得睡，声声移近卧床前。

简评：台湾诗人余光中在海外夜间听蟋蟀叫，以为是四川乡下的那一只，大陆诗人流沙河笔下的蟋蟀，轻轻一跳，就跳跳过了千山万水，千年百代，悠长浓郁的情思集于一身。本文的蟋蟀别是一格，其中心意象以及含蕴其中的幽怨情绪，将全文童稚戏蟀、精细画蟀、引诗咏蟀三幅似乎迥然不同的笔墨巧妙地融为一体，形成这篇静雅冲淡，似淡实浓的美文。

弈　人

贾平凹

在中国，十有六七的人识得棋理，随便于何时何地，偷得一闲，就人列对方，汉楚分界，相士守城保帅，车马冲锋陷阵，小小棋盘之上，人皆成为符号，一场厮杀就开始了。

一般人下棋，下下也就罢了，而十有三四者为棋迷。一日不下瘾发，二日不下手痒，三日不下肉酒无味，四五日不下则坐卧不宁。所以以单位组织的比赛项目最多，以个人名义邀请的更多。还有最多更多的是以棋会友，夜半三更辗转不眠，提了棋袋去敲某某门的。于是被访者披衣而起，挑灯夜战。若那家妇人贤惠，便可怜得彻夜被当当棋子惊动，被腾腾香烟毒雾薰蒸；若遇悍妇角色，弈者就到厨房去，或蹴或爬，一边落子一边点烟，有将胡子烧焦了的，有将烟反拿，火红的烟头塞入口里的。相传50年代初，有一对弈者，因言论反动双双划为右派遣返原籍，自此沦落天涯。24年后甲平反回城，得悉乙也平反回城，甲便提了棋袋去乙家拜见，相见就对弈一个通宵。

对弈者也还罢了，最不可理解的是观弈的，在城市，如北京、上海，何等的大世界，或如偏远窄小的西宁、拉萨，夜一降临，街上行人稀少，那路灯杆下必有一摊一摊围观下棋的。他们是些有家不归之人，亲善妻子儿女不如亲善棋盘棋子，借公家的不掏电费的路灯，借夜晚不扣工资的时间，大摆擂台。围观的一律伸长脖子，双目圆睁，嘶声叫嚷着自己的见解。弈者每走一步妙着，锐声叫好，若一步走坏，懊丧连天，都企图垂帘听政。但往往弈者仰头看看，看见的都是长脖颈上的大喉结，没有不上下活动的，大小红嘴白牙，皆在开合，唾沫就乱雨飞溅，于是笑笑，坚不听从。不听则骂：臭棋！骂臭棋，弈者不应，大将风度，应者则是别的观弈人，双方就各持己见，否定，否定之否定，最后变脸失色，口出秽言，大打出手。西安有一中年人，夜里孩子有病，妇人让去医院开药，路过棋摊，心里说：不看不看。脚却将至，不禁看一眼，恰棋正走到难处，他就开始指点，但指点不被采纳反被观弈者所讥，双双打了起来，口鼻出血。结果，医院是去了，看病的不是儿子而是他。

在乡下，农人每每在田里劳作累了，赤脚出来，就于埂头对弈。那赫赫红日当顶，头上各覆荷叶，杀一盘，甲赢乙输，乙输了乙不服，甲赢了欲再赢，这棋就杀得一盘未了又复一盘。家中妇人儿女见爹不归，以为还在辛劳，提饭罐前去三声四声喊不动，妇人说："吃！"男人说："能吃个×！有马在守着怎么吃?!"孩子们最怕爹下棋，赢了会搂在怀里用胡碴扎脸，输了则脸面黑封，动辄擂拳头。以致流传一个笑话，说是一孩子在家做作业，解释"孔子曰……而已"，遂去问爹："而已是什么?"爹下棋正输了，一挥手说："你娘的脚！"孩子就在作业本上写了："孔子曰……你娘的脚！"

不论城市乡村，常见有一职业性之人，腰带上吊一棋袋，白发长须，一脸刁钻古怪，在某处显眼地方，摆一残局。摆残局者，必是高手。来应战者，走一步两步若路数不对，设主便道："小子，你走吗，别下不了台！"败走的，自然要在人家的一面白布上留下红指印，设主就抖着满是红指印的白布四处张扬，以显其威。若来者一步两步对着路数，设主则一手牵了对方到一旁，说："师傅教我几手吧！"两人进酒铺坐喝，从此结为挚友。

能与这些设主成挚友的，大致有二种人，一类是小车司机。中国的小车坐的都是官员，官员又不开车，常常开会或会友，一出车门，将车留下，将司机也留下，或许这会开得没完没了，或许会友就在友人家用膳，酒醉半天不醒，这司机就一直在车上等着，也便就有了时间潜心读棋书，看棋局了。一类是退休的干部。在台上时日子万般红火，退休后冷落无比就从此不饲奸贼猫咪，宠养走狗，喜欢棋道，这棋艺就出奇地长进。

中国号称礼义之邦，人们做什么事都谦谦相让，你说他好，他偏说"不行"，但偏有两处撕去虚伪，露了真相。一是喝酒，皆口言善饮，李太白的"唯有饮者留其名"没有不记得的，分明醉如烂泥，口里还说："我没有醉……没醉……"倒在酒桌下了还是："没……醉……醉！"另外就是下棋，从来没有听过谁说自己棋艺不高，言论某某高手，必是："他那臭棋篓子呗！"所以老者对少者输了，会说："我怎么去赢小子?!"男的输了女的，是："男不跟女斗嘛！"找上门的赢了，主人要说："你是客人哪！"年龄相仿，地位等同的，那又是"好汉不赢头三盘呀！"

象棋属于国粹，但象棋远没围棋早，围棋渐渐成为高层次的人的雅事，象棋却贵贱咸宜，老幼咸宜，这似乎是个谜。围棋是不分名称的，棋子就是棋子，一下就是一个，人可左右占位，围住就行，象棋有帅有车，有相有卒，等级分明，各有限制。而中国的象棋代代不衰,恐怕是中国人太爱政治的缘故儿吧?他们喜欢自己做将做帅,调车调马,贵人者,以再一次施展自己的治国治天下的策略,平民者则作一种精神上的享受,以致词典上有了“眼观全局,胸有韬略”之句。于是也就常想“××他能当官,让我去当,比他有强不差!”中国现在人皆浮躁,劣根全在于此。古时有清谈之士,现在也到处有不干实事、夸夸其谈之人,是否是那些古今存在的观弈人呢?所以善弈者有了经验:越是观者多,越不能听观者指点;一人是一套路数,或许一人是雕龙大略,三人则主见不一,互相抵消为雕虫小技了。虽然人们在棋盘上变相过政治瘾,但中国人毕竟是中国人,他们对实力不如自己的,其势凶猛,不可一世,故常说:“我让出你两个马吧!”“我用半边兵力杀你吧!”若对方不要施舍,则在胜时偏不一下子致死,故意玩弄,行猫对鼠的伎俩,又或以吃掉对方所有棋子为快,结果棋盘上仅剩下一个帅子,成孤家寡人。而一旦遇着强手,那便“心理压力太大”,缩手缩脚,举棋不定,方寸大乱,失了水准。真怀疑中国足球队的教练和队员都是会走象棋的。

这样,弈坛上就经常出现怪异现象:大凡大小领导,在本单位棋艺均高。他们也往往产生错觉,以为真个“拳打少林,脚踢武当”了。当然便有一些初生牛犊以棋对话,警告顶头上司,他们的战法既不用车,也不架炮,专事小卒。小卒虽在本地受重重限制,但硬是冲过河界,勇敢前进,竟直捣对方城池擒了主帅老儿。

×州便有一单位,春天里开展棋赛,是一英武青年与几位领导下盲棋。一间厅子,青年坐其中,领导分四方,青年皓齿明眸,同时以进卒向四位对手攻击,四位领导皆十分艰难,面色由黑变红变白,搔首抓耳。青年却一会儿去上厕所,一会儿去倒水沏茶,自己端一杯,又给四位领导各端一杯。冷丁对方叫出一字,他就脱口接应走出一步。结果全胜。这青年这一年当选了单位的人大代表。

简评:小小棋子竟有如此大的魔力,令棋手嗜之如命,叫旁观者围聚吵骂,让老手在街头设擂扬威,也促成年轻人曲线从政。作者将丰富的观察积累写成文章,涉及面之广、刻画之深入,上至各级领导,下至平民百姓,无不生动活泼,跃然纸上,用心良苦,用意何在?不为写棋,而为写人;最为可贵之处,不是光想着写弈人,而是写众生相,从一个小方面写出国人的性情、心态、际遇。作者观察细致,妙笔成文,发掘了深刻意蕴,极有可读性。

中国人，你为什么不生气

龙应台

在昨晚的电视新闻中，有人微笑着说："你把检验不合格的厂商都揭露了，叫这些生意人怎么吃饭？"

我觉得恶心，觉得愤怒。但我生气的对象倒不是这位人士，而是台湾一千八百万懦弱自私的中国人。

我所不能了解的是：中国人，你为什么不生气？

包德甫的《苦海余生》英文原本中有一段他在台湾的经验：他看见一辆车子把小孩撞伤了，一脸的血。过路的人很多，却没有一个人停下来帮助受伤的小孩，或谴责肇事的人。我在美国读到这一段，曾经很肯定地跟朋友说：不可能！中国人以人情味自诩，这种情况简直不可能！

回台一年了，我睁大眼睛，发觉包德甫所描述的不只可能，根本就是每天发生、随地可见的生活常态。在台湾，最容易生存的不是蟑螂，而是"坏人"，因为中国人怕事、自私、只要不杀到他床上去，他宁可闭着眼假寐。

我看见摊贩占据着你家的骑楼，在那儿烧火洗锅，使走廊垢上一层厚厚的油污，腐臭的菜叶塞在墙角。半夜里，吃客喝酒猜拳作乐，吵得鸡犬不宁。

你为什么不生气？你为什么不跟他说"滚蛋"？

哎呀！不敢呀！这些摊贩都是流氓，会动刀子的。

那么为什么不找警察呢？

警察跟摊贩相熟，报了也没有用，到时候若曝了光，那才真惹祸上门了。

所以呢？

所以忍呀！反正中国人讲忍耐！你耸耸肩，摇摇头！

在一个法治上轨道的国家里，人是有权利生气的。受折磨的你首先应该双手叉腰，很愤怒地对摊贩说："请你滚蛋！"他们不走，就请警察来。若发觉警察与小贩有勾结——那更严重。这一团怒火应该往上烧，烧到警察肃清纪律为止，烧到摊贩离开你家为止。可是你什么都不做，畏缩地把门窗关上，耸耸肩，摇摇头！

我看见成百的人到淡水河畔去欣赏落日、去钓鱼。我也看见淡水河畔的住家整笼整笼地把恶臭的垃圾往河里倒,厕所的排泄管直接通到河底。河水一涨,污秽气直逼到呼吸里来。

爱河的人,你又为什么不生气?

你为什么没有勇气对那个丢汽水瓶的少年郎大声说:"你敢丢,我就把你也丢进去?"你静静坐在那钓鱼(那已经布满癌细胞的鱼),想着今晚的鱼汤,假装没看见那个几百年都化解不了的汽水瓶。你为什么不丢掉鱼竿,站起来,告诉他你很生气?我看见计程车穿来插去,最后停在右转线上,却没有右转的意思。一整列想右转的车子就停滞下来,造成大阻塞。你坐在方向盘前,叹口气,觉得无奈。

你为什么不生气?

哦!跟计程车可理论不得!报上说,司机都带着扁钻的。

问题不在于他带不带扁钻。问题在于你们这几个受他阻碍的人没有种推开车门,很果断地让他知道你们不齿他的行为,你们很愤怒!

经过郊区,我闻到刺鼻的化学品燃烧的味道。走近海滩,看见工厂的废料大股大股地流进海里,把海水染成一种奇异的颜色。湾里的小商人焚烧电缆,使湾里生出许多缺少脑子的婴儿。我们的下一代——眼睛明亮、嗓音稚嫩、脸颊透红的下一代,将在化学废料中学游泳,他们的血管里将流着我们连名字都说不出来的毒素——

你又为什么不生气呢?难道一定要等到你自己的手臂也温柔地捧着一个无脑婴儿,你再无言地对天哭泣?西方人来台湾观光,他们的旅行社频频叮咛:绝对不能吃摊子上的东西,最好也少上餐厅,饮料最好喝瓶装的,但台湾本地出产的也别喝,他们的饮料不保险……

这是美丽宝岛的名誉,但是名誉还真是其次。最重要的是我们自己的健康,我们下一代的健康。一百位交大的学生食物中毒——这真的只是一场笑话吗?中国人的命这么不值钱吗?好不容易总算有几个人生起气来,组织了一个消费者团体。现在却又有"占着茅坑不拉屎"的卫生署,为不知道什么人做说客的立法委员要扼杀这个还没做几桩事的组织。

你怎么能够不生气呢?你怎么还有良心躲在角落里做"沉默的大多数"?你以为你是好人,但是就因为你不生气、你忍耐、你退让,所以摊贩把你的家搞得像个破落大杂院，所以台北的交通一团乌烟瘴气，所以淡水河是条烂肠子。就是因为你不讲话、不骂人、不表示意见，所以你疼爱的娃娃每天吃着、喝着、呼吸着化学毒素，你还在梦想他大学毕业的那一天！你忘了，几年前在南部有许多孕妇，怀胎九月中，她们也闭着眼梦想孩子长大的那一天，却没想到吃了滴滴纯净的沙拉油，孩子生下来是瞎的、黑的！

不要以为你是大学教授，所以作研究比较重要；不要以为你是杀猪的，所以没有人会听你的话；也不要以为你是个学生，不够资格管社会的事。你今天不生气，不站出来说话，明天你——还有我、还有我的下一代，就要成为沉默的牺牲者，受害人！

如果你有种，有良心。

简评：作者曾生活在台湾，文中所列举的种种现象都出现在祖国的宝岛——台湾。可是当我们听作者义愤填膺的数说以后，这一桩桩，一件件，我们又是那样的熟悉不过。事不关己，高高挂起，对公众的事如此冷酷的直接代价就是，江河变色，山峦秃兀，风沙肆虐，生活环境极端恶化；是啊，海峡两岸，都是龙的传人，不必有什么大惊小怪的，那么，我们每一个炎黄子孙都得问一问，当我们在心里慨叹人心不古，世风日下的时候，当我们为江河断流，苍山变秃而忧郁时，我们应问一声，我们自己呢？你真的可以生气！

悠远的回响

开始回忆是最初的苍老，也是最初的成长。一段童年的歌谣，一抹故人的微笑，都在如水的岁月里沉淀出美丽的模样。没有长跑健将会鄙视当年的蹒跚学步，也不会有伟大的作家对小时候歪歪斜斜的笔迹嗤之以鼻：那是跬步，那是小流，那是千里之行的起点，那是汪洋恣肆的开端。生活需要回望，需要停下匆匆的脚步想想过去。一个人，一个国家，一个时代，莫不如此，让过去的事情如同石子在心湖里投出悠远的回响。看向过往是为了让回忆的清泉把目光洗得更亮，再前行时，才能看到更远的远方。

第一篇论文

苏步青

考进自己向往的东京帝国大学数学系，我心情非常舒畅，同时也觉得，以往的一帆风顺，会给自己今后的学习带来顺利。但是，当来到指导教师洼田忠彦教授身边时，我立即感受到攀登数学高峰并不是想象中那样轻而易举。洼田教授是著名的几何学家，训练我很严格，甚至有些严厉，我不得不产生一种畏惧心理。

有一次，遇到一道几何难题解不出来，我便去向洼田教授求教。教授看了看我，只冷冷地说："请你去看沙尔门·菲德拉的解析几何作品，然后再来找我。"我马上到学校图书馆查书。当我查到该书翻阅起来时，不禁连声叫苦：这是一套德文原版书，有厚厚的三大本，近2 000页。当时，我还只懂日文、英文、法文，对德文一窍不通，心里不由抱怨起来：教授太狠心，不给具体指点，这么厚的书要啃到何年何月？抱怨归抱怨，毕竟是教授叫读的，也只好听从。

我一面抓紧时间学德文，一面边学边啃原著。一个学期下来，我硬是啃完了这套书。到这个时候，我才去见洼田教授。教授一见我便问，那道题的答案找到没有？我深深地鞠了一躬，表示诚挚的感谢。因为这套书不但解决了我的疑难问题，而且使我的解析几何知识系统化，掌握了终生有用的基础知识。

在钻研数学的过程中，我发现意大利的几何学是世界闻名的，而自己不懂意大利文，给学习意大利名著带来很大困难。思考再三，我下决心学意大利语，以便将来能更有效地研究几何学。

我有过向房东老大娘学日语的经历，这次学意大利语又想用这种办法。然而这次选择的对象不是老大娘，而是一位意大利的神父。

东京帝国大学附近有一个天主教堂，每星期五做弥撒时，总能见到神父。他是位意大利人，已年近花甲，头发完全白了。受罗马梵蒂冈派遣，他远渡重洋，到日本来传教，已有二十多年时间了。我并不信教，但是苦于找不到意大利语的老师，也只能从当教徒入手，以便接近神父，获得学意大利语的机会。我特意买了一套做弥撒穿的白外套，做了几次弥撒。据说神父年迈想收新教徒接班，正在物色对象，而我一心想接近神父，寻求意大利语老师。几次接触之后，我们之间日渐熟悉，终于有一天我向神父提出请他教我意大利语的请求。神父出于自己的目的，竟然爽快地答应了我的请求，并告诉我每天晚上都可以去。

从此，我每天晚上都到神父家上课，风雨无阻。神父误认为找到了一个新“教徒”。为了让我早日学会意大利语接班，所以教得特别卖力。而我则想多掌握一门外语，可以多看懂一个国家的数学名著，真是同“桌”异梦，各有所求。

三个月后，我已经能够轻松地阅读意大利的原版数学论著。预期的目的达到了，而我又不想为学意大利语占用更多宝贵的时间，便带了一笔学费向神父告辞。神父惊愕地问我为什么不想当神父，我这才道出本意。我说不想研究教义，只想探索数学。您教会了我意大利语，我会终身记住您，感谢您。神父面对这突如其来的辞行，有点懊悔，但仍尽力地做了些宣传教育工作，并声称只有宗教才能拯救人类。我也据理力争，宣传我的观点，说只有科学才能造福于人类。神父看出难于挽救的局面，只好找一句话来安慰自己：“每个人都有自己的宗教，你把数学当做自己的宗教。孩子，你去努力吧！”神父不收我带去的一文钱，把我送出了家门。

神父教会了我意大利语，我是满怀感激之情的。有了这个外语工具，在大学期间，我和意大利的几位著名数学大师有了通信交往，及时得到了他们的指点和具体帮助。我可以用意大利语准确表达自己的思想，以至于后来能写出意大利文的数学论文，在意大利的著名杂志上发表。所有这些，我怎能不感激神父认真而严肃的意大利语教育呢？

我从青年时代开始就意识到外文的重要性，并寻找各种机会，如饥似渴地学习和掌握外语。在掌握前五门外语的基础上，我又自学了西班牙文。到了五十多岁，因教学、科研的需要，我又学会了比较难掌握的俄文。这样，我一共掌握七门外语，其中，日语、英语、法语能精通，其他几门则能阅读数学专著。60年代我有机会出访欧洲几国，我既是团长、秘书，还兼任翻译，可见学好外语真是好处不少啊！特别是处于改革开放的今天，更该学好外语。由于外文得心应手，学习国外数学的新作也就不太困难了。书读多了，启发也大，为我早期开展科学研究奠定了基础。读大学三年级时，我写出了第一篇数学论文——《关于费开特的一个定理的注记》（又名《关于一个定理的扩充》）。由于有一些新的见解，论证也比较严密，几位著名的学者都加以赞赏。导师将这篇论文推荐给日本学士院主办的学术刊物发表。据说，当时学生的论文发表在学士院学报上的几乎没有，况且作者又是一位年轻的中国学生，故在学校引起很大轰动。日本一家报纸为此还专门发了一条新闻。

简评：苏步青正是凭借深厚的外语功底，阅读了国外的数学原著，从而在数学研究上成绩斐然。数学家的第一篇论文启迪我们：外语是一门工具，有了它，我们可以开启国外丰富的文化宝藏，更重要的是提升自己。著名数学家、教育家用自己的经历告诉今天的年轻人读书、做学问要有一种"攻城不怕坚，攻书莫畏难"的精神。

作家谈读书

美国将高中阶段的语文课程内容和历史课程内容统筹安排，比如，高中第一年的英语课，《世界文学》和《世界历史》相配套，鲁迅作品单元安排在《世界文学》中的"中国文学"部分。学生通过"中国历史"课可以系统了解与三篇课文相关的中国社会历史知识，这些知识为解读鲁迅作品起到了先行组织者的作用。二是将鲁迅作品的背景知识作为一个整体进行系统设计。比如把《孔乙己》、《社戏》和《故乡》按照"同一作者用相似的笔法写同一个地方的不同事件"的知识点组成一个单元，并对三篇课文的背景知识进行综合介绍。美国学校对鲁迅作品的教学偏向于采用"发现学习法"。学生先在小组内用"分工阅读法"自读课文，即每个组员读一部分，并在组内交流、分享阅读感受，然后各组同学用问题的形式把交流的情况呈现出来。老师从中挑选几个有趣的问题，在全班通过"脑力激荡"引导学生分析和解决问题，并用小论文的形式加以表达。

——何更生、丁晴：《美国学校怎样教鲁迅作品》，《全球教育展望》2011.7.

雪

鲁　迅

暖国的雨，向来没有变过冰冷的坚硬的灿烂的雪花。

博识的人们觉得他单调，他自己也以为不幸否耶？江南的雪，可是滋润美艳之至了；那是还在隐约着的青春的消息，是极壮健的处子的皮肤。雪野中有血红的宝珠山茶，白中隐青的单瓣梅花，深黄的磬口的蜡梅花；雪下面还有冷绿的杂草。蝴蝶确乎没有；蜜蜂是否来采山茶花和梅花的蜜，我可记不真切了。但我的眼前仿佛看见冬花开在雪野中，有许多蜜蜂们忙碌地飞着，也听得他们嗡嗡地闹着。

孩子们呵着冻得通红，像紫芽姜一般的小手，七八个一齐来塑雪罗汉。因为不成功，谁的父亲也来帮忙了。罗汉就塑得比孩子们高得多，虽然不过是上小下大的一堆，终于分不清是壶卢还是罗汉；然而很洁白，很明艳，以自身的滋润相粘结，整个地闪闪地生光。孩子们用龙眼核给他做眼珠，又从谁的母亲的脂粉奁中偷得胭脂来涂在嘴唇上。这回确是一个大阿罗汉了。他也就目光灼灼地嘴唇通红地坐在雪地里。

第二天还有几个孩子来访问他；对了他拍手，点头，嘻笑。但他终于独自坐着了。晴天又来消释他的皮肤，寒夜又使他结一层冰，化作不透明的水晶模样；连续的晴天又使他成为不知道算什么，而嘴上的胭脂也褪尽了。

但是，朔方的雪花在纷飞之后，却永远如粉，如沙，他们决不粘连，撒在屋上，地上，枯草上，就是这样。屋上的雪是早已就有消化了的，因为屋里居人的火的温热。别的，在晴天之下，旋风忽来，便蓬勃地奋飞，在日光中灿烂地生光，如包藏火焰的大雾，旋转而且升腾，弥漫太空，使太空旋转而且升腾地闪烁。

在无边的旷野上，在凛冽的天宇下，闪闪地旋转升腾着的是雨的精魂……

是的，那是孤独的雪，是死掉的雨，是雨的精魂。

简评：鲁迅是南方人，对雪情有独钟，本文正是作者体验冬雪的一次集中表述。“它”本是“暖国的雨”，一次寒潮，畸变为冰冷的雪花，比雨更“灿烂”，有冷艳的色彩。当然，这雪花的美艳灿烂是流动自由的生命死亡的代价，是“死掉的雨”，是“雨的精魂”。文章以肯定的语气赞扬了朔方飞雪追求自由的精神，同时对它的不幸寄予深切的同情，赞扬朔方的飞雪是雨的灵魂，也就是说它仍然保持了雨的自由活泼的精神。孤独的雪是指没有生机，死掉的雨是无私奉献，雨的精魂是坚强不屈的个性。言外之意，鲁迅只有对化雨为雪的“寒冷冬天”的无言愤慨。

作家谈读书

一个人的思路，到了十五六岁以后，又渐渐开展起来，那时候，学习文字符号的工程已告一段落，而所接触的世界，逐渐广大复杂起来，思考力因此加强得多。又因为生理的成熟，男女之爱萌生着，也由单纯的进为复杂的多面的情感；那时，自我意识的渐明，对于自己的圈子重新加以估量。这种对于环境的反应，对于世界的再认识，其实便是无字的抒情文、记叙文、议论文。一个青年，他的生活经验假若是丰富的，假若时常运用于他的脑子去想一想的，假若有胆量发抒自己的情怀的，事实上他就是一个能写文章的作家。以作文为主，以读书为辅，把一切书都当作作文的资料看待，取之不尽，用之不竭；那就书也读通了，文也做好了。

——曹聚仁：《文思》，生活·读书·新知三联书店，2002.7.

松堂游记

朱自清

去年夏天，我们和S君夫妇在松堂住了三日。难得这三日的闲，我们约好了什么事不管，只玩儿，也带了两本书，却只是预备闲得真没办法时消消遣的。

出发的前夜，忽然雷雨大。枕上颇为怅怅，难道天公这么不做美吗！第二天清早，一看却是个大晴天。上了车，一路树木带着宿雨，绿得发亮，地下只有一些水塘，没有一点尘土，行人也不多。又静，又干净。

想着到还早呢，过了红山头不远，车却停下了。两扇大红门紧闭着，门额是国立清华大学西山牧场。拍了一会门，没人出来，我们正在没奈何，一个过路的孩子说这门上了锁，得走旁门。旁门上挂着牌子，"内有恶犬"。小时候最怕狗，有点趑趄。门里有人出来，保护着进去，一面吆喝着汪汪的群犬，一面只是说，"不碍不碍"。

过了两道小门，真是豁然开朗，别有天地。一眼先是亭亭直上，又刚健又婀娜的白皮松。白皮松不算奇，多得好，你挤着我我挤着你也不算奇，疏得好，要像住宅的院子里，四角上各来上一棵，疏不是？谁爱看？这儿就是院子大得好，就是四面八方都来得好。中间便是松堂，原是一座石亭子改造的，这座亭子高大轩敞，对得起那四围的松树，大理石柱，大理石栏杆，都还好好的，白，滑，冷。白皮松没有多少影子，堂中明窗净几，坐下来清清楚楚觉得自己真太小，在这样高的屋顶下。树影子少，可不热，廊下端详那些松树灵秀的姿态，洁白的皮肤，隐隐的一丝儿凉意便袭上心头。

堂后一座假山，石头并不好，堆叠得还不算傻瓜。里头藏着个小洞，有神龛，石桌，石凳之类。可是外边看，不仔细看不出，得费点心去发现。假山上满可以爬过去，不顶容易，也不顶难。后山有座无梁殿，红墙，各色琉璃砖瓦，屋脊上三个瓶子，太阳里古艳照人。殿在半山，岿然独立，有俯视八极气象。天坛的无梁殿太小，南京灵谷寺的太黯淡，又都在平地上。山上还残留着些旧碉堡，是乾隆打金川时在西山练健锐云梯营用的，在阴雨天或斜阳中看最有味。又有座白玉石牌坊，和碧云寺塔院前那一座一般，不知怎样，前年春天倒下了，看着怪不好过的。

可惜我们来的还不是时候，晚饭后在廊下黑暗里等月亮，月亮老不上，我们什么都谈，又赌背诗词，有时也沉默一会儿。黑暗也有黑暗的好处，松树的长影子阴森森的有点像鬼物拿土。但是这么看的话，松堂的院子还差得远，白皮松也太秀气，我想起郭沫若君《夜步十里松原》那首诗，那才够阴森森的味儿——而且得独自一个人。好了，月亮上来了，却又让云遮去了一半，老远的躲在树缝里，像个乡下姑娘，羞答答的。从前有人说："千呼万唤始出来，犹抱琵琶半遮面。"真有点儿！云越来越厚，由他吧，懒得去管了。可是想，若是一个秋夜，刮点西风也好。虽不是真松树，但那奔腾澎湃的"涛"声也该得听吧。

西风自然是不会来的。临睡时，我们在堂中点上了两三支洋蜡。怯怯的焰子让大屋顶压着，喘不出气来。我们隔着烛光彼此相看，也像蒙着一层烟雾。外面是连天漫地一片黑，海似的。只有远近几声犬吠，教我们知道还在人间世里。

简评：行文中似与好友闲话，平静而有趣地将游历所见娓娓道来，动情处，"隐隐的一丝儿凉意便袭上"心头"，从中可窥见作者闲散、恬淡而又寂寞苦闷的心内一隅。写景状物，不事雕琢，随意点染，"于平淡之中见神奇，平正通达而又富于创造性"（朱德熙语）。

桃园杂记

李广田

我的故乡在黄河与清河两流之间。县名济东,济南府属。土质为白沙壤,宜五谷与棉及落花生等。无山,多树,凡道旁田畔间均广植榆柳。县西境数十里一带,则胜产桃。间有杏,不过于桃树行里添插些隙空而已。世之人只知有"肥桃"而不知尚有"济东桃",这应当说是见闻不广的过失,不然,就是先入为主为名声所蔽了。我这样说话,并非卖瓜者不说瓜苦,一味替家乡土产鼓吹,意在使自家人多卖些铜钱过日子,实在是因为年头不好,连家乡的桃树也遭了末运,现在是一年年地逐渐稀少了下去,恰如我多年不回家乡,回去时向人打听幼年时候的伙伴,得到的回答却是某人夭亡某人走失之类,平素从不关心,到此也难免有些黯然了。

故乡的桃李,是有着很好的景色的。计算时间,从三月花开时起,至八月拔园时止,差不多占去了半年日子。所谓拔园,就是把最后的桃子也都摘掉。最多也只剩着一种既不美观也少甘美的秋桃,这时候园里的篱笆也已除去,表示已不必再昼夜看守了。最好的时候大概还是春天吧,遍野红花,又恰好有绿柳相衬,早晚烟霞中,罩一片锦绣画图,一些用低矮土屋所组成的小村庄,这时候是恰如其分地显得好看了。到得夏天,有的桃实已届成熟,走在桃园路边,也许于茂密的秀长桃叶间,看见有刚刚点了一滴红唇的桃子,桃的香气,是无论走在什么地方都可以闻到的,尤其当早夜,或雨后。说起雨后,这使我想起布谷,这时候种谷的日子已过:是锄谷的时候了,布谷改声,鸣如"荒谷早锄",我的故乡人却呼作"光光多锄"。这种鸟以午夜至清晨之间为叫得最勤,再就是雨霁天晴的时候了。叫的时候又仿佛另有一个作吱吱鸣声在远方呼应,说这是雌雄和唱,也许是真实的事情。这种鸟也好像并无一定的宿处,只常见它们往来于桃树柳树间,忽地飞起,又且飞且鸣罢了。我永不能忘记的,是这时候的雨后天气,天空也许半阴半晴,有片片灰云在头上移动,禾田上冒着轻轻水气,桃树柳树上还带着如烟的湿雾,停了工作的农人又继续着;看守桃园的也不再躲在园屋里。——这时候的每个桃园都已建起了一座临时的小屋,有的用土作为墙壁而以树枝之类作为顶篷,有的则只用芦席作成。守园人则多半是老人或年轻姑娘。他们看桃园,同时又作着种种事情,如织麻或纺线之类。落雨的时候则躲在那座小屋内,雨睛之后则出来各处走走,到别家园里找人闲话。孩子们呢,这时候都穿了最简单衣服在泥道上跑来跑去,唱着歌子,和“光光多锄”互相答应,被问的自然是鸟,回答的言语是这样的:

光光多锄。
你在哪里?
我在山后。
你吃什么?
白菜炒肉。
给我点吃?
不够不够。

在大城市里,是不常听到这种鸟声的,但偶一听到,我就立刻被带到了故乡的桃园去,而且这极简单却又最能表现出孩子的快乐的歌唱,也同时很清脆地响在我的耳里。我不听到这种唱答已经有七八年之久了。

今次偶然回到家乡,是多少年唯一的能看到桃花的一次,然而使我惊讶的,却是桃花已不再那么多了,有许多桃园都已变成了平坦的农田,这原因我不大明自,问乡里人,则只说这里的土地都已衰老,不能再生新的桃树了。当自己年幼时候,记得桃的种类是颇多的。有各种奇奇怪怪名目,现在仅存的也不过三五种罢了。有些种类是我从未见过的,有些名目也已经被我忘却。大体说来,则应当分做秋桃与接桃两种,秋桃之中没有多大异同,接桃则又可分出许多不同的名色。

秋桃是桃核直接生长起来的桃树,开花最早,而果实成熟则最晚,有的等到秋末大凉时才能上市,这时候其他桃子都已净树,人们都在惋惜着今年不曾再有好的桃子可吃了,于是这种小而多毛且颇有点酸苦味道的秋桃也成了稀罕东西。接桃则是由生长过两三年的秋桃所接成的,有的是“根接”,把秋桃树干齐地锯掉,以接桃树的嫩枝插在被锯的树根上,再用土培覆起来,生出的幼芽就是接挑了。又有所谓“筐接”,方法和“根接”相同,不过保留了树干,而只锯掉树头罢了，因须用一个盛土的筱筐以保护插了新枝的树干顶端，故曰“筐接”。这种方法是不大容易成功的，假如成功，则可以较速地得到新的果实。另有一种叫做“枝接”，是颇有趣的一种接法：把秋桃枝梢的外皮剥除，再以接桃枝端上拧下来的哨子套在被剥的枝上，用树皮之类把接合处严密捆缚就行了，但必须保留桃子上的原有的芽码，不然，是不会有新的幼芽出生的。因此，一棵秋桃上可以接出许多种接桃，当桃子成熟时，就有各色各样的桃实了。也有人把柳树接作桃树的，据说所生桃实大可如人首，但吃起来则毫无滋味，说者谓如嚼木梨。

按熟的先后为序，据我所知道的，接桃中有下列几种：

“落丝”：当新的蚕丝上市时，落丝桃也就上市了。形椭圆，嘴尖长，味甘微酸。因为在同辈中是最先来到的一种，又因为产量较少之故，价值较高也是当然的了。

“麦匹子”：这是和小麦同时成熟的一种。形圆，色紫，味甚酸，非至全个果实已经熟透而内外皆呈紫色时，酸味是依然如故的。

“大易生”：此为接桃中最易生长而味最甘美的一种，能够和“肥桃媲美的也就是这一种了。熟时实大而白，只染一个红嘴和一条红线。未熟时甘脆如梨，而清爽适口则为梨所不及，熟透则皮薄多浆，味微如蜜。皮薄是其优点，也是劣点，不能耐久。不能致远，我想也就是因为这个了。

“红易生”：一名“一串绫”，实小，熟时遍体作绛色，产量甚丰，缘枝累累如贯珠，名“一串绫”，乃言如一串红绫绕枝，肉少而味薄，为接桃中之下品。

“大芙蓉”：形浑圆，色全白，故一名“大白桃”，夏末成熟，味甘而淡。又有“小芙蓉”，与此为同种，果实较小，亦曰“小白桃”。

“胭脂雪”：此为接桃中最美观的一种，红如胭脂，白如雪，红白相匀，说者所谓如美人颜，味不如“大易生”，而皮厚经久。此为桃类中价值最高者。

“铁巴子”：叶细小，故亦称“小叶子”，“铁巴子”谓不易摇落，既生摘亦须稍费力气，实小，味甘，现已绝种。另有“齐嘴红”一种，以状得名，不多见。

有一种所谓“磨枝”的，并非桃的另一种类，乃是紧靠着桃枝结果，因之被桃枝磨上了疤痕的桃子，奇怪处是这种桃子特别甘美，为担桃挑的桃贩所不取，但我们园里人则特意在枝叶间探寻“磨枝”来自己享用。为什么这种挑子会特别甘美呢，到现在也还不能明白。另有所谓“桃王”的，我想这大概只是一种传说罢了。据云“桃王”是一种特大的桃子，生在最繁密的枝叶间，长青不老，为一园之王，当然，一个桃园里也就只能有这么一个了。有“桃王”的桃园是幸福的，因为园里的桃子会格外丰美，甚至可以取之不竭。但假如有人把这“桃王”给摘掉了，则全园的桃子也将殒落净尽。这是奇迹，幼年时候每每费尽了工夫去发现“桃王”，但从未发现过一次，也不曾听说谁家桃园里发现过。

桃是我们家乡的重要土产，有些人家是藉了桃园来辅助一家生活之所需的。这宗土产的推销有两种方法：一是靠了外乡小贩的运贩，他们每到桃季便肩了挑子在各桃园里来往；另一种方法，就是靠着流过地方的那两条河水了。当“大易生”和“胭脂雪”成熟的时候，附近两河的码头上是停泊了许多帆船的，从水路再转上铁路，我们的桃子是被送到其他城市人民的口上去了。我很担心，今后的桃园会更变得冷落，恐怕不会再有那么多吆吆喝喝的肩挑舟贩，河上的白帆也将更见得稀疏了吧。

简评：文中，深沉的思乡之情融注在对故乡风土的描述中，这乡情，如“禾田上冒着轻轻水气，桃树柳树上还带着如烟的湿雾”，很轻很淡，但弥漫四处，令你时时处处，字字句句都感觉到它的存在。这般般的乡情，附着在广植榆柳的田畔道旁，加上诗画般的桃园风光，文章犹如一幅古朴静穆的田园风景画。

童 年

唐 弢

夜应该是黑暗的吧，然而我却经历了一个并不黑暗的夜，你也许以为那晚上有月亮，有星星，再不然便是有灯光或者火炬，但都不是。只因为在我的寂寞的记忆里悬挂着一个笑脸，它照亮了我的童年。

笑脸照亮了我的童年。

朝阳爬上海面，雾气散了，一万颗金星在波涛上跳动，第一缕春光印进了小小的心，我在紫云英的绿茵上打滚，在暖洋洋的潮水里濯脚，听鹧鸪在嫩绿丛中试着它的新声，杨柳枝头盘绕着青油油的潮气，不知道这是云，是雾，抑是昨夜农家遗留下的炊烟?

白鸟在波涛上缓缓地翱翔，蓦地，像中了弹一样地直落到水面，又霍地飞了上去，它已经找到了它的丰盛的早餐。

雄健的翼子在蓝天里划开一线笑痕，我的心里也漾起了一线笑痕。

心花开了，我笑着跳着，珍视我自己的童年。

我笑着跳着，珍视我自己的童年。

在石榴花开得火一般红的时候，我骑上牛背，缓缓地踱过了绿的原野。

我唱着情歌，虽然并没有情人；我觉得自己是凯旋归来的英雄，虽然并没有打过仗。

看，这世界是多么幽静，多么美丽。

这世界是多么幽静，多么美丽。

夜，她在我回忆里留下难忘的倩影。

月是她的脸，一抹轻云是她的笑靥，几颗星星是她的眼睛，晚风吹过垂杨，这上面散布着她的风韵。

我在她的膝上跳舞。

我在她的怀里熟睡。

我笑着跳着，我的青春是一盆火，融融的是热烈，旺旺的是光明。

在童年的宝座上我跨着长虹，遨游于大漠似的天空，我撷着轻云，摘着星星。

童年，梦一般的童年。

童年，梦一般的童年。

我用着和山等量的悔恨，和海等量的懊恼，送青春逝去。

在山的尽头，海的边涯，不，在寂寞者的心底，我埋葬了我的童年。

简评：这是一篇纯美的散文，诗意浓郁芬芳。人生最美的状态——童年，得以充分的展示，字里行间跳动着情感之美，青春之美，音韵之美。冰心说："童年是真中的梦，梦中的真，回忆时含泪的笑。"信哉斯言！

作家谈读书

当前语文界阅读教学基本上处在一种对"文本"认知状态，即教学的基本结果是在研讨文本讲了什么，这是一种典型的说明性的语文课。这种层面下的阅读教学课堂不过是一个"转述"文本的地方，学生所学基本上没发生"转化"。

而生存层面，就是指教师在理念上首先把文本解读直接看成自己的一种存在方式，是通过理解文本而存在的存在方式；其次，这种解读以理解文本中事物的存在方式为主要方式，从而寻找自己生存发展所需要的东西，强调要有实践意识，要实用。

在解读中我们不仅要知道文本讲了什么，还要在分析文本所记事物存在方式的过程中，认识什么是行得通的，什么是可能的，以及什么是正确的。

——徐江：《阅读教学应从认知层面走向生存层面》，《语文教学与研究》2011.5.

我的母亲

老 舍

母亲的娘家是在北平德胜门外，土城儿外边，通大钟寺的大路上的一个小村里。村里一共有四五家人家，都姓马。大家都种点不十分肥美的土地，但是与我同辈的兄弟们，也有当兵的，作木匠的，作泥水匠的，和当巡察的。他们虽然是农民，却养不起牛马，人手不够的时候，妇女便也须下地作活。

对于姥姥家，我只知道上述的一点。外公外婆是什么样子，我就不知道了，因为他们早已去世。至于更远的族系与家史，就更不晓得了；穷人只能顾眼前的衣食，没有功夫谈论什么过去的光荣；"家谱"这字眼，我在幼年就根本没有听说过。

母亲生在农家，所以勤俭诚实，身体也好。这一点事实却极重要，因为假若我没有这样的一位母亲，我之我恐怕也就要大大的打个折扣了。

母亲出嫁大概是很早，因为我的大姐现在已是六十多岁的老太婆，而我的大甥女还长我一岁啊。我有三个哥哥，四个姐姐，但能长大成人的，只有大姐，二姐，三哥与我。我是"老"儿子。生我的时候，母亲已有四十一岁，大姐二姐已都出了阁。

由大姐与二姐所嫁入的家庭来推断，在我生下之前，我的家里，大概还马马虎虎的过得去。那时候定婚讲究门当户对，而大姐丈是作小官的，二姐丈也开过一间酒馆，他们都是相当体面的人。

可是，我，我给家庭带来了不幸：我生下来，母亲晕过去半夜，才睁眼看见她的老儿子——感谢大姐，把我揣在怀中，致未冻死。

兄不到十岁，三姐十二三岁，我才一岁半，全仗母亲独力抚养了。父亲的寡姐跟我们一块儿住，她吸鸦片，她喜摸纸牌，她的脾气极坏。为我们的衣食，母亲要给人家洗衣服，缝补或裁缝衣裳。在我的记忆中，她的手终年是鲜红微肿的。白天，她洗衣服，洗一两大绿瓦盆。她作事永远丝毫也不敷衍，就是屠户们送来的黑如铁的布袜，她也给洗得雪白。晚间，她与三姐抱着一盏油灯，还要缝补衣服，一直到半夜。她终年没有休息，可是在忙碌中她还把院子屋中收拾得清清爽爽。桌椅都是旧的，柜门的铜活久已残缺不全，可是她的手老使破桌面上没有尘土，残破的铜活发着光。院中，父亲遗留下的几盆石榴与夹竹桃，永远会得到应有的浇灌与爱护，年年夏天开许多花。

哥哥似乎没有同我玩耍过。有时候，他去读书；有时候，他去学徒；有时候，他也去卖花生或樱桃之类的小东西。母亲含着泪把他送走，不到两天，又含着泪接他回来。我不明白这都是什么事，而只觉得与他很生疏。与母亲相依为命的是我与三姐。因此，她们作事，我老在后面跟着。她们浇花，我也张罗着取水；她们扫地，我就撮土……从这里，我学得了爱花，爱清洁，守秩序。这些习惯至今还被我保存着。

有客人来，无论手中怎么窘，母亲也要设法弄一点东西去款待。舅父与表哥们往往是自己掏钱买酒肉食，这使她脸上羞得飞红，可是，殷勤的给他们温酒用面，又给她一些喜悦。遇上亲友家中有喜丧事，母亲必把大褂洗得干干净净，亲自去贺吊——份礼也许只是两吊小钱。到如今为我的好客的习性，还未全改，尽管生活是这么清苦，因为自幼儿看惯了的事情是不易改掉的。

姑母时常闹脾气。她单在鸡蛋里找骨头。她是我家中的阎王。直到我入了中学，她才死去，我可是没有看见母亲反抗过。“没受过婆婆的气，还不受大姑子的吗？命当如此！”母亲在非解释一下不足以平服别人的时候，才这样说。是的，命当如此。母亲活到老，穷到老，辛苦到老，全是命当如此。她最会吃亏。给亲友邻居帮忙，她总跑在前面：她会给婴儿洗三——穷朋友们可以因此少花一笔“请姥姥”钱——她会刮痧，她会给孩子们剃头，她会给少妇们绞脸……凡是她能作的，都有求必应。但是，吵嘴打架，永远没有她。她宁吃亏，不逗气。当姑母死去的时候，母亲似乎把一世的委屈都哭了出来，一直哭到坟地。不知道哪里来的一位侄子，声称有承继权，母亲便一声不响，教他搬走那些破桌子烂板凳，而且把姑母养的一只肥肉鸡也送给他。

可是，母亲并不软弱。父亲死在庚子闹“拳”的那一年。联军入城，挨家搜索财物鸡鸭，我们被搜两次。母亲拉着哥哥与三姐坐在墙根，等着“鬼子”进门，街门是开着的。“鬼子”进门，一刺刀先把老黄狗刺死，而后入室搜索。他们走后，母亲把破衣箱搬起，才发现了我。假若箱子不空，我早就被压死了。皇上跑了，丈夫死了，鬼子来了，满城是血光火焰，可是母亲不怕，她要在刺刀下，饥荒中，保护着儿女。北平有多少变乱啊，有时候兵变了，街市整条的烧起，火团落在我们院中。有时候内战了，城门紧闭，铺店关门，昼夜响着枪炮。这惊恐，这紧张，再加上一家饮食的筹划，儿女安全的顾虑，岂是一个软弱的老寡妇所能受得起的？可是，在这种时候，母亲的心横起来，她不慌不哭，要从无办法中想出办法来。她的泪会往心中落！这点软而硬的个性，也传给了我。我对一切人与事，都取和平的态度，把吃亏当作当然的。但是，在做人上，我有一定的宗旨与基本的法则，什么事都可将就，而不能超过自己画好的界限。我怕见生人，怕办杂事，怕出头露面；但是到了非我去不可的时候，我便不敢不去，正像我的母亲。从私塾到小学，到中学，我经历过起码有二十位教师吧，其中有给我很大影响的，也有毫无影响的，但是我的真正的教师，把性格传给我的，是我的母亲。母亲并不识字，她给我的是生命的教育。

当我在小学毕了业的时候，亲友一致的愿意我去学手艺，好帮助母亲。我晓得我应当去找饭吃，以减轻母亲的勤劳困苦。可是，我也愿意升学。我偷偷的考入了师范学校——制服，饭食，书籍，宿处，都由学校供给。只有这样，我才敢对母亲说升学的话。入学，要交十元的保证金。这是一笔巨款！母亲作了半个月的难，把这巨款筹到，而后含泪把我送出门去。她不辞劳苦，只要儿子有出息。当我由师范毕业，而被派为小学校校长，母亲与我都一夜不曾合眼。我只说了句："以后，您可以歇一歇了！"她的回答只有一串串的眼泪。我入学之后，三姐结了婚。母亲对儿女是都一样疼爱的，但是假若她也有点偏爱的话，她应当偏爱三姐，因为自父亲死后，家中一切的事情都是母亲和三姐共同撑持的。三姐是母亲的右手。但是母亲知道这右手必须割去，她不能为自己的便利而耽误了女儿的青春。当花轿来到我们的破门外的时候，母亲的手就和冰一样的凉，脸上没有血色——那是阴历四月，天气很暖。大家都怕她晕过去。可是，她挣扎着，咬着嘴唇，手扶着门框，看花轿徐徐的走去。不久，姑母死了。三姐已出嫁，哥哥不在家，我又住学校，家中只剩母亲自己。她还须自早至晚的操作，可是终日没人和她说一句话。新年到了，正赶上政府倡用阳历，不许过旧年。除夕，我请了两小时的假。由拥挤不堪的街市回到清炉冷灶的家中。母亲笑了。及至听说我还须回校，她楞住了。半天，她才叹出一口气来。到我该走的时候，她递给我一些花生，"去吧，小子！"街上是那么热闹，我却什么也没看见，泪遮迷了我的眼。今天，泪又遮住了我的眼，又想起当日孤独的过那凄惨的除夕的慈母。可是，慈母不会再候盼着我了，她已入了土！

儿女的生命是不依顺着父母所下的轨道一直前进的，所以老人总免不了伤心。我廿三岁，母亲要我结了婚，我不要，但是我给了她最大的打击。时代使我成为逆子。廿七岁，我上了英国。为了自己，我给六十多岁的老母以第二次打击。在她七十大寿的那一天，我还远在异域。那天，据姐姐们后来告诉我，老太太只喝了两口酒，很早的便睡下。她想念她的幼子，而不便说出来。

七七抗战后，我由济南逃出来。北平又像庚子那年似的被鬼子占据了，可是母亲日夜惦念的幼子却跑到西南来。母亲怎样想念我，我可以想象得到，可是我不能回去。每逢接到家信，我总不敢马上拆看，我怕，怕，怕，怕有那不祥的消息。人，即使活到八九十岁，有母亲便可以多少还有点孩子气。失了慈母便像花插在瓶子里，虽然还有色有香，却失去了根。有母亲的人，心里是安定的。我怕，怕，怕家信中带来不好的消息，告诉我已是失去了根的花草。

去年一年，我在家信中找不到关于老母的起居情况。我疑虑，害怕。我想象得到，没有不幸，家中念我流亡孤苦，或不忍相告。母亲的生日是在九月，我在八月半写去祝寿的信，算计着会在寿日之前到达。信中嘱咐千万把寿日的详情写来，使我不再疑虑。十二月二十六日，由文化劳军的大会上回来，我接到家信。我不敢拆读。就寝前，我拆开信，母亲已去世一年了！

生命是母亲给我的。我之能长大成人，是母亲的血汗灌养的。我之能成为一个不十分坏的人，是母亲感化的。我的性格，习惯，是母亲传给的。她一世未曾享过一天福，临死还吃的是粗粮。唉！还说什么呢？心痛！心痛！

简评：文章以追溯母亲的出身始，以痛心母亲的去世终，一位平凡而又坚韧的妇人含辛茹苦的一生，随着作者沉稳而凝重的叙述而展开。古往今来，母亲的颂歌绵绵不绝，她们是爱，是关怀，是飘泊人生里最温暖的归依。读老舍先生的文章，感到他就是为此而作。

苏州拾梦记

柯　灵

已经将近两年了，我的心里埋着这题目，像泥土里埋着草根，时时茁长着钻出地面的欲望。

在芸芸众生之间，我们曾经有过无数聪明善良生物，年轻时心里孕育着一个美丽的梦境，驾了生命之舟，开始向波涛险恶，茫无涯岸的人海启碇，像童话里追逐仙岛的孩子，去寻求那俨若可即的心灵世界。结果却为冥冥中叫做"命运"的那种力量所播弄，在一些暗礁和激湍中间，跌跌撞撞地耗尽黄金色的年轮，到头是随风逐浪到处飘流，连方向也完全迷失——这样的事我们看见过许多，我这里想提起的只是一个女性的故事。而她，也就是我的衰老的母亲。

因为避难，这年老人离开我们两个秋天又两个冬天了。在那滨海一角的家乡，魔爪还没有能够延伸到的土地上，她寂寞地数着她逐渐在少了下去的日脚。只要一想着她，我清楚地看见了彷徨于那遭过火灾的，破楼上的孤独身影，而忧愁乃如匕首，向我作无情的脔割了。我没有方法去看她，睁着眼让可以给她一点温暖的机会逝去，仿佛在准备将来不可挽救的悔恨。

苦难的时代普遍地将不幸散给人们，母亲所得到的似乎是最厚实的一份。我记起来，她今年已经是七十三岁了；这一联串悠悠的岁月中，却有近五十年的生涯伴着绝望和哀痛。在地老天荒的世界里，维系着她一线生机的，除却与生俱来的生命的执着，是后来由大伯过继给她的一个孱弱多病的孩子——那就是我。正如传奇小说所写，她的运命悲惨得近乎离奇。二十几岁时，她作为年轻待嫁的姑娘，因为跟一个陌生男子的被动的婚约，从江南繁华城市，独自被送向风沙弥天的辽远的西北，把一生幸福交托给我的叔父。叔父原只是个穷酸书生，那时候在潼关幕府里做点什么事情，大约已经算是较为得意，所以遣人带着大把银子，远远地迎娶新妇去了，但一半原因却是为着他的重病，想接了新妇来给自己"冲喜"。当时据说就有许多人劝她剪断了这根不吉利的足上的赤绳，她不愿意，不幸的网也就这样由自己亲手结成。她赶到潼关，重病的新郎由人搀扶着跟她行了婚礼，不过一个多月，就把她孤单单地撇下在那极其寒冷的世界里了。我的冷峻的父亲要求她为死者守节，因为这样方不致因她减损门第的光辉。那几千年来被认作女性的光荣的行为，也不许她有向命运反叛的勇气。——这到后来她所获得的是中华民国大总统题褒，一方叫做"玉洁冰清"的宝蓝飞金匾额，几年前却跟着我家的旧厅堂一起火化了。——就是这样，她依靠着大伯生活了许多年，也就在那些悲苦的日子里，我由她抚养着生长起来。

哦，我忘却提了，她的故乡就在那水软山温的苏州城里。

时光使红颜少女头白，母亲出嫁后却从此不再有机会踏上她出生的乡土。悠悠五十年，她在人海中浮荡。从陕西到四川，又到南国的广州。驴背的夕阳，渡头的晓月，雨雨风风都不打理这未亡人的哀乐。满清的覆亡使我的父亲丢了官，全家都回到浙东故乡，这以后二十年的暮景，她更从荣华的边缘跌入衰颓的困境。家里的人逐渐死去，流散了，却留着这受尽风浪的老人，再来经历冷暖人情，炎凉世味。四五年前的一把火，这才又把她烧到了上海。

上帝怜悯！越过千山万水的迷路的倦鸟如今无意中飞近了旧枝。她应当去重温一次故园风物！

可是一天的风云已经过去，她疲倦得连一片归帆也懒得挂起。"算了罢，家里人都完了。亲戚故旧也没有音讯了，满城陌生人，有什么意思！"她笑，那是饱孕了人生的辛酸，像蓦然梦醒，回想起梦中险巇似的，庆幸平安的苦笑。接着吐出个轻轻的叹息："嗳，苏州城里我只惦记着一个人，那是我的小姊妹，苦苦劝我退婚的是她，(我当时怎么肯！)出嫁时送我上船，泪汪汪望着我的是她！听说而今还在呢。可不知道什么样儿了？有机会让我见她一面才好。"蹉跎间这愿望却也延宕了两个年份。

一直到前年，也就是战争爆发的那一年春天，我才陪着她完成了这伤感的旅行。

是阴天，到苏州车站时已经飘着沾衣欲湿的微雨。雇辆马车进城，得得的蹄声在石子路上散落。当车子驶过一条旅馆林立的街道，她看看夹道相迎的西式建筑，恰像是乡下孩子闯进了城市，满眼是迷离的好奇的光。我对着这地下的天堂祝告：苏州城！你五十年前出嫁的姑娘，今天第一次归宁了。那是你不幸的儿女，不！如今她是你有着冰雪似的坚贞的娇客，看着乡土的旧谊，人类的同情，你应当张开双臂，给她个含笑的欢迎！

但时间是冷酷的家伙，一经阔别便不再为谁留下旧时痕迹，每过一条街，我告诉母亲那街道的名字，每一次，她都禁不住惊讶得忽地失笑："哎哟，怎么！这是什么街？不认得了，一点也不认得了！"

在观前街找个旅馆。刚歇下脚，心头的愿望浮起。燕子归来照例是寻觅旧巢，她一踏上这城市，急着要见的是那少年的旧侣。可是我们向哪儿去找呢？这栉比的住房，这稠密的人海，白茫茫无边无岸，知是在谁家哪巷？纵使几十年风霜没有损伤了当年的佳人，也早该白发萧萧，见了面也不再相认了。但我哪有理由跟勇气回她个不字？

母亲在娘家时开得有一家烛铺，后来转让的主人就是那闺友的父亲，想着这些年来世事的兴替，皇室的江山也还给了百姓，一家烛铺的光景大约未必便别来无恙。但母亲忽然飞来的聪明记起了它。向旅馆的茶房打听得苏州还有着这个店号，我就陪着她开始向大海捞针。

烛铺子毕竟比人经得起风霜，虽然陈旧，却还在闹喧喧的街头兀立。母亲勇敢而且高兴地迎上去，便向那店伙问讯："对不起，从前这儿的店主人，姓金的，你知道他家小姐嫁在哪一家，如今住在哪里？"

我站在一旁怀着凭吊古迹似的心情。这老人天真问话却几乎使我失笑。那店伙年轻呢，看年纪不过二十开外，懂得的历史未必多，"小姐"这名词在他心里又岂不是一个娇媚的尤物？我只得替她补充：金小姐，那是几十年前的称呼了，如今模样大约像母亲似的老太太一位听着我的解释，那店伙禁不住笑了。

可是，人生有时不缺乏意外的奇迹，这一问也居然问出了端倪。我们依着那烛铺的指示，又辗转访问了两处。薄暮时到了巷尾一家古旧的黑漆门前。

剥啄地叩了一阵，一位和祥的老太太把我们迎接了进去。可是她不认得这突兀的来客。

"找谁，你们是找房子的？"

"不，是找人，请问有一位金小姐可住在这里？"

主人呆了半天，仿佛没有听得清意思。"哎哟！"母亲这一声却忽然惊破了小院黄昏的静寂。她惊喜地一把拖住了主人。

"哦，你是金妹！"

"哦，你是……三姐！"

夜已经无声地落在庭院里了，还是霏霏的雨。从一对老年人莹然欲泪的眼睛里，我看出比海还深的人世的欢喜与辛酸，体味着不能用语言表达的奥妙的意思。我的心沉重得很，也轻松得很。我像在两小时里经历了一个世纪。感谢上帝降福于我不幸的母亲！

把母亲安顿在她的旧侣的家里，我自己仍然在旅舍里住着。

春快要阑珊了！天气正愁人，我在苏州城里连听了三天潺潺的春雨。冒着雨我爬过一次虎丘，到冷落的留园和狮子林徘徊了一阵。我爱这城市的苍茫景色，静的巷，河边的古树，冷街深闭的衰落的朱门。可是在这些雾似的情调里，有多少无辜的人们，在长久的岁月中度着悲剧生涯？

我的心情有些寥落。但我为母亲的奇遇高兴。五十年旧梦从头细数，说是愁苦也许是快乐。人类的聪明并不胜如春蚕，柔情的丝缕抽完了还愿意呕心泣血，一生的厄运积累得透气的空隙也没有，有时只要在一个——仅仅一个可以诉苦的人面前赢得一把眼泪，一声同情的感喟也可以把痛苦洗涤干净。我不能想象母亲的情怀，愿这次奇遇抖落她过去一切……

第四天晚上离开苏州时天却晴了。一钩新月挂在城头，天上鳞鳞的云片都镶着金色的边。——好会捉弄人的天！路畔一带婆娑的柳影显得幽深而且宁静，却有蹄声得得，穿过柳荫向那永远是行色倥偬的车站上响去。别了，古旧的我的母乡苏州！明儿我们看得见的，是天上那终古不变的旧时明月！

别离的哀伤又在刺着衰老的心了。可是从母亲的脸上，我看见了一片从来没有的光辉。

“嗳，总算看见她了！做梦也想不到。她约我秋天再来，到她家里多住一阵子。也好，大家都老了，多见一面是一面。”我知道，她在庆幸她还了多少年来的宿愿。

可是就在这一年的夏天，时代起了激变。

在上海暴风雨的前夜母亲回到了残破的家乡，一年半来她就像被扔在一边似的寂寞地活着。而她的早已无家母乡，落入魔掌也一年多了。在这风雪的冬天，破楼上摇曳着煤油灯下，不会埋怨人生的过于冷酷吗？战士的心里也许只有搏斗，我却时时想起我的不幸的母亲，和这战争中一切母亲的悲运。

可是母亲却惦记着苏州，惦记着苏州的旧侣，絮絮的从信里打听消息。可怜的母亲，我可以告诉您吗？您的母乡正遭着空前的劫。您的唯一的旧侣，我不敢想象她家里的光景。有一时我常常把一件事情引为自慰，那就是那一次苏州的旅行，因为我想如果把那机会放走了怕也要永远无法挽回。但我如今倒有些失悔了，没有那一次坠梦的重拾，也许这不幸的消息给她的分量还要轻些？我又怀着一种隐忧："树高千丈，落叶归根。"母亲说过她愿意长眠在祖茔所在的乡土，她不会再在晚年沦入奴隶的厄运，像她的旧侣一样，风前的残烛再使她作异乡的飘泊？

简评：年迈的母亲平凡的一生，平淡无奇却引人入胜，为什么？作者比较注意背景、人物、情节的有机结合，虽写的是生活的片断，"从陕西到四川，又到南国的广州。驴背的夕阳，渡头的晓月，雨雨风风都不打理这未亡人的哀乐"，感情在雨中流动；蓦然梦醒，回想起梦中饱孕了人生的辛酸。笔力凝重，自然震撼了读者的心。

作家谈读书

语文应该不教"伪语文"的内容。"伪语文"的内容包含两个方面：一是看似语文其实与语文相关度很小或近乎无关的内容，二是伪情文、伪励志文和伪哲理文。"伪语文"的内容存在于日常教学的方方面面。如在文学常识的教学中，对作者的介绍，很多教师从作者的出生年月、出生地到参加的活动、作品出版的日期等一一列举，而实际上，这些内容既不能在人文方面给学生以熏陶，也不能在语言方面给学生以滋养，又不面向学生的发展，甚至也不面向学生的应试，属于"伪语文"。伪情文伪励志文、伪哲理文指的是那些人为把情感推向极致，刻意拔高认识的文章，如有着"崇高而光明"的尾巴的某些散文。

——史成明、胡梦杰：《不教"伪语文"的内容》，《教育科学研究》2011.4.

药王庙

张中行

药王庙是我的家乡镇立小学的所在地，在镇的西北角。我们村在镇西一里，人家不多，没有学校。民国初年，我六七岁的时候，到那里上小学。一天往返两次，都是取道村北。大概有一里多路吧，出村向东北望，可以清清楚楚地看见庙门和钟鼓二楼。在我们那一带，药王庙是大建筑，坐北向南，有三层殿。前殿供着大肚子嘻嘻笑的弥勒佛。走过前殿是个大大的院落，我们称为前院，东西对立着两层的钟鼓二楼。中层正殿是全庙的中心，高大宽敞，前面还有方厂的砖陛。殿内坐着药王的金面塑像。塑像背后，隔一层板壁，面北立着韦驮的塑像。正殿之后是后院，左右有两颗很老的槐树，夏日浓阴遮天，常由上面垂下俗名“吊死鬼”的槐蚕来。后殿三间，正中供着坐在大莲花里的菩萨。后院有东西厢房，改作小学的教室。后殿西侧有北房两间，是老师的宿舍。正殿西侧有南房两间，是看庙道士的住所，兼作烧开水的茶炉。

这庙是什么时候创建的，也许有碑文可查，可惜那时候我还没读过《碑板广例》之类的书，对于石刻等等不怎么热心，以致视而不见。但它是一座古庙却是无可置疑的，残旧且不说，就是传说也很有出色的。譬如说，正殿前有个铁钟，坐在泥地上，不很大，样子也没什么稀奇，可是据说，这是很早很早以前，发大水，菩萨骑着它来的。另一个传说，庙里住着一条大蛇，附近的人不止一次，看见它身子缠在钟鼓二楼之上，伸出头，到庙前的水池里去喝水。我那时想，这样的蛇，身子总该有大缸那么粗吧，很怕，却又颇想看见一次。但是不凑巧，始终没有遇见。蛇，庙里确是有，几年之间，也见过几次，但都不过二三尺长，像大指那样粗，而且并不胆大，看见人，总是惶惶然地钻到洞里。可怕的小动物之中，最多的是蝎，记得一个夏夜，我们几个学生提着铁桶，沿着墙根走，只是在后院转了一圈就捉到五十多只。

我的启蒙老师姓刘，是镇北五十多里县城以东某镇的人。听说中过秀才，所以在农民的眼里，是比“白丁”高贵得多的。也许就因为有这个资历，所以身量虽不雄伟，态度却非常严肃，即所谓不苟言笑的。秀才到“洋”学堂讲共和国教科书，这是大材小用，有点类乎公主下嫁蛮夷，推想心里总该有些不释然。果然，我们上学不久，他就劝我们一些人搬到学校里住，夜里他可以给我们讲点四书。我们不知道四书中还有什么治国平天下的大道理，反正老师既然要发愤忘睡，总当是好的，我们有些人就搬去了，住在菩萨大士的东隔壁。此后，老师吃过晚饭，就在西厢的教室里给我们讲四书。现在想，老师的教法颇为奇怪，一是不从《大学》开始而从《孟子》开始，二是不先背诵而先开讲，这或者就是维新吧？这样，从"孟子见梁惠王"起，老师一章一章地讲下去，我们一章章地读下去。很抱歉，我们竟不像老师那样感兴趣，有时反而觉得有些厌烦。这倒不是对孟老夫子有什么意见——说实在的，孟老夫子的话，我们觉得有些是很有风趣的。譬如"寡人好色"，我们当时眼中的大人都不肯说，而孟子说了。又如滕文公的爸爸死了，听了孟子的话，如此如彼一番，结果是"吊者大悦"，这就使我们像是看到一个戏剧的场面，觉得很好玩。我们感到厌烦，原因很简单，是发困而不得睡。老师讲书，正颜厉色，何况又是出于尽责之外的好心，我们当然不愿也不敢显出困倦的样子。但是睡魔偏偏不留情，常常是老师讲得兴高采烈的时候，我们的上眼皮就慢慢垂下来，说不定头还会突然地点下去。这很怕被老师发现，于是就想个主意，隔一会儿用墨盒向眼皮部分擦一擦，希望借此可以清醒一下。这个办法有些功效，但是作用不大，所以"如临深渊，如履薄冰"的心情还是难免的。我们最希望晚上老师来客人，那是镇西边不远另一个小学的老师，他一来，晚上就不上课了，我们如鸟出笼，皆大欢喜。"《孟子》者，七篇止"，我们读了一半或多一点，不记得为什么停了。四书读了不到一书！说到收获，却也不是一点没有，譬如考大学的时候，作文题是"不患寡而患不均，不患贫而患不安，试申其义"，我就利用当年的窖藏，写上"河内凶，则移其民于河东"云云，没有曳白出场，想起来是应该归功于秀才老师的。

这位秀才老师，借讲《孟子》宣扬圣贤之道；我们觉得，代圣贤立言的人当然是圣贤，至少必是躬行君子，所以对他总是怀有深深的敬意。但是有些事又颇使我们起疑心。主要的一件是对娶妻过于热心。也许是因为新丧了妻吧，老师鳏居了，不记得听谁说，正在有人给他做媒。这传说大概不假，因为看的出来，老师的心情是兴奋加一点点焦虑。不久，听说东邻的临时洞房找定了，接着是迎娶。据说女方是个寡妇，照当时的习俗，娶寡妇，行婚礼，男方要用秤钩把女方的蒙头红巾钩下来，然后第一次见面。结婚的时候不许我们去看，我们不上课，坐在屋子里想象老师迈着方步，举起秤钩去钩掉红巾，然后定睛相看旧新娘的样子，心里有些不自在。这是因为，那时候还没听到过“关雎，后妃之德”一类的大道理，以致认为这是男女之事，同老师的尊严很不调和。这怎么解释呢？总算勉强找到为老师辩解的理由，是“可一而不可再”，但是偏偏又不凑巧，老师的这个妻子，结婚不久就死了，接着找了另一个寡妇，很遗憾，那兴奋而焦急的样子，似乎比第一次更厉害。这使我们很惶惑，怎么也想不到，老师也会未能免俗。

庙里另一个重要人物是看庙的刘道士，那时候总不少于七十岁吧，我们都尊称他为“道爷”。他大概不是真正的道士，短短的白发垂在脑后而不束在头顶，也没见他戴过道冠，穿过道袍。这位干瘦的老人，态度是和善的，却不大喜欢说话，也许是不屑于同我们说话。只是有一次，我们在厕所的院里流连得太久，他有些不耐烦，就说：“你们知道吗？县长拉屎都有急地，坐着轿，忽然让停住，下轿，噗噗，完了，即刻上轿，仍旧赶路。看你们，你们！”我们认为他的话是确实的。但我们不是县长，没有县长那样的要务，在厕所院里说说闲话又有什么关系呢？我们的县长因忙而择急地的推测，不久就得到证实，有一天，县长因公务下乡，到学校来休息了。老师率领我们列队迎接。在后院，我们看见一个中年人，白面长身，穿着绸袍，在正中走，左右簇拥着一些人。我们想，这当然就是县长了。他走得确是相当急促，但是走到屋门外却忽然停住，很轻捷地伸起一只脚，旁边一个人，想当是随从了，用布甩子熟练地抽了几下，然后伸起另一只脚，照样抽一遍，进屋去了。

在药王庙看庙是个美差。庙前后有一些田地，由道士自种自收，代价只是给老师做三顿饭。另一项收入是每月初一、十五，病家到庙里烧香时供献的供品和香火钱。再一项收入是卖秘方膏药的专利。这秘方膏药，其中一种药料是乌龟。每次制膏药的前几天，不知道从什么地方，道士就弄来一只乌龟，大约有碗口那样大，拴在后院西北角的墙根下。乌龟静静地伏在地上，两只小眼睛圆睁着看人。我们有工夫就围着它看。有的人还直立在它的脊背上，它坚忍地挣扎着。不知道谁从什么地方听来的，说乌龟可以用做柱础，只要让它面向西北，它就可以靠吸气而长生不死。我们不知道这是否确实，很想试验一下。可惜庙里没有修建房屋，而那个小乌龟，在院里瑟缩不了几天，就死于刀下，烂在药锅里了，熬膏药时候，一种奇怪的臭气使人欲呕，要多半日才能过去，我想，这或者就是乌龟对人类的无可奈何的抗议吧。

药王庙的生活是单调的。我们也看见过所谓“闹学”，年画上印着的，老师坐着打瞌睡，学生用墨笔在老师脸上画眼镜。但是我们的老师太严肃了，我们不敢。课堂里书声琅琅，空气却是沉闷的。破闷的唯一妙法是抢到出恭牌，到东小院的露天厕所去游荡一下。但是时间不能太长，因为后边总有不少人等着，还有，也可能被老师指出名来申斥一番。有个时期，不知道由谁发明，有不少人到厕所偷偷地吸起香烟来。烟是小鸡牌，盒子上印着一只大公鸡，一包十支，价钱最便宜。略贵一些的是海盗牌，盒子上印着一个西方武士，拄着一把军刀，我们称它为单刀牌。白白的一根纸棍，用火柴一点，一端就变红，用力一呼，向上一喷，一缕白烟就悠悠荡荡地飘上天空，很好玩。但是欢乐不久，扫兴的事来了，老师到厕所去，看见谁正在喷烟了。接着是老师怒气冲冲地坐在讲桌旁，大声呵斥：“谁吸烟了？快说！”那个被看到的学生赶紧站起来声明：“老师，我没吸”。老师冷笑了一声，说：“就是你，过来！”其后是用戒尺惩罚一番。这戒尺，是约一尺长的一根木板，光光的，平拍下去，打左手的手心，声音是清脆的。平心而论，老师惩罚学生还是偏于宽的，用戒尺训诫，不过十下左右，比起有些老年人所说，当年私塾里让跪在砖上，头顶一碗水，或者用木棒打头，真是小巫见大巫了。

现在想，老师对于维新，也算尽了最大的力量，比如讲《孟子》在晚上而不在白天，训诫学生只用木板而并不罚跪。但是不知道是不是还是苦于赶不上时势。有一年春季开学，他不来了，推想是被辞退。接着学校就大举革新，沿着后殿往东建了新的教室，教室前面还竖起篮球架。新请来的老师是从师范学校毕业的年轻人，未必能讲《孟子》，却会念a、b、c、d、e；装饰也不同了，最显著的是脚上不再包一层布而头上加了油。道士也换了人。新来的一个姓宋，比旧的刘老道年岁小得多，世故却多得多。对于老师和镇上的绅士们，他当然是恭顺的，就是对于我们年级高的学生，也常常是客客气气，甚至不经意地称为“先生”。我们毕业的时候，他预言我们将大阔特阔，希望我们不要忘了他。过了一些年，我回家乡，曾经践约去看他。我没有阔，他却发了胖，听说由于很会修身齐家，已经由小贫升为小康了。

简评：本文描绘了1915年前后农村小学教育的状况，民国初年的镇立小学校还多少有些往日私塾的影子，近似白描的手法写得饶有趣味。值得回味的是，远离了“三味书屋”那样的私塾，洋学堂终于诞生在曾经被科举教育覆盖着的大地上，可是，秀才出身的刘老师甘愿义务讲四书，作者报考北京大学，作文依然是代圣人立言，这便是我们曾经的教育。

作家谈读书

屈原的《离骚》营造了一系列的比体艺术，其核心有三：一是香草美玉，二是道路，三是美女。

香草之比：1.以香草为配饰。如谓披江离白芷、编秋兰为佩等；2.以香草为衣服。如谓制芰荷为衣、集芙蓉为裳等；3.以香草为食物。如谓饮木兰之坠露，餐秋菊之落英等；4.以香草代贤才。如谓三后汇集众芳，比举贤授能，谓主人公培植香草比培养后进；5.以香草之佩自比。

美玉之比：1.以玉为佩饰。2.以玉为食物。3.以玉自比。

道路之比：先路、得路、改路、捷径、险路、复路等，所表达的意思是主人公前进中遇挫，将回复原路修身养性，却不能忘怀世事，安于洁身自好，仍将竭力进取。

美女之比：1.主人公自领美女角色，自谓被灵修遗弃之怨妇，即遭众女嫉妒、毁谤之蛾眉。2.以主人公所求对象为美女，如谓主人公上下飞行相继追求宓妃、简狄等。

——常森：《论屈原诗歌的比体艺术》，《北京大学学报》2011.5.

山 屋

吴伯箫

屋是挂在山坡上的。门窗开处便都是山。不叫它别墅，因为不是旁宅支院颐养避暑的地方；唤作什么楼也不妥，因为一底一顶，顶上就正对着天空。无以名之，就姑且直呼为山屋吧，那是很有点老实相的。

搬来山屋，已非一朝一夕了；刚来记得是初夏，现在已慢慢到了春天呢。忆昔入山时候，常常感到一种莫名的寂寞，原来地方太偏僻，离街市太远啊。可是习惯自然了，浸假又爱了它的幽静；何况市镇边缘上的山，山坡上的房屋，终究还具备着市廛与山林两面的佳胜呢。想热闹，就跑去繁嚣的市内；爱清闲，就索性锁在山里，是两得其便左右逢源的。倘若你来，于山屋，你也会喜欢它的吧？傍山人家，是颇有情趣的。

譬如说，在阳春三月，微微煦暖的天气，使你干什么都感到几分慵倦；再加整天的忙碌，到晚上你不会疲惫得像一只晒腻了太阳的猫么？打打舒身都嫌烦。一头栽到床上，怕就蜷伏着昏昏入睡了。活像一条死猪。熟睡中，踢来拌去的乱梦，梦味儿都是淡淡的。心同躯壳是同样的懒啊。几乎可以说是泥醉着，糊涂着，乏不可耐。可是大大的睡了一场，寅卯时分，你的梦境不是忽然透出了一丝绿莹莹的微光么，像东风吹过经冬的衰草似的，展眼就青到了天边。恍恍惚惚的，屋前屋后有一片啾唧啮啮的闹声，像是姑娘们吵嘴，又像一群活泼泼的孩子在嘈杂乱唱；兀的不知怎么一来，那里“支幽”一响，你就醒了。立刻你听到了满山满谷的鸟叫。缥缥渺遥的那里的钟声；也嗡嗡的传了过来。你睁开了眼，窗帘后一缕明亮，给了你一个透底的清醒。靠左边一点，石工们在叮咚的凿石声中，说着呜呜噜噜的话；稍偏右边，得得的马蹄声又仿佛一路轻的撒上了山去。一切带来的是个满心的欢笑啊。那时你还能躺在床上么？不，你会霍然一跃就起来的。衣裳都来不及披一件，先就跳下床来打开窗子。那窗外像笑着似的处女的阳光，一扑就扑了你个满怀。

呵，我的灵魂，我们在平静而清冷的早晨找到我们自己了。

——惠特曼《草叶集》

那阳光洒下一屋的愉快，你自己不是都几乎笑了么？通身的轻松。那山上一抹嫩绿的颜色，使你深深的吸一口气，清爽是透到脚底的。瞧着那窗外的一丛迎春花，你自己也仿佛变作了它的一枝。

我知道你是不暇妆梳的，随便穿了穿衣裳，就跑上山去了。一路，鸟儿们飞着叫着的赶着问"早啊？早啊？"的话，闹得简直不像样子。戴了朝露的那山草野花，遍山弥漫着，也懂事不懂事似的直对你颔首微笑，受宠若惊，你忽然骄蹇起来了，迈着昂藏的脚步三跨就跨上了山巅。你挺直了腰板，要大声嚷出什么来，可是怕喊破了那清朝静穆的美景，你又没嚷。只高高的伸出了你粗壮的两臂，像要拥抱那个温都的娇阳似的，很久很久，你忘掉了你自己。自然融化了你，你也将自然融化了。等到你有空再眺望一下那山根尽头的大海的时候，看它展开着万顷碧浪，翻掀着千种金波，灵机一动，你主宰了山，海，宇宙全在你的掌握中了。

下山，路那边邻家的小孩子，苹果脸映着旭阳，正向你闪闪招手，烂漫的笑；你不会赶着问她，"宝宝起这样早哇？姐姐呢？"

再一会，山屋里的人就是满口的歌声了。

再一会，山屋右近的路上，就是逛山的人格格的笑语了。

要是夏天，晌午阳光正毒，在别处是热得汤煮似的了，山屋里却还保持着相当的凉爽，坡上是通风的。四周的山松也有够浓的荫凉。敞着窗，躲在床上，噪耳的蝉声中你睡着了，噪耳的蝉声中你又醒了。没人逛山。樵夫也正傍了山石打盹儿。市声又远远的，只有三五个苍蝇，嗡飞到了这里，嗡又飞到了那里。老鼠都会瞅空出来看看景的吧，"蝉噪林逾静，鸟鸣山更幽，"心跳都听得见扑腾呢。你说，山屋里的人，不该是无怀氏之民么？

夏夜，自是更好。天刚黑，星就悄悄的亮了。流萤点点，像小灯笼，像飞花。檐边有吱吱叫的蝙蝠，张着膜翅凭了羞光的眼在摸索乱飞。远处有乡村味的犬吠，也有都市味的火车的汽笛。几丈外谁在毕剥的拍得蒲扇响呢？突然你听见耳边的蚊子薨薨了。这样，不怕冷，山屋门前坐到丙夜是无碍的。

可是，我得告诉你，秋来的山屋是不大好斗的啊。若然你不时时刻刻咬紧了牙，记牢自己是个男子，并且想着"英国的孩子是不哭的"那句名言的话，你真挡不了有时候要落泪呢。黄昏，正自无聊的当儿，阴沉沉的天却又淅淅沥沥的落起雨来。不紧也不慢，不疏也不密，滴滴零零，抽丝似的，人的愁绪可就细细的长了。真愁人啊！想来个朋友谈谈天吧，老长的山道上却连把雨伞的影子也没有；喝点酒解解闷吧，又往哪里去找个把牧童借问酒家何处呢？你听，偏偏墙角的秋虫又凄凄切切唧唧而吟了。呜呼，山屋里的人其不怛然蹙眉颓然告病者，怕极稀矣，极稀矣！

凑巧，就是那晚上，不，应当说是夜里，夜至中宵。没有闭紧的窗后，应着潇潇的雨声冷冷的虫声，不远不近，袭来了一片野兽踏落叶的悉索声。呕吼呕吼，接二连三的嗥叫，告诉你那是一只饿狼或是一匹饥狐的时候，喂，伙计，你的头发不会发胀么？好家伙？真得要蒙蒙头。

虽然，“采菊东篱下”，陶彭泽的逸兴还是不浅的。

最可爱，当然数冬深。山屋炉边围了几个要好的朋友，说着话，暖烘烘的。有人吸着烟，有人就偎依在床上，唏嘘也好，争辩也好，锁口默然也好，态度却都是那样谆朴诚恳的。回忆着华年旧梦的有，希冀着来日尊荣的有，发着牢骚，大夸其企图与雄心的也有。怒来拍一顿桌子，三句话没完却又笑了。哪怕当面骂人呢，该骂的是不会见怪的，山屋里没有“官话”啊，要讲“官话”，他们指给你，说：“你瞧，那座亮堂堂的奏着军乐的，请移驾那楼上去吧。”

若有三五乡老，晚饭后咳嗽了一阵，拖着厚棉鞋提了长烟袋相将而来，该是欢迎的吧？进屋随便坐下，便尔开始了那短短长长的闲话。八月十五云遮月，单等来年雪打灯。说到了长毛，说到了红枪会，说到了税，捐，拿着粮食换不出钱，乡里的灾害，兵匪的骚扰，希望中的太平丰年及怕着的天下行将大乱：说一阵，笑一阵，就鞋底上磕磕烟灰，大声的打个呵欠，“天不早了。”“总快鸡叫了。”要走，却不知门开处已落了满地的雪呢。

原来我已跑远了。急急收场：“雪夜闭户读禁书。”你瞧，这半支残烛，正是一个好伴儿。

简评：明丽清婉的意境，隽永冲淡的情趣，挥洒和谐的旋律，凝练晓畅的语言，是作者散文的突出特色。读《山屋》应作如是观。作者以纯真细腻的感情，自然流畅的笔调，娓娓的叙述和清悦明快的节奏，潇洒自如的笔墨描绘了一幅绚丽而恬淡的山屋四季长卷，流动着作者的一往情深，自然也叩动了读者的心弦。“雪夜残烛读书图”的韵味是悠长悠长的。

父亲的玳瑁

王鲁彦

在墙脚根刷然溜过的那黑猫的影，又触动了我对于父亲的玳瑁的怀念。

净洁的白毛的中间，夹杂些淡黄的云霞似的柔毛，恰如透明的妇人的玳瑁首饰的那种猫儿，是被称为“玳瑁猫”的。我们家里的猫儿正是那一类，父亲就给了它“玳瑁”这个名字。

在近来的这一匹玳瑁之前，我们还曾有过另外的一匹。它有着同样的颜色，得到了同样的名字，同是从我姊姊家里带来，一样地为我们所爱。

但那是我不幸的妹妹的玳瑁，它曾经和她盘桓了十二年的岁月。

而现在的这一匹，是属于父亲的。

它什么时候来到我们家里，我不很清楚，据说大约已有三年光景了。父亲给我的信，从来不曾提过它。在他的理智中，仿佛以为玳瑁毕竟是一匹小小的兽，比不上任何的家事，足以通知我似的。

但当我去年回到家里的时候，我看到了父亲和玳瑁的感情了。

每当厨房的碗筷一搬动，父亲在后房餐桌边坐下的时候，玳瑁便在门外“咪咪”地叫了起来。这叫声是只有两三声，从不多叫的。它仿佛在问父亲，可不可以进来似的。

于是父亲就说了，完全像对什么人说话一样：

“玳瑁，这里来！”

我初到的几天，家里突然增多了四个人，在玳瑁似乎感觉到热闹与生疏的恐惧，常不肯即刻进来。

“来吧，玳瑁！父亲望着门外，不见它进来，又说了。”

但是玳瑁只回答了两声“咪咪”，仍在门外徘徊着。

“小孩一样，看见生疏的人，就怕进来了。”父亲笑着对我们说。

但是过了一会，玳瑁在大家的不注意中，已经跃上了父亲的膝上。

“哪，在这里了。”父亲说。

我们弯过头去看，它伏在父亲的膝上，睁着略带惧怯的眼望着我们，仿佛预备逃遁似的。

父亲立刻理会它的感觉，用手抚摩着它的颈背，说："困吧，玳瑁。"一面他又转过来对我们说："不要多看它，它像姑娘一样的呢。"

我们吃着饭，玳瑁从不跳到桌上来，只是静静地伏在父亲的膝上。有时鱼腥的气息引诱了它，它便偶尔伸出半个头来望了一望，又立刻缩了回去。它的脚不肯触着桌。这是它的规矩，父亲告诉我们说，向来是这样的。

父亲吃完饭，站起来的时候，玳瑁便先走出门外去。它知道父亲要到厨房里去给它预备饭了。那是真的。父亲从来不曾忘记过，他自己一吃完饭，便去添饭给玳瑁的。玳瑁的饭每次都有鱼或鱼汤拌着。父亲自己这几年来对于鱼的滋味据说有点厌，但即使自己不吃，他总是每次上街去，给玳瑁带了一些鱼来，而且给它储存着的。

白天，玳瑁常在储藏东西的楼上，不常到楼下的房子里来。但每当父亲有什么事情将要出去的时候，玳瑁像是在楼上看着的样子，便溜到父亲的身边，绕着父亲的脚转了几下，一直跟父亲到门边。父亲回来的时候，它又像是在什么地方远远望着，静静地倾听着的样子，待父亲一跨进门限，它又在父亲的脚边了。它并不时时刻刻跟着父亲，但父亲的一举一动，父亲的进出，它似乎时刻在那里留心着。

晚上，玳瑁睡在父亲的脚后的被上，陪伴着父亲。

我们回家后，父亲换了一个寝室。他现在睡到弄堂门外一间从来没有人去的房子里了。

玳瑁有两夜没有找到父亲，只在原地方走着，叫着。它第一夜跳到父亲的床上，发现睡着的是我们，便立刻跳了出去。

正是很冷的天气。父亲记念着玳瑁夜里受冷，说它恐怕不会想到他会搬到那样冷落的地方去的。而且晚上弄堂门又关得很早。

但是第三天的夜里，父亲一觉醒来，玳瑁已在床上睡着了，静静地，"咕咕"念着猫经。

半个月后，玳瑁对我也渐渐熟了。它不复躲避我。当它在父亲身边的时候，我伸出手去，轻轻抚摩着它的颈背，它伏着不动。然而它从不自己走近我。我叫它，它仍不来。就是母亲，她是永久和父亲在一起的，它也不肯走近她。父亲呢，只要叫一声"玳瑁"，甚至咳嗽一声，它便不晓得从什么地方溜出来了，而且绕着父亲的脚。

有两次玳瑁到邻居去游走，忘记了吃饭。我们大家叫着“玳瑁玳瑁”，东西寻找着，不见它回来。父亲却猜到它哪里去了。他拿着玳瑁的饭碗走出门外，用筷子敲着，只喊了两声“玳瑁”，玳瑁便从很远的邻屋上走来了。

“你的声音像格外不同似的，”母亲对父亲说，“只消叫两声，又不大，它便老远地听见了。”

“是哪，它只听我管的哩。”

对于寂寞地度着残年的老人，玳瑁所给与的是儿子和孙子的安慰，我觉得。

六月四日的早晨，我带着战栗的心重到家里，父亲只躺在床上远远地望了我一下，便疲倦地合上了眼皮。我悲苦地牵着他的手在我的面上抚摩。他的手已经有点生硬，不复像往日柔和地抚摩玳瑁的颈背那么自然。据说在头一天的下午，玳瑁曾经跳上他的身边，悲鸣着，父亲还很自然地抚摩着它，亲密地叫着“玳瑁”。而我呢，已经迟了。

从这一天起，玳瑁便不再走进父亲的以及和父亲相连的我们的房了。我们有好几天没有看见玳瑁的影子。我代替了父亲的工作，给玳瑁在厨房里备好鱼拌的饭，敲着碗，叫着“玳瑁”。玳瑁没有回答，也不出来。母亲说，这几天家里人多，闹得很，它该是躲在楼上怕出来的。于是我把饭碗一直送到楼上。然而玳瑁仍没有影子。过了一天，碗里的饭照样地摆在楼上，只饭粒干瘪了一些。

玳瑁正怀着孕，需要好的滋养。一想到这，大家更其焦虑了。

第五天早晨，母亲才发现给玳瑁在厨房预备着的另一只饭碗里的饭略略少了一些。大约它在没有人的夜里走进了厨房。它应该是非常饥饿了。然而仍像吃不下的样子。

一星期后，家里的戚友渐渐少了。玳瑁仍不大肯露面。无论谁叫它，都不答应，偶然在楼梯上溜过的后影，显得憔悴而且瘦削，连那怀着孕的肚子也好像小了一些似的。

一天一天家里愈加冷静了。满屋里主宰着静默的悲哀。一到晚上，人还没有睡，老鼠便吱吱叫着活动起来，甚至我们房间的楼上也在叫着跑着。玳瑁是最会捕鼠的。当去年我们回家的时候，即使它跟着父亲睡在远一点的地方，我们的房间里从没有听见过老鼠的声音，但现在玳瑁就睡在隔壁的楼上，也不过问了。我们毫不埋怨它。我们知道它所以这样的原因。

可怜的玳瑁。它不能再听到那熟识的亲密的声音,不能再得到那慈爱的抚摩,它是在怎样的悲伤呵!

三星期后,我们全家要离开故乡。大家预先就在商量,怎样把玳瑁带出去。但是离开预定的日子前一星期,玳瑁生了小孩子。我们看见它的肚子松瘪着。

怎样可以把它带出来呢?

然而为了玳瑁,我们还是不能不带它出来。我们家里的门将要全锁上。邻居们不会像我们似地爱它,而且大家全吃着素菜,不会舍得买鱼饲它。单看玳瑁的脾气,连对于母亲也是冷淡淡的,决不会喜欢别的邻居。

我们还是决定带它一道来上海。

它生了几个小孩,什么样子,放在那里,我们虽然极想知道,却不敢去惊动玳瑁。我们预定在饲玳瑁的时候,先捉到它,然后再寻觅它的小孩。因为这几天来,玳瑁在吃饭的时候,已经不大避人,捉到它应该是容易的。

但是两天后,我们十几岁的外甥遏抑不住他的热情了。不知怎样,玳瑁的孩子们所在的地方先被他很容易地发现了。它们原来就在楼梯门口,一只半掩着的糠箱里。玳瑁和它的小孩们就住在这里,是谁也想不到的。外甥很喜欢,叫大家去看。玳瑁已经溜得远远地在惧怯地望着。

我们想,既然玳瑁已经知道我们发觉了它的小孩的住所,不如便先把它的小孩看守起来,因为这样,也可以引诱玳瑁的来到,否则它会把小孩衔到更没有人晓得地方去的。

于是我们便做了一个更安适的窠,给它的小孩们,携进了以前父亲的寝室,而且就在父亲的床边。

那里是四个小孩,白的,黑的,黄的,玳瑁的,都还没有睁开眼睛。贴着压着,钻做一团,肥圆的。捉到它们的时候,偶然发出微弱的老鼠似的吱吱的鸣声。

"生了几只呀?"母亲问着。

"四只。"

"嗨,四只!怪不得!扛了你父亲的棺材,不要再扛我的呢!"母亲叹息着,不快活地说。

大家听着这话,愕住了。

“把它们丢出去!”外甥叫着说,但他同时却又喜悦地抚摩着玳瑁的小孩们,舍不得走开。

玳瑁现在在楼上寻觅了,它大声地叫着。

“玳瑁,这里来,在这里,”我们学着父亲仿佛对人说话似地叫着玳瑁说。

但是玳瑁像只懂得父亲的话,不能了解我们说什么。它在楼上寻觅着,在弄堂里寻觅着,在厨房里寻着,可不走进以前父亲天天夜里带着它睡觉的房子。我们有时故意作弄它的小孩们,使它们发出微弱的鸣声。玳瑁仍像没有听见似的。

过了一会,玳瑁给我们女工捉住了。它似乎饿了,走到厨房去吃饭,却不妨给她一手捉住了颈背的皮。

“快来!快来!捉住了!”她大声叫着。

我扯了早已预备好的绳圈,跑出去。

玳瑁大声地叫着,用力地挣扎着。待至我伸出手去,还没抱住玳瑁,女工的手一松,玳瑁溜走了。

它再不到厨房里去,只在楼上叫着,寻觅着。

几点钟后,我们只得把玳瑁的小孩们送回楼上。它们显然也和玳瑁似地在忍受着饥饿和痛苦。

玳瑁又静默了,不到十分钟,我们已看不见它的小孩们的影子。现在可不必再费气力,谁也不会知道它们的所在。

有一天一夜,玳瑁没有动过厨房里的饭。以后几天,它也只在夜里,待大家睡了以后到厨房里去。

我们还想方设法带玳瑁出来,但是母亲说:

“随它去吧,这样有灵性的猫,哪里会不晓得我们要离开这里。要出去自然不会躲开的。你们看它,父亲过世以后,再也不忍走进那两间房里,并且几天没有吃饭,明明在非常的伤心。现在怕是还想在这里陪伴你们父亲的灵魂呢。它原是你父亲的。”

我们只好随玳瑁自己了。它显然比我们还舍不得父亲,舍不得父亲所住过的房子,走过的路以及手所抚摸过的一切。父亲的声音,父亲的形象,父亲的气息,应该都还很深刻地萦绕在它的脑中。

可怜的玳瑁，它比我们还爱父亲！

然而玳瑁也太凄惨了。以后还有谁再像父亲似地按时给它好的食物，而且慈爱地抚摩着它，像对人说话似地一声声地叫它呢？

离家的那天早晨，母亲曾给它留下了许多给孩子吃的稀饭在厨房里。门虽然锁着，玳瑁应该仍然晓得走进去。邻居们也曾答应代我们给它饲料。然而又怎能和父亲在时候相比呢？

简评：父亲豢养的一只猫，然而深得父亲宠爱。"可怜的玳瑁，它比我们还爱父亲！"文章写得自然朴素，深沉的感情以平实的语言出之，为读者构造了一个情思悠长的艺术境界。"托物言志"是中国文学的传统，看似写父亲的玳瑁猫，实则抒发对父亲的怀念之情，因而显得含蓄内向。同时，身边的琐事寄寓了对故乡永远怀念，这情，更见广大，永恒。

作家谈读书

阅读和写作的两方面，常常有一种"互惠"的现象，就是读者和作者之间，都应互相节省对方所消耗的时间、精力等。我们所写作的，是要给人家阅读的，务求简洁明了，切忌烦冗晦涩，为的是要节省读者的劳力，减少阅读时的困难。我们在阅读的时候，更须对读物负责任，用心探讨作者的原意，并且要融会贯通，切忌囫囵吞枣和穿凿附会；为的是要不辜负作者的苦心，体谅作者在文字上表现的困难。总之，读者要对作者负责，作者又须为读者着想，共同的相互的来节省所消耗的时间、精力等等，互相体谅，互相负责，正是"忠恕之道"。如果在文字上能得忠恕之道，那就自然能够符合经济的原则了。

——张世禄：《读书和作文》，《国文杂志》，1943年第2卷第2期.

悼鲁迅

林语堂

民廿五年十月十九日鲁迅死于上海。当时我在纽约，第二天见Herald-Tribune电信，惊愕之下，相与告友，友亦惊愕。若说悲悼，恐又不必，盖非所以悼鲁迅也。鲁迅不怕死，何为以死悼之？夫人生在世，所为何事？碌碌终日，而一旦瞑目，所可传者极渺。若投石出水，皱起一池春水，及其波静浪过，复平如镜，了无痕迹。惟圣贤传言，豪杰传事，然究其可传之事之言，亦不过圣贤豪杰所言所为之万一。孔子喋喋千万言，所传亦不过《论语》二三万言而已。始皇并六国，统天下，焚书坑儒，筑长城，造阿房，登泰山，游会稽，问仙求神，立碑刻石，固亦欲创万世之业，流传千古。然帝王之业中堕，长生之药不到，阿房焚于楚汉，金人毁于董卓，碑石亦已一字不存，所存一长城旧规而已。鲁迅投鞭击长流，而长流之波复兴，其影响所及，翕然有当于人心，鲁迅见而喜，斯亦足矣。宇宙之大，沧海之宽，起伏之机甚微，所及，何可较量，斯亦足矣。宇宙之大，沧海之宽，起伏之机甚微，影响所及，何可较量，复何必较量？鲁迅来，忽然而言，既毕其所言而去，斯亦足矣。鲁迅常谓文人写作，固不在藏诸名山，此语甚当。处今日之世，说今世之生于今世，目所见后世人，耳所闻后世之事，亦必不为今日之言。鲁迅既生于今世，既说今世之言，所言有为而发，斯足矣。后世之人好其言，听之；不好其言，亦听之。或今人所好在此，后人所好在彼，鲁迅不能知，吾亦不能知。后世或好其言而实厚诬鲁迅，或不好其言而实深为所动，继鲁迅而来，激成大波，是文海之波涛起伏，其机甚微，非鲁迅所能知，亦非吾所能知。但使波涛之前仆后起，循环起伏，不归沉寂，便是生命，便是长生，复奚较此波长彼短耶？

鲁迅与我相得者二次，疏离者二次，其即其离，皆出自然，非吾于鲁迅有轩轾于其间也。吾始终敬鲁迅；鲁迅顾我，我喜其相知，鲁迅弃我，我亦无悔。大凡以所见相左相同，而为离合之迹，绝无私人意气存焉。我请鲁迅至厦门大学，遭同事摆布迫逐，至三易其厨，吾尝见鲁迅开罐头在火酒炉上以火腿煮水度日，是吾失地主之谊，而鲁迅对我绝无怨言，是鲁迅之知我。《人间世》出，左派不谅吾之文学见解，吾亦不肯牺牲吾之见解以阿附初闻鸦叫自为得道之左派，鲁迅不乐，我亦无可如何。鲁迅诚老而愈辣，而吾则向慕儒家之明性达理，鲁迅党见愈深，我愈不知党见为何物，宜其刺刺不相入也。然吾私心终以长辈事之，至于硁硁小人之捕风捉影挑拨离间，早已置之度外矣。

鲁迅与其称为文人，无如号为战士。战士者何？顶盔披甲，持矛把盾交锋以为乐。不交锋则不乐，不披甲则不乐，即使无锋可交，无矛可持，拾一石子投狗，偶中，亦快然于胸中。此鲁迅之一副活形也。德国诗人海涅语人曰，我死时，棺中放一剑，勿放笔，是足以语鲁迅。

鲁迅所持非丈二长矛，亦非青龙大刀，乃炼钢宝剑，名宇宙锋。是剑也，斩石如棉，其锋不挫，刺人杀狗，骨骼尽解。于是鲁迅把玩不释，以为嬉乐，东砍西刨，情不自已，与绍兴学童得一把洋刀戏刻书案情形，正复相同。故鲁迅有时或类鲁智深。故鲁迅所杀，猛士劲敌有之，僧丐无赖，鸡狗牛蛇亦有之。鲁迅终不以天下英雄死尽，宝剑无用武之地而悲。路见疯犬，癞犬，及守家犬，挥剑一砍，提狗头归，而饮绍兴，名为下酒。此又鲁迅之一副活形也。

然鲁迅亦有一副大心肠。狗头煮熟，饮酒烂醉，鲁迅乃独坐灯下而兴叹。此一叹也，无以名之。无名火发，无名叹兴，乃叹天地，叹人生，叹圣贤，叹豪杰，叹司阍，叹佣妇，叹书贾，叹果商，叹黠者，狡者，愚者，拙者，直谅者，乡愚者；叹生人，熟人，雅人，俗人，尴尬人，盘缠人，累赘人，无生趣人，死不开交人；叹穷鬼，饿鬼，色鬼，馋鬼，牵钻鬼，串熟鬼，邋遢鬼，白朦鬼，摸索鬼，豆腐羹饭鬼，青胖大头鬼。于是鲁迅复饮，俄而客筋浮胀，睚眦欲裂，须发尽竖；灵感至，筋更浮，眦更裂，须更竖，乃磨砚濡毫，呵的一声狂笑，复持宝剑，以刺世人，火发不已，叹兴不已，于是鲁迅肠伤，胃伤，肝伤，肺伤，血管伤，而鲁迅不起。呜呼，鲁迅以是不起。

怀鲁迅

郁达夫

真是晴天霹雳，在南台的宴会席上，忽而听到了鲁迅的死！

发出了几通电报，荟萃了一夜行李，第二天我就匆匆跳上了开往上海的轮船。

二十二日上午十时，船靠了岸，到家洗一个澡。吞了两口饭，跑到胶州路万国殡仪馆去，遇见的只是真诚的脸，热烈的脸，悲愤的脸，和千千万万将要破裂似的青年男女的心肺与紧捏的拳头。

这是不寻常的丧葬，这也不是沉郁的悲哀，这正像是大地震要来，或黎明即将到时充塞在天地之间的一瞬间的寂静。

生死、肉体、灵魂、眼泪、悲叹，这些问题与感觉，在此地似乎太渺小了，在鲁迅的死的彼岸，还照耀着一道更伟大更猛烈的寂光。

没有伟大人物出现的民族，是世界上最可怜的生物之群；有了伟大的人物，而不知拥护、爱戴、崇仰的国家，是没有希望的奴隶之邦。因鲁迅的一死，使人们自觉出了民族的尚可以有为，也因鲁迅之一死，使人们看出了中国还是奴隶性很浓的半绝望的国家。

鲁迅的灵柩，在夜阴里被埋入浅土中去了；西天角却出现了一片微红的新月。

简评：这两篇文章放在一起读，是意味深长的。林语堂和郁达夫，且不说他们在现代文学史上难分轩轾的地位和影响，即是和被悼念的鲁迅先生的相互交往的前世今生，真正是欲说还休。不过，同是为悼念鲁迅而作，理性的思考应该不同于感性的记取，是耶，非耶？相信读者心中自有答案在。

旭水酒绿

魏明伦

我是旭水平民女婿，旭水是我第三故乡。吾儿魏来，摇篮在旭水，学步在旭水。长大成家，娶的媳妇又是旭水荣县姑娘。我的岳家在荣县，我的亲家也在荣县。还有一帮荣县老朋友，我至今仍与他们保持长途电话联系。三十几年来，我饮过多少旭阳河水？我和旭水结下不解之缘。

十年浩劫，我常住"牛棚"。每当斗争稍缓，管束稍松，我便潜往荣县苟安几天。这儿虽然只隔自贡百里，但民风相对淳厚。且当时荣县的行政区域不属自贡管辖；我这个在盐都挂号的"反动文人"，一到旭水河边，就冲淡了身后的威胁。此地有我一拨朋友；或是艺人，或是店员，或是知青，多数归入"逍遥派"。动乱中偷闲，苦难里找乐。茶馆解闷，牌桌消遣。饮茶，碗碗都是道地旭水。打牌，输了罚啥？罚我学那牛饮冷水，腹中装满荣县清泉。

用旭水酿成的美酒，与我的红白喜事有缘。熟悉我的人都知道，在下不胜酒力，席上一贯推杯；但是，也有偶尔破例之时。当年荣县红娘做媒，我与旭水少女结婚。两间破屋作新房，一桌便饭当婚礼。新郎我开怀痛饮的，就是本地土产烧酒。几年后，干了一辈子小摊小贩的老岳父倒在摊位上。我匆匆奔丧，草草收殓。请了几位吊客，凑了几张肉票，打了一顿牙祭，绕了一肚愁肠。街头沽酒，举杯消愁。杯中之物，又是旭水勾兑而成的散装老窖。

岁月飞驰，弹指一挥。1987年底，我在釜溪新居宴请北京来客。有意出示川南特产，呈上几瓶荣县老窖——此酒已随时代前进，取名旭水大曲，销出夔门，奖至"金爵"，登上四川十大名酒排行榜了，座中把杯的远客，是专程入川参加拙作讨论会的一群戏剧家。最难得是吾师吴祖光先生，古稀高寿，满怀童心，不辞长途跋涉，赶来扶持后辈。老人家平日没有酒瘾，非常高兴之时才喝，一喝则有半斤之量。恰巧，那段时间他受中国酒文化协会委托，出面主编一本关于酒的文集。书名拟为《解忧集》，取意"何以解忧？唯有杜康。"吴老向海内外朋友征文，我也收到约稿函。此信写得醉意飘然，现在我还记得其中片断——

足下文苑名家，酒坛巨将；文有过人之才，酒有兼人之量。敢祈惠赐宏文，抒写您与酒的一脉深情。为江山留胜迹，为儿女续因缘……我非“酒坛巨将”，没有应约写稿，只在寒舍与主编当面谈酒，吴老早年有“神童”之称，远在抗战时代就曾经流寓川南，到过釜溪旭水一带。四十年后重游旧地，神童已成皓叟。我向吴老介绍：大诗人陆游也曾谪居古荣州，留下三十二首题咏荣州之诗，其中十六首涉及旭水美酒。信手拈来一例：“鹅黄名酿何由得，且醉杯中琥珀红。”可见荣县酿酒有名，源远流长。放翁诗句，增添醉翁酒兴。吴老畅饮三巡，红光满面，酡颜亦如琥珀红矣。

大半年后，消息传来。旭水大曲争创国优的新闻发布会在北京召开，吴祖光先生带领全家到场祝贺。其子吴欢去了，其女吴霜去了，就连半身不遂，深居简出的新凤霞也被丈夫鼓动去了。吴老如此重视旭水酒会，显然是由于与荣州有缘在先，再加上我这层关系而爱屋及乌。最近，我重翻那次新闻发布会的照片，才看见老报人车辐在场。我推测是车老牵线，吴老带头，约集一群文化名人赴会赏酒。周而复、丁聪、谢添、陈强、柳倩、张西洛……联袂而至，即席挥毫。祖光先生题词，集唐诗两句——

劝君更进一杯酒，
与尔同消万古愁。

这次酒会还有更为珍贵的镜头，是半瘫的新凤霞站着写字，五十年代《刘巧儿》，六十年代《花为媒》。新凤霞身轻如燕，舞步如飞。一场浩劫致使美女残废。困坐轮椅，度过夕阳晚景。她在家写书绘画，出外签名题词，都是坐着动笔。起身十分艰难，必须有人搀扶移步，或者手倚桌案斜立。我与凤霞师母深交十八年，从未见过她不用人扶，不靠案头，一手垂后，一手握笔，站直了运腕疾书。旭水酒会留下的这一张相片，可能是奇迹绝照了！

我又猛然发现，这次酒会签到册上“吴祖光”之前还有一行刺目的手迹：“陈希同”，原来炙手可热的北京市市长也曾亲临酒会现场，这证明旭水大曲品牌的声誉确实一度传播首都。陈希同与吴祖光在同一活动中并列签名也是罕见之事。据我所知，这两人水火不相容。就如同两位坚决不与对方为伍的冤家，居然被旭水酒会撮合一起！

那天，他俩是否见面？可曾搭话？是隔席不理？还是同桌敷衍？事过境迁，引人猜想。如今，陈希同已入狱，新凤霞已逝世。吴祖光痛失患难妻子，从此沉默寡言。但老人心里明白，风范长存。如同旭水长流，美酒长香，使人不禁触景生情，对酒当歌——

酒啊，酒：奇妙的液体，渗合了错综复杂的人际关系。青梅煮酒，使君与操尔虞我诈；鸿门把盏，楚汉双雄明争暗斗。黄袍加身，杯酒释兵权；三关排宴，一醉泯恩仇。酒酒酒，好朋友：催出绝妙文章，促成风流佳话。酒杯一碰，好事启动。酒碗一端，政策放宽。无酒不成席，有酒就有“戏”。酒似风月宝鉴，反映善恶两重。酒有酒德，人有人格。明白人喝了依然明白，糊涂人喝了仍旧糊涂。有人越喝越讲真话，有人越喝越涨贪心。酒会留影，旭水作证。权势如过眼烟云，丢官则丧魂落魄；爱情是比翼青鸟，到死也热恋狂思。当代祖光凤霞，古时陆游唐婉。红酥手，黄藤酒。钗头凤，夜归人。干杯，为爱献身；干杯，为民请命；干杯，为国争光。三杯倾倒，一枕鼾声。抒情于无语之时，清醒在沉醉之中！

简评：作者是个剧作家，素有“戏剧怪杰”之称。与旭水有不解之缘，又和旭水的酒结下了莫逆之交，加之因酒而产生的复杂的人际关系，折射出酒在政治、经济活动中的不可小视的作用。排比整齐，对仗工整的语句，读之跌宕起伏，荡气回肠！川剧作家魏明伦特殊的文化气蕴让人折服；尤其一阕“对酒当歌”，参差的句式，丰富的史实，唱出了令人叫绝的旷世情怀。

满脸苍蝇

孙绍振

我年轻的时候,以记忆力过人而自豪。一堂俄语课下来,单词记住了,课文也背会了。可一到上了年纪,就爱忘事,明明跟人家约好的事,过一两天就忘了,事后忙不迭地道歉,也很难平息负疚之感。有时记忆惨到莫名其妙,昨天才读的书,今天拿起来翻翻,竟好像没读过一样。有一次,在自己的讲议中读到一张夹在里面的字条,其中文字、观念均十分精彩,我在课堂上引用时,大为赞叹了一番。可下课后,一个学生悄悄走来告诉我,那段引文,就是我自己的,出自我的某一著作,某页。学生说时,凑近我耳边,声音放得很轻,好像是很照顾我的面子似的,但我看得出来,他的眼中有点狡黠的笑意。

仔细钻研一下他的笑意,是很叫我有点难为情的,我多么希望他仅仅是笑我的健忘啊。

但是,在我的记忆失去活力的时候,也还有一些事情牢牢地记在我心头,哪怕岁月流逝,那鲜明的印象也不会暗淡下去。相反,记忆的世界里,消褪的烟云越是众多,那顽强的、稀有的记忆之星便越是闪光;时光隧道越是黑暗,那远方的灯火越是生动。

那是1958年,我才二十出头,正是充满幻想的年纪,不过那时的幻想不同于90年之处的,是充满了政治上的浪漫主义。对于当时流行的豪言壮语,我不但倾心相信,而且甘愿为之献出青春和生命。

记得当时,最鼓舞我的一个信念是小麦亩产万斤了。我参加了对北大生物系某教授的批判,他居然逆革命群众运动之潮流而动,说什么小麦亩产万斤绝对不可能。这个教授在我看来是太可怜了。几年洋墨水一喝,就中了崇洋媚外的毒,以致双脚跨进毛泽东时代快十年了,他的脑袋还留在资本主义、帝国主义的代言人摩尔根老头子哪里。

我对他又是气愤又是同情,我想:"批判的武器毕竟不能代替武器的批判",最有说服力的不是理论,而是春天地里长出的麦子。

我就怀着这样的英雄主义情怀来到北京郊区平谷县东皋村的。我们一班二十几个人，进村第二天就每人拿一把新洋锹和农民一起去挖地，当时的要求是“深翻一尺五”，故不能用犁，得先一锹一锹挖出一尺五的泥土来，然后把马粪等等的肥料和进去，再填平。

我第一次真刀真枪的劳动，才挖了几十下腰就酸得不是滋味。干了半小时以后腰就好像断了一样，又不好意思愣站着休息，便只好满头大汗地苦撑。幸而团小组长看出了我不中用，就走过来和我并排挖土。他提议，我们一起挖五下，然后直直腰接着再挖五下。对于这样低的要求，我自然很快适应了。后来逐渐加到六下、七下……甚至十五六下。经过一天的劳动，晚上上床人好像硬木头一样。过了几天，早上起来，发现手指变得异样的肥大，只要稍微使劲一些拧毛巾，就疼得要命。同学们互相交换着这种又新又痛苦的感觉，但是没有一个人提出请假。

到了地里，问题更严重了，手握不住铁锹。稍稍抓紧一点就疼得不行，每挖一锹都要咬紧牙关。但是挖了十几分钟后，疼痛的感觉就消失了，手关节上反而有一种温暖而灵巧的感觉。可到了第二天一早，肥大的手指又变的攥不紧毛巾了，直到咬着牙挖上十几分钟地，才恢复正常。

我深深体会到这就叫做“锻炼”，怪不得“锻炼”的“炼”字是火字旁。你不是老为没赶上抗日战争、解放战争的壮丽生活而遗憾吗？你不是老为红旗上没有染上你的鲜血而痛苦吗？过分安逸的生活不是使你经常感到惭愧吗？如今你所向往的考验来了，你的灵魂能不能在这考验中变得透明，就看你自己了。

经过了几个星期的自我磨炼，我的腰显然有了长进：一早下地的时候，我可以挖上二十分钟才直一下腰，但是一个上午毕竟有好多个二十分钟，弄到后来，我，虽然没有直起腰来休息，但是脚下手上却虚浮无力了。实际上，到了下午，我基本上是在那里苦熬苦撑。但是整个田野的劳动气氛是十分热烈的。那些农民，尤其是姑娘们又是说笑，又是唱歌，而小伙子们则与她们展开了半是调情的比赛。我们是夹在他们之中分组的，谁愿意落后，作集体的绊脚石呢？一种现场的荣誉感支持着我，我超常地发挥着体力，在一段时间里我几乎是忘了疲劳和痛苦。但是几天以后，我发现上工时腿像灌满铅一样沉重，不仅是腰，而且是每一个关节都钻出一种说不出的刁钻的疼痛，我竭力掩饰着，勉强和农民小伙子说笑。有个小伙子让我去休息，我口头上坚决拒绝，可在拒绝后又后悔，心想下一回他们再让我，我就去地边上那高粱秆子堆上躺一下。可恨的是那以后再没有什么人提议我去休息，而浑身的酸疼却在无情的扩散着。我渐渐感到无数痛苦的锥子把我顶起来，我双腿离开了地面，眼前冒着金星，好像在但丁的炼狱中。不知从何时起，小伙子和姑娘们的笑声越来越遥远了，汗珠挂在我的眉毛上，滑下来是冰冷的，终于，我的手脚不听话了，我一头栽倒，下巴磕在铁锹上，这时我感到整个世界和我一起往海底沉了下去。

等我醒来的时候，正躺在那高粱秆子堆上，只有头和脚还存在，腰好像是一段空白。从周围乱糟糟的大呼小叫中，我知道自己是晕倒了。我勉强地睁开眼睛，只见小伙子姑娘们还有我班上的团小组长大大地松了一口气。

接着是许多人七手八脚把我抬起来，原来是一辆胶轮大车在旁边，他们把我放上去之后，大车就颠簸起来，没命地摇晃，把我一会儿摇到大车这边，一会儿又摇到另一边。一位老大娘拿来一床棉被垫在我身旁，我就不再像萝卜在菜篮子里一样滚来滚去了。

老大娘如雪的头发、深深的皱纹、和善的笑容和慈祥的眼神都使我想起电影上敌后根据地老大娘的传统形象，我突然体验到一种深深的感动，这颠簸的大车、这蓝花被子，唤醒了我心灵深处的浪漫情致，我不是正享受着当年老百姓对八路军伤员的崇高的感情吗？

我浑身的疼痛此时慢慢退潮，代之而来的是一种美妙的幸福。

从大车粗糙的栏杆中间，我可以看到我们翻过的土地上正腾起淡淡的雾霭。太阳落在地平线上，那么圆，那么大，那么辉煌，又离我那么近，仿佛伸手就可摸到，不由人不产生一种亲切之感。这伟大的星座从来都是高高在上，永远灿烂叫我不敢正视的，面对着它的升华，我从来都不由自主地自惭形秽的，而现在它却和我平等相对了。我可以从容地欣赏它那像蛋黄一样柔软地颤动着的面容了，更精彩的是西边地平线上丰满的太阳还未落下，东边地平线上浑圆的大月亮早已升起。月亮没有太阳那样热烈的色彩，但却袒露出透明的纯净的鹅黄，带着母性，把光辉泻落在飘着淡色雾霭的田野上。太阳和月亮的光仿佛融合成一片淡淡的玫瑰色的透明溶液，一切都变得透明了。连村边一排白杨、榆树和枣树的树干都变得透明了，连脸边的大车的栏杆都透明得像初生婴儿的手指。

我想，如果在这样透明的境界中死去，即使没有墓碑，也该是很过瘾的，在这样美丽的死亡中，如果脸上不挂着微笑该是多么煞风景。

就在这样幸福的感觉中我又晕了过去。当我醒来的时候，已是在平谷县医院的“病房”里。我第一眼就看到，墙壁下端长着发黑的青苔，房间里没有地板，完全是不甚平整的泥土地。一个十一二岁的男孩子光着屁股在我身边转悠，这在当时还很贫困的北京郊区是司空见惯的。我一醒来，站在我身边的团小组长就赶那孩子：“走走走！”

那孩子赖着不走。我没有力气说话，但却使出全力问团小组长我刚才晕过去的时候，嘴角上有没有挂着笑容。

团小组长听不懂，没有回答，却让我吃药，我不吃，又问：“有没有笑容？”团小组长被我问傻了。

而那孩子却非常严肃地说：

“什么笑容，一脸的苍蝇！”

这句话使我出了一身冷汗，而且有恶心之感。也许我在脸上流出了什么颜色可怕的液体，发出了什么浓重的气味，才吸引了那么多苍蝇吧。

直到今天，我都无法把那透明的玫瑰溶液中东西对称的圆圆的太阳和月亮的图景和我满脸苍蝇的形象统一起来。也许正因为这样，三十多年的时光都没有使这幅对比十分鲜明的图画在记忆中褪色。

简评：这是一个被扭曲的年代，到处是扭曲的灵魂，即使在记忆失去活力的时候，“太阳和月亮的光仿佛合成一片淡淡的玫瑰色的透明的溶液”，也不会和“满脸的苍蝇”混在一起，孩子的严肃决非波德莱尔的“恶之花”式的调侃。挥之不去的辛酸的记忆是顽强的，三十多年的时光都没有使这幅对比鲜明的图画在记忆中褪色。记忆在这里赋予了丰富的内涵。

一个王朝的背影

余秋雨

一

我们这些人,对清代总有一种复杂的情感阻隔。记得很小的时候,历史老师讲到“扬州十日”、“嘉定三屠”时眼含泪花,这是清代的开始;而讲到“火烧圆明园”、“戊戌变法”时又有泪花了,这是清代的尾声。年迈的老师一哭,孩子们也跟着哭。清代历史,是小学中唯一用眼泪浸润的课程。从小种下的怨恨,很难化解得开。

老人的眼泪和孩子们的眼泪拌和在一起,使这种历史情绪有了一种最世俗的力量。我小学的同学全是汉族,没有满族,因此很容易在课堂里获得一种共同语言。

好像汉族理所当然是中国的主宰,你满族为什么要来抢夺呢?抢夺去了能够弄好倒也罢了,偏偏越弄越糟,最后几乎让外国人给瓜分了。于是,在闪闪泪光中,我们懂得了什么是汉奸,什么是卖国贼,什么是民族大义,什么是气节。我们似乎也知道了中国之所以落后于世界列强,关键就在于清代,而辛亥革命的启蒙者们重新点燃汉人对清人的仇恨,提出“驱除鞑虏,恢复中华”的口号,又是多么有必要,多么让人解气。清朝终于被推翻了,但至今在很多中国人心里,它仍然是一种冤孽般的存在。

年长以后,我开始对这种情绪产生警惕。因为无数事实证明,在我们中国,许多情绪化的社会评判规范,虽然堂而皇之地传之久远,却包含着极大的不公正。我们缺少人类普遍意义上的价值启蒙,因此这些情绪化的社会评判规范大多是从封建正统观念逐渐引伸出来的,带有很多盲目性。先是姓氏正统论,刘汉、李唐、赵宋、朱明……在同一姓氏的传代系列中所出现的继承人,哪怕是昏君、懦夫、色鬼、守财奴、精神失常者,都是合法而合理的,而外姓人氏若有觊觎,即便有一千条一万条道理,也站不住脚,真伪、正邪、忠奸全由此划分。由姓氏正统论扩而大之，就是民族正统论。这种观念要比姓氏正统论势不两立，却也需要大声宣扬民族正统论，便是例证。民族正统论涉及到几乎一切中国人都耳熟能详的许多著名人物和著名事件，是一个在今后仍然要不断争论的麻烦问题。在这儿请允许我稍稍回避一下，我需要肯定的仅仅是这样一点：满族是中国的满族，清朝的历史是中国历史的一部分；统观全部中国古代史，清朝的皇帝在总体上还算比较好的，而其中的康熙皇帝甚至可说是中国历史上最好的皇帝之一，他与唐太宗李世民一样使我这个现代汉族中国人感到骄傲。

既然说到了唐太宗，我们又不能不指出，据现代历史学家考证，他更可能是鲜卑族而不是汉族之后。

如果说先后在巨大的社会灾难中迅速开创了“贞观之治”和“康雍乾盛世”的两位中国历史上最杰出的帝王都不是汉族，如果我们还愿意想一想那位至今还在被全世界历史学家惊叹的建立了赫赫战功的元太祖成吉思汗，那么我们的中华历史观一定会比小学里的历史课开阔得多，放达得多。

汉族当然非常伟大，汉族当然没有理由要受到外族的屠杀和欺凌，当自己的民族遭受危难时当然要挺身而出进行无畏的抗争，为了个人的私利不惜出卖民族利益的无耻之徒当然要受到永久的唾弃，这些都是没有异议的。问题是，不能由此而把汉族等同于中华，把中华历史的正义、光亮、希望，全都押在汉族一边。与其他民族一样，汉族也有大量的污浊、昏聩和丑恶，它的统治者常常一再地把整个中国历史推入死胡同。在这种情况下历史有可能作出超越汉族正统论的选择，而这种选择又未必是倒退。

《桃花扇》中那位秦淮名妓李香君，身份低贱而品格高洁，在清兵浩荡南下、大明江山风雨飘摇时节保持着多大的民族气节！但是，她万万没有想到，就在她和她的恋人侯朝宗为抗清扶明不惜赴汤蹈火、奔命呼号的时候，恰恰正是苟延残喘而仍然荒淫无度的南明小朝廷，作践了他们。那个在当时当地看来既是明朝也是汉族的最后代表的弘光政权，根本不要她和她的姐妹们的忠君泪、报国心，而只要她们作为一个女人最可怜的色相。李香君真想与恋人一起为大明捐躯流血，但叫她恶心的是，竟然是大明的官僚来强逼她成婚，而使她血溅纸扇，染成“桃花”。“桃花扇底送南朝”，这样的朝廷就让它去了吧，长叹一声，气节、操守、抗争、奔走，全都成了荒诞和自嘲。《桃花扇》的作者孔尚任是孔老夫子的后裔，连他，也对历史转捩时期那种盲目的正统观念产生了深深的怀疑。他把这种怀疑，转化成了笔底的灭寂和苍凉。

对李香君和侯朝宗来说，明末的一切，看够了，清代会怎么样呢，不想看了。

文学作品总要结束，但历史还在往前走，事实上，清代还是很可看看的。

为此，我要写写承德的避暑山庄。清代的史料成捆成扎，把这些留给历史学家吧，我们，只要轻手轻脚地绕到这个消夏的别墅里去偷看几眼也就够了。这种偷看其实也是偷看自己，偷看自己心底从小埋下的历史情绪和民族情绪，有多少可以留存，有多少需要校正。

二

承德的避暑山庄是清代皇家园林，又称热河行宫、承德离宫，虽然闻名史册，但久为禁苑，又地处塞外，历来光顾的人不多，直到这几年才被旅游者搅得有点热闹。我原先并不知道能在那里获得一点什么，只是今年夏天中央电视台在承德组织了一次国内优秀电视编剧和导演的聚会，要我给他们讲点课，就被他们接去了。住所正在避暑山庄背后，刚到那天的薄暮时分，我独个儿走出住所大门，对着眼前黑黝黝的山岭发呆。查过地图，这山岭便是避暑山庄北部的最后屏障，就像一张罗圈椅的椅背。在这张罗圈椅上，休息过一个疲惫的王朝。奇怪的是，整个中华版图都已归属了这个王朝，为什么还要把这张休息的罗圈椅放到长城之外呢？清代的帝王们在这张椅子上面南而坐的时候都在想一些什么呢？月亮升起来了，眼前的山壁显得更加巍然怆然。北京的故宫把几个不同的朝代混杂在一起，谁的形象也看不真切，而在这里，远远的，静静的，纯纯的，悄悄的，躲开了中原王气，藏下了一个不羼杂的清代。它实在对我产生了一种巨大的诱惑，于是匆匆讲完几次课，便一头埋到了山庄里边。

山庄很大，本来觉得北京的颐和园已经大得令人咋舌了，它竟比颐和园还大整整一倍，据说装下八九个北海公园是没有问题的。我想不出国内还有哪个古典园林能望其项背。

山庄外面还有一圈被称之为“外八庙”的寺庙群，这暂不去说它，光说山庄里面，除了前半部有层层叠叠的宫殿外，主要是开阔的湖区、平原区和山区。

尤其是山区，几乎占了整个山庄的八成左右，这让游惯了别的园林的人很不习惯。园林是用来休闲的，何况是皇家园林，大多追求方便平适，有的也会堆几座小山装点一下，哪有像这儿的，硬是圈进莽莽苍苍一大片真正的山岭来消遣？这个格局，包含着一种需要我们抬头仰望、低头思索的审美观念和人生观念。

山庄里有很多楹联和石碑，上面的文字大多由皇帝们亲自撰写，他们当然想不到多少年后会有我们这些陌生人闯入他们的私家园林，来读这些文字，这些文字是写给他们后辈继承人看的。朝廷给别人看的东西很多，有大量刻印广颁的官样文章，而写在这里的文字，尽管有时也咬文嚼字，但总的说来是说给儿孙们听的体己话，比较真实可信。我踏着青苔和蔓草，辩识和解读着一切能找到的文字，连藏在山间树林中的石碑都不放过，读完一篇，便舒松开筋骨四周看看。一路走去，终于可以有把握地说，山庄的营造，完全出自一代政治家在精神上的强健。

首先是康熙，山庄正宫午门上悬挂着的"避暑山庄"四个字就是他写的，这四个汉字写得很好，撇捺间透露出一个胜利者的从容和安详，可以想见他首次踏进山庄时的步履也是这样的。他一定会这样，因为他是走了一条艰难而又成功的长途才走进山庄的，到这里来喘口气，应该。

他一生的艰难都是自找的。他的父辈本来已经给他打下了一个很完整的华夏江山，他八岁即位，十四岁亲政，年轻轻的一个孩子，坐享其成就是了，能在如此辽阔的疆土、如此兴盛的运势前做些什么呢？他稚气未脱的眼睛，竟然疑惑地盯上了两个庞然大物，一个是朝廷中最有权势的辅政大臣鳌拜，一个自恃当初做汉奸领清兵入关有功、拥兵自重于南方的吴三桂。平心而论，对于这样与自己的祖辈、父辈都有密切关系的重要政治势力，即便是德高望重的一代雄主也未免下得了决心去动手，但康熙却向他们、也向自己挑战了，十六岁上干脆利落地除了鳌拜集团，二十岁开始向吴三桂开战，花八年时间的征战取得彻底胜利。他等于把到手的江山重新打理了一遍，使自己从一个继承者变成了创业者。他成熟了，眼前几乎已经找不到什么对手，但他还是经常骑着马，在中国北方的山林草泽间徘徊，这是他祖辈崛起的所在，他在寻找着自己的生命和事业的依托点。

他每次都要经过长城，长城多年失修，已经破败。对着这堵受到历代帝王切切关心的城墙，他想了很多。他的祖辈是破长城进来的，没有吴三桂也绝对进得了，那么长城究竟有什么用呢？堂堂一个朝廷，难道就靠这些砖块去保卫？但是如果没有长城，我们的防线又在哪里呢？他思考的结果，可以从1691年他的一份上谕中看出个大概。那年五月，古北口总兵官蔡元向朝廷提出，他所管辖的那一带长城“倾塌甚多，请行修筑”，康熙竟然完全不同意，他的上谕是：

秦筑长城以来，汉、唐、宋亦常修理，其时岂无边患？明末我太祖统大兵长驱直入，诸路瓦解，皆莫能当。可见守国之道，惟在修德安民。民心悦则邦本得，而边境自固，所谓“众志成城”者是也。如古北、喜峰口一带，朕皆巡阅，概多损坏，今欲修之，兴工劳役，岂能无害百姓？且长城延袤数千里，养兵几何方能分守？

说得实在是很有道理。我对埋在我们民族心底的“长城情结”一直不敢恭维，读了康熙这段话，简直是找到了一个远年知音。由于康熙这样说，清代成了中国古代基本上不修长城的一个朝代，对此我也觉得不无痛快。当然，我们今天从保护文物的意义上修理长城完全是另外一回事了，只要不把长城永远作为中华文明的最高象征就好。

康熙希望能筑起一座无形的长城。“修德安民”云云说得过于堂皇而蹈空，实际上他有硬的一手和软的一手。硬的一手是在长城外设立“木兰围场”，每年秋天，由皇帝亲自率领王公大臣、各级官兵一万余人去进行大规模的“围猎”，实际上是一种声势浩大的军事演习，这既可以使王公大臣们保持住勇猛、强悍的人生风范，又可顺便对北方边境起一个威慑作用。“木兰围场”既然设在长城之外的边远地带，离北京就很有一点距离，如此众多的朝廷要员前去秋猎，当然要建造一些大大小小的行宫，而热河行宫，就是其中最大的一座；软的一手是与北方边疆的各少数民族建立起一种常来常往的友好关系，他们的首领不必长途进京也有与清廷彼此交谊的机会和场所，而且还为他们准备下各自的宗教场所，这也就需要有热河行宫和它周围的寺庙群了。总之，软硬两手最后都汇集到这一座行宫、这一个山庄里来了，说是避暑，说是休息，意义却又远远不止于此。把复杂的政治目的和军事意义转化为一片幽静闲适的园林，一圈香火缭绕的寺庙，这不能不说是康熙的大本事。然而，眼前又是道道地地的园林和寺庙，道道地地的休息和祈祷，军事和政治，消解得那样烟水葱茏、慈眉善目，如果不是那些石碑提醒，我们甚至连可以疑惑的痕迹都找不到。

避暑山庄是康熙的“长城”，与蜿蜒千里的秦始皇长城相比，哪个更高明些呢？

康熙几乎每年立秋之后都要到“木兰围场”参加一次为期二十天的秋猎，一生参加了四十八次。每次围猎，情景都极为壮观。先由康熙选定逐年轮换的狩猎区域（逐年轮换是为了生态保护），然后就搭建一百七十多座大帐篷为“内城”，二百五十多座大帐篷为“外城”，城外再设警卫。第二天拂晓，八旗官兵在皇帝的统一督导下集结围拢，在上万官兵齐声呐喊下，康熙首先一马当先，引弓射猎，每有所中便引来一片欢呼，然后扈从大臣和各级将士也紧随康熙射猎。康熙身强力壮，骑术高明，围猎时智勇双全，弓箭上的功夫更让王公大臣由衷惊服，因而他本人的猎获就很多。晚上，营地上篝火处处，肉香飘荡，人笑马嘶，而康熙还必须回帐篷里批阅每天疾驰送来的奏章文书。康熙一生身先士足打过许多著名的仗，但在晚年，他最得意的还是自己打猎的成绩，因为这纯粹是他个人生命力的验证。1719年康熙自“木兰围场”行猎后返回避暑山庄时曾兴致勃勃地告谕御前侍卫：朕自幼至今已用鸟枪弓矢获虎一百五十三只，熊十二只，豹二十五只，猞二十只，麋鹿十四只，狼九十六只，野猪一百三十三口，哨获之鹿已数百，其余围场内随便射获诸兽不胜记矣。朕于一日内射兔三百一十八只，若庸常人毕世亦不能及此一日之数也。这笔流水帐，他说得很得意，我们读得也很高兴。身体的强健和精神的强健往往是连在一起的，须知中国历史上多的是有气无力病恹恹的皇帝，他们即便再“内秀”，也何以面对如此庞大的国家。

由于强健，他有足够的精力处理挺复杂的西藏事务和蒙古事务，解决治理黄河、淮河和疏通漕支等大问题，而且大多很有成效，功泽后世。由于强健，他还愿意勤奋地学习，结果不仅武功一流，“内秀”也十分了得，成为中国历代皇帝中特别有学问、也特别重视学问的一位，这一点一直很使我震动，而且我可以肯定，当时也把一大群冷眼旁观的汉族知识分子震动了。

谁能想得到呢，这位清朝帝王竟然比明代历朝皇帝更热爱和精通汉族传统文化！大凡经、史、子、集、诗、书、音律，他都下过一番功夫，其中对朱熹哲学钻研最深。他亲自批点《资治通鉴纲目大全》，与一批著名的理学家进行水平不低的学术探讨，并命他们编纂了《朱子大全》、《理性精义》等著作。他下令访求遗散在民间的善本珍籍加以整理，并且大规模地组织人力编辑出版了卷帙浩繁的《古今图书集成》、《康熙字典》、《佩文韵府》、《大清会典》，文化气魄铺地盖天，直到今天，我们研究中国古代文学离不开这些极其重要的工具书。他派人通过对全国土地的实际测量，编成了全国地图《皇舆全览图》。在他倡导的文化气氛下，涌现了一大批在整个中国文化史上都可以称得上第一流大师的人文科学家，在这一点上，几乎很少有朝代能与康熙朝相比肩。

以上讲的还只是我们所说的“国学”，可能更让现代读者惊异的是他的“西学”。因为即使到了现代，在我们印象中，国学和西学虽然可以沟通但在同一个人身上深潜两边的毕竟不多，尤其对一些官员来说更是如此。然而早在三百年前，康熙皇帝竟然在北京故宫和承德避暑山庄认真研究了欧几里得几何学，经常演算习题，又学习了法国数学家巴蒂的《实用和理论几何学》，并比较它与欧几里得几何学的差别。他的老师是当时来中国的一批西方传教士，但后来他的演算比传教士还快，他亲自审校译成汉文和满文的西方数学著作，而且一有机会就向大臣们讲授西方数学。以数学为基础，康熙又进而学习了西方的天文、历法、物理、医学、化学，与中国原有的这方面知识比较，取长补短。在自然科学问题上，中国官僚和外国传教士经常发生矛盾，康熙不袒护中国官僚，也不主观臆断而是靠自己发愤学习，真正弄通西方学问，几乎每次都作出了公正的裁断。他任命一名外国人担任钦天监监副，并命令礼部挑选一批学生去钦天监学习自然科学，学好了就选拔为博士官。西方的自然科学著作《验气图说》、《仪像志》、《赤道南北星图》、《穷理学》、《坤舆图说》等等被一一翻译过来，有的已经译成汉文的西方自然科学著作如《几何原理》前六卷他又命人译成满文。

这一切，居然与他所醉心的“国学”互不排斥，居然与他一天射猎三百八十只野兔互不排斥，居然与他一连串重大的政治行为、军事行为、经济行为互不排斥！我并不认为康熙给中国带来了根本性的希望，他的政权也做过不少坏事，如臭名昭著的“文字狱”之类。我想说的只是，在中国历代帝王中，这位少数民族出身的帝王具有超乎寻常的生命力，他的人格比较健全。有时，个人的生命力和人格，会给历史留下重重的印记。与他相比，明代的许多皇帝都活得太不像样了，鲁迅说他们是“无赖儿郎”，确有点像。尤其让人生气的是明代万历皇帝（神宗）朱翊钧，在位四十八年，亲政三十八年，竟有二十五年时间躲在深宫之内不见外人的面，完全不理国事，连内阁首辅也见不到他，不知在干什么。没见他玩过什么，似乎也没有好色的嫌疑，历史学家们只能推断他躺在烟榻上抽了二十多年的鸦片烟！他聚敛的金银如山似海，但当清军起事，朝廷束手无策时问他要钱，他死也不肯拿出来，最后拿出一个无济于事的小零头，竟然都是因窖藏太久变黑发霉、腐蚀得不能见天日的银子！这完全是一个失去任何人格支撑的心理变态者，但他又集权于一身，明朝怎能不垮？他死后还有儿子朱常洛（光宗）、孙子朱由校（熹宗）和朱由检（思宗）先后继位，但明朝已在他的手里败定了，他的儿孙们非常可怜。康熙与他正相反，把生命从深宫里释放出来，在旷野、猎场和各个知识领域挥洒，避暑山庄就是他这种生命方式的一个重要吐纳口站，因此也是当时中国历史的一所"吉宅"。

三

康熙与晚明帝王的对比，避暑山庄与万历深宫的对比，当时的汉族知识分子当然也感受到了，心情比较复杂。

开始大多数汉族知识分子都是抗清复明，甚至在纠纠武夫们纷纷掉头转向之后，一群柔弱的文人还宁死不折。文人中也有一些著名的变节者，但他们往往也承受着深刻的心理矛盾和精神痛苦。我想这便是文化的力量。一切军事争逐都是浮面的，而事情到了要摇撼某个文化生态系统的时候才会真正变严重起来。一个民族，一个国家，一个人种，其最终意义不是军事的、地域的、政治的，而是文化的。当时江南地区好几次重大的抗清事件，都起之于"削发"之争，即汉人历来束发而清人强令削发，甚至到了"留头不留发，留发不留头"的地步。头发的样式看来事小却关及文化生态，结果，是否"毁我衣冠"的问题成了"夷夏抗争"的最高爆发点。这中间，最能把事情与整个文化系统联系起来的是文化人，最懂得文明和野蛮的差别，并把"鞑虏"与野蛮连在一起的也是文化人。老百姓的头发终于被削掉了，而不少文人还在拼死坚持。著名大学者刘宗周住在杭州，自清兵进杭州后便绝食，二十天后死亡；他的门生，另一位著名大学者黄宗羲投身于武装抗清行列，失败后回余姚家乡事母著述；又一位著名大学者顾炎武比黄宗羲更进一步，武装抗清失败后还走遍全国许多地方图谋复明，最后终老陕西……这些一代宗师如此强硬，他们的门生和崇拜者们当然也多有追随。

但是,事情到康熙那儿却发生了一些微妙的变化。文人们依然像朱耷笔下的秃鹫,以“天地为之一寒”的冷眼看着朝廷,而朝廷却奇怪地流泻出一种压抑不住的汉文化的热忱。开始大家以为是一种笼络人心的策略,但从康熙身上看好像不完全是。他在讨伐吴三桂的战争还没有结束的时候,就迫不及待下令各级官员以“崇儒重道”为目的,向朝廷推荐“学问兼优、文词卓越”的士子,由他亲自主考录用,称作“博学鸿词科”。这次被保荐、征召的共一百四十三人,后来录取了五十人。

其中有傅山、李颙等人被推荐了却宁死不应考。傅山被人推荐后又被强抬进北京,他见到“大清门”三字便滚倒在地,两泪直流,如此行动康熙不仅不怪罪反而免他考试,任命他为“中书舍人”。他回乡后不准别人以“中书舍人”称他,但这个时候说他对康熙本人还有多大仇恨,大概谈不上了。

李颙也是如此,受到推荐后称病拒考,被人抬到省城后竟以绝食相抗,别人只得作罢。这事发生在康熙十七年,康熙本人二十六岁,没想到二十五年后,五十余岁的康熙西巡时还记得这位强硬的学人,召见他,他没有应召,但心里毕竟已经很过意不去了,派儿子李慎言作代表应召,并送自己的两部著作《四书反身录》和《二曲集》给康熙。这件事带有一定的象征性,表示最有抵触的汉族知识分子也开始与康熙和解了。

与李颙相比,黄宗羲是大人物了,康熙更是礼仪有加,多次请黄宗羲出山未能如愿,便命令当地巡抚到黄宗羲家里,把黄宗羲写的书认真抄来,送入宫内供自己拜读。这一来,黄宗羲也不能不有所感动,与李颙一样,自己出面终究不便,由儿子代理,黄宗羲让自己的儿子黄百家进入皇家修史局,帮助完成康熙交下的修《明史》的任务。你看,即便是原先与清廷不共戴天的黄宗羲、李颙他们,也觉得儿子一辈可以在康熙手下好生过日子了。这不是变节,也不是妥协,而是一种文化生态意义上的开始认同。既然康熙对汉文化认同的那么诚恳,汉族文人为什么就完全不能与他认同呢?政治军事,不过是文化的外表罢了。

黄宗羲不是让儿子参加康熙下令编写的《明史》吗?编《明史》这事给汉族知识界震动不小。康熙任命了大历史学家徐元文、万斯同、张玉书、王鸿绪等负责此事,要他们根据《明实录》如实编定,说“他书或文章见长,独修史宜直书实事”，他还多次要大家仔细研究明代晚期破败的教训，引以为戒。汉族知识界要反清复明，而清廷君主竟然亲自领导着汉族的历史学家在冷静研究明代了，这种研究又高于反清复明的思考水平，那么，对峙也就不能不渐渐化解了。《明史》后来成为整个二十四史中写得较好的一部，这是直到今天还要承认的事实。

当然，也还余留着几个坚持不肯认同的文人。例如康熙时代浙江有个学者叫吕留良的，在著书和讲学中还一再强调孔子思想的精义是“尊王攘夷”，这个提法，在他死后被湖南一个叫曾静的落第书生看到了，很是激动，赶到浙江找到吕留良的儿子和学生几人，策划反清。这时康熙也早已过世，已是雍正年间，这群文人手下无一兵一卒，能干成什么事呢？他们打听到川陕总督岳钟琪是岳飞的后代，想来肯定能继承岳飞遗志来抗击外夷，就派人带给他一封策反的信，眼巴巴地请他起事。这事说起来已经有点近乎笑语，岳飞抗金到那时已隔着整整一个元朝、整整一个明朝，清朝也已过了八九十年，算到岳钟琪身上都是多少代的事啦，还想着让他凭着一个“岳”字拍案而起，中国书生的昏愚和天真就在这里。岳钟琪是清朝大官，做梦也没想到过要反清，接信后虚假的应付了一下，却理所当然地报告了雍正皇帝。

雍正下令逮捕了这个谋反集团，又亲自阅读了书信、著作，觉得其中有好些观念需要自己写文章来与汉族知识分子辩论，而且认为有过康熙一代，朝廷已有足够的事实和勇气证明清代统治者并不差，为什么还要对抗清廷？于是这位皇帝亲自编了一部《大义觉迷录》颁发各地，而且特免肇事者曾静等人的死罪，让他们专到江浙一带去宣讲。

雍正的《大义觉迷录》写得颇为诚恳。他的大意是：不错，我们是夷人，我们是“外国”人，但这是籍贯而已，天命要我们来抚育中原生民，被抚育者为什么还要把华、夷分开来看？你们所尊重的舜是东夷之人，文王是西夷之人，这难道有损于他们的圣德吗？吕留良这样著书立说的人，连前朝康熙皇帝的文治武功、赫赫盛德都加以隐匿和诬蔑，实在是不顾民生国运只泄私愤了。外族入主中原，可以反而勇于为善，如果著书立说的人只认为生在中原的君主不必修德行仁也可享有名份，而外族君主即便精励图治也得不到褒扬，外族君主为善之心也会因之而懈怠，受苦的不还是中原的百姓吗？

雍正的这番话，带着明显的委屈情绪，而且是给父亲康熙打抱不平，也真有一些动人的地方。但他的整体思维能力显然比不上康熙，口口声声说自己是“外国”人，“夷人”，尽管他所说的“外国”只是指外族，而且也仅指中原地区之外的几个少数民族，与我们今天所说的外国不同，但无论如何在一些前提性的概念上把事情搞复杂了，反而不利。他的儿子乾隆看出了这个毛病，即位后把《大义觉迷录》全部收回，列为禁书，杀了被雍正赦免了的曾静等人，开始大兴文字狱。康熙、雍正年间也有丑恶的文字狱，但来得特别厉害的是乾隆，他不许汉族知识分子把清廷看成是“夷人”，连一般文字中也不让出现“虏”、“胡”之类字样，不小心写出来了很可能被砍头。他想用暴力抹去这种对立，然后一心一意做个好皇帝。除了华夷之分的敏感点外，其他地方他倒是比较宽容，有度量，听得进忠臣贤士们的尖锐意见和建议，因此在他执政的前期，做了很多好事，国运可称昌盛。这样一来，即便存有异念的少数汉族知识分子也不敢有什么想头，到后来也真没有什么想头了。其实第一流的大学者，在乾隆时代不想作反清复明的事了。乾隆，靠着人才济济的智力优势，靠着康熙、雍正给他奠定丰厚基业，也靠着他本人的韬略雄才，做起了中国历史上福气最好的大皇帝。承德避暑山庄，他来得最多，总共逗留的时间很长，因此他的踪迹更是随处可见。乾隆也经常参加“木兰秋狩”，亲自射获的猎物也极为可观，但他的主要心思却放在边疆征战上，避暑山庄和周围的外八庙内，记载这种征战成果的碑文极多。这种征战与汉族的利益没有冲突，反而弘扬了中国的国威，连汉族知识界也引以为荣，甚至可以把乾隆看成是华夏圣君了，但我细看碑文之后却产生一个强烈的感觉：有的仗迫不得已，打打也可以，但多数边境战争的必要性深可怀疑。需要打得这么大吗？需要反复那么多次吗？需要这样强横地来对待邻居们吗？需要杀得如此残酷吗？

好大喜功的乾隆把他的所谓“十全武功”镌刻在避暑山庄里乐滋滋地自我品尝，这使山庄回荡出一些燥热而又不祥的气氛。在满、汉文化对峙基本上结束之后，这里洋溢着的中华帝国的自得情绪。江南塞北的风景名胜在这里聚会，上天的唯一骄子在这里安驻，再下令编一部综览全部典籍的《四库全书》在这里存放，几乎什么也不缺了。乾隆不断地写诗，说避暑山庄里的意境已远远超过唐宋诗词里的描绘，而他则一直等着到时间卸任成为“林下人”，在此间度过余生。在山庄内松云峡的同一座石碑上，乾隆一生竟先后刻下了六首御诗表述这种自得情怀。是的，乾隆一朝确实不算窝囊，但须知这已是十八世纪

(乾隆正好死于十八世纪最后一年),十九世纪已经迎面而来,世界发生了多大的变化!乾隆打了那么多仗,耗资该有多少?他重用的大贪官和珅,又把国力糟蹋到了何等地步?事实上,清朝乃至中国的整体历史悲剧,就在乾隆这个貌似全盛期的皇帝身上,在山水宜人的避暑山庄内,已经酿就。但此时的避暑山庄,还完全沉湎在中华帝国的梦幻中,而全国的文化良知,也都在这个梦幻边沿口或陶醉,或喑哑。

1793年9月14日,一个英国使团来到避暑山庄,乾隆以盛宴欢迎,还在山庄的万树园内以大型歌舞和焰火晚会招待,避暑山庄一片热闹。英方的目的是希望乾隆同意他们派使臣常驻北京,在北京设立洋行,希望中国开放天津、宁波、舟山为贸易口岸,在广州附近拨一些地方让英商居住,又希望英国货物在广州至澳门的内河流通时能获免税和减税的优惠。本来,这是可以谈判的事,但对居住在避暑山庄、一生喜欢用武力炫耀华夏威仪的乾隆来说却不存在任何谈判的可能。他给英国国王写了信,信的标题是《赐英吉利国王敕书》,信内对一切要求全部拒绝,说“天朝尺土俱归版籍,疆址森然,即使岛屿沙洲,亦必划界分朝体制不合,断不可行!”,也许至今有人认为几句话充满了爱国主义的凛然大义,与以后清廷签订的卖国条约不可同日而语,对此我实在不敢苟同。

本来康熙早在1684年就已开放海禁,在广东、福建、浙江、江苏分设四个海关欢迎外商来贸易,过了七十多年乾隆反而关闭其他海关只许外商在广州贸易,外商在广州也有许多可笑的限制,例如不准学说中国话、买中国书,不许坐轿,更不许把妇女带来,等等。我们闭目就能想象朝廷对外国人的这些限制是出于何种心理规定出来的。康熙向传教士学西方自然科学,关系不错,而乾隆却把天主教给禁了。自高自大,无视外部世界,满脑天朝意识,这与以后的受辱挨打有着必然的逻辑联系。乾隆在避暑山庄训斥外国帝王的朗声言词,就连历史老人也会听得不太顺耳。这座园林,已羼杂进某种凶兆。

四

我在山庄松云峡细读乾隆写了六首诗的那座石碑时,在碑的西侧又读到他儿子嘉庆的一首。嘉庆即位后经过这里,读了父亲那些得意洋洋的诗后不禁长叹一声：父亲的诗真是深奥，而我这个做儿子的却实在觉得肩上的担子太重了！（“瞻题蕴精奥，守位重仔肩”）嘉庆为人比较懦弱宽厚，在父亲留下的这副担子前不知如何是好。他一生都在面对内忧外患，最后不明不白地死在避暑山庄。

道光皇帝继嘉庆之位时已四十来岁，没有什么才能，只知艰苦朴素，穿的裤子还打过补丁。这对一国元首来说可不是什么佳话。朝中大臣竟相摹仿，穿了破旧衣服上朝，一眼看去，这个朝廷已经没有多少气数了。父亲死在避暑山庄，畏怯的道光也就不愿意去那里了，让它空关了几十年，他有时想想也该像祖宗一样去打一次猎，打听能不能不经过避暑山庄就可以到“木兰围场”，回答说没有别的道路，他也就不去打猎了。像他这么个可怜巴巴的皇帝，似乎本来就与山庄和打猎没有缘分的，鸦片战争已经爆发，他忧愁的目光只能一直注视着南方。

避暑山庄一直关到1860年9月，突然接到命令，咸丰皇帝要来，赶快打扫。咸丰这次来时带的银两特别多，原来是来逃难的，英法联军正威胁着北京。咸丰这一来就不走了，东走走西看看，庆幸祖辈留下这么个好地方让他躲避。他在这里又批准了好几份丧权辱国的条约，但签约后还是不走，直到1861年8月22日死在这儿，差不多住了近一年。

咸丰一死，避暑山庄热闹了好些天，各种政治势力围着遗体进行着明明暗暗的较量。一场被历史学家称之为“辛酉政变”的行动方案在山庄的几间屋子里制定，然后，咸丰的棺木向北京启运了，刚继位的小皇帝也出发了，浩浩荡荡。避暑山庄的大门又一次紧紧地关住了，而就在这支浩浩荡荡的队伍中间，很快站出来一个二十七岁的青年女子，她将统治中国数十年。

她就是慈禧，离开了山庄后再也没有回来。不久又下了一道命令，说热河避暑山庄已经几十年不用，殿亭各宫多已倾圮，只是咸丰皇帝去时稍稍修治了一下，现在咸丰已逝，众人已走，“所有热河一切工程，著即停止。”这个命令，与康熙不修长城的谕旨前后辉映。康熙的“长城”也终于倾坍了，荒草凄迷，暮鸦回翔，旧墙斑剥，霉苔处处，而大门却紧紧地关着。关住了那些宫殿房舍倒也罢了，还关住了那么些苍郁的山，那么些晶亮的水。在康熙看来，这儿就是他心目中的清代，但清代把它丢弃了，于是自己也就成了一个丧魂落魄的朝代。

慈禧在北京修了一个颐和园，与避暑山庄对抗，塞外朔北的园林不会再有对抗的能力和兴趣，它似乎已属于另外一个时代。康熙连同他的园林一起失败了，败在一个没有读过什么书，没有建立过什么功业的女人手里。热河的雄风早已吹散，清朝从此阴气重重、劣迹斑斑。

当新的一个世纪来到的时候，一大群汉族知识分子向这个政权发出了毁灭性声讨，民族仇恨重新在心底燃起，三百年前抗清志士的事迹重新被发掘和播扬。避暑山庄，在这个时候是一个邪恶的象征，老老实实躲在远处，尽量不要叫人发现。

五

清朝的灭亡后，社会震荡，世事忙乱，人们也没有心思去品咂一下这次历史变更的苦涩厚味，匆匆忙忙赶路去了。直到1927年6月1日，大学者王国维先生在颐和园投水而死，才让全国的有心人肃然深思。

王国维先生的死因众说纷纭，我们且不管它，只知道这位汉族文化大师拖着清代的一条辫子，自尽在清代的皇家园林里，遗嘱为"五十之年，只欠一死；经此事变，义无再辱"。他不会不知道明末清初为汉族人是束发还是留辫之争曾发生过惊人的血案，他不会不知道刘宗周、黄宗羲、顾炎武这些大学者的慷慨行迹，他更不会不知道按照世界历史的进程，社会巨变乃属必然，但是他还是死了。我赞成陈寅恪先生的说法，王国维先生并不死于政治斗争、人事纠葛，或仅仅为清廷尽忠，而是死于一种文化：

> 凡一种文化值衰落之时，为此文化所化之人，必感苦痛，其表现此文化之程量愈宏，则其所受之苦痛亦愈甚；迨既达极深之度，殆非出于自杀无以求一己之心安而义尽也。
>
> （《王观堂先生挽词并序》）

王国维先生实在又无法把自己为之而死的文化与清廷分割开来。在他的书架里，《古今图书集成》、《康熙字典》、《四库全书》、《红楼梦》、《桃花扇》、《长生殿》、乾嘉学派、纳兰性德等等都把两者连在一起了，于是对他来说衣冠举止，生态心态，也莫不两相混同。我们记得，在康熙手下，汉族高层知识分子经过剧烈的心理挣扎已开始与朝廷产生某种文化认同，没有想到的是，当康熙的政治事业和军事事业已经破败之后，文化认同竟还未消散。为此，宏才博学的王国维先生要以生命来祭奠它。他没有从心理挣扎中找到希望，死得可惜又死得必然。知识分子总是不同寻常，他们总要在政治军事的折腾之后表现出长久的文化韧性，文化变成了生命，只有靠生命来拥抱文化了，别无他途；明末以后是这样，清末以后也是这样。但清末又是整个中国封建制度的末尾，因此王国维先生祭奠的该是整个中国传统文化。清代只是他的落脚点。

王国维先生到颐和园这也还是第一次，是从一个同事处借了五元钱才去的，颐和园门票六角，死后口袋中尚余四元四角，他去不了承德，也推不开山庄紧闭的大门。

今天，我们面对着避暑山庄的清澈湖水，却不能不想起王国维先生的面容和身影。我轻轻地叹息一声，一个风云数百年的朝代，总是以一群强者英武的雄姿开头，而打下最后一个句点的，却常常是一些文质彬彬的凄怨灵魂。

简评：如何评价清王朝？承德的避暑山庄如同一个窗口，可以让我们窥见许多历史深处的东西。作者的看法是："满族是中国的满族，清朝的历史是中国的一部分，统观全部中国古代史，清朝的皇帝在总体上还算比较好的，而其中的康熙皇帝甚至可说是中国历史上最好的皇帝之一，他与唐太宗李世民一样，使我这个现代汉人感到骄傲。"马克思曾经盛赞过的18世纪两个最伟大的封建皇帝，康熙即为其中之一。读本文且不去评价封建帝王的功过是非，但文中大气的指点江山，臧否人物，纵论文化，对读者是不无裨益的。

华丽的冒险

生命是一场华丽的冒险。生与死，永恒的话题。宗教用轮回或者永生回答着人们关于生命的叩问；人们用精彩或者平淡践行着这场无法回头的旅程。当你凝视新生儿粉嫩的小脸；当你握住濒死者干枯的双手；当你看着一轮朝阳渐渐当头，西斜；当你眼见一朵花蕾慢慢盛放、凋谢……你是否听到生命的缓慢而坚定的脚步？当你望向自己或者他人的生命，诸多感慨涌上心头：这场华丽的冒险是世间最宝贵的事物，值得人在每一秒给以最小心的对待。“生，人之始也；死，人之终也。”慎始慎终，人生奥义。

愿化泥土

巴　金

最近听到一首歌，我听见人唱了两次：《那就是我》。歌声像湖上的微风吹过我的心上，我的心随着它回到了我的童年，回到了我的家乡，近年来我非常想念家乡，大概是到了叶落归根的时候吧。有一件事深深地印在我的脑子里，三年半了。我访问巴黎，在一位新认识的朋友家中吃晚饭。朋友是法籍华人，同法国小姐结了婚，家庭生活很幸福。他本人有成就，有名望，也有很高的地位。我们在他家谈得畅快，过得愉快。可是告辞出门，坐在车上，我却摆脱不了这样一种想法：长期住在国外是不幸的事。一直到今天我还是这样想。我也知道这种想法不一定对，甚至不对。但这是我的真实思想。几十年来有一根绳子牢牢地拴住我的心。一九二七年一月在上海上船去法国的时候，我在《海行杂记》中写道："再见吧，我不幸的乡土哟!"一九七九年四月再访巴黎，住在凯旋门附近一家四星旅馆的四楼，早饭前我静静地坐在窗前扶手椅上，透过白纱窗帷看窗下安静的小巷，在这里我看到的不是巴黎的街景，却是北京的长安街和上海的淮海路、杭州的西湖和广东的乡村，还有成都的街口有双眼井的那条小街……到八点钟有人来敲门，我站起来，我又离开了"亲爱的祖国和人民"。每天早晨都是这样，好像我每天回国一次去寻求养料。这是很自然的事，我仿佛仍然生活在我的同胞中间，在想像中我重见那些景象，我觉得有一种力量在支持我。于是我感到精神充实，心情舒畅，全身暖和。

我经常提到人民，他们是我所熟悉的数不清的平凡而善良的人。我就是在这些人中间成长的。我的正义、公道、平等的观念也是在门房和马房里培养起来的。我从许多被生活亏待了的人那里学到热爱生活、懂得生命的意义。越是不宽裕的人越慷慨，越是富足的人越吝啬。然而人类正是靠这种连续不断的慷慨的贡献而存在、而发展的。

近来我常常怀念六七十年前的往事。成都老公馆里马房和门房的景象，时时在我眼前出现。一盏烟灯，一床破席，讲不完的被损害、受侮辱的生活故事，忘不了的永远不变的结论："人要忠心。"住在马房里的轿夫向着我这个地主的少爷打开了他们的心。老周感慨地说过："我不光是抬轿子，只要对人有好处，就让大家踏着我走过去。"我躲在这个阴湿的没有马的马房里度过多少个夏日的夜晚和秋天的黄昏。

门房里听差的生活可能比轿夫的好一些，但好得也有限。在他们中间我感到舒畅、自然。后来回想，我接触到通过受苦而净化了的心灵就是从门房和马房里开始的，只有在十年动乱的"文革"期间，我才懂得了通过受苦净化心灵的意义。我的心常常回到门房里爱"清水"恨"浑水"的赵大爷和老文、马房里轿夫老周和老任的身边。人已经不存在了，房屋也拆干净了。可是过去的发过光的东西，仍然在我心里发光。在"文革"期间我想得多，回忆得多。有个时期我也想用受苦来"赎罪"，努力干活。我只是为了自己，盼望早日得到解放。私心杂念不曾消除，因此心灵没有得到净化。

现在我明白了，受苦是考验，是磨炼，是咬紧牙关挖掉自己心灵上的污点。它不是形式，不是装模作样。主要的是严肃地、认真地接受痛苦。"让一切都来吧，我能够忍受。"

我没有想到自己还要经受一次考验。我摔断了左腿，又受到所谓"最保守、最保险"方法的治疗。考验并未结束，我也没有能好好地过关。在病床上，在噩梦中，我一直为私心杂念所苦恼，以后怎样活下去？我不能回答这个问题。

漫长的不眠之夜仿佛一片茫茫的雾海，我多么想抓住一块木板浮到岸边。忽然我看见了透过浓雾射出来的亮光：那就是我回到了老公馆的马房和门房，我又看到了老周的黄瘦脸和赵大爷的大胡子。我发觉自己在私心杂念的包围中，无法净化自己的心灵。门房里的瓦油灯和马房里的烟灯救了我，使我的心没有在雾海中沉下去。我终于记起来，那些"老师"教我的正是去掉私心和忘掉自己。被生活薄待的人会那样地热爱生活，跟他们比起来，我算得什么呢？我几百万字的著作还不及轿夫老周的四个字"人要忠心"。（有一次他们煮饭做菜，我帮忙烧火，火不旺，他教我"人要忠心，火要空心"。）想到在马房里过的那些黄昏，想到门房里过的那些夜晚，我仿佛回到了自己的童年。

我多么想再见到我童年时期的脚迹！我多么想回到我出生的故乡，摸一下我念念不忘的马房的泥土。可是我像一只给剪掉了翅膀的鸟，失去了飞翔的希望。我的脚不能动，我的心不能飞。我的思想……但是我的思想会冲破一切的阻碍，会闯过一切难关，会到我怀念的一切地方，他们会像一股烈火把我的心烧成灰，使我的私心杂念化成灰烬。

我家乡的泥土，我祖国的土地，我永远同你们在一起接受阳光雨露，与花树、禾苗一同生长。

我唯一的心愿是：化作泥土，留在人们温暖的脚印里。

简评：“通过苦净化心灵”，这是巴金老人想要告诉读者的生活哲理。小时候，他从下层劳动者那里得到教诲，并牢记一生。他让思想感情的根，永远扎在故乡的泥土里。本文记述这些宝贵的人生经历和思想认识，写得真实，质朴，向读者捧出一颗不加任何掩饰的赤子之心。

没有新意，不要写文章

季羡林

在芸芸众生中，在五行八作中，有一种人，就是像我这样的教书匠，或者美其名，称之为“学者”。我们这种人难免不时要舞笔弄墨，写点文章的。根据我的分析，文章约而言之可以分为两大类：一是被动写的文章，一是主动写的文章。

所谓“被动写的文章”，在中国历史上流行了一千多年的应试的“八股文”和“试帖诗”，就是最典型的例子。这种文章多半是“代圣人立言”的，或者是“颂圣”的，不许说自己真正想说的话。换句话说，就是必然会说废话。记得鲁迅在什么文章中举了一个废话的例子：“夫天地者乃宇宙之乾坤，吾心者实中怀之在抱。千百年来，已非一日矣。”(后面好像还有，我记不清楚了)这是典型的废话，念起来却声调铿锵。“试帖诗”中，也不乏好作品，唐代钱起咏湘灵鼓琴的诗，就曾被朱光潜先生赞美过，而朱先生的赞美又被鲁迅先生讽刺过。到了今天，我们被动写文章的例子并不少见。我们写的废话，说的谎话，吹的大话，这是到处可见的。我觉得，有好多文章是大可以不必写的，有好些书是大可以不必印的。如果少印刷这样的文章、出版这样的书，则必然能够少砍伐些森林，少制造一些纸张，对保护环境、保持生态平衡，会有很大的好处的，对人类生存的前途也会减少危害的。

至于主动写的文章，也不能一概而论，仔细分析起来，也是五花八门的，有的人为了提职，需要提出“著作”，于是就赶紧炮制，有的人为了成名成家，也必须有文章，也努力炮制。对于这样的人，无需深责，这是人之常情。炮制的著作不一定都是“次品”，其中也不乏优秀的东西，像吾辈“爬格子族”的人们，非主动写文章以赚点稿费不行，只靠我们的工资，必将断炊。我辈被“尊”为教授的人，也不例外。

在中国学术界里，主动写文章的学者中，有不少的人学术道德是高尚的。他们专心一致，唯学是务，勤奋思考，多方探求，写出来的文章，尽管有点参差不齐；但是他们都是值得钦佩、值得赞美的，他们是我们中国学术界的脊梁。

真正的学术著作，约略言之，可以分为两大类：单篇的论文与成本的专著。后者的重要性不言自明。古今中外的许多大部头的专著，像中国汉代司马迁的《史记》、宋代司马光的《资治通鉴》等等，都是名垂千古、辉煌璀璨的巨著，是我们国家的瑰宝。这里不再详论。我要比较详细地谈一谈单篇论文的问题。单篇论文的核心是讲自己的看法、自己异于前人的新意，要发前人未发之覆。有这样的文章，学术才能一步步、一代代向前发展。如果写部专著，其中可能有自己的新意，也可能没有。因为大多数的专著是综合的、全面的叙述。即使不是自己的新意，也必须写进去，否则就不算全面。论文则没有这种负担，它的目的不是全面，而是深入，而是有新意，它与专著的关系可以说是相辅相成吧。

我在上面几次讲到“新意”，“新意”是从哪里来的呢？有的可能是从天上掉下来的，是出于“灵感”的，比如传说中牛顿因见苹果落地而悟出地心吸力。但我们必须注意，这种灵感不是任何人都能有的。牛顿一定是很早就考虑这类的问题，昼思夜想，一旦遇到相应的时机，豁然顿悟。吾辈平凡的人，天天吃苹果，只觉得它香脆甜美，管它什么劳什子“地心吸力”干嘛呀！在科学技术史上，类似的例子还可以举出不少来，现在先不去谈它了。

在以前极“左”思想肆虐的时候，学术界曾大批“从杂志缝里找文章”的做法，因为这样就不能“代圣人立言”；必须熟读圣书，心中先有一件东西要宣传，这样的文章才合乎程式。有“新意”是触犯天条的。这样的文章一时间滔滔者天下皆是也。但是，这样的文章印了出来，再当作垃圾卖给收破烂的（我觉得这也是一种“白色垃圾”），除了浪费纸张以外，丝毫无补于学术的进步。我现在立一新义：在大多数情况下，只有到杂志缝里才能找到新意。在大部头的专著中，在字里行间，也能找到新意的，旧日所谓“读书得间”，指的就是这种情况。因为，一般说来，杂志上发表的文章往往只谈一个问题、一个新问题，里面是有新意的。你读过以后，受到启发，举一反三，自己也产生了新意，然后写成文章，让别的学人也受到启发，再举一反三。如此往复循环，学术的进步就寓于其中了。

可惜——是我觉得可惜——眼前在国内学术界中，读杂志的风气，颇为不振。不但外国的杂志不读，连中国的杂志也不看。闭门造车，焉得出而合辙？别人的文章不读，别人的观点不知，别人已经发表过的意见不闻不问，只是一味地写开写开。这样怎么能推动学术前进呢?更可怕的是,这个问题几乎没有人提出。有人空喊"同国际学术接轨"。不读外国同行的新杂志和新著作,你能知道"轨"究竟在哪里吗?连"轨"在哪里都不知道,空喊"接轨",不是天大的笑话吗?

简评:写文章没有新意就不要写,这是对青年学子的规劝,也是对当前文坛不正之风的针砭。同理引申,不仅写文章需要创新,创新也是一种民族精神,社会愈是发展,新生事物愈是增多,值得去写的东西也就愈多,不沉到下面去,不去接触新事物,从书本到书本,鹦鹉学舌,人云亦云,当然写不好文章。

银 杏

郭沫若

银杏，我思念你，我不知道你为什么又叫公孙树。但一般人叫你是白果，那是容易了解的。

我知道，你的特征并不专在乎你有这和吉相仿佛的果实，核皮是纯白如银，核仁是富于营养——这不用说已经就足以为你的特征了。

但一般人并不知道你是有花植物中最古的先进，你的花粉和胚珠具有着动物般的性态，你是完全由人力保存了下来的奇珍。

自然界中已经是不能有你的存在了，但你依然挺立着，在太空中高唱着人间胜利的凯歌。

你这东方的圣者，你这中国人文的有生命的纪念塔，你是只有中国才有呀，一般人似乎也并不知道。

我到过日本，日本也有你，但你分明是日本的华侨，你侨居在日本大约已有中国的文化侨居在日本的那样久远了吧。

你是真应该称为中国的国树的呀，我是喜欢你，我特别的喜欢你。

但也并不是因为你是中国的特产，我才特别的喜欢，是因为你美，你真，你善。

你的株干是多么的端直，你的枝条是多么的蓬勃，你那折扇形的叶片是多么的青翠，多么的莹洁，多么的精巧呀！

在暑天你为多少的庙宇戴上了巍峨的云冠，你也为多少的劳苦人撑出了清凉的华盖。

梧桐虽有你的端直而没有你的坚牢；

白杨虽有你的葱茏而没有你的庄重。

熏风会媚妩你，群鸟时来为你欢歌；上帝百神——假如是有上帝百神，我相信每当皓月流空，他们会在你脚下来聚会。

秋天到来，蝴蝶已经死了的时候，你的碧叶要翻成金黄，而且又会飞出满园的蝴蝶。

你不是一位巧妙的魔术师吗？但你丝毫也没有令人掩鼻的那种江湖气息。

当你那解脱了一切，你那搓桠的枝干挺撑在太空中的时候，你对于寒风霜雪毫不辟易。

那是多么的嶙峋而又洒脱呀，恐怕自有佛法以来再也不曾产生过像你这样的高僧。

你没有丝毫依阿取容的姿态，但你也并不荒伧；你的美德像音乐一样洋溢八荒，但你也并不骄傲；你的名讳似乎就是“超然”，你超在乎一切的草木之上，你超在乎一切之上. 但你并不隐遁。

你的果实不是可以滋养人、你的本质不是坚实的器材、就是你的落叶不也是绝好的引火的燃料吗?

可是我真有点奇怪了：奇怪的是中国人似乎大都忘记了你，而且忘记得很久远，似乎是从古以来。

我在中国的经典中找不出你的名字，我很少看到中国的诗人咏赞你的诗，也很少看到中国的画家描写你的画。

这究竟是怎么一回事呀，你是随中国文化以俱来的亘古的证人，你不也是以为奇怪吗?

银杏，中国人是忘记了你呀，大家虽然都在吃你的白果，都喜欢吃你的白果。但的确是忘记了你呀。

世间上也尽有不辨菽麦的人，但把你忘记得这样普遍，这样久远的例子，从来也不曾有过。

真的啦，陪都不是首善之区吗？但我就很少看见你的影子；为什么遍街都是洋槐，满园都是幽加里树呢?

我是怎样的思念你呀，银杏！我可希望你不要把中国忘记吧。

这事情是有点危险的，我怕你一不高兴，会从中国的地面上隐遁下去。

在中国的领空中会永远听不着你赞美生命的欢歌。

银杏，我真希望呀，希望中国人单为能更多吃你的白果，总有能更加爱慕你的一天。

简评：文中我们突出的感受是作者天才的想象力。银杏被称作“东方的圣者”，喻为历史悠久的中华文化传统，顺着这条线索，热情地赞颂银杏的真、善、美，笔下流淌的是一股真诚、自豪的情感，含蓄地抨击了当局消极分裂的反动政策。托物言志、咏物抒情，这是作者写于1942年的佳作。

谈生命

冰 心

我不敢说生命是什么,我只能说生命像什么。生命像东流的一江春水,他从最高处发源,冰雪是他的前身。他聚集起许多细流,合成一股有力的洪涛,向下奔注,他曲折地穿过了悬岩峭壁,冲倒了层沙积土,挟卷着滚滚的沙石,快乐勇敢地流走,一路上他享乐着他所遭遇的一切:有时候他遇到巉岩前阻,他愤激的奔腾了起来,怒吼着,回旋着,前波后浪地起伏催逼,直到他过了,冲倒了这危崖他才心平气和地一泻千里。有时候他经过了细细的平沙,斜阳芳草里,看见了夹岸红艳的桃花,他快乐而又羞怯,静静的流着,低低的吟唱着,轻轻的度过这一段浪漫的行程。有时候他遇到暴风雨,这激电,这迅雷,使他心魂惊骇,疾风吹卷起他,大雨击打着他,他暂时浑浊了,扰乱了,而雨过天晴,又加给他许多新生的力量。有时候他遇到了晚霞和新月,向他照耀,向他投影,清冷中带些幽幽的温暖:这时他只想憩息,只想睡眠,而那股前进的力量,仍催逼着他向前走……终于有一天,他远远的望见了大海,哪!他已到了行程的终结,这大海,使他屏息,使他低头,她多么辽阔,多么伟大!多么光明,又多么黑暗!大海庄严的伸出臂儿来接引他,他一声不响的流入她的怀里。他消融了,归化了,说不上快乐,也没有悲哀!也许有一天,他再从海上蓬蓬的雨点中升起,飞向西来,再形成一道江流,再冲倒两旁的石壁,再来寻夹岸的桃花。然而我不敢说来生,也不敢信来生!生命像一棵小树,他从地底聚集起许多生力,在冰雪下欠伸,在早春润湿的泥土中,勇敢快乐地破壳出来。他也许长在平原上、岩石上,城墙吸收空气,承受日光,在雨中吟唱,在风中跳舞。他也许受着大树的荫遮,也许受着大树的覆压,而他青春生长的力量,终使他穿枝拂叶的挣脱了出来,在烈日下挺立抬头!他遇着骄奢的春天,他也许开出满树的繁花,蜂蝶围绕着他飘翔喧闹,小鸟在他枝头欣赏唱歌,他会听见黄莺清吟,杜鹃啼血,也许还听见枭鸟的怪鸣。他长到最茂盛的中年,他伸展出他如盖的浓荫,来荫庇树下的幽花芳草,他结出累累的果实,来呈现大地无尽的甜美与芳馨。秋风起了,将他叶子,由浓绿吹到绯红,秋阳下他再有一番的庄严灿烂,不是开花的骄傲，也不是结果的快乐，而是成功后的宁静和怡悦！终于有一天，冬天的朔风，把他的黄叶干枝，卷落吹抖，他无力的在空中旋舞，在根下呻吟，大地庄严地伸出臂儿来接引他，他一声不响的落在她的怀里。他消融了，归化了，他说不上快乐，也没有悲哀！也许有一天，他再从地下的果仁中，破裂了出来。又长成一棵小树，再穿过丛莽的严遮，再来听黄莺的歌唱，然而我不敢说来生，也不敢信来生。宇宙是一个大生命，我们是宇宙大气中之一息。江流入海，叶落归根，我们是大生命中之一叶，大生命中之一滴。在宇宙的大生命中，我们是多么卑微，多么渺小，而一滴一叶的活动生长合成了整个宇宙的进化运行。要记住：不是每一道江流都能入海，不流动的便成了死湖；不是每一粒种子都能成树，不生长的便成了空壳！生命中不是永远快乐，也不是永远痛苦，快乐和痛苦是相生相成的。等于水道要经过不同的两岸，树木要经过常变的四时。在快乐中我们要感谢生命，在痛苦中我们也要感谢生命。快乐固然兴奋，苦痛又何尝不美丽？我曾读到一个警句，是“愿你生命中有够多的云翳，来造成一个美丽的黄昏。”世界、国家和个人的生命中的云翳没有比今天再多的了。

简评：生命是什么？这是既简单又复杂的问题。人人都可以根据自己生活的经历和感受回答这个问题，可是有谁像历尽沧桑的冰心老人回答得这样深刻，这样富有启发性？老人没有直接回答生活是什么，而是将生命喻为江水，喻为树木，用自然界的现象来比拟人生命的普遍规律和一般表现形式。我们从中看到的是一幅幅生动的画面，一个个优美的形象，同时又感悟生命的真谛及作者对生命的态度。

忍着不死

刘墉

苏俄亚美尼亚大地震，在首府叶里温，一对埋在屋瓦堆下长达八天之久的母女，奇迹般地被救出了。那年仅三岁的幼子，所以能熬过既无食物，又无饮水，而且阴湿寒冷的八天，他是因为躲在母亲的怀抱中，而且——他的母亲刺破手指，让孩子吸吮自己的血液，吸取养分，以维持不死。

读到这段新闻，我的眼眶潮湿了！一对母女紧抱的画面，在我脑海浮现。那闭着的眼，孱弱的，不断吸吮着母亲沁着鲜血手指的孩子，和以她全部的生命、盼望、温暖，护卫幼儿的伟大的母亲。

这使我想起多年前读到的一个报道：

考古学家，在被火山岩浆掩埋的庞贝古城，找到那似乎中空的岩层，凿出一个孔，灌进石膏，等凝结之后挖出来，竟呈现一个母亲紧紧俯身在幼儿身上的石膏像。

于是那一千九百年前，降临了灾难的庞贝，也便在我眼前出现，瞬息掩至的滚滚熔岩，吞噬了不及逃跑的人们。一个母亲眼看无路可走，屈身下来，以自己的背、自己的头，与紧紧环着幼子的四肢，抗拒明知无法抗拒的火般的岩浆。

于是母子都凝固了，凝固在火烧岩之间。

那石膏像是什么?是凝固的、伟大的、永恒的母爱，让千百年后的人们，凭吊哀伤……

上帝创造的最伟大的东西，不是万物，不是宇宙，而是爱！我十分不合逻辑，甚至执着地认为，上帝在创造一切之前，先创造了爱，而那爱中最崇高的则是——母爱。

何止人类有母爱啊！?每一种生物，都有着母爱！

有一次读自然历史杂志，看到成千上万的企鹅，面朝着同一个方向立着。我实在不懂，是什么原因，使它们能如此整齐地朝同一个方向。直到细细观察，才发现每一只大企鹅的前面，都有着一团毛绒绒的小东西。

原来它们是一群伟大的母亲，守着面前的孩子，因为自己的腹部太圆，无法俯身在小企鹅之上，便只好以自己的身体，遮挡刺骨的寒风。

多么伟大的，永恒的母亲之群像啊！

又有一回在看到一种绿色的母蜘蛛，守卫着成百只小蜘蛛。画上说，那母亲先织一张大床，在上面产卵，等待着卵化，再悉心地喂养。

然后，那些小小的蜘蛛，就拉起一根根的长丝，荡在风中，纷纷飘走了。

我合上书。想，那蜘蛛妈妈，是不是也有着一种幽幽的感伤呢？

抑或，“生”，这生命给予的本身，就是母亲的回报？只要看到从自己身上，繁衍出下一代，便已获得满足？

我永远都不会忘记，当我等待幼女出生时，在纽约西奈山医院见过的画面。那里不像国内，将初生的幼儿，立刻推进婴儿房，而是刚剪完脐带，就交到产妇的手上，叫母亲贴胸搂着好几个钟头。

当那些产妇在狂呼猛喊、尖叫挣扎，终于把孩子产下之后，原以为会精疲力竭地被送出来。岂知，当他们搂着婴儿，被推过我眼前时，那面孔虽然少了血色，却泛着一种特殊的光辉。

那真是光辉！一种温馨而崇高的光辉，从她们依然留着泪痕的脸上，实实在在地放射出来。那是以自己的半条命换得的小生命啊！看她们紧紧地搂着幼儿，虽不是女人，我却能探知她们内心的感动。

孩子，是母亲的命的延续，也就是母亲的命！让我说出一个深藏已久，却不愿说，甚至不愿去回想的故事吧：

一位从战地归来的美国战地记者，在剪接室遇到我，将我一把拉了过去，并神神秘秘地掏出一卷影片，放给我看。

那是一群人奔逃的画面，远处突然传来机枪扫射的声音，小小的人影，就一一倒下了。

“你叫我看这个？表示你冒着生命危险，拍到杀人的画面？”我问。

他没有说话，把片子摇回去，又放了一遍，并指着其中的一个人影：

“你看！大家都是同时倒下去的，只有这一个，倒得特别慢，而且不是向前仆倒，而是慢慢地蹲下去……”

我不懂，看他。他居然抽搐了起来：

“刽子手离去之后，我走近看，发现那是一个抱着孩子的年轻妈妈，她在中枪要死之前，居然还怕摔伤了孩子，而慢慢地蹲下去。她是忍着不死啊！”

“忍着不死！”

每次我想到这四个字，和那个慢慢倒下的小小人影，也都止不住的流泪……

简评：伟大的母爱，可以使人忍着不死，伟大的母亲，创造了人间奇迹；作者宣扬的母爱是超越时空的。这里无须再说什么，因为面对母亲，世上任何赞美的语言都给人以饶舌的感觉。这样的文章只能用心去读，去感悟，否则，对母亲是一种亵渎。

作家谈读书

在新一轮课改中，人们把回归生活视为教学改革的重要途径。但在现实中，对“语文教学回归生活”的理解有些片面和狭隘。让学生蒙上眼睛并不一定就能体会到海伦·凯勒的焦躁和绝望，在语文教学中，有时我们真正需要激活的是学生的“生活经验”而不是再现“生活情境”。

教育的根本目的是人的生活，是建构人的生活方式，实现人的价值。阅读教学回归生活世界是指在教学与生活相沟通的教学情境中，文本以生命状态呈现，师生以强烈的生活意识和生活态度相互交往，谋求人文世界和生活世界的整合，协调发展学生的理性生活、审美生活和道德生活。语文教学，特别是阅读教学，应该激活学生在生活体验中体味生活，在语言文字的训练中感悟生活。

——黄亚芬：《莫为“回归”而回归》，《江苏教育》（小学教学版）2010.5.

我的五样

毕淑敏

老师出了题目——写下“你生命中最宝贵的五样东西”，我拿着笔，面对一张白纸，周围一下静寂无声。万物好似压缩成超市货架上的物品，平铺直叙摆在那里，等待你的手挑选。货筐是那样小而致密，世上的林林总总，只有五样可以塞入。

也许是当过医生的缘故，在片刻的斟酌之后，我本能地挥笔写下：空气、水、太阳……

这当然是不错的。你不可能设想在一个没有空气和水的星球上，滋长出如此斑斓多彩的生命。但我很快发现自己陷入了困境——如果继续按照医学的逻辑推下去，马上就该写下心脏和气管，它们对于生命之泵也是绝不可缺的零件。结果呢，我的小筐子立马就装满了，五项指标支出一净。想想那答案的雏形将是：我生命中最宝贵的东西——空气、水、阳光、气管、心脏……哈！充满了严谨的科学意味，飘着药品的味道。

可这样写下去，毛病大啦。测验的功能，是辅导我们分辨出什么是自己生命中最重要的因子，以致当我们面临人生的选择和丧失时，会比较地镇定从容，妥帖地排出轻重缓急。而我的答案，抽象粗放大而化之，缺乏甄别和实用性。

于是我决定在水、空气、阳光三种生命要素之后，写下对我个人更为独特和生死攸关的症结。

第四样，我写下了——鲜花。

真有些不好意思啊。挂着露滴的鲜花，是那样娇弱纤巧，我似乎和庄严的题目开了一个玩笑。但我真是如此地挚爱它们，觉得它们不可或缺。绚烂的有刺的鲜花，象征着生活的美好和短暂的艰难，我愿有一束美丽的玫瑰，陪伴我到天涯。

写下鲜花之后，仅剩一个挑选的余地了，刹那间，无数声音充斥耳鼓，申述着自己的不可替代性，想在最后一分钟，挤进我的小筐。

我偷着觑了一眼同学们的答案,不禁有些惶然。

有的人写的是:“父母”。我顿时感到自己的不孝,是啊,对于我的生命来说,父母难道不是极为宝贵的因素吗?且不说没有他们哪来的我,就是一想到他们可能先我而去,等待我们的是生离死别,永无相见,心就极快地冰冷成坨。

有的人写的是“孩子”。一看之下,我忐忑不安,甚至觉得自己负罪在身。那个幼小的生命,与我血脉相承,我怎能在关键的时刻,将他遗漏?

有的人写的是“爱人”。我便更惭愧了。说真的,在刚才的抉择过程中,几乎将他忘了。或许因为潜意识里,认为在未曾识得他之前,我的生命就已经存在许久。我们也曾有约,无论谁先走,剩下的那人都要一如既往地好好活着。既然当初不是同月同日生,将来也难得同月同日死,彼此已商定不是生命的必需,排名在外,也有几分理由吧?

正不知将手中的孤球,抛向何处,老师一句话救了我。她说,这生命中最宝贵的东西,不必从逻辑上思索推敲是否成立,只需是你情感上的真爱即可。

凝神再想。

略一顿挫之后,拟写“电脑”。因为基本上已不用笔写作,电脑便成了我密不可分的工作伴侣。落笔之际我发觉,电脑在此处,并不只是单纯的工具,当是一种象征,代表我挚爱的劳动和神圣的职责。很快联想到电脑所受制约较多,比如停电或是病毒入侵,都会让我无所依傍。惟有朴素的笔,虽原始简陋,却可朝夕相伴风雨兼程。

于是在洁白的纸上,留下了我生命中最宝贵的五样东西——水、阳光、空气、鲜花和笔(未按笔画为序,排名不分先后)。

同学们嘻嘻笑着,彼此交换答案。一看之后,却都不做声了。我吃惊的发现,每个人留在纸上的物件,万千气象,决不雷同,有的简直让人瞠目结舌。比如某男士的“足球”,某女士的“巧克力”,在我就大不以为然。但老师再三提示,不要以自己的观点去衡量他人,于是不露声色。

接下来,老师说,好吧,每个人在你写下的五样当中,划去相对不那么重要的一样,只剩下四样。

权衡之后,我在五样中的“鲜花”一栏旁边,打了个小小的“X”字,表示在无奈的选择当中,将最先放弃清丽绝伦的花朵。

老师走过来看到了,说,不能只是在一旁做个小记号,放弃就意味着彻底的割舍。你必得要用笔把它全部删除。

依法办了,将笔尖重重刺下。当鲜花被墨笔腰斩的那一刻,顿觉四周惨失颜色,犹如本世纪初叶的黑白默片。我拢拢头发咬咬牙,对自己说,与剩下的四样相比,带有奢侈和浪漫情调的鲜花,在重要性上毕竟逊了一筹,舍就舍了吧。虽然花香不再,所幸生命大致完整。

请将剩下的四样当中,再划去一样,仅剩三样。老师的声音很平和,却带有一种不容商榷的断然压力。

我面对自己的纸,犯了难。阳光、水、空气和笔……删掉哪一样是好?思忖片刻,我提笔把"水"划去了。从医学知识上讲,没有了空气,人只能苟延残喘几分钟,没有了水,在若干小时尚可坚持。两害相权取其轻吧。

也许女人真是水做的骨肉,"水"一被勾销,立觉喉咙苦涩,舌头肿痛,心也随之焦枯成灰,人好似成了金字塔里风干的长老。

我已经约略猜到了老师的程序,便有隐隐的痛楚弥漫开来。不断丧失的恐惧,化做乌云大兵压境。痛苦的抉择似一条苦难巷道,弯弯曲曲伸向远方。

果然,老师说,继续划去一项,只剩两样。

这时教室内变得很寂静,好似荒凉墓冢。每个人都在冥思苦想举棋不定。我已顾不得探查他人的答案,面对着自己人生的白纸,愁肠百结。

笔、阳光、空气……何去何从?

闭起眼睛一跺脚,我把"空气"划去了。

刹那间好像有一双阴冷的鹰爪,丝丝入扣地扼住我的咽喉,顿觉手指发麻眼冒金星,心擂如鼓气息摒窒……

我曾在海拔五千多米的冰山上攀援绝壁,被缺氧的滋味吓破了胆。隔绝了空气,生命便飘然而逝,成为一种哲学意义上的讨论。

好了,现在再划去一样,只剩下最后一样。老师的音调很温和,但执著坚定充满决绝。对已是万般无奈之中的我们,此语不啻惊雷。

教室内已经有轻轻的哭泣声。人啊,面临丧失,多么软弱苦楚。即使只是一种模拟,已使人肝肠寸断。

笔和阳光。它们在纸上誓不两立地注视着我,陷我于深深的两难。

留下阳光吧——心灵深处在反复呼唤。妩媚温暖明亮洁净,天地一片光明。玫瑰花会重新开放,空气和水将濡养而出,百禽鸣唱,欢歌笑语。曾经失去的一切，都会在不知不觉中悄然归来。纵使除了阳光什么也没有，也可以在沙滩上直直地晒太阳哇。

想到这里，心的每一个犄角，都金光灿烂起来。

只是，我在哪里？在干什么？我扬起头来问天。

我看到自己孤独的身影，在海边寂寞的拉长缩短，百无聊赖，看日出日落，听潮涨潮消。

那生命的存在，于我还有怎样的意义?!

自问至此，水落石出。我慢而稳定地拿起笔，将纸上的“太阳”划掉了。

偌大一张纸，在反复勾勒的班驳墨迹中，只残存下来一个字——“笔”。

这种充满痛苦和抉择的测验，像一个逐渐缩窄的闸孔，将激越的水流凝聚成最后的能量，冲刷着我们的纷繁的取向。当那通道变得一夫当关，万夫莫开之时，生命的重中之重，就简洁而挺拔地凸现了。

感谢这一过程，让我清晰地得知什么是我生命中的真爱——就是我手中的这支笔啊。它噗噗跳动着，击打着我的掌心，犹如我的另一颗心脏，推动我的四肢百骸。

我安静下来，突然发现周围此时也很安静。人们在清醒地选择之后，明白了自己意志的支点，便像婴儿一般，单纯而明朗了。

我细心收起自己的那张白纸，一如收起一张既定的船票。知道了航向和终点，剩下的就是帆起桨落战胜风暴的努力了。

简评：什么是生命最难以割舍的？这问题提得十分刁钻，哪怕最豁达的人也会觉得难以面对。实际上，这是一次充满痛苦抉择的测验，也是一个让灵魂煎熬的痛苦复杂的过程，走过去，生命的重中之重，就简洁而挺拔地凸现出来。作者在选择过程中也真实地解剖了自己。

墓畔哀歌

石评梅

一

我由冬的残梦里惊醒,春正吻着我的睡靥低吟!晨曦照上了窗纱,望见往日令我醺醉的朝霞,我想让丹彩的云流,再认认我当年的颜色。

披上那件绣着蛱蝶的衣裳,姗姗地走到尘网封锁的妆台旁。呵!明镜里照见我憔悴的枯颜,像一朵颤动在风雨中苍白凋零的梨花。

我爱,我原想追回那美丽的佼容,祭献在你碧草如茵的墓旁,谁知道青春的残蕾已和你一同殉葬。

二

假如我的眼泪真凝成一粒一粒珍珠,到如今我已替你缀织成绕你玉颈的围巾。

假如我的相思真化作一颗一颗的红豆,到如今我已替你堆集永久勿忘的爱心。

哀愁深埋在我心头。

我愿燃烧我的肉身化成灰烬,我愿放浪我的热情怒涛汹涌,天呵!这蛇似的蜿蜒,蚕似的缠绵,就这样悄悄地偷去了我生命的青焰。

我爱,我吻遍了你墓头青草在日落黄昏;我祷告,就是空幻的梦吧,也让我再见见你的英魂。

三

明知道人生的尽头便是死的故乡,我将来也是一座孤冢,衰草斜阳。有一天呵！我离开繁华的人寰，悄悄入葬，这悲艳的爱情一样是烟消云散，昙花一现，梦醒后飞落在心头的都是些残泪点点。

然而我不能把记忆毁灭，把埋我心墟上的残骸抛却，只求我能永久徘徊在这垒垒荒冢之间，为了看守你的墓茔，祭献那茉莉花环。

我爱，你知否我无言的忧衷，怀想着往日轻盈之梦。梦中我低低唤着你的小名，醒来只是深夜长空有孤雁哀鸣！

黯淡的天幕下，没有明月也无星光，这宇宙像数千年的古墓；皑皑白骨上，飞动闪映着惨绿的磷花。我匍匐哀泣于此残锈的铁栏之旁，愿烘我愤怒的心火，烧毁这黑暗丑恶的地狱之网。

命运的魔鬼有意捉弄我弱小的灵魂，罚我在冰雪寒天中，寻觅那雕零了的碎梦。求上帝饶恕我，不要再惨害我这仅有的生命，剩得此残躯在，容我杀死那狞恶的敌人！

我爱，纵然宇宙变成烬余的战场，野烟都腥，在你给我的甜梦里，我心长系驻于虹桥之中，赞美永生！

四

我镇天踟蹰于垒垒荒冢，看遍了春花秋月不同的风景，抛弃了一切名利虚荣，来到此无人烟的旷野，哀吟缓行。我登了高岭，向云天苍茫的西方招魂，在绚烂的彩霞里，望见了我沉落的希望之陨星。

远处是烟雾冲天的古城，火星似金箭向四方飞游！隐约的听见刀枪搏击之声，那狂热的欢呼令人震惊！在碧草萋萋的墓头，我举起了胜利的金觥，饮吧，我爱，我奠祭你静寂无言的孤冢！

星月满天时，我把你遗我的宝剑纤手轻擎，宣誓向长空：愿此生永埋了英雄儿女的热情。

五

假如人生只是虚幻的梦影，那我这些可爱的映影，便是你赠与我的全生命。我常觉你在我身后的树林里，骑着马轻轻地走过去。常觉你停息在我的窗前，徘徊着等我的影消灯熄。常觉你随着我唤你的声音悄悄走近了我，又含泪退到了墙角。常觉你站在我低垂的雪帐外，哀哀地对月光而叹息！

在人海尘途中，偶然逢见个像你的人，我停步凝视后，这颗心呵，便如秋风横扫落叶般冷森凄零！我默思我已经得到爱之心，如今只是荒草夕阳下，一座静寂无语的孤冢。

我的心是深夜梦里，寒光闪灼的残月，我的情是青碧冷静，永不再流的湖水。残月照着你的墓碑，湖水环绕着你的坟，我爱，这是我的梦，也是你的梦，安息吧，敬爱的灵魂！

六

我自从混迹到尘世间，便忘却了我自己；在你的灵魂中我才知是谁？

记得也是这样夜里。我们在河堤的柳丝中走过来，走过去。我们无语，心海的波浪也只有月儿能领会。你倚在树上望明月沉思，我枕在你胸前听你的呼吸。抬头看见黑翼飞来掩遮住月儿的清光，你抖颤着问我：假如这苍黑的翼是我们的命运时，应该怎样？

我认识了欢乐，也随来了悲哀，接受了你的热情，同时也随来了冷酷的秋风。往日，我怕恶魔的眼睛凶，白牙如利刃；我总是藏伏在你的腋下越趄不敢进，你一手执宝剑，一手扶着我践踏着荆棘的途径，投奔那如花的前程！

如今，这道上还留着你斑斑血痕，恶魔的眼睛和牙齿再是那样凶狠。但是我爱，你不要怕我孤零，我愿用这一纤细的弱玉腕，建设那如意的梦境。

七

春来了，催开桃蕾又飘到柳梢，这般温柔慵懒的天气真使人恼！她似乎躲在我眼底有意缭绕，一阵阵风翼，吹起了我灵海深处的波涛。

这世界已换上了装束，如少女般那样娇娆，她披拖着浅绿的轻纱，蹁跹在她那姹紫嫣红中舞蹈。伫立于白杨下，我心如捣，强睁开模糊的泪眼，细认你墓头，萋萋芳草。

满腔辛酸与谁道？愿此恨吐向青空将天地包。它纠结围绕着我的心，像一堆枯黄的蔓草，我爱，我待你用宝剑来挥扫，我待你用火花来焚烧。

八

垒垒荒冢上，火光熊熊，纸灰缭绕，清明到了。这是碧草绿水的春郊。墓畔有白发老翁，有红颜年少，向这一抔黄土致不尽的怀忆和哀悼，云天苍茫处我将魂招；白杨萧条，暮鸦声声，怕孤魂归路迢迢。

逝去了，欢乐的好梦，不能随墓草而复生，明朝此日，谁知天涯何处寄此身？叹漂泊我已如落花浮萍，且高歌，且痛饮，拚一醉浇熄此心头余情。

我爱，这一杯苦酒细细斟，邀残月与孤星和泪共饮，不管黄昏，不论夜深，醉卧在你墓碑旁，任霜露侵凌罢！我不再醒。

简评：石评梅女士是“五四”时期有名的才女，和中国共产党早期著名活动家高君宇同志相识、相知，并产生了深沉的爱情。高不幸于1925年病逝，石评梅因悲伤过度，染上脑膜炎死于1928年。“哀歌”，唱出了失去恋人后的种种情态，也回忆了昔日美好神圣的爱情生活，更表达了对夺去“我爱”的黑暗现实的冲天愤慨和痛不欲生的悲苦以及实现爱人遗愿的决心。

海伦·凯勒

吴兴勇

海伦的降生

海伦生下来时，是个十分活泼、耳聪目明的女孩。她从小就很好胜、好强，别人可以做的事她都要去试试，如不让她插手，她就吵闹不休。

她十分聪慧，才六个月大的时候，就已经可以很清楚地说一些简单的字汇，如“Water”这个字，就是在那时候学会的。她还能说“Goodbye”或者“Tea,tea,tea”等简单的话。

她刚满周岁，就会摇摇晃晃地走路了。

那时，她看得见五颜六色的世界，听得见周围各种不同的声音。春天，她亲耳听到驹鸟及其他小鸟的美妙的歌声，亲眼看到色彩缤纷的花朵，但是，用灵敏的感官享受如何绚烂美好的春天，这是她生命中唯一的一次。夏天，她自由自在地四处走动，倾听着热闹的夏天的各种音响，单调的蝉鸣催她入睡，流水的潺潺声令她欢呼雀跃，她欣赏着鲜艳的玫瑰以及晶莹欲滴的葡萄、草莓，但这也是她生命中唯一的一次。秋天，她亲眼见到广阔的草原从嫩绿变成金黄，树叶一片片地从树上掉下来，但这在她的生命中也只有一次。

不久，冬天来了，那是个非常冷的二月。有一天，她突然生了病，发着高烧，最糟的是高烧一直不退。当时各种抗生素尚未出现，医生对这种热病束手无策。

按现代医学看来，这明显是重感冒引起的各种并发症。据当时医生的诊断，认为她得了急性的胃病以及血液冲脑的急症，好转的希望很渺茫。正当大家都快放弃希望时，有一天早上，她的烧突然退了，当时全家大小都高兴得哭了起来。然而，可怕的高烧是退了，但她已经看不见东西、听不到声音了。可悲的是居然没有人发现这个事实，包括医生在内，没有人知道她的变化。

她病好后，因为听不见周围的声音，看不见四周的事物，心里感到十分烦燥，常常无理取闹，或吵着要某样东西，让母亲又心疼又焦虑。海伦长大后，对这些事情仍然记得很清楚，她记得自己当时因为眼睛痛，常避开阳光，把脸朝着阴暗的墙壁。当她视觉一天比一天模糊时，她内心充满难以表述的惊恐和哀伤。

后来，她逐渐习惯于这种混沌一团的情况了，认为世界原本就是如此黑暗，四周的环境一向就是如此寂静无声。她的心灵关闭了，不再与外部世界交流。她就这样浑浑噩噩地过了好几年，直到一位天才的家庭教师来到她的身边，才打开她心灵的窗户。

因此，她一生中能够看和听的时间，只有短短19个月，但由于她是个后天形成的视障者和听障者，所以，她在襁褓中看到的广阔、嫩绿的草原，蔚蓝的天空，以及各种花草树木的印象，一直深留在她的心底。

这场大病后，海伦虽然成了聋子、瞎子和哑巴，但她不是一个呆笨的低能儿。天生聪慧的资质使她克服生理上的障碍，像健康的儿童一样，领悟各种事情。她不会说话，从小就会用身体的语言来表达自己的意思。例如，摇摇头表示“不”，点点头表示“同意”；把对方往前拉，表示“你过来”，向相反的方向推，表示“你走开”；当她肚子饿了，就做着切面包、涂奶油的动作，使妈妈知道，赶紧拿食品给她吃；当她感到寒冷时，就缩着颈子，做出发抖的样子，使妈妈知道，赶紧给她添加衣服。

另一方面，母亲也想尽办法帮助她了解各种事物。例如，母亲训练她认识各种东西，一有需要，就打发她跑到楼上或仓库里去取东西。每当她拿了所需要的东西，再回母亲的身边时，母亲就格外爱抚她，以表示嘉奖。就这样，她虽然生活在黑暗的世界里，但靠着母亲的慈爱及智慧，她仍然过着快乐的日子。

莎莉文老师

在海伦一生中，最有意义也是最重要的日子，就是安·曼丝福特·莎莉文老师来到她家的这一天。

这位老师来了以后，她的生活的各方面，都有了重大的改变。因此，她心中对这件事的印象非常深刻。

莎莉文老师幼年失怙，在孤儿院长大，从小视力很差。她14岁到帕金斯盲校时，连自己的名字都还不会写。她毕业于帕金斯盲校，来到海伦家时仅27岁。

莎莉文老师是在1887年3月3日来到海伦家的，当时海伦离7岁生日差三个月。

莎莉文老师带她到田纳西河的河岸去游玩。她坐在河岸草地上，对于自然界的环境，进行生平第一次的学习与认识。老师告诉了她许多事情，例如：太阳与雨水如何滋养地面上的各种植物；鸟类是如何地筑巢、喂养小鸟；松鼠、鹿、野猪又是如何去觅食、如何地栖息。

莎莉文老师对海伦说话的时候，全用的是指语，因为只有指语才能使海伦了解，用有声语言是无法与耳聋的海伦交流的。莎莉文老师就是这样，在两三年的时间内，使海伦记熟了许多俗语和句子，每当海伦对某个字或描述不甚了解时，老师就以举例或比喻来帮助她了解。

每当海伦学会并记住几个单字之后，莎莉文老师便给她盲文点字卡片。卡片上写着物品的名称、性质，或写着动词，如“有”“做”等。老师教她如何利用这些卡片，适当地造句或作文。为了帮助她学习，还给她一种拼字卡片，以及排列卡片的木框。不过，海伦最初是用实物来造句。例句：她在洋娃娃上面放一张写着“洋娃娃”的卡片，然后把洋娃娃放在床上，在它旁边则排列着“有”“在……之上”“床”这些卡片，如此，她就完成了一个短句。最后，她终于能够把屋子里的一切东西，都排列成短句。她这样做，一直不认为自己是在学习用功，而觉得是在玩游戏。

正因为海伦十分热衷于这种游戏，因此，她很快就熟悉了阅读盲文书本的方法。她头一次拿到盲文点字的“初级读本”，就能飞快地阅读其中的课文。

莎莉文老师每次要教会海伦什么知识，都是编成很美的诗句或故事，说明给她听，一旦见到海伦喜欢或有兴趣时，老师就像小孩子一样高兴万分，而且，还会反复地教她好几次。像语法，比较复杂的计算，或是定义等等，甚至连耳聪目明的小孩都不太感兴趣的课业，又瞎又聋的海伦却学得津津有味。对于比较难懂的科学方面或专门性的知识，老师也能循循善诱，不厌其烦地帮助海伦了解。

对她们师生而言，与其待在家里学习，还不如到森林中散步来得恰当。散发着清爽气息的松林，就是她们最佳的野外教室。

在野外可以用手触摸实物，学习的机会更多，盲人看不见，唯有通过触摸，才能认识事物。当时，会发出嗡嗡的叫声，会发出振动翅膀的声音，会滚动的东西，以及会开花的东西，都是海伦急于认识的对象。她用手去摸外壳即将裂开的棉花种子，把活蹦乱跳的青蛙、发出求救叫声的蠡虫、蟋蟀等抓在手中，抚摸玫瑰、百合等美丽的花朵，享受各种花卉所散发出来的芬芳。水果成熟的季节，她到果园中去摸长有绒毛的桃子，捡拾掉下来的苹果。

莎莉文老师总是不断地给予她刺激，旨在引起她的好奇心、求知欲，培养她的积极求知态度。

莎莉文老师为了讲授地理知识，用泥土做成立体地图，让海伦用手去摸山脉、山谷、海流等地形。为了区分热带、温带和寒带，老师在分界线上放几股捻合而成的绳子，而在南极、北极，则插上橙子树枝。

她们常一面玩，一面上地理课。海伦最喜欢用小石块挡住小溪，造成人工湖或是海岛。偶尔，莎莉文老师为她解说火山的成因，以及因火山爆发而被埋没的城市的故事，或是会移动变成的冰河等等。就这样，海伦在游戏中吸收了很多新知识。

……

老师总是尽量利用实物来教导海伦。只要一有机会，她就告诉海伦各种东西美丽、可爱的一面，也可以说，她是在教海伦如何快乐而有意义地过日子。

莎莉文老师十分了解生理不正常，个性又孤僻的小孩的心理。因此，她总是设法让海伦在愉快的情绪下学习，并且尽量发挥她个性中和善的一面。

莎莉文老师的教育目标是使海伦与一般的正常儿童无异，她极力避免让海伦产生“我是一个弱者”的念头。因为她深知，只要海伦一有这种想法，那她将成为一个终身残缺无用的人。

海伦的各种才能、上进心及乐观的态度，都可以说是莎莉文老师以爱心培养、灌溉出来的。

帕金斯盲校

1888年5月，海伦在莎莉文老师和母亲的带领下，远行到波士顿去。

火车终于到达波士顿，这是一座十分繁荣的都市，海伦觉得自己仿佛进入了童话中的世界。

她们来到了设在这儿的帕金斯盲校，海伦很快就与一些盲少女成了好朋友。在这儿，最令她高兴地是她们都能了解她的手语。以前她与别人交谈时，总觉得是对外国人说话，还必须经过莎莉文老师的翻译，很不自然。然而，在这里，她可以用她的手语自如地与她的朋友交谈，真是太痛快了！几天后，海伦知道这些少女都跟她一样看不见，并且都活得又快乐又幸福，因此，她心中的伤感也就逐渐消失了。

在盲校期间，莎莉文老师还带海伦去参观邦卡丘陵，这是独立战争的纪念地。在这里，海伦第一次接触到历史。她听完老师的解释，得知她们所站的地方，就是以前独立战争的战士们前仆后继、奋勇作战之地，不由得热血沸腾，兴奋异常。

海伦正式进入波士顿的帕金斯盲校就读的日期是这年的5月26日，莎莉文老师陪着她读书，寸步不离。

在帕金斯盲校经历的一切，都给海伦留下了亲切难忘的回忆。

剑桥女子学院

1896年10月，海伦决定要到大学去念书。

关心她的人都不太赞成，他们说："海伦，不要抱着太勉强的希望，你看你还是打消这个念头吧。"

然而，海伦是个性格坚强的女子，她一下定决心，是不会轻易放弃的。在她还很小时，就曾参观过威苏里女子大学，当时她就曾口出狂言，声称自己长大后一定要进大学。当她由雷特·哈玛逊聋哑学校毕业时，上大学的念头已牢不破。

当时，美国大学教育尚未普及，能上大学的只是少数精英。入学考试要求很严，生理正常的人上大学已属不易，何况海伦这个又瞎又聋的残废人呢！因此，许多人给海伦泼冷水，也是可以理解的。

但她得到了各方面的帮助，因而减少了她在学习上的困难。莎莉文老师和她一起上学。在教室里，莎莉文老师把教授所说的话，以指语告诉她。上自习课时，莎莉文老师帮她查字典，或是把不是盲文点字的书或笔记念给她听。

还有伦敦及费城的一些社会人士，闻知海伦在学习上的困难后，都义务帮助她把教科书全部改成盲文点字。学校的教师中，有两位老师为了教导她，特别去学了指语。他们中一位是奇尔曼校长，另一位是教德文的克雷特老师。克雷特老师尤其和蔼可亲，他每星期还特别抽出两次时间，给她个别指导。

在这一年中，海伦修完了数学的课程，同时，也练习拉丁文的文法，并且读了恺撒所写的《高卢战记》；德文方面，除了歌德的《我的生活》之外，还看了六七篇海涅与席勒的诗。她尤其喜爱歌德的《我的生活》与海涅的《哈尔茨山游记》。

校长奇尔曼先生，在这一年中还担任她的英国文学教师。她在奇尔曼先生的指导下，读了莎士比亚的《随心所欲》，马克列的《桑莫埃·詹森传》，以及巴克的《美国融合论》等书。这位校长对于历史、文学都有很深的造诣。

四年的大学生活很快就要过去，海伦终于要迎接毕业典礼了。当时的报纸曾报导典礼中的海伦与莎莉文老师，其中有一家报纸如此登载着："这一天，毕业典礼的礼堂里挤得水泄不通。当然，每一位在场的毕业生都将接受毕业证书，但来宾们的目光焦点却集中在一位学生身上，她就是美丽、成绩优异却眼盲的海伦·凯勒。长久以来，不辞辛劳协助这位少女的莎莉文老师也分享了她的荣誉。当司仪念到海伦·凯勒的名字时，四周响起了如雷的掌声。这位少女不但到优异的成绩完成了大学的所有课程，在英国文学这门课上的表现更是杰出，因此博得师长、同学的交相赞誉。"

海伦在当时是明星似的人物、新闻报导的焦点。但报纸报导常有夸张，据海伦自己说，那一次毕业典礼并没有像报纸上形容的那种盛况。

有些同学还为莎莉文老师抱不平，认为也应该把学位颁给莎莉文老师。但莎莉文老师是有献身精神的女性，她所期望的是她精心培育的花朵——海伦能够成才。

对生活永远怀着希望

1928的6月，当海伦·凯勒在波士顿演讲时，莎莉文老师却住进医院接受眼睛手术治疗，结果手术顺利，为了能好好休养，当年的10月，海伦与老师，以及汤姆逊小姐一行三人前往英国，在伊斯卡租下一幢小房子，度过两个月的悠闲日子。

海伦非常眷恋这种悠闲的生活方式，一度想就此安享余年，可是眼前的工作又抛不开。她自觉肩上有一份未了的责任，所以在同一年的冬天又再度回到美国。

返回美国不久，就接到费城的邓普大学的来信，表示要颁发人文荣誉博士的学位给海伦·凯勒与莎莉文老师。邓普大学是一座素享盛名的学府，是许多青年男女们所向往的大学，能得到他们所颁发的荣誉博士头衔是多么令人兴奋呀！

在她认为，这固然是一项个人的荣誉，但更重要的是，事情的本身可以给所有的残缺者莫大的鼓舞。

可是莎莉文老师却婉拒了，她说："只要海伦去就够了。"

莎莉文就这样两度表示拒绝，但最后终于拗不过邓普大学一再地诚心邀请及友人们的苦苦相劝，而在隔年接受了同样的荣誉学位。

1931年4月，第一届世界盲人大会在纽约举行，海伦·凯勒代表主办单位对来自世界各国的盲人代表致欢迎词，同时负责主办盲人招待会。还分身参加分科会议，是会议成功的大功臣之一。

就在这一年夏天，又掀起了募集海伦·凯勒基金的运动，海伦·凯勒与莎莉文老师还因此同赴欧洲各国访问，向各国政府陈情，请他们重视盲人的问题，解除盲人的痛苦。英国的乔治五世、南斯拉夫的亚历山大皇帝都十分亲切地接见海伦·凯勒，而且谈得相当融洽。

1936年10月，莎莉文不幸因病去世。

海伦·凯勒深深跌入哀恸的深渊中，一直到次年，她才猛然醒悟："老师期望于我的，是希望我能继承她的遗志，继续为所有不幸的人尽我的心力。"

至此，海伦·凯勒下了更大的决心，全心全意为世界上1200万的盲人们贡献自己。

1947年，为了替在战争中的受害者募集基金，海伦·凯勒再度赴欧。再过一年，又为了同样的目的往访亚洲，在日本，也曾发起对失明军人的救济运动。

1951年，她前往叙利亚、黎巴嫩、土耳其、南非共和国、罗得西亚及非洲的其他国家，所到之处都极力鼓吹盲人的福利事业。

1955年，她又到巴基斯坦、印度、缅甸，回程中顺道再访日本。此时，海伦·

凯勒已经是75岁的高龄了，站在讲台上的她，依然充满了热情与活力，用不灵活的言语，卖力地为盲人们争取福利，闻者莫不为之感动。

就这样，海伦 凯勒一直不肯放下她的工作。可是岁月不饶人，到了1967年，也就是她87岁那年，她已经无法下床，只能躺在乡间的屋里静养了。

1967年，这位终身在黑暗中为人类奋斗的伟大女性，平静地离去了，但是她留给世人的光和热是永不消逝的。

简评：本文以传记文学的形式，记叙了自幼失明失聪又聋又哑的海伦，以其超人的智慧、顽强的意志和受到的良好的教育，逐步成长为一个举世瞩目的传奇人物的奋斗历程。文中以较多的笔墨叙述海伦和莎莉文老师经历了半个世纪之久的亲密友情。莎莉文老师的突然离去，对海伦是一个残酷的打击，也促她猛然醒悟，决心继续完成老师未尽的事业，为世界上1200万盲人的幸福贡献自己全部心血。

作家谈读书

阅读积累，形成习惯与能力，需要一个漫长的过程，急功近利，也许可能救应试的“急”，但不可能形成经验，形成习惯，也就很难上升为一种持久的能力，因而这种阅读是无效的。

学生的语文素养，很少是老师教出来的，多是学生自己读出来的。学生通过阅读知道人世的经验，获取知识，获得一定的教养，产生精神追求。这些经验让他的积累变得更加丰富，他的阅读眼光也逐渐非同一般，在语文课堂上他显然比一般学生更能关注文本，更容易通过交流获得方法。他也总能够从生活中、阅读中发现一些新的、有趣的、美好的东西，同时注意自由表达的价值。这些阅读不言“利”的学生，他们的语文素养是有目共睹的。

——王栋生：《阅读不言“利”》，《语文教学通讯》2011.11(A).

贝多芬百年祭

肖伯纳

一百年前，一位虽听得见雷声但已聋得听不见大型交响乐队演奏自己的乐曲的五十七岁的倔强的单身老人，最后一次举拳向着咆哮的天空，然后逝去了，还是和他生前一直那样地唐突神灵，蔑视天地。他是反抗性的化身；他甚至在街上遇上一位大公和他的随从时也总不免把帽子向下按得紧紧地，然后从他们正中间大踏步地直穿而过。他有类似于不听话的蒸汽轧路机的风度（大多数轧路机还恭顺地听使唤和不那么调皮呢）；他穿衣服之不讲究有甚于田间的稻草人：事实上有一次他竟被当做流浪汉给抓了起来，因为警察不肯相信穿得这样破破烂烂的人竟会是一位大作曲家，更不能相信这副躯体竟能容得下纯音响世界最奔腾澎湃的灵魂。他的灵魂是伟大的；但是如果我使用了最伟大的这种字眼，那就是说比汉德尔的灵魂还要伟大，贝多芬自己就会责怪我；而且谁又能自负为灵魂比巴赫的还伟大呢？但是说贝多芬的灵魂是最奔腾澎湃的那可没有一点问题。他的狂风怒涛一般的力量，他自己能很容易控制住，可是常常并不愿意去控制，这个和他狂呼大笑的滑稽诙谐之处是在别的作曲家作品里都找不到的。毛头小伙子们现在一提起切分音就好像是一种使音乐节奏成为最强而有力的新方法，但是在听过贝多芬的第三里昂诺拉前奏曲之后，最狂热的爵士乐听起来也像“少女的祈祷”那样温和了。可以肯定地说，我听过的任何黑人的集体狂欢，都不会像贝多芬的《第七交响乐》最后的乐章那样可以引起最黑最黑的舞蹈家拼了命地跳下去，而也没有另外哪一个作曲家，可以先以他的乐曲的阴柔之美使得听众完全溶化在缠绵悱恻的境界里，而后突然以铜号的猛烈声音吹向他们，带着嘲讽似的使他们觉得自己是真傻。除了贝多芬之外谁也管不住贝多芬，而疯劲上来之后，他总有意不去管住自己，于是也就成为管不住的了。

这样奔腾澎湃，这种有意的散乱无章，这种嘲讽，这样无顾忌的骄纵的不理睬传统的风尚——这些就是使得贝多芬不同于十七和十八世纪谨守法度的其他音乐天才的地方。他是造成法国革命的精神风暴中的一个巨浪。他不以任何人为师,他同行里的先辈莫扎特从小起就是梳洗干净、穿着华丽、在王公贵族面前举止大方的。莫扎特小时候曾为了彭巴杜夫人发脾气说:“这个女人是谁,也不来亲亲我,连皇后都亲我呢”。这种事在贝多芬是不可想象的,因为甚至在他已老到像一头苍熊时,他仍然是一只未经驯服的熊崽子。莫扎特天性文雅,与当时的传统和社会很合拍,但也有灵魂的孤独。莫扎特和格鲁克之文雅就犹如路易十四宫廷之文雅。

海顿之文雅就犹如他同时的最有教养的乡绅之文雅。和他们比起来,从社会地位上说贝多芬就是个不羁的艺术家,一个不穿紧腿裤的激进共和主义者。海顿从不知道什么是嫉妒,曾称呼比他年轻的莫扎特是有史以来最伟大的作曲家,可他就是吃不消贝多芬。莫扎特是更有远见的,他听了贝多芬的演奏后说:“有一天他是要出名的,”但是即使莫扎特活得长些,这两个人恐也难以相处下去。贝多芬对莫扎特有一种出于道德原因的恐怖。莫扎特在他的音乐中给贵族中的浪子唐璜加上了一圈迷人的圣光,然后像一个天生的戏剧家那样运用道德的灵活性又回过来给莎拉斯特罗加上了神人的光辉,给他口中的歌词谱上了前所未有的就是出自上帝口中都不会显得不相称的乐调。

贝多芬不是戏剧家,赋予道德以灵活性对他来说就是一种可厌恶的玩世不恭。他仍然认为莫扎特是大师中的大师(这不是一顶空洞的高帽子,它的的确确就是说莫扎特是个为作曲家们欣赏的作曲家,而远远不是流行作曲家);可是他是穿紧腿裤的宫廷侍从,而贝多芬却是个穿散腿裤的激进共和主义者;同样地海顿也是穿传统制服的侍从。在贝多芬和他们之间隔着一场法国大革命,划分开了十八世纪和十九世纪。但对贝多芬来说莫扎特可不如海顿,因为他把道德当儿戏,用迷人的音乐把罪恶谱成了像德行那样奇妙。如同每一个真正激进共和主义者都具有的,贝多芬身上的清教徒性格使他反对莫扎特,固然莫扎特曾向他启示了十九世纪音乐的各种创新的可能。因此贝多芬上溯到汉德尔,一位和贝多芬同样倔强的老单身汉,把他做为英雄。韩德尔瞧不上莫扎特崇拜的英雄格鲁克,虽然在汉德尔的《弥赛亚》里的田园乐是极为接近格鲁克在他的歌剧《奥菲欧》里那些向我们展示出天堂的原野的各个场面的。

因为有了无线电广播,成百万对音乐还接触不多的人在他百年祭的今年将第一次听到贝多芬的音乐。充满着照例不加选择地加在大音乐家身上的颂扬话的成百篇的纪念文章将使人们抱有通常少有的期望。像贝多芬同时的人一样，虽然他们可以懂得格鲁克和海顿和莫扎特，但从贝多芬那里得到的不但是一种使他们困惑不解的意想不到的音乐，而且有时候简直是听不出是由管弦乐器发出来的杂乱音响。要解释这也不难。十八世纪的音乐都是舞蹈音乐。舞蹈是由动作起来令人愉快的步子组成的对称样式。因此这些乐式虽然起初不过是像棋盘那样简单，但被展开了，复杂化了，用和声丰富起来了，最后变得类似波斯地毯，而设计像波斯地毯那种乐式的作曲家，也就不再期望人们跟着这种音乐跳舞了。要有神巫打旋子的本领才能跟着莫扎特的交响乐跳舞。有一回我还真请了两位训练有素的青年舞蹈家，跟着莫扎特的一阕前奏曲跳了一次，结果差点没把他们累垮了。就是音乐上原来使用的有关舞蹈的名词也慢慢地不用了，人们不再使用包括萨拉班德舞，巴万宫廷舞，加伏特舞和快步舞等等在内的组曲形式，而把自己的音乐创作表现为奏鸣曲和交响乐，里面所包含的各部分也干脆叫做乐章，每一章都用意大利文记上速度，加快板、柔板、谐谑曲板、急板等等。但在任何时候，从巴赫的序曲到莫扎特的《天神交响乐》，音乐总呈现出一种对称的音响样式给我们以一种舞蹈的乐趣来作为乐曲的形式和基础。

可是音乐的作用并不止于创造悦耳的乐式。它还能表达感情，你能去津津有味地欣赏一张波斯地毯或者听一曲巴赫的序曲，但乐趣只止于此；可是你听了《唐璜》前奏曲之后，却不可能不发生一种复杂的心情，它使你心理有准备，去面对将淹没那种精致但又是魔鬼式的欢乐的一场可怖的末日悲剧。听莫扎特的《天神交响乐》最后一章时你会觉得那和贝多芬的《第七交响乐》的最后乐章一样，都是狂欢的音乐：它用响亮的鼓声奏出如醉如狂的旋律，而从头到尾又交织着一开始就有的、带一种不寻常的悲伤之美的乐调，因之更加沁人心脾。莫扎特的这一乐章又自始至终是乐式设计的杰作。

但是贝多芬所做到了的一点，也是使得某些与他同时的伟人不得不把他当做一个疯人，有时清醒就出些洋相或者显示出格调不高的一点，在于他把音乐完全用作了表现心情的手段，并且完全不把设计乐式本身作为目的。不错，他一生非常保守地（顺便说一句，这也是激进共和主义者的特点）使用着旧的乐式；但是他加给它们以惊人的活力和激情，包括产生于思想高度的那种最高的激情，使得产生于感觉的激情显得仅仅是感官上的享受，于是他不仅打乱了旧乐式的对称，而且常常使人听不出在感情的风暴之下竟还有什么样式存在着了。他的《英雄交响乐》一开始使用了一个乐式(这是从莫扎特幼年时一个前奏曲里借来的),跟着又用了另外几个很漂亮的乐式;这些乐式被赋予了巨大的内在力量,所以到了乐章的中段,这些乐式就全被不客气地打散了;于是,从只追求乐式的音乐家看来,贝多芬是发了疯了,他抛出了同时使用音阶上所有单音的可怖的和弦。他这么做只是因为他觉得非如此不可,而且还要求你也觉得非如此不可呢。

以上就是贝多芬之谜的全部。他有能力设计最好的乐式;他能写出使你终身享受不尽的美丽的乐曲;他能挑出那些最干燥无味的旋律,把它们展开得那样引人,使你听上一百次也每回都能发现新东西:一句话,你可以拿所有用来形容以乐式见长的作曲家的话来形容他。但是他的病症,也就是不同于别人之处在于他那激动人的品质,他能使我们激动,并把他那奔放的感情笼罩着我们。当贝里奥听到一位法国作曲家因为贝多芬的音乐使他听了很不舒服而说"我爱听了能使我入睡的音乐"时,他非常生气。贝多芬的音乐是使你清醒的音乐,而当你想独自一个静一会儿的时候,你就怕听他的音乐。

懂了这个,你就从十八世纪前进了一步,也从旧式的跳舞乐队前进了一步(爵士乐,附带说一句,就是贝多芬化了的老式跳舞乐队),不但能懂得贝多芬的音乐而且也能懂得贝多芬以后的最有深度的音乐了。

简评:不同于一般的祭文,本文突出地表现了贝多芬对他的时代的抗争。议论性的散文,富于形象性,作者在进行抽象议论的时候,往往伴之以生动具体的描绘。比如《第七交响乐》最后的乐章,"可以引起最黑最黑的舞蹈家拼了命地跳下去","莫扎特从小起就是梳洗干净,穿着华丽,在王公贵族面前举止大方"等等。读来饶有趣味。贝多芬是勤劳的酒神,他的一生就是为人类酿造甘醇的美酒。肖伯纳所谓"贝多芬的音乐就是使你清醒的音乐"可谓抓住了贝多芬音乐的本质,听他的音乐很多时候会想到整个世界。

悼念乔治·桑

雨　果

我为一位死者哭泣，我向这位不朽者致敬。

昔日我曾爱慕过她，钦佩过她，崇敬过她，而今，在死神带来的庄严肃穆中，我出神地凝视着她。

我祝贺她，因为她所做的是伟大的；我感激她，因为她所做的是美好的。我记得，曾经有一天，我给她写过这样的话："感谢您，您的灵魂是如此伟大。"

难道说我们真的失去她了吗？

不。

那些高大的身影虽然与世长辞，然而他们并未真正消失。远非如此，人们甚至可以说他们已经自我完成。他们在某种形式下消失了，但是在另一种形式中犹然可见。这真是崇高的变容。

人类的躯体乃是一种遮掩。它能将神化的真正面貌——思想——遮掩起来。乔治·桑就是一种思想，她从肉体中超脱出来，自由自在，虽死犹生，永垂不朽。啊，自由的女神！

乔治·桑在我们这个时代具有独一无二的地位。其他的伟人都是男子，唯独她是伟大的女性。

在本世纪，法国革命的结束与人类革命的开始都是顺乎天理的，男女平等作为人与人之间平等的一部分。一个伟大的女性是必不可少的。妇女应该显示出，她们不仅保持天使般的禀性，而且还具有男子的才华。她们不仅应有强韧的力量，也要不失其温柔的禀性。乔治·桑就是这类女性的典范。

当法兰西遭到人们的凌辱时，完全需要有人挺身而出，为她争光载誉。乔治·桑永远是本世纪的光荣，永远是我们法兰西的骄傲。这位荣誉等身的女性是完美无缺的。她像巴贝斯一样有着一颗伟大的心；她像巴尔扎克一样有着伟大的精神；她像拉马丁一样有着伟大的灵魂。在她身上不乏诗才。在加里波第曾创造过奇迹的时代里，乔治·桑留下了无数杰作佳品。

列举她的杰作显然是毫无必要的，重复大众的记忆又有何益？她的那些杰作的伟力概括起来就是“善良”二字。乔治·桑确实是善良的，当然她也招来某些人的仇视。崇敬总是有它的对立面的，这就是仇恨。有人狂热崇拜，也有人恶意辱骂。仇恨和辱骂正好表现人们的反对，或者不妨说它表明了人们的赞同——反对者的叫骂往往会被后人视为一种赞美之辞。谁戴桂冠谁就招打，这是一条规律，咒骂的低劣正衬出欢呼的高尚。

像乔治·桑这样的人物，可谓公开的行善者，他离别了我们，而几乎是在离逝的同时，人们在他们留下的似乎空荡荡的位子上发现新的进步已经出现。

每当人间的伟人逝世之时，我们都听到强大的振翅搏击的响声。一种事物消失了，另一种事物降临了。

大地与苍穹都有阴晴圆缺。但是，这人间与那天上一样，消失之后就是再现。一个像火炬那样的男人或女子，在这种形式下熄灭了，在思想的形式下又复燃了。于是人们发现，曾经被认为是熄灭了的，其实是永远不会熄灭。这火炬燃得比以往任何时候更加光彩夺目，从此它组成文明的一部分，从而屹立在人类无限的光明之列，并将增添文明的光芒。健康的革命之风吹动着这支火炬，并使它成为燎原之势，越烧越旺，那神秘的吹拂熄灭了虚假的光亮，却增添了真正的光明。

劳动者离去了，但他的劳动成果留了下来。

埃德加·基内逝世了，但是他的高深的哲学却越出了他的坟墓，居高临下劝告着人们。米谢莱去世了，可在他的身后，记载着未来的史册却在高高耸起。乔治·桑虽然与我们永别了，但她留给我们以女权，充分显示出妇女有着不可抹煞的天才。正由于这样，革命才得以完全。让我们为死者哭泣吧，但是我们要看到他们的业绩。具有决定性意义的伟业，得益于颇可引以为豪的先驱者的英灵精神，必定会随之而来。一切真理、一切正义正在向我们走来。这就是我们听到的振翅搏击的响声。

让我们接受这些卓绝的死者在离别我们时所遗赠的一切！让我们去迎接未来！让我们在静静的沉思中，向那些伟大的离别者为我们预言将要到来的伟大女性致敬！

简评：1876年6月8日，乔治·桑在远离巴黎的乡间诺昂去世。消息传来，雨果哀恸不已，立即挥笔写下悼词。这篇悼词不同凡响，它没有缠绵悱恻的感伤之意，也没有一味奉承的溢美之词，更不是把死者捧为偶像去顶礼膜拜，而是用自己特有的方式悼念一个伟大的女性。死者的高尚，说明了一个朴素的道理：劳动者离去了，他的劳动成果留了下来。一种伟大的精神一旦诞生，必将哺育出又一代新人。作者先是悲痛，接着是敬慕，然后是豪情满怀，最后是热情澎湃，本文感情线索清晰流畅，读后发人振奋。

作家谈读书

文字的学习，虽当求之于文字的法则，但这只是极粗浅的功夫而已。要合乎法则的文字，才可以免除疵病。这犹之书法中的所谓横平竖直，还不过是第一步。进一步的，真的文字学习，须从为人着手。"文如其人"，文字毕竟是一种人格的表现，冷刻的文字，不是浮热的性质的人所能模仿的，要作细密的文字，先须具备细密的性格。不去从培养本身的知识情感意志着想，一味想从文字上去学习文字，这是一般青年的误解。我愿诸君于学得了文字的法则以后，暂且抛开了文字，多去读书，多去体验，努力于自己的修养，勿仅仅拘执于文字，在文字上用浅薄的功夫！

——夏丏尊：《关于国文的学习》，《中学生》1931.11.

时　间

蒋子龙

人生的全部学问就在于和时间打交道。

有时一刻值千金；有时几天、几个月、几年乃至几十年，不值一分钱。

年轻、年盛的时候，一天可以干很多事；在世上活的时间越长，就越抓不住时间。

当你感到时间过得越来越快，而工作效率却慢下来了，说明你生命的机器已经衰老，经常打空转。

当你度日如年，受着时间的煎熬，说明你的生活出现了问题，正在浪费生命。

当你感到自己的工作效率和时间的运转成正比，紧张而有充实感，说明你的生命正处于黄金时期。

忘记时间的人是快乐的，不论是忙得忘了时间，玩得忘了时间，还是幸福得忘了时间。

敢于追赶时间的，是勤劳刻苦的人。

追上了时间，并留下精神生命，和时间一样变成了永恒存在的，是天才。

更多的人享用过时间，也浪费过时间，最终被时间所征服。

凡是有生命的东西，和时间较量的结果最后都是失败。有的败得辉煌，有的败得悲壮，有的败得美丽，有的虽败犹胜，有的败得合理，有的败得凄惨，有的败的龌龊。

时间无尽无休，生命前赴后继。

无数优秀的生命占据了不同的时间，使时间有了价值，这便是人类的历史。

生命永远感到时间是不够用的。因此生命对时间的争夺是酷烈的，产生了许多骇人听闻的故事，如“头悬梁”、“锥刺股”，“以圆木为枕”等等。

时间是无偿赠送给生命的，获得了生命也就获得了时间，而且时间并不代表生命的价值。所以世间大多数生命并不采取和时间“竞争”、“赛跑”的态度，根据生存的需要，有张有弛，有紧有松。累得受不了啦，想闲。拥有太多的时间无法打发，闲得难受，就想找点事干，让自己紧张一下。

现代人的生存有大同小异的规律性。忙的有多忙？闲的有多闲？忙的挤占了什么时间？闲人又哪来那么多时间清闲？《人生宝鉴》公布了一个很有意思的调查材料——

一个人活了72岁，他的一生是这样度过的：

睡觉20年，吃饭6年，生病3年，工作14年，读书3年，体育锻炼看戏看电视看电影8年，饶舌4年，打电话1年，等人3年，旅行5年，打扮5年。

这是平均数，通过这个平均数可以看到许多问题，想到许多问题。每个生命都是普通的，有些基本需求是不能不维持的。普通生命想度过一个不普通的一生，或者是消闲一生，该在哪儿节省，该在哪儿下力量，看了这个调查表便会了然于胸。

不要指望时间是公正的。时间对珍惜它的人和不珍惜它的人是不公正的，时间对自由人和监狱的犯人也无公正可言，时间的含金量，取决于生命的质量。

时间对青年人和老年人也从来没有公正过。人对时间的感觉取决于生命的长度，生命的长度是分母，时间是分子，年纪越大，时间的值越小，如"白驹过隙"。年纪越轻，时间的值就越大，"来日方长"。

时间，你以为它有多宽厚，它就有多宽厚，无论你怎样糟蹋它，它都不会吭声，不会生气。

时间，你以为它有多狡诈，它就有多狡诈，把你变苍老的是它，让你不知不觉中蹉跎一生，最终后悔不迭的还是它。

时间，你认为它有多忠诚，它就有多忠诚；它成全了你的雄心、你的意志。

有什么样的生命，就有什么样的时间。

一个人有什么样的时间观念，就会占有什么样的时间。

爱因斯坦创立相对论，证明时间与空间和物质是不可分割的，任何脱离空间的时间都是不存在的，也是没有意义的。人如果能超光速旅行就会发生时间倒流，回到过去。倘若有一天人类能征服时间了，生命真正成了时间的主人，世界将是什么样子呢？

简评："不要指望时间是公正的。""时间的含金量，取决于生命的质量"。时间的公正性在于，它对每一个人都一视同仁，一分不多，一秒不少，绝对公平。时间的残酷性在于，你不能抓住它，它就稍纵即逝，再也不回头，你就落个终生的遗憾。“子在川上曰：‘逝者如斯夫’”，“去的尽管去了，来的尽管来着；去来的中间，又怎样的匆匆呢？……于是——洗手的时候，日子从水盆里过去；吃饭的时候，日子从饭碗里过去；默默时，便从凝然的双眼前过去。……（朱自清《匆匆》）让我们认真地读一读关于时间的精辟论述吧！面对流逝的时间，是不容叹息的，如果叹息，“新来的日子的影儿又开始在叹息里闪过了。”

作家谈读书

开展批注式阅读教学应处理好以下四组矛盾：(1)阅读批注主观化倾向与教材的客观价值之间的矛盾。应该基于阅读教材的客观价值对其进行创造性的批注，最大程度地开发其教育价值。(2)阅读批注的个性化倾向于教学旨归的共性化追求之间的矛盾。应该先求异存同，再求同存异。(3)批注阅读的随意性与阅读教学的指向性之间的矛盾。既要发挥批注阅读“意随文生”的特点，又要考虑语文阅读教学的旨归，使阅读批注朝着希望的方向有序进行。(4)批注阅读的分散性与问题解决的统整性之间的矛盾。应尝试以核心和主要问题架构起阅读教学的主线，先使整体思路清晰起来，再打散各点，自主批注，咀嚼细微处，最后聚拢散点，整体批注，将批注的特点和语文教学的规律结合起来。

——王宗海：《灵性与羁绊：审视批注式阅读教学中的几组矛盾》，《教育探索》2011.8.

吻　火

梁遇春

回想起志摩先生，我记得最清楚的是他那双银灰色的眸子，其实他的眸子当然不是银灰色的，可是我每次看见他那种惊奇的眼神，好像正在猜人生的谜，又好像正在一页一页揭开宇宙的神秘，我就觉得他的眼睛真带了一些银灰色。他的眼睛又有点像希腊雕像那两片光滑的，仿佛含有无穷情调的眼睛，我所说银灰色的感觉也就是这个意思罢。

他好像时时刻刻都在惊奇着。人世的悲欢，自然的美景，以及日常的琐事，他都觉得是很古怪的，从来没有看见过的，完全出乎意料之外的。所以他天天都是那么有兴趣，就是说出悲哀话的时候，也不是垂头丧气，厌倦于一切了，都是发现了一朵“恶之花”，在那儿惊奇着。

三年前，在上海的时侯，有一天晚上，他拿着一根纸烟向一位朋友点燃的纸烟取火，他说道：“kissing the fire”（吻火）。这句话真可以代表他对于人生的态度。人世的经验好比是一团火，许多人都是敬鬼神而远之。隔江观火，拿出冷酷的心境去估量一切，不敢投入到轰轰烈烈的火焰里去，因此过个暗淡的生活，简直没有一点的光辉，数十年的光阴就在计算怎么样才会不上当里面消逝去了，结果上了个大当。他却肯亲自吻着这团生龙活虎般的烈火，火光一照，化腐朽为神奇，遍地开满了春花，难怪他天天警异着，难怪他的眼睛跟希腊雕像的眼睛相似，希腊人的生活就是像他这样吻着人生的火，歌唱出人生的神奇。

这一回在半空中他对于人世的火焰作最后的一吻了。

简评：诗人徐志摩是因飞机失事“浴火”而逝的。在友人的眼中，志摩一生都在吻着人生的火，都在歌唱人生的神奇。作者撷取别人不曾留意的诗人生活的细枝末节，探悉他的灵魂，复活他诗趣横溢奕奕映人的形象，达到神秀奇采、花树独放的效果。

心有灵犀

王三堂

说形体语言

人的情感的表现方式的真伪与人的主观自觉控制力大小成反比。书面语言最有时间斟酌和修改,因而也最有可能是可信度最低的一种方式,也是最易撒谎的一种方式(当然对研究笔迹学有造诣的人除外)。口语可斟酌和修改的时间相对要少一些,因此其可信度要强一点,当然,口语也有足够的余地来撒谎。至于非语言交际行为则不易受意识控制,有时完全处于无意之中,即使经过训练的人也不能完全控制,因而可靠性最大。故人常说要听其言、观其行,此"行"包括表面行、背后行、有意识的行和无意识的行,尤其要注意其下意识所表现的行。

弗洛伊德认为,没有人可以隐藏秘密。假如说他的嘴不说话,他会用形体说话。由此可见,人体语言大都发自内心深处,极难压抑和掩盖。比如,做了亏心事,肯定会心神不定、鬼头鬼脑;听到好话会眉开眼笑,听到批评时则肯定会垂头丧气,即使强装笑脸也会是皮笑肉不笑。人在激动时会手舞足蹈,人在发怒时会青筋暴露。这些都不难证实人体语言的可靠性。要想了解人心的真伪,应注意观察他的人体信号,因此测谎仪应运而生。当然这个信号的表演用的是特殊语言,要读懂也要认真研究,否则也会误解。

聪明和漂亮成反比

有人说"漂亮女人不聪明,聪明女人不漂亮",此话虽非普遍真理,但也不无道理。吾悟其理:一、上帝是公平的,世间之事,好事不能都让一个人占全,总要留点缺憾;二、在世人的眼中或许对漂亮女人和不漂亮女人的才能要求有差别;三、从后天上讲,漂亮女人注意了扬长而忘了避短,而不漂亮的女人注意避短反而扬了长。盲人听觉、触觉会更灵敏,聋人的观察力、感受力会更细致。同理。

有价与无价

能用金钱买到的东西是有价的,真正的珍贵之物是金钱买不到的。有形的往往有价、无形的往往无价。医药有价,健康无价;婚姻有价,爱情无价;富贵有价,寿命无价;龙床有价,睡眠无价。你能买到仆人,但买不到真心;能买到帮手,但买不到友情;能买到文凭,但买不到知识;能买到吹捧,但买不到敬重,等等。当然,有价的东西不见得都是不珍贵的东西,无价的东西也不都是好的东西。更要看到有价和无价是对立统一可以转化的,正像物质和精神是可以转化的一样。因此既要重视有价,又要重视无价,更要重视用有价的物质培养、发展许多无价的精神产品,用无价的精神去促进有价的物质生产。

说穷道富

金钱没有罪恶,而罪恶是人造成的。富人、有钱的人没有什么不好,关键看钱是如何来的,钱花到哪里去了。金钱和好人的结合是社会之福,金钱和愚人、恶人结合是社会之祸。好人没钱不能很好地办好事,而坏人有了钱则可能更多地办坏事。有钱的人固然有“不仁”的,但仁者却有不少是富人;贫穷的人固然也有仁者,但却很难有大智者。因为穷得一无所有的人如何接受最起码的教育呢?贫穷更多地是和愚昧、落后共生共长。邓小平说,贫穷不是社会主义。我认为贫穷的人也不会是一个健全的、高素质的人。在一定意义上讲,贫穷是一种缺陷。当然,有些时候,有些人的贫穷是社会和客观条件造成的,但也远非完全如此。旧社会贫穷怨社会制度,三中全会以前贫穷怪政策,但三中全会以后再长期贫穷则责任在自己。一个人出生不由人选择,但成长、发展的道路在自己,所以,生而穷者不为耻,终身贫困究可悲。通过不正当手段致富是可耻的,经过正当手段努力仍不能致富的是可悲的,经过正当手段致富是可贺的,而那些不仅自己勤劳致富而且帮助别人致富的人是可敬的。

说“听话”

人人都要说话，人人都要听说话；人都喜欢会说话的人，人更喜欢听话的人。因此一个人，从小就被告知要做个听话的孩子，及至长大后则要做听话的学生、听话的群众、听话的干部等等。总之，好的人都应该是听话的人，不好的人都不是听话的人。果真如此吗？回答是：不尽然。

我们所说的听话，往往指的是小时候听父母的话，上学听老师的话，走上社会要听领导的话，一生都要听古人的话，听权威的话，听书上的话等等。当然，不可否认这些话大部分是对，但并非完全正确。古人云：“尽信书不如无书”，那么完全听话就可能不如不听话。正确的态度应该是：既听话又不听话。设想一下，如果所有的人都一味地“听话”，唯唯诺诺，百依百顺，不越雷池一步，社会如何前进？把人都养成温顺的小绵羊，那么他走上社会后又如何面对豺狼虎豹的竞争环境？因为在一定意义讲社会的变迁者首先是那些既听话又不听话的人提出设想的；理论、科技的创新也是那些既听话又不听话的人实现的。如果人类的祖先都很“听话”，我们现在可能还在爬着行走；如果孙中山他们很“听话”，我们可能还生活在封建社会中；假如毛泽东他们很“听话”，中国早已沦为殖民地处于四分五裂之中；假如邓小平他们很“听话”，中国的现状是什么样子更加不堪设想。

因此，必须搞清楚真正的听话是什么样子。那种照抄照搬、不折不扣的应声虫叫不叫听话呢？也叫也不叫，或者是假叫真不叫。那种对“话”既继承批判，又创新发展，结合实际创造性运用的叫不叫听话呢？有人说不叫，我说叫。应声虫式的低层次的听话者太多，有棱有角有思想的不听话者（实际是高层次的听话者）太少，是发展之忌，民族之忧。当然那些谁的话也不听，我行我素的不听话者和那些胡作非为者当另作别论。

鲁迅先生曾经说过：“中国中流的家庭，教孩子大抵有两种办法。其一是任其跋扈，一点不管。骂人固可，打人亦无不可，在门内或门前是暴主，是霸主，但到外面，便如失了网的蜘蛛一般，立刻毫无能力。其二，是终日给以冷遇或呵斥，甚至打扑，使他畏葸退缩，仿佛一个奴才，一个傀儡，然而父母却美其名曰听话，自以为是教育的成功，待到放他外面来，则如暂出牢笼的山禽。他决不会飞鸣，也不会跳跃。”两种教育方式只能产生假听话者和真不听话者两种结果。鲁迅先生60多年前的话至今仍有振聋发聩的作用。

我呼吁：全社会应共同努力，致力于创造一个崇尚个性、鼓励创新的环境，让低层次的“听话者”越来越少，让高层次的听话者（或曰不听话者）越来越多，此乃国家之幸，民族之幸。

简评：蕴涵在这一组充满哲理情趣的短文中，不讲空话、套话、虚话，是生命的真谛。完美与缺憾，金钱与罪恶，有价的物质与无价的精神等等，没有过多的华丽辞藻，写得朴实无华，有强烈的辩证意味。在一些司空见惯的生活现象中和人的本身及其生活态度上，标新立异，道人所未道，细细咀嚼，回味无穷。

感谢平凡生活的每一天

凯瑟林·格里戈

每年的感恩节我都试图让自己的心中充满一种特殊的感激之情，然而事实上在这一天，我并没有感到过比其他时候更加深刻的谢意。我们家里用餐之前从来不做祷告，因此在每年11月的第四个周四，突然要在餐前祈祷并致谢，会让人感觉非常的不习惯，而且我也认为这样做多少有些虚伪，好像在作秀似的。

上大学时我到姨妈家去过了一个感恩节。坐在餐桌边，他们要求每个人都说出一件表示感谢的事情。当时由于实在想不出什么事需要感谢，我便带着戏谑意味地说自己感谢“卡尔文·克莱因”牌的牛仔裤。后来我记得那位姨妈再也没有邀请过我到她家去。

幸运之神一直厚待着我，我嫁给了一个好男人，有一份极具创造力的工作，还生了一个美丽的小女儿。直到1998年之前，在每年的感恩节我们对生活所怀有的满足多于感激。但就在那年的11月丈夫突然病倒，症状类似于流感：高烧、恶心、呕吐、肌肉疼，并且会时而出汗，时而发冷。我打电话向别人询问好的治疗方法，听起来当时好像可怕的流感正在四处肆虐，人人都告诉我让他多喝水，很快就会好起来的。

5天的时间里，我用尽了自己所知道的一切方法照顾着安德鲁。他虚弱得只能躺在床上，吃不下任何东西，即便是在我的哄劝下啜吸的几口饮料，最后也全被吐了出来。一时他会因高烧而汗流浃背，我就要为他换下被汗水浸透的睡衣与床单。半小时后他又会冷得浑身发抖，我就又要忙着将几条毛毯盖到他的身上。

我试过了各种方法，惟独没拉安德鲁到他一向都不喜欢去的医院——事实上我早该坚持那样做的。我的心里万分恐惧，因为安德鲁的身体一直都很好，我从没见他得过这么重的病，同时我也在担心自己与3岁的女儿罗丝会染上同样的病。我已经有了5个月的身孕，我知道自己的身体是经受不了疾病的侵袭的。为了保险起见，我不让罗丝进安德鲁的房间，晚上还搬到了罗丝的双层床上去睡。

本来我们早已定好那一年的感恩节要在姐姐家中过，父亲与继母会专程开车从一千多公里之外赶来，为此姐姐还特意费尽心思准备了节日大餐。我不想由于自己一人而扫了大家的兴，因此只得带着愧疚的心情将发着烧的丈夫独自留在了家中，并在临走时一再叮嘱了要记得多喝水。

第二天早上我坐在丈夫的床边，对他讲述着前一晚的快乐时光，以及他所错过的那一丰盛的感恩节大餐。在谈话间我意识到安德鲁正在产生幻觉，紧接着多日来埋藏在内心深处的恐惧感突然之间再次涌了上来，我真的害怕安德鲁会就此永远地离开我。我狂乱地抓起电话，打给了一位在急诊室工作的朋友，请他帮我送安德鲁到医院去。

朋友赶来后走进安德鲁的房间，看了他一眼便问我："他的肤色发黄有多久了？"

"发黄？"以前我一直没有注意过，这时才看出丈夫的肤色已像蜡纸一样黄了。而肤色发黄则意味着黄疸、肝炎、肝衰竭……我已不敢再继续想下去了。

我们立刻把安德鲁送进了医院的急诊室。而在接下去的12个小时中，安德鲁的情况由糟糕转为恶化，他的主要器官都不明原因地衰竭了，血压极低，而脉搏极快。

傍晚时一组专家聚集到安德鲁的病床边，其中包括心、肺、肾与血液科的医生。稍后他们又耐心、沉稳地让我讲述安德鲁生病以来的情况，以求找出使一个健壮的男人突然病倒的真正病因。

从医生们相互对视时那谨慎的眼神中，我可以看出这些一向权威的专家也被安德鲁的怪病难住了，由此更加剧了我的恐慌，暗自担心这一次连医术高明的医生也救不了安德鲁了。

在大厅中护士看到腹部微微隆起的我，带着同情的目光安慰着我，让我不要过分地担忧。我在心里想着是不是需要将医院中的教士找来，安德鲁是否还有未了的心愿呢？

签署了同意给安德鲁的心脏插入导管的协议后，已疲惫不堪的我只能回家睡一会儿了。

家中漆黑一片，没有安德鲁与罗丝的家变得空空荡荡。姐姐已将罗丝接走了，安德鲁住院期间，她会代我照顾孩子。一时之间我感到那样的孤独，蜷缩进罗丝的双层床，我将她的绒毛猴子拥在了怀中。那一觉睡得断断续续，每隔一个多小时就会醒来，给医院打个电话，而每一次都在担心听筒那头会传来安德鲁已经离开了这个世界的消息。

天蒙蒙亮的时候，我穿上衣服，昏昏沉沉拖着疲惫的身体来到医院，并带了罗丝的照片来摆在安德鲁的床边。我相信看到罗丝那灿烂的笑容，安德鲁是不会就这样轻易离我们而去的。

而就在那一天，安德鲁的情况开始好转，他在医院住了近一周，回到家中又休养了一个月。直到后来我们才了解到安德鲁的真正病因——一种动物所携带的疾病——所致，它一般可以通过被尿与粪便污染的土壤和水感染，但这种可能性都是非常低的，我们也一直都没弄清安德鲁怎么会得上这种病的。

新年过后安德鲁又去上班了，他已完全康复，没有给身体留下任何的不良影响，我们的生活也恢复了原样。然而度过这一段危难的特殊经历却改变了我们，改变了我。

我独自呆在家里等待安德鲁病况发展的那个夜晚，使我终于意识到自己对丈夫的陪伴是多么的依赖。认为一切都是那样理所应当地与丈夫幸福生活了13年后，我突然感动于他每日的守护、永恒不变的承诺以及给予我的信任。

那年感恩节安德鲁逃脱死神魔掌的经历对我们的影响非常大。随后我们到安德鲁的家里参加了一个家庭聚会，全家26个人欢乐地围坐在巨大的餐桌边，我突然想出了一个绝妙的主意，首先我交给每个人一张彩色的纸条，要他们在上面写下自己所要感谢的事，并依次将这些感激大声地念出来，然后再将我们所写的纸条连成一条长长的感谢环。对于我，这个感谢环象征着安德鲁患病期间亲戚与朋友对我们所表达的爱与关怀。

当轮到我写下自己的感谢时，我没有提到牛仔裤。我已不再为不知该对什么事表达感谢而发愁了，因为我明白了人生之中充满了太多的惊奇与无常。

每天夜里我伸出手就可以触到睡在身旁的丈夫那健壮的臂膀；每个周末我可以依偎在他怀中，伴着缠绵的乐声悠然起舞；每个清晨我可以满怀温情地爱抚新出世的小儿子黄色的鬈发，亲吻他那酷似父亲的脸颊，而心中不会带有任何的遗憾……每当沉浸在这样幸福的时刻之中，一种甜蜜的谢意就会从心底涌上来，因为每一个平安、祥和的日子都值得我们去感谢的。

简评：平平淡淡总是真。回首往事，每一个平安、祥和的日子都是值得我们去感谢的。"每一个日子都是上帝送给我们的礼物。"生活中的每一个点滴都值得我们记取与感激。看着父母操劳的背影，看着母亲眼角皱起的鱼尾纹，看着父亲双鬓的斑白，不禁要问：沐浴在爱的阳光里的人们呵，难道没有一丝的感激？感激你的双亲、感激你的师友，感激生活吧，只有感谢生活的人，才会善待生活。

寻找都市野趣

查志华

在高楼大厦拔地而起的同时，人们却在低头寻觅绿地。人不管在水泥森林里生活多久，总磨不掉寻找大自然野趣的天性。

虽然也大面积地绿化，但过于规则的几何型土地上种出来的花草，太像法国人的城中路与庭中园（相对而言英国人的园林随意一些），不合东方人的心意眼意。虽说绿色能愉悦人心，但人工气十足的东西因其本身违反自然规律，看多了，心绪也会不宁。

最念淮海公园的梧桐树。这片多少年来一直长在最摩登的商业街上的随随意意的林子，可以说是我们市中心的异数。上海人在物质世界里看花了眼走酸了腿的时候，瞬间就能享受到它的绿荫。

一年前有一次走过，突然感到它消失了。当看到剩下的几棵已被移种在一大片花岗岩基座上时，真是好一阵莫名。从此再看它，就是看舞台布景的感觉。商人做塑料树塑料花，做到以假乱真换钱不容易。可要把真的树种得像假的，也要点本事。

绿化似乎等于种草，是不少城市的误区。以至于眼下从T·M·达斯教授经过计算得出结论：50吨重的普通树木每年至少生产1吨氧气，50年生产氧气的价值为31 250美元。在西欧有些国家，凡是能种树的地方尽量不种草。因为早就有园林学家从科学的角度作出论证：乔木的生态效益大大优于草坪，且养护费仅为草坪的几分之一。

我不懂园林学，我只知道少花钱多办事。与此同时，我也知道上海人口稠密，每天有几百万人在城市里奔走流动，他们最想要的大概还是头顶上的一片绿荫。无论如何，草与树相比，树应该成为我们城市的主角。香港是个弹丸之地，走在中环繁闹的街区，也常能突兀地见到大树的身影，给你一个古木参天的不期的惊喜。可如今我们不少马路，草种得考究，路面也翻修成彩色的，可就是不及时种树，尤其是行道树。在两边亮晃晃的玻璃幕墙的逼衬下，走在这样的无树的路上，就像走进布景搭起来的摄影棚里。就现状而言，我认为头上的树似乎比脚下的路更为重要。

终于盼到了大树进城的消息,我自认为是这条消息的铁杆知音。那些天就在心里欢呼雀跃地看着一棵棵大树在路两边植起,看着它萌枝展叶,营造绿荫。

旅居德国的龙应台有一次来沪,说起她在德国时经常去森林散步。我问森林离家多远?她笑说,就在家后面。据说在德国,森林的覆盖率占了国土的三分之一,其中不少是城市森林,都市中许多人家开了后门就能走进林子深处去。德国向来多哲学家,是否与咫尺森林方便沉思有关?

我们倘若要沉思,目前大概还一下子找不到合适的地方。不要说开放式的森林市中心还几乎没有,稍成气候的树林也不多,较多见的还是依附地种在草坪上的不成林的树。即使有树林,有的也早已用铁栅栏围住,只能远观不能近赏。一个城市的市内如果没有众多的树林,特别是一些少人工雕琢、更多地保留自然植被、自然形态的生态型树林,那么这个城市也就没有野趣可言。倘若有了这样的树林却围而远之,不让人与之亲近,同样也就没有野趣可言。因为"野"可以是树木本身的,而这"趣"却要人来品味和领略。

倘使绿化还仅仅停留在"美化城市"的观赏层面上,那只是绿化的"初级阶段"。只有到了绿化体现出"城市与自然、人类和谐共存",为当代人和他们的子孙后代创造出"可持续发展的良好的生存环境"时,绿化的功能才被完全开发出来了。令人欣喜的是,人们对绿化的理解正在深化,绿化的实施也正在越来越接近科学与完美。

当写完这篇小文的时候,我兴奋地获悉,一大批人工林正在郊区落户,但愿不久我们在市中心也能见到它们的身影。

简评:城市中水泥建筑愈来愈多(也是好事),而树木如果愈来愈少,"热岛效应"就会给城市人以报复。人是大自然的组成部分,如同万物,也依赖于大地母亲的"哺育",获得生命与生存条件。人类应该在顺应和掌握自然规律、保护环境的前提下进行建设,改善生活条件。或曰:森林是地球上最古老、最便宜、最有效的空气净化剂。更重要的是寻找都市野趣,提醒我们在城市化的进程中,人类活动创造下的城市景观与自然状态下的生态学领域充分结合,才能创造出人与自然的和谐统一,以达到天人合一的传统哲学境界。

钢琴课

张海迪

我不知道我是否该讲述这件事。

十几年前的一个冬天，我买了一架钢琴，琴是紫红色的，闪着宁静的光。它靠在墙边，像一只神秘的宝箱。掀开琴盖，欢乐立刻在我心里流淌，白色的键像鸽子，黑色的键像燕子，当我的手从它们身上轻轻抚过，它们就发出一片欢悦的合鸣。我喜欢钢琴，是因为一个很早的记忆，那时我们幼儿园的教室里有一架钢琴，平时它被锁着，老师把钢琴的钥匙挂在墙上，钥匙在窗外照进的太阳里闪着金灿灿的光。只有开联欢会或是"六·一"儿童节，老师才会打开钢琴，请一位身穿白裙的大班的女孩子为我们弹琴。我和很多女孩子一样向她投去羡慕的目光。

不久，我病了。

医院的病房里，高大的玻璃窗照进明媚的阳光，躺在病床上，望着洁白的墙壁，我常想起那把挂在教室墙上的金晃晃的钥匙。我想念那架钢琴，想念那个穿白裙子的会弹钢琴的公主。那时，我们大多数女孩子家里都没有钢琴，我的梦中从没有出现过钢琴，它只出现在我的冥想之中。

而那个冬天，我拥有了钢琴，拥有了能够开启它的金钥匙。像童年一样，我坐在了钢琴旁，不同的是，那时我是坐琴凳上，而现在我却坐在轮椅里。我苍白的手指在一个个琴键上迟疑着，一支优美的旋律在我心中如同河流急急淌过。

我知道一切都必须从头开始。

尽管已经太晚，我也要去寻找。

Y就在这时来到我的身边。

Y是我朋友的朋友，Y也是我朋友的同学。他们毕业于同一个音乐学院。Y风度儒雅，表情沉静，在藏青色的毛衣和浓密的络腮胡须的衬托下，Y的脸色有点苍白。Y说他正在写一部歌剧，每天都很累。Y对我说，钢琴课，重要的是你要先学钢琴课。Y给我带来了儿童们学的《汤普森钢琴基础教程》。他翻开了第一页，他白皙灵活的手指在琴键上跳动着。

Follow me. Y说。

我照他的样子做了。

手，Y说，我想现在的问题是你的手没有感觉。

Y十分耐心地给我演示，他说你的手不要压琴键，这是钢琴，不是管风琴。你必须弹钢琴，而不是压钢琴，你必须使你的手指有力量。让我们想想自由落体的感觉。

Y抬起手臂让它慵懒地落下，他的手指像一群疲倦的少女卧在雪白的大理石上。

我反复按Y的要求练习。

Y说很好，你还可以做得更好。Y说，当你抬起手臂时，你可以想象一颗流星闪着美丽的光芒，划过蓝色的夜幕，它落下来，落到我们的星球上，落到我们的键盘上……

于是，蓝色的星星升起又落下。

Y给我带来了他为我选编的《拜尔》教程。

钢琴课一度成了我生活的一部分。

有一天当我流畅地弹奏出一支钢琴曲时，我忽然看见了那个穿白裙的女孩子，当她回转身，我看见那竟是我在对自己微笑。我真希望Y能看见那个童年的我在微笑。那会儿，我忽然很想念Y。我很想对Y说，我很想念你。我听见我的心那会儿跳得很快。哦，Y，这真奇怪。我这样想。

一个雨天，是春天的雨。窗外的树缀满了鲜绿。Y来了。他为我带来了一本新的琴谱。他问我是否喜欢塞内维尔的《乡愁》。当一支潺湲温暖的琴曲在春天的雨中漾开，我觉得温暖的泪水也从我的心底涌上来。那一刻我不知道还能有什么能比那种思乡的愁绪更美的存在了。我想这琴声假如变成物质或许就是一张棕黄色而模糊的旧照片。照片上是什么？我恍若看见一个怅然人影，在那遥远的地方，在一片濛濛的雨中，在一棵孤独的树下，在一条呜咽的小河旁……我看见他久久地凝视着我，我听见了他不平静的呼吸。

眨眨眼睛，我看见我身边的Y正在这样凝视我，久久地，我也凝视他。过去我从未这样长久地注视过Y的眼睛，我甚至描述不清他的眼睛的形状。那时他的眼睛在我只是一种感觉，他的眼睛融在他的整体的英姿和洒脱中。我从未想过他的眼睛对我意味着什么。而此时，Y的目光充满了温情，如同窗外绿色的雨天。我的心里盛满了感动，Y，假如我那时就认识你该多好啊！我轻轻地说，我的声音或许只有我自己听见了，我甚至不知道我是否说出了这句话。

海迪，我也曾这样想……

Y的声音有些发颤，他轻轻拿起我的一只手。

我看见自己穿着洁白的裙子，我爬上椅子，从墙上摘下那把闪光的钥匙，阳光里我向Y跑来。我说，Y，假如时光能倒流，我从没有病多好……

Y握紧了我的手，泪水从他的眼里涌出，Y说，海迪，这些天我觉得有好多话想对你说，也总想多为你做些什么……

我松开Y的手。我说，Y，你最好什么也别说。你知道坐在轮椅里的每一天是多么痛苦，而你的琴声告诉我，无论我的痛苦怎样加倍，无论我面对的残疾是怎样一片荒原，生活对我来说也是值得的，你已经为我做了很多，你的琴声给了我那么多快乐……

我说，Y，现在和今后，我只希望你做我的好朋友。Y，再弹一遍《乡愁》吧。

那是一个伤感的下午，从此淡灰色的雾霭就笼罩在我的心头。我尽量不让自己沉溺在某种幻想之中，我知道幻想折磨人是因为幻想注定会破灭，幻想是美的化身，是绚丽而轻幻的泡沫，它负载不起人生沉重的寄托。

我开始害怕听见Y的叩门声，我害怕和Y并肩坐在钢琴旁。我发现Y变得沉默，他的脸色也更加苍白。Y说他的歌剧已近尾声。

我更加勤奋地练习弹奏Y给我的每一份作业，一段一段的弹奏，然后连接，终于我能完整地弹奏《乡愁》了。

那一天，我给Y弹奏《乡愁》，我想好好地表现我的手，表现那琴曲中纷飞的愁绪。可我的手却变得那么笨拙，《乡愁》被我弹得断断续续，磕磕绊绊，仿佛一个异乡人在远方伤心地抽泣。我在Y面前心慌意乱，我的泪水总是忍不住流下来，我很想找一个没有人的地方尽情地哭泣。因为我知道这是Y最后一次来给我上钢琴课了，今后他不会来了，Y已办理好手续去法国留学。Y说，其实过去我并不特别想走，而现在我觉得音乐对于我是多么重要，每当我看到你坐在轮椅上弹琴，我就想我应该去追求更高的艺术境界。Y说，海迪，我很高兴，无论怎样你毕竟能弹奏这支琴曲了……

我觉得自己泪眼迷蒙。

Y说，海迪，你将是我永远的《乡愁》……

我很想紧紧地拥抱Y。

可我知道我不应该那样做。

我说，Y，虽然我心中爱的火焰已化成了永恒的灰烬，但这爱或许会因此更加美丽。无论它让我多么痛苦，美也依然存在。

Y送了我一件礼物，那是他用过的节拍器，Y说它听起来就像心的跳动，就像激情的澎湃。

我也送给Y一件礼物，那是我的钢琴的另一把钥匙。

我常常想念Y。随着时间的流逝，我对Y的思念日日加深。Y常寄来明信片，那上面有奇丽的异国风光和他亲切的话语。偶尔Y也打来电话，他越来越多地说，海迪我多么想念你。我说，Y，我也想念你，你什么时候回来，我什么时候才能去见到你。Y说，我想快了，也许就是今年的夏天，那时候我的论文就完成了。我说，Y，时间的隧道多么漫长啊！Y说，海迪，别忘了你的钢琴课……

春天展开绿色的翅膀向着远方飞去。

夏天到了。

我盼望Y的归来。

可是Y却没有回来。

不久，我知道Y永远也不会回来了。Y在这个世界上永远地消失了。

他死于一次车祸。

泪如雨下。

我掀开琴盖。

《乡愁》的旋律重又响起，我仿佛觉得Y就坐在我身边。我想起那个春天绿色的下午，想起Y深情的目光，想起Y因激动而发颤的手……

Y，我爱你，我一遍遍地说。

简评：清丽忧伤的文字里，隐含着一位身有残疾的女孩压抑的情感，透露出一份颤栗惊悸的美。在精致细腻的描述中，我们很自然地感受到内心压抑、忧郁、苦痛的海迪对美丽的生活有一份执着的追求。这是一个凄美的故事。这是身残意坚的张海迪发自内心的生命的追问。

买一张火车票去看母亲

高建群

买一张火车票，我到小城去看母亲。我曾经在一篇文章中说，等我什么时间有了空闲了，我要做的第一件事情，就是去陪母亲住一段时间，吃她做的饭，跟她拉家常，捧起一本书读给她听。这文章写了几年了，可是我始终是一个忙人，无暇脱身。前几天，站在城市的阳台上，怅然地望着北方，我突然明白了，忙碌的人生是永远不会有空闲的。你要去看母亲，你就把手头的所有事撂下，硬着心肠走，你走的这一段时间就叫“空闲”。这样，我买了一张火车票，去小城。

卧铺票没有了，我于是买了张硬座票。我对自己说，等上了火车再补。可是等上了火车以后，我只是轻描淡写地问了列车员两句，并没有认真地去补。这时候我明白了，买票的时候，我是在欺骗自己，我是生怕自己突然改变主意，于是先把票买上，叫自己再不能回头，至于到时候补不补票，我并没有认真地去想。

火车轰隆轰隆地开着，开往山里。这条单行线的终点站就是小城。母亲就在小城居住。火车要运行一个夜晚，从晚上到早晨。火车要穿过108个山洞，这是这条支线当年修通时，我第一次经过时，一个个数的。我坐在火车上，毫无倦意，脸上挂着一种善良的微笑。因为这是看母亲，因为在铁路线的另一头，有一个我生命中最重要的人物之一在等着我。

陶渊明是在41岁头上，写出那篇著名的《桃花源记》的。神州大地，何处是这桃花源？历朝历代，都有人在做琐碎考证。然而，一个美国心理学家在将这篇奇文输入电脑程序，一番研究之后，却得出一个石破天惊的结论。这结论说，这桃花源说的是母体，这《桃花源记》表现了一种人类渴望回归母亲的愿望。当人类在这个为饥饿而忧，为寒冷而忧，为无尽的烦恼而忧的世界上进行着生存斗争，他有一天会问自己，在自己的一生中，曾经有过那无忧无虑阳光明媚的时光吗？后来他说，有的，那是在娘肚子里那十月怀胎的日子。

坐在火车上，在我的善良的微笑中，我突然想起陶渊明的《桃花源记》这些事。我的微笑很像母亲，记得有一年我陪着母亲在小城的街道行走时，一位同事立即认出我们是母子，“你们有一样的微笑”，他说。此刻我想，在母亲那十月怀胎的日子里，她的脸上也一定时时挂着我此刻的这种微笑。我曾经写过一篇文章，剖析过那雨中的洋芋花微笑的原因，按照老百姓的说法，这是一种母瘾行为。洋芋花在微笑的同时，它的根部开始坐下果实。

我今年46岁，比陶渊明写《桃花源记》时大5岁。我也是从40岁头上，突然开始恋家的。是不是人步入这个年龄段以后，都会突然产生这种想法，我不知道。我这里说的“这种想法”，直白一点说，就是渴望回归母体，渴望在那里获得片刻的安宁，渴望在那里歇一歇自己旅程疲惫的身子，是这样吗？我不知道！不光我不知道，我想当年陶渊明写他的《桃花源记》时，大约也不知道，自己的潜意识中，会有那么古怪的想法。

在经过10小时的乏味旅程，在穿过108个洞之后，火车终于一声长鸣，到达了小城。出站后，我来到家门口，白发苍苍的母亲，还有几位邻居的老太婆，站在家门口等我。邻居的老太婆对我说，母亲知道我要回来，天不明，她就在门口等我了。

母亲是河南扶沟人，黄河花园口决口的遭灾者。遭灾后，他们全家随难民逃到陕西的黄龙山。后来，他们全家死于克山病，只母亲一人侥幸逃脱。逃脱后，七岁的她给父亲做了童养媳。我母亲十四岁时完婚，十六岁时生下我的姐姐，十八岁时生下我，二十岁时生下我的弟弟。我的父亲于七年前去世，如今这家中，只母亲一个人居住。

我已经有一年多没见母亲了，在母亲的家中，我幸福地生活了一个礼拜。我说我有胆结石，一位江湖医生说，多吃猪蹄可以稀释胆汁，排泄积石，我这话是随意说的。谁知母亲听了，悄悄地跑到市场，买了五个猪蹄，每天早晨我还睡觉时，母亲就热好一个，我一睁开眼睛，她就将猪蹄端到我跟前。母亲养了许多的花。花盆摆了半个院子。这花盆里还长着些朝天椒。我说，这朝天椒如果和青红柿切在一起，又辣又酸肯定好吃。这句话刚一说完，母亲又不知从哪里弄来几个青西红柿，从此我每顿饭的桌上，都有这么一小碟生菜。

谁言寸草心，报得三春晖。在这一个礼拜中，我收敛自己的种种人生欲望，坐在家里陪着母亲。小城的朋友们听说我回来了，纷纷请我吃饭，我说饶了我吧，我这次回来只有一件事，就是陪母亲。

母亲不识字。记得我曾经在一篇文章中说，等有一天，我有了余暇，我要坐在母亲跟前，将那些世界上最好的书读给她听，我说，那时我读的第一篇小说，也许是普希金的《驿站长》，而此刻，我就这样做了。《驿站长》中那个200年前的俄国人物悲惨的命运，此刻成为这对小城母与子之间的话题。

一个礼拜到了，我得走，世界上还有那么多的人生俗务在等着我。听说我去买票，母亲的神色立即黯淡了下来。她下意识地拽住我的衣角。这一拽，令我想起《西游记》中白龙马眼里含着哀求，用嘴噙住猪八戒衣襟时的情景。我对母亲说，等我的大房子分下以后，她来我那里住。母亲含糊地应了一句。

我还说，父亲已经去世。脚下纵有千条路，但是没有一条能通向那里，因此我纵然有心，也是无法去探望的；不过母亲还健在，我是会时时记着她，时时探望的。

“热爱自己的母亲吧，朋友！这是一个失去母亲三十年的人在对你说话！”这段话，是一个叫卡里姆的前苏联作家在他的《漫长漫长的童年》中说过的话。此刻，在我就要结束这篇短文，在我就要离开小城的时候，这段话像风一样突然飘入我的记忆中。由这句话延伸开去，最后我想说的是，亲爱的读者，如果你也有母亲，那么你不妨抽暇去看一看，世界并不因你离开位置的这段日子而乱了秩序，而你会发现，这段日子你做了一件多么重要的事情。

简评：理想的父母与子女的关系应是父慈子孝、平等互爱，但我们有理由使义务的天平稍微偏向儿女一方，更强调他们对父母的义务，因为它是对双方之间感情天生不平衡的一种调节，从而显示出文明和道德的力量。一个尊老爱幼的社会和一个“老年人的地狱的社会”，我们价值取向是不言而喻的。淳朴的天伦之乐是很诱人的，但是，“树欲静而风不止，子欲养而亲不待”，字里行间警示我们的是，不要等到“风树之悲”降临的时候才去咀嚼“伤亲之痛”。

苍天不语

王　湘

1

“地上的人活着，天上的星就亮着。”

童年妈妈所教的儿歌总是让我回味无穷。月明星稀的夏夜，我和妈妈在老家院子里乘凉，我躺在用两条木凳架起的门板上，妈妈坐在一旁摇麦秆扇给我驱赶蚊子，教我望月亮数星星，给我天人之间息息相关须臾难分的启蒙，让我萌生对苍穹的好奇和思索。

上学读了些书，便惊异于和天有关的词语竟是那么丰富：天高地远、天长地久、天经地义、天公地道、天伦之乐、天人合一、天有不测风云……

于是，一个个问号便时刻悬挂我的心中。语言是人类思想的外壳。这么丰富的“天”字号词语，数千年来何以能够犹如星辰一般熠熠生辉，光耀人间？究竟是先哲认知的真理毋庸置疑颠扑不破，还是苍天有意让其昭示芸芸众生不忘经典？

只是苍天不语。

2

我便常常仰望天空。

我揣想，人类所以要昂扬头颅，就是为了仰望天空的吧。动物多只能俯视大地，动物便没有哲学家。

仰望天空，我国古代的先民看见的是个圆形的穹隆，是个盖子，俯视大地却是个方盘，所谓“天圆地方”。天有九根柱子支撑着，不会塌下，地有八根柱子、三千六百根轴杆相互牵制不会崩散。

仰望天空，今天的人类看见的是个广袤的空间，无际无涯的空间。其实，确切地说，天空只是无际无涯……

我喜欢凝视太阳、月亮、星辰……

星辰，谁知道宇宙究竟有多少星辰？

星星在不断爆炸，不断毁灭。

星星又在不断凝聚，不断新生。

苍天在看不见处，看不见处皆是苍天。

我理解，苍天为何不语。

3

苍天无形，大象无形。

回想小学老师对我们讲解汉字“天”的构造，实在意味深长：“大”上加“一”，比“大”还大，第一等大。世上的一切没有比天更雄浑更久远的了。人实在渺小无奈。人跑得再远也只是“天各一方”，即使到了“天涯海角”也跑不出老天爷的掌心。

苍天可真包容一切。

苍天又可以遥控一切。大地上的季节更迭，气候变化，让我感知万事万物都被一双无形的巨掌所把握和调节，而且我们对于苍天的“风云”有多“不测”。

白昼的无限光明，夜晚的无限星空，让我感知极致的博大和无限的深邃。

狂风，暴雨，巨雷，闪电，横扫天地，震撼人心，让我感知大震动，大恐怖。

苍天让我感知最伟大的力量，让我感知地球仅仅是沧海中的一粟。人类呢？至多是一层尘埃。个体生命呢？

“吾生也有涯”。天道难明，实在难明。生年不满百，谁不是带着对于苍天的疑问结束自己的生命呢？

我将不再浮躁。

我将学会冷静……

4

日光无私，月光无私，星光无私，一切天光都是大慈大悲的恩赐。

于是人们在悲极号哭或走投无路之时，总是求助在上苍天，凄凄然一声声："天哪!"……

所有宗教都把自己尊奉的神明安置在天上。

各种神明以其最高统治者的身份在天上统治着芸芸众生。

苍天使人产生了最初的信仰，使人间出现了虔诚和崇高，敬畏和信赖。

"天上有神，有仙，有国。天堂是极乐世界，是人类希望到达的归宿。"人间便有了世代流传不灭的神话。人们便信奉，生命自天而降，死后灵魂要升天堂。

苍天引发了人们对美和善的最初希望和遐想。于是苍天滋育这希望和遐想不断长大……

于是，一个圆形的高大建筑物，一座逐层向上收缩的天坛庄严大方而又富丽典雅地崛立起来了。那祭天场——全用汉白玉整齐紧密砌成，象征着天寰的露天圆形大平台——构筑而成了。

历代皇帝们便在这里祭天，便在这北京南郊的天坛祭天。

这样的祭天场所。出现在远古时代的中国，也出现在埃及、巴比伦、希腊、罗马……

只是苍天总是不语，让人类去崇拜，让人类去审思。

5

仰望苍天，人类悟到了天有一种规律——天道——天道忌盈。

浩渺宇宙，从未有始，从未有终，从未有际，从未有涯。无所谓时间，也无所谓空间。

仰望天空开拓了人的心灵，让人的心灵有足够的驰骋空间。

"宇宙藏我心中，我心如宇宙。"

宇宙在我心中醒来，我心便成为自觉的宇宙，有意识的宇宙，广袤无垠的宇宙。

有活力的灵魂便成了人世间唯一有价值的东西。

一只成熟的果实离开了树枝，便腐朽了。一个思想在心灵中成熟，就立刻壮大，变成不朽。

人类的衣食住行，无法摆脱形而下的物质；人类的心灵开始超然于物质之上，人类便成了万物之灵长。

人类鸿蒙的心之官从仰望苍天、审思天意中启开了心智——

柏拉图，创建了欧洲第一个庞大的哲学体系。

亚里士多德，发展了柏拉图哲学，奠定了欧洲式的逻辑学。

印度人悉达多头顶苍天，枯坐菩提树下，苦苦修行终于悟道，后被世人尊为佛陀、如来、法王、世尊、大雄……

上帝的独生子耶稣，为救赎人类自天而降，被钉死在十字架上，复活后又升上天去，成为基督教救世主。

老子悟天地本原为道，万物毕由道生；孔子"尊天命"而行；庄子以为"天地与我并在，万物与我为一"。人与天地万物，都不是为了主宰或征服谁而存在；人与自然永远相互依存。人类生存要遵循"天经地义"。"天理"总是那么"昭彰"。凡事要做得"天公地道"，否则，"天理难容"。为人应具有"天理良心"，应懂得"天理人情"，珍惜"天伦之乐"。人的生存法则"天命"是谁也难违的……

人类至今依然生活在先哲们所开辟和规范的精神空间中，而先哲们的精神无不发轫于思想茫茫苍天……

仰望苍天，审思人类，杰出的智星成了人类的精神始祖。

人类探求宇宙中一切有机有序的规律——人间于是有了科学。

人类探求宇宙中一切有机和谐的美——人间于是有了艺术。

哲学家懂得不去追求圆满，不求登峰造极。

文艺家懂得残缺之美，有时是用悲剧去震撼人心，维纳斯便成了永恒……

然而苍天总是不语。

6

苍天不语。天道、天理远远高于人间的一切。

苍天向大地抛扔陨石。19至20亿年前就有陨石陨落于我国滑石山。古陨坑的原始深度超过400米！

"天狗食日（日蚀）"了，扫帚星（慧星）掠空了——人们忧心忡忡。

人们的代表就是杞人。然而历来的世人却嘲笑杞人："杞人忧天"成了贬义词,成了一种揶揄。

然而,谁能担保不会“天翻地覆”“天崩地裂”呢?

月亮正离我们远去。小行星不断掠过我地球的身边。

臭氧层被挖破了,以致紫外线直射,地球上每年死于皮肤癌者数以万计,而挖破臭氧层使生命受害的正是我们人类自己!

别再幻想女娲为我们补天了,到时候,整个地球只能暴裸于太阳的毒焰之下!

不可思议的是,今天的人类似乎只是埋头,不再仰望天空,不再顾及天道天意,人们由对天的敬畏审思转向干些违背天道的愚蠢之事。人们忘了人类文明的真正源头,人们忘了生命的保护神。甚至尚未发现苍天在惩罚人类!人类要想免于毁灭,必须放弃任何“只顾今天”的哲学!

依然有那么多的人无视苍天的昭示,以致上帝只得对人摇头发笑:无奈之笑,苦涩之笑……

苍天不语,并非无话可说,是不需多说。苍天拥有永恒的哲学,用其天象给人类昭示也就足够了。只是我们又明白了多少?又有多少人明白自己该怎么活着。

苍天不语,我们更应对自身多一点忧患。

简评:有时候,我们真为人类感到骄傲,火箭升空,直指苍穹,卫星遨游,巡天遥看,这是何等高超的智慧!有时候,我们人类也感到羞愧,生态破坏,污染遍地,疮痍满目,生灵涂炭,这又是何等的愚蠢!成也人类,败也人类,苍天是个仁慈的长者,被伤害时,总是沉默不语,宽宏大度,苍天在上,苍生如海,人类啊,请珍重我们脚下的土地,让地球花团锦簇,苍天才感到宽慰。苍天无语!

“走出房门”

卞毓方

这是1949年的秋季，这是美国普林斯顿高等研究所。那位银发灿亮的老人——20世纪最伟大的科学巨匠爱因斯坦，每天，迈着从容而坚定的脚步，从杨振宁的视野里走过。此情此景，令人想起杨博士获得诺贝尔奖后的另一个主攻方向：规范场。在这里，规范场不仅是一个物理学的概念，更是一种喷薄跃动着创造激情的大境界。

普林斯顿高等研究所的所长是奥本海默，因领导研制第一颗原子弹而遐迩闻名。就在这年春天，杨振宁在他执教的芝加哥大学听了奥本海默的一次演讲，从而萌发了到该所做研究的热望。杨振宁请他的导师泰勒和费米联手推荐，结果如愿以偿。临行前，费米特意嘱咐：高等研究所是一个很好的地方，不过不宜久呆，有一年就够了。你知道，主要是研究的方向太理论化，容易变成形式主义，脱离日新月异的实际。

杨振宁打心眼儿里尊重费米，想当年，还在国内西南联大求学的时候，费米就是他崇拜的物理学大师之一；杨振宁在23岁，也就是1945年底到了美国，他选择芝大完成博士学业，就是因为费米在那儿任教，费米的临别告诫，自是牢记在心。

但是呢——牢记归牢记，杨振宁并没有死守，一年后，他还是留在了研究所；而且，一留就是17年。细考起来，固然和奥本海默的挽留有关，也和他热恋中的一个女子（按：即日后的杨振宁夫人）有关，更为重要的，我想，恐怕还是出于创造的直觉，抑或是参得天机。是的，这是一座象牙之塔，但绝不是一般意义上的象牙之塔。它远离尘嚣，却紧贴着科学发展的前沿；它轻松活泼，却磅礴呼啸着纵横捭阖的生命意志；它荟萃了名流耆宿，初出茅庐的年轻人在这里非但不感到压抑，反而觉得大有用武之地；向科学的进军无时无刻不体现为青锋出鞘，寒光闪闪，为了同一课题，彼此间不乏真诚无私的合作。“千山不隐响，一叶动亦闻。”“莫道穹天无路到，此山便是碧云天。”杨振宁执意留在普林斯顿，分明是听到了来自渺渺云天的召唤。

杨振宁的幸运，还在于跟物理学的一个新领域同步成长。为了说明这个问题，不妨上溯到西南联大，那时，他的两位恩师，后来都成了物理学大家的吴大猷和王竹溪，分别把他引上了对称原理和统计力学的研究轨道；还可以再向前溯，在他很小的时候，他的父亲，著名的数学教授杨武之先生，就为他打下了扎实的数学基础。所以，经过在芝大的两年深造，又留校任教一年，如本文前面叙述，1949年的秋季，杨振宁来到奥本海默的麾下，走进爱因斯坦的光圈。这时，恰恰在这时，物理学的海平面上隐现出一片“新大陆”：粒子物理学。在高等研究所，更是活跃着一大批勇敢的“哥伦布”。因为大家都是从同一港口扬帆，所以任何人只要把握好航向，就有可能捷足先登。杨振宁不失时机地抓住了这一机遇——到这时候，人们有理由相信，以杨振宁的天赋，他的胜利已经是遥遥在望。

说到杨振宁的天赋，就不能不谈到他独特的眼光。任何巨大能量的爆发，都要以当事者的眼光为先导，眼光是一种胸襟，是一种顿悟，是人格精神和知识底蕴的升华，是勃郁才情和创造实力的凝注。杨振宁生于安徽合肥，长于厦门、北平、昆明，在战火纷飞、灾难深重的故国完成了从小学到硕士生的学业，然后负笈于大洋彼岸。春蚕未老，蜡炬犹红；他乡满眼黄发，回首不见青山；强烈的生命冲撞，复杂的生存感受，飞扬的竞争意识，神秘的创造灵感，融汇在一起，渗透在一起——这就导致了他把目光投向平衡世界的经典理论：宇称守衡。

关于宇称守衡，几乎已经是一个不需要讨论的问题。众所周知，自然界有四种基本力量：强力量、电磁力量、弱力量以及万有引力。1956年以前，所有的实验表明，这种力量的每一种都左右对称，术语就称之为宇称守衡。可是，1956年前后，却发现了一些新粒子，它们不按照已有的规则游戏，这自然成了物理学家们关注的焦点。那年夏天，杨振宁和与他有着相同文化背景、相同人生际遇的李政道联袂登场——这就如一座水库，沟通了另一座水库，长期的积蓄，浩瀚的期待，在一阵思想强风的激荡下，忽然间雷奔海立，白浪如山——两位年轻人一反传统，大胆提出：宇称守衡也有误区，在弱力量里宇称不守衡。

杨振宁和李政道的理论，完全是石破天惊，在国际物理学界引发起山呼海啸。很多人都认为是无稽之谈，著名物理学家鲍利便是之一，他听说吴健雄等已按照杨、李二位提出的方案着手实验，曾在给朋友的信中断言，这是不可能的,“我可以跟任何人打赌,做出来的结果一定是左右对称。”然而,真理常常是在不为人承认处破空而出。半年后,也就是1957年1月,吴健雄等的实验做出来了,证实杨、李二位描述的绝对正确。

鲍利惶惑了,实在难以置信,但又不能不信,——这就是科学家的风格。“幸亏没有人跟我打赌,否则,我就要破产了。”鲍利在致朋友的另一封信中,不无幽默地解剖自己:“现在还好,我只是损失了一点名誉……”

与此同时,激动万分的杨振宁把喜讯报告给正在处女岛休息的奥本海默。人们记得,15年前,当来自罗马的费米首次指导核反应截运转成功,消息是以意味深长的预言形式传出的:“意大利航海家进入了新世界。”这一次,在接到杨振宁的电报后,奥本海默也以预言的形式回了短短的一句,但这一句却值得当代及后世的物理学家们永远奉为圭臬,那就是:“走出房门!”

简评:科学家所以能够做出不平凡的成绩,重要的一条是靠自己锲而不舍的钻研努力,敢于打破旧框框的束缚,“走出房门”(房门,就是旧框框),去迎接新领域的挑战,去开辟一个新天地。杨振宁对传统的宇称守衡定理挑战,并获得成功的例子,很好地证实了这一点,我们赞赏杨振宁这种敢于“走出房门”的勇气和毅力。

作家谈读书

阅读的对象是书籍,写成的作品是文章。这两头都离不开人类的生活,供人阅读的书籍从生活中来,写成的文章投向生活中去。阅读使我们理解生活的现实及变化的规律,写作则使我们把握生活的将来,冀求可能化为现实,理想见诸行动。

——孙起孟、庞翔勋:《在全面生活中学习》,《中学生》1947.

静夜功能

张承志

子夜清时，匀如池水的夜静谧地等待着，悄悄拍了拍，知道小女儿这回真的睡熟了。

蹑脚摸，漆黑不见门壁。摸索着突然踢了椅子一下，轰隆砰然的炸响惊得自己晕眩了刹那。屏息听听，暗幕中流淌着母亲女儿的细微鼾息——心中松了一下。

摸至椅子坐下，先静静停了一停。

读书么？没有一个读的方向。

写么？不。

清冷四合。肌肤上滑着一丝触觉，清晰而神秘。我突然觉察到今夜的心境，浮凸微明的窗棂上星光如霜粉。

我悄悄坐下了，点燃一支莫合烟。

黑暗中晃闪着一星红点，仿佛是一个异外的谁。或者那才是我。窗外阴云，室内沉夜；黑暗充斥般流溢着，不知是乌云正在浸入，还是浓夜正在漾出。其中那一点红灼是我的魂么，我觉得双目之下的自己的肉躯，已经半溶在这暗寂中了。

我觉得那红亮静止了，仿佛不愿扰乱此界的消溶。于是我坐得牢些，不再去想书籍或纸笔。

这样，有生以来第一次看见了真正的夜。我惊奇一半感叹一半地看着，黑色在不透明的视野中撕絮般无声裂开，浪头泛潮般淹没。黑的粒子像溶了但未溶匀的染料，趁夜深下着暗力染晕着。溶散有致，潮伏规矩，我看见这死寂中的一种沉默的躁力，如一场无声无影的角斗。

手痉挛了一下，触着的硬硬边缘是昨夜读着的书，高渐离的故事。

远处窗外，遥遥有汽笛凄厉地撕裂黑布般的夜，绝叫着又隐入窗外沉夜。高渐离的盲眼里，不知那永恒黑暗比这一个怎样；而那杀人呼救似的汽笛嘶叫，为什么竟像是高渐离的筑声呢。

我视界中的黑暗慢慢涌来，在我注视中闭合着这一抹余空——若是王侯根本不懂音乐呢——黑潮涨满了，思路断了。

我在暗影里再辨不出来，满眼丰富变幻的黑色里，没有一支古雅的筑。

那筑是凶器……

我决心这样任意遐想一回。应该有这样的夜：独自一人闭锁黑暗中思索的夜。如墨终于染透了、晕匀了六合的纸，我觉得神清目明，四体休憩了。我静静地顺从地等着，任墨般的黑夜一寸寸浸透我这一具肉躯。

墨书者，我冥冥中信任的只有鲁迅。

但这夜阵中不见他，不见他的笔。渐离毁筑，先生失笔，黑夜把一切利器都吞掉了。是的，我睁大双眼辨了许久，黑色的形形色色中并不见那支笔。只有墨，读不破的混沌溶墨。春秋王公显然是会欣赏音乐的，而到了民国官僚们便读不懂鲁迅的墨书。古之士子奏雅乐而行刺，选的是一种美丽的武道；近之士子咯热血而著书，上的是一种壮烈的文途——但毕竟是丈夫气弱了。

因为乌云般的黑暗在浸漫淹没，路被黑夜掩蔽得毕竟窄了。

我心中残存着一丝惊异，仍然默默坐在黑暗的闭室之中。黑暗温暖，柔曼轻抚，如墨的清黑涤过心肺，渐渐淹上来，悄然地没了我的顶。

近日爱读两部书，一是《史记·刺客列传》，一是《野草》。可能是因为已经轻薄为文，又盼添一分正气弥补吧，读得很细。今夜暗里冥坐，好像在复习功课。黑暗正中，只感到黑分十色，暗有三重，心中十分丰富。秦王毁人眼目，尚要夺人音乐，这不知怎么使我想着觉得战栗。高渐离举起灌铅的筑扑向秦王时，他两眼中的黑暗是怎样的呢？鲁迅一部《野草》，仿佛全是在黑影下写成，他沉吟抒发时直面的黑暗，又是怎样的呢？

这静夜中的功课，总是有始无终。

慢慢地我习惯了这样黑夜悄坐。

我觉得，我深深地喜爱这样。

我爱这启示的黑暗。

我宁静地坐着不动，心里不知为什么在久久地感动。

黑暗依然温柔，涨满后的深夜里再也没有远处闯来的汽笛声。我身心溶尽，神随浪摇，这黑暗和我已经出现了一种深深的默许和友谊。

它不再是以前那种封闭道路的围困了。此刻，这凌晨的黑暗正像一个忠实的朋友，把我和我的明日默默地联系在一起。

简评：黑夜，思想者看见死寂中沉默的躁力，如一场无声无影的角斗。撕裂黑夜的厚布，作者冥冥中所见的是毁筑的渐离和失笔的鲁迅，并且强调渐离两眼中的黑暗，鲁迅仿佛在黑影下写成《野草》。从隐姓埋名最终被秦始皇薰瞎了双眼黑暗中仍不忘“击筑”的高渐离，到呐喊“地火在地下运行，奔突；熔岩一旦喷出，将烧尽一切野草，以及乔木，于是并且无可朽”的鲁迅，悠悠千年，精神永驻；行文中思绪跳动极大，联想与现实相互交错。

作家谈读书

鲁迅思想形成的历史背景是：英国反人道地输入鸦片，引起两次“鸦片战争”之后，列强恃强凌弱，步步侵略，企图瓜分中国；而国内“戊戌变法”遭到镇压，丧失了和平改革的机遇，激起汉族推翻清帝国的革命。在这一历史背景下，鲁迅的知识结构、价值取向和思想性质、对革命根本问题思考，全面初步展示了他1907~1908年发表的五篇文言文论文中：《人之历史》《科学史教篇》《文化偏至论》《摩罗诗力说》《破恶声论》。这五篇论文奠定了鲁迅思想的基石。鲁迅立足文艺，在中国革命艰困、复杂、曲折的过程中，不断进行文明批评和社会批评，自我剖析，坚守、放弃、补充和完善自己的思想。以下三题构成了鲁迅思想的要义与根本特质：“根柢在人”是鲁迅思想的元点；“立人”是鲁迅思想的核心；“一要生存”（“不是苟活”），“二要温饱”（“不是奢侈”），“三要发展”（“不是放纵”）及“自他两利”是鲁迅思想的纲要。

——王得后：《鲁迅思想三题》，《天津师范大学学报》（社会科学版），2011.4.

关于精神

李书磊

初夏季节，日里夜里总传来孤单而嘹亮的鹧鸪声。在这热风冷雨的无赖光阴中乱人心肠。“惟有鹧鸪啼，独伤行客心。”鹧鸪在中国古诗中是感伤的象征，声声鹧鸪曾唤起一代代文人的多少愁怨。认真追究起来，中国古典文学对我产生过最深刻影响的精神不是别的，而是感伤。喜或者怒最多只及人心而已，感伤却能彻骨。从杨柳依依、雨雪霏霏的《诗经》到厚地高天、痴男怨女的《红楼梦》，至少在初涉人生的少年时代，是这一以贯之的感伤传统以它有毒的甜蜜滋养了我的情感。

当然，最使我倾心的还是那不知出处的《古诗十九首》。惟其不知出处，那些文字才更显得神秘，有一种天启般的意味。“思君令人老，岁月忽已晚”，“人生天地间，忽如远行客”，这人生苦短、天地苍茫的痛楚不断地袭上心头，使那无所依凭的凄凉与空虚挥之不去。教科书里说《古诗十九首》代表了“人生的自觉”，我觉得这断语下得贴切。好像是过去的人们一直都没心没肺却也兴致勃勃地存在着，去打仗，去婚嫁，去种去收，去生去死，至此才猛地恍然大悟，发现了人的真实处境，不禁悲从中来。从此这感伤情绪就一发而不可收。后世的感伤文人我最喜欢的有两位，一是李后主，一是秦少游。他们把《古诗十九首》那种无缘无由、无端无绪的感伤具体化也情景化了。李后主丢失了江山，秦少游丢失了爱人，这种人间最根本的丢失使今生今世变成了他们的伤心之地。李词“雕栏玉砌应犹在，只是朱颜改”与秦词“伤情处，高城望断，灯火已黄昏”，这同样美丽的句子正可以互相印证。我们看出这种感伤既是他们对人世的控诉又是他们在人世的寄托，他们经由这种感伤与人生生出了斩不断的纠缠，他们玩味甚至珍惜这种感伤就像珍惜与生俱来的病痛。这是怎样的孽缘啊。感伤的文人对人世必有的丢失总是耿耿于怀，对人生必有的缺憾不能报之以坦然；然而他们不安于生命的定数又无可奈何，他们对世界有太强的欲望却只有太弱的力量，他们既不能战胜世界也不能战胜自己。这正可以说是一种孱弱和病态，这种病态对于少年人却有无法抵抗的传染性。我那时候对感伤一派真是入迷得很。

后来，随着年龄的增长，或许是因为生命个体所秉承的趋向健康的自然机缘，我的这种感伤病在某一天霍然而愈。我对李后主和秦少游再也没有那样强烈的共鸣了。我转换了兴趣。竟喜爱起了苏东坡的达观。苏东坡无论在怎样失意的情况下都能保持心情的平和，都能欣赏身边的风景。他在赤壁赏月，在西湖种柳，一派诗心；贬谪黄州也能“长江绕郭知鱼美”、贬谪惠州也能“日啖荔枝三百颗”，对生命的喜悦甚至表露出这样直接的口腹之快。他放弃了对生命的无限欲望，放弃了那种“非如何不可”的悲剧感，随遇而安；没有什么事情能真正伤害他。他总能在既有的境况中获得满足，总能保持生机的充盈。他知道怎样在这大不如意的人世间保护自己。这种自我保护的心态被后人誉为“生活的艺术”。这种“艺术”同样在诸种坎坷中保护了我，使我平安度过了生于人世难免的一次次危机。

然而，到了今天。在我青春将逝的而立之年，夜半醒来我突然感到一种大惶恐。我要一直这样平庸而快乐地活下去吗？直到暮年？在这青春将逝的时候我突然对青春有了一种强烈的留恋，突然生出一种要抓住青春、抓住生活的强烈冲动。我不要感伤但我要唤醒占有的欲望，不要达观但要保持那种顽强的力量。我发现我内心真正向往的乃是那种反抗人生缺憾的英雄情怀，那种对人类悲剧命运了悟之后的承担。我想起了曹操的《短歌行》：“对酒当歌，人生几何！譬如朝露，去日苦多。慨当以慷，忧思难忘。何以解忧？惟有杜康。”这也是一种感伤吗？这是英雄的感伤，这是苍凉，这也是对人类命运的屈服，但这是克尽人力之后的屈服，这种屈服中包含着人类不可折辱的尊严。我从中受到了莫大的感动，我想我要记下并且记住这壮年的感动。

简评：生命的过程即是一种感悟的过程。人是极易于产生感伤情怀的，同样，人也可以显现达观；不安于生命的定数却又无可奈何，只得感伤，无论在怎样失意的情况下都能保持心境的平和，这比感伤聪明。作者的睿智启示我们：“不要感伤但要唤醒那占有的欲望，不要达观但要保持那种顽强的力量。”

理性的精神

科学是人们丈量这个神秘世界的标尺。尽管和浩瀚宇宙相比，这把标尺显得渺小，但终究是让人们有了度量，有了坐标，开始解释宇宙，理解自然。浑浑噩噩的日子曾经绵亘数百万年；自从第一只类人猿抬头望向天空，与今天的距离却是快若一瞬。理性的眼睛一旦睁开，与这大千世界的对视便能迸出灿烂火花。理性的思考如同坚实的支架，支起了巍峨的大厦。孜孜不倦的探求，深入理性的思考，知晓越来越多秘密的人们正是藉此为自己负责，也担负起崇高的自然使命。“多么高贵的理性！”秉着理性的精神，便如同拥有宽大结实的翅膀，在认识世界的广袤天空，平稳地飞翔。

足不出户知天下

比尔·盖茨

对信息高速公路的种种担心之一，是它将会减少人们用于社交的时间。有人担心“家”会变成舒适的娱乐场所，使人再也离不开它，并担心安稳地呆在我们的私人圣殿中，我们会被孤立起来。我认为这种事不会发生。关于这一点，我正在兴建的房子作了解释。

似乎在我一生的大部分时间我都在构建这所房子(并且我们好像用了更长的时间去读关于如何构建它的书)。房子里面配置了大量先进的娱乐设备，像个小电影院和点播室录像系统。它应当是个有趣的居所，但我当然不打算一直呆在家里。当娱乐进家庭时，其他人也仍会继续去剧院，就像去公园、博物馆和商店一样。正像行为主义者不断提醒我们的那样，我们是社会性动物。我们有权花更多时间呆在家里，因为信息高速公路会创造许多新选择供家庭娱乐、个人和职业性的通信，也供就业所用。尽管种种活动的组合方式有所改变，我认为人们花在家庭以外和家庭以内的时间是差不多的。

新型通信设施将使得与地理上相距遥远的亲友保持联系，比现今状况下容易做到。我们很多人都和远方的人费劲地保持一份友谊。我以前常和住在另一座城市的一个女士约会。我们都在电子邮件上花了许多时间。我们找到了一种方式使得我们在某种程度上说来也算是一起看电影。我们找一部在两座城市大约在同一时间放映的电影。我们开车在各自的影院，通过我们的移动电话聊天。我们看完电影在回来的路上再用移动电话讨论电影。将来这种“仿真约会”会好些，因为看电影的过程能与电视会议连接。

我已在一个联网系统中搭桥，允许游戏者因为游戏缺一个人而查看是否有别的人对加入这一游戏有兴趣。游戏者可以选择他们想要的另一位游戏者出现的形象；他们的性别、发型、体格等。我第一次与这个系统有联系是我急于赴桥牌约会，我没有花任何时间树立我的机上形象。在我和朋友们开始游戏后，他们都给我发来信息，说我秃顶，说我没穿衣服(腰部以上，是屏幕上显示的唯一部分)。即使这个系统还不允许有将来系统会有的那种影像和声音交流，但它所具有的允许我们在玩游戏同时把文本信息传给对方的能力，也使玩游戏变成了一场真正的热闹聚会。

信息高速公路不仅使与远方朋友联系简单多了，还能让我们找到新伙伴。通过网络形成的友谊自然会引导见面聚谈。现在我们与我们可能会喜欢的人联系的方法是很有限的，但网络会改变这种情况。我们将用不同于我们今天用的方式，来见到我们的新朋友。仅这一点就会让生活更有趣。假如你想找到一个人打桥牌，信息高速公路会帮你找到一个水平相当、住在你附近或其他城市及国家的牌友。这种让相隔甚远的参与者玩交互式游式的方式并无什么新奇之处。多少代的棋手一直在用邮件来持续这种游戏。不同之处在于运行在网络上的应用程序使棋手们容易找到情趣相投者，还能够使棋手们像面对面下棋那样以同样的速度一起下棋。

我认为计算机联网游戏会很大程度地风行起来。我们能从丰富多彩的游戏中选择，其中包括古典棋类、牌类以及冒险行动和扮演角色的游戏。将有人专为这一媒介发明新型游戏，会有有奖竞赛，时不时还会有名人和专家进入这个系统，其他人能够观看他们玩游戏，或报名要求与他们比赛。

赌博将是信息高速公路上的另一种游戏，它在拉斯维加斯、里诺和大西洋城是巨头生意，甚至几乎维持了摩纳哥这个国家。赌场获取的利润非同小可。赌博者相信尽管赌注下得于己不利，他们还是会赢的。我上大学时喜欢打扑克，我认为扑克是一种技巧性游戏。尽管我在拉斯维加斯时，有时也玩21点，但极幸运的是赌博游戏并不让我很上瘾。由于赌博是高度受限制的行业，很难预言信息高速公路上允许什么形式的赌博。

我们确信我们会利用信息高速公路独一无二的能力帮我们找到共同兴趣者的社团。现在你可能是当地滑雪俱乐部一员，你可以与其他爱滑雪的人见面，你也可以订《娱乐滑雪者》杂志，那样就可以得到最新滑雪产品的信息。它不仅能立即给你提供最及时的天气情况的信息，还会成为让你与其他爱好者保持联系的一种方式。

技术的变化将开始影响建筑。正如家庭已经变化的方式那样，建筑也会进化的。用计算机控制的不同尺寸的展览图将用于房屋设计中。在建造过程中，要安装联接各种构件的线路，要考虑到屏幕与窗子的设置关系，以便使反光和刺目感会降至最低限度。当信息装置与信息高速公路相联时，实物性东西的需要将会减少，像参考书、立体声收音机、CD盘、传真机、文件抽屉和储存记录和收据盒子。许多占据空间的小东西将转变成随时可调用的数据信息，甚至连旧照片也能够用数据储存并调到屏幕上，而不必呆在相架里。

我已对这些细节考虑了许多，因为我现在正在构建一所房子，我想尽量在这房子里面预见近期的未来。我房子的设计和建筑都有点领先于时代，但也许它预示着家庭未来的情况。

与任何盘算建房的人一样，我希望我的房子与周围环境和将要住进去的人的需要相和谐。尽管我想让它从建筑角度上吸引人，但我更希望它舒适。它将是我和家人的住所。房子是一个亲密伴侣，或用20世纪伟大的建筑家勒·考布什尔的话来说，是“为了居住的机器”。

我的房子用木材、玻璃、水泥、石头建成。它建在山坡上，大多数玻璃窗朝西、俯临通向西雅图的华盛顿湖。从那里可尽览日落和奥林匹克山的景致。

我的房子也是由硅片和软件建成的。硅片处理器和内存条的安装以及使它们起作用的软件，使这房子接近于信息高速公路在几年内将带入数百万家庭的那些特征。我要用的技术在现在是试验性的，但过一段时间我正在干的部分事情会被广为接受，并且价格也会降低。娱乐系统将是关于媒介如何起作用的十分接近的模拟，以至于我从中能对与多种技术生活在一起是什么滋味有所感知。

在1925年，报纸业巨头威廉·兰通夫·赫斯特搬进他的加州城堡桑西梅瓮时，他想拥有现代技术中最好的一切。那时调收音机定台是让人尴尬又浪费时间的，所以他在桑西梅瓮地下室里安了好几个收音机，每个收音机调到一个不同的台，喇叭线接到赫斯特三楼的个人套间里，被排在一个15世纪橡木壁橱里，一按电钮，赫斯特就能听到他选的台。在他那个时代这是个奇迹，而如今这已是每辆汽车收音机的标准特征。

我当然绝不是把自己的房子和桑西梅瓮相比，那是西海岸一个极其奢侈的纪念碑。我认为唯一的联系，即我脑里为我房子所想到的那些技术革新从本质上讲与赫斯特想要他房子具有的东西并没有真正的不同。我的确是这样做的。

我在80年代后期开始考虑建一幢新房子，我想要手工艺术品但不要任何浮华的饰物。我想要一所能采纳不断变化的尖端技术的房子，但其风格应是平易近人的，应当毫不含糊地显示出技术只是仆从而非主人。

如果你来参观，你沿着曲曲弯弯的车道前行，穿过一大片布满枫树和赤杨的时隐时现的树林，林间还点缀着些零星的杉树，你就开到了房前。几年前，伐木区森林地面上的腐化的木屑曾被收集起来撒在这块田产后面。现在这里长着各种有趣的植物。几十年后，当树林长成了，杉树将成为这个场地上主要的树木，就像本世纪初这个区域首次被砍伐之前，大树是主要的树木一样。

当你把车停在半圆形转车道上，即使你在门口，你也不会看到房子的大部分。那是因为你将进到屋的顶层。当你走进去时，所遇到的第一件事是有一根电子别针夹住你的衣服，这根别针把你和房子里的各种电子服务接通了。

凭你戴的电子别针房子会知道你是谁，你在哪儿，房子将用这一信息尽量满足甚至预见你的需求——一切都尽可能以不强加的方式。有一天，取代电子别针用带视觉认知能力的照相机系统将是可能的，但那超出了现今的技术。当外面变暗时，电子别针会发出一个移动光带陪你走完这幢房子。空房子不用照明。当你沿大厅的路走时，你可能不会注意到你前面的光渐渐变得很强，你身后的光正在消失。音乐也会和你一起移动。尽管看上去，音乐无所不在，但事实上，房子里的其他人会听见完全不同的音乐，或者什么也听不到。电影或新闻将也能跟着你在房子里移动。如果你接到一个电话，只有离你最近的话机才会响。

如果你计划很快访问香港，你可以让你房间里的屏幕显示这个城市的图片。在你看来好像这些相片到处被展览，事实上仅在你走进来之前图像才会在室内墙上形成，并在你离开之后就消失。

一些幻想家正在预言在下一个十年里，将用许多机器人到处来回走动，帮我们处理各种家务事。我当然没有准备接受那种观点，因为我认为在机器人实用之前会要过许多个十年。我唯一期望能看到的，是不久将广泛应用的智力玩具。孩子们能对它们编程来对不同场景作答复，并且甚至用喜欢的角色的声音来答复。这些玩具机器人将被用有限的方式编成程序。他们会具有有限的视力，知道在每个方向上离墙有多远，以及时间和照明情况，并接受有限的演讲输入。我认为有一辆玩具大小的、我可以跟它讲话并为它设计程序让它按我的指令作答复的车将实在是太棒了。

如果你有规律地要光总是强或暗，房子就认为那是你多数时间需要的亮度。事实上,房子会记住它所了解的关于你嗜好的任何事。要是以前你要求过看亨利·马蒂塞的画或克利斯·约翰在《国家地理》杂志上的照片,你会发现他们的其他作品也展示在你走进的房间的墙上。如果你上次访问时听过莫扎特的小号协奏曲,当你再来的时候,你会发现这曲子又在播放了。如果你在正餐时不接电话,那么要是有找你的电话,话机也不会响。我们也能告诉房子客人喜欢什么。保罗·艾伦是吉米·亨得利克斯星迷,不管他参观哪里,都会有让人摇头晃脑的快速吉他曲跟着他。

当我们都在信息高速公路上时,同种设施会被用来对各种事情做记录并跟踪。凡玩忽职守者,记录都会给他以惩罚。现在我们可见到这种制表程序的先驱。Internet已传递关于当地交通模式的信息,这对决定更改交通路线极有利。电视新闻节目常用直升飞机上的照相机所拍到的情况来显示交通,并同样用直升飞机估计交通高峰期高速公路上的车速。

多亏几所高校学生的程序设计,出现了一件挺小但有趣的例子。他们把硬件与软件自动售货机的空箱指示灯相连,售货机不断地在Internet上提供信息。这是一种不重要的工序,但每周全世界数百人可检查卡内基·迈隆大学自动售货机里是否还剩下七喜或减肥可乐。

信息高速公路能在报告自动售货机的同时,从许多公共场所给我们显示实况电视:每秒钟奖券数字,运动项目下的赌注,当前房地产抵押率,及某些种类产品的发明数字。我希望我们能从城市的各个地方调出实况图像,并要求覆盖物显示带有价码单和可以住进去的日子的出租空间、犯罪报告的计数、各地区冠军成就,以及任何其他种类的公众性或可能是公众性的信息,这些都是我们要问的。

我将是我房子里最不寻常的电子化特点的第一位使用者。这个电子产品是有一百多万静止图像的数据库,包括照片和图画的复制品。如果你是客人,你能把总统肖像,日落、飞机、大猩猩、安第斯山滑雪的照片,以及一张珍贵的法国邮票和1965年甲壳虫乐队的照片,或者是文艺复兴时期画的复制品,调到房子里到处可见的显示屏上。

在我的商业旅行途中,我花时间去博物馆观赏一些伟大艺术的原作。我拥有的最有趣的一件"艺术品"是科学笔记本,属于16世纪初的列奥纳多·达·芬奇。我很小时就佩服列奥纳多,因为他在那么多领域里有天才,而且远远超出他的时代。尽管我拥有的一本是写作和素描笔记本，而不是一幅油画，但任何复制品都难以真正显示它的价值。

艺术，和许多事物一样，当你对它有所了解，就更有趣。你可以在卢浮宫走几个小时欣赏至多模模糊糊有点面熟的画，但当你有些知识再去看时，那种体验就更有趣了。多媒体文件可以在家或博物馆扮演向导的角色，它能让你听到一个著名学者就一件艺术品为话题的演讲的一部分，它可以让你参照同一位作者的或同一时期的其他作品，你甚至可以拉近镜头细看。如果多媒体复制品使得人们更容易与艺术品接近，有了复制品的人就会想看原著。复制品的展示有可能提高而不是消减人们对真正艺术的崇敬，并鼓励人们走出家门，到博物馆和画廊去。

简评：“信息高速公路”是美国政府着手进行的一项先进的网络工程，正式名称是“全国信息基础设施”(NII)。所谓“信息高速公路”就是一个高速度、大容量、多媒体的信息传输网络。其速度之快，比目前网络传输速度快1万倍；其容量之大，一条信息道就能传输大约500个电视频道或50万路电话。此外，信息来源、内容和形式也是多种多样的。网络用户可以在任何时间、任何地点以声音数据、图像或影像等多媒体方式互相传递信息。本文就是介绍“信息高速公路”各种设施产生的奇妙作用的通俗文章。作者是美国微软公司的创始人，1975年创业以来，该公司以超常的速度发展，几乎垄断了全世界个人PC软件平台，成为世界性传奇人物。本文用极其朴实的笔调，以兴建一座新型的多媒体住宅为线索，生动描绘了一幅在新的网络系统中家庭生活的美好图景。

宽容地看待克隆技术

何祚庥

有关克隆羊多利的报道,一年多来已在国际舆论界引起了一场热热闹闹的大讨论。但新闻爆炒的焦点显然不是克隆羊本身,而是“克隆人”。由克隆羊到克隆人,在技术上恐怕还有相当长的一段路要走。不过,新闻界是敏感的,有些具有“超前忧患”意识的“忧世之士”也是敏感的。比如某位哲学家就在中央电视台的“实话实说”节目中说,“最可怕的事情终于出现了”!奇怪的是,一些政治,包括某些国家的领导人,也十分起劲地参与到“忧心如焚”的“忧世之士”的行列,却是我们这些科技工作者所始料不及的。

反对发展克隆技术的一个重要理由,就是如果克隆出希特勒,那可不得了!其实这是“杞人忧天”的一种思维模式。“人”有自然性和社会性两重性质,而更重要的是人的社会性。德国之所以会出现希特勒,这既和当时德国的内部情况有关,也和二次大战前的国际政治、经济状况有关。一些生物学家认为,即使对“生物的人”而言,克隆技术充其量也只能制造出类似的复制品,而绝对不可能不走样地“拷贝”出与供核亲本各个方面都惟妙惟肖的人体,因为最初的核外环境的差异、子宫内和整个母体的环境和生理条件、核外遗传因素等,都影响着发育中的克隆,这种影响甚至可能会是决定性的。所以,克隆希特勒是不可能的,克隆10个乔丹,恐怕也只能是妄想。具有同样遗传结构的同卵双生子,其性格以及所走道路都可以迥然不同,这已是不争的事实。

反对发展克隆技术的另一个理由,是认为通过无性繁殖复制的人体,将彻底搞乱世代的概念。他们与细胞核的供体既不是亲子关系,也不是兄弟姐妹的同胞关系;他们类似于“一卵多胎同胞”,但又存在代间年龄差。这将造成伦理道德上和法律的继承关系上的无法定位。所以“要防止复制人的工作,我们中国科学家决不能做这方面的事”。

我以为这是真正的“因噎废食”。其实在伦理学上提出新问题的,首先是“试管婴儿”。因为这带来了“遗传母亲、孕育母亲和养育母亲”以及“遗传父亲和养育父亲”的家庭关系复杂性。但是据报载,自1978年9月英国第一例试管婴儿路易·布朗降生以来，到1985年，试管婴儿的总数已超过700万人。虽然已出现了某些伦理纠纷，但并没有出现为社会发展造成严重障碍的伦理纠纷。我们的伦理学家们也没有感到这些纠纷是不能解决的。更何况，“克隆婴儿”与试管婴儿相比，其家庭关系的复杂性还有所降低，因为他们或者只有“遗传母亲”，或者只有“遗传父亲”。难道我们的伦理学家们竟然至于笨拙到没有能力来解决这些伦理问题吗?!

反对发展克隆技术的又一理由，是说克隆技术仅是“复制”生物的遗传信息和机体，而有性繁殖将出现基因的新组合，因而克隆技术将终止人类多样性进化的可能，也就终止了人类社会的发展，最终导致人类自身的毁灭。

其实，在“进化”式“发展”的概念中，有两重含义：基因的重组，的确会出现多样化的变异，但是这种变异不一定是正向变异，也可以是逆向变异。所以，生物包括人类的进化，还要通过选择，即筛选出有利于生存发展的变异。过去，这种筛选是在自然选择压力下，通过生存竞争实现的；而现在通过基因改造，就可以通过克隆技术来促进人类向更有利的方向发展。所以，这并不会妨碍人类多样性进化，更不会出现某些耸人听闻的危言，像什么“最终将导致人类自身的毁灭”等。

为什么在西方各国，对克隆人问题竟然会掀起如此的轩然大波?我以为问题的实质在于克隆技术尤其是克隆人，的确对上帝的权威提出了挑战。本来人的祖先是由神在伊甸园里制造的，人类的繁衍必须要有亚当和夏娃，而克隆人的亲本却只要亚当或夏娃中的一位，难道上帝的意志也是可以被违背的吗?在某些宗教的律令里，是明确规定不得用非自然手段来制造生命的。但是，我们能够因为某些意识形态的偏见而阻碍科技的进步吗?

作为一位理论物理学家，我可以向社会公众指出，经过相当长的时期以后，太阳会膨胀而演化成为红巨星，其体积之大，可以把地球也包含在内。在此以前，地球将变得不再适合于人类居住，人类需要搬至别的星球上去，甚至还要对人类自身进行遗传性能的改造，以适应未来环境的变迁。所以，对人类基因的种种性能的研究是不可避免的，而且是必要的。无性繁殖就可能为基因性能的研究，提供多个基因结构相同的个体。

从理论上讲，只要人的基因结构相同，应该可能发育出和亲本高度相近的复制品。但这仅仅是理论，完全可能的是，在核移植的过程中，遗传物质很难丝毫不受到损伤，导致发育出来的后代是有重大缺陷的个体。所以，我的担心，并不是技术进步将可能出现什么“最可怕的事情”，而是担心由于技术不够进步而制造出许多畸形儿。但是，技术不够进步的问题，只能由发展技术，亦即通过试验来解决。所以，我不赞成禁止人的研究，但的确认为要慎重地对待这类研究，至少要有足够多的动物试验作为先导。

克隆技术的出现，是生命科学研究中的重大突破，有些人甚至将之与物理学里原子能的发现相提并论。科学的重大发现和发明，应该激起人类的欣喜，我们应该庆幸人类又掌握了可以为人类谋取幸福的一种新技术。但是，克隆技术的出现，却引来一连串“天将要掉下来”的担忧。支持这种怪论的不仅有宗教界人士、哲学家、某些缺乏远见卓识的政治家，甚至还包括某些生物学家、医学家以及某些行政管理人员。这才是真正的咄咄怪事！

究其原因，在于在西方某些国家中，的确存在并广泛传播着一种“反科学主义”思潮。在这些人看来，科技的进步对于人类的生存和发展是危险的事情，最好是倒退到那种“清静无为”的原始时代去！产生这种思潮的原因，在于人类对某些科学技术成果用之不当，产生了对人类的危害；有些技术的发展，既有正面的效应，同时又会由于技术还不够发达而带来许多负面影响。但是，反科学主义思潮的鼓吹者却对产生这些问题的原因不加分析，笼统地归咎于技术的进步，而看不到有些问题的出现，是由于某些统治者努力使科学进步服务于少数人，甚至是极少数人的利益而产生的，如核武器垄断等等；另一些问题的出现，则是由于一时还没能找到消除那些负面影响的有效技术。这就造成既有这一技术的受益者，也有这一技术的受害者的结果。

解决这类问题的办法，一是人类要学会控制自己，如抑制战争狂人，但不是抑制科技的进步；二是要进一步发展科学技术，从而做到既充分发挥科技进步的正面效应，又使由于技术的不完善而出现的负面影响得以消除。

遗憾的是，从克隆问题所引发的大争论中，人们不难发现，反科学主义思潮已经渗透到一部分生命科学工作者之中！生命科学家们，还是勇敢地向上帝的权威挑战吧！

简评：克隆技术也许是有史以来对现存的人类伦理和秩序最有颠覆性的科技成果，我们看到的更多的是科学家，伦理学家，人文学者对此忧心忡忡，而中科院院士何祚庥却有不同看法，他认为悲观和反科学毫无道理，科学带来的问题归根到底要靠科学发展来解决，而不能因噎废食。人类对于自己的信心是建立在科学真正发展的基础之上的。

作家谈读书

虚拟文校，是人们利用电脑和互联网技术提高儿童和青少年文学阅读能力和兴趣的一种网络学校，其核心功能是在虚拟空间中开展中小学阅读课程的学习。芬兰最早的虚拟文校项目于1989年启动，后成为一个涵盖小学、初中和高中的综合性的文学阅读教育网络学校。虚拟文校目前有五个项目，每个项目都有各自的阅读小组，小组有自己的网页，网页主要包括图书选择区、小组讨论区、公开讨论区、事件和提示、图书馆链接、网络杂志等几个板块。每个小组成员每月至少都要读两本书，并写读书笔记，以便在讨论区中与小组其他成员共同分享和探讨。同一项目的成员一般一年有4~8次的网下交流机会，以便让彼此相互认识，增加了解。虚拟文校的网络杂志一般由来自不同地区的学生轮流编辑，并对所有人开放。

——王悦芳：《虚拟文校：芬兰在文学阅读课上的创新》，《素质教育大参考》2009.11.

基因密码与不死药

雷抒雁

2000年6月26日注定成为人类发展史上的一个里程碑。因为这一天,全人类都听见了作为“基因工程”,自己的“基因密码”被破译成功的伟大声音。人们把它和人类登上月球的行动作了相似的评价。人类为自己了不起的发现而自豪,甚至沾沾自喜。

这当然是了不起的事件。在人类对包括宇宙在内的外部世界探秘殆尽时,却常惶愧于对自身认识的浅薄。关于人的许多秘密,诸如生老病死、智愚善恶、美丑高矮等等,往往总难有深切的认识和把握。于是,一切都归于造物主,冥冥之中似乎有一个命运之手掌握着人类。

如今,人类可以自豪地说:上帝就是我们自己,基因密码,就是生命的图谱。

依照基因密码,人类可以“保养”、“修补”和“关闭”系统,抑制疾病、减缓衰老。显然,这是无疑的。可是如同以往每一个科学发现宣布之后,会激发人们许多压抑着的欲望一样,这次,同样活了许多了不起的想象力。比如,今后可以“按图索骥”,依照愿望生男生女、生智生愚、生美生丑。比如,人类的寿命平均可以达到1200岁,甚至可以研发“不死人”。断言这些想象的无边际,固然太早;但是明白无误的就信这些预言,似乎也太早。

只说生死。

大约是因了人的生命只有一次,且“生”即注了“死”,自古以来,人就对死产生着恐惧感。长命乃至不死,既是人们的期望,更是一种祝愿和想象。

嫦娥奔月,是中国人家喻户晓的故事。这女子正是吃了丈夫搞到的“不死药”升到月亮上去,照耀着中华民族几千年的梦幻。

生命可以不死,延续生命的大约只有吃药。秦始皇派了徐福率童男童女去东海寻“长生不老”之药。没等到那药草到来,便耐不住操劳奔波之苦,秦皇先一命呜呼了。徐福却不知到何处去逍遥了。

出于对财富、权力、奢欲的贪恋,皇帝是第一位不想死的人。汉武帝崇仙重道，亦是想使生命不朽。无数的术士骗子，因此而得到了好处。成仙得道，说是吃了灵芝草的有，说是吃了云母片的也有。稀奇古怪的故事，成了中国神仙志怪的一部奇特文化。所谓“山中方一日，人间数百年”；所谓“烂柯”的传说，那樵夫吃了一枚仙药，一局棋未了，斧柄已朽成木灰。

长命的故事也有。彭祖据说活了800年，只因对幼妻说了不死的秘密，被阎王老爷朱笔勾了名字。

长命的故事不只中国有，外国也有。打开一部《圣经》读读，让你吃惊。亚当活了930岁，130岁上生了儿子塞特，之后又活了800岁。他的儿子塞特在807岁时还生儿育女，前后活了912岁。

事实上，在人类的长寿史上，虽也偶闻有活到一百四五十岁的，多数也不超过这120年的大限。

现在只一夜间，猛然要把人们寿命极限乘以十，仿佛是谁冲过“喷火的剑”真的摘来了生命树上的果子。那果子在《西游记》里被描写成蟠桃模样，吃了延年益寿，偷吃了果子的孙猴子竟缘此而不死。

“基因密码”果真打开了生命之锁，或一笔从字典里抹去了“死亡”二字，依我愚想，先是一喜，之后又惊出一身汗来。

当然，宋代的大诗人苏轼写过一本笔记《东坡养生集》，记过一段故事“三老言年”。说有三个老人相遇，问起年龄，一个说：“我的年龄记不住了，只记得小时和盘古交往很深。”另一个说：“每次海水变桑田时，我都用一根竹棍记着，现在这竹棍差不多堆满十间房子了。”第三个说：“我吃蟠桃时，总把桃核扔在昆仑山下，如今那桃核堆得都跟昆仑山一样高了。”这三老吹嘘得不轻。可在东坡眼里，不过是三位“牛皮匠”，说他们其实不过是“蜉蝣朝菌”而已。

如果那时东坡先生说的不过是个笑话，“基因密码”打开之后，听这等老人说古，大概就不会取笑了。试想想，中国有文字的历史不过5千年，上溯1200年，我们可能会看见李白、杜甫，至于苏氏父子穿开裆裤的情景怕也逃不出眼睛。

且因为修补残损“基因”的及时，我们会发不斑，齿不摇，皮不皱，我们的子孙虽说小我们几十岁，大家坐在一起，真正是“爷爷孙子老弟兄”了，谁分得清谁。这世界原本喜剧就不少，如今益发喜剧连台了。

不过，修补基因，大约不会人人都有权利。先修补、先长寿的该是哪一层人?是权力主宰者?是富翁?还是俊男靓女?依我私想,应该先是掌握修补技术的医生、技术人员及家族,叫“近水楼台先得月”。若是他早厌弃了那“糟糠”之妻,不愿与她共度千年,悄悄弄损老婆的基因数据,也会轻易得手。

这个世界或许更不可爱了,什么时候干部开始“退休”呢?权力争斗的延续,比人的生命长得多。熊掌难熟,接班的急切,会使争权斗争更激烈。

其实,这些都是杞人之忧。科学需要想象,毕竟科学不是文学。从人的物质本源寻找到长寿密码,不等于世界就容忍这长寿的实现。生存环境的日益恶化,正在动摇着生命的根基。极端长寿,乃至“不死”,作为一种向往和幻想,大约还得煎熬我们无数年。

简评:人类初步破译“基因密码”是件科学界大事,它对了解人类生存秘密,延长人的寿命,大有裨益。但由此推断我们可以掌握长生不老的秘诀,完全按人类的意愿无止限地活下去,那为时尚早。人类早就顽强地追逐着长生,文艺作品中的反映更是生动有趣。不过延长人的生命的“钥匙”在于人类本身吗,还是在于科学的无穷魔力?回答这个问题恐怕“还得煎熬我们无数年”。

作家谈读书

国文科的阅读课内书是为了阅读课外书。

我们主张这样的点—线—面的读法,点是需要,线代表一门一门读物有系统的发展,到了面,可以说已经是“豁然贯通”。我们主张阅读、感应、写作三者合一。

阅是默默的看,读时朗朗的念,写侧重对读物的“再现”,作侧重在读后自己的“表现”。

——孙起孟、庞翔勋:《课外书的阅读》,《中学生》

生命的对话

郑千里

作为地球万物的灵长,应该值得骄傲的是,人类有自己丰富语言,可以和同类沟通,充分表达自己的情感,交流自己的思想。

动物也有自己的语言,相比之下,鸟儿的语言大概是比较丰富的。《诗经·小雅》作了这样的描述:“伐木丁丁,鸟鸣嘤嘤,出自幽谷,迁于乔木。嘤其鸣矣,求其友声。”

鸟儿为什么而鸣?科学家对其奥秘进行了探索,科学家把鸟类的叫声大致归纳成两种:鸟类的“鸣啭”大都只在其繁殖期,和它们的求偶有关系;鸟类的“叙鸣”则包有警戒、恐怖、求援等较多的语言词汇,鸟群经常靠“叙鸣”的叫声和呼应来保持彼此密切的联系。虎啸,狮吼,马嘶,狼嚎,羊咩,狗吠、猫咪……等等这些,都可以看作是动物的语言,它们藉此与同类交流,也藉此想和包括人类在内的所有生命对话。

生命群体不仅用声音作为彼此沟通的语言,那些看来没有发音系统的生命还用光线、颜色,以及身上分泌的化学物质等等来作为语言信息的载体。

蚂蚁的团结互爱精神让我们惊叹。蚂蚁出行时,腹部能分泌出一种化学物质,它一路爬,一路滴下这种踪迹信息素,成为浩浩荡荡的蚂蚁大军的行动语言。相形之下,我们人类则要逊色得多。人类太过于自私自利,话不投机半句多,连家庭这个社会的细胞也在逐步破裂,越来越小;婚姻解体,单亲家庭越来越多。现代社会的信息虽然面临着爆炸,但已没有哪一种语言有足够号召力,可以让大家齐心协力,共同行动。

和人类一样,动物也有自己的形体语言。蜜蜂会在蜂巢前跳起舞蹈,用“圆舞”、“镰舞”、“摆尾舞”等不同的舞姿,报告它所发现的蜜源的不同位置;燕子在求偶时,雄燕会围绕着雌燕,在空中作出与众不同的独特飞行姿势,决不会张冠李戴,抛错绣球……

人类听不懂大千世界里各种动物的丰富语言。科学家虽然为破译动物的语言作出了不懈的巨大努力,但是目前能了解并掌握到的它们的语言词汇毕竟有限。

在19世纪末年，人类曾对20世纪的世界进行过许多大胆的预测。最近，美国的一本科学杂志公布了写于1900年初的一篇预测文章。其中，预测的图像电话、高速列车等十几项都已完全实现或基本实现，不幸的是，惟独“人兽自由对话”这项不但没有如预期的那样到来，甚至可以说是发生了完全的历史倒退！在20世纪行将结束的时候，许多世界珍稀动物，包括人类的近亲——四种类人猿，都难逃被人类屠尽杀绝的劫难，猩猩和大猩猩在本世纪已濒临灭种。

古代的人们比现今的我们懂得和生命对话。白居易写过一只“能言鸟”，称之为“耳聪心慧舌端巧，鸟语人言无不通”。司马迁的《史记》里记载，有位能人叫秦仲，他能够“知百鸟之音”，而瞿灏的《通俗编》里记载，孔子的学生公冶长最懂得鸟语，可以与鸟类倾心交谈。可惜《史记》和《通俗编》历经千百载都流传下来了，鸟语研究却没有为我们所继承发扬。

动物愿意和人类对话，动物也愿意将它们的信息传递给人类。骏马、猎狗等动物忠心救主的事例并不鲜见。世间许多灾难都是有征兆的，这方面，动物甚至比我们还要敏感，比如有些地震之前，地下的老鼠等动物会发出吱吱喳喳的怪叫，遗憾的是人类不愿意和动物对话，妄自尊大，动物的这些语言，这些语言所包含的信息和所提示的警告都被人类忽略了，以致造成许多无可挽回的灾难损失。

瞧瞧本世纪内我们人类都干了一些什么。人类似乎已经堕落得连禽兽都不如，有些人干脆就是衣冠禽兽，“一个个像乌眼鸡似的，恨不得我吃了你，你吃了我”。人类自己都不愿意平等地坐下来对话。超级大国在世界舞台上也不愿意和弱小国家对话，弱小国家如要对话，首先非得自己也拥有了飞鱼导弹和鹞式战斗机，拥有了对话的政治和军事实力，否则，只能老老实实地听人家挥舞着大棒的训话。

人的语言在本世纪内不可谓不丰富。为了有国际平等而又通用的语言，由柴门霍夫首创，我们发明出了世界语。为了方便地掌握各种各样的外国语，我们研究开发了机器翻译系统，有了袖珍便携的“快译通”、“好译通”。我们在计算机技术应用的基础上加以发展，已经可以做到“人机对话”：计算机不仅可以应用我们打入的程序指令，还可以直接听我们的话音，服从我们的话音指令。

人可以与没有生命的机器对话，惟独不情愿与包括人类自己在内所有生命对话。

《诗经·小雅》说："相彼鸟矣，犹求其声。矧伊人矣，不求友生。神之听之，终和且平。"鸟儿虽然还在到处为寻找朋友而"鸣嘤"、"叙鸣"，然而，因为人类与它们的不对话，不理解，也因为人类对它们的捕杀导致它们种群的减少，它们的"鸣嘤"和"叙鸣"比以往任何时候都强烈，都急迫。世界人口在不断骤增，但是"伊人"似乎越来越少，长此以往，难道人类不需要朋友，不必找朋友，"不求友生"了？

世界真是变得寂寞了。人类本世纪内对几乎所有动物的残忍虐杀，已造成了地球从恐龙时代至今的最大一次动物灭绝浪潮，且不说"食野之苹"已没有了"呦呦鹿鸣"，"在河之洲"已没有了"关关雎鸠"，人不但正在毁灭大地的绿色植被，而且贪婪的血盆大口连蝎子和蚱蜢也敢吃，怕是"喓喓草虫""趯趯阜螽"（《诗经·召南》）也要在芳草地里消失了！

或许真是世界变得寂寞，而人类又不甘心于寂寞，一方面人类对地球上的生命熟视无睹，坚决不与生命对话，而且继续在捕杀美丽的丹顶鹤和白天鹅；一方面人类却热衷于到遥远的星球上去发现生命，寻求外星生命的赏识和对话。早在1977年，美国就发射了"旅行者号"星际探测器，向未知的外星生命抛出表示交往诚意的第一张名片。深怕外星生命不懂自己的语言，还费尽心机地在特制的唱片里灌录了地球上的60多种语言和问候词，唱片足可以在宇宙环境里保存10亿年。而在世纪末即将到来的1996年，探索火星上生命更成了当年的世界科技十大新闻之一，美国先是宣布从一块来自火星的陨石上发现了可预示原始生命存在的化学物质，接着又迫不及待地发射了"火星探路号"飞船，将于1997年7月在火星着陆。

火星上有没有生命或许并不重要，重要的是人类会不会和火星上的生命对话，能不能善待火星上的生命。因为一个明显的事实是，人类和地球上包括自己同类在内的生命都不愿意对话，不能善待地球上的生命，这样的舍近求远、本末倒置实在是不可思议。

简评：人与动物都是高等生灵，都会通过各种方式来传递信息，表达感情，尽管人和动物的语言表达方式不同，层次也有高低。于是，这个世界便充满了生命的对话?人与人、人与动物、动物与动物……即使一些不发达的动物,也会借助"哑语"来交流信息。通过对话,相互理解,相互协调,取得共识,获得沟通。人与人的对话是一门高深的艺术。然而,文章列举的大量事实都说明万物之灵长的人类许多行为是匪夷所思的,人类应该深思。科学的发展要以人类的良好生存为指归。

作家谈读书

目前在初中阶段要求背诵的文段存在着古诗文背诵和现代文背诵比例失调、现代文背诵严重缺失的现象。这种现象应该得到改变。语文课程标准要求"丰富语言的积累",但语言的积累绝不仅仅是古诗文的积累,也应当包括现代文的积累。加大现代文的背诵要求,加大背诵的力度,有利于语文教学的和谐发展,提高学生的语文素养。教材编写者首先要考虑到这一点。教师也要注意这一点,即使教材中没有明确要求背诵,教师也可以针对具体教材,选择合适的现代文文段要求学生背诵,以此来弥补现代文背诵的缺失,从而真正丰富学生的语言积累。

——徐长林:《浅析语文教材中现代文背诵题的缺失》,《语文教学通讯》2010.11.

花的奥秘

黎先耀

春来百花齐放，这是自然界生命和美的象征，辞典上解释为“被子植物的繁殖器官”。

鲁迅先生曾戏做《新秋》古诗：“野菊性官下，鸣蛩在悬肘。”用来讽刺唯美派诗人，因为译成新诗“在野菊的生殖器下面，蟋蟀在吊膀子”，似乎就不雅了。

一朵典型的花，从外到内依次可分为花萼、花冠、生长花粉的雄蕊和以后将发育成果实和种子的雌蕊。花的这些部分，都按不同方式着生在花托上。地球上25万种被子植物，没有哪一种花式是相同的。最早深入研究花的，是瑞典的大植物学家林耐。我在乌普萨拉大学的校园里，瞻仰过林耐的铜像。他生前患有眼疾，因此铜像的造型，是林耐正在俯首审视手中的花朵。花的形态比较稳定，是最不易受外界影响的器官，林耐创造了根据花的结构来进行植物分类的方法，因此，据以鉴定被子植物标本，必须有花有果。如果不是看到它们的蝶形花，你能相信蚕豆、花生、甘草、藤萝、洋槐、紫荆和紫檀同属豆科植物吗？你看到过它们之间形态相似的钟状、舌状、管状、漏斗状或喇叭状的花朵，也许也猜到：辣椒、烟草、马铃薯同茄子，番薯、蕹菜同牵牛，莴苣、茼蒿、向日葵同菊花，是亲缘关系很近的家族。

花儿为什么姹紫嫣红，有各种姿色？难道是为了供人欣赏吗？当然不是。当花在大地上最初出现的时候，离人类的诞生还早得很呢。花香鸟语春光好，蜂忙蝶舞百花放。被子植物是同昆虫，还有鸟儿，一起互相依存，共同发展起来的。英国生物学家达尔文就撰有《兰花诱虫授粉的种种策略》专著；比利时文学家梅特林克也曾在他的散文《花的智慧》中，赞赏过兰花甚至具有预算出蜜蜂从一朵花飞往另一朵花所需时间的才华。花有各种颜色和姿态，是为了吸引不同的昆虫和鸟来采蜜，为它们传播花粉。蜜蜂偏好粉红色、紫色和蓝色的花。蝴蝶辨别红色的本领最高，一般喜爱红色和黄色的花。我在内蒙古草原上，曾采集到一种俗称“干枝梅”的暗黄色的花，因为苍蝇喜欢麇集其上，当地牧民叫它“苍蝇花”。南美有些仙人掌花，花瓣长而深，只有蜂鸟的长喙才能啄食到花蜜。

还有些花靠蛾类传粉，蛾类一般夜间活动，那些花一般为白色，有的还有浓郁的香味。以风为媒的植物，常是先花后叶，便于凭借风力传粉。

花的不同颜色都有其物质基础。红色的花细胞中都含花青素，细胞液呈酸性时为红色，呈碱性时则为蓝色。万紫千红，都是花青素在不同酸碱度反应中所显不出来的不同颜色。黄色的花则含胡萝卜素。如月季、茶花中，很少含胡萝卜素，所以黄色花显得十分珍贵，如黄和平、金花茶等。由于细胞液酸碱度的变化，所以会出现变色花，最著名的就是木芙蓉，早上白色，午间淡红，下午变为深红，人称“娇容三变”。我曾在武夷山采了一束白色芙蓉花，带到赤石，献于上饶集中营暴动烈士纪念碑前时，竟变成了血色。白色的花，细胞里不含色素，但含有空气，会把光波全部反射出来，故梨花胜雪。

花呈各种颜色，是有花植物在进化过程中自然选择的结果，其中昆虫起了重要的作用。凤蝶的幼虫专以芸香料植物为食，所以柑橘林里常见美丽的凤蝶。在热带和亚热带，开大红花的植物种类较多，它们还靠鸟类传播花粉。中美和南美有蜂鸟，也能为花传粉。

有花植物在地球上的空前繁荣，是和花的“双受精”作用分不开的。雄蕊产生的花粉萌发后，进入雌蕊的柱头到达胚球。此时，两个精子从花粉管输送到胚囊之中，其中一个精子与卵结合受精，发育成胚，另一个精子则与核结合，发育成胚乳。因为作为胚发育和种子萌发养料的胚乳，也是由受精作用形成的，具有双亲的遗传性。这样的后代当然更富有活力，更易产生变异，也更能适应环境。“双受精”可说是花的奥秘中的奥秘。

五彩缤纷、琳琅满目的花儿，最后还得归功于人类。人工选择大大加快了花的变异。如牡丹，野生原种花是单瓣的，花色也只有粉红一种。经过人工栽培，仅北宋中叶，几十年功夫，就培育出了多叶、千叶（重瓣）、楼子（花心突起）、并蒂、深红、肉红、紫色、墨紫、黄色、白色等几十个品种，魏紫、姚黄为其中的名品，当时欧阳修所撰《洛阳牡丹记》中就有叙释。如今，经过我国人民长期辛勤的培育，牡丹已达到一百几十个品种，通称“三类、六型、八大色”。三类即：单瓣、重瓣和千瓣。六型即：葵花、荷花、玫瑰、平头、皇冠和绣球。八大色即：黄、红、蓝、白、黑、绿、紫、粉。绿牡丹和黑牡丹是其中翘楚。

金花茶，是我国一级保护植物，人称“花中的熊猫”。我国的园艺专家正在为培育出重瓣大花的金色“茶族皇后”而努力。

简评:本文是关于花的小品文。被子植物与昆虫、鸟儿相依相存,花的传粉也靠风的作用。花的奥秘蕴含了“姹紫嫣红”生物学的知识,更启示我们,自然界中谁也不少不了谁,动植物更有生死相连的关系。推而广之,人类也只有依靠大自然才能生存下去,一旦破坏了这个平衡,到头来人类自会遭到无情的报复。

科学是美丽的

沈致远

在常人心目中，科学是深奥的、艰难的、枯燥的；提到科学家，眼前就浮现出爱因斯坦的形象——白发怒张、皱纹满面。科学怎么会是美丽的呢？不可思议！

事实是：科学不仅是美丽的，而且是旷世奇美，美不胜收。常人为什么没有感受到呢？责任在科学家，他们浸沉于科学美中其乐融融，忘记了与大众分享。但也有例外，李政道近年来频频撰文著书，极力提倡科学美。他还请了著名画家李可染、吴作人、吴冠中等作画描绘物理学的内禀美。这些作品最近结集成书，名为《科学与艺术》，引起了科学界和艺术界的注目。

乍看图中那位载歌载舞的女郎，以为是一位当红的歌星，其实她是旧金山大学的天文物理学家琳达·威廉斯（Lynda Williams）。她从小爱好歌舞，进入大学攻读天文物理学，为宇宙的奇瑰美景所倾倒，决定利用业余时间传播科学美。威廉斯对《纽约时报》记者局莱弗斯（C.Dreifus）说："天文物理是最美丽的。还有什么比宇宙的诞生更美丽？还有什么比黑洞、多重宇宙和交响共鸣着的宇宙流更美丽？"威廉斯说得好！让我们继续下去：还有什么比原子中"云深不知处"的电子云更具朦胧美？还有什么比生命之源叶绿素中的"绿色秘密"更具神秘美？还有什么比生命之梯回旋曲折的DNA双螺旋更具活力美？还有什么比"纳米"世界中用原子砌成的纤巧结构更具精致美？……

威廉斯为科学美所启迪，开始写科学诗。《纽约时报》于2000年6月4日刊登了她的一组诗，我将其中两首译成中文发表在《诗刊》2000年11月号，下面是一首《碳是女孩之最爱》：

碳是女孩之最爱
黄金确实很宝贵
但不会燃起你心中之火
也不会使火车长啸飞驰

碳是地球上一切生命之源
它来自太空的陨石
构成一切有机物质
在大气层中循环往复
钻石煤炭石油总有一天用完
能构成一切的将是碳纳米管
碳是女孩之最爱

“钻石是女孩之最爱”是美国流行的谚语，威廉斯扩其意而用之，从碳元素的一种特殊结晶形态——钻石，推广到碳的各种形态。女孩爱钻石，无非是爱钻石首饰之光华夺目价值连城，用以炫耀自己雍容华贵的外表美。威廉斯以诗意的语言，赞美碳的实用价值及其对生命循环的重要性，表现的是内涵美。较之原谚语，这是艺术的升华，意境大为提高。

威廉斯的诗充满着女性所特有细腻感情，往往在科学美中注入浪漫情怀，例如一首小诗《爱之力》：

物理学家发现宇宙有四种力
强力弱力引力电磁力
但我发现了一种新的力凌驾一切
我谨向你提议
爱的统一理论
爱之力凌驾一切！
科学家想到过吗？

吟之不尽，继之以歌舞。威廉斯将自己的科学诗配曲，载歌载舞登台表演。加州理工学院举行的一次天文物理学国际会议上，她在霍金、惠勒、索恩等科学大师面前，演唱了自己作词并按英国著名的甲虫乐队《黑鸟之歌》调子谱曲的《黑洞之歌》：

黑洞在死寂的夜空中旋转

转着转着逸出了视线

直到发生碰撞

我们正等待着你的引力波出现

这次会议是庆祝黑洞理论和引力波探测先驱索恩教授六十华诞，威廉斯借流行歌曲《黑鸟之歌》的一字之改，不是很风趣而又切题吗？

威廉斯还专为中学生做科学歌舞表演，她关切地说："十几岁的女孩们为了吸引男孩，不顾一切放弃学业，这很危险，尤其在这高科技时代。"她编了一支歌，题为《物质化女孩》：

男孩们只知吻我拥抱我

我认为他们跟不上时代

如果他们不懂得谈论量子力学

我就从他们身旁走开

她在舞台上手持话筒边唱边跳，背后天幕上灯光映出五十位著名女科学家的肖像。威廉斯说："希望她们从这些杰出女性中得到启发。"

威廉斯的科学歌舞生涯也并非一帆风顺。她曾向"物理学中的女性"会议的组织者要求安排一场科学歌舞表演，却被拒绝，理由是"不合适"。她失望地说："我要呼喊：嗨！女士们！为我们所进行的革命添加一点幽默感。"威廉斯曾在一次有上千人参加的高能物理国际会议上表演，其中有些人不谙英语，不能领会她表演中的幽默，因而中场离席。幸亏有俄国科学家捧场，上台给威廉斯献花。

她在天文学家集会上的表演则完全是另一番景象，与会者和着威廉斯的歌声一起尽情欢唱，并且跃上座椅翩翩起舞。威廉斯说："作为天文学家，你必须具有幻想和好奇心。"其实何止是天文学家，不具有幻想和好奇心的人根本不可能成为有创意的科学家。有创意的科学家和优秀的艺术家具有相同的气质——反传统，求新求异。

不仅物理学是美丽的，数学也是非常美丽的。早在古希腊和罗马时代，艺术家就发现了人体的曲线美。现代派的雕塑家和画家以他们的作品表现了几何形体的视觉美,在毕加索晚期作品中频频出现的怪异人像——两个鼻子三只眼睛等等,据说其灵感来自数学中超越现实三维空间的抽象高维空间。数学家以叠代方程在复数平面上产生的“分形”图案之奇幻迷离、千变万化,使艺术家也叹为观止。

科学追求真理,揭示宇宙万物的真相及其变化规律。真正的科学家都懂得:真理是简单的,而且越是深层次的、适用范围越是普遍的真理就越简单。简单、深刻、普遍三位一体,这就是科学美之源泉。

科学家在追求真理的过程中,锲而不舍,孜孜以求。常人往往认为是苦,其实他们虽然辛苦却乐在其中。科学家顿悟和突破后的快感乃先睹为快——享受前人从未见过的瑰丽美景。

科学是美丽的!你同意吗?

简评:科学是美丽的。因为创造性的劳动会取得令人惊讶的成就,享受胜利的喜悦的过程,实质上是一种享受美的过程。科学家是创造美的拓荒者,他们是美丽的天使。创造美的过程,离不开科学技术、离不开先进的工艺手段。科学为人们创造美、展现美、获得美的享受创造了条件,所以科学本身也就是美的化身。

作家谈读书

现在最糟糕的情况莫过于学生不爱看书!这是一个很大的问题,多看点书很重要,什么书都可以看。中国的学生虽然勤奋,但他们读的书未必有美国学生读得多,美国当然也有差学生,但美国好的学生看书的时间比中国学生还要多,因为他们在中学、大学都要写研究报告,需要看很多书才能写得出来。

——“菲尔茨奖”得主丘成桐:《中国学生读书未必有美国学生多》,《广州日报》2008.7.10.

生命之水

航　鹰

酷热的8月，连续几天都发生奇怪的事情——一些蜜蜂总在我家门外飞舞，开门关门不小心，就会有蜜蜂飞进来，随时可能被蜇，煞是吓人。我住在天津著名的“五大道”——一座砖木结构的老楼房里，门口有水泥台阶通向院子，却没有养花。察看房檐廊厦，也未见新筑的蜂巢。全家人里里外外寻找原因，百思不得其解。

这一天午后，我冒着40℃高温外出办完事回到家。一路上汗水把衣服全湿透了，喉咙干渴得冒了烟儿，最大的愿望是逃回有冷气的房间喝一杯凉白开水，再去洗个淋浴。刚走上台阶要打开家门，眼前的景象令我惊呆了——门外墙上架着的冷气机伸出来的塑料管口流出水滴，几只蜜蜂围着管口在抢水喝！

我忘记了室外难耐的高温，没有马上开门逃进冷气房间，呆呆地望着抢水喝的蜜蜂们出神。炎炎烈日下整座城市成了一口炙烤的干锅，夏季本该生机勃勃的树叶蔫答答的低垂着。架设冷气机的墙体因为有廊厦遮阳，从管口流出的小小水滴才没有立即蒸发掉。水滴落到烫脚的水泥台阶上，立即化作了一缕白烟。我想，如果水滴落到土地上，它连蒸发的时间都没有，就会被焦渴龟裂的土地一口吞下肚去了。

可钦可叹可怜的小蜜蜂啊，你们竟能找到这个工业文明制造的“泉水”来维持生命！是连续几年的高温大旱，逼得你们这些大自然的小精灵来做机器的降兵?这么说，你们在其他地方再也找不到水了?天空失去了雨水，花草失去了露水，枝叶失去了绿汁，河流近乎干涸，市区勉强流淌的臭河也挟带着太多的污染……

呜呼，这可是在昔日闻名的北方水乡泽国天津啊！

关于天津城名的缘起，其中一说即因天上的银河别名“天津”；另有一说“天津”乃星官名，又称“天潢”，属天鹅座。《晋书·天文志》载：“天津九星，横河中，一曰天汉，一曰天江。”所有这些名字，都是多水的意思。

昔日的天津河流多。此处是我国华北地区最大水系海河的五大支流——

潮白河、永定河、大清河、子牙河、卫河交汇入海之地，再加上另外四条河号称“九河下溏”，再加上后来引入天津的滦河，就是十条河了。如今，那些澎湃大河的水都哪儿去了呢?

昔日的天津郊区“沽”多。海河古名沽水、沽河，所以其入海口名曰大沽口。市郊有数不清的小片湖泊和水洼，因此地名多为团泊洼、青泊洼、咸水沽、葛沽、塘沽、汉沽、大直沽……曾有“七十二沽”之多，薮泽罗布，水稻苇荡，鱼鸟繁生，水气氤氲。如今，那些沽洼沼泽中的水都哪儿去了呢?

昔日的天津周边“淀”多。“淀”为浅水湖泊，京津地区最大的淀就是白洋淀了。1716年乾隆皇帝览淀海，自赵北口乘船出发，经过天津，沿途考察水文环境，那时已有“九十九淀”之说。乾隆御制淀神祠碑文:“畿南之地，广衍多隰，众水所钟，翕之渟之，呀然成渊，而以输壑者惟淀……”另有一首赞叹芦台水泽的诗词:“我击鼓兮潭如，神之来兮七十二沽。我牲牢兮既荐，神之去兮九十九淀。”如今，那翕之渟之呀然成渊的水都哪儿去了呢?

是人类自己把自己的生命之水快折腾没了。

海河水系五大河源出燕山、太行山、五台山、恒山和黄土高原。上游过量砍伐树木，植被破坏，水土流失，春旱夏涝，恶性循环。从乾隆皇帝巡览淀海算起，时隔不到300年，京津地区的酷暑高温早已把“四大火炉”远远地抛在后面。沙漠已逼近北京城郊，沙尘暴蔽日遮天已成了家常便饭。破坏环境的愚蠢行动照这么再折腾下去，不用多少年就会来一个“春风不度津门关”了!

这几年北京人天津人最关心什么?不是政治不是经济不是物价不是工资不是子女上学也不是住房问题，是气象预报！每到春夏，我们全家人每天都要看早中晚三次气象预报。人们见了面或打电话头一句话就问:“看气象预报了吗?有雨吗?”“看气象预报了吗?明天有冷空气南下吗?”中央电视台海选一些优秀主持人，其实观众心中最看重的是“气象先生”、“气象女士”、“气象小姐”，只有他们的金口玉言才能抚慰一颗颗求雨盼凉风儿的焦渴心灵。

我比任何时候都更加熟悉我国版图了，每晚《新闻联播》后就伸着脖子等待“公鸡报雨”。我比任何时候都更加痛切地知道京津地区正卡在“鸡脖子”的位置。尽管咽喉最干渴，积雨云却越来越难以光顾了。一旦沙尘暴终年缠住了“鸡脖子”，说北京、天津会变成沙漠中的楼兰古城遗址，并非危言耸听。

忧思重重，浮想翩翩，呆立久了自己快成了烤炉里的鱼干。

我逃进家门，在有冷气的房间略事梳洗歇息，又情不自禁地隔窗观看贪恋生命之水的小蜜蜂。

无独有偶，新华社曾以专电报道伊朗大旱奇观《野猪进村抢水，居民落荒而逃》："由于伊朗今年大旱，干渴难耐的野猪冲入城乡寻找饮水……有时一大群野猪一窝蜂闯入一座村庄，吓得当地村民落荒而逃，造成一片混乱。"同一篇文章还报道："鳄鱼也因同样原因光顾伊朗的这一地区，也曾使当地居民吃惊不小。"

我备觉庆幸，目前家门口还只有抢水的一窝蜂，而不是野猪和鳄鱼！

动物与人抢夺生命之水尚不足怯，人与人抢夺生命之水将是更大的灾祸。

有人发出可怕的预言：20世纪的许多战争都是因石油而起；而21世纪水将成为引发战争的根源。

在干旱的中东地区，近半个世纪以来几乎每一场战争，双方都以摧毁敌人的供水系统和水源作为首要战略目标。和阿拉法特共获诺贝尔和平奖的以色列已故总理拉宾也发出过警告："如果我们解决了中东的所有其他问题，但是却没有令人满意地解决水的问题，那么，我们的地区将要爆炸。"

以色列和周边阿拉伯国家之间的战争，其中一个主要因素是争夺约旦河水源。戈兰高地堪称"中东水塔"，约旦河的源头在此，其归属问题已争吵了30多年。

非洲是全球水危机最厉害的地区，尼罗河流经10个国家，各方面都在争水，其中埃及及苏丹的矛盾尤其尖锐。

按理说地处南亚的亚热带、热带国家应该是气候湿润雨量充足，但随着全球环境恶化，旱情日益严重。印度、孟加拉国、巴基斯坦加起来十几亿人口的生命之水都指望着恒河，因水而发生战争的阴影笼罩着恒河。

沙漠逼近京津，令人想到中东；酷热逼近京津，令人想到印度。幸亏我们的长江、黄河、淮河、海河、松花江……都流经一个祖国，短期内尚无战争之虞。然而，充斥报端的新闻连篇累牍：北京持续干旱，缺水范围扩大，程度不断加剧，百余城市被迫限水……天津市主要水源潘家口水库仍在死水位以下……北京地区密云水库蓄水严重不足……上海人均水资源不足200立方米……山西省较大的河流中一半以上已经断流，有27座大中型水库和560座小型水库干涸……哈尔滨有20万人口只能吃"夜来水"……长春实行定时限额供水……山东省各城市180多万人出现用水危机……陕西省有26个县城每天缺水20万吨以上……

人类与大自然之间的战争，必将以人类的毁灭告终。

徐剑、陈昌本合著的《水患中国》一书中有两段振聋发聩的警句："历史上当黄沙逼近古楼兰国的城郭，国王才发出最后通牒文告——'砍伐一棵树，杀头。'""人类的最后一滴水，将是自己因破坏环境而悔恨的泪。"

窗外冷气机管口积蓄的水滴在阳光下闪闪发光，一轮又一轮的蜜蜂像采花蜜那样吸吮着生命之水。"一滴水见大千世界"，这是自幼常听的一句话。不料，如今却成了"一滴水见干旱的大千世界"，"一滴水见环境遭到破坏和污染的大千世界"。

真想大哭一场，趁着眼睛还有泪水的时候。

简评：有一位知名的作家曾把"国破山河在"改为"国在山河破"，读了让人心痛：山河破败，哪里还有国啊？不知为什么，中国人天生和自然有仇：好不容易种了点树，一定是要砍掉的，非弄到斩草除根；好不容易有一汪清流，一定是要往里倒污水、废料，弄得满目生"花"，只可远观，不可近闻。水土流失，土地沙化：塔里木河几近消失，洞庭湖日益缩小，鄱阳湖夏季几可走人，东南沿海发生大规模赤潮，黄河也弄得年年断流……千年华夏，山河壮丽，山水之美无水即无灵气。等到成一堆黄土才痛心疾首，等到一滴水见干旱的大千世界，那只能是悔恨的泪水！

悲凉的残留——中国林木之殇

沙　林

难道我们与树有仇?

我每天经过北京一条很脏乱的路,路边生长了半个世纪的缸口粗的大杨树,被摊贩们使用各种阴招,烟熏火燎、开水浇根、铁钉穿心……以期早死,然后名正言顺伐之。

大树的皮不知被谁剥了,光溜溜一直到树顶,露着密密麻麻的虫洞和黑斑,所剩不多充满病容的干叶在风中抖动。它们还活着,在空气和土地中苟延残喘。

中国人似乎真的跟树有仇,大家平常都憋着劲,为一纸法令所束,一旦有一个理由,就如破堤之水一样,提斧拿锯奔向树。任何一个理由就可以把百年大树伐倒,比如修路、换树种、挖煤气管道、盖饭馆、搞建设……人们差不多是幸灾乐祸、争先恐后地干这种事,然后再象征性地种几棵小树,车压人折,热毒熏蒸——看到许多小树被摧残至死,补种后又死。我伤感,现在一棵树经历的磨难太多了!遥想过去碧水蓝天时代,一棵树苗长成参天大树要容易得多。

在国外旅行,突然的一个感觉是,古树、大树、老树真多!田野上、草坪中、马路边,到处可见一棵就覆盖几亩的大树,其顶直插透明翻滚的云霓雨雾中;那是自然生长的、色彩丰富、层林尽染、形态各异的树,而我们的田野上别说大树了,就是小树也少见。惟一能见的是单调的护路树,但能做大梁或是打个箱柜凳子腿的都被偷砍了去,你看从北京到广东两千多公里,护路树七零八落。

呜呼,中国的树长不大(除了皇帝陵、大公园和极少人上去的高山)。

有的地方种草了,它的绿色能量要小得多,半亩草地的制氧能力只抵大树的几条枝叶。但它们也不能幸免,如果没有铁栅栏维护,车滚人踏,不几天就成了癞痢头。

没有人抗议,没有人伤感,你看到那小区居民,心安理得地走过成片被放倒的他们小区的树，三三两两，嬉笑而过，他们既没有像欧洲人那样抗议，也没有东方人应有的那种对美好事物遭到戮害时的静默。但并不总是这样淡然，当他们怕吃亏地用杂物争挤楼里可怜的公共空间、与多占了几寸的人争斗时，往往很激烈。

国人所有习俗似乎都在跟绿色对着干，都对树木不利：喊山，竟然有这么一个锻炼法，每天天不亮上山狂喊，把安睡的鸟惊得四处逃散，于是害虫高兴了；吃野味，国人有许多独有的稀奇古怪的吃法：吃蛇、吃青蛙、吃麻雀、吃发菜……再如把满山树砍了，在桩子上种蘑菇，春天捋嫩芽，在小树上吊膀子等。

砍树毁草似乎是大快人心事，大家心照不宣地对付所谓森林法，真抓到了盗伐之人，也是一顿酒肉，顶多一沓钞票就能摆平。

这个民族有许多人非常健忘，1998年大洪水过去没一个月，国家刚下达严格的禁伐令没几天，西南又响起锯斧声，没有粗木砍细木，一根根顺流而下。

某国家自然保护区，管理部门与盗匪勾结，除了盗卖中国稀如珍宝的原始森林外，还捕猎国宝级珍稀动物……

毫无例外，世界上混乱、肮脏与贫穷的国度，其民性大都互无信用，乖戾残忍，对待大自然也毫不吝惜，贫穷就这样延续下来，文明就这样光泽不到。

爱国，以及心中一些不可逾越的理念，是一个民族整旧如新最关键的素质。日本、韩国、德国早已上去了（他们曾经沦落到比现在穷国还惨的地步），其实就是比现在大多数穷困潦倒的国度多了一个心性，更准确说是珍惜和爱。

新西兰就像一张绿毯，到处是浓重的绿色，森林覆盖率才达45%。……最关键那里是专家治市，一纸法令行天下，最大城市奥克兰说不能有高于两层的楼，于是到处是小楼藏在树丛中。

这是一个奇怪的现象，所有发达国家或者说有可能发达而现在还没发达的国家都爱树和自然，所有穷国、乱国都不爱树和自然。

在这里，树已经不仅是树了，它是人与人之间少纠纷的标志，是和谐、秩序、承诺、信用和整个文明的标志。

为何种树的善而少，砍树的凶而众

《中国改革报》副主编李林河回忆80年代中期的一次空中之旅："我们要坐

飞机经过巴基斯坦到欧洲。那天万里无云，从北京一起飞我就盯着手表看，1分钟、2分钟……大地是一片绿色，半个小时过去了，天地开始黄一块绿一块，这样的情形过了15分钟，下面就变成了一片无边无际的黄。一个小时、两个小时、三个小时过去了，大地就一直这样黄下去。过了十几个小时，进入欧洲，绿色才又扑面而来。"

他告诉我他的家乡河南简称"豫"，是"我与象"的意思。在四五千年前还是林木茂盛之地，亚洲象在里面出没奔走，而现在除了兰考及周围数县的风沙，秃秃的太行山就占了偌大地界。

河南有一块地方，宋代古书上说"修竹茂林，绵延数百里，不见天日"，这就是获嘉、修武、焦作一直到山西这一线，现在却成了旱魔最易横行的地方，举目眺望，满目黄色。

河南许多山是秃的，许多山是土质的，种啥长啥的山，也是秃的。你乘车经过当年诸葛亮隐居的有翠绿的卧龙之岗的南阳数县看看，到处是土质秃山。这么好的山为什么秃呢，难道这里的人真不喜欢绿？几年前记者采访了这里一个植树的劳模，他们一家承包荒山20年，植出了一个花果山，后来四方民众蜂拥而上，干部坐视不管，暗中怂恿，一座山就这样被砍秃了。

那个劳模是个善良老实的人，老婆离婚，父亲惨死，孩子有病，干部打击，于是不得不流落他乡——多年的采访我发现，真心执着种树的人都很善良无助，他们是人群中的少数几个，而砍树的都是凶狠、有能耐、心眼活、能够上下走动的主，人们围聚着巴结着他们，群起而效仿。

有什么样的人就有什么样的环境。社会学家北野说：当初上帝给全人类是同样的大地，都是覆盖率90%以上的森林，几千年过去了，有的国土成了黄土和沙漠，有的国土照样翠绿。

哪里有穷山恶水，哪里人的生活方式肯定有问题。只要人不骚扰大地，10年之后，秃山也会变绿，大自然有伟大的自我恢复功能。这就是道德和责任心与自己家园的关系。

五千年文明难道只是砍树的历史？

日趋恶化的生存环境逼迫我们自省，几千年来我们好像只有一个砍树的历史，而没有一个植树的历史（植树造林是西方传来的一种方式，过去皇帝就知到南方搜寻珍花奇木，而百姓也只知上山砍樵）。

世界上大多数国家的房前屋后都种满花草，在新西兰，连经常违法的土著人和罪犯的屋前都至少有10平方米的鲜花。国家并没有法律要求他们必须这么做，但提供优良的花种，他们像习惯为女人开门一样习惯褐色或白色的木屋要有红花绿叶环绕。与之相反，我特意留意了一下北京楼房的阳台和后窗，条条铁棍里，大多是紧闭着窗帘，布满灰尘的玻璃，或是阳台上堆满了破纸箱烂家具。

在山西临汾数百座秃山中的一座山脚下，远远望去，全山只有一棵树，消息树一样立地在山顶。盖因歪扭不成材，所以侥幸存活。我问一搂草寻柴的老农，为什么把满山的树都砍了？他说，你不砍，他砍，早晚得被人砍了。要是山上有树，我吃不香，睡不好，老想着把它砍了运到家里，要不太吃亏。

这时的农夫就是先前的草民，草民如此，帝王更甚。5000年的历史，帝王的功业就是自然的灾难。我们祖先的建筑都是土木结构的，朝代更迭，谋反得逞，总是要把前朝的房子烧了，然后再伐树建新。秦始皇绵延800里的阿房宫用的全是上好木头，南方楠木，北方巨松，被项羽一把火点燃。这个木头的长城，木头的金字塔群，在大火中整整烧了3个月。据说黄土高原秃成这个样子，跟这也有关系。有专家认为：3000年前的先秦时代，西北黄土高原的森林覆盖率不低于50%，全国森林覆盖率在70%以上，东北和西南高达80%—90%。

那漫漫五千年的滚滚史尘，有多少林木的呻吟哭泣。

我们把毗邻中亚细亚那一块砍秃了，把青藏高原砍秃了，把丝绸之路、河西走廊、阳关、秦岭、罗布泊、东北、西南……砍秃了。我们制造了一个多泥无水的黄河，我们弄出了一个无草无木的黄土高原，我们使东北大森林在十几年中魔术一样没了。

同是东亚人的朝鲜和日本对待树的态度也跟我们截然相反。一位50年前入朝作战的老战士回忆，到了朝鲜最大的感受是三千里江山山清水秀，跟咱们国家光秃秃的很不一样。90年代，威海林业代表团到韩国，第一个发现是高速路都是弯的，不像中国直筒筒的。原来那是避树的结果。他们为树专门研究出透气水泥，铺在路树之边。

所有地方都种树了，那人上不去的悬崖呢？威海林学家刁问他们的林业官。

“用直升机把人吊上去。”

“那你们怎么对付乱砍滥伐?”我们的林学家又问了一个自以为很难的问题。

“什么,为什么要乱砍呢?再……再说法律规定是不准砍树的……为什么要砍呢?”韩国林业官像看外星人一样困惑地看着中国的林学家,百思不得其解。

另一个中国的林业代表团访问日本,在森林中,中国的一个林学教授发现了一棵没有见过的树,就上前掰下一根枝条,陪同的日本林业官员吓得脸色苍白,赶紧让中国的教授把树枝藏在草丛中,说如果让林业当局知道了,咱们谁也走不了,你们也别想回国——如此可知日本70%以上的森林覆盖率不是从天而降。

前不久一位作家采访了曾是原始森林覆盖、现在已全秃的中国湘西某县的林业局局长。“你们为什么要砍树?”“我们发不出工资。”“那树砍完了你们怎么办?”“咳,走一步是一步。管那么多呢!”

为什么砍树,人口。我们总以人口多来搪塞,但人口密度更大的日本,韩国、以色列甚至中国台湾、中国香港的森林覆盖率就是一个最好的反诘。

因而不要总埋怨日本人买我们的木筷子,他们不来买筷子,我们也会以别的什么理由糟蹋这点可怜的树木。

森林文化的缺乏,妨碍了民族素质的提高

欧洲人不理解我们前些时候冠以他们的什么“蓝色文明”,他们更愿意自诩“森林文化”。他们认为古希腊、古罗马来自森林(当然还有海洋),莎士比亚、安徒生、莫扎特、歌剧、芭蕾、奏鸣曲、小提琴、单簧管……所有那些使欧洲成为欧洲的东西都是来自森林。

看我们自己,一切在梦中回荡的也来自森林:《山海经》、《尚书》、《诗经》来自森林,阳关故道、唐诗意境、宋元古画也来自森林。我们什么时候丢弃了我们最应珍视的?

100年前,一个在中国生活了半辈子的美国人罗斯写道:“世界上再也没有其他地方比起中国西北滥伐森林引起的大灾难更为明显了。在太原附近,曾经是森林覆盖的高山变得光秃秃的,非常干燥……由于使生命有意义的森林大量消失，河水不再是经过腐殖土和苔藓地带的过滤而成的清澈河水，而是充满了光秃秃土坡上冲下的泥土。鱼儿消失了，欢娱的洗浴不见了，泉水干枯了，晚夏的牧场再也得不到从布满森林的山坡上渗出来的水滋润了。再也没有倒下的大树或圆木阻塞小溪，在八月里给鲑鱼提供一个静悄悄的小池塘。数百万人一生中并不知道一种为许多树木环绕的林中空地，也不懂得金色十月里的树叶的光彩，或摘核果、摸鸟巢和追逐松鼠的童年快乐。”

要知道有一个公理：森林是使国土之上更少暴戾、更多温文，更少洪水、更多清泉，更少犯罪、更多文明的一种东西。它比世界上其他两种最有力量的东西：钱和武器，对人更好。

简评：文章强烈地传达了这样一个信息：砍树的民族愚昧落后，缺乏温情又利欲熏心。砍树的历史和森林文化相比较，连鲁迅也只能：“哀其不幸，怒其不争”。看着日益恶化的生存环境，不禁要为古老的民族、古老的文明一哭！我们的心像被砍伐殆尽的秃山一样的荒凉！当我们面对满是泥沙的黄河、满目的黄土，我们依旧不震惊，不忏悔吗？我们沉默、麻木，我们只顾眼前利益，我们——砍树的民族！假如树会说话，它会选择离开这片土地；假如人有良知，请不要再骚扰无辜的树木！为了子孙，希望听到的不是“林木之殇”而是森林文化的打造。

作家谈读书

一些古书，培育着咱们的祖先，咱们跟祖先是一脉相承的，自当尝尝他们的营养料，才不至于无本。若讲实用，似乎是没有，有实用的东西都收纳在各种学科里了；可是有无用之用……读古书读的得其道，也会有类似的无用之用。

——叶圣陶：《读<经典常谈>》，原载《西川集》，文光书店，1945.

从"死亡陷阱"到"生命之泉"——难忘的人类输血史

徐　文

鲜红的血液是"生命之泉",在全身一刻不停地循环流动,维持新陈代谢,调节生命活动。当由于受伤或生病,人体血容量减少到一定数量时,生理活动便受到干扰,甚至面临死亡的威胁。及时而适当的输血,可使生命之树枯木逢春,生机勃发。在人类文明的历史长河中,为了输血,前人曾经在黑暗中长期摸索,做出了巨大牺牲。

15世纪初,罗马教皇英诺圣特病危,群医束手无策。当时,意大利米兰有个名叫卡鲁达斯的医生提出,直接给教皇输入人血,可以救治。他残酷地割开三个男童的动脉血管,让血液流入铜质器皿,再加入名贵草药,用手工制造的粗大注射针头,将血液输入教皇血管中。三个孩子放血后抽搐着死去,教皇输血后也立即感到胸闷窒息,很快死亡。这次输血,断送了四条人命。

1665年,英国科学家查得·罗尔将一条狗的血管接到另一只奄奄一息的狗的血管上,进行输血,使后者死而复生。但当时未引起人们的重视。

17世纪,法国医生采用羊血输入人体来治病,因为当时人们认为羊血最为圣洁。从17世纪保存下来的油画上,可以看到用羊血给人输血的情景:一头健壮的公羊被缚在凳子上,颈部的毛被剃光,割破的颈动脉内插有一根管道,另一头较细,连接于病人腕部血管,羊血经管道直接流向病人体内。但病人输入羊血后,血液凝结,病人窒息,往往和羊一起死亡。由于如此危险,故当时输血前,病人都要立下自愿书,表示一旦死去,与医生无关。由于越来越多的人因为输血而死亡,引起社会震惊,巴黎宗教法庭不得不出面干预,发布命令,禁止输血。

大约100年后,1875年,朗特亚医生通过显微镜观察到,血液的主要成分是血清、血细胞和血小板,而血细胞又有红细胞和白细胞之分。不同动物的血液混在一起,可促使红细胞凝结,从而揭开了羊血杀人的秘密。

1900年,生理学家肖特克和郎特斯脱发现了血型。根据红细胞所含"抗原”的不同，将人的血型分成三型，即A型、B型、O型。人对人输血，血型一定要适应，否则，红细胞就会凝结，致人死命。这一发现恢复了人类之间的输血。

1908年，外科医生亚历克西斯·卡勒尔将一位父亲的动脉和他女儿正在出血的血管相通，让父亲的血和女儿的血混合在一起，从而挽救了女孩的生命。这件事的成功，引起社会注目，成为当时的特大新闻。

1910年，科学家强斯基和莫斯又发现了AB血型。后来又发现MN、P、RH等十余种血型，隐藏在血液中更多的秘密被陆续揭开。

20世纪初，产科医生詹姆斯·布兰德尔使用人的血液来补充妇女分娩时的失血，确立了输血在医学界的地位，开始了实用、安全输血的新时代。

经过近一个世纪的不断改进，输血技术日臻完善，新方法不断涌现，人类进入输血的自由王国。

为了减少发热、过敏等输血并发症，现在提出，配血除了红细胞“型号”相同外，白细胞“型号”也要尽量相似。更有人提出去除供血红细胞血型抗原，使其失去ABO血型特点，便可以随时输给任何病人，以利抢救，预防溶血反应。之后，成分输血被大力推广，用先进技术将血液中的各种成分分离出来，病人缺少什么就补充什么。比如外科手术失血过多，输入浓缩红细胞，以改善运送氧的功能。缺少血小板的病人，就光给他们输血小板。这样做，可以充分利用日趋紧张的血源，并减少不良反应。国外和国内有些地方，已经建立“血液银行”，在手术前一段时间先抽取一些病人的血贮存起来，手术时再输回；也可将手术时没有污染的血液收集起来，经过过滤等措施，回输给病人。

1978年2月，人造血液在日本制造成功，并于1979年4月在临床手术中实际应用。我国也于1979年研制成功，于1981年开始应用。人造血制剂主要有两种，即全氟萘烷与氟三丙胺的混合乳剂和全氟三丁胺乳剂，目前主要应用于器官移植。最近，1997年培育出轰动世界的多利羊的英国科学家宣布，他们正在研究通过遗传工程技术制造人血。用培育多利羊的技术饲养的牛和羊长大后，其奶中将含有人类血浆的主要成分。

可以相信，随着现代科学技术的飞速发展，输血技术将不断进步，过去的幻想将逐渐成为现实，为人类的健康造福。

简评：科学发展的每一步，都是在无知的黑暗中痛苦摸索，而且不可避免地要付出惨痛的代价。一部人类输血史，明白地告诉我们这个“血”的事实。文章的结构非常简单：以时间为序陈述输血史上几件有划时代意义的大事，而人类艰辛的努力和恐怖的牺牲就体现在其中。朴素就是美，简单就是力量。

作家谈读书

提高阅读教学的有效性，不妨从学生的“表达困惑”切入，使阅读的过程变为“理解文本如何表达，纾解表达困惑的过程”。抓住文本如何运用语言表达思想感情这一主题，既符合语文教学的目的和任务，又切合学生阅读理解的实际。首先，确立“语文知识和能力”为教学的核心价值目标。完整的阅读教学应遵循“出入法”，“入”是进入课文本身，身临其境，“出”是走出课文，从内容到语言形式提出见解。也就是说，完整的阅读教学要经历一个往返过程，由语言文字到理解内容，从理解内容再追溯文字的表达形式，重点落在语言本身。其次，重视语言的理解、积累和运用，特别重视学生语言习得。值得推崇的做法是：在阅读中有机地、灵活地结合语言训练，用多种形式理解、积累和运用语言。

——钱正权：《从学生“表达困惑”的视角指导阅读》，《小学语文教学》2011.10.

镜子里的思维

肖常燕

很久很久以前，有一个恶毒的王后。她有一面会说话的魔镜，告诉她谁是世界上最美丽的女人。后来一个皮肤如雪、头发像乌木、嘴唇像血一样鲜艳的女孩长大了。当王后再次询问镜子时镜子回答："世上最美丽的人是白雪公主。"镜子从不撒谎。

现在，有一群穿白大褂的人也在请镜子当参谋。不过他们参谋的是智商，而不是美丽。他们用镜子来研究其他动物的思维。

1860年，达尔文把两只黄犹坦猴放在镜前，观察它们亲吻自己的影像。

黑猩猩，人类的近亲，很快就能意识到镜中的影像就是自己。高登·伽鲁普在大猩猩被麻醉后，在它的眉毛和眼边涂上明亮的油彩——大猩猩无法自己看到的地方。醒来后，当猩猩照镜子时，它们会意识到自己的改变，用手摸被染的部位，然后又嗅又看地研究沾上油彩的手。

研究人员们为几十种动物做镜子实验——狗、猫、鸟、大象和20多种猴子。然而迄今为止，能确定通过实验（即能够意识到镜子中出现的影像是自己）的只有大型灵长目——黑猩猩、大猩猩和黄犹坦猴。但科学家认为，应有其他动物能够通过这项实验。

通过实验的动物对自己的影像有着类似的反应。起先，它们以为看见了另一只同类。但很快——5分钟内——它们开始做奇怪的动作，它们慢慢地故意移动四肢或头，一遍又一遍。然后不停地挤眉弄眼，龇牙咧嘴。当它们确认镜中的动物就等于自己时，开始用手或脚系统探索自己平日看不到的身体部位。它们在镜前夸张地做动作，包括细心严肃地研究牙齿，兴致勃勃地观察生殖器官等。

纽约州立大学的伽鲁普相信，动物通过镜子试验证明了它是有"自我"概念的。"如果你不知道自己是谁，"他说，"你又怎么可能知道你在镜中看见的是谁呢?"他还认为，认识镜中的影像，本质上，表明个体可以做3件事，首先，把自己过去、现在、未来的事情联系起来。"换句话说，你可以在脑中进行时间旅行。"其二:思考不可避免的死亡。第三,参考自己的经历了解其他同类的精神状态。因此,当一只猩猩因跳跃撞到石头而感到疼痛时,它知道其他猩猩落在石块上也会同样疼痛。

伽鲁普知道上述三个特点很难进行测试。不过,确实有一些实验暗示,通过了镜子实验的动物能"善解人意"。这些实验的目的就是寻找"内心社会策略"(伽鲁普语)如同情、感激、欺骗和假装。"这些能力都需要通过对他人精神状况的了解而获得。"伽鲁普说道。比方在一个实验中,猩猩们需要从两个人中选一个帮忙找出隐藏的食物。猩猩们不知道食物被藏在何处,但它们看见只有其中的一个人观看了藏食物的过程。于是它们大多数挑了那个知道食物藏处的人。猴子在上述实验中就失败了,不过即使是猩猩,也有少数未通过实验。

伽鲁普关于"善解人意"的说法,从人类婴儿的镜子试验得到了印证。6个月大的时候,婴儿开始对镜中影像作出反应,但把影像当成其他的婴孩。18个月时开始略略认识镜中的自己。2岁时,65%的婴儿能在镜中认出自己。而同时,它们也开始使用"你"、"我"、"他"词汇,在玩游戏时分演角色。出生18个月以前,只要看见别的小孩哭,婴儿也会加入。18个月以后,孩子就会因受到成人的影响或试着去安慰其他哭泣的孩子。

伽鲁普及其研究伙伴找到了人脑中掌握思考、自我意识和精神状态的区域——在额前叶。"研究证明,出生后18~24月,人脑发育最迅猛的部分是额前叶。自我意识为了解他人作了铺垫。"

并不是每个人都同意伽鲁普的观点。"表面上看,这些发现似乎暗示着猩猩们能了解其他动物的情绪。"颇维莱理说,"因为猩猩的某些浅层动作和人类相似,我们就把一些人为的解释加在上面。这根本是牵强的。"他说,实际上,人本身的镜子试验也极少说明我们知道自我认知的意义。看看你自己的影像,当你说:"哈!这是我!"你脑中会想什么呢?你的欲望、需求,你的过去,性格特点,你的身体各方面等等。"当一只动物或一个小孩坐在镜子前显示一系列的'自我认知'的动作时,上述列举的想法都能被一一捕捉到吗?我可不这么认为。"

颇维莱理描述了为解开自我意识之谜在孩子身上做的实验。即悄悄地把小棍子藏在孩子的头上。往回放这一过程的录像时,如果孩子真的具有自我认知,他们应该说:“那是我。你把小棍子放在了我头上。”然而研究人员发现,在稍后重放录像带时,孩子说:“他们头上有一根小棍子。”直到4岁,孩子才能正确通过试验。

颇维莱理认为,不能完全相信婴儿和猩猩了解镜子中的所有现象。当它们在镜子前,他们说,“那边的东西,不管是什么,和我一模一样。”颇维莱理认为,“它们有关自己身体和自己行为的概念——称为动力感自我概念。”他认为从黄犹坦猴身上可以了解自我概念的起源。在镜子试验中,黄犹坦猴完成得非常出色,远远超过了人类近亲猩猩,而且和其他灵长类动物不同,黄犹坦猴并不是群居的,而是独居的。而传统观点认为自我认知是从预测和评估他人行为等社会交往中进化产生的,然而,这些孤独的猴子却是自我认知感最强的动物。

颇维莱理试图做出解释:作为人类最初的祖先,黄犹坦猴都居住在树上。它们的体积较大,雄猴体重可达80公斤。因此当它们在森林中活动时,必须准确知道自己的身体运动和四周位置。这使它们学会计划自己的行动对四周环境的影响。镜子中的自我认知,就是这种能力的副产品。

未能通过镜子试验的动物,猫、狗,可能是因为它们的嗅觉听觉远比视觉发达。猫狗主要依靠嗅觉活动,所以它们对自己的影像不感兴趣。

动物们在自然界中从未碰见镜子的事实让研究人员们开始考虑更换其他方式来研究动物的自我认知。

镜子究竟反映了什么呢?研究人员们也有些疑惑。不过,他们不会像《白雪公主与小矮人》的童话中的恶毒王后那样,把镜子看得魔力无边。

简评:科学家们研究的目的是探寻人和动物的自我意识,而他们的研究方法则是实验:观察动物和婴孩在镜子前的反应。这种镜子实验在多大程度上是有效的呢?伽鲁普和颇莱维理的思考方法不同,所以他们的结论也就不同。伽鲁普假定猩猩看到的镜中影像就是“我”,颇莱维理则认为它们看到的是“和我一模一样”的事物。谁是谁非,单凭镜子实验无法解决。因此,科学实验的效果是有限的,逻辑推理的效果也是有限的。镜子里的思维意义就在于此。

人脑和电脑

戴君惕

一

1946年，在美国科学家艾克特和毛里利的指导下，第一架大型电子计算机问世了。人们从世界各地络绎不绝地来参观这个占地6个房间，重达30吨的庞然大物。这台电子计算机叫做“埃尼阿克”，机内使用了1 800个电子管、7 000个电阻、10 000个电容器和6 000个继电器，造价为1亿美元。它的运算速度是每秒5 000次，比人算快20万倍，比当时最好的手摇计算机快1 000倍。人们看到它轻而易举地计算着各种繁难的数学题，无不大为赞叹。

操纵“埃尼阿克”当然是件无上光荣的事。所以，年轻的计算机专家在白天紧张的工作后，仍舍不得离开。他们想在业余时间利用“埃尼阿克”做一项有趣的尝试——打破计算机“π”的小数点后数字的世界纪录。

“π”即圆周率，是自然最重要的无理数之一，远在1500年前，我国伟大的数学家祖冲之就精确测算出π的数值到小数点后第7位，即π值在3.141 592 6到3.141 592 7之间。西方数学家在1100多年后才得到这个数值。

从这以后，许多数学家耗费了大量精力来计算更精确的π值。1593年，法国数学家韦达把π值计算到17位小数，德国的鲁尔道夫算到了小数点后35位。1717年，英国的夏普超过了鲁尔道夫，把π算到了小数点后72位。到了19世纪，威加、达斯、雷歇分别把π算到了小数点后第140、200和500位。谢克斯花了整整15年时间来计算π值，在1873年终于求得了小数点后707位数值，这个世界纪录一直保持到20世纪40年代。

现在，操纵计算机的小伙子们编好了一个计算π的无穷级数的程序，把它输入“埃尼阿克”。结果，计算机只算了70多个小时，竟把π值计算到小数点后2035位！

使人们大为震惊的是在第五百几十位的地方，计算机专家发现谢克斯的数值有一个错误。这样，谢克斯的π值从这位数后100多个数位便全部出了错，这就把可怜的谢克斯的15年努力全都一笔勾销了！

在运算速度方面，电子计算机有着人所无法相比的优越性。我国制成的“银河”巨型计算机，每秒钟能进行10亿次运算，利用它可以解决那些要花费成千上万人的一生才能精确计算的极为复杂的问题。同时，也只有利用计算机才能控制各种快速运动的复杂系统。但是，在以计算机为核心的现代控制系统里，人仍然是最重要的环节，这是因为人体具有一台世界上最完善的“天然计算机”——大脑。

人脑，一般大约只有1500克重，体积只有1500毫升左右。大脑在活动时所需能量不到2.5瓦，但却有140亿到150亿个细胞。目前，最好的电子计算机——巨型机比人脑要重上万倍，消耗的电能也要多上万倍。但它的“记忆”和“思考”能力却远不及人脑，可靠性也比人脑差得多。

人脑有很强的记忆力，并且善于思考。人类在解决问题时，能够联想和回忆，能够一边思索旧问题，一边解答新问题；遇到出乎意料的情况时，人能够随机应变，妥善处理，电子计算机就缺乏这种创造性思维。至于人脑能利用视、听、味、触等感觉器官的信息，综合地感知外界的复杂情况，作出相应的处理，更是电子计算机望尘莫及的。

为了进一步发现计算机和自动机的新的设计原理，仿生学家和电子学家正致力于生物脑思维和记忆机制的研究。当然，这得由易到难，首先应研究昆虫和蠕虫的简单的脑。目前科学家已研制出一种“人工脑”模型，它不但具有复杂的计算机程序，还有简单的“思考”能力。将来，把这种“人工脑”装在机器人身上，就有可能使之具有较高的“智能”。

二

第一台电子计算机诞生后，“衰老”得很快。到1955年，这台每秒运算5 000次的巨人就被停止使用了。到1957年，12岁的“埃尼阿克”已被人们拆得七零八落，正式进入了坟墓。但它的子孙却一代胜过一代，在地球上迅速繁衍起来。1956年第二代电子计算机问世了。它的元件不再是电子管，而是体积小得多、性能好得多的晶体管。晶体管计算机的体积仅是电子管计算机体积的千分之一，但效率和寿命却提高了1 000倍！

1958年美国人吉尔比把晶体管、二极管、电阻、电容、电感等分立的电子元件做成一块硅片，制成了世界上第一块集成电路。不久，第三代电子计算机——集成电路计算机制成，它的体积比第二代计算机又明显减小了。

1971年，英国霍夫把2 250个晶体管微化到一粒米大小的硅片上，制成了第一块大规模集成电路。1975年，以大规模集成电路为元件的第四代电脑问世。这一代电脑向着两个方向发展：一个方向是每秒计算几亿次甚至几十、几百亿次的巨型机；另一个方向是体积很小的微电脑。短短几年内，微电脑一跃而成为计算机和自动化科学的最大热门。从第一代计算机到最小的微型电脑，重量已从几十吨减轻到几十克，体积已从几个大房间缩小到一个香烟盒那么大；耗电量已从几百千瓦下降到几十瓦；而计算机性能却提高了上百万倍，价格也降低到原来的万分之一。

可是，与生物的脑相比，计算机还存在很大的差距。人们还得赶紧研制更新式的计算机。

1978年美国沃尔夫发明了超大规模集成电路。两年后，采用沃尔夫的办法制造出能集成60万个晶体管的微型硅片。尔后，一家公司造出含1 048 000个信息单位的微型集成电路片，近年又有4兆个信息单位的储存芯片问世。在这基础上，第五代电脑已经研究成功。

第五代电脑在微型化方面已经可以与生物脑相媲美了。但是，这仍然是没有思维能力的机器。要更逼真地模仿人脑，这得着手研究第六代、第七代电子计算机。

现在，第六代计算机的研制方案已经提出了，这就是利用活的“生物集成电路”的生物电子计算机。

拟议中的生物电子计算机，不用现行的硅集成块组装，而是用系列生物分子构成。这种“生物集成电路”，可以是涂有单层蛋白质的平面型集成电路玻璃片，也可以将活性极强的蛋白质组成的立体分子阵列，植入生物细胞内，让它像集成电路一样指导电流脉冲。现今硅片上存储一个信息量单位的地区仍包含数以亿计的原子数，而生物集成电路里，一个分子便能存储一个信息单位。这样，计算机就能再缩减千万分之一，其运算速度要比目前最先进的微电脑快100万倍！

最近，科学家们又设计一种新型的生物电子计算机——DNA分子计算机。DNA是脱氧核糖核酸的简称，它是最重要的生物物质之一，负责贮存和传递遗传信息。DNA上有4种生物碱基，它们的不同排列构成基因的遗传密码。而在DNA大分子中，4种碱基的不同排列是一个天文数字，因此可以贮存大量的信息。在某种酶的作用下，DNA分子之间可在瞬间完成生物化学反应，从一种基因代码变成另一种基因代码。科学家拟利用这一特点制造DNA计算机，那时，DNA计算机运算几天相当于从计算机问世以来全世界所生产的电子计算机运算量的总和。1立方米的DNA溶液可存储1万亿亿位的数据，而消耗的能量却只有一台普通电脑的10亿分之一。

除运算快和耗能低外，生物计算机最吸引人的还是它的可思维性，它具有类似人脑的功能，即在平行水平上同时处理众多的信号脉冲。这种第六代电脑制成后对人类社会的巨大影响，怎样估计也是不过分的！

三

机器人英文称Robot，这个名字源自捷克作家一出戏剧中的人物。

远在几千年前，人类就幻想制造机器人来减轻自己的劳动。传说鲁班曾经制造了一个木人，它“机关备具”，能在路上自动行走并能驾驭“木车马”，这可以说是世界上最早的机器人。到了工业革命时代，由于生产发展的需要，特别是要进行高温、高压、高真空或放射性等危险条件下的生产，制造机器人代人劳作便提到了议事日程。

最初研制的机器人其实只是机械手或操作器，它是模仿人手功能的技术装置。机械手就像一只巨大的手，它的手臂能上下左右转动和伸缩，腕关节也能弯曲和转动，因此能使手指部分自由定向。机械手在宇宙空间、深海、燃烧室、放射性室、核反应堆等对人体有危险的区域有着十分广泛的应用。机械手的进一步发展是遥控操作器，它是带有“人造眼”——传真电视机的操作器与电子计算机联用，并由人进行控制的人——机系统。这种操作器工作时，它的手指触觉信号和传真电视机的视觉信号传给遥控计算机，遥控计算机便像人脑一样将信息加工后发送到地面控制室里，操作员可直接在控制室的显示屏上观察操作器的工作情况，并通过控制器和地面计算机控制操作器的下一步行动。

遥控操作器已经有成百上千种，它们在各种危险区域执行着各种各样的任务。1967年，一台遥控操作器登上月球，它在地球上人的遥控下，挖掘了月球表面46厘米深处的土壤样品，并对样品进行初步分析，以确定土壤的硬度和重量等，俨然是一位在行的土壤学家。

据统计，目前世界上共有数十万个工业机器人在流水线旁，日夜不停地从事焊接、油漆、抛光、安装等简单重复的机械性操作。在巴黎地铁车站内，一队机器清洁工天天在打扫卫生，它们用履带行走，还可以上下楼梯。在德国法兰克福机场，一个名叫“全天候清洁工”的机器为汉莎航空公司擦洗远航归来的飞机，它可以在两小时之内把一架波音747大型客机擦洗得一干二净，这项工作原先由16个清洁工干上10个小时才能完成。在日本，机器人在建筑行业大显身手，高楼机器人用它们脚下的吸盘牢牢地“站”在大楼的玻璃墙面上，进行擦玻璃窗的危险工作。在美国，机器护士小姐已经在医院里代替护理人员从事各种各样的服务性工作，如送衣、送饭、送药、送病人……更神奇的是侦探机器人。它体积极小，行动方便，简直可以无孔不入；它嗅觉灵敏，不仅能嗅到埋藏于地下的炸弹，还能发现核技术装置的位置；在特别紧急的情况时，它还能带上摄像机，深入敌巢或有放射性物质的建筑中，向远在安全地带的人传送图像及情报。在德国、日本和美国，还制造出了一些会走路、看书、写字、听话和说话的机器佣人。它们能认识自己的主人，早晨主人起床时，它会礼貌地问安，然后送上早点，主人不在家时它能按主人的吩咐熟练地料理各种家务，主人回来时，又有礼貌地迎接，殷勤地为主人做这做那，真像一个忠心耿耿又聪明乖巧的仆人。

但是，无论机器人怎么聪明，它的智慧都是人类编好程序输入它的电子脑袋的，人类永远是机器人的主人。

简评：本文是通俗的科普文章。从说明文的角度，可视为写作的典范。文中我们可以接受电脑研制、开发的历程，展望“生物电子计算机”的发展前景等大量的信息，更为可贵的是启示我们笃信“人类永远是机器人的主人”这一真理。值得注意的是，作者掌握了有关计算机和生命科学方面的大量资料，并在撰文时作了有针对性的对比，以阐明人脑所独具的无可替代的优势和价值。

世事沧桑话青蛙

毛　琦

不久前，一则科技新闻颇引人注目，某国科学家成功地进行了一次将青蛙悬浮在空中的试验。联想到这个曾被美国人射入轨道做太空旅行疾病实验的小小生灵，又一次为科学研究建立了新功，不禁由衷赞叹。

青蛙是最早而且可以肯定说是先于人类出现在宇宙洪荒中的小生灵。能够想象得到它是太古时期最先替洪钧万类奏响生命摇篮曲的歌手。在那遥远的岁月里，我们的祖先称青蛙为蝼蝈、为蛤鱼，后来就通称它为虾蟆（有时已涵盖蟾蜍），再后来或因其坐姿、或因其美味等种种缘由，又赐给它田鸡、水鸡、坐鱼、土鸭、长股、立针、海马等一系列美名和雅号。无疑最初引起先民注意的还是它那高八度的鸣声，如《礼记·月令》所记"孟夏之月……蝼蝈鸣"。渐渐地它被视为一种能测天时、卜丰歉的祥瑞动物，恰如唐代诗人章孝标一首诗所说的："田家无五行，水旱卜蛙声"。宋代诗人刘克庄也有《听蛙亭》诗；清代诗人汪琬的"乳燕飞飞蛙阁阁，楚萍谢絮满池塘"和倪瑞璿的"草绿清池水面宽，终朝阁阁叫平安"，都是咏蛙的名句。当代最有意思的当是齐白石画的墨蛙和丰子恺有关蛙的散文，前者栩栩如生，作跃动之姿态；后者天趣横生，谓青蛙的鸣声是孩子们在叫"哥哥"呢。他们不啻是青蛙的知音。

青蛙不仅在我国享有厚爱清誉，在希腊，它被誉为能预示天时，保持水流洁净的智慧动物，传说还进入过荷马的诗；在埃及，它"象征着太阳和光明，灯多以青蛙的形象出现"；在法国，它又被用来象征藏金和宝库，孩子们用的扑满，每以青蛙造型；在美国以及其他一些资本主义发达国家，青蛙作为最理想的实验动物，正受到科学家的青睐。美国也有组织青蛙作跳高跳远比赛的。时下一些科普读物里所介绍的"青蛙一般可跳3.25米，最高纪录5.29米"，就是美国人测定出来的。

这个不起眼的动物有多种本领，入水善泳，触陆能爬，且会攀援上树，适应力极强，堪称护身有方。它的生殖力惊人，据科学家说"一只雌蛙一春要产卵一千至四千枚"。也许正是缘于这两点，它才在目睹了恐龙等一些庞然大物的兴亡之后而依然于今健在。

生物学家维克托·赫德可能对人类食蛙的历史不怎么熟悉，曾慨叹说“尽管蛙类由来已古，有益人类，但在当今这时代却遭了殃。”殊不知人类用五脏刀斧来对付这类生灵的冷酷由来已久。当古代犹太族的法老只知道油炸青蛙好吃的时候，我国百越（即今之江浙闽粤一带）的普通老百姓即会用小芋拌蛙烹煮，做出美名曰“抱芋羹”的佳肴。后来又发展到活剥青蛙皮后再粘裹精豆粉，做出什么“雪婴儿”、“豆荚贴”等诸多名堂的美馔，给所谓的唐宋饮食文化平添了罕见的一笔。至于巴黎和布鲁塞尔的餐馆将蛙肉之美味“赞为上馔”，北美人狠吃癞虾蟆的朵颐大快，是后来才“迎头赶上”的。只是因为随着科学文化的日益昌明，人类逐渐发现青蛙不仅能测天时、卜丰歉，可食用且又有药用、工业用、科学实验用的多种价值，更为切实的是它消灭农田害虫（一只青蛙一年能吃掉一万多只昆虫，大多都是害虫）法力无边，是农家功德无量的灭虫助手。由此保护青蛙的呼声才日益强烈，有的国家还为此制定相应的法律，总算给蛙类世界带来一线希望和福音。

然而并非从此天下太平，也并非在所有的地方都出现了“池塘水满蛙成市”（宋方岳《农谣》）的可喜现象。从全球范围看，不少地方青蛙的生态环境恶化，不科学、无选择地滥肆捕捞现象也日趋严重。似乎被不少国家引进的人工饲养专供食用的古巴牛蛙，还不能满足那些老饕们的铺排牙祭，非得有大量的野生青蛙佐餐而后快。于是你以“生猛”为上选，我以“鲜活”为最佳。也不管它是有益还是无益，有尾还是无尾，反正天下鳞介虫鱼尽“入吾彀中矣”。这可真应了一句俗话：“龙王欲斩有尾族，虾蟆皆哭。”只可惜这次是万物之灵长——人类，大开杀戒，想必是虾蟆也是欲哭无泪的了！

近两年，在市场暴利的驱动下，我国有些地方滥捕野生青蛙的情况，亦时有所闻。笔者某日去菜市，就目睹一野贩子系一大网刚从稻田里捕来的青蛙，旁若无人地叫卖，简直让人目不忍睹，忧心如焚。说来恰恰是与此同时，从国外却传来两则发人深省的报道：一则是悉尼的一项奥运会场址，工程施工中发现一群（数以百计）濒临绝种的青蛙，他们不仅立即改变施工计划，并花40万元设立保护措施，为青蛙保留了它们的家园。一则是韩国为了保护本国的青蛙和维持生态平衡，已开始对前些年从北美引进的牛蛙大肆宣战。原因是这些牛蛙有的已转化为野生，大量捕食个头只有其1/5甚至1/7的当地青蛙，严重地威胁着当地原有的生态平衡。故而他们不得不采取壮士断腕的果断措施，号召尽快捕杀这些喧宾夺主的家伙。

《诗·小雅》有云："他山之石，可以为错。"看来在保护青蛙方面，我们确实得借用人家的两块粗石，来磨磨我们自己已多少生有苔斑的"玉石"了。如果漠然无视生态平衡，还只是一味地在"爆炒蛙皮丝"和"玉珠蛙肉"之类的烹调上花样翻新，我们就不怕有一天这个智慧动物灵性复现，当着餐桌反问："你们整天说要保护野生动物，难道就只会用牙齿关爱我们这些弱小的生灵吗?"届时，恐怕吃者的眼睛比被吃者的眼睛还要瞪得大。愧疚在心，夫复何言?

人们啊，用实际行动爱护青蛙吧！

简评：青蛙真是命运多舛，不是遭受人们滥捕滥杀，就是成为餐桌上的佳肴。于是田地里少了捕虫能手，连锁反应，人们不得不依赖农药来灭虫，贻害无穷。"稻花香里说丰年，听取蛙声一片"的诗意现在变得几近于凄凉。青蛙的身影少了，这是蛙族的悲剧，这悲剧是人造成的。最终必将是人的悲剧。爱护青蛙，势在必行。

作家谈读书

字要规规矩矩的写，话要清清楚楚的说，课文要仔仔细细的读，练习要踏踏实实的做，作文要认认真真的实践。

——1992年版《九年义务教育全国制小学语文教学大纲》.

道德科学原理

钮维新

道德，关系国家安定、民族兴衰，紧系社会安定、人民幸福，是国家社会一桩十分重要的大事。

《左传》说："德，国家之基也。"管子疾呼："四维不张，国乃灭亡。"（四维，即礼义廉耻）儒家谆谆告诫："从天子到普通百姓，都要以提高自身的品行修养为根本。"孙中山曾说："有了很好的道德，国家才能长治久安。"法国启蒙思想家孟德斯鸠说："在一个人民的国家中，还要有一种推动的枢纽，这就是美德。"

他们都道出了一条共同的真理：治国平天下的根本在道德。

不论国家、社会、家庭、个人，都应以道德建设为中心，要把树立高尚道德作为立国、立身之本。

我们看历史，一个朝代的崩溃，一个国家的灭亡，一个社会的腐败，乃至一个政府的垮台，是什么原因所致？无它，只是道德沦丧，丧失民心。秦朝、隋朝都曾强盛一时，然到二代就腐败、堕落，激起民众反抗而瞬间灭亡。

再环顾全球：西方世界虽然科技发达，物质生活便捷，但因轻视人文教育，世风日下，致使社会家庭动荡分裂，危机重重，阶级、民族、种族矛盾加剧，恐怖活动频繁，世界战火不息，全球生态恶化，人类生存正面临日益严重的威胁。

如何拯救悬崖边的人类？

世界文学大师列夫·托尔斯泰说："人类的使命，在于力求道德完善。"——这句名言，今天乃是拯救人类，指引人类走向新未来的光明路标。

人类惟有以道德为指针，使天下人从一味片面追求物质的歧路回头，转向寻求高尚美德的大道，人类才能真正获得光明幸福的未来。

人和他的社会=母与子

正如伟大的科学家爱因斯坦所说——

"我们吃别人种的粮食，穿别人做的衣服，住别人造的房子，我们大部分知识和信仰都通过别人所创造的语言，由别人传授给我们。”

“人之所以成为个人，以及他的生存之所以有意义，与其说是靠他个人的力量，不如说是由于他是伟大人类社会的一个成员。”

我们不论从事何种职业，取得何等成绩，都是靠着每一餐饭给予我们的温饱和能量，才获得的呀。任何英雄伟人，没有农民给予的粮食，他都一无所能，只能饿以待毙。

农民和工人是国家一切人的伟大母亲。

我们怎能不对社会，对人民，报以无限感恩之情啊！

你、我、他——都是同样的人

我们大家从茫茫宇宙的生命之海中来，诞生在地球上，原本生命都是一样的。

后来，由于各人家庭环境不同，遗传因子各异，所受教育不同，逐渐产生差别。由于各人的大脑接触不同环境，输入不同的“软件”，使得各人的心灵、思想、品质、个性，各不相同，区别就在这里。而各人的“硬件”——人体结构、生理规律基本上还是一样的，都是由60亿个细胞组成的。

所以，你、我、他本质上都是一样的，尽管容貌不一，姓氏不同，但都有同样的人体，都有一颗心灵，都是大自然之子。

如果天下人都能确认这一真理，平等相待，爱人如我，那么人际关系就会调和，社会就会祥和。

心灵——人的真正生命

人的认识常有一个误区：就是把人的肉体看做是自己惟一的生命。

其实人的生命有两部分：一是肉体（物质），二是心灵（精神）。肉体仅是生命的载体，心灵才是人生命的本质。

德国大诗人海涅说：“世界上没有比心灵更美好的东西。”

人只要把培养自己美好心灵作为人生最高目标，那么这就是一种幸福人生，社会就是一个美好的社会。若国家把培养国民的善良心作为目标和任务，这个国家就一定是一个幸福康乐的国家。

心灵美，将使人的生命充满了光泽。一个社会的历史价值，也就在于它能否造就出心灵美的人。

道德的科学原则

俄国伟大的思想家车尔尼雪夫斯基曾说："道德科学也能够成为像自然科学那样一门精确的科学，道德世界的一切现象都是按因果规律由彼及此地在外部条件影响下发生的。"

根据人类五千年文明史（也是道德史），我们今天可以为道德确立一些如1+1=2、2-2=0那样准确无误的科学原则：

1. 道德因果原则。如同自然界的"种瓜得瓜，种豆得豆"的因果原则，道德世界有"善有善报，恶有恶报"的原则。

无数事实已证实了道德的这一定律。看看狱中那些罪犯，当初他们作恶时，何等得意、猖狂，最终都落得"手铐伴铁窗"的下场。

2. "爱人如己"是道德的基本原则。确立了人与人平等的科学观点，对人如对自己，爱人如爱我，就会在道德世界顺畅无阻，人生就处处通达。社会上的许多矛盾，也会迎刃而解。

3. 道德=知识+爱。人的道德不是生来俱有的，而是后天形成的，是知识、环境、教育陶冶的结果。一个人一旦认识到社会同自己如同母与子一般的关系，就会对社会、对他人产生亲切感，自觉树立起道德观。人的少年成长期十分重要，爱心会在崇尚知识和善的环境中形成。所以国家要十分重视教育，对成人也要继续教育（知识和品德教育），使人永保善的心灵。

4. 道德是最高科学。人们常说"科学是第一生产力"，然而道德是最高科学。人有了高尚的思想道德，才能正确应用科学知识，为人类造福，而道德丑恶者只会用科学手段伤害别人。所以在一切知识中，善的知识是最重要的知识，是最高知识。古希腊哲学家苏格拉底深刻地指出："社会的腐化，道德的堕落则是没有善的知识的人掌权的结果。"英国伟大的思想家培根说："人的科学——政治学、伦理学是最高科学。"故而，学校要把道德知识教育放在一切科学知识教育的首位。

5. 道德是经济学的灵魂。道德是大脑，经济是心脏。心脏只提供人体活力的能量，而大脑则主宰人的言行和一生方向。所以道德重于经济，高于经济。没有道德的经济学，是贪得无厌的经济学，若为发展经济而损害道德，是本末倒置，是文明的倒退。

6. 法律是一种国家的道德力量。法律以维护道德正义为己任，法律是道德的盾牌，道德是最高法律，法的主人。

结论——道德是国家社会的万有引力

牛顿发现了物质世界的万有引力，它是宇宙大自然的内在科学规律。而我们则发现了精神世界的万有引力——道德，它是人类社会内在科学规律。

道德是凝聚国家、社会、家庭的精神力量，也是凝聚民族、历史和人类的巨大力量。一旦失去道德的凝聚力，家庭、社会、国家就会解体，人类也会纷乱不已。而个人若没有道德的约束，则会如脱缰野马、失控机车，随时有伤害他人毁掉自己的可能。

所以，道德是人类社会须臾不可离开的万有引力。

17世纪法国启蒙思想家伏尔泰就指出："人类关于善恶、正义的概念，同引力定律一样自然，一样清楚明白，它们是被人们普遍接受的。"

简评：道德作为一种柔性的社会规范，是内在的意识自律。仁、义、礼、智、信，作为社会公德，伴随着中华文明延续了几千年，但这些道德训诫在历史的进程中显然没有得到应有的尊重；现实中：毒米毒菜屡禁不绝；面粉被甲醛漂白；豆制品掺入工业滑石粉；拦路抢劫屡见不鲜；邪恶猖狂人们视而不见……所有这些丑恶的现象根子都在于本文所阐述的道理之中。"人类的使命，在于力求道德完善。"客观地说，完成人类的使命还需要一个相当长的历史时期。当道德还远没有成为全社会自觉行为的时候，我们不能空谈道德，调控、管理社会只能是规则。因为"一个好社会的标志是，除了规则，一切都是零；一个坏社会的标志是，一切规则都是零。"有时候，在强权政治面前，道德显得那样苍白、无奈。

藏羚羊跪拜

王宗仁

这是听来的一个西藏故事。故事发生的年代距今有好些年了。可是,我每次乘车穿过藏北无人区时总会不由自主地要想起这个故事的主人公——那只将母爱浓缩于深深一跪的藏羚羊。

那时候,枪杀、乱逮野生动物是不受法律惩罚的。就是在今天,可可西里的枪声仍然带着罪恶的余音低回在自然保护区巡视卫士们的脚步难以到达的角落。当年举目可见的藏羚羊、野马、野驴、雪鸡、黄羊等,眼下已经成为凤毛麟角了。

当时,经常跑藏北的人总能看见一个肩披长发,留着浓密大胡子,脚蹬长筒藏靴的老猎人在青藏公路附近活动。那支磨蹭得油光闪亮的杈子枪斜挂在他身上,身后的两头藏牦牛驮着沉甸甸的各种猎物。他无名无姓,云游四方,朝别藏北雪,夜宿江河源,饿时大火煮黄羊肉,渴时一碗冰雪水。猎获的那些皮张自然会卖来一笔钱,他除了自已消费一部分外,更多地用来救济路遇的朝圣者。那些磕长头去拉萨朝觐的藏家人心甘情愿地走一条布满艰难和险情的漫漫长路。每次老猎人在救济他们时总是含泪祝愿:上苍保佑,平安无事。

杀生和慈善在老猎人身上共存。促使他放下手中的杈子枪是在发生了这样一件事以后——应该说那天是他很有福气的日子。大清早,他从帐篷里出来,伸伸懒腰,正准备要喝一铜碗酥油茶时,突然瞅见两步之遥对面的草坡上站立着一只肥肥壮壮的藏羚羊。他眼睛一亮,送上门来的美事!沉睡了一夜的他浑身立即涌上来一股清爽的劲头,丝毫没有犹豫,就转身回到帐篷拿来了杈子枪。他举枪瞄了起来,奇怪的是,那只肥壮的藏羚羊并没有逃走,只是用乞求的眼神望着他,然后冲着他前行两步,两条前腿扑通一声跪了下来。与此同时只见两行长泪就从它眼里流了出来。老猎人的心头一软,扣扳机的手不由得松了一下。藏区流行着一句老幼皆知的俗语:“天上飞的鸟,地上跑的鼠,都是通人性的。”此时藏羚羊给他下跪自然是求他饶命了。他是个猎手,不被藏羚羊的怜悯打动是情理之中的事。他双眼一闭,扳机在手指下一动,枪声响起，那只藏羚羊便栽倒在地。它倒地后仍是跪卧的姿势，眼里的两行泪迹也清晰地留着。

那天，老猎人没有像往日那样当即将猎获的藏羚羊开宰、扒皮。他的眼前老是浮现着给他跪拜的那只藏羚羊。他觉得有些蹊跷，藏羚羊为什么要下跪？这是他几十年狩猎生涯中惟一见到的一次情景。夜里躺在地铺上他也久久难以入眠，双手一直颤抖着……

次日，老猎人怀着忐忑不安的心情对那只藏羚羊开膛扒皮，他的手仍在颤抖。腹腔在刀刃下打开了，他吃惊得叫出了声，手中的屠刀咣当一声掉在地上……原来在藏羚羊的子宫里，静静卧着一只小藏羚羊，它已经成形，自然是死了。这时候，老猎人才明白为什么那只藏羚羊的身体肥肥壮壮，也才明白它什么要弯下笨重的身子为自己下跪：它是在求猎人留下自己孩子的一条命呀！

天下所有慈母的跪拜，包括动物在内，都是神圣的。

老猎人的开膛破腹半途而停。

当天，他没有出猎，在山坡上挖了个坑，将那只藏羚羊连同它那没有出世的孩子掩埋了。同时埋掉的还有他的杈子枪……

从此，这个老猎人在藏北草原上消失。没人知道他的下落。

简评：伟大的母爱！这本不应该只用来赞美人类的母亲。有人看见，撒哈拉沙漠中，为了让即将渴死的小骆驼喝到水潭里的水，母骆驼纵身跳下；高原雪山下，为了让小羚羊逃生，母羚羊毅然跳下悬崖，以自己的身体作跳板。同样，为了给屈死的儿子申冤，十几年来熬白了头发的老母亲眼中含着晶莹泪花……天下所有的母爱，“包括动物在内，都是神圣的”，不仅只有人类才拥有生命的权力！跪拜的藏羚羊不足以撞击有良知的心灵吗？

“难得糊涂”——精确思维和模糊思维

姚诗煌

清朝著名画家郑板桥的一句名言:“难得糊涂”,常为许多人所欣赏。有些人甚至写成条幅挂在墙上、做成徽章佩戴在胸前。板桥先生一生清正,大智若愚、大直若屈,这“难得糊涂”四个字,不仅反映出他的一种人生哲理观,也给我们带来了今天应如何进行科学思维和科学决策的有益启示。

从模糊中求精确

人们之所以赞赏板桥先生这句话,并非真的赞同和提倡那种清浊不分、是非不明、得过且过、昏昏庸庸的糊涂人生,而是要透过“难得糊涂”这四个字,欣赏板桥先生的这样一种精神境界:面对着混沌世界,虽“众人皆醉我独醒”,却在清醒中留几分朦胧,在朦胧中又要能保持清醒。

这种将清醒与朦胧对立统一起来的人生艺术,不由得使人想起中国诗、画的美学精神。在中国古代诗画的意境中,很注重于“真中有幻,动中有静,寂处有音,冷处有神,句中有句,味外有味”。以引人于“冥漠恍惚之境”,进入“含蓄无限”的思维世界。如苏轼的“水光潋滟晴方好,山色空濛雨亦奇”,汪元量《扬州》一诗中“画桥雨过月模糊”等,都给人以一种朦胧美、模糊美的感受。

朦胧和模糊之所以能成为一种美,就因为它能真实地反映自然世界的面貌。面对着世态万物,人们越来越体会到,模糊性作为事物的一种特性,其实是极有魅力的存在。世界上绝对的精确并不存在,“假作真时真亦假,无为有处有还无”,万物都无绝对的界限,而是你中有我,我中有你,亦此亦彼,亦彼亦此,全然是一幅纵横交叉的混沌图。

然而,长期以来,人们对精确性要比模糊性更为重视。数学、力学等学科,都是以精确性为基础的。避免模糊,力求精确,这是从学校到社会都反复强调的思维准则。

确实,只求模糊而不求精确,是人类原始时期的一种思维习惯。由于原始社会生产力十分低下，不需要精确地计数，因此对于两个以上数量的认识，只具有多、许多和非常多等模糊的概念。直到现代，据一些探险家所证实，在某些原始部落里，不存在比3大的数字。如果问起他们中的一个人有几个儿子、杀死过几个敌人，那么，要是回答的数字大于3，他就只会说："许多个"。在古代或现代某些原始部落人的心目中，那些稍大些的数字，如天上星星的颗数、河里游鱼的条数、森林中树木的棵数，都是"不计其数"，连5这数目，也只能说成是"许多"，而不能更精确地加以表达。

随着生产力的提高，出现了商品交换，人们才逐渐学会用手指、小石子等进行计数，形成了自然数的概念。从此，人类的思维实现了一次伟大的飞跃，"心中无数"变成了"心中有数"，精确性代替了模糊性，使人类对自然界及其规律性的认识，由"定性"进入了"定量"阶段。这是一个巨大的进步。可以说，没有这种精确化的定量思维，就没有人类至今取得的一系列科学成就。从分子、原子的发现到相对论的创立，从高层建筑的设计到宇宙飞船的上天，都镌刻着"精确性"的功劳。

精确兮，模糊所伏；模糊兮，精确所依

然而，并不是处处都能真的得到精确化的。在实际生活中，许许多多问题若仅靠精确性来判断，反而会使事情复杂化。譬如，你在路上行走，迎面过来一个人，他(她)是谁呢?你只要把来人的高矮、胖瘦、走路姿势等信息，与储存在大脑中的样本进行比较，就不难得出正确的结论。尽管这种判断是模糊性的判断，但结论的准确率很高。相反，如果你是请计算机来进行精确判断，那就得测量来人的身高、体重、手臂摆动的角度、频率、加速度等一大批数据，而且得精确到小数点后好几位。如果来人明明是你的朋友，只因多日不见，测得的数据便有了变化，或许是体重增加了些，那么计算机的结论，很可能是"翻脸不认人"，闹出一番笑话来。

实际上，面对着许多事物，准确性往往是无能为力的。譬如，人们在设计飞机、轮船、高楼等大型结构时，都要计算结构的强度。一个大型结构往往有许多分支结构构成，每个分支结构又分成许多个部件，它们都有自己的固有振动频率，当受到外力作用时，又会呈现各种复杂的模态。因此，由它们组成的

整体结构，其力学状态就变得十分复杂。在工程设计时，要把这些因素一一精确地计算清楚，即使是用大型计算机也是旷日持久的难题。至于在社会科学领域，譬如经济发展的预测、天气变化的预报、人口增长的推算等等，都涉及许多复杂的因素，用经典数学的精确化计算方法，也往往是欲“精”而不达。

世界上的事物是复杂的，因而事物之间的界限、事物与事物的关系，都具有一定的模糊性。人们的经验，也往往是模糊的东西。高级厨师在烹调一只菜肴时，往往是凭经验来确定用料配比、调料多少、火候的掌握，这很难用天平、温度计等精确性的量具或仪表来代替；一位高级指挥员在作出战略决策时，虽然需要大量可靠的情报、数据，并用计算机得出可供选择的方案，但最后的“拍板”，主要靠自己的丰富经验。这类具有模糊特性的经验、技巧，往往是人类智慧中最高级部分的反映，是目前为止为人类的语言（包括数学语言）所难以表达的一种奥秘，也就是人们常说的“只能意会，不能言传”的东西。

许多清晰的东西也会产生模糊信息。例如，男子和女子本来是有明确区分的，但现在许多男青年留长发、穿花衬衫，而不少女青年“不爱女装爱男装”，甚至出现了“变性人”。这不就是一种模糊信息吗?此外，在人们的工作或学习中，许多概念的内涵和外延也是模糊的。例如“高个子”、“胖子”、“老年人”、“美人”等等。对中国人来说，1.7米的身高算是高个了，但在欧美人中间，只能算是中等个儿。至于“美人”的概念，更是模糊。古代以女子缠足为美，而现代人却视其为丑；贾宝玉眼里的林黛玉是美的，而庄稼汉心目中的美人绝不会是一个弱不禁风的女子。

“晓雾忽无还忽有，春山如近复如遥。”可以说，有了模糊性，才有世界的纷呈多采，才有万物的变幻发展，才有诗中这种美的意境。精确和模糊，是辩证的统一。一定程度的模糊倒反而是一条从复杂中求得精确的途径。这真所谓：精确兮，模糊所伏；模糊兮，精确所依。

精确比不过模糊的最典型例子，是电脑和人脑的比较。电脑能具有每秒上亿次的运算速度，能记住大容量的信息。因而，电脑的精确度是人脑远远不能相比的。英国人辛克花了5年时间，将圆周率算到了小数点后707位，他为此要求将这个结果镌刻在他的碑上。而现在用个人计算机很快就能算到10万位小数。然而，在有的情况下，电脑这个长处反而成了短处。例如，当计算机和你一起去看一场电影，你能详细地复述出影片的内容和细节，如要计算机也能像你一样，就需要用大容量的内存来储存影片中每一细微点的信息。正如计算机之父冯·诺依曼曾指出过的："神经系统是这样一台计算机，它在一个相当低的精确水平上，进行非常复杂的工作。……我们还不知道，有哪一种计算机在这样低的精确水平上仍能可靠地、有意义地进行运算。"

由此可见，善于利用低精度的模糊思维，来获得相当高的可靠程度，正是人脑智力的优点。正是为了更好地模拟人脑的智能，综合地处理客观世界的模糊信息。于是，在以精确为特点的数学领域，出现了一门新兴学科——模糊数学。

"难得糊涂"确实难得

1965年，美国加利福尼亚大学查德教授第一次引人注目地提出了模糊性问题，并给出了模糊概念的定量表示法，从而产生了模糊数学。目前，模糊数学已应用于聚类分析、图像识别、自动控制、机械故障诊断、系统评价、信息检索、机器人、人工智能等许多方面。模糊数学在精确的经典数学和充满模糊性的现实世界之间，架起了一座桥梁。人类对数学世界的认识，从模糊—精确—模糊，这是螺旋式的上升，标志着人类认识世界的能力，又提高到一个新的高度。比如，在自动控制技术中，出现了一种"模糊识别"技术，它能更准确地识别各种复杂的图像，在航天、航空和军事等领域有着重要的用途。将这种模糊识别技术用于民用产品，出现了模糊洗衣机、模糊空调器等智能化的家用电器，并进入了人们的日常生活。

科学的发展，往往给人们带来思维方法上的启迪。如果说精确思维是对事物运动的连续性、相对静止状态的把握，那么模糊思维是对事物运动的不连续性和不断变化的把握。因此，它比精确思维更能逼近事物联系和发展的真实过程，更接近事物的本来面貌。所以，不仅自然科学要承认模糊性的存在，我们平时的认识、分析、判断，也都应从中得到借鉴。要承认客观世界的复杂性，事物之间并无绝对的界限，彼此之间并非都是非此即彼，而往往是亦此亦彼。多年来，由于受形而上学的影响，我们在认识、处理问题时，容易产生"一刀切"的毛病。尽管这种"一刀切"的风气，现在渐渐在变，人们遇事能"多切几刀"了。但是，无论是切一刀，还是切几刀，其界限都是线性的。我们习惯于用线性方法来解决非线性的问题。在掌握政策、制定规划、处理问题时，这种简单化的思想方法已给我们的事业造成了许多的危害。所以，我们遇到复杂的问题时，要从多个角度进行思考和分析，要善于将精确思维和模糊思维结合起来。从这个意义上说，“难得糊涂”确实难得！

简评：看似模模糊糊之处，却是明明白白之时，“模糊”的内涵有时却有着更高的准确性。所以，“难得糊涂”，不是真正意义上的糊涂，小到我们对一个人的高矮胖瘦的判断，大到一个战争指挥员的运筹帷幄，可说是更高意义上的准确。这不仅反映出一种人生哲理，也给我们今天应如何进行科学思维和科学决策带来了有益的启示。

作家谈读书

语文教本只是些例子，从青年们现在或将来需要读的同类的书中举出来的例子；其意是说你如果能够了解语文教本里的这些篇章，也就大概能够阅读同类的书，不至于摸不着头脑。所以语文教本不是个终点；从语文教本入手，目的却在阅读种种的书。说到了解，就牵涉到能力问题；能力的长进得靠训练，能力的保持得靠熟习。其间都有个条理、步骤，总之不能马马虎虎一读了之。所以语文教本需要“精读”；并不是说旁书就可以马马虎虎地读，只是说在读语文教本的时候，养成了精读的能力，读旁的书才不至于马马虎虎。精读的条理、步骤，读得多了，决不会全没悟出；但如果经人指导，使那领悟直接而且周遍自然更好。语文教本所以要待教师来教。

——叶圣陶：《谈语文教本》，《国文杂志》1943年第2卷第6期.

我们如何面对Internet

白　硕　陆汝钤

随着计算机和通信设备的价格持续下降，一个神奇的事物——Internet（国际互联网），正在以前所未有的速度和规模在全球范围内崛起，闯进亿万人的日常生活。围绕Internet的各种新技术层出不穷，以经营Internet业务为主的大小新公司方兴未艾，人们进行计算机通信的方式正在发生革命性的转变，人们能够享有的信息服务的花样令人目不暇接，不管褒也罢，贬也罢，有一件事情是肯定的，那就是：Internet造就了一个充满活力的新兴技术产业。它对人类社会的方方面面所产生的影响，也许现在还难以做出充分的评价。

八方来客网上淘金

Internet首先是一个知识宝库。它为知识共享和学术交流提供了方便的手段。借助于Internet，学者们可以查阅资料、交换论文、讨论问题、发布会议通知或其它学术活动消息，出版网上电子学术刊物，甚至把整个图书馆的书搬到网上，建立电子图书馆。广大的网上志愿者们已经把各个学科经常遇到的带有普遍性的问题的解答分门别类放到网上，供需要的人参考，颇似我们当年“十万个为什么”的风格，但更加专业化，时效性更强。成百上千的专业电子论坛是全球学者畅所欲言进行学术交流的广阔空间。利用Internet进行远程教育和职业培训也显示出强大的生命力。此外，Internet还是调动全球的人才资源携手解决突发疑难事件的重要媒体。1995年北京大学力学系的一些学生为救治清华大学一位铊中毒的学生，利用Internet向全世界的医学界发出了求助信息，得到了广泛响应，起到了非常关键的作用。

Internet与通信有着千丝万缕的联系。多数的上网用户是通过电话线上网的，上网用户享受的最低限度的服务是电子邮件服务。电子邮件同传统的平信、电报和电传相比，使用更加方便、迅速和便宜，受到广泛的欢迎。现在又可以利用Internet发传真和打电话。这些业务，充分地展示了Internet的通信潜力，满足了广大用户的通信需要，也向传统的邮电业务提出了严峻的挑战，以致于英国的邮电局不得不提出鼓励用传统方式寄信的优惠条件，以便把已转向电子邮件的用户再吸引回来。

Internet是一个无形而容量大得惊人的公共场所，是公布散发宣传品的绝好地方。各国政府、尤其是各发达国家的政府，都十分重视在Internet上宣传自己的形象，宣传自己的政策主张，宣传符合自己国家利益的言论。美国白宫的主页每天有成千上万的人“光顾”。许多发展中国家在这方面也开始抓紧了建设。中国政府的许多对外宣传材料也完全可以通过Internet让全世界看到。此外，Internet为政府接近群众提供了一种新的信访手段。在美国，如果你向总统发出一封电子邮件，提出你的批评和建议，不久就会收到一封总统办公室的答复。

Internet更是产品和企业宣传的必争之地。众多的企业名录、产品目录和虚拟产品博览业务成了信息服务业最有利可图的业务。著名的Yahoo系统成了企业界纷纷效法的榜样。利用Internet招商引资，扩大商业机会，也是有关部门和人士经常谈论的话题。中国在未来若干年内的经济腾飞趋势是不可逆转的，Internet的利用将使中国的企业更好地走向世界，使世界更好地认识中国，把握中国的商业机会。

Internet的作用远不止于宣传和通信。实际上，由于一些事实上的标准的形成，Internet上一些通用的协议和界面已经被用来开发大型的综合信息系统。它集管理信息系统（MIS系统）和办公自动化系统（OA系统）之长于一身，具有友好而通用的人机界面，被广泛应用于股市、金融和期货行情的发布，一体化集成化的企业内部网（Internet）以及协同工作环境等。全球首家只在网上存在的虚拟银行——安全第一网络银行已经开办，并有了2 000多用户，他们足不出户即可在家办理存、取款手续。

电子商业已经不再是遥远的梦想。网上推销、网上砍价以及网上采购等都在逐步走入人们的日常生活。据《美国新闻与世界报道》1995年11月号介绍，至少已有250万北美居民通过Internet购买了商品。在网上浏览和订阅电子报刊不仅阅读方便，各取所需，消除了地理位置上的距离带来的时间差，而且不产生任何废纸垃圾。网上的电子书店打破了具体房间的容量限制，最大限度地把尽可能多的书目集中在一个统一的框架和多样化的检索机制之下，向读者介绍主要内容、书评和作者的情况等。网上电子货币已经有迅速崛起的迹象。1996年亚特兰大奥运会首次发行了150万个电子钱包。

所有这一切,都是在短短的几年内突然风靡全球的。我们很难想象,按照这样的发展势头,10年以后的世界将会是什么样子!

社会行业加速重组

Internet的出现,对各行各业造成了极大的冲击,促成了它们的重组。

邮电行业首当其冲。在一些发达国家,电报和电传已经走向萎缩,电话和传真的传统服务方式正在向与Internet紧密相连的方式过渡,服务种类将更加丰富,价格将更为低廉,广大用户会在这一过程中逐渐得到实惠。为邮电行业所掌握的线路资源正成为邮电行业参与同Internet有关的市场竞争中的有分量的王牌。今天的邮电业务在许多方面都不同程度地打上了Internet的印记,今后预计会打上更多更深的印记。

计算机产业的走向受到Internet发展的决定性影响。软件巨头美国微软公司的霸主地位正在受到多方面的挑战。这些挑战者首先来自网上。为了帮助人们利用丰富的网上资源,出现了一批Internet网上浏览器软件,其中Netscape公司的网络导航器受到广泛欢迎,这使微软公司看到了在一个广阔的市场上的强敌。另一个打击来自研制数据库软件的Oracle公司。它的一位副总裁提出了网络计算机(NC)概念。这种机器配置极为简单,主要靠丰富的网上软件资源工作,售价仅500美元。苹果公司也提出了用改装的电视机作为网络计算机的想法。有人已经在鼓吹NC将取代PC机的前景,由70家计算机厂商组成的NC阵营已经公开亮相。另一方面,SUN公司推出的Java语言轰动了全世界。用Java编写的程序经编译后可以在任何一个平台上被解释执行。Java正在变成一个Internet网语言,它打破了地理界限,可使“全网的软件为一人所用”。这个崭新的概念预示着这样的前景:Internet网正成为一个人人都可以利用的大计算机!

传统制造业在Internet的影响下继续发生深刻的转变。它的增值部分越来越明显地集中体现在信息上。CIMS(计算机集成制造)的进一步发展可以把企业内部网和协同工作等依赖Internet的技术融合进来,使得企业内部的信息流和工作流更加“无缝”地运转。

娱乐业中Internet的成分也逐渐增多。适于网上多用户参加的各种交互式棋牌类游戏(围棋、军棋、五子棋、象棋和桥牌等),都有大量的用户群。随着Internet三维图形传输和显示能力的增强和标准的固定,网上娱乐业的前景明显看好。

智能代理前途无量

Internet上的资源和服务的丰富程度,已经大大超过单个用户个人对这些信息的驾驭能力。“信息过载”是一个迫切需要解决的世界性难题。

人们喜欢使用“信息高速公路”这样的比喻。姑且沿用这个比喻,那么现在Internet上的“交通”状况是人人开车上路自己找东西,而且大部分上路的人对“地理”并不是十分熟悉。其实,对大多数人来说,“上路”是次要的,找东西才是主要的。“上路”反而“迷路”,岂不是得不偿失!于是,路上的各类“导游”和“运输专业户”纷纷应运而生。这就是所谓“代理”,英文叫“Agent”。

代理是一些服务程序,它们可以在用户授权下自主地完成用户提交的一些任务。比如:给所有从事某方面研究的人发特定的邮件。这样的任务如果没有代理,用户就需要亲自查找所有从事该方面研究的人的电子邮件地址,再按照这些地址来发邮件。有了代理,这些工作就可以连贯地由机器统一完成。如果代理不知道有些人的地址,但知道另一个代理知道这些人的地址,就可以“委托”另一个代理查找,把结果汇总后再统一发信。又如,用户不可能一天24小时盯着股票市场的行情数据,有了代理,用户就可以委托代理不间断地监视并记录有关的股市行情数据,等用户有了时间再提交给用户。

如果把Internet看做是一个虚拟的“世界”,那么代理就相当于在这个世界里活动的“机器”人。它可以“感知”这个“世界”——搞清楚什么地方有什么资源和服务;它也可以“改变”这个世界——在特定的地方传输和处理信息。人工智能的各方面成果恰好可以用来武装Internet上的代理,使之具有一定的智能。这就是所谓的“智能代理”。

“智能代理”具有学习和适应能力。它能根据用户使用Internet的历史纪录,推断出用户的兴趣和偏好。当用户再次使用Internet时,所有与用户的偏好不相关的信息都被过滤掉了，呈现给用户的将是用户最迫切需要的信息。它能根据用户的要求从庞大的数据库里提取实质性的结论，供用户做决策时参考。它能领会用户的意图，按意图去规划并实现复杂的网上操作。

“智能代理”具有交际和合作能力。它能利用别的代理的长处补充自己的不足。它能在任务需要时取得其他代理的帮助，当然作为承诺，它自己也会在必要时用自己的计算资源去帮助别的代理。

“智能代理”具有一定的语言理解能力。它能把用户用自然语言描述的查找目标转换成机器可执行的动作来找到这些目标。它能按照用户的语言指令调整自己的某些状态和设置。它能用有限的自然语言和别的用户进行交流。它还可以在不同语言的信息资源之间进行用户可以接受的双向翻译。

“智能代理”具有一定的价值判断能力。它将把用户的信息安全摆在最优先的地位，不仅确保自己的动作不破坏用户的信息安全，还能识别有敌意的外部用户入侵。

“智能代理”是实现Internet信息服务的“个性化”的高技术手段，是缓解信息过载的重要途径，也是综合展示人工智能几十年研究成果的典型系统。许多大学、研究机构和公司都在竞相研究开发功能更强大的智能代理系统和产品。智能代理的研究开发已经被提到战略的高度。再过若干年，没有智能代理的Internet信息服务也许是不可想象的，没有智能代理的Internet产品也许是无法生存的。

信息争战矛利盾坚

Internet的影响也不都是正面的。一项新技术，好人会利用，坏人自然也会利用。目前产生最大反响的，大约有这样几方面的负面影响：

利用Internet进行犯罪。包括非法窃取机密情报，非法破坏他人数据，非法使用他人信息和计算资源，利用Internet散布谣言或进行恶意诽谤，恶性透支，等等。这方面的形势十分严峻。我国前不久发生在高等学府里的电子邮件侵权案表明，我国有关Internet的立法和反犯罪的工作已经迫切地提到日程上来。

利用Internet传播不良文化。据统计，Internet上的色情信息资源具有相当高的被访问频度，相当的一批色情信息已经通过Internet传播到世界各地。中国也已经发现通过Internet传播过来的黄毒。这些货色起着极坏的社会影响，值得高度警惕。

利用Internet破坏国家安全。包括以国家、民间或私人的名义发布危害他国国家安全的信息，利用信息“炸弹”攻击他国的信息设施，或利用隐藏在出售给他国的信息设施内的信息“间谍”装置非法窃取情报等等。现代的国家间的竞争集中体现在人才和技术上的竞争，我们在采取各种防范措施的同时，也必须培养一大批优秀科技人才，扶植性能优良同时又安全可靠的国产信息设施产品。

信息安全方面的防范措施包括：过滤措施，隔离措施和加密措施。

过滤措施是利用国家授权单位在国际端口处设置的信息监察设施，封堵对某些有明显色情或反动信息内容的IP节点的访问并过滤有上述信息内容的数据包的进入。前者相对容易做到，例如德国政府已经封闭了200个传播黄毒的电子邮件地址。法国政府也封闭了100多个这样的地址。后者具有一定的难度，需要人工智能技术的帮助。

硬隔离措施是利用专用线路及硬件把局部网络同Internet相隔离的措施。它允许隔离区以内的计算机正常访问隔离区以外的Internet节点，但隔离区以外的Internet节点不可访问隔离区以内的计算机。以此来确保局部网络的信息安全。软隔离措施是通过软件的方式来禁止非授权的计算机访问需要保护的局部网络节点。隔离措施就是通常所说的“防火墙”，它对Internet特别有用，可以帮助用户在Internet上建立自己的“网中之网”。

Internet是建立在TCP/IP协议的基础之上的。由于TCP/IP协议本身存在一些尚待修补的安全性漏洞，一些有经验的“黑客(hecker)”还是有办法入侵的，明码Internet连接很难做到高度的安全。于是，基于加密的安全性措施在涉及较高程度机密时是必须的。

信息战是没有硝烟的战争。在信息战中，矛和盾在不断的较量中各自吸取最新的信息技术武装自己。我们必须在一些要害的信息设施方面有我们自己的人才、产品和技术，才不致受制于人。

Internet给我们带来了许多机会和挑战。它缩小了地球上各地区之间的距离，扩大了人们的视野，也为信息技术的进步注入了极大的活力。中国要同世界接轨，要振兴自己的民族信息产业，就没有理由放弃Internet给予我们的这个机会。我们应该理直气壮地加入Internet大家庭，并向世界宣传我们值得宣传的一切，让我们的人民享受他们理应享受的一切资源和服务。当然，对于Internet可能造成的危害，我们也必须有清醒的认识，采取及时而必要的安全对策和防范措施，使Internet真正造福人类。

简评：一个新事物，正以前所未有的速度和规模在全球范围内崛起，闯进亿万人的日常生活，显示了难以叙说的精神和物质的魔力。八方来客网上淘金，社会行业加速重组，智能代理前途无量，信息争战矛利盾坚。新事物的发展带来的会是更新的事物，打算进入社会的人在思想上做好充分的准备是非常必要的。

素质教育在美国

黄全愈

创造性能不能教

妻子刚来美国时的英语家庭教师叫辛西亚，其夫为迈阿密大学美术学院院长。通过辛西亚的“后门”，我们把刚5岁的儿子矿矿送到迈阿密大学美术学院办的绘画班学习。谁也想不到，儿子才去了不到5次就开始叫唤，不想去啦。

儿子说：“老师根本不教绘画，一点都不教！每次都是给一个题目，就让我们自己画，想怎么画就怎么画，爱怎么画就怎么画，老师一点不管。画完了老师就知道说‘好哇！好哇！’好什么好?！那些美国小孩的画，根本就是一塌糊涂！”

说得多了，引起我的注意。一天，我进去一看，儿子一脸无所适从、无可奈何的神情。天哪，其他孩子有站着画的，有跪着画的，也有趴着画的，说“八仙过海”一点不为过。“八仙”们的笔下所绘，更是不敢恭维：不成比例、不讲布局、不管结构、无方圆没有规矩，甚至连基本笔法都没有。

我们同意儿子不再上这种“误人子弟”的绘画班。老师哪里是在教绘画，简直是在放羊！

每次儿子画完画都要问：“像不像?”

我发现，美国孩子在画完画后，是从来不问“像不像”的，只问“好不好”?我们可以来探究一下“像不像”的问题。美国孩子学绘画，老师往往不设样板、不立模式，让孩子从现实生活到内心想象的过程中自由“构图”。因此，美国孩子画完画后，只问“好不好”，不问“像不像”。

回答“像不像”的问题，是指“复印”得如何；回答“好不好”的问题，则是指“创造”得如何。

绘画是一种技能，是一种可以被创造利用的技能，也可以是一种扼杀创造、重复他人的技能。技能是可以由老师传授的，但创造性是无法教出来的。

许多中国孩子具有很高的“COPY(拷贝)的“能力,但欠缺基本的创造力。

美国的一些学术团体或大学,也定期在各中学间组织数学对抗竞赛。去年,矿矿刚上九年级(即美国的高一,国内的初三),被选入学校数学代表队参加这种定期的对抗赛。在中国人眼里,这种对抗赛很奇怪,因为它不规定各校的参赛人数,只以各校代表队的前三名的平均分决定胜负。各校也不是只选成绩最好的学生参加,而是以老师选派、学生自愿报名参加相结合的方式组队。也就是说,老师只选那些他认为有数理潜质而又有兴趣的学生参赛,并不是成绩最好的高年级学生;另外,老师没选中你,你也可以参加。

有一次对抗赛,共有7道题。矿矿他们学校数学最好的是一位高三的印度小孩。结果,印度小孩7题对6题,最难的那道没做出来,出来后愤愤不平,表示要写信去抱怨出题的考试委员会。

从应试教育中摸爬滚打出来的人都知道,考试技巧是从最容易、分数最多的做起,目的是在有限的时间内抢占分数的空间。但这次矿矿却从最难的做起,并把最难那道题做出来了(事后老师也没做出来),但只做了4题,有1题还只是运算方式对,答案不对。

我毕竟是应试教育的过来人,我问儿子:“你怎么不以有限的时间做最有效的工作——抢分?!”

矿矿说:“我就是在最有限的时间内最大限度地表现了我的价值——我做出了别人没做出来的难题!”

矿矿刚刚结束了一次数学期中考试,主要内容是对数方程。在英语中log可以是数学中的对数,也可以是原木、木材的意思。考完试,矿矿在试卷上画了一只很善于咬原木的河狸,手中拿着一块木头,说:Logs are fun!”(“木头”真有趣味!)数学考试本身得了100分,老师又给试卷上的画“原木和河狸”加了0.2分,一共是100.2分。0.5分以下是不算分的,矿矿并没有因为在试卷上画这幅图而多得了数学分。然而,这个0.2分却表达了老师对学生的数理逻辑、形象思维和自信心的充分肯定。

创造力不同于智力。创造力包含了许多非智力因素,如人的个性和独立性等等都是非智力因素。一个创造力很强的人,必须是非常有独到见解、独立性很强的个性完善的人,必须是一个在常规势力面前百折不挠的人,同时又是一个具有很强的记忆力、丰富的想像力、敏锐的观察力、深刻的思考、清晰的判断力的人。因此，创造力强的人智商一定高；但是智商高的人，不一定创造力就强。智商极高的学生可以赢得国际奥林匹克知识竞赛奖，但是惟有创造力极强的人才可能获得诺贝尔奖！

创造性不能教，首先是因为“知识与技能”和创造性是风马牛不相及的两种概念。其次，凡是能传给他人的，一定是可以重复的，而可以被他人重复的则一定不具有创造性。正像人的智力不能从老师传给学生一样，创造性是潜伏在人的生理和心理层面的特质，也是无法从A传到B的。

孩子能不能搞研究

美国教育的另一个特点就是为孩子独立研究、独立动手能力的发展提供所需的时间和空间。

矿矿在上小学二年级时，就开始搞“研究”了。第一次从矿矿嘴里听到“研究”一词时，着实让我乐了一阵。那时矿矿才8岁。刚开始能读些稍厚点的书，写些由几个长句子拼凑成的所谓“文章”。一天，他从学校回来，一进门就缠着妻子带他去图书馆。说是他正在作一个关于蓝鲸的研究，要去图书馆找参考资料。

“老师说了，研究论文至少要有三个问题。要写满两页纸。”

“才二年级，你懂什么研究?”看着儿子那一本正经的样子，溜到嘴边的话打住了。赶紧让妻子开车带着儿子上图书馆去。

临走之前我对妻子开玩笑地交待说：“如果市里的公共图书馆找不到好的参考资料，你们可以到迈阿密大学图书馆去看看。”

两个多小时后，母子两人抱着十几本书回来了。一进门，妻子就抱怨：“都怪你提什么到迈阿密大学图书馆。矿矿非让我带他跑了两个图书馆，还说老师说过参考资料要来自不同的地方。”我翻了翻矿矿借回的“参考资料”，十几本都是儿童图画书。有的文字说明部分多些，有的少些，全部是介绍关于蓝鲸和鲸鱼的知识性书籍。

随着儿子对那十几本书的阅读及“研究”的深入，我和妻子也不断地从矿矿那儿获得有关蓝鲸的知识：蓝鲸一天要吃4吨虾；寿命是90到100年；心脏像一辆汽车那么大；舌头上可以同时站50到60人……

说实在的，我以前只知道蓝鲸很大，其他就不知道了。这回矿矿告诉我不少我第一次听到的东西。

这样，矿矿终于完成了他有生以来的第一份研究报告：《蓝鲸》。论文是由3张活页纸订成的。第一张是封面，上面画着一条张牙摆尾的蓝鲸。蓝鲸的前面还用笔细细地画了一群慌慌张张逃生的小虾。在封面的左下方，工工整整地写着By Kuangyan Huang（作者：黄矿岩）。论文含4个小题目：介绍；蓝鲸吃什么；蓝鲸怎么吃；蓝鲸的非凡之处。

我不知道矿矿是怎样决定这些小标题的，也不知道他为什么对蓝鲸的饮食问题这么感兴趣？总之，老师要求至少写3个题目，矿矿完成了4个，好歹也算超额完成任务了。小标题下的正文不过一两句话。既没有开篇段，也没有结论段，读起来倒也开门见山。

这是我一生中所看到的最简短的论文。当然这也是一篇最让我感兴趣的论文。问题不是儿子在此次研究中学到了什么有关蓝鲸的知识。我更感兴趣的是，从这次研究的经历中，孩子获得了什么？学到了什么？

孩子从一开始就摆开了一副正经八百做课题研究的架势。收集资料，阅读，找观点，组织文章……一步不差，一丝不苟。从决定题目，到从那十几本书中发现对自己研究有用的资料，到着手写文章，孩子始终处在一个独立工作的状态下。他必须用自己的脑子去思考，去筛选材料，去决定"研究"方向……这个收获要比知道蓝鲸有多重、多长更具价值。

学以致用，通过运用把学来的知识变成自己的东西，这是美国素质教育的精髓之一。不看你学了什么死知识，而看你会用什么活知识；不看你怎么学死知识，而看你怎么用活知识；不看你学了多少，而看你能用和会用了多少。

在美国的中小学，老师都是十分热衷于搞"project"（课题）。所谓"课题"实际上是指"研究课题"。结合教学的内容，学生分组或单独进行课题研究。"研究课题"从历史人物、时事政治、人文地理到科学试验无所不包。最有特色的是课堂演讲或演示，孩子们把它当成是自我表现的绝好机会，包括炫耀最能显示个人才能的各种手工制作的道具（研究成果之一）。

八年级时，矿矿的社会学习课接触到美国的国内战争，授课的老师是矿矿最喜欢的亨利先生。老师要求孩子们就国内战争中著名的安提顿战役搞一个"课题研究"。

一拿到题目,矿矿就琢磨开了。他知道亨利老师最鼓励标新立异,矿矿决定把这场战役写成一个电脑游戏。

当时矿矿沉浸在一种叫MUD的电脑游戏中。MUD是一种网上的游戏,联上网全世界的人都能玩到。这种游戏的特点是无图形,只用文字来控制。可以进行对话,或用文字来指挥行动。矿矿一开始只是爱玩,到了后来注意力转移到了研究MUD的编写程序,现在游戏不玩了,跃跃欲试地想编一个拥有自己专利的游戏。

有好几个星期,每天放学回家,矿矿都埋头搞他的电脑程序。我很为他捏一把汗,其他的孩子搞的道具都是些仿制国内战争时期的服装、武器、吊刑的吊绳等。矿矿的想法确实有点太与众不同了。

课堂演示的前一天晚上,矿矿郑重其事地向我和妻子"彩排"了他编的新游戏——安提顿战役。游戏采用的是"回到历史"的形式。一开始出现的是矿矿学校的正门,一个学生先进亨利老师的教室。亨利老师向学生简单地介绍了大的历史背景,然后对学生说:"如果你想看一看历史真实,请拿上这把钥匙,打开这个大门。走进历史去作个采访吧。"

于是,这个学生就进入了美国国内战争时期,走进南军的司令部去采访南军司令,司令官会滔滔不绝地介绍起南军的战略部署。到南军前线,还可以看到他们的兵力部署。在北军方面,除了会见司令官,你还可以同一个大个子士兵谈一谈。他会告诉你,他是怎样搞到对这场战役起决定性作用的情报的。整个游戏把一场战役从背景到细节介绍得清清楚楚。

看着我和妻子惊诧的目光,儿子得意地说:"我想我可以把《三国演义》写成MUD的游戏。"矿矿曾一口气读完了英文版的《三国演义》,把《三国演义》搬上电脑游戏是他的梦想之一。我当然不会相信矿矿已具备了这个能力,但我还是为他的自信所感动。

在课堂演讲时,矿矿的新游戏把全班同学和老师的感情都煽动起来了,同学们踊跃地要求参加演示。不出所料,亨利老师给了矿矿130分。100分是满分,加的30分是对矿矿的特殊奖励。

从那以后,矿矿学电脑编程的劲头一发而不可收。他自学C++,VB,JAVA,HTML。还学会了如何建网站,不仅给我的朋友Freysinger博士和Felty博士建了他们的个人网站,还就《素质教育在美国》开了"中美教育论坛"的网站。开站两个多月来，已吸引了9000多学者、老师、学生、家长的来访。美国某大学语言中心也想雇矿矿给他们做网站，因为专业公司的收费是8000美元，矿矿只收800美元。语言中心的主任告诉我："我们已报请大学，看看能否不雇专业公司，而雇一个'孩子'？结果如何，让我们拭目以待。"

孩子毕竟是孩子吗？

"孩子毕竟是孩子"，这是一个似是而非的命题。孩子作为一个自然人，毕竟是孩子；但孩子又毕竟是一个有独立人格的社会人，他们不是一般意义上的孩子。我们的社会和文化，正是在该把孩子当孩子的时候，没有把孩子看成是孩子；而在不该把孩子看成孩子时，又把孩子当成孩子。

为什么美国孩子"低分高能"？我们能不能从中得到一些有利于我们发现自己问题的反证？

美国孩子"低分"的一个主要原因是因为美国的教育不注重学死知识，美国的老师不屑于教孩子怎么考试，怎么得高分。美国孩子"高能"的一个重要原因是美国的文化不管孩子有多幼小，都能把孩子首先当成一个有独立的人格、有自己的尊严、自己的感情、自己的思考、自己的独立意志和独立追求的人。

1999年秋季，矿矿到天主教会办的Moeller私立男校去上高一（即国内的初三）。美国到了高中才有校际间的足球赛，能不能参加校队需要充分地尊重每一个孩子平等的竞争权利：即任何一个孩子都可以报名参加，但最后能不能留在队里，则看你自己能不能通过叫"淘汰竞争"的测试。换言之"起跑线"是开放的，谁都可以来参加竞争，但最后能不能成为队里的一员，要看你整个竞争过程的表现，看在"终点线"上的"判决"。

矿矿和他初中的好友麦德为了参加足球队，决定参加"淘汰竞争"的测试。麦德的哥哥是该校橄榄球队的队员，放出风来："淘汰竞争"非常残酷……看儿子那跃跃欲试的样子，我和妻子决定去看一看。

"淘汰竞争"于7月16日下午3点开始，烈日当头，但参加各种运动队的试训者熙熙攘攘。我虽戴遮阳帽，还顶不住酷热，钻到树阴底下。

学校要组建A、B、C三支足球队，一般来说是按年龄和球技分队，但为了鼓励竞争，低年级身体壮、技术好的球员，也可能“提拔”到高年级的队来。每队需要约25名正式球员，但参加试训者约有200人。

开始是环校跑，可能有1500米，一圈下来，矿矿跑在中间；接着是三组400米跑，矿矿是中上水平；又接着四组100米折返跑，矿矿还不错，大约在第四、第五名之间。

我以为大概就差不多了吧，看孩子们累得那个样，歪歪斜斜的，该淘汰谁淘汰谁。谁知道，试训并没有结束，又进行两圈环校跑，三组400米，四组100米折返跑。这一轮下来。直看得我胆战心惊，以为总该结束了吧。万万料不到的是，又进行第三轮，我看不到自己的脸，反正妻子的是失色了。

场上有孩子晕倒，有孩子抽筋，有孩子呕吐……

我真想把孩子叫回来，不要试了，那个球队也没什么大不了的！但要在众目睽睽之下，把孩子叫回来——做第一个，也可能是惟一一个主动退下来的人，又实在难以决断。最后，孩子们到底跑了多少，我们没有数，孩子也记不得。

麦德一边跑，一边吐，一边说：“这就是基督教的学校，这就是基督教的学校……”

更奇怪的是，我和妻子是惟一到场观看的家长。到底是美国家长知道如此残酷，不愿来看呀，还是根本就认为是孩子的事而不来看?我迷惑了。

看着面色煞白、一拐一拐的儿子，好心痛！真想出言劝他，但看儿子并没有退出的意思，又说不出口。于是，我拐着弯儿说：“那些跑在后面的，都看着没有希望，为什么还不干脆退了?!”

儿子看也没看我，说：“爸爸，自己退出来和选不上是不同的，你可以退出足球队，也可以退出网球队，退来退去，你还能往哪里退呢?没有到最后一分钟，谁都还有机会。跑在前面的，可能下一轮就挺不住了呢！”这是他在这个既充满机会，又充满竞争的美国社会里“悟”到的！

后来，他参加了足球队。一次，在滂沱大雨中训练。美国家长们一个个坐名车静静地等着。我看着那朦朦胧胧中的格林童话似的住宅，再看在泥水里翻滚的孩子们，我似有所顿悟，但顿悟了什么，我也说不清楚。

大树是由小树长大的，小树是由种子成长的。在孩子还毕竟是孩子的时候，就要植根社会，才能长成栋梁之材。如果以为“孩子毕竟是孩子”就把他们关在教室里，书斋里，那么失根于社会的种子，就只能是一颗永远不发育的种子。

美国的孩子从上初中起就开始试探着走进社会了。各州的法律不大一样，但都对孩子参加工作的年龄有严格规定。据说，俄亥俄州规定孩子要年满14岁才能被雇用。在超级市场里，常常可以看到许多看上去不过十三四岁的孩子在忙着帮顾客收钱、装袋。顾客多时，他们会工作得很努力，顾客一少下来，他们的“狐狸尾巴”就露出来了——就会互相打闹一阵，开一阵子玩笑。

矿矿刚满13岁那年，他就开始兴奋起来，经常在我们面前制造舆论：“我差不多可以到外面去打工了。”“我的朋友去年夏天就在迈尔超市做装袋工，他说他可以带我去见那里的管理员。”

我有位朋友在克里夫兰市政府工作，他的妻子正在攻读博士学位，他们的独生儿子迈克正上高中。有一次我到克里夫兰市办事，同他们夫妇俩一起去饭店吃饭。饭后，朋友说带我去看一看他们的儿子。迈克在一家录像带出租店上夜班。我们坐在车里，从大环境里看着迈克工作的背影。朋友自豪地告诉我，他每天晚上都开车接送儿子。有时故意来早些，这么坐在车里看着儿子工作。“孩子不需要那个钱，但需要学怎样才能独立生存！”这是朋友给我的忠告。

美国孩子七八岁起就开始在邻里找活干了。临时帮带孩子，帮养几天狗或猫，帮整理花园草地，雇主或是按钟点付钱，或是按工作性质付钱。

简评：美国迈阿密大学教学管理学博士、华裔学者黄全愈先生结合自己孩子的成长经历，就美国的素质教育作了详尽真切而又发人深省的介绍。文中很多先进的教育理念我们还不怎么熟悉，但听起来是很好的，只是在我们的教育中难以做到。无论你是教师、家长或是正在读书的学生，读过本文，对比我们盛行的应试教育，相信你会有一个自己的认识。我们对自己的应试教育感到不满，我们的素质教育还在摸索中，相信本文能给我们一定的启迪。

人类的动物园

毕飞宇

一

每个城市有每个城市的动物园。“动物园”这个概念本身就隐含了“城市”这个概念的部分属性。狩猎文明与农业文明是产生不了“动物园”一说的，工业文明出现了，人类便有了自己的动物园。

动物园出现标志了人类对地球生命的最后胜利。人类终于可以挎上相机、挽上情人的手臂漫步狮身虎影之前了。人类从来没有这么自信过，敢用食指指着狗熊批评它的长相，敢和雄狮对视龇牙做个鬼脸；人类也从来没有这么潇洒过，轻易地对鳄鱼扔一只烟头，对昏睡的老虎吐一口唾沫。人类对凶猛动物的敬畏原先可是了不得的，诸如“老虎的屁股”、“吃了豹子胆了”、“河东狮吼”都是动物留给我们人类的最初惊恐。这些话如今只剩了“比喻”意义。武松要活着，也不至于披红戴绿了吧。人类总能把自己恐惧的东西打翻在地，再踏上一只脚。人类就是这样伟大。要是世上真的有上帝，他老人家现在一定在笼子里了。

这样一想我便害怕，九天缚龙、五洋捉鳖之后，人类的敌手又将是谁呢？抑或，万一哪里的猴子吃错了药，进化得比人更厉害，我们要关到怎样的笼子里去！

我读过几部关于动物的书。在许多这样的科学读物里，都有动物“作用”的介绍。而这样的“作用”又是以人的需求为前提的。比如说，一提起犀牛，便是：肉可食、皮可制革，角坚硬，可以入药，有强心、解热、解毒、止血之功效。至于老虎，更是了不得，就是那根虎鞭，也足以抵挡一卡车“东方一枝剂”。这个意义上说，人类的每一员对动物世界的习惯心态都是帝王式的，为我所领、为我所用。而一旦动物们以“人”的姿态。进入我们的精神世界时，三岁的孩子都知道，那只是“童话”。假的。成人是没有童话的。你要自以为是一只兔子，喊狐狸一声“姐姐”,世界人民都会拿你当疯子。人类可是有尊严的,在动物面前个个都是真龙天子。完全可以这样说:动物园时代开辟了动物的奴隶主义时代。

二

说到这里很自然地要写到三样动物:狗、猫、猪。我之所以要提及这三位先生,是因为我的一个发现:所有的动物园里,几乎都没有他们(是他们,不是它们——宇注)的身影,即使有,也是轻描淡写,一笔而过。究其原因,是他们的“家常”,即:通了人性。先说狗。狗的口碑并不好,是谓“小人”也。“狗眼看人低”、“狗腿子”、“狗娘养的”、“狗尾巴”都已经“人格”化了。然而人类爱狗,狗乃人类一宠物也。何故?他是通了人性的。狗的“似人非人”满足了人类“主子”思想与“奴才”思想的矛盾需要。张承志先生在一篇文章里非常诗意地论述过狗思想与狗精神。我读了几乎热泪盈眶起来。我一冲动,差一点说出“我要做狗”这样的话。我甚至觉得我们这个民族之所以落后于日本民族,正是由于缺少了某种思想与精神。后来我终于没有这样喊,我似乎弄通了一个参照:狗之可贵,也是对人之需要而言的,有了这个参照,狗才可敬可爱起来,失却了这个参照,便是瞎激动。我们人类既然已经做了君王,就得有点君王的样,要不然,狗会伤心,也会批评我们。说我们“为君不尊”。

其实,要真让我做狗,我还是乐意的。甚至我会努力做一条好一点的狗。但好狗是有标准的,就是决不学人样。狗的不幸是学了人,且通了人性。这真是狗的大不幸。人类的精明之处在于不让狗做真正的狗。让狗有点人模,同时又还是狗样。人类用一块骨头或一只肉包使狗渐次“异化”,终于落到“狗不狗人不人”。我个人认为,“人不人狗不狗”,这句古语蕴藏了人对真正狗性的尊重,狗后来之所以下三流,在其“不狗”之上。狗在这一点上不如狼坚决。人类之所以不能蔑视狼,是狼有自己的原则:不给我骨头我吃人,给我骨头我同样吃人。狼那么恶狠狠地一路吃下去,人类只能远之。狼总是对人类说:在上帝面前,我们的灵魂是平等的。也许正因为这一点,动物园里最焦躁不安的就是狼,他总是来回走动,想着他的千秋宏愿、未竟事业,胸中汹涌万顷波涛。我每次见到狼都是郁闷难平。

猫要下流得多。我几乎不想提这东西。她泪汪汪的大眼和满嘴胡须简直莫名其妙。她小心翼翼的小解模样、躲在角落里打量人的姿态、眯起眼睛弓了腰体贴主人的抚摸触觉的努力,都标示了她的委琐。猫的最大特点在其腰板上,猫的腰板那样没骨力还背了个脊椎动物的名,真是讨了大便宜。但谁又计较她呢?猫的不怕甩打可能是另一种天赋,一跤之后,她总能站得很稳,立场紧定,四爪朝下。可不知道怎么回事,猫站得愈稳,我愈觉得恶心。站得那么稳还要看狗的脸色,不如摔死了省事。

关于猪,我想说它是一种植物。长满肉,随农夫宰割。或者我想这样说,它是一种会走路的肉。人类用几千年心血教它做奴才,它就是连这点心智也没有,只能把它杀掉。猪是唯一在杀戮时得不到同情和尊重的生命。生得肮脏,死得无聊。作为生命,猪是一个失败的例子。

三

现在让我们真正来到动物园,来到那些被称作“动物”的世界里去。我是爱逛动物园的,有时带着妻子,但大多独步而行。我的心中碰上大波动是不肯坐咖啡屋里。于我而言,动物园是平静风火浮躁、产生感觉与思想的地方。我到许多城市都要先去动物园。有动物园垫底,什么样的人我全能对付——这只是一句笑话罢了,我的的确确是爱走走动物园的。

就个体生命力而言,人类只能数中等水平。人类最终能按自己的逻辑摆布世界,这实在是一件不逻辑的事。康德对人类的秩序曾有过热情洋溢的赞美,人类给定了宇宙一个法律,宇宙似乎真的执行了这一法律,康大人一定高兴坏了。狮、豹、虎、熊、狼,谁的“腕”儿不比人大?谁的“交椅”没有人高?上帝就是把世界给了人类。我注意过上述动物在铁笼子时的眼睛,他们无限茫然。他们弄不明白上帝一不小心,小丑怎么就成了主宰生灵的英雄了。莎士比亚毫不自谦地说,人类是“宇宙的精华,万物的灵长”,狮子们当然是知道莎士比亚的这句话的,他们嗤之以鼻、死不认账。然而,历史只认成败。这是历史的小气处。

优势的大逆转在两个字上:琢磨。

动物们不注重上帝的心思,而人类爱琢磨宇宙里所有的举手投足。人类知道自己想要做什么,便有了目的:人类明了怎样才能达到目的,便看见了规律。有了目的、把握了规律,人类的身影在地平线上慢慢就变得巨大。一支麻药,一个陷阱,猎豹的矫健身躯倒下去了,黑熊的粗硕个头坍下来了。四两拨千斤、以毒攻毒……动物世界节节败退。人类,这具上帝的平庸之子,开始对世界微笑了。人类牙齿的洁白光辉标志了他对世界的占领。就像西方寓言里老猎人对狐狸说的那样:任你满身灰毛,但见我白发苍苍。"白发苍苍"显示了人类在"琢磨"上的多大耐心与功力!动物失败了。他们在囚笼里追忆似水年华与失却的天堂。雕栏玉砌应犹在,只是朱颜改,问君能有几多愁,恰似一江春水向东流。

悲夫!昔日横空莽昆仑,平阳狮落遭人欺。

站在动物园里,我时常想,如果没有人类,世界的主人到底会是谁呢?

或者说,如果上帝再给所有的动物一次机会,谁是世界最后的"秦始皇"呢?

我看好狮子。

这里头当然有我对狮子的偏爱,但更多的是一种哲学推论。我注意过古埃及人的图腾意识,他们的"狮身人面"像给了我极大的困惑。根据我的理解,"狮身人面"这个汉字翻译是成问题的,而应当是"狮身人头"。古埃及人在尼罗河畔、金字塔下、黄土之上对生命的理想格局一定是绝望的。"狮身人面"说明了他们矛盾的心态。这种绝望心态给了他们极大的勇敢想象:人类的理性精神+狮子的体魄=理想生命,只有这个生命方能与"自然"打个平手。这样的想象结果是苍凉的、诗意的,是哲学的、也是美学的。

然而,就狮子自身而言,他蔑视"智能"。狮对自身体能的自信与自负使他视智力为雕虫。狮子的目光说明了这一点。我常与狮对视。从他那里,我看得见生命的崇高与静穆,也看得见生命的尊严与悲凉。与狮对视时我时常心绪浩茫、酸楚万分,有时竟潸然涕下。我承认我害怕狮子。即使隔了栏杆我依旧不寒而栗。他的目光使我不敢长久对视。那种沉静的威严在铁栏杆的那头似浩瀚的夜宇宙。那种极强健的生命力在囹圄之中依然能将我的心灵震得粉碎。我没遇见过狮吼和狮子发威。他就那样平平常常地看你一眼,也胜得过千犬吠、万狼嚎。我意识到这是不公正的,不"民主"的,但民主似乎并不见得是生命力的平均。

狮子是离上帝最靠近的一种动物。狮子的表情一定正是上帝的表情。狮子的眼睛里一定有上帝的精神内涵，谁能与狮对视，谁就在接近上帝。问题是，有哪一种生命能与狮对视呢？在狮子面前，所有的生命只能做一件事：转过身去，然后，撒腿狂奔。

人类就是这样离上帝远去的，不少动物都是在逃、跑中建立起了自己生命的特征。上帝一定无可奈何死了。生命世界就这么一个窝囊相。

四

我注意过以狮为代表的高级动物和以蚂蚁为代表的低级动物的区别。生命的高级与否往往取决于一点：有无孤寂感。越高级的动物往往越孤寂，同样，越低级的动物则越喧闹。高级动物们都有一样懒散、冷漠、孤傲的步行动态，都有一双厌世不群的冰冷目光。他们无视世界的接受和理解，只在懒洋洋的徜徉中再懒洋洋地回回头，看过自己留给苍茫大地的踪迹，他们便安静地沉默了。他们的沉痛与苦楚都是隐蔽的，他的喧哗与欢愉也静悄悄的。这种沉默可能来之于他们涉足过的广袤空间。巨大的空间感是易于造就巨大孤寂感的。在孤寂里，生命往往更能有效地体验生命自身与世界。我知道这世上并没鲲鹏，我所知道的这种动物是从庄子的《逍遥游》里得到的，“背若泰山，翼若垂天之云，抟扶摇羊角而上者九万里，绝云气、负青天，然后图南且适南冥也。”可以想见，在九万里青天之上，大鹏垂翼而飞，将是怎样的大孤独大自在与大逍遥。谁能知道他的精神空间呢？不知道为什么，我每次读《庄子》，得到的不是悟彻、“看透了”，而是苍凉与酸楚。世界是那样的不可企及，就连庄子这样的巨哲，也只能借想象中的鲲鹏而逍遥一番，可见逍遥是多么困难。而今大街上满是“何不潇洒走一回”，真是浮躁得了得。

蚂蚁就是能闹。我想许多人都是爱着蚂蚁“走穴”的。为了一粒米，一块肉屑，一只苍蝇的尸，蚂蚁出去了成千上万的部队，他们热情澎湃，万众欢呼，群情激愤，汹涌而上，汹涌而退。我时常在观察蚂蚁时失却了世界。蚂蚁辛勤的一生让人肃然起敬，又让人可悲叹。

我时常出于同情，给蚂蚁王国送去一大碗米饭。我想，那可以给他们的国家用好几年了。但是不行。蚂蚁就是那种忙碌委琐的品格，这种品格决定了他们的生存。没有了那种让人难忍的品格，蚂蚁就不存在了。他们勤劳而又安居乐业，他们为此而充实而幸福，我们又何必硬要同情幸福者什么呢?

和蚂蚁是不能谈哲学的。有一个夏日午后我把一群蚂蚁放到一只乒乓球上，我不停地转动小球，蚂蚁就那样用功地“长征”了一个下午。我想，蚂蚁一定在说：啊！地球是多么巨大。我敢打赌，说这话的蚂蚁是最智慧的一只蚂蚁，相当于一个“诗蚂蚁”吧。

说到这里极易产生出这样一个误会：以为动物的高级与否决定于他们的体积，其实未必，与动物自身的气质习惯相较，体积实在次要的，虽然体积提供了更多的能量。比如说熊，我便不太喜爱，这也是个缺乏孤寂感的家伙，行为怪异，心气飘浮，由于积了一身好力气，便有些像做打手而暴发的那一类，手持大哥大，腆个大肚皮，整天喷了酒气，横行霸道，凶残无礼。处处可见四肢发达大脑简单的蠢样。在动物园里，熊是受戏弄较多的一族。熊在动物里属于那种为长不尊的典型。这委实也受制于熊自身的品格了。

五

我从赵忠祥先生解播的专题片《动物世界》里发现这样一个现象；弱小生命之间往往是相互同情的，互为因果、相依为命的；强大生命之间则是另一种景象，他们之间彼此都很克制，懂得尊重与忍让。我注意到非洲草原上猎豹与雄狮的和睦相处。他们井水不犯河水的安详画面让我感动。猎豹在一边怀旧，而狮子则享受着自己的天伦之乐。这对“一山容不得二虎”是一种嘲弄。这是强大生命之间表现出的一种真正自信。这种自信是上帝赋予的，没有任何装腔作势，故而平静如水。比较起来人类与狗就小家气多了，胆子越小的狗就愈会叫，自卑的人类则喜欢端了一张架子，放不下。其实，生命的自信是这个世上平静的根源，只要有一方对自己没把握了，世上就有了阴谋与战争。越是担心被对方吃掉，越是想一口吃掉对方，而且吃得不光明、不磊落，即使衔了敌手的尸，也要躲进丛林里去。等吃完了死尸，才敢弄出一副王者的模样来，舔舔唇边的血迹，踱着四方步，对夕阳款款而行。

我觉得动物间的这种等级差别是极有意味的。等级其实正是秩序。它展示出来的恰恰是强、弱之间的力量落差。有了这个落差，弱者的同情与强者的礼让显得太局限了,永恒的生动的画面是:吃与被吃。

六

在这里我想提及另一类动物,牛、马、驴、骡。这几位朋友我想分开来提及,当然是出于他们与我们人类特殊关系。这几位朋友中,我对驴的感觉是特别深厚的。所有有眼睛的生命中,驴的眼睛是最动人的。我读大学时最常做的事就是看驴眼。驴的眼睛光润而又忧郁,他注视远方的凝神模样完全是一位抒情诗人。但我从来听不见驴倾诉什么。罗曼·罗兰说,许多不幸的天才缺乏表达能力,把他们沉思默想得来的思想带进坟墓里去了。我认为罗曼·罗兰这话完全是为驴说的。和驴对视时常让我双眼湿润。在我读大学的最后一个初夏,我正经历着人生的第一个关口。那是我的灵魂极其苦痛的日子。我不得不逃课,一个人在校园内外四处走动。就在这个初夏,我的大学校园突然出现了许多驴,他们是为一个高大建筑物拖运砖木的。驴的眼睛很快吸引了我,我是怀着一股崇敬端坐在驴面前的。驴的眼睛太美了,超凡脱俗,典雅清澈,闲静时似娇花照水,眨眼处似弱柳扶风。完全是产生大思想的样。驴就那样伤心郁闷地望着我,对我寄托了无限希望与重托。我从驴的眼睛里看见了拯救、启蒙等伟大话题。这样痛苦的对视持续了十多天。我想我快发疯了。人也瘦下去。但驴就是不开口,甚至不给我任何暗示。我一遍又一遍在心里问,驴,你忧郁什么?你痛苦什么?驴眼就是阴天那样不语。驻留给我心灵的创伤是巨大的,至今不能愈合。我总觉得我于今有一种境界没有领悟,有一种情感没有体验,有一种心灵震颤没有经历,有一种使命没有完成。而这些不是我的大学图书馆留给我的,是一群驴。我怎么也弄不通长了这样聪慧眼睛的动物为什么会被人类说成"蠢驴"。人类真是太蠢了。我觉得我们应当好好研究研究驴,甚至可以建立一门新兴的"驴学"学科,没准"一不小心"便会弄出相对论或哥德巴赫猜想来。谁知道呢。

下面当然就要说到骡子。骡子是带有喜剧色彩与悲剧意味的东西。这东西相当怪。我怀疑只有中国有这种东西,我甚至觉得其他语种里压根没有与"骡"这个汉字相对应的单词。谁都知道骡子是个杂种,是马与驴的乱伦结果。有一点是完全可以肯定的,骡不能生育后代。依照逻辑,骡子似乎是(似乎是——宇注)不该有性别和性欲这两样伟大事物的。这样说来,骡子到底算不算是动物就很让人头疼。一个有血有肉的种类居然没有生育能力而存活在世上,委实滑稽到了荒唐的地步。太好笑了。一个在种上没有延续能力,一个在类上没有列祖列宗,却能在世上永垂不朽下去,骡子真是旷世奇才。如果骡是人类的事,那好笑的当然是人类;如果只是中国特有,这样的"中国特色"也太让人哭笑不得了。不过,我至今没在动物园里见过骡子。是共同疏忽,还是从来就没人拿骡子当"动物"?我个人以为,这个话题蛮有意思。

七

听说,仅仅是听说,不少国家——津巴布韦、坦桑尼亚等——是有"国家动物园"的。国家动物园的玩法和城市动物园的玩法有一同一异。同,都是看动物。异,方法是相反的,一个是动物在笼子里,一个是人在笼子里。如果这个"听说"是成立的,"国家动物园"就太反讽了。虽然这种玩法很新鲜,也很刺激。

主与客的位置变化,看与被看的心理逆转,是我们能够面对与承受的么?这句话换一种说法就涉及自由上去了,万一人类没有自由了,也能指望动物们建立一支"绿党"么?关于自由,放在这里讨论可能更惊心动魄些。人类给予人类自由与不给予人类自由,早就闹了不少话题,当人类一旦从属于动物之下时,人类——所有的人,对自由的看法会不同的吧。由此可不可以这样说呢,当人们意识到自由之可贵时,其实我们离笼子就不远了。笼子意味着空间的失去。而没有空间的时间,是多么可怕,恐怖!所以人类发明了监狱,剥夺你的空间,只给你时间,以此达到惩罚和净化。这时的时间是无比狰狞的,虽然人人都求长寿,活到百岁是每个人的奢愿,可又有谁愿意听到"有期徒刑100年"呢?完全可以设想,当人类处在动物的笼中时,人类一定会干脆连时间也不要的,一死了之了。幸好人类终究没有成为笼子里的尤物。不过我们别忙欢呼我们的胜利,动物的"想干而没敢干"的事,没准人类自己会那么做。人类"一不小心"就会做出自己目瞪口呆的事。我很担心伟人们的"一不小心"。魔鬼还正是上帝"一不小心"给弄出来的。就算人类不这样作贱自己,把自己放进笼子,我也很为我们的未来担忧,有句话是怎么说的?三十年河东,三十年河西,在笼子里，无记名投票"宠物"吧？

然而，我倒是希望我们的国土上能有一两"国家动物园"，从"国家动物园"[illegible]

用得着的，比读一回博士来得管用。

八

该说的其实都说了。为了弄点所谓的"深度"，不妨玩一回深沉，也"思考"一把。弄不好也"一不小心"弄出一部启示录来。

我们人类总爱说这样一句话："地球，我们的家园。"这话气派的确大，三下五除二就冲出院墙国界，直指地球。不过地球委实不独是我们人类的。没准有人说，人类这么多人，地球不给我们，还能给谁。这话差大。地球上蚂蚁有多少？麻雀有多少？苍蝇、蚊子又有多少？人家也没拿地球当家私。我不是共产党人，不过我委实是一个地球共产主义者，大家都在地球上混，玩玩耍，有什么必要独吞？

人类对其他生命种类的不节制行为是一种不妙的事。我知道人类的理想，是想拯救生命。就是创建动物园，除了满足人类的好奇之外，确有拯救动物的意思。但根据我的阅读经验，我发现，人类一旦想拯救什么，什么就会遭殃，这样的结论似乎被人类自身的实践多次证实。把狗还给狗。把狮还给狮。把水牛还给水牛。这是我们人类唯一要做的事。生命一直是结伴而行

文化的清泉

文化是人的血肉。文化的投影，便是艺术。文化艺术，虚幻缥缈，然而无处不在。在先秦典籍的文字间，在唐诗宋词的吟哦中，在水墨丹青的线条上，在文人义士的风骨里……浸透了我们每一滴血液。字纸可以成灰，色彩容易黯淡，就连古代建筑屹立千百年，斑驳的墙面也显得老旧不堪。然而，文化的精神，艺术的灵魂，代代相继，青翠欲滴。只因为祖先留下了不竭的文化清泉，我们浸透在其中，永远拥有干净的血液和清亮的眼睛。

中国文化的基本精神

张岱年　程宜山

在具体阐述中国文化的基本精神之前，需要对“文化基本精神”一词的含义作一点说明。何谓精神?精神本是对形体而言，文化的基本精神应该是对文化的具体表现而言。文化的具体表现即文物、制度、习惯等等，文化的精神即思想。就字源来讲，精是细微之义，神是能动的作用之义。文化的基本精神就是文化发展过程中的精微的内在动力，也即是指导民族文化不断前进的基本思想。这种能够作为文化发展内在动力的基本思想，本身也是文化发展的产物，并随文化的发展变化而发展变化。因此，文化的基本思想，同时也一定是文化体系中起主导作用的中心思想，是文化体系中处于核心地位的基本观点。要而言之，文化的基本精神是一定文化创造出来的并成为该文化的思想基础的东西。

中国文化丰富多彩，中国思想博大精深，因而中国文化的基本思想也不是单纯的，而是一个包括诸多要素的统一的体系。这个体系的要素主要有四：(1)刚健有为，(2)和与中，(3)崇德利用，(4)天人协调。其中天人协调思想主要解决人与自然的关系；崇德利用思想主要解决人自身的关系即精神生活与物质生活的关系；和与中的思想主要解决人与人的关系，包括民族关系、君臣、父子、夫妇、兄弟、朋友等人伦关系；而刚健有为思想则是处理各种关系的人生总原则。四者以刚健有为思想为纲，形成中国文化基本思想的体系。

刚健有为的思想渊源于孔子，到战国时代的《周易大传》已见成熟。中国文化的基本思想是一个系统，其纲领即刚健有为思想也自成系统。

粗略地看，《周易大传》提出来的刚健有为思想包括自强不息和厚德载物两个方面。《象传》说：“天行健，君子以自强不息”。天体运行，永无已时，故称为健。健含有主动性、能动性以及刚强不屈之义。君子法天，故应自强不息。自强不息也就是努力向上，绝不停止。

《周易大传》所说的刚健，除了发挥主动性、能动性、努力向上，绝不停止的意思外，还有“独立不惧”、“立不易方”也就是孟子所说的“富贵不能淫，贫贱不能移，威武不能屈”（《孟子·滕文公下》）的独立的人格；还有老子“自胜者强”之义。《论语》有一段对话：“子曰：‘吾未见刚者。’或对曰：‘申枨。’子曰：‘枨也欲，焉得刚?’”（《论语·公冶长》）这是说，要做到刚毅不屈，欲望就不能太多。由此可见，刚强不屈不仅意味着一种对抗外部压力能力，也意味着一种对付来自本身弱点的能力。这两方面结合起来，也就是《周易大传》所谓的“敬以直内，义以方外”。（《文言·坤卦》）敬以直内即使心专一不放逸，就是控制自己对外来刺激反应并加以抉择；义以方外就是使行为皆符合道德原则。《象传》又说：“地势坤，君子以厚德载物。”坤即顺，地势是顺，载物就是包容许多物类；君子应效法大地的胸怀，包容各个方面的人，容纳不同的意见，使他人和万物都得以各遂其生。《周易大传》认为，健是阳气的本性，顺是阴气的本性，在二者之中，阳健是居于主导地位的。而从上述两句话的关系来看，自强不息是自立之道，厚德载物是立人之道，自立是立人的前提，立人是自立的引申。可见，刚健有为的思想是以自强不息为主而同时包含着厚德载物的系统。

如果我们仔细分析一下，《周易大传》所说的自强不息或刚健还含有“刚中”、“及时”、“通变”等引申的原则。

《周易大传》提出：“能止健，大正也。”（《象传》）据高亨考证，“能止健”当作“健能止”，能读为而。“健而止”即强健而不妄行，可止则止。《周易大传》认为，强健而不妄行，不走极端，是大正即最合乎中道的品德。《文言》认为，乾的品德就是这样。“大哉乾乎！刚健中正，纯粹精也。”乾的品德是刚健而又不过刚，是最理想的品德。这里所谓“中正”，即孔子所谓中庸。刚健而中正，《周易大传》称为“刚中”。《象传》说：“刚中而应，行险而顺”，用刚健而中正的态度对待险恶，能吉利而无灾祸。

《周易大传》又提出：“君子进德修业，欲及时也。”又说：“终日乾乾，与时偕行。”所谓“进德修业”、“终日乾乾”即自强不息。所谓“及时”、“与时偕行”，即以自强不息与永恒变化的客观世界保持一致。这也就是说，世界永恒变化的性质，即是人应自强不息的根据。《周易大传》不仅从自强不息引申出“及时”即顺应变化潮流的原则，而且将这个原则与“中”的原则结合起来，称为“时中”。“时中”即随时处中。这也就是说，在《周易大传》看来，所谓中正之道，不是固定不变的，而是随时间的变化而变化的，人的生活行动也必须随时间的变化调整，按当时的情况确立标准。

《周易大传》还认为,“天地革而四时成”,(《彖传》)世界的流变是通过一系列的变革、革新形成的,人要与时偕行,也必须“通变”、“革命”。这样,它又从及时的原则引申出“通变”、“革命”的原则。《周易大传》有一句至今脍炙人口的话,叫“穷则变,变则通,通则久”。(《系辞下传》)事物发展到不能再发展的地步,叫做“穷”。事物发展到极盛就要向反面变化,这叫“变”。通过变革或革命,原来“山穷水尽疑无路”的局面,就会一变而为“柳暗花明又一村”,这就是通,也就是“通则久”。正因为如此,《周易大传》把“通天下之变”作为一条重要原则。《周易大传》肯定革命与变革的重要意义。它说:“革而信之,文明以说,大亨以正。革而当,其悔乃亡。天地革而四时成。汤武革命,顺乎天而应乎人。革之时大矣哉!”(《彖传》)

总之,《周易大传》把自强不息、厚德载物、刚中、及时、通变有机地结合起来,形成了一个以刚健为中心的宏大的生活原则体系。由于《周易大传》在古代一直被视为孔子所作,这些思想的影响很大,在铸造中国文化基本精神方面起了决定性的作用,对推动中国文化的发展也起了很大作用。

“形于中必发于外”。作为中国文化基本精神的刚健有为精神的具体表现或凝结的文物、制度、风俗可谓无处不有、无时不有、俯拾毕是、不胜枚举。以文学人物形象而言,《列子·汤问》中每日挖山不止的“愚公”、“鲁迅先生笔下“每日孳孳”的大禹,都体现了自强不息的精神。他们,不过是被鲁迅先生称之为“中国的脊梁”的无数英雄豪杰的写照,而这些形象又反过来激励千百万中国人民奋勇直前。以文学艺术题材而言,从古到今无数骚人墨客所吟咏、所描绘的青松、翠竹、红梅、苍鹰、猛虎、雄狮、奔马之类,也都体现了刚健有为、自强不息的精神。如果你有幸到汉代民族英雄霍去病将军墓前看看那些雄浑粗犷的石刻,特别是“马踏匈奴”,你会被汉代中国人民的英勇豪迈气慨所折服;如果你舍得花一点时间读一读唐人悲壮慷慨的边塞诗,你将不难懂得唐朝的繁荣昌盛是靠什么精神力量支持的。即以制度风俗而言,只要翻一翻历史,人们就不难发现中国的农民起义、农民革命何其多,改朝换代何其多,变法革新何其多,而把“汤武革命,顺乎天而应乎人”、“通变”当作变革和革命的理论根据或旗帜的又何其多。我们再看看厚德载物精神。它和刚健有为、自强不息一样,也是中国文学艺术的重要主题。中国古代的骚人墨客用了大量的笔墨篇幅赞美祖国的大好河山,描绘在这大好河山中生长成遂的花鸟虫鱼、一草一木，他们的寄托虽各有不同，但有一点是共同的，即在其中渗透着对普载万物的大地母亲的感情，体现了中国人“天地以生物为心”，“天地之大德曰生”的意识，寄托着“民胞物与”的感情和理想。北宋哲学家程颢说：“万物之生意最可观”，(《二程遗书》卷十一)可以说为中国的以山水花鸟虫鱼为题材的文学艺术作品的一般主题作了诠释。而这一切，都是“厚德载物”思想及其引申和发挥。厚德载物精神见于制度、风俗的也很多。早在战国时代，就已有了“仁民爱物”、保护自然资源和生态环境的思想和制度。孟子说：“不违农时，谷不可胜食也；数罟不入池，鱼鳖不可胜食也；斧斤以时入山林，材木不可胜用也。”(《孟子·梁惠王上》)据《周礼》等文献记载，周代对各种自然资源的开发利用，都有明确的限制规定，这叫“山虞泽衡，各有常禁”。(程颢：《论十事札子》)这种限制措施的意图，据后世儒者解释，一是保证“万物阜丰，而财用不乏”，(程颢：《论十事札子》)二是防止“物失其性”，(程颢：《论十事札子》)即要使万物各遂其生。这种制度和思想见之于民间风俗，就是一种反对“暴殄天物”的习惯，如中国的农民对糟蹋粮食的行为深恶痛绝。汉唐时期，中华民族对域外和少数民族的文化产生极浓厚的兴趣，大力搜求，广泛吸收。从名马到美酒，从音乐到舞蹈，从科学到宗教，无不兼容并包，其气度之闳放、魄力之雄大确实令人赞叹，这是厚德载物精神在对待外来文化方面的表现。这种精神还广泛地表现在中国人处理民族关系、宗教关系的习惯上。

简评：关于文化，20世纪50年代美国人类学家克鲁伯克拉克洪经过全面的统计，对文化的解释有164种之多，包括六大类，涵盖了整个世界。但通常认为文化的核心是一套价值观念和行为准则。文化应包括物态文化、制度文化、观念文化等。中国文化延绵5 000年而历久弥坚，必然有其不断发展的内在精神支柱。这内在精神支柱就是中国文化的基本精神，实质上也就是中华民族的民族精神。中国文化的表层，如物态文化、制度文化有许多已不合乎现代潮流，应予扬弃。但其核心，即价值观，则不但不排斥现代化，甚至有可能促进现代化。这个核心包括自强不息、厚德载物、和谐中庸、天人合一的精神，最基本的则是刚建有为的精神。这里的刚健精神并不表现为强硬、蛮横，相反表现为一种和谐的“外柔内刚”。

论文人

钱钟书

文人是可嘉奖的,因为他虚心,知道上进,并不拿身份,并不安本分。真的,文人对于自己,有时比旁人对于他还看得轻贱;他只恨自己是个文人,并且不惜费话、费力、费时、费纸来证明他不愿意做文人,不满意做文人。在这个年头儿,这还算不得识时务的俊杰么?

所谓文人也者,照理应该指一切投稿、著书、写文章的人说。但是,在事实上,文人一个名词的应用只限于诗歌、散文、小说、戏曲之类的作者,古人所谓"词章家"、"无用文人","一为文人,便无足观"。至于不事虚文,精通实学的社会科学与自然科学等专家,尽管也洋洋洒洒发表着大文章,断乎不悄以无用文人自居——虽然还够不上武人的资格。不以文人自居呢,也许出于自知之明;因为白纸上写黑字,未必就算得文章。讲到有用,大概可分两种。第一种是废物利用,譬如牛粪可当柴烧,又像陶侃所谓竹头木屑皆有用。第二种是必需日用,譬如我们对于牙刷、毛厕之类,也大有王子猷看竹"不可一日无此君"之想。天下事物用途如此众多,偏有文人们还顶着无用的徽号,对着竹头、木屑、牙刷、毛厕,自叹不如,你说可怜不可怜?对于有用人物,我们不妨也给与一个名目,以便和文人分别。譬如说,他们为"用人"。"用人"二字,是"有用人物"的缩写,恰对得过文人两字。这样简洁浑成的名词,不该让老妈子、小丫头、包车夫们专有。并且,这个名词还有两个好处。第一,它充满了民主的平等精神,专家顾问跟听差仆役们共顶一个头衔,站在一条线上。第二,它不违背中国全盘西化的原则:美国有位总统听说自称为"国民公仆",就是大家使唤的用人;罗马教皇自谦为"奴才的奴才"或"用人的用人";法国大革命时,党人都赶着仆人叫"用人兄弟"(Freresservants);总统等于君,教皇等于父,在欧美都和用人连带称呼,中国当然效法。

用人瞧不起文人,自古已然,并非今天朝报的新闻。例如《汉高祖》载"帝不好文学",《陆贾列传》更借高祖自己的话来说明:"乃公马上得天下,安事诗书?"直捷痛快,名言至理,不愧是开国皇帝的圣旨。从古到今反对文学的人,千言万语，归根还不过是这两句话。“居马上”那两句，在抗战时期读来，更觉得亲切有味。柏拉图的《理想国》里排斥诗人文人，那有这样斩截雄壮的口气？柏拉图富有诗情，汉高祖曾发诗兴，吟过《大风歌》；他们两位尚且鄙弃词章，更何怪那些庸俗得健全的灵长动物。戈蒂埃（Gautier）在《奇人志》（Les Grotesques）里曾说，商人财主，常害奇病，名曰“畏诗症”（Poesophobie）。病原如是：财主偶尔打开儿子的书桌抽屉，看见一堆写满了字的白纸，既非簿记，又非帐目，每行第一字大写，末一字不到底，细加研究，知是诗稿，因此怒冲脑顶，气破胸脯，深恨家门不幸，出此不肖逆子，神经顿呈变态。其实此症富有传染性；每到这个年头儿，竟能跟夏天的霍乱、冬天的感冒同样流行。药方呢，听说也有一个：把古今中外诗文集部付之一炬，化灰吞服。据云只要如法炮制，自然胸中气消，眼中钉拔，而且从此国强民泰，政治修明，武运昌盛！至于当代名人的这类弘论早在销行极广的各种大刊物上发表，人人熟读，不必赘述。

文学必须毁灭，而文人却不妨奖励——奖励他们不要做文人。蒲伯（Pope）出口成章（Lisp innumbers），白居易生识之无，此类不可救药的先天文人毕竟是少数。至于一般文人，老实说，对于文学并不爱好，并无擅长。他们弄文学，仿佛旧小说里的良家女子做娼妓，据说是出于不甚得已，无可奈何。只要有机会让她们跳出火坑，此等可造之才无不废书投笔，改行从良。文学是倒霉晦气的事业，出息最少，邻近着饥寒，附带了疾病。我们只听说有文丐，像理丐、工丐、法丐、商丐等名目是从来没有的。至极傻笨的人，若非无路可走，断不肯搞什么诗歌小说，因此不仅旁人鄙夷文学和文学家，就是文人自己也填满了自卑心结。对于文学，全然缺乏信仰和爱敬。譬如十足文人的扬雄在《法言》里就说：“雕虫篆刻，壮夫不为。”可见他宁做壮丁，不做文人。因此，我们看见一个特殊现象：一切学者无不威风凛凛，神气活现，对于自己所学专门科目，带吹带唱，具有十二分信念；只有文人们怀着鬼胎，赔了笑脸，抱愧无穷，就使偶尔吹牛，谈谈“国难文学”、“宣传武器”等等，也好像水浸湿的皮鼓，敲擂不响。少数文人在善造英雄的时势下，能谈战略，能作政论，能上条陈。这样多才多艺的人，是不该在文学里埋没的，也不会在文学里埋没的。只要有机会让他们变换，他们可以立刻抛弃文艺，别干营生。

雪莱在《诗的辩护》里说文人是“人类的立法者”，卡莱尔在《英雄崇拜论》里说文人算得上“英雄”，那些特殊材料的文人只想充当英雄，希望变成立法者或其他。竟自称是英雄或立法者，不免夸大狂；想做立法者和英雄呢，那就是有志上进了。有志上进是该嘉奖的。有志上进，表示对于现实地位的不满足和羞耻。知耻近乎勇。勇是该鼓励的，何况在这个时期？

要而言之：我们应当毁灭文学而奖励文人——奖励他们不做文人，不搞文学。

简评：作者深谙中国文人的历史和当代命运，于是便有了《论文人》的悲凉慨叹。其实小说《围城》里就描写了中国文人的众生相。中国文人表面上似乎是看重文学和文化的，但骨子里又是十足的实用主义。文学本不是实用的东西，创造文学的“文人”自然除了吟哦些高蹈幻想的辞章之外别无他用，这便成了几千年来文人的不幸。“一为文人，便无足观”。百无一用是书生。也批评了“文人”中的两种倾向：一是过分自轻自贱，二是投机者。文笔洒脱、返璞归真无“法度”而自然如行云流水，乃本文运笔风格。

作家谈读书

阅读和写作两项是生活上必要的知能；知要真知，能要真能，那方法决不是死记硬塞，决不是摹仿迎合。就读的方面说，若不参考，分析，比较，演绎，归纳，涵泳，体味，哪里会“真知”读？哪里会“真能”读？就作的方面说，若不在读的功夫之外再加上整饬思想语言和获得表达技能的训练，哪里会“真知”作？哪里会“真能”作？这些方面牵涉到的范围虽然很广，但大部分属于语文学和文学的范围，说人人都要专究语文学和文学，当然不近情理；可是要养成读写的知能，非经由语文学和文学的途径不可，专究诚然无须，对于大纲节目却不能不领会一些儿。站定语文学和文学的立场，就是对于国文教学的正确认识。从这种认识出发，国文教学就将完全改观。

——叶圣陶：《认识国文教学——〈国文杂志〉发刊辞》，1942.8.

雨 前

何其芳

最后的鸽群带着低弱的笛声在微风里划一个圈子后，也消失了。也许是误认这灰暗的凄冷的天空为夜色的来袭，或是也预感到风雨的将至，遂过早地飞回它们温暖的木舍。

几天的阳光在柳条上撒下的一抹嫩绿，被尘土埋掩得有憔悴色了，是需要一次洗涤。还有干裂的大地和树根也早已期待着雨。雨却迟疑着。

我怀想着故乡的雷声和雨声。那隆隆的有力的搏击，从山谷返响到山谷，仿佛春之芽就从冻土里震动，惊醒，而怒茁出来。细草样柔的雨声又以温存之手抚摩它，使它簇生油绿的枝叶而开出红色的花。这些怀想如乡愁一样萦绕得使我忧郁了。我心里的气候也和这北方大陆一样缺少雨量，一滴温柔的泪在我枯涩的眼里，如迟疑在这阴沉的天空里的雨点，久不落下。

白色的鸭也似有一点烦躁了，有不洁的颜色的都市的河沟里传出它们焦急的叫声。有的还未厌倦那船一样的徐徐的划行。有的却倒插它们的长颈在水里，红色的蹼趾伸在尾后，不停地扑击着水以支持身体的平衡。不知是在寻找沟底的细微的食物，还是贪那深深的水里的寒冷。

有几个已上岸了。在柳树下来回地作绅士的散步，舒息划行的疲劳。然后参差地站着，用嘴细细地抚理它们遍体白色的羽毛，间或又摇动身子或扑展着阔翅，使那缀在羽毛间的水珠坠落。一个已修饰完毕的，弯曲它的颈到背上，长长的红嘴藏没在翅膀里，静静合上它白色的茸毛间的小黑暗，仿佛准备睡眠。可怜的小动物，你就是这样做你的梦吗？

我想起故乡放雏鸭的人了。一大群鹅黄色的雏鸭游牧在溪流间。清浅的水，两岸青青的草，一根长长的竹竿在牧人的手里。他的小队伍是多么欢欣地发出啁啾声，又多么驯服地随着他的竿头越过一个田野又一个山坡！夜来了，帐幕似的竹篷撑在地上，就是他的家。但这是怎样辽远的想象呵！在这多尘土的国土里，我仅只希望听见一点树叶上的雨声。一点雨声的幽凉滴到我憔悴的梦，也许会长成一树圆圆的绿阴来覆荫我自己。

我仰起头。天空低垂如灰色的雾幕，落下一些寒冷的碎屑到我脸上。一只远来的鹰隼仿佛带着怒愤，对这沉重的天色的怒愤，平张的双翅不动地从天空斜插下，几乎触到河沟对岸的土阜，而又鼓扑着双翅，作出猛烈的声响腾上了。那样巨大的翅使我惊异。我看见了它两肋间斑白的羽毛。

接着听见了它有力的鸣声，如同一个巨大的心的呼号，或是在黑暗里寻找伴侣的叫唤。

然而雨还是没有来。

简评：在一个欲雨未雨的时刻，一个来自多雾多雨的南方青年把自己对北京的感受化成了文字，借“雨”象征的文化内涵把我们的思绪引向了广阔的空间。一方面，雨是水是生命的源泉，没有水的干涸将导致生命的枯萎；另一方面，在中国传统意象群中，雨又是相思，愁怨的象征，“却话巴山夜雨时”，说的就是雨中的思念，作者盼雨之情深切。中国传统文人的自我释放，常常不得已转化为精神的苦闷和生命的期待，不过，作者毕竟是上个世纪的歌者，文中结尾处苍鹰巨大的心的呼号，似乎也预言了苦闷和期待的消亡，作者心中期盼的是大雨落幽燕的豪迈。

作家谈读书

在学校里设着国文一科，主要的宗旨，就是在养成我们应用本国文字发表的技能，和训练我们对于本国文字解读的能力……文字的应用，它本身是一种行为的习惯；能力是从习惯的养成上，产生出来，经验愈深，能力也就愈厚了。

——张世禄：《读书和作文》，《国文杂志》1943年第2卷第2期.

言志篇

林语堂

古人言士各有志，不过言志并不甚易。在言志时，无意中还是“载道”，八分为人，二分为己，所以失实，况且中国人有一种坏脾气，留学生炼牛皮，必不肯言炼牛皮之志，而文之曰“实业救国”。假如他的哥哥到美国学农业，回来开牛奶房，也不肯言牛奶房之志，只说是“农村立国”。《论语》言志篇，子路，冉求，公西华，各有一大篇载道议论，虽然经“夫子哂之”，点也尚不敢率尔直言，须经夫子鼓励一番，谓“何伤乎？亦各言其志也！”始有“春服既成”一段真正言志的话。不图方巾气者所必吐弃之小小志尚，反得孔子之赞赏。

孔子之近情，与方巾气者之不近情，正可于此中看出。此姑且撇过不谈。常言男子志在四方，实则各人于大志之外，仍不免有个人所谓理想生活。要人挂冠，也常有一番言志议论，便是言其理想生活。或是归田养母，或是出洋留学，但这也不过一时说说而已。向来中国人得意时信儒教，失意时信道教，所以来去出入，都有照例文章，严格言，也不能算为真正的言志。

据说古希腊有圣人代阿今尼思，一日正在街上滚桶中晒日，遇见亚力山大帝来问他有何所请。代阿今尼思客气的答曰：请皇帝稍为站开，不要遮住太阳，便感恩不尽了。这似乎是代阿今尼思的志愿。他是一位清心寡欲的人，冬夏只穿一件破衲，坐卧只在一只滚桶中。他说人的欲愿最少时，例是最近于神仙快乐之境。他本有一只饮水的杯，后来看见一孩子用手�水而饮，也就毅然将杯抛弃，于是他又觉得比前少了一种挂碍更加清净了。

代阿今尼思的故事，常叫人发笑，因为他所代表的理想，正与现代人相反。近代人是以一人的欲愿之繁多为文化进步的衡量。老实说，现代人根本就不知他所要的是什么。在这种地方，发见许多矛盾，一面提倡朴素，又一面舍不得洋楼汽车。有时好说金钱之害，有时却被财魔缠心，做出许多尴尬的事来。现代人听见代阿今尼思的故事，不免生羡慕之心，却又舍不得要看一张真正好的嘉宝的影片。于是乃有所谓言行之矛盾，及心灵之不安。

自然，要爽爽快快打倒代阿今尼思主张，并不很难。第一，代阿今尼思生于南欧天气温和之地。所以寒地女子,要穿一件皮大氅,也不必于心有愧。第二,凡是人类,总应该至少有两套里衣,可以替换。在书上的代阿今尼思,也许好像一身仙骨,传出异香来,而在实际上,与代阿今尼思同床共被,便不怎样爽神了。第三,将这种理想贯注于小学生脑中,是有害的,因为至少教育须养成学子好书之心,这是代阿今尼思所绝对不看的。第四,代阿今尼思生时,尚未有电影,也未有Mickey Mouse的滑稽影戏画,无论大人小孩说他不要看"Mickey Mouse,一定是已失其赤子之心,这种朽腐的魂灵,再不会于吾人文化有什么用处。总而言之,一人对于环境,能随时注意,理想兴奋,欲愿繁复,比一枯槁待毙的人,心灵上较丰富,而于社会上也比较有作为,乞丐到了过屠门而不大嚼时,已经是无用的废物了。诸如此类,不必细述。

代阿今尼思所以每每引人羡慕者,毛病在我们自身。因为现代人实在欲望太奢了,并且每不自知所欲为何物。富家妇女一天打几圈麻将,也自觉麻烦。电影明星在灯红酒绿的交际上,也自有其觉到不胜烦躁,而只求一小家庭过清净生活之时。朝朝寒食,夜夜元宵之人,也有一旦不胜其腻烦之觉悟。若西人百万富翁之青年子弟,一年渡大西洋四次,由巴黎而南美洲,而尼司,而纽约,而蒙提卡罗,实际上只在躲避他心灵的空虚而已。这种人常会起了一念,忽然跑入僧寺或尼姑庵,这是报上所常见的事实。

我想在各人头脑清净之时,盘算一下,总会觉得我们决不会做代阿今尼思的信徒,总各有几样他所求的志愿。我想我也有几种愿望,只要有志去求,也并非绝不可能的事。要在各人看清他的志操,有相当的抱负,求之在己罢了。这倒不是外方所能移易。兹且举我个人理想的愿望如下,这些愿望十成中能得六七成,也就可算为幸福儿了。

我要一间自己的书房,可以安心工作。并不要怎样清洁齐整。不要一位Story of San Michele书中的Madamoiselle Agathe,拿她的揩布到处乱揩乱擦。我想一人的房间,应有几分凌乱,七分庄严中带三分随便,住起来才舒服,切不可像一间和尚的斋堂,或如府第中之客室。天罗板下,最好挂一盏佛庙的长明灯,入其室,稍有油烟气味。此外又有烟味,书味,及各种不甚了了的房味,最好是沙法上置小书架,横陈各种书籍,可以随意翻读。种类不要多,但不可太杂,只有几种心中好读的书,及几次重读过的书——即使是天下人皆詈为无聊的书也无妨。不要理论太牵强板滞乏味之书,但也没有什么一定标准,只以合个人口味为限。西洋新书可与《野叟曝言》杂陈,《孟德斯鸠》可与《福尔摩斯》小说并列。不要时髦书,……,T.S.Elliot,Jame Joyces等,袁中郎有言,"读不下去之书,让别人去读"便是。

我要几套不是名士派但亦不甚时髦的长褂,及两双称脚的旧鞋子。居家时,我要能随便闲散的自由。虽然不必效顾千里裸体读经,但在热度九十五以上之热天,却应许我在佣人面前露了臂膀、穿一短背心了事。我要我的佣人随意自然,如我随意自然一样。我冬天要一个暖炉,夏天一个浇水浴房。

我要一个可以依然故我不必拘牵的家庭。我要在楼下工作时,听见楼上妻子言笑的声音。

要未失赤子之心的儿女,能同我在雨中追跑,能像我一样的喜欢浇水浴。我要一小块园地,不要有遍铺绿草,只要有泥土,可让小孩搬砖弄瓦,浇花种菜,喂几只家禽。我要在清晨时,闻见雄鸡喔喔啼的声音。我要房宅附近有几棵参天的乔木。

我要几位知心友,不必拘守成法,肯向我尽情吐露他们的苦衷。谈话起来,无拘无碍,《柏拉图》与《品花宝鉴》念得一样烂熟。几位可与深谈的友人,有癖好,有主张的人,同时能尊重我的癖好与我的主张,虽然这些也许相反。

我要一位能做好的清汤,善烧青菜的好厨子。我要一位很老的老仆,非常佩服我,但是也不甚了了我所做的是什么文章。

我要一套好藏书,几本明人小品,壁上一帧李香君画像让我供奉,案头一盒雪茄,家中一位了解我的个性的夫人,能让我自由做我的工作。酒却与我无缘。

我要院中几棵竹树,几棵梅花。我要夏天多雨冬天爽亮的天气,可以看见极蓝的青天,如北平所见的一样。

我要有能做我自己的自由,和敢做我自己的胆量。

简评:"语丝"时期的林语堂,颇有以民族复兴,思想革命为己任的气概,与五四同仁一起写下许多浮躁、凌厉、激扬的文字。到了"论语"时期,思想发生了一系列变化,转向个人情趣的抒写,创作了大量以自我为中心,以闲适为笔调的小品文。本文即可视为林语堂在大梦做不成的情况下,对自己所做的小梦的一番剖白。曲曲折折从古说到今、从中说到西,表明了对各种志向的看法，最后水到渠成，言己之志。至于“我要有能做我自己的自由，和敢做我自己的胆量。”应该有前提和背景的，过分的造次值得商榷。

作家谈读书

阅读教学中教师“不作为”是指教师不能发挥教师的主导作用，没有尽到自己作为学生学习活动组织者和引领者的责任。主要表现为，教师将课堂的所有话语权交给学生，课堂教学盲目、随意，一味顺应学生的思维，对学生的阅读反应缺少必要的点拨、评价。就是说，教师“无设计、不活动、没立场”。出现以上现象的主要原因有以下三个：片面强调学生的主体地位，教师出现自我矮化倾向，轻视教师的主导作用，过分追捧学生多元解读；教师“促进者”角色意识淡化；盲目尊重学生体验，教师价值引领力量弱化。

——钱加清：《阅读教学中教师“不作为”现象成因分析》，《河北师范大学学报》2011.2.

谈　画

张爱玲

我从前的学校教室时挂着一张《蒙娜·丽莎》,意大利文艺复兴时代的名画。先生说:“注意那女人脸上的奇异的微笑。”的确是使人略感不安的美丽恍惚的笑,像是一刻也留它不住的,即使在我努力注意之际也滑了开去,使人无缘无故觉得失望。先生告诉我们,画师画这张图的时候曾经费尽心机搜罗了全世界各种罕异可爱的东西放在这女人面前,引她现出这样的笑容。我不喜欢这解释。绿毛龟、木乃伊的脚、机器玩具,倒不见得使人笑这样的笑。使人笑这样的笑,很难吧?可也说不定很容易。一个女人蓦地想到恋人的任何一个动作,使他显得异常稚气,可爱又可怜,她突然充满了宽容,无限制地生长到自身之外去,荫庇了他的过去与将来,眼睛里就许有这样的苍茫的微笑。

《蒙娜·丽莎》的模特儿被考证出来,是个年轻的太太。也许她想起她的小孩今天早晨说的那句聪明的话——真是什么都懂得呢——到八月里才满四岁——就这样笑了起来,但又矜持着,因为画师在替她画像,贵妇人的笑是不作兴露牙齿的。然而有个十九世纪的英国文人——是不是Waleter de la Mare,记不清了——写了一篇文章关于《蒙娜·丽莎》,却说到鬼灵的智慧,深海底神秘的鱼藻。看到画,想做诗,我并不反对——好的艺术原该唤起观众各个人的创造性,给人的不应当是纯粹被动的欣赏——可是我憎恶那篇《蒙娜·丽莎》的说明,因为是有限制的说明,先读了说明再去看图画,就不由得要到女人眼睛里去找深海底的鱼影子。那样的华美的附会,似乎是增多,其实是减少了图画的意义。

国文课本里还读到一篇《画记》,那却是非常简练,只去计算那些马,几匹站着,几匹卧着。中国画上题的诗词,也只能拿它当做字看,有时候的确字写得好,而且给了画图的结构一种脱略的,有意无意的均衡,成为中国画的特点。然而字句的本身对于图画总没有什么好影响,即使用的是极优美的成句,一经移植在画上,也觉得不妥当。

因此我现在写这篇文章关于我看到的图画,有点知法犯法的感觉,因为很难避免那种说明的态度——而对于一切好图画的说明，总是有限制的说明，但是临下笔的时候又觉得不必有那些顾忌。譬如朋友见面，问："这两天晚上月亮真好，你看见了没有?"那也很自然吧?

新近得到一本赛尚画册，有机会把赛尚的画看个仔细。以前虽然知道赛尚是现代画派第一个宗师，倒是对于他的徒子徒孙较感兴趣，像Gauguin,Van Gogh,Matisse,以至后来的Picasso，都是抓住了他的某一特点，把它发展到顶点，因此比较偏执，鲜明，引人入胜。而充满了多方面的可能性的，广大的含蓄的赛尚，过去给我唯一的印象是杂志里复制得不很好的静物，几只灰色的苹果，下面衬着桌布，后面矗立着酒瓶，从苹果的处理中应当可以看得出他于线条之外怎样重新发现了"块"这样东西，但是我始终没大懂。

我这里这本书名叫《赛尚与他的时代》，是日文的，所以我连每幅画的标题也弄不清楚。

早期的肖像画中有两张成为值得注意的对比。一八六〇年的一张，画的是个宽眉心大眼睛诗人样的人，云里雾里，暗金质的画面上只露出一部分的脸面与白领子。我不喜欢罗曼蒂克主义的传统，那种不求甚解的神秘，就像是把电灯开关一捻，将一种人造的月光照到任何事物身上，于是就有模糊的蓝色的美艳，有黑影，里头唧唧阁阁叫着兴奋与恐怖的虫与蛙。

再看一八六三年的一张画，里面也有一种奇异的，不安于现实的感觉，但不是那样廉价的诗意。这张画里我们看见一个大头的小小的人，年纪已在中年以上了，波鬈的淡色头发照当时的式样长长地分披着。他坐在高背靠椅上，流转的大眼睛显出老于世故的，轻蔑浮滑的和悦，高翘的仁丹胡子补足了那点笑意。然而这张画有点使人不放心，人体的比例整个地错误了，腿太短，臂膊太短，而两只悠悠下垂的手却又是很长，那白削的骨节与背后的花布椅套相衬下，产生一种微妙的，文明的恐怖。

一八六四年所作的僧侣肖像，是一个须眉浓鸷的人，白袍，白风兜，胸前垂下十字架，抱着胳膊，两只大手，手与脸的平面特别粗糙，隐现冰裂纹。整个的画面是单纯的灰与灰白，然而那严寒里没有凄楚，只有最基本的，人与风雹山河的苦斗。

欧洲文艺复兴以来许多宗教画最陈腐的题材，到了赛尚手里，却是不大相同了。《抱着基督尸身的圣母像》，实在使人诧异。圣母是最普通的妇人，清贫，论件计值地做点缝纫工作，灰了心，灰了头发，白鹰钩鼻子与紧闭的嘴里有四五十年来狭隘的痛苦。她并没有抱住基督，背过身去正在忙着一些什么，从她那暗色衣裳的折叠上可以闻得见焐着的贫穷的气味。

抱着基督的倒是另一个屠夫样的壮大男子，石柱一般粗的手臂，秃了的头顶心雪白地连着阴森的脸，初看很可怕，多看了才觉得那残酷是有它的苦楚的背景的，也还是一个可同情的人。尤为奇怪的是基督本人，皮肤发黑，肌肉发达，脸色和平，伸长了腿，横贯整个的画面，他所有的只是图案美，似乎没有任何其他意义。

《散步的人》，一个高些，戴着绅士气的高帽子，一个矮些的比较像武人，头戴卷檐大毡帽，脚踏长统皮靴，手扶司的克。那炎热的下午，草与树与淡色的房子蒸成一片雪亮的烟，两个散步的人衬衫里焖着一重重新的旧的汗味，但仍然领结打得齐齐整整，手搀着手，茫然地，好脾气地向我们走来，显得非常之楚楚可怜。

《野外风景》里的两个时髦男子的背影也给人同样的渺小可悲的感觉。主题却是两个时装妇女。这一类的格局又是一般学院派肖像画的滥调——满头珠钻，严妆的贵族妇人，昂然立在那里像一座小白山；背景略点缀些树木城堡，也许是她家世袭的采邑。然而这里的女人是绝对写实的。一个黑头发的支颐而坐，低额角，壮健，世俗，有一种世俗的伶俐。一个黄头发的多了一点高尚的做作，斜欠身子站着，卖弄着长尾巴的鸟一般的层叠的裙幅，把这样的两个女人放在落荒的地方，风吹着远远的一面大旗，是奇怪的，使人想起近几时的超写实派，画一棵树，树顶上嵌着一只沙发椅，野外的日光照在碎花椅套上，梦一样的荒凉。赛尚没有把这种意境发展到它的尽头，因此更为醇厚可爱。

《牧歌》是水边的一群男女，蹲着，躺着，坐着，白的肉与白的衣衫，音乐一般地流过去，低回作U字形。转角上的一个双臂上伸，托住自己颈项的裸体女人，周身的肉都波动着，整个的画面有异光的宕漾。

题名《奥林匹亚》的一幅，想必是取材于希腊的神话。我不大懂，只喜欢中央的女像，那女人缩做一团睡着，那样肥大臃肿的腿股，然而仍旧看得出来她是年轻坚实的。

我不喜欢《圣安东尼之诱惑》，那似乎是他偏爱的题材，前后共画过两幅，前期的一张阴暗零乱，圣安东尼有着女人的乳房，梦幻中出现的女人却像一匹马，后期的一张则是淡而混乱。

《夏之一日》抓住了那种永久而又暂时的，日光照在身上的感觉。水边的小孩张着手，岔开腿站着，很高兴的样子，背影像个虾蟆。大日头下打着小伞的女人显得可笑。对岸有更多的游客，绿云样的树林子，淡蓝天窝着荷叶边的云，然而热，热到极点。小船的白帆发现熔铁的光，船夫、工人都烧得焦黑。

两个小孩的肖像，如果放在一起看，所表现的人性的对比是可惊的。手托着头的小孩，突出的脑门上闪着一大片光，一脸的聪明，疑问，调皮，刁泼，是人类最厉害的一部分在那里往前挣。然而小孩毕竟是小孩，宽博的外套里露出一点白衬衫，是那样的一个小的白的，容易被摧毁的东西，到了一定的年纪，不安分的全都安分守己，然而一下地就听话的也很多，像边里的另一个小朋友，一个光致致的小文明人，粥似地温柔，那凝视着你的大眼睛，于好意之中未尝没有小奸小坏，虽然那小奸小坏是可以完全被忽略的，因为他不中用，没有出息，三心两意，歪着脸。

在笔法方面，前一张似乎已经是简无可简了，但是因为要表示那小孩的错杂的灵光，于大块着色中还是有错杂的笔触，到了七年后的那张孩子的肖像，那几乎全是大块的平面了，但是多么充实的平面！

有个名叫"却凯"的人（根据日文翻译出来，音恐怕不准），想必是赛尚的朋友，这里共有他的两张画像。我们第一次看见他的时候，已经是老糊涂模样，哆着嘴，跷着腿坐在椅上，一只手搭在椅背上，十指交叉，从头顶到鞋袜，都用颤抖狐疑的光影表现他的畏怯、唠叨、琐碎。显然，这人经过了许多事，可是不曾悟出一条道理来，因此很着慌，但同时自以为富有经验，在年高德劭的石牌楼底下一立，也会教训人了。这里的讽刺并不缺少温情，但在九年后的一张画像里，这温情扩张开来，成为最细腻的爱抚。这一次他坐在户外，以繁密的树叶为背景，一样是白头发，瘦长条子，人显得年轻了许多。他对于一切事物以不明了而引起的惶恐，现在混成一片大的迷惑，因为广大，反而平静下来了，低垂的眼睛里有那样的忧伤、惆怅、退休；瘪进去的小嘴带着微笑，是个愉快的早晨吧，在夏天的花园里。这张画一笔一笔里都有爱，对于这人的，这人对于人生的留恋。

对现代画中夸张扭曲的线条感兴趣的人，可以特别注意那只放大了的，去了主角的手。

画家的太太的几张肖像里也可以看得出有意义的心理变迁。最早的一张，是把传统故事中的两个恋人来作画题的，但是我们参考后来的肖像，知道那女人的脸与他太太有许多相似之处。很明显地，这里的主题就是画家本人的恋爱。背景是罗曼蒂克的，湖岸上生着芦苇一类的植物，清晓的阳光照在女人的白头巾上，有着“蒹葭苍苍，白露为霜”的情味。女人把一只手按住男人赤膊的肩头，她本底子是浅薄的，她的善也只限于守规矩，但是恋爱的太阳照到她身上的时候，她在那一刹那变得宽厚聪明起来，似乎什么都懂得了，而且感动得眼里有泪光。画家要她这样，就使她成为这样，他把自己反倒画成一个被动的，附属的，没有个性的青年，垂着头坐在她脚下，接受她的慈悲，他整个的形体仿佛比她小一号。

赛尚的太太第一次在他画里出现，是这样的一个方圆脸盘，有着微凸的大眼睛，一切都很淡薄的少女，大约经过严厉的中等家庭教育，因此极拘谨，但在恋爱中感染了画家的理想，把他们的关系神圣化了。

她第二次出现，着实使人吃惊。想是多年以后了，她坐在一张乌云似的赫赫展开的旧绒沙发上，低着头缝衣服，眼泡突出，鼻子比前尖削了，下巴更方，显得意志坚强，铁打的紧紧束起的发髻，洋铁皮一般硬的衣领衣袖，背后看得见房门，生硬的长方块，门上安着锁；墙上糊的花纸，纸上的花，一个个的也是小铁十字架；铁打的妇德，永生永世的微笑的忍耐——做一个穷艺术家的太太不是容易的吧？而这一切都是一点一点来的——人生真是可怕的东西呀！

然而五年后赛尚又画他的太太，却是在柔情的顷刻间抓住了她。她披散着头发，穿的也许是寝衣，缎子的，软而亮的宽条纹的直流，支持不住她。她偏着头，沉沉地想她的心事，回忆使她年轻了——当然年轻人的眼睛里没有那样的凄哀。为理想而吃苦的人，后来发现那理想剩下很少很少，而那一点又那么渺茫，可是因为当中吃过苦，所保留的一点反而比从前好了，像远处飘来的音乐，原来很单纯的调子，混入了大地与季节的鼻息。

然而，这神情到底是暂时的。在另一张肖像里，她头发看上去仿佛截短了，像个男孩子，脸面也使人想起一个饱经风霜的孩子，有一种老得太早了的感觉。下巴向前伸，那尖尖的半侧面像上锈黑的小羊刀，才切过苹果，上面腻着酸汁。她还是微笑着，眼睛里有惨淡的勇敢——应当是悲壮的，但是悲壮是英雄的事，她只做得到惨淡。

再看另一张，那更不愉快了。画家的夫人坐在他的画室里，头上斜吊着鲜艳的花布帘幕，墙上有日影，可是这里的光亮不是她的，她只是厨房里的妇人。她穿着油腻的暗色衣裳，手里捏着的也许是手帕，但从她捏着它的姿势上看来，那应当是一块抹布。她大约正在操作，他叫她来做模特儿，她就像敷衍小孩子似的，来坐一会儿。这些年来她一直微笑着，现在这画家也得承认了——是这样的疲乏、粗蠢、散漫的微笑。那吃苦耐劳的脸上已经很少女性的成份了，一只眉毛高些，好像是失望后的讽刺，实在还是极度熟悉之后的温情。要细看才看得出。

赛尚夫人最后的一张肖像是热闹鲜明的。她坐在阳光照射下的花园里，花花草草与白色的路上腾起春夏的烟尘。她穿着礼拜天最考究的衣裙，鲸鱼骨束腰带紧匝着她，她恢复了少妇的体格，两只手伸出来也有着结实可爱的手腕。然而背后的春天与她无关。画家环境渐渐好了，苦日子已经成了过去，可是苦日子里熬炼出来的她反觉过不惯。她脸上的愉快是没有内容的愉快。去掉那鲜丽的背景，人脸上的愉快就变得出奇地空洞，简直近于痴呆。

看过赛尚夫人那样的贤妻，再看到一个自私的女人，反倒有一种松快的感觉。《戴着包头与包围巾的女人》，苍白的长脸长鼻子，大眼睛里有阴冷的魅惑，还带着城里人下乡的那种不屑的神气。也许是个贵妇，也许是个具有贵妇风度的女骗子。

叫做《塑像》的一张画，不多的几笔就达出那坚致酸硬的、石头的特殊的感觉。图画不能比这更为接近塑像了。原意是否讽刺，不得而知，据我看来却有点讽刺的感觉——那典型的小孩塑像，用肥胖的突出的腮，突出的肚子与筋络来表示神一般的健康与活力，结果却表示了贪嗔，骄纵，过度的酒色财气，和神差得很远，和孩子差得更远了。

此外有许多以集团出浴为题材的，都是在水边林下，有时候是清一色的男子，但以女子居多，似乎注重在难画的姿势与人体的图案美的布置，尤其是最后的一张《水沿的女人们》，人体的表现逐渐抽象化了，开了后世立体派的风气。

“谢肉祭”的素描有两张，画的大约是狂欢节男女间公开的追逐。空气混乱，所以笔法也乱得很，只看得出一点：一切女人的肚子都比男人大。

《谢肉祭最后之日》却是一张杰作。两个浪子，打扮做小丑模样，大玩了一通回来了，一个挟着手仗；一个立脚不稳，弯腰撑着膝盖，身段还是很俏皮，但他们走的是下山路。所有的线条都是倾斜的，空气是满足了欲望之后的松弛。“谢肉祭”是古典的风俗,久已失传了,可是这里两个人的面部表情却非常之普遍,简单的自信,小聪明,无情也无味。

《头盖骨与青年》画着一个正在长大的学生坐在一张小桌子旁边,膝盖紧抵桌腿,仿佛挤不下,处处扞格不入。学生的脸的确是个学生,顽皮,好问,有许多空想,不大看得起人。廉价的荷叶边桌子,可以想象那水浪形的边缘嵌在肉上的感觉。桌上放着书、尺,骷髅头压着纸。医学上所用的骷髅是极亲切的东西,很家常,尤其是学生时代的家常,像出了汗的脚闷在篮球鞋里的气味。

描写老年有《戴着荷叶边帽子的妇人》,她垂着头坐在那里数她的念珠,帽子底下露出狐狸样的脸,人性已经死去了大部分,剩下的只有贪婪,又没有气力去偷,抢,囤,因此心里时刻不安;她念经不像是为了求安静,也不像是为了天国的理想,仅仅是数点咭利骨碌的小硬核,数着眼面前的东西,她和它们在一起的日子也不久长了,她也不能拿它们怎样,只能东舐舐,西舐舐,使得什么上头都沾上一层腥液。

赛尚本人的老年就不像这样。他的末一张自画像,戴着花花公子式歪在一边的“打鸟帽”,养着白胡须,高挑的细眉毛,脸上也有一种世事洞明的奸滑,但是那眼睛里的微笑非常可爱,仿佛说:看开了,这世界没有我也会有春天来到。——老年不可爱,但是老年人有许多可爱的。

风景画是我最喜欢那张《破屋》,是中午的太阳下的一座白房子,有一只独眼样的黑洞洞的窗;从屋顶上往下裂开一条大缝,房子像在那里笑,一震一震,笑得要倒了。通过屋子的小路,已经看不大见了,四下里生着高高下下的草,在日光中极淡极淡,一片模糊。那哽噎的日色,使人想起“长安古道音尘绝,音尘绝——西风残照,汉家陵阙。”可是这里并没有巍峨的过去,有的只是中产阶级的荒凉,更空虚的空虚。

简评:所有的艺术在精神上都是相通的。张爱玲不以画名,但是一如写小说的张爱玲,在绘画领域里同样显示了不凡的艺术才情。开始对《蒙娜·丽莎》的微笑的理解很好的诠释,这微笑是艺术史上的谜,而她的理解则是:“并非那样深奥离奇”,多了一层世俗人情的意义。《抱着基督尸身的圣母像》,张爱玲嗅出了这位极普通的清贫妇人暗色衣裳“焐着贫穷的气味。”《散步的人》张爱玲感受到两个散步者“非常之楚楚可怜”等等。为我们读画作了很好的提示。

蔽己与自蔽

牧　惠

梁启超的《清代学术概论》很值得一读。这本书不仅总结了清代学术研究的成就，而且对学风问题谈了一些很有益的见解。他谈到戴震时，对戴震提出的做学问要坚持“不以人蔽己，不以己自蔽”的原则非常赞赏。他说：“‘不以人蔽己，不以己自蔽’二语，实震一生最得力处，盖学问之难也，粗涉其途，未有不为人蔽者；及其稍深入，力求自脱于人蔽，而已旋自蔽矣；非廓然卓然，鉴空衡平，不失于彼，必失于此。”一个人刚刚开始搞研究，很容易“为人蔽”。因为读书不多，听懂的太少太粗太浅，往往缺乏独立思考的精神。读张三，觉得张三有理；读李四，觉得李四对头。发现不出他们之间的矛盾，或发现他们之间的异同又仍缺乏分析判断的能力。于是，无所发现，无所发明，所写出的东西，不是来自张三，就是来自李四，或者是把张三李四捏合成一个矛盾百出的“体系”。这就叫做“为人蔽”。

难得的是在研究一开始就坚持一种独立思考，对一切都要问一个为什么的“怀疑一切”的精神。附带说一句，“怀疑一切”并非是个坏字眼。马克思也说过的。它同“文革”时那种胡思乱想并非一回事，是一种严格的治学精神。戴震就是这样一个人。《戴东原墓志铭》中说到一件事，戴震10岁时读《大学章句》至右经一章以下，问塾师：“此何以知孔子之言而曾子述之？又何以知为曾子之意门人记之？”答：“南宋。”又问：“孔子、曾子何时人？”答：“东周。”又问：“周去宋几何时？”答：“几二千年。”又问：“然则朱子何以知其然？”老师被问得答不出话来。这种打破砂锅问（璺）到底的精神，是不为人所蔽的开始。有了这种精神，对前人的研究成果采取严格的分析比判态度，才可能有创造性。顾炎武也坚持这种精神。他在写《日知录》时给自己立下一条规矩：“必古人所未及就，后世之所不可无，而后为之。”这是个高标准。他以这个标准要求自己，也以这个标准衡量文人。他批评某人说：“君诗之病，在于有杜；君文之病，在于有韩、欧；有此蹊径于胸中，便终身不脱依傍二字。”依傍也者，就是为人所蔽。作诗，为杜甫所蔽；作文，为韩愈、欧阳修所蔽；没有自己的创造性。梁启超对顾炎武的评价也很高："无一语袭古人。"难得的是"无一语"！

梁启超自己也是采取这种治学态度。对于他的老师康有为，他既充分肯定老师的成就，又不客气地指出老师的不足。他指出，康有为的《新学伪经考》"大体皆精当，其可议处乃在小节目"；某些论点"为事理之万不可通"。吾爱吾师，吾尤爱真理。如果对前人的研究成果采取宗教式的教条主义态度，学术就无发展可言。因此，他对汉武帝表彰六艺罢黜百家持否定态度。认为这样一来，国人对六经只许征引，只许解释，不许批评；如果对经文一字一句稍加议论，便被认为是"非圣无法"，结果是堵塞了学术研究前进的道路。梁启超是对的。汉武帝的这种做法，无疑是给众人竖立起一块蔽人眼目的大屏障。

不为前人所蔽，敢于超过，敢于突破，确非易事。有的人搞了一辈子学问，搞来搞去，无非是"天下文章一大抄"（这不是指抄袭的抄。抄袭，更谈不上什么学问），原理就是那几条，不过变个把例子而已。而有了一点成就之后，要做到不为自己所蔽，看来更不容易。

所谓不自蔽，首先应当是敢于否定自己某些已被证明不对的结论，然后才可能继续前进。

梁启超介绍清代的学风。指出他们之所以有成就，其中原因之一就是他们坚持实事求是的学风，敢于否定自己。"孤证不为定说；其无上者姑存之，得有续证则渐信之，遇有力之反证则弃之。"。"弃之"，就是大胆地坚决地否定自己。这就是不自蔽的前提。

这一条，看去似乎简单，其实好些人硬是过不去这一关。清代学者毛奇龄，梁启超认为是"清学界最初之革命者"。但是，他这个人在这方面就有比较严重的毛病。全祖望批评他："其所著书，有造为典故以欺人者，有造为师承以示人有本者，有前人之误已辨正尚袭其误而不知者，有信口臆说者，有不考古而妄言者，有前人之言本有出而妄斥为无稽者，有不考古而妄言者，有前人之言本有出而妄斥为无稽者，有改古书以就己者。"毛奇龄这些毛病，当然已经不仅仅是自蔽的问题，而是一个学术道德问题了。但是，就自蔽而言，除了极个别人故意为了出名而坚持错误观点的骗术外，同老觉得自己对，老是想维持自己那种本来已经被实践证明是错误的结论，有着不可分割的联系。

不以人蔽己和不以己自蔽的原则，是做学问的原则，也是其他行业的原则。文艺创作也有一个蔽己与自蔽的问题，即不要重复别人、也不要重复自己的问题。重复别人，为人所蔽，无非是找一个格式来摹仿，没有自己的独创性。另一方面，如果写来写去老是一个调子，老是那几个物，也就无所谓发展，这就是为己所蔽。巴尔扎克声称，他要“写出整个社会的历史”，“一代人就是一出有四五千个突出人物的戏剧。这出戏，就是我的书”。他的《人间喜剧》果然创造了上千人物，并不重复。同是悭吝鬼，高布赛克、葛朗台、纽沁根就各有千秋。这也是一种不自蔽的精神。

“立言但论是非，不论异同；是，则一二人之见不可易也；非，则虽千万人所同，不随声也；岂惟千万人，虽百千年同迷之局，我辈亦当以先觉觉后，竟不必附和雷同也。”这是做学问的原则，也是做人的原则。做学问，首先也是做人。

简评：不要让别人蒙蔽自己，也不要自我蒙蔽，讲的是研究学问的原则，文艺创作的原则，也是做人的原则。文中例举的戴震，作为一代学术大师，其突出的地方便是做学问要有怀疑精神，不能随便盲从或迷信，这对于今天的广大学生来说，同样是不可缺少的。

作家谈读书

学习国文该认定两个目标：培养阅读能力，培养写作能力。培养能力的事必须继续不断地做去，又必须随时改善学习方法，提高学习效率，才会成功。所以学习国文必须多多阅读，多多写作，并且随时要求阅读的精审，写作的适当。

在课内，阅读的是国文教本。那用意是让学生在阅读教本的当儿，培养阅读能力。凭了这一份能力，应该再阅读其他的书，以及报纸杂志等等。这才可以使阅读能力越来越强。并且，要阅读什么就能阅读什么，才是真正的受用。

——叶圣陶：《中学国文学习法》，原载《中学生手册》.开明书店, 1948.7.

秋之歌——唐诗之旅

李元洛

少年时生命如同春日，只觉春阳初照，春花始荣，秋季还在遥远的天边，连它先是金黄后是苍凉的身影都不见，何况中间还隔着一大段夏天，风风火火热闹闹大有可为的夏天。然而，仿佛是在转瞬之间，顶多有如小寐片刻，春日已无影无踪；夏日也绝尘而去。两鬓的微霜告诉我，少年不在，青年不再，中年他已到了最后关头。生命的初霜之后，接踵而来的，便是芸芸众生感时伤逝叹老嗟卑的深秋。

悲秋，大约是不分族别也不分国界吧，或者说，是普遍共有的人性人情。在西方诗文中，19世纪法国象征派诗人马拉美的散文《秋》，将孤独寂寞的悲秋之情，抒写得哀惋之至；美国现代诗人弗罗斯特在《我的客人，十一月》中，也说秋天是“秋雨绵绵的晦日”。至于天空寒冷萧瑟，树叶枯黄凋谢，“忧郁的日子终于来到，这一年中最凄凉的季节”（布赖恩特：《花之死》）之类的悲秋咏叹调，更是不时在西方的诗文中鸣奏。在我们中国呢？悲秋之大约就是屈原了。昏君当政，奸佞弄权，楚国已经到了危急存亡之秋，而屈原却屡遭打击，流放江湖，他的生命和心理也有如肃杀的秋日。除了早期之作的《桔颂》，他的作品中很少欢愉高昂的音调。“帝子降兮北渚，目眇眇兮愁予。袅袅兮秋风，洞庭波兮木叶下”，这是《九歌·湘夫人》的起句，读者刚一展卷，一股悲风便从两千多年前迎面吹来。明人胡应麟在《诗薮》中，说它是“千古言秋之祖。六代、唐人诗赋，靡不自此出者”，这话说得不错，不过，如果要更准确些，“言秋”可以改为“悲秋”，不知胡应麟同不同意？屈原的弟子宋玉，在《九辩》一开篇就长叹息。”悲哉，秋之为气也！萧瑟兮草木摇落而变衰。”我没有足够的证据，但从年龄长幼和师徒关系而言，恐怕是学生在效法老师。至于以后曹植《燕歌行》的“秋风萧瑟天气凉，草木摇落露为霜”，六朝谢庄《月赋》的“洞庭始波，木叶微脱”等等，都是屈原悲秋的萧条异代不同时的变奏。

一年之中，有春发夏繁秋肃冬凋的不同，一个人的心理和生命，甚至具体的生平遭际，也往往有春夏秋冬之别。秋天特别是深秋，本来就万木凋零，于众生只能引发相应的感受，尤其是你的遭逢或生命面对的又正是秋日的肃杀。因此，唐代诗人也如他们的前辈诗人一样悲秋，那就绝非偶然，也无可厚非了。

不过，初唐与盛唐之时，大唐帝国如朝日之初升，如丽日之中天，那是封建社会的黄金时代，也是当时世界上最为强大的王朝。大唐正当春夏，尽管仍然有许多弊病与危机，但整个国家与社会生机蓬勃，生气活泼，包括诗人在内的知识分子们大都觉得天生我材必有用，因而踌躇满志，意气飞扬。"云霞出海曙，梅柳渡江春。淑气催黄鸟，晴光转绿苹"（杜审言），他们喜欢歌唱春天，如同一群在原野上欢呼奔跑的孩子；"白日依山尽，黄河入海流。欲穷千里目，更上一层楼"（王之涣），他们热衷咏唱壮志，像一群在沙场上驰骋的血气方刚的青年。即使是写前人不知悲过多少回的秋天，盛唐时代诗人的笔下，也很少那种萧索悲凉之气，而多的是清华高远的意境。张九龄在《感遇》中，既赞美春天的"兰叶春葳蕤"，也礼赞秋天的"桂华秋皎洁"，而无论春与秋，都是"欣欣此生意，自尔为佳节"。而成天与青山为伴与白云为友的孟浩然呢？他秋日登上兰山怀念朋友张五，"北山白云里，隐者自怡悦。相望试登高，心随雁飞灭"（《秋登兰山寄张五》），没有悲秋之音，只有怡秋之调。和孟浩然并称的王维呢？"空山新雨后，天气晚来秋。明月松间照，清泉石上流。竹喧归浣女，莲动下渔舟。随意春芳歇，王孙自可留"（《山居秋暝》），任随春华消歇，他的秋日清高悠远，自可留恋与流连。表面乐观放达而内心实有万古之愁的李白呢？他虽然乱我心者今日之日多烦忧，虽然举杯消愁愁更愁，然而，直至垂暮之年，他都似乎不太知道秋天与悲秋的不解之缘。"霜落荆门江树空，布帆无恙挂西风。此行不为鲈鱼脍，自爱名山入剡中"，早期的《秋下荆门》一帆高挂，秋风高远；"江城如画里，山晚望晴空。两水夹明镜，双桥落彩虹"，在中年的《秋登宣城谢眺北楼》中，秋日的风光仍是一派爽朗明丽。李白流放夜郎至中途放还，再游岳阳时正是秋日，他虽然满怀痛苦，一肚牢骚，甚至要倒却鹦鹉洲而划却君山，但也许是江山易改而本性难移吧，他的乐观放达的个性是与生俱来的，他笔下秋天的洞庭与君山，仍然是"帝子潇湘去不还，空余秋草洞庭间。淡扫明湖开玉镜，丹青画出是君山"。他这位酒徒，不，酒仙，秋夜游湖时，却依然不忘饮酒赏月，逸兴遄飞："南湖秋水夜无烟，耐可乘流直上天。且就洞庭赊月色，将船买酒白云边。"看来，即使是极度的坎坷困顿，甚至是几遭杀身之祸，但如果要李白一天到晚苦脸愁眉，唉声叹气，在秋天和他人一样低吟浅唱悲秋之曲，那似乎也是难于上青天的。

然而，以“安史之乱”为分水岭，大唐帝国终于告别了它的全盛时期，如日中天的太阳逐渐西斜，最后成了晚唐李商隐诗中的只是近黄昏的落照。在夏日的惊雷与电闪之后，却道天凉好个秋，大唐帝国也由春而夏由夏而秋了。也许是由于国势日衰，江河日下，昔日的青春焕彩变成了疮痍满目，朝气蓬勃变成了老大悲伤，诗人们也仿佛一下子从豪气干云的青年，变成了摒除丝竹的中年和感时伤逝的老年。使人意冷心寒的秋声，早在欧阳修的《秋声赋》之前，就已经纷纷起于唐代诗人的纸上，而那萧然黯淡的秋色，只要我们展卷而吟，也仍然会从千年前袭上我们的眉头与心头。

杜甫就是一个代表。人一生忧国忧民又坎坷不遇，乐少而苦多，诗中难得一见云开日出的笑脸。“却看妻子愁何在?漫卷诗书喜欲狂”，那首被前人评为老杜“生平唯一一首快诗”的《闻官军收河南河北》，其“快”不仅在节奏，更在心情，是悲怆奏鸣曲中一个难得的亮丽的音符。杜甫写到秋天，也常常不免由己及人，万感交集：“曲江萧条秋气高，菱荷枯折随风涛，游子空嗟垂二毛”（《曲江三章》），“阑风伏雨秋纷纷，四海八荒同一云。去马来牛不复辨，浊泾清渭何当分”（《秋雨叹》）。长安十年困守时期，他就有许多悲秋之歌了。及至支离东北，漂泊西南，辗转江汉与湖湘，更不禁悲从中来，秋声满纸：“八月秋高风怒号，卷我屋上三重茅”（《茅屋为秋风所破歌》）。如果生当今日，像杜甫这样的成就和级别的诗人，其居室纵然赶不上大款的别墅和高官的宅第，但也绝不至于局促于破败的茅屋了。“风急天高猿啸哀，渚清沙白鸟飞回。无边落木萧萧下，不尽长江滚滚来。万里悲秋常作客，百年多病独登台。艰难苦恨繁霜鬓，潦倒新停浊酒杯”，杜甫的这首《登高》，明代胡应麟推许为古今七言律诗的冠军，其情悲壮而不悲哀，但同为悲秋则一。至于在四川夔州作的一组七言律诗《秋兴》八首，一开篇即是“玉露凋伤枫树林，巫山巫峡气萧森”，如同一阕交响曲的主旋律，诗人在组诗中反之复之的，既是悲故国也是悲秋日，或者在悲故国中悲秋日。我的朋友黄维梁教授舌耕与笔耕于香港中文大学，他运用加拿大学者佛莱的“基型论”，分析杜甫的《客至》与《登高》，撰有《春的豫悦和秋的阴沉》一文，他说杜甫的《登高》“其悲苦，其潦倒，其英雄末路日落西山的情形，正吻合了佛莱所说的悲剧的基型”。香港四时不甚分明，一年四季都是金灿灿的初秋，由香港的金秋而夔州的哀秋，黄维梁思接千载，他真可以说是杜甫的知音。

英国诗人济慈说："一年有四季，人的心灵也有四季。"中唐已是夕阳西下了，而晚唐呢？

悲凉的晚钟敲来的是苍茫而苍老的暮色。盛唐时代的英风胜概早已荡然无存，诗人们的心态也早已进入了秋日和冬天。悲秋，是中晚唐诗坛流行的风景。如果要投票公决，白居易大约是悲秋的代表人物。他年轻时在《秋思》中早就说过"萧条秋气味，未老已深谙"。三十二岁时，作《秋思》说"何况镜中年，又过三十二"，三十六时又作《曲江早秋》，说什么"秋波红蓼水，夕照青芜岸。独信马蹄行，曲江池四畔。……我年三十六，冉冉昏复旦。人寿七十稀，七十将过半"。以后连续几年中，年年照写《曲江感秋》，到五十一岁时还旧事重提，一副度日如年未老先衰之态，这就难怪他的《琵琶行》一开篇，破空而来的，就是"浔阳江头夜送客，枫叶荻花秋瑟瑟"的瑟瑟秋声。吴经熊在写于三十年代的专著《唐诗四季》中，把白居易列为"秋季诗人"，一点也不算冤。与他唱和甚多关系极"铁"的元稹，曾有一首《酬乐天秋兴见赠本句云莫怪独吟秋兴苦比君较近二毛年》："劝君莫作悲秋赋，白发如星也任垂。毕竟百年同是梦，长年何异少何为。"可见连元稹也认为他悲秋之作太多，但他相劝的理由也颇低调而灰调，本身也不免悲剧意味。不过，悲秋的当然也不止白居易，大历十才子之一的卢纶，就有一首《同李益伤秋》："岁老人头白，秋来树叶黄。搔首问黄叶，与尔共悲伤。"自己独自悲秋还意犹未尽，还要彼此彼此，大家一起来同悲，这真是有福同享，不，有秋同悲了。然而，除上述这些诗人之外，中唐时悲秋病患者最严重的，莫过于李贺。这位多愁多病有志不伸的短命诗人，好像是一位专业的悲秋歌手，他在《南山田中行》中说"秋野明，秋月白。圹水漻漻虫啧啧"，在《开愁歌》中唱"秋风吹地百草干，华容碧影生晚寒，我当二十不称意，一生愁谢如枯兰"，年纪轻轻，满怀壮志不酬的苦闷，不是"开愁"而是"聚愁"。如同在当前商业大潮中有的文人认为文学贬值，李贺有时也对自己的写作价值产生了怀疑："寻章摘句老雕虫，晓月当帘挂玉弓。不见年年辽海上，文章何处哭秋风"（《南园》）。而《秋来》一诗的"桐风惊心壮士苦，衰灯络纬啼寒素。……秋坟鬼唱鲍家诗，恨血千年土中碧"。就更是字字血声声泪的血泪交迸的悲秋之曲了。在李贺之后，晚唐的诗人接踵而来悲秋，如李商隐的"扇风淅沥簟流离，万里南云滞所思。守到清秋还寂寞，叶丹苔碧闭门时”（《倒秋》）。如陆龟蒙的“荒亭古树只独倚，败蝉残蛩苦相仍。虽然诗胆大如斗，争奈愁肠牵似绳”（《早秋吴体寄袭美》）。虽然可谓深情绵邈，但也可以说是气若游丝。

然而，众声齐奏中也仍然有裂帛而鸣的异响，千篇一律里也仍然有别具光辉的异采，使我们从几乎无法自拔的哀思怨绪的沼泽，振羽飞向响晴亮丽的天空，这就是中唐刘禹锡的《秋词》和晚唐杜牧的《山行》。

在中唐诗人中，刘禹锡与白居易齐名，时称“刘白”。唐代不少诗人都有美丽的别名雅号，李白是“诗仙”，杜甫是“诗圣”，王维是“诗佛”，白居易是“诗魔”，李贺是“诗鬼”，刘禹锡生时就荣获了“诗豪”之名，而且是白居易命名的：“彭城刘梦得，诗豪者也。”他的《秋词》二首确实是劲风拂纸，豪气凌云：

自古逢秋悲寂寥，我言秋日胜春朝。
晴空一鹤排云上，便引诗情到碧霄。

山明水净夜来霜，数树红深出浅黄。
试上高楼清入骨，岂如春色嗾人狂？

“永贞革新”失败之后，刘禹锡被贬为朗州（今湖南省常德市）司马。朗州“地居西南夷，土风僻陋”，是唐代安置被贬官员的下州，而“司马”又是没有实权的下吏，但在这南蛮之地，刘禹锡却整整谪居了十年。其时，革新派的领袖王叔文被赐死，参与革新的好友柳宗元等人被贬遐荒，大环境恶劣，小气候也不行，独居无友，壮志不伸，其精神之压抑与痛苦可想而知。然而，刘禹锡写秋色，咏秋光，却一洗自古相传的常态与旧调，唱出了“我言秋日胜春朝”的壮歌与“岂如春色嗾人狂”的新声，表现了高远奋发的精神境界。抗日战争时期，幼小的我随家人流亡湘西，一叶船帆溯清碧的沅江而上经过常德，虽然城外那一湾江水至今仍然碧在我的记忆里，但当时年幼无知，怎么会知道自己竟然和千年前的刘禹锡擦肩而过？及至人到中年，我多次从长沙前去常德凭吊，今日的常德已是一座热闹繁华的现代都市，刘禹锡的遗踪已渺不可寻，只有他豪迈清越的诗句呵，依然写在山上水上白云之上鹤翅之上和我永不老去的心上。

可以和刘禹锡的《秋词》比美的，那就是晚唐杜牧的诗了。杜牧生活和创作的时代，正是李唐王朝行将闭幕的前夕，社会动荡不安，危机四伏，出身世家望族的杜牧虽怀抱大略雄才，但却同样是壮志难酬。然而，他的诗风却清峻豪放，峭拔劲健，一扫晚唐诗中的苍然暮色，敲响的竟是凛然的晨钟。他写北方的秋天如《长安秋望》：

楼倚霜树外，镜天无一毫。
南山与秋色，气势两相高。

毫无衰飒之气，只有豪壮之神。气爽秋高，固然是客观之物象所致，也是由于诗人胸怀爽朗，襟怀高远。如果这首写北方秋色的诗可谓“壮丽”，那么，他写南方秋景的《山行》，就堪称“明丽”了：

远上寒山石径斜，白云生处有人家。
停车坐爱枫林晚，霜叶红于二月花。

同时代的诗人写枫叶，杜甫是“玉露凋伤枫树林，巫山巫峡气萧森”（《秋兴》八首），白居易是“临风杪秋树，对酒长年人。醉貌如霜叶，虽红不是春”（《醉中对红叶》），从来没有人像杜牧一样，认为枫叶比二月的春花鲜艳灿烂。长沙湘江西岸之岳麓山下，青枫峡里，有一处名胜“爱晚亭”，就是清代诗人袁枚根据《山行》一诗取名。每当枫叶流丹的深秋时节，我便和一二好友渡湘江而西去观赏枫的大展，满山的枫树在绿过了春青过了夏之后，在秋风与秋霜的助威之下，忽然一声呐喊，纷纷举起了火把，把岳麓山烧成了一座火焰山。好美丽的一场火灾呵，迟迟不见平日心急火燎的消防车队奔来救火，只有于山下与山中观火的我们，还若无其事地高吟低咏杜牧的《山行》。

如今，我的生命的驿车，早已驰过了蓬勃的春热烈的夏，到达了早秋这个驿站。青春在于精神，生命在于创造，刘禹锡和杜牧千年前的高歌犹在耳畔，不要去低吟“悲哉，秋之为气也”吧，不要去浅唱“一叶落而知天下秋”吧，当代诗人郭小川慨当以慷的《秋歌》中的诗句，如同催征的鼓点，敲沸了我不冷的热血，激励了我不老的肝胆：

秋天呵,请把簌簌的风声喝断,

我的歌儿呀,唱了还不到一半!

简评:作者把唐诗装在心中,远离了红尘纷争,笑谈初盛中晚,把四季之秋参悟得那么透彻,借以将唐诗梳理得条分缕析,自然与诗歌,诗品和人品都成了“取之不尽、用之不竭”的精神源泉。文章的结尾,作者意在不要纠缠于诗坛的春夏秋冬,唐诗的驿车驰到了秋的驿站,随之而来的便是冬了。催征的鼓点,敲沸了不冷的热血,还是流连在秋光寥廓的唐诗里吧,不似春光,胜似春光,唐诗是生命的世界,呼应了开头:少年时生命如同春日,只觉春阳初照,春花始荣,秋季还在遥远的天边,连它先是金黄后是苍凉的身影都不见……

作家谈读书

以语言应用为核心的阅读教学着眼于学生言语能力的发展,讲求以语言带动内容,在丰富多彩的言语实践中,实现言义兼得;以发展言语能力为价值指向,讲求“以语言带动内容”,融工具性与人文性于一体,通过言语实践让学生“亲历”和“历练”。阅读教学必须以语言应用为核心,聚焦语言因素,把握语文核心价值;凭借文本语言,以语言学习带动内容理解;着力语言应用,促进言语的有效“增值”;重视应用能力检测,实现教与学的良性循环。

——刘仁增:《以“语言应用”为核心的阅读教学新视野》,《课程·教材·教法》2009.11.

俄罗斯的伤口

洪　烛

普希金之死，并不仅仅是他一个人的事情。还在许多诗人的记忆里留下伤口。

不必说与他同时代的莱蒙托夫了——他在成名作《诗人之死》里愤怒地谴责："你们即使用你们所有的污黑的血，也洗涤不净诗人正义的血痕！"即使像茨维塔耶娃这样迟到的女诗人，也为之心痛不已。茨维塔耶娃敏感的童年，一度笼罩在普希金的死亡阴影里——仅仅因为家中挂有一幅描绘普希金决斗场景的油画。普希金就这样进入三岁小女孩的印象——而这位女孩长大后决心做他的妹妹，开始写诗。"我所知道的普希金的第一件事，就是他被人杀害了……丹特士仇视普希金，因为他自己不会写诗，于是向他挑起决斗，也就是把他骗到雪地里，在那里用手枪射穿肚子把他杀害了。因此我从三岁起就确定无疑地知道，诗人有肚子……我要做妹妹的心愿乃是受了普希金决斗的启发。我还要说的是，'肚子'这个词对我有一种神圣的东西，甚至一句普普通通的'肚子疼'都会使我产生一种颤栗的同情感，这种同情感排除一切幽默。这一枪击伤了我们大家的肚子。"肚子仿佛成了诗人身上最柔软、最缺乏保护的地方——因而最遭受打击。这一切仅仅因为普希金的缘故。普希金那高贵的血，从肚皮上枪伤里流出来，染红了俄罗斯的雪地。而这份疼痛，这份被污辱的尊严，即使一个世纪之后仍遗传在诗人们的记忆里——这几乎已构成一种先天性的记忆。所以俄罗斯诗人是那么忧伤，那么自尊，在多灾多难的命运面前也不愿意轻易低下骄傲的头颅。

叶甫图申科在《诗歌绝不能没有家》一文中提及普希金对茨维塔耶娃的影响："即使在可爱的祖宅，在一个三岁小女孩儿的内心便产生了丧失家园的情感。普希金走进了死亡——进入了不可挽留的、恐怖的、永恒的丧失家园的状态，而要想把自己当作他的妹妹，就必须亲自体验一下这种无家可归。后来，茨维塔耶娃在异国，由于思念祖国而心焦如焚，甚至企图嘲弄这种乡愁，就像'一头受伤的野兽，被什么人打伤了肚子'，用嘶哑的声音吼叫着……"

这一次受伤的是茨维塔耶娃自己了，她被乡愁折磨得夜不成眠，辗转反侧。只不过她是被无形的对手和无形的子弹击中了——我们可以把这叫做命运。被不幸的命运放逐的茨维塔耶娃，变得孤癖了，变得不轻信这个世界了："一切家园我都感到陌生，一切神殿我都感到空洞，一切都无所谓，一切我都不在乎……"回到祖国之后，现实仍令她失望，她觉得在任何环境里自己都是个流亡者或局外人，遭受别人的疏远与中伤，因而最终走上了自缢的绝路。好在她曾经写过这样一句诗："我就是在临终咽气时也仍然是一个诗人。"——这不仅是她活着时的信条，也将是她死去时的慰藉。她无愧于自己，无愧于作为"普希金的妹妹"而存在的诗性人生。

茨维塔耶娃是维护普希金的，她终生都在用自己的诗歌为普希金守灵——于是我们在巨人的身后发现了另一盏灯，发现了同样呕心沥血的烛光。她写过一首《嫉妒的尝试》："在卡拉拉大理石之后，您怎能与石膏的废物生活在一起？"能猜得出它是写给谁的吗？它是写给普希金的妻子冈察罗娃的——因为她在普希金死后居然嫁给了兰斯科伊将军。叶甫图申科说："茨维塔耶娃是那样怒不可遏地、几近女人蛮横无理地谈到了普希金的妻子……这种情调，已经是自卫的情调。"她在捍卫普希金的同时也在捍卫自己的信仰。

茨维塔耶娃的死因，不像普希金的被杀那样明显、那样富于社会性，但仍然令人心痛。诗人的自杀，同样是被命运伤害的结果。他（她）本人也是无辜的。茨维塔耶娃的诗里面有一种隐晦的伤口，不流血的伤口——这导致她疼痛、愤怒并且诅咒。有人说她"大胆地将符咒一类的格式引入诗中"像个叛逆的女巫。还是叶甫图申科概括得好："如果试图找到茨维塔耶娃诗歌的心理公式的话，那么，这个公式与普希金的和谐恰恰相反，是用自然力打破和谐……诗人不怕让自然力进入自己的内心，不怕被它撕得粉碎。"茨维塔耶娃既坚强又温柔的心被撕碎了，但同样也构成最昂贵的一件牺牲品——祭奠着不灭的诗魂。就像普希金为尊严而牺牲一样，你不能说她更为卑微或更为脆弱。

诗人啊诗人，为什么总是那么容易受伤——尤其是精神上？普希金的肚子受伤了，茨维塔耶娃的心灵也受伤了——他们都遭到了致命一击。从他们的诗篇里能闻见命运的血腥——这些滴血的艺术品，反而显得更高傲了。它的残酷也就是它的真实。赝品是不会流泪也不会流血的，赝品制造不出那种先天的敏感。诗人们在损失幸福的同时却获得了艺术的价值——从普希金到茨维塔耶娃，在此之前和之后，都是如此。

这是一种古老的伤口，在帕斯捷尔纳克、曼德尔施塔姆、阿赫玛托娃、叶赛宁等其他诗人的作品里仍能找到。甚至马雅可夫斯基身上也有这祖传的伤口，只不过他藏匿得较深而已——在其自杀之前，世人都以为这是最乐观的一位诗人呢。所以伤口已构成诗人的集体记忆。他们的诗篇是从伤口里流出来的，染红了俄罗斯的雪地。而这雪地里掩埋过普希金那光荣的尸体。俄罗斯文学的辉煌——不管是“黄金时代”，还是“白银时代”，都是结疤的伤口演变成的勋章。

直到今天，我仍然能感受到他们的疼痛，并且倾听到他们伤口的倾诉。他们不是为展览伤口而存在的，却无意间展示了站在苦难的对立面的自己。这是从普希金开始就一直得到保持的诗人的立场。俄罗斯诗人，可以被自己的时代打倒，却无愧于更为久远的历史。这或许就是所谓的诗歌传统吧?他们可以把被封杀的伤口带进坟墓里，也不会像宫廷乐师那样虚伪地歌功颂德。

如果说茨维塔耶娃把自己当作普希金的妹妹，那么普希金恐怕还有另一个妹妹——阿赫玛托娃。人们把普希金称为俄罗斯诗坛的太阳，而把阿赫玛托娃称为月亮。她对普希金的敬爱，可借用其一首诗来表现：“尘世的荣誉如过眼云烟……我并不希求这种光环。我曾经把幸福的情感向我的所有情人奉献。有一个人今天还健在，正和他现在的女友情爱绵绵；另一个人已经变成青铜雕像，站在雪花飞舞的广场中间。”那塑像无疑是普希金的。这简直是一种可以超越时空的爱情。阿赫玛托娃还在《普希金与涅瓦河之滨》一文中，详尽记述了曾苦苦寻找十二月党人埋葬地的普希金：“对十二月党人的想念，也就是对他们的命运和他们的死亡的思虑无休止地折磨着普希金……普希金毫无疑问在以此痛苦谴责尼古拉一世……在《波尔塔瓦》草稿上画有绞刑架的上方，普希金写道：‘我也有可能像个侍从丑角’，而在致乌沙科娃的诗中——‘假如我被绞死，您可为我叹息?’他仿佛把自己也算作12月14日牺牲者了。他觉得，涅瓦河之滨的无名墓，几乎就应该是他本人的坟墓……”可见普希金在被保皇党人丹特士及其背后的沙皇杀害之前，早已做好了这样的准备。他并不畏惧伤口，所以更不畏惧枪口。普希金血淋淋的伤口就这样烙印在俄罗斯诗人们的记忆里，甚至连阿赫玛托娃这样温柔的女诗人也不例外，也能意识到它鲜明的存在。她在遭受攻讦之时也拒绝了流亡国外的朋友们的召唤，不愿离开祖国，多少年后她仍然将这种坚强引以为骄傲：“我剩余的青春在这儿，在大火的烟雾中耗去，我们从来没有回避过对自己的任何打击。”

是的，诗人为什么总是容易受伤——因为他们永远也不愿意学会逃避命运的打击。他们似乎已将受伤视为某种宿命。

阿赫玛托娃还咏叹过跟普希金一样在决斗中被杀的莱蒙托夫：“迄今，不仅他的墓地，而且他的被害地都充满对他的怀念。好像他的灵魂飘荡在高加索上空，与另一位伟大诗人的灵魂互相呼唤：普希金的流放始于此，而莱蒙托夫的流放终于斯……”

这是莱蒙托夫在高加索的墓志铭。普希金曾写过长诗《高加索的俘虏》，莱蒙托夫《诗人之死》的开头就引用了：“诗人死了！光荣的俘虏——倒下了，为流言蜚语所中伤，低垂下他那高傲不屈的头颅，胸中带着铅弹和复仇的渴望！”而莱蒙托夫本人，是在高加索山地遇难的，成为死神的俘虏。胸中也一样带着铅弹与复仇的渴望。我们会讶异于他的伤口，跟普希金的伤口惊人的相似。仅仅间隔着四年，他们先后倒在决斗场上——以鲜血染红白雪覆盖的俄罗斯大地。不能说莱蒙托夫重演了普希金的悲剧，这简直像同一位诗人，被以同样的方式，连续击中了两次。

普希金的伤口如此醒目，俄罗斯诗人们又怎么能够忘却呢。而他那高贵的血统，毕竟在后来的诗人们身上得到了延续。所以我说俄罗斯诗人的遗传基因里，有那么一种受难意识——他们总是挺起胸膛去接受打击。密集的伤口，与其说表示着他们心灵的脆弱，莫如说证明了一种超越与勇敢。

简评：“俄罗斯诗歌的太阳”倒在了敌人的枪口下，普希金的伤口深深地烙在了俄罗斯诗人的心中，“所以俄罗斯诗人总是那么自尊，在多灾多难的命运面前也不愿低下骄傲的头颅。”不唯诗人如此，坚强和勇敢一直都是俄罗斯高贵的民族精神。二战时期，在血与火的“列宁格勒保卫战”中，学校照常上课，教堂的钟声照常响起，没有人妥协，没有人投降，整整900天！不正是这种“俄罗斯诗人的遗传基因里，有那么一种受难的意识——他们总是挺起胸膛去接受打击”实实在在的诠释吗？

汨罗江之祭

李元洛

在中国的河流中，汨罗江远算不上波高浪阔源远流长，但却是一条名闻遐迩的圣水。它温柔而温暖的臂弯，曾先后收留中国诗歌史上两位走投无路的伟大诗人，不过，一位在下游，今日的汨罗县境，以水为坟，年年端午，竞渡的万千龙舟还在打捞他的魂魄；一位在上游，如今的平江县域，堆土为墓，少人拜谒，与凄清的墓地长年相伴的，多是春风秋雨夕阳晨雾，还有偶然在坟头点燃的几炷清香。

大历五年，也就是公元770年秋冬之际，杜甫出峡入湘在湖南流寓三年之后，写下《暮秋将归秦留别湖南亲友》一诗，从长沙出发，准备顺湘江而下洞庭，然后入长江而至汉水，转道襄阳回归河南故里。然而，他其时年近花甲，早已病体支离，舟入朔风凛冽的洞庭，更是多症并发而一病不起。被历代学者断为绝笔之作的《风疾舟中伏枕书怀卅六韵奉呈湖南亲友》，如同自撰的讣闻。他写了“舟泊常依震，湖平早见参。故国悲寒望，群山惨岁阴”的洞庭湖冬日景色。船过湘阴，北去巴陵，“春草封归恨，源花费独寻。转篷忧悄悄，行药病涔涔”，病重的他只得转道前往湘阴与巴陵途中的昌江县城，去投亲靠友。今日的平江，唐时称昌江，府治为中县坪，在汨罗江的上游。但在距县城仅十里的小田村附近的江上，巨星即告殒落，他年幼的儿子宗武只得将父亲草草葬于小田村天井湖，也就是我们今日见到的平江杜墓。如果你远道前来，不仅可以一瞻遗迹，而且风行水上山间，鸟过田头陌上，还会向你叙述许多有关杜甫的传说。

我居杜甫曾经流寓过的长沙，虽然离平江地不远，而且心向往之人，但人事倥偬，竟然直到最后的一个秋冬交割之日，才和我昔日的学生余三定、朱平珍夫妇以及也曾是学生的段华偕行，去今日平江大桥乡小田村天井湖，拜谒那一座山中的也是我心中的坟茔。

车出平江县城，驰过汨罗江大桥，往南行二十余里，拐上一条泥泞曲折的乡间小道，颠颠簸簸，终于看到山丘间有一溜白色的粉墙，那就是光绪十年重修的“杜公祠”。祠门额上有一方青石，刻有“诗圣遗阡”字样。祠前有一方可供停车的大坪，据说那就是“天井湖”干涸后填成。“杜公祠”如果是书名，白色粉墙就是它的封面，封面之内有些什么精彩文章呢？三张大门关闭已久，大约平日也少人问津。我们是不速之客，杜甫也早已长眠不起，蓬门今日当然也不会再为君而开，我们只得从旁侧围墙已经坍塌拆毁的缺口进去。杜公祠为砖木结构的两进一天井结构，几间敝旧的房舍现在已改为小学的教室，桌椅破旧，秋冬之日光线更是暗淡，窗户没有玻璃，糊窗纸早已破碎，秋风与朔风于其间畅通无阻。杜甫墓就在教室窗外不远，他老先生每天都可以听到克服困难前来上学的乡里小儿依呀诵读之声，若当“八月秋高风怒号”之时，或是“天涯霜雪霁寒宵”之际，以苍生为念、以天下为怀的他，会不会长叹息以掩涕呢？细察祠堂墙壁上尘封破旧的字画，在檐下廊前徘徊留连，平珍是平江人，对杜祠的故实十分熟悉，她指着木柱石础中两个麻石柱础，对我们说：

“这两个覆盆式的麻石柱础，下方上圆，刻有莲花瓣纹饰，从形制可断为唐代遗物，全国其他唐代古建筑遗迹也可以证明。”

“那当然是杜墓真实性的实证，不，石证了。”我高兴地随声附和，并弯腰抚摸那冰凉的石础，想重温千年前的时光。

祠堂后面的小山丘上，有一栋建于多年前的房舍，现在也已改为三间教室。门楣石匾上嵌刻有“铁瓶诗社”四字。诗社不知成立于何许年？诗社而名“铁瓶”，不知瓶内藏有什么纶音妙旨？为什么“瓶”而谓“铁”呢？但铁定无疑的却是，建社的人与诗有缘，并欲继承发扬老杜的流风余韵。我甚至忽发痴想：有诗灵作伴，得天独厚，现在不起眼的莘莘学子之中，将来会不会有人一登诗坛而叱咤风云呢？正遐思远想之时，管理墓园的老人已被请来，他领我们走到诗社下侧围墙的一扇小门边，打开那把资历不浅犹有古风的铜锁，小门吱呀一声推开，在一座小小的山包之上，在几株青松翠柏的守护之中，猝不及防，近在咫尺，杜甫墓怆然、轰然、巍然，撞伤撞痛也撞亮了我的眼睛！

80年代之初，平江文物管理所按原貌维修了杜墓。墓坐北朝南，封土堆以青麻石结顶，墓围用红麻石与青砖砌成，青石墓碑正中镌文为“唐左拾遗工部员外郎杜文贞公之墓”。这，就是我们的千秋诗圣最后的安息之所了。杜甫生地是河南，死所为湖南，黄河之南与洞庭湖之南，他和水结下的真是生死缘，更何况他一生坎坷，最后除了飘泊于西南天地之间，就是将自己一家老小满怀忧愤托付给水上的一叶孤舟。他晚年流落湖湘,虽然兄弟音讯不通,然而“吴楚东南坼,乾坤日夜浮”,洞庭的浩阔景象也曾一度鼓舞了他已老的壮心;虽然李白、高适、孟浩然等老朋友皆已先后故去,自己也老而多病,然而“戎马关山北,凭轩涕泗流”,他想到的仍是干戈扰攘的苦难时代。岁云暮矣,思如之何?在一年将尽之时,他忧心如焚的仍是水深火热中的百姓黎民:“岁云暮矣多北风,潇湘洞庭白雪中。渔父天寒网罟冻,莫徭射雁鸣桑弓。去年米贵缺军食,今年米贱大伤农。高马达官厌酒肉,此辈杼轴茅茨空”(《岁晏行》)。他自己已是末路穷途,生命的残焰行将熄灭,但却仍然心系天下苍生:“公孙仍恃险,侯景未生擒。书信中原阔,干戈北斗深。畏人千里井,问俗九州箴。战血流依旧,军声动至今。”——他的绝笔诗固然多有身世之悲,托孤之痛,但却仍然不忘时代的动乱和人民的痛苦,这就不仅是“穷年忧黎元”,而是生死以之了,这是何等高远博大的襟怀啊!我们临来匆匆,未及准备香烛,只好在墓前久久默然低首,燃点一炷永远也不会熄灭的心香。

我不由想起杜甫生前身后的凄凉。忠厚谦逊的他,于前辈、同辈和晚辈的诗作,他奉致了许多景慕、褒扬与提携之辞,对大名鼎鼎的李白,他盛赞“白也诗无敌,飘然思不群”,而王维是“最传秀句寰区满”,高适是“美名人不及,佳句法如何”,元结是“两章对秋月,一字偕华星”。对那些诗名不盛官位不尊而确有才华的诗人呢?他同样是乐道人善,郑虔是“先生有道出羲皇,先生有才过屈宋”,薛据是“赋诗宾客间,挥洒动八垠”。对那些无名之辈呢?他也曾多所赞誉,如说杜勤“词源倒流三峡水,笔阵独扫千人军”,赏郑谏议“思飘云物外,律中鬼神惊。毫发无遗憾,波澜独老成”,而暮年在长沙遇到苏涣,对他的作品也赞美有加。本身有至高成就但却胸怀宽广,厚以待人,他当年不仅命途多舛,没有能够进入主流社会获得一官半职,时人也缺少慧眼,未能识珠。

杜甫赞誉过李白、高适、岑参、王维等诗坛大家,并且和他们均有交游,其中与李白的交谊还被今人誉为诗坛的千秋佳话,但他们却都无只言片语提及杜甫的作品,这不能不说是一个千古难解之谜,因为我们已经无从问询。同时代人对杜甫诗表示欣赏的不多,只有诗名不彰的韦济、严武等少数几位,而给他高度赞誉的,则是衡阳判官郭受和韶州刺史韦迢,但时间却已是杜甫逝世前夕了。前者今存诗二首,后者一首。郭受的诗是:“新诗海内流传久,旧德朝中属望劳。郡邑地卑饶雾雨,江湖天阔足风涛。松花酒熟旁看醉,莲叶舟轻自学操。春兴不知凡几首?衡阳纸价顿时高。”(《杜员外兄垂示因作此寄上》)而韦迢在《潭州留别员外院长》一诗中,则赞美他“大名诗独步”。杜甫当年从岳阳往长沙途中曾作《南征》一诗,他长叹息说“百年歌自苦,未见有知音”。且不说同时代的人冷落了他,在他生时,殷璠于天宝末年编《河岳英灵集》,一些三四流的诗人都入选了,而杜甫却有向隅之叹。他死后不久,高仲武编《中兴间气集》,选录至德到大历末年二十六诗人的作品,杜甫竟然未能入列。世上许多有抱负有才华的人,常常得不到认识和赏识,有如明珠暗投于尘封的角落,好似良骥局促于偏远的一隅,有的人还屡遭厄运,抱憾甚至抱恨终生。然而,有些人却僭居高位,浪得虚名,肥马高车,锦衣玉食,一辈子似乎活得有滋有味。怀才不遇而困顿一生的杜甫,在生命行将结束的暮年,得到郭受与韦迢的赞扬,虽说他们是文坛的无名之辈,虽说杜甫和他们是浅友而非深交,但在杜甫凄凉寒冷的岁月,那不是如同两盆炉火温暖了他那颗已经冻僵的心吗?

千秋万岁名,寂寞身后事。杜甫如此评价和叹息李白,不知他对自己是否也有这种预感?

杜甫和李白一样有千秋万岁之名,这已是毫无疑问的了,李白的故里和墓地我还无缘瞻拜,但河南巩县现为巩义市的杜甫故居,却依然湫隘寒伧,杜甫墓园也只是封土一堆,青碑一块。而平江杜墓呢?60年代初期,墓顶和墓围的红色麻石,东边的附碑及碑柱,均被挖掘一空去兴修水利,好像一栋屋宇被揭瓦掀顶破门拆墙,远比茅屋为秋风所破惨淡得多了,然而那是为农村水利事业作贡献,杜甫该不会有多少怨言的。不料文革期间,他也被大张挞伐,一位在成都草堂大书过“世上疮痍,民间疾苦;诗中圣哲,笔底波澜”的位高名重的学者,也一反昔常,对曾经极力赞颂的诗人横加批判,但杜甫却已无法申辩了。当时被“横扫”的天下芸芸,又有谁能够申辩?不过,红卫兵倒确实搞得他惊魂不定,他们挖开封土堆的东前角,据说取出石制油灯两盏,霉烂古书手稿一堆,在“兵荒马乱”之中,这些遗物都已下落不明,无从查找。而闻讯前来的文物工作者考证东墓室的质地与结构,断定为唐代墓葬,这,大约是那些“破四旧”者所始料不及的功绩吧?磨难仍然接踵而来,古已有之于今为烈的盗墓贼,不久前竟然也在诗人头上动土,将杜墓打了一个大洞,时值年关,守墓的老人过了几天才发觉,虽然报了案,公安局也来人调查,但到底盗走了一些什么,众说纷纭。盗墓贼是绝不会读杜甫的,杜甫从来不是大官也非大款,儿子无力将他的遗骸安葬故里，孙子也是穷困的平民百姓，山河修阻，烽火遍地，40年后到底将祖父的灵柩迁回河南没有，至今仍是疑案。生前两袖清风，死后一贫如洗，有什么好盗的呢？

于是，在汨罗江的上游，在拜别小田村杜甫墓之际，在惟有江声似旧时的千古江涛声里，我轻声吟诵北宋初年徐屯田的《过杜工部坟》一诗，权当专诚来谒的我们的心祭：

水与汨罗接，天心深有存。
远移工部死，来伴大夫魂。
流落同千古，风骚共一源。
江山不受吊，寒日下西原。

简评：正如一位学者所说："一个民族最需要，还是具有史诗性的东西，它既能撼动人心，又能穿越时空，获得某种永恒。"汨罗江竟然与中国历史上两位伟大诗人屈原和杜甫的名字联在一起，然而人们更多地把关注的目光投向诗圣杜甫，对他的生活漂零，仕途坎坷深表同情，这就是为什么杜诗千年不衰，杜诗的真正价值所在。"世上疮痍，民间疾苦；诗中圣哲，笔底波澜。"诚如斯言！执麈者虽也曾在特定的历史时期一反常态大张挞伐之帜，对杜甫来说肯定会是宠辱不惊的，因为诗人还活着的时候时人未能识珠，不公正的待遇就已摆在了诗人的面前，忠厚谦逊的诗人完全是一派去留无意的大度。好在历史是公正的。

星空夜话——关于人与大自然的断想

徐　刚

爱因斯坦说："我同意伟大的美国人本杰明·富兰克林说的一句话：'从来不曾有过一场好的战争或者一次坏的和平'。"他还指出："技术进步的最大害处，在于它用来毁灭人类生命和辛苦赢得的劳动果实，就像我们老一辈人在世界大战中毛骨悚然地经历过的那样。但是我以为比这种毁灭更可怕的，还是战争加给个人的卑贱的奴役。"

爱因斯坦，伟大、孤独而痛苦的一个真正的科学家。他的一个方程式$E=mc^2$彻底改变了人类世界的若干重要方面，从而使粒子可以转变为巨大能量的预言，由原子弹、氢弹的威力得到了确证。

我相信，爱因斯坦的另一段话在不少人听起来已经是相当陌生了：

"我们切莫忘记，仅凭知识和技巧并不能给人类的生活带来幸福和尊严。人类完全有理由把高尚的道德标准和价值观的宣道士置于客观真理的发现者之上。在我看来，释迦牟尼、摩西和耶稣对人类所作的贡献，远远超过那些聪明才智之士所取得的一切成就。"

如果人类要保持自己的尊严，要维护生存的安全以及生活的乐趣，那就应该竭尽全力地保卫这些圣人所给予我们的一切，并使之发扬光大。

当月球是所有人的月球时，当星空是所有人的星空时，当宇宙是所有人的宇宙时，月球、星空、宇宙才是圆满的、美丽的、动人心弦的。它是另外一个世界，它是人类全部心灵的寄托之所在，它是想象的源头。它是不可知，因为不可知，它的魅力便恒久长远，它忽晴忽阴忽风忽雨忽冷忽热，它无所谓历史，它就是历史；它无所谓将来，它就是将来，它是"道"，它是"无"。

人类曾经分割过海洋。

假如有一天星空也被分割，你不要感到奇怪。

到那时，不，从现在开始，为了可能忘却的记忆，我们要重温泰戈尔的话：

"繁星的韵律可以在教室里用图表来阐释，而繁星的诗歌只在心灵与心灵相晤的沉寂里，在光明和黑暗的交汇处。在那里，无限在有限的额头印下了它的亲吻;在那里,我们能够倾听“伟大的我”的旋律,在庄严的管风琴里,在无穷的簧管里,无限和谐地奏鸣着。

当我的心突然充满了爱,告诉我世界与我的心灵同在,难道我不会感觉到阳光更明媚,月光更幽静?当我歌唱雨云的来临,淅沥的雨声就在我的歌声里感觉到凄婉。自历史的黎明起,诗人和艺术家们就将他们心灵的颜色和旋律,倾入了生命的大厦。我深知,大地和晴空织上了人的思想的纤维,人的思想亦是宇宙的思想。假如这不是真实的,那么诗歌就是虚幻,音乐就是欺骗,缄默的世界会把人的心灵驱入绝对的沉寂中。”(《人格的世界》)

凡是大地的孩子,都会感到泰戈尔的亲切。

他走了,他还在,他静止着,却和光一样来临,他在天上,也在青草丛生的时间的花圃里,他在地上,又像风一样摇晃着树的最高枝。

我再一次从我斗室的窗户仰望星空。

无月无星,但有风。我闭目沉思,暂时的拒绝我桌上的和别人窗户里透出的灯光,与夜空的黑色融为一体,沉入它的深邃中。

这个时候,我能看见也能听到。

那些观星者及伟大智者的身影,所有投向星空的目光也都由星空留存在宇宙的怀抱中了。现在好了,他们与尘粒、星云为伴了,可以看得更清楚了,我听见他们在互道“晚安”。

这是谁的声音呢?

泰戈尔还是吟哦着这样的诗句:“黑夜就像一个黑孩子,诞生于白昼之母。繁星簇拥着它的摇篮,默默地静立,惟恐它醒来。”

风吹动着泰戈尔的长须,也吹动着爱因斯坦一头散乱的头发。

泰戈尔对爱因斯坦说:“其实你是个诗人。”

爱因斯坦:“我知道你有一个中国名字—竺震旦。”

泰戈尔:“那是迷人的地方,和印度一样。我的朋友梁启超和徐志摩送了我一个中国人的姓名。”

爱因斯坦:“东方是神秘的,中国人早就会造纸,并且最早发明了火药,中国人似乎更喜欢过田园生活。”

然后是沉默。

这沉默如同暗夜一般宽阔。

他们知悉地球上一切，他们不时和风霜雨雪一起作还乡之旅，然后又像风一样飘走。

“气候变暖了！”

“江河污染了！”

“就连亚马逊的热带雨林也快砍光伐尽了！”

“而且，战争的阴影仍然弥漫在一些地区，这太令人焦虑了，地球上人类储存的核武器已经把地球变成火药桶了！”

“这个世界到底缺少什么？需要什么？”

“什么是文明？什么是野蛮？”

“我的朋友梁启超说过，除了科学和民主即‘德先生’、‘赛先生’，还应有‘爱先生’和‘美先生’，那时你大概正在纸上演算方程式。”

“妙极了！‘爱先生’和‘美先生’。”

“中国人真是很有意思的，他们最早造出了纸却主要用来写诗，美妙绝伦的诗，中国的古人连字纸都不能踩，视为神圣。”

“如果中国人有纸以后就演算公式，发明了火药便造炸弹，世界会是什么样子？”

“用火药做爆竹放烟花玩，你回头想想真是妙不可言。”

“玩，是孩子们说的话，‘我们去玩’，玩水玩泥玩贝壳那是充满了爱意的。”

“现在的孩子们玩‘星球大战’、游戏机。”

“玩完了！”

“西方文明中技术的侵略和扩张像个疯狂的漩涡，整个世界都被晕头转向地卷进去了。不再有家园，只有居室；不再追问美与不美，只有所谓的先进和落后。大地为什么还不起来和这世界争执？”

“到处都在谈论21世纪。”

“那不过是时间的一个寻常小站。”

“炎热的世纪。”

“缺水的世纪”。

“沙化的世纪。”

“克隆人的世纪。”

“中国淮河两岸的人富了，淮河彻底污染了。”

“所有的快跑都是短跑。”

“墙壁是一扇门。”

“门是一个陷阱。”

“加速富裕就是加速毁灭。

泰戈尔提议，不妨借用中国古人的传统，在手掌上各写一句话，寄语地球人。

俄顷，几位智者同时伸出左手，真是英雄所见略同，那掌心上写的都是——守望家园。

“世界万物非瞬息之作！”康德披星戴月闻讯赶来了……

这个夏夜，有雷声，有闪电。

简评：星星永远在我们头顶上闪耀。它镶嵌在深奥莫测的苍穹之上，在遥远的银河深处若隐若现。走过几千万光年的路程，它到达我们眼前时，已早不是过去的形象了。但是星空似乎离我们还是那么近，那么亲近人类。“坐地日行八万里，巡天遥看一千河。”这个大胆的假设，现在已部分地实现了，星星再也不会离我们太遥远了。很可能有一天人类的家园会拓展到美丽的繁星中某一颗。但是，人类征服星空的路还很长很长。

法门寺

季羡林

法门寺，多么熟悉的名字啊！京剧有一出戏，就叫做《法门寺》。其中有两个角色，让人永远忘不了：一个是太监刘瑾，一个是他的随从贾桂。刘瑾气焰万丈，炙手可热。他那种小人得志的情态，在戏剧中表现得惟妙惟肖，淋漓尽致，是京剧中最著名的人物之一。贾桂则是奴颜婢膝，一副小人阿谀奉承的奴才相。他的"知名度"甚至高过刘瑾，几乎是妇孺皆知。"贾桂思想"这个词儿至今流传。

我曾多次看《法门寺》这一出戏，我非常欣赏演员们的表演艺术。但是，我从来也没想研究究竟有没有法门寺这样一个地方？它坐落在何州何县？这样的问题好像跟我风马牛不相及，根本不存在似的。

然而，我何曾料到，自己今天竟然来到了法门寺，而且还同一件极其重要的考古发现联系在一起了。

这一座寺院距离陕西扶风县有八九里路，处在一个比较偏僻的农村中。我们来的时候，正落着蒙蒙细雨。据说这雨已经下了几天。快要收割的麦子湿漉漉的，流露出一种垂头丧气的神情。但是在中国比较稀见的大棵大朵的月季花却开得五颜六色，绚丽多姿，告诉我们春天还没有完全过去，夏天刚刚来临。寺院正在修葺，大殿已经修好，彩绘一新，鲜艳夺目。但是整个寺院却还是一片断壁残垣，显得破破烂烂。地上全是泥泞，根本没法走路。工人们搬来了宝塔倒掉留下来的巨大的砖头，硬是在泥水中垫出一条路来。我们这一群从北京来的秀才们小心翼翼，战战兢兢地踏着砖头，左歪右斜地走到了一个原来有一座十三层的宝塔而今完全倒掉的地方。

这样一个地方有什么可看的呢？千里迢迢从北京赶来这里难道就是为了看这一座破庙吗？事情当然不会这样简单。这一座法门寺在唐代真是大大地有名，它是皇家烧香礼佛的地方。这一座宝塔建自唐代，中间屡经修葺。但是在一千多年的漫长的时间内，年深日久，自然的破坏力是无法抗御的，终于在前几年倒塌了。我们现在看到的就是倒塌后的样子。

倒塌本身按理说也用不着大惊小怪。但是，倒塌以后，下面就露出了地宫。打开地宫，一方面似乎是出人意料，另一方面又似乎是在意料之内，在这里发现了大量异常珍贵的古代遗物。遗物真可以说是丰富多彩，琳琅满目，其中有金银器皿、玻璃器皿、茶碾子、丝织品。

据说，地宫初启时，一千多年以前的金器，金光闪闪，光辉夺目，参加发掘的人为之吃惊，为之振奋。最引人瞩目的是秘色瓷，实物还从来没有看到过。另外根据刻在石碑上的账簿，丝织品中有中国历史上唯一的一位女皇武则天的裙子。因为丝织品都黏在一起，还没有能打开看一看，这一条简直是充满了神话色彩的裙子究竟是什么样子。

但是，真正引起轰动的还是如来佛释迦牟尼的真身舍利。世界上已经发现了的舍利为数极多，我国也有不少。但是，那些舍利都是如来佛遗体焚化后留下来的。这一个如来佛指骨舍利却出自他的肉身，在世界上从来没有过。我不是佛教信徒，不想去探索考证。但是，这个指骨舍利在十三层宝塔下面已经埋藏了一千多年，只是它这一把子年纪不就能让我们肃然起敬吗?何况它还同中国历史上和文学史上的一段公案紧密地联系在一起呢！唐朝大文学家韩愈有一篇著名的文章《论佛骨表》，千百年来，读过这篇文章的人恐怕有千百万。我自己年幼时也曾读过，至今尚能背诵。但是，我从来也没有想到，唐宪宗“令群僧迎佛骨于凤翔”的佛骨竟然还存在于宇宙间，而且现在就在我们眼前，我原以为是神话的东西就保存在我们现在来看的地宫里，虚无缥缈的神话一下子变为现实，它将在全世界引起多么大的轰动，目前还无法逆料。这一阵“佛骨旋风”会以雷霆万钧之力扫过佛教世界。这一点是肯定无疑的了。

我曾多次来过西安，我也曾多次感觉到，而且说出来过：西安是一块宝地。在这里，中国古代文化仿佛阳光空气一般，弥漫城中。唐代著名诗人的那些名篇名句，很多都与西安有牵连。谁看到灞桥、渭水等等的名字不会立即神往盛唐呢?谁走过丈八沟、乐游原这样的地方不会立即想到杜甫、李商隐的名篇呢?这里到处是诗，美妙的诗；这里到处是梦，神奇的梦；这里是一个诗和梦的世界。如今又出现了如来真身舍利。它将给这个诗和梦的世界涂上一层神光，使它同西天净土，三千大千世界联系在一起，生为西安人，生为陕西人，生为中国人有福了。

从神话回到现实，我们这一群北京秀才们是应邀来鉴定新出土的奇宝的。对我们这些凡夫俗子来说，如来真身舍利渺矣茫矣。对每一个中国人来说，古代灿烂的文化遗物却是活生生的现实。即使对于神话不感兴趣的普通老百姓，对现实却是感兴趣的。现在法门寺已经严密封锁，一般人不容易进来。但是，老百姓却有自己的想法，有自己的价值观。我曾在大街上和飞机场上碰到过一些好奇的老百姓。在大街上，两位中年人满面堆笑，走了过来：

"你是从北京来的吗?"

"是的。"

"你是来鉴定如来佛的舍利吗?"

"是的。"

"听说你们挖出了一地窖金子?!"

对这样的"热心人"，我能回答些什么呢?

在飞机上五六个年轻人一下子拥了上来：

"你们不是从北京来的吗?"

"是的。"

"听说，你们看到的那几段佛骨，价钱可以顶得上三个香港?!"

多么奇妙的联想，又是多么天真的想法。让我关在屋子里想一辈子也想不出来。无论如何，这表示，西安的老百姓已经普遍地注意到如来真身舍利的出现这一件事，街头巷尾，高谈阔论，沸沸扬扬，满城都说佛舍利了。

外国朋友怎样呢?他们的好奇心，他们的轰动，决不亚于中国的老百姓。在新闻发布会上，一位日本什么报的记者抢过扩音器，发出了连珠炮似的问题："这个指骨舍利是如来佛哪一只手上的呢?是左手，还是右手?是哪一个指头上的呢?是拇指，还是小指?"我们这一些"答辩者"，谁也回答不出来。其他外国记者都争着想问，但是这一位日本朋友却抓紧了扩音器，死不放手。我决不敢认为，他的问题提得幼稚，可笑。对一个信仰佛教又是记者的人来说，他提问题是非常认真严肃的，又是十分虔诚的。据我了解到的，现在世界上许多国家，特别是日本、印度以及南亚和东南亚佛教国家，都纷纷议论西安的真身舍利。这个消息像燎原的大火一样，已经熊熊燃烧起来了，行将见"西安热"又将热遍全球了。

就这样，我在细雨霏霏中，一边参观法门寺，一边心潮起伏，浮想联翩。多年来没有背诵的《论佛骨表》硬是从遗忘中挤了出来，我不由地一字一句暗暗背诵着韩愈的一首与《论佛骨表》有关的诗：

一封朝奏九重天，
夕贬潮州路八千。
欲为圣明除弊事，
肯将衰朽惜残年！
云横秦岭家何在？
雪拥蓝关马不前。
知汝远来应有意，
好收吾骨瘴江边。

韩愈因谏迎佛骨，遭到贬逐，他的侄孙韩湘来看他，他写了这一首诗。我没有到过秦岭，更没有见过蓝关，我却仿佛看到了一个孤苦伶仃的老人，忠君遭贬，我不禁感到一阵凄凉。此时月季花在雨中别具风韵，法门寺的红墙另有异彩。我幻想，再过三五年，等到法门寺修复完毕，十三级宝塔重新矗立之时，此时冷落僻远的法门寺前，将是车水马龙，摩肩接踵，与秦俑馆媲美了。

简评：作者是学力深厚学界巨擘，所以他的散文显示了深厚的文化功力。本文写的是一次重大的考古发现，但目的又不在这个考古发现本身，而是重在抒发对这一发现的感叹，表现出作为一位资深学者对于历史文化的深层思考：古代灿烂的文化遗物却是活生生的现实，即使对于神话不感兴趣的普通老百姓，对现实却是感兴趣的。法门寺的遗存把1 000多年以前的现实生动地展示出来，这便是活生生的历史文化。

音乐是水

耿　翔

坐在朝北的窗前，早晨，我像翻书一样，企图把北方的天空，一页页翻开。

我的旁边，应该说离手最近的地方，是一杯新沏的春茶。好像是受了音乐的感染，这些在南方的山上，曾经舞蹈了一个春天的嫩叶，就是身陷水中，还保持着在野的动态。你看，它们以温柔之唇，似乎有意要告诉我——一位心并不在茶的饮者，面对这杯音乐一样的茶，能忍心饮下吗？

埋头在今早的音乐里，我听到许多不需要翻译，也不需要解释的声音。

此刻，仰视天空的深处，已不见天，而是一张不停地旋转着的光盘。

我问自己：你听到了什么？

我回答我：听到了莫扎特。

是呵，在我崇尚诗意的日常生活中，莫扎特，已成为一种必不可少的音乐早茶。我一天的精神，都要靠你的凝固了音乐的符号来唤起。这不，又是那曲从诗人维兰德的童话中飞出的《魔笛》，把我身体里沉睡了一夜的每一个部分，一下子激活了。我已走出昨夜的残梦，像一位精神上的行者，走进生命的又一片风景里，一路寻找，那些曾经覆盖着我的祖先和森林。

事实告诉我，森林已经残败了。残败得像一些稀疏的头发，盖不住任何一方水土。只有在大地痛苦流失的过程中，变得更加枯萎和孤寂，因此我说，那片茂密如处女的森林，已在地球上消失了，作为后来人，我和我的子孙们，再也享受不到它的浓荫的沐浴了。这是人类自己制造的悲哀呵。我惶恐，在这场集体无意识的大戕害还在继续中，我的善良和美丽的亲人，能否超越物质的诱惑？我想问天：有没有一种东西，能帮助还在进化途程上的人类，去消解血液里那些带有破坏性的基因？

我想莫扎特的音乐，是能让我们弃恶扬善的。

你听，那些从你以抚摸巴伐利亚的山水，代替抚摸亲人的指缝里，天然地流淌出来的音乐，无一不是对大自然的崇拜。在你创造的所有旋律里，能听到高山流水，能闻到鸟语花香。

热爱生命，是你对世界的全部忠告和浩叹。此刻，我在云朵汇集出的涡状天体里，几乎见到了所有消失前的森林。它们原始，它们庞大，它们神秘，它们以天然的形态，构造了一个对我们来说，已经成为神话的森林世界。或许，我甘愿相信它还是那个曾经的真实，至于把它当成森林化石，当成音乐的虚幻，那是别人的事情。你看，那座站在《魔笛》里的岩石山，到处都是茂盛的林木，它是人类最初的家园呵。莫扎特，它在你的幻想里，永远亲历一切地站着。那位得到一柄神铃的捕鸟人，应该是受到拥戴的护林人。

让我从《魔笛》里，请他庄严地出场。

因为这个世界，漫长地流落到今天，太需要一种爱心和力量的保护了。

依我说，早在二百多年前，莫扎特就看出地球上的河流山川、草木万物，最需要的就是保护。保护它，是保护人类的衣食，是保护人类的住所，也是保护人类的脸面和尊严。所以，身处北方高高的黄土坡上，我祈祷你的音乐，是早晨的太阳和野风，是傍晚的月亮和露珠，是我坐在这扇朝北的窗户前，所能看见、听见和理解的一切。

弹奏吧，用自然女神的手指，把今早的情景弹出来。今早，我能从你握满欢乐的手中，接过那根魔笛吗?西方和东方，欧洲和亚洲，都会为你不朽的音乐，在每个因爱而跳动的心里，建造一座富丽堂皇的音乐殿堂。而我，还要替我不到四岁的小女儿，建造一座更精美的，让她从小，就住在音乐的童话里。

莫扎特，望着这杯被霞光雾化得十分清香的音乐早茶，我想，坐在这间充满着音乐的屋子里，我也变成了一枚春茶，正在日日夜夜，接受你音乐的浸泡。

因此我说，音乐是水。

是清洗灵魂的水。

简评：音乐是人们心灵飞动的符号。莫扎特的音乐，让人们弃恶扬善。音乐，永远是人们精神家园的倾诉者，只有心和音乐内容发生共鸣，音乐才能产生无穷的魅力。现今的世界，那些曾经覆盖着我们的祖先和森林，正在经历着一场集体无意识的大戕害，这人类自己制造的悲哀呀，太需要清洗还在进化途程中的人们灵魂的良药了，所以，音乐才像水那么起着净化作用。这个比喻，把复杂的思想感悟诗意化了。

汉唐雄风解

杨文镒

踏着历史的青苔与蔓草，不妨去仔细找寻解读历史开放的奥秘。

“大风起兮云飞扬”，汉唐雄风在呼啸，那是华夏史上曾足以自豪的盛世。

那是一个个逝去的疲惫王朝，但整个中国都归属了华夏版图；那是一个个东方古老王朝，但世界都神往这片热土地。

单道盛唐。

盛唐之音，掀开了中国古代历史最为灿烂夺目的篇章，结束百年内乱，“均田制”经济改革促成政治、财政、军事的全面昌盛，边塞军功频传，从上层高官门第到市井寒士，为国立功的荣耀感弥漫社会。东征西讨，大破突厥，融和吐蕃，招安回纥，连文人也争相出入边塞，著名大诗人几乎没有不亲历大汉边关的，习武成边蔚为时尚。“宁为百夫长，胜作一书生”（骆宾王）、“白陇西布衣，流落楚汉，十五好剑术，遍干诸侯，三十成文章，历抵卿相”（李白《上韩荆州书》）。豪迈雄风，跃然诗行，哪里去找半点秀才议政的文弱相。

雄风呼啸，开放的中外交流才是其最辉煌动人的乐章——

雄风既振，随之而来的是无所畏惧的交流开放，无所留恋地创造革新，诚招“海外”客商东来，引来“外资企业”落户。且看，“落花踏尽游何处?笑入胡姬酒肆中”（李白《少年行》）。胡姬酒肆的异域风味，兴许可媲美于今日北京城的美国肯德基。中原不乏美味，能教西餐中原开店铺，能容异国女仕掌酒店?足见引进开放胸襟的博大宽广。而千万外商云集，“邸店酒肆，杂居京师，殖产甚厚”，造就“自古京师未有”的国际大都会。至今，西安城时有远至波斯、大食、希腊大批古币文物出土，金融业之盛，未敢说当年就没有外汇兑换、炒作之盛。

雄风既振，随之而来的是无所谓畏惧的引进吸收与创造，中国文化与西洋之风融汇出璀璨的盛唐之音。“西域之音乃亡国之音，奈何遣我用耶”（隋文帝），前朝陈见，一反无豫，胡乐入汉，成了宫廷市井的“流行音乐”。“拨拨弦弦意不同，胡啼番语两玲珑”（李白），异国曲调汹涌，龟兹乐、天竺乐、波斯乐、西凉乐、高昌乐、骠国乐尽入“雅”、“颂”。胡旋舞流行朝野，纵横跳跃，旋转如风，不再只独行玉步轻摇，不再只有杨柳扶风，华夏传统舞与西洋“现代舞”交辉，弄得长安“伎进胡音务胡乐”，“京城人人学圆转”，几近前时迪斯科。

雄风既振，随之而来的是华夏文化的大发扬，大传播，大发展。亚、非、欧学子跋涉求学，长安外国留学生使“国子监”一千二百间学舍爆满，“汉学之盛，近古未有”。西来的“刹那”“众生”“契机”“活泼泼”等外语词儿也由此汉化，影响汉语八百载。域外新潮摩登打扮更风行，“女为胡妇学胡妆”，喇叭裤百叠裙，胡服胡饰竞纷泊，甚为时髦，好比今日FASHION装……

唯独开放，汉唐才那么从容安详，后世功泽才那么久远。人笑马嘶，四海商贾毕至，是汉唐超乎寻常的生命力所在，是健全的历史性格印下的重重印记。雄风与开放同在，开放与雄风并行，而开放与雄风同源于汉民族思维力的强健。这是历史的定论。

从一个已逝去的汉唐历史背影，是否可得出一个人文层面上的结论：生命潜能的不断张扬，是雄风既振的前提。封闭是懦弱萎琐的标记，而懦弱与萎缩是生命枯萎的前奏。巍巍华夏的不竭雄风，源于斯、长于斯。

回首漫漫开放程途，阅尽坎坷心路历程，中华大地终于挥去封闭、懦弱与畏缩，迈向开放、雄健与张扬。今日雄风，岂是汉唐能匹；未来世纪的历史华章，非开放雄风所能穷。

重领汉唐雄风，不禁令人掩卷长啸：一个雄风时代，生命的潜能总在不断地张扬。

大声告慰汉唐：国门大开，有我今日中国雄风！

简评：汉唐的宽容、开放到明清一变为闭关锁国，其实，这反映了文明行将衰落时统治者的怯懦和不自信。大汉雄风，盛唐气象是中国的骄傲，造成这一局面的原因是开放、宽容的心态。鲁迅说过，汉唐虽有边患，但气魄的究竟雄大，人民具有不怕被外族奴役的自信。诚然，汉唐时的中国是生气勃勃的，封建社会后期那种死气沉沉的样子根本就不是中国人民的本来面目。

我们还要鲁迅

王铁仙

前一阵子，有些人一讲到鲁迅，总是先大大感慨一通过去如何神化鲁迅，然后把鲁迅本人牵连进去，贬低一番，大意是说鲁迅有什么了不起?为什么不能批评?好，于是就“批评”，批评的内容则是鲁迅“好斗”、“喜欢骂人”、“没有写过长篇”、“阿Q是概念的产物”、“国民性批判源自西方传教士那里”，因而并不“伟大”、他的时代“早已过去”等等。言语之间还透露出“要和他比试一下，可能还不如我呢”的意思。然而，实际上时至今日，并没有人还在神化鲁迅，也没有谁在说鲁迅不能批评。如今许多严肃的学者的鲁迅评论中就并非对鲁迅没有“批评”，只是他们几乎都仍然肯定他在今天的意义，这一点和那些“精英”不同。看那些“精英”的意思，似乎过去神化了鲁迅，现在就一定要完全反过来，丑化一番，全部抹煞，才是合理。

我现在并不是要来“捍卫鲁迅”。我不赞成“捍卫鲁迅”的说法。因为如果鲁迅本身无价值，在今天也没有意义，就不必捍卫；如果他本身有价值，对于我们有意义，不捍卫也倒不了。而究竟有无价值、意义又在哪里，最基本的做法，是不神化他也不丑化他，而面对本然的、真实的鲁迅；然后，如果判断他过去的价值，要结合他当时的社会状况、政治分野，如果议论他在今天的意义，要看一看他在今天社会前进中的作用。否则，都说不清楚。

根据这样的态度和尺度，我们要说：鲁迅在过去是伟大的，在今天，对于中国的前进，仍有直接的积极作用，仍有很大的价值。

今天的时代当然已很不相同，世界已进入以和平和发展为主题的时代，已是市场经济遍及全球、知识经济初露端倪的时代。但是，一方面，中国的发展很不平衡。不少地区和社会群体里，旧有的文化传统(无论是儒家的还是道家的)中的落后、消极的东西仍然存在。尤其是正统儒家的思想观念及以它为主导的封建主义思想意识、潜在的封建社会习俗、封建宗法性社会关系等等，在有的地方还有相当严重的存在；由此而生的奴性、自欺、愚昧、迷信和封闭心态，在有的群体中还触目地表现出来。另一方面，“现代化”又产生了负面效应，如人的物欲炽张、弄虚作假、见利忘义以至兽性大发等等。这种负面效应与上述的残留的封建性东西交织，使种种灰色的、黄色的、黑色的风习和势力，虽屡遭打击却不断地如沉渣泛起。

而对于这两个方面，在鲁迅的杂文里都有极为深刻有力的暴露、剖析和批判。如对儒家思想观念的特征的针砭（“与现实人生离开”、重“言”轻“行”等），对封建主义的伦理和整个文化精神的弊害的抨击（没有“个人的自大”集个体的主体性、“善于改变”和“做戏”等），对资产阶级文明给社会带来的种种虚伪、颓败风气的揭露（在其后期杂文中随处可见）。因此，我们今天如果稍稍认真地读一点鲁迅，无论是前期的还是后期的，我们常会掩卷兴叹：鲁迅的时代并未完全过去，我们还要鲁迅！我们还要从鲁迅对正统儒家思想观念深刻剖析中吸取养料，还要从鲁迅的强烈的似乎显得偏激的反封建主张中受到启发，还要从鲁迅关于资本主义文明的弊端的揭露中得到清醒。

在此同时，我们会重新理解鲁迅的“好斗”和“骂人”。我甚至认为，我们今天当然要善于化解矛盾和注重教育；但也需要在稳定大局的前提下，学一学鲁迅的“斗”和“骂”。因为在这以“和平”与“发展”为主题的时代里，决不已是“世界充满爱”，决不就是物质文明的精神文明的阳光一起普照全球，皆大欢喜了。不必说世界上的一些地方不断出现暴力和血腥、侵略和挑衅，我们社会里上述那些屡屡出现的坏人坏事坏风气，也不能不骂，不能不斗。现在有的人，一提到一个“斗”字，一概回避，生怕损害了自己的形象。而实际上，大家都看到，有些时候和地方，却是敢斗的人太少，太少有人能挺身而出；另一方面呢，倒不断有人对我们过去的正义的斗争历史乱骂，例如就对着鲁迅乱骂。既然如此，为什么要回避?问题只是“斗”什么、“骂”什么，怎么“斗”、怎么“骂”。“斗”，如鲁迅所说的“为的是改革”的“战斗”；“骂”，如鲁迅所说的“揭穿假面”、“指出了实际”的“骂”，就应当坚持。否则就无法改革，不能前进。温厚、宽容、闲适、风雅，可能是我们这个时代的人生的主调，但一味沉浸在这调子气氛里面，一味是读林语堂、梁实秋、徐志摩以及周作人一类，一味是写他们这类文章，实在说，也会失之肤浅，离开时代和民众，由高雅而跌入庸俗的。

最后我还要说，鲁迅也不只是在今天具有现实的积极作用，他与一切伟大的作家、思想家一样，具有永恒的人文价值，甚至更深广一点。鲁迅一直在复杂、深刻的矛盾中思考问题，形成观念，一直非常执著于当时的实际的战斗，极少作缥渺、超然的宇宙人生的玄想，因而为当时和今天的一些自命风雅的浅薄之徒所讥嘲。然而正如鲁迅所说："失去了现在，也就没有了将来"，"为现在"正是实实在在地为"将来"，实实在在地为着"尤为高尚尤为圆满"的理想人类的出现。在鲁迅的杂文包括他后期杂文里，都时时表现出他的这种精神和信念，只是有的是渗透在否定性的言论之中，不为常人所注意罢了。其中，最具有永恒人文价值的，是他的"最清醒的现实主义"，他总是着眼于具体实在的事物，拨开种种障眼的名目，"正视"现实；是他的异常重视的个体生命力的释放和发挥的健全的个性主义，他一再对"看客"式的旁观、消极和怯弱等主体精神的萎靡，表示鄙视。还有他永远不满足于现状的进取精神、活着就"要赶快做"的处世态度和"为中国大众工作"的人生目标，也都有永恒的意义。尤其是对于长期受到封建性文化传统熏染的中国人来说，更有久远的警戒、针砭、激励的意义。同时，鲁迅从小说、散文、书信中正面表现出来的对人际和谐关系的向往、对普遍人性问题的探究、对一切活泼生命的赞颂、对艺术创造的热情，以及对优美事物的热爱和眷恋，一点也不亚于如今很多人津津乐道的古今文人雅士，他的艺术造诣至今还远远超越一般人。他对人类，对世界，对生活，对文学艺术，满怀深情，充满温厚、博大的爱，只不过不像有的人那样浮浅直露地表现出来，更绝不做秀罢了。

也许，鲁迅于逝世前一年的一句话："能杀才能生，能憎才能爱，能生与爱，才能文"，最能表现出鲁迅的人生哲理，最能体现出鲁迅的深刻与伟大，最能启示我们于永远，因而最后不妨以他这句话，来为我这篇小文作结。

简评：鲁迅的骨头是最硬的。他的一生，但有公仇，决无私怨。传统文化中的落后、消极的东西在民族文化心理深层积淀形成的某些劣根性，是难以自省自察自知的，它是妨碍我们民族进取的痼疾。不仅仅中国知识分子都应该经受鲁迅的拷问，从鲁迅作品中吸取智慧和力量，像鲁迅本人那样千百遍地拷问自己。当正义被践踏的时候，当美遭到破坏的时候，我们一次次呼唤挺身而出的人！不由得让人想起鲁迅的名言，战斗正未有穷期。当然，我们还要鲁迅。

庄子在我们无路可走的时候

鲍鹏山

当一种美，美得让我们无所适从时，我们就会意识到自身的局限。“山阴道上，目不暇接”之时，我们不就能体验到我们渺小的心智与有限的感官无福消受这天赐的过多福祉么？

读庄子，我们也往往被庄子拨弄得手足无措，有时只好手之舞之，足之蹈之。除此，我们还有什么方式来表达我们内心的感动？这位“天仙才子”（李鼎语），他幻化无方，意出尘外，鬼话连篇，奇怪迭出。他总在一些地方吓着我们，而等我们惊魂甫定，便会发现，呈现在我们面前的，是朝暾夕月，落崖惊风。我们的视界为之一开，我们的俗情为之一扫。同时，他永远有着我们不懂的地方，山重水复，柳暗花明；永远有着我们不曾涉及的境界，仰之弥高，钻之弥坚。“造化钟神秀”，造化把何等样的神秀聚焦在这个“槁项黄馘”的哲人身上啊？

庄子钓于濮水。楚王使大夫二人往先焉。曰：“愿以境内累矣。”

先秦诸子，谁不想做官？“一朝权在手，便把令来行。”“在其位，谋其政。”“君子之仕，行其义也。”谁不想通过世俗的权力，来杠杆天下，实现自己的乌托邦之梦？庄子的机会来了，但庄子的心已冷了。这是一场有趣的情景：一边是濮水边心如澄澈秋水身如不系之舟的庄周先生，一边是身负楚王使命恭敬不怠颠沛以之的二大夫。两边谁更能享受生命的真乐趣？这可能是一个永远聚讼不已不能有统一志趣的话题。对幸福的理解太多样了。我的看法是，庄周们一定能掂出各级官僚们“威福”的分量，而大小官僚们永远不可能理解庄周们“闲福”对真正人生的意义。这有关对“自由”的价值评价。这也是一个似曾相识的情景——它使我们一下子就想到了距庄子约700多年前渭水边上发生的一幕：80多岁的姜太公用直钩钓鱼，用意却在钓文王。他成功了。而比姜太公年轻得多的庄子（他死时也大约只有60来岁），此时是真心真意地在钓鱼。且可能毫无诗意——他可能真的需要一条鱼来充实他的辘辘饥肠。庄子此时面临着双重诱惑：他的前面是清波粼粼的濮水以及水中从容不迫的游鱼，他的背后则是楚国的相位——楚威王要把境内的国事交给他了。大概楚威王也知道庄子的脾气,所以用了一个“累”字,只是庄子要不要这种“累”?多少人在这种累赘中体味到权力给人的充实感成就感?这是生命中不能承受之“重”。

庄子持竿不顾。

好一个“不顾”！濮水的清波吸引了他,他无暇回头看身后的权势。他那么不经意地推掉了在俗人看来千载难逢的发达机遇。他把这看成了无聊的打扰。如果他学许由,他该跳进濮水洗洗他干皱的耳朵了。大约惊走了在鱼钩边游荡试探的鱼,他没有这么做。从而也没有让这二位风尘仆仆的大夫太难堪。他只问了两位衣着锦绣的大夫一个似乎毫不相关的问题:楚国水田里的乌龟,它们是愿意到楚王那里,让楚王用精致的竹箱装着它,用丝绸的巾饰覆盖它,珍藏在宗庙里,用死来换取“留骨而贵”呢,还是愿意拖着尾巴在泥水里自由自在地活着呢?二位大夫此时倒很有一点正常人的心智,回答说:“宁愿拖着尾巴在泥水中活着。”

庄子曰:“往矣,吾将曳尾于涂中。”

你们走吧！我也是这样选择的。这则记载在《秋水》篇中的故事,不知会让多少人暗自惭愧汗颜。这是由超凡绝俗的大智慧中生长出来的清洁的精神,又由这种清洁的精神滋养出拒绝诱惑的惊人内力。当然,我们不能以此来要求心智不高内力不坚的芸芸众生,但我仍很高兴能看到在中国古代文人中有这样一个拒绝权势媒聘,坚决不合作的例子。是的,在一个文化屈从权势的传统中,庄子是一棵孤独的树,是一棵孤独地在深夜看守心灵月亮的树。当我们大都在黑夜里昧昧昏睡时,月亮为什么没有丢失?就是因为有了这样一两棵在清风夜唳的夜中独自看守月亮的树。

一轮孤月之下一株孤独的树,这是一种不可企及的妩媚。

一部《庄子》,一言以蔽之,就是对人类的怜悯！庄子似因无情而坚强,实则因最多情而最虚弱！庄子是人类最脆弱的心灵,最温柔的心灵,最敏感因而也最易受到伤害的心灵……

胡文英这样说庄子:

庄子眼极冷,心肠极热。眼冷,故是非不管;心肠热,故感慨万端。虽知无用,而未能忘情,到底是热肠挂住;虽不能忘情,而终不下手,到底是冷眼看穿。

这是庄子自己的“哲学困境”。此时的庄子,徘徊两间,在内心的矛盾中作困兽之斗。他自己管不住自己，自己被自己纠缠而无计脱身，自己对自己无所适从无可奈何。他有蛇的冷酷犀利，更有鸽子的温柔宽仁。对人世间的种种荒唐与罪恶，他自知不能用书生的秃笔来与之叫阵，只好冷眼相看，但终于耿耿而不能释怀，于是，随着诸侯们剑锋的残忍到极致，他态度也就偏激到极致。天下污浊，不能用庄重正派的语言与之对话，只好以谬悠之说，荒唐之言，无端崖之辞来与之周旋。他好像在和这个世界比试谁更无赖，谁更无理，谁更无情，谁更无聊，谁更无所顾忌，谁更无所关爱。谁更赤条条来去无牵挂，从而谁更能破罐子破摔。谁更无正义无逻辑无方向无心肝——只是，我们谁看不出他满纸荒唐言中的一把辛酸泪？

对这种充满血泪的怪诞与孤傲，我们又怎能不悚然面对肃然起敬油然生爱？

简评：一部《庄子》，一言以蔽之，就是对人类自身的怜悯。庄子似因无情而坚强，实则因多情而最虚弱。表面上持竿不顾的庄子，实际上“眼极冷，心肠极热……虽不能忘情，而终不下手，到底是冷眼看穿”，故可以说陷自己于“哲学困境”的庄子的内心是人类最脆弱的心灵，最温柔的心灵，最敏感因而也最易受到伤害的心灵。作者睿智的评判，指点迷津，引导读者从大彻大悟中读出原本就不难理解的满纸荒唐言中充满血泪的怪诞与孤傲。

作家谈读书

大多数人都是文学的阅读者。为阅读而阅读，或者说为欣赏而阅读，自然也可以得到文学的教养；进一步，如果能用批评的态度去阅读，也许更有益处，而文学批评家也就应当从这样的读者中产生出来。

——李广田：《书评与批评》，《中学生》1947.11.

美丽的哀愁

夏岚馨

十几岁便对李煜的词一见钟情了,最初是一首《虞美人》,那是一种如获至宝、生怕被别人知晓分了去的珍爱。在如今情感快被逼成快餐的年月,李煜词中那份美丽的哀愁,似乎遥远、奢侈得像一个收不拢的梦了。可是,当我有幸将尘世的喧嚣关在门外,虔诚地进入李煜的词所创设的境界之中,一颗麻木冷漠的心就变得敏感和热烈了。

细细品味,《虞美人》中那个美丽的"愁"字,竟镶嵌在那么曼妙的一堆文句中。

春花秋月何时了,往事知多少!小楼昨夜又东风,故国不堪回首月明中。

雕栏玉砌应犹在,只是朱颜改。问君能有几多愁,恰似一江春水向东流。

这首词是李煜在公元975年降宋之后的作品,当时他居于汴京。中国诗词史上多有哀国忧民之佳作,但有了个李煜,那些佳作在思想情感上就显得虚浮莫定了。因为,没有人比曾是南唐后主、一国之君的李煜,对"江山"、"家国"的理解更真实、具体、透彻。"江山""家园"就是他身下的王位、手中的权力以及奢华的生活和成群的妃嫔。失去"江山"、"家园"对于李煜来说是切肤之痛。因此,他身陷宋朝汴京后,于明月夜里忆起曾归他所有的故国——雕花栏杆、玉石台阶和豪华宫殿时,心中的那份哀愁就铺天盖地而来了。他由问天、问地到自问,难平起伏的忧思,只有无可奈何地叹息。不是真正的伤心人、不到真正的伤心处,道不出满腹哀愁似流水的词句。

若是说《虞美人》中的那份愁还黏附着过往奢靡的帝王生活印记,《乌夜啼》中的那份哀愁已进入无声、无色、无言的境界。

无言独上西楼，月如钩。寂寞梧桐深院锁清秋。

剪不断，理还乱，是离愁。别是一番滋味在心头。

月是勾人幽思的东西。每当有月的夜晚，李煜总想登楼远眺故国一眼，而一怀的愁绪却不能自已。“别是一番滋味在心头”再次述说出一个亡国之君心头非同寻常的隐痛，那是一种难以用言语表达的滋吵。“无言”二字，早已摄尽了凄婉之神。令李煜始料不及的是，他那份凄清的哀愁在中国特有的、伴着清秋梧桐的晦涩的风里竟流动了千年，带着些许美丽的、隽永的霉味在中国人的心里流动了千年。

到了写出《浪淘沙》的时候，李煜心底的希望彻底破灭，消极颓废达到了极限，他的生命也走到了极限，词的艺术魅力也达到了极限。《草堂诗余隽》卷二中称这首《浪淘沙》为“亡国之音哀以思”的一个代表作。

帘外雨潺潺，春意阑珊，罗衾不耐五更寒。梦里不知身是客，一晌贪欢。

独自莫凭栏，无限江山。别时容易见时难。流水落花春去也，天上人间。

当时的李煜，像是一只濒临绝境的鹿，在受人宰割之前嗷嗷哀鸣、流泪。有谁能够在潇潇的雨夜里，平心静气地聆听这冥冥之中，从古老遥远年代里传来的一声声绝望的哀鸣?恐怕不等读完这首词，早已和当时的作者一样喉头发堵、唏嘘落泪了。明李攀龙说：“结云‘春去也’，悲悼万状，为之泪不收久许(见《草堂诗余隽》卷二)。”若说“梦里不知身是客”轻易地就把人引入哀伤的境地，那么“独自莫凭栏”可以说是哀伤到了极至。李煜极想登楼一眺故国的无限江山，可心头的矛盾又使他马上提醒自己，那样只能引起更严重的哀伤。精神已处于恍惚游离状态的李煜，只有自言自语地对自己说：“独自莫凭栏!”

有人说，没有经历过肉体或精神磨难的人，成不了伟大的诗人。李煜既体验过炼狱之苦，也体验过天堂之乐，因此，才将一个“愁”字写到前无古人、后无来者的境界。我们可以从公元975年之前李煜还没有降宋时，描绘豪华生活和艳情的词作中品味其风流倜傥、富于才情的一面。他的一首《玉楼春》是这样描述一次在皇宫里，欣赏成群结队的美丽宫娥们吹奏演唱《霓裳羽衣曲》的：

> 晚妆初了明肌雪，春殿嫔娥鱼贯列。笙箫吹断云水间，重按霓裳歌遍彻。
>
> 临春谁更飘香屑？醉拍栏杆情味切。归时休放烛花红，待踏马蹄清夜月。

当时，无忧无虑的南唐后主的周围是宫帏里的众多女子，古代中国的绫罗绸缎包裹着她们纸一样单薄、苍白的身躯；包裹着她们被压抑、扭曲的灵魂。她们在历史的卷典里只能代表一声美丽的叹息。当时，作为一国之君的李煜，无暇去体会那些女子的心。他沉浸在像蜜糖一样甜腻的日子里，他拥有一个精通音律的大周后，两个人一起修订已散佚残阙的《霓裳羽衣曲》，常常让宫女们在宫中演奏。那是众多男人的理想：带着几分醉意，边听乐曲边打着拍子，直至听完，才踏着月光、被一群美女前呼后拥着归去。

若说拥有那么多后宫美女的李煜令人羡慕，那么，拥有火热细腻爱情的他就令人嫉妒了。作为一国之君，他完全可以用手中的权力威慑任何女子就范。但他没有那样做，他也希望和常人一样，与心上人幽会。那种不能为外人知的恋情，在李煜看来也是最珍贵的吧。大周后娥皇卧病期间，他就常和宫中的小周后幽会。那份火热销魂的恋情在一首《菩萨蛮》里有淋漓尽致的描绘：

> 花明月暗笼轻雾，今宵好向郎边去。刬袜步香阶，手提金缕鞋。
>
> 画堂南畔见，一向偎人颤。奴为出来难，教君恣意怜。

幽会时那份危险的浪漫被李煜写绝了。比起世界级的经典之作——莎士比亚的《罗密欧与朱丽叶》之中对情爱的描绘有过之而无不及，并且罗密欧与朱丽叶相会时的情境氛围，远及不上李煜的“花明月暗笼轻雾”的朦胧与暧昧；也及不上“刬袜步香阶，手提金缕鞋”那份慌张谨慎、撩人心跳的细腻。后世有许多文学作品描写幽会时，爬阳台、翻篱笆的情种们也大都脱掉了鞋子，怕的是弄出声响，相信多多少少受了李煜之《菩萨蛮》的影响。那句“一向偎人颤”将幽会时的胆怯与张扬毫无顾忌地写了出来，实在堪称中国古代诗词中善用白描的典范。李煜在权力方面达到过巅峰状态，在爱情方面也享受到了巅峰的体验。

文学史上不乏感人流泪的小说，却少见有如此深刻感染力的诗词。李煜具备深厚的艺术潜质是一个原因。他喜好读书，信佛，“精究六经，旁综百氏”，“洞晓音律，精别雅郑”，而且又工书、善画、精于鉴赏，是一位相当全面的艺术家。王国维《人间词话》说：“词至李后主而眼界始大，感慨遂深，遂变伶工之词为士大夫之词。”

简评：也许是历史老人的错误的选择，李煜从南唐国主降为囚徒，他在对宋委曲求全中过了十几个春秋的苟且偷安的生活。也许是中国古代文学的幸运，丢掉江山的一国之君依然纵情声色，侈陈游宴，留给后人几多“珠玉之声”的佳作。正是这侏儒和巨人的统一，词坛的美丽哀愁才传唱至今。因为他刻骨铭心地写出了人类心灵深处共同的情感涟漪，虽岁月沧桑也不褪色的爱恨情仇与孤独寂寞，他的这种缠绵悱恻的情感，恰似一江春水，绵绵不绝。真可谓“没有经历过肉体或精神磨难的人，成不了伟大的诗人”。

作家谈读书

蒙学经典《弟子规》蕴含着丰富的儒家人际交往伦理思想，这些思想至今仍可以作为儿童教育的重要内容。人际交往的情感前提是仁者爱人，入孝出悌；人际交往的行为准则是律己宽人，诚实信用；人际交往的价值追求是见贤思齐，唯贤唯德；人际交往的礼仪规范是温良谦恭，谨言慎行。人际交往是儿童获取知识的重要途径、习得规范的主要手段、人格成长的基本要求，人际交往能力的培养对儿童健康成长有着重要的意义。《弟子规》的人际交往思想对当代儿童人际交往品质培养具有重要价值和启示意义。

——蔡志良、杜维超：《〈弟子规〉的儿童人际交往品质培养思想及其启示》，《河北师范大学学报》2010.10.

以假当真

冯骥才

那年，在伦敦街头一家小饭店与当地的几位作家聚谈，有两件事至今犹然记得。一件是这家小店的外墙如同室内那样粉刷成白色，而店内的墙面反而是砖砌的，一如外墙，从外边走进这家小店，反倒像由屋内走到大街上，坐下来吃饭，这感受甚是奇异！另一件是这几位作家中，滔滔不绝者所说的话，过后叫我一句也记不得；但其中一位下巴蓄着小胡子、死守着缄默的老头儿，忽然蹦出口的几句话，倒叫我深记难忘。后来从报上才知道他得了诺贝尔文学奖，便是写《蝇王》的威廉·戈尔登。

他忽然问我："中国画家为什么用黑颜色作画？"

黑颜色，中国人谓之墨。他所说的便是水墨画。我答道："因为黑色是一种语言，就像黑白照片……"他听了似乎不以为然。我又说："因为黑色是最重要的颜色，与水调和能调出深浅不同最丰富的色调，其他颜色很难调出这样多的色调……"他的神情依然肃穆不动。我想了想再说："因为中国人从来不把画当做真的。怎么……你不能理解吗？"

他像被什么打中了那样，身子一震，眼睛放光，声音好似更亮，他说："不不，中国人真棒，真是棒极了！"他摇头晃脑，赞叹不已。

无须我再多说一句，他已经理解了，而且一下子也理解了中国艺术最伟大的特征之一——以假当真。东西文化的不同，被他以一种感悟沟通了。艺术的道理对于他这种人，一点即透，无须多言，我朝他欣赏地点点头，他也会意，一笑便了。

墨之黑，本来只是缤纷世界千颜万色的一种，但中国人用它描绘一切，为什么不失却真实，也决不会引得人笨拙地问：这树为什么是黑的？荷花为什么是黑的？麻雀为什么是黑的……难道人的嘴会是黑的吗？

在中国的章回小说中，每回结束必写一句话："欲知后事如何，且听下回分解。"难道作者不怕这样一下子把读者从故事里拉出来，明白这故事原是他编造的吗？

同样，在京剧《三岔口》中，任堂惠与刘利会的全部“夜战”，竟然都是在灯火通明中进行的。为什么没有观者指责这种不真实已经近乎荒唐，反倒看得更加津津有味。在中国的戏曲舞台上，一根马鞭便是一匹千里神骏，几个打旗的龙套便是浩浩三军，抬一下脚便是进一道院或出一道门。西方人面对这些可能惊奇莫解，中国人却认可这就是艺术的真实。

中国艺术家为什么敢于如此大胆地以假当真，将读者与观众“欺弄”到这般地步，非但不遭拒斥，反而乐陶陶地认同?我想，中国的艺术家更懂得读者与观众的欣赏心理——假定这是真的。

其实，无论是东方还是西方，没有任何一个读者或观众会把一部小说当做真实的事件，把一幅画当做真实的景物，把一出戏当做真实的生活场景，只不过东西方艺术家对此所做的全然是背道而驰的罢了。

西方戏剧家从易卜生到斯坦尼斯拉夫斯基，都在努力使演员进入角色，演员在舞台上必须忘掉自己，舞台不过是“四面墙中抽掉一面”的生活实况，观众好像从钥匙眼里去看别人家中发生的事；然而在中国的戏剧舞台上刚好相反，《空城计》中诸葛亮唱完后，轮到司马懿唱时，诸葛亮可以摘掉胡子，拿手巾擦擦汗，喝口茶水润润嗓子，因为他完全清楚观众知道这是唱戏。戏是假的，只有演员的艺术水准和功夫才是货真价实的。这样，东西方的剧场也就截然不同。在西方的剧场里，观众不敢响动，甚至忍住咳嗽，怕破坏剧场的气氛，影响真实感；但在中国的剧场里，观众却哄喊叫好，以刺激演员更卖力气。对于中国观众来说，这种剧场高潮往往比戏剧高潮更能得到满足。

西方的古典画家同样把真实视为最高的艺术法则。他们采用焦点透视、光线原理与人体解剖学来作画，尽力使观众感到物像的逼真如实，而中国画家却用黑色描绘山水、花鸟和人物，为了表达的自由，他们将泰山松、黄山云、华山石、庐山瀑超越时空地集于一纸，这种透视不是依据眼睛，而是依据心灵(现代美术理论家称之为“散点透视”)，他们甚至还把诗文图鉴都搬到画面上来，与画中种种形象相映成辉。因为中国画家知道观者要看的，不是生活中有的，而是生活中没有的。比如画中的意境、品格、情趣以及笔墨的意蕴。

至于小说，更是如此。

西方的小说家着意刻画他笔下人物皮肤的光泽、衣服的质地与眼神种种细微的变化，努力把他的读者导入如实的感受和逼真的情境中；中国的小说家则只用“沉鱼落雁之容，闭月羞花之貌”、“熊腰虎背，声如洪钟，力能扛鼎”之类的套话来形容一位美女或英豪。因为中国的小说家知道读者更关注的是这些人物超乎意料的行为，以及故事怎样一步一步更牢牢地抓住他们向前发展。

以假当真，不是艺术家非要这么做不可，而是读者与观众需要这么做。

中国的艺术自始就立在这一点上。因为艺术家深知艺术不是重复生活，而是超越生活。艺术，也正因为它是生活中没有的，所以才更有存在价值。

音乐不是大自然的声音，诗不是生活用语，小说当然不是生活的记录，画当然不是现实事物或景物的重现。人们日日生活在现实里，何需你再来复制一个现实？这也正是自然主义最没有艺术价值的缘故。

西方的写实主义蓬勃于没有摄影和电影的时代。自从人类发明了照相机和摄影机，写实精神在西方艺术中便不是至高无上的了。而中国人就像明白罗盘的原理那样，早早地就明白了艺术不是复制生活的法则，从不崇拜写实，从不顺从器官的感受，而听凭心灵的感受，大胆地以假当真，创造了高明又伟大的东方艺术。倒是当代的中国人陷入愚蠢，把自然主义和摄影现实主义奉若神明。于是，文学只剩下表面上杂乱不堪的“感觉真实”，绘画堕入了模仿照相的技术主义。毕加索、克里姆特、马蒂斯等人从东方艺术中悟到艺术的真谛，从而使西方的艺术更“艺术”，但他们哪里知道如今的东方艺术正在退化？

艺术由于它给予人们的都是生活中没有的，因故才叫创造。

创造都是由无到有，创造都是为了需要。

人们需要艺术，除去认识上的启迪，审美的享受，心灵的慰藉，闲时的消遣，还有好奇、愉悦、消解、释放以及对生活和生命的种种的补充。

艺术家一旦明白这一艺术原理，现实生活就变得有限。艺术家在复制生活时常常陷入被动和无能，超越生活时才进入放纵和自由：诗人更加浪漫，小说家更富于想象。为此之故，中国古典小说的主要特征和主要魅力是传奇。

再说京剧《三岔口》，它不是依据漆黑的夜色——这视觉上的真实，而是抓住人们在黑夜里的动作特征——摸索和试探，这样不仅将灯火通明中的夜战表现得巧妙又可信，人物面对面的探头探脑和摸爬滚打反而更加妙趣横生。一招一式，惊险机智，又富于幽默，倘若把舞台的灯光完全关闭，一片漆黑，虽然真实了，却什么也看不见了。中国戏曲正是这样把戏当做戏，艺术创造上才能更自由。

至于中国戏曲舞台上的演员和角色，它们既是“合二为一”，又是“一分为二”。演员有时进入角色而表现角色，有时跳出角色表现自己。演员的技艺刻画了角色的能耐，演员的功夫又加强了角色的魅力。观众既欣赏到角色的本领，同时也欣赏到演员超凡的功力，得到双重的满足。演员与角色，真真假假，浑然一体。艺术家所能发挥的天地是双倍的。

那些“不求形似”的中国画家，更是水墨淋漓，满纸云烟，信手挥洒，尽情张扬自己的意趣与个性。对于这些画家，“眼中之竹不是手中之竹，手中之竹又不是心中之竹也”。这“眼中之竹”便是属于大自然的，“心中之竹”是超越自然而属于艺术家主观的、理想的和艺术的。于是，郑板桥的清灵潇洒，朱耷的悲凉寂寞，王冕的高洁脱俗，都不是来源于自然风物，而是活脱脱的深刻的自己。然而中国观众要看的也正是这些。

写到此处，方应说道，中国人真是懂得艺术。正像我曾对威廉·戈尔登所说：“中国人从来不把画当做真的。”艺术家才获得天宽地阔的创造自由。东方艺术的特征、东西方艺术的区别也就因此而生。任何艺术的形成，一半靠艺术家的天才创造，一半靠富于悟性的读者与观众的理解。艺术史往往只强调前一半，可是谁来写一部读者史或观众史？

简评：以真假来讨论艺术，不可能触及艺术的神理。一般人在欣赏风景时，会脱口而出：“真美，像画儿似的。”在欣赏一幅画时，也会说：“真像，像真的一样。”这里，是采取了两种不同的标准，而这两条标准，譬如两条异面直线，既不相交也不平行，既不互相矛盾也不彼此补充。不过，一副水墨淋漓的中国山水画，画家信手挥洒尽情地张扬自己的意趣与个性，这只是一方面；另一方面如何从墨分五色的写意中读出空灵潇洒、悲观凄凉来，观赏者见仁见智很难做到在一个水平线上，这是另一个范畴的问题，亦即文章结尾强调的：艺术史往往只强调前一半，可是谁来写一部读者史或观众史？

文天祥千秋祭

卞毓芳

漫长的囚禁生涯开始了。

站在文明文化的角度看，这是人类的一场灾难。一个死去七百年犹然光芒四射的人物，一个再过七百年将依然如钻石般璀璨的人物，当年，他生命的巅峰状态，却被狭小的土牢所扼杀，窒息。且慢。正是站在文明文化的角度看，这又是人类一大骄傲。

说到文天祥的崇高人格，我们不能不想到他那些撼天地、慑鬼神的诗篇。请允许我在此将笔稍微拐一下。纵观世界文学史，最为悲壮、高亢的诗文，往往是在人生最激烈、惨痛的漩涡里分娩。因为写它的不是笔，是生命的孤注一掷。这方面，中国的例子读者都很熟悉，就不举了。国外太大，姑且画一个小圈子，限定在文天祥同一时代。我想到意大利的世界级诗人但丁，他在那欧洲文学史上具有划时代意义的《神曲》，便是在流亡生活最苦难的阶段孕育。圈子还可以再画小，比如威尼斯旅行家，仅仅早文天祥四年到达燕京的马可·波罗，日后也是在热那亚的监狱里，口述他那部蜚声世界的游记。太史公司马迁和南唐后主李煜，亦无例外，他二人分别是在刑余和亡国之后，才写下可歌可泣的力作。对照文天祥，情形也是如此。在他传世的诗文中，最为撼人心魄的，我认为有两篇。其一，就是《过零丁洋》；其二，则是在囚禁中写下的《正气歌》。

你想知道《正气歌》的创作过程吗？应该说，文天祥早就在酝酿、构思了。澎湃在歌中的，是他自幼信奉的大义；呼啸在歌中的，是他九死一生的文谏武战；最后，催生这支歌的，则是他的宁死不屈的坚贞，以及在土牢里遭受的种种恶浊之气的挑战。

何为恶浊之气？关押文天祥的牢房，是一处狭窄、阴暗的土室，每当夏秋，外有烈日蒸晒，暴雨浸淫，内有炉火炙烤，加之朽木、霉米、腐土、垃圾，联合进攻，空气是坏得不能再坏的了。这时候的文天祥，愈加显出了他一腔凛然沛然浩然的正气，在常人难以忍受的恶劣环境里，照旧坐歌起吟，从容不迫。他把这些恶浊之气，总结为“水、土、白、火、米、人、秽”七种，并向天地宣称：“彼气有七，吾气有一，以一乱七，吾何患焉！”——这就激发了他一生中最为高昂的《正气歌》。

让我们把镜头摇到公元1281年夏末的一个晚上。那天，牢房里苦热难耐，天祥无法入睡，他翻身坐起，点起案上的油灯，信手抽出几篇诗稿吟哦。渐渐地，他忘记了酷热，忘记了弥漫在周围的恶气浊气，仿佛又回到了“夜夜梦伊吕”的少年时代，又成了青年及第、雄心万丈的状元郎，又在上书直谏、痛斥奸佞、倡言改革，又在洒血攘袂、出生入死、慷慨悲歌……这时，天空中亮起了金鞭形的闪电，随后又传来了隐隐的雷声，天祥的心旌突然分外摇动起来。他一跃而起，摊开纸墨，提起笔，悬腕直书：

天地有正气，杂然赋流形。
下则为河岳，上则为日星。
于人曰浩然，沛乎塞苍冥。
皇路当清夷，含和吐明庭。

文天祥驻笔片刻，凝神思索。他想到自幼熟读的前朝英烈：春秋的齐太史、晋董狐，战国的张良，汉代的苏武，三国的严颜、管宁、诸葛亮，晋代的嵇绍、祖逖，唐代的张巡、颜杲卿、段秀实，他觉得天地间的正气正是充塞、洋溢在这十二位先贤的身上，并由他们的行为而光照日月。历史千百次地昭示，千百次啊：一旦两种健康、健全的人格碰头，就好比两股涌浪，在大洋上相激，又好比两颗基本粒子，在高能状态下相撞，谁又能精确估出它所蕴藏的能量！又一道闪电在空中划过，瞬间将土牢照得如同白昼，文天祥秉笔书下：

时穷节乃见，一一垂丹青。
在齐太史简，在晋董狐笔，
在秦张良椎，在汉苏武节……

一串霹雳在天空炸响，风吹得灯光不住摇曳，文天祥的身影被投射到墙壁上，幻化成各种高大的形状，他继续俯身狂书：

是气所磅礴，凛烈万古存；
当其贯日月，生死安足论。
地维赖以立，天柱赖以尊；
三纲实系命，道义为之根……

室外，突至的雨点开始鞭抽大地。室内，文天祥前额也可见汗淋如雨。然而，他顾不得擦拭，只是一个劲地笔走龙蛇。强风吹开了牢门，散乱了他的头发，鼓荡起他的衣衫，将案上的诗歌吹得满屋飘飞，他兀自目运神光，浑然不觉。天地间的正气、先贤们的正气仿佛已经流转灌注到了他的四肢百骸、关关节节！

啊啊，古今的无穷雄文宝典，在这儿都要黯然失色。这不是寻常诗文，这是中华民族的慷慨呼啸。在历史发展的紧要关头，常常要推出一些人来为社会立言。有时它是借屈原之口朗吟“哀民生之多艰”，有时它是借霍去病之口朗吟“匈奴未灭，何以家为！”这一次，便是借文天祥之口朗吟《正气歌》。歌之临空，则化为虹霓；歌之坠地，则凝作金石。五岳千山因了这支歌，而更增其高；北斗七星因了这支歌，而益显其明；前朝仁人因了这支歌，而大放光彩；后代志士因了这支歌，而脊梁愈挺。至此，文天祥是可以“求仁得仁”、从容捐躯的了，他已完成在尘世的使命，即将跨入辉煌的天国。

哲人日已远，典型在夙昔。
风檐展书读，古道照颜色。

写完最后四句，文天祥掷笔长啸。室外，滂沱大雨裂天而下，夹杂着摧枯拉朽的电闪雷鸣，天空大地似乎崩裂交合。天祥凝立不动，身形俨如一尊山岳。

简评：文天祥用他的生命创造了一个不死的神话。站在文明文化的高度，千年而下，他那惊天地、泣鬼神的诗篇，依然是人类不可逾越的高峰。公元1281年夏天（元世祖至元18年），兵败被俘囚禁燕京的第二年，自幼饱读诗书的作者，在狭小、阴暗、潮湿的土牢里，徜徉在中华文化的海洋里，养浩然之正气，写下了彪炳千古的《正气歌》，表现出强烈的爱国主义精神和昂扬的斗志，用生命塑造了不死的灵魂，对后世产生了巨大的教育作用。

现代文化的基本特点

周有光

现代文化是逐渐发展起来的新事物，有些国家还有不少人没有感觉到它的存在，以为只不过是原来西方的文化而已。因此需要把它的基本特点略作说明。

现代文化是全世界人民“共创、共有、共享”的文化。它不属于某一个人、也不属于某一个国家，任何人、任何国家，都可以参加进去，作出创造、共同利用。例如，诺贝尔物理学奖金的获得者已经有十六七个国家的一百二十多位学者，虽然西方学者居多数，但是东方学者也做出了重要贡献，其中有华人、日本人、印度人等。世界各国大学的物理学课程中都在讲解这些学者的创造。在图书馆里查看一下各国的大学课程，可以看到极大部分是现代文化，只有很少一些课程属于当地的传统文化，强调民族主义的国家也不例外。

现代文化是全球化的文化。交通阻隔、往来不便的时代，不可能有全球化的文化；交通发达、往来频繁的时代，地球缩小成为一个地球村，才可能有全球化的文化。全球化的现代文化没有国界，它是国际文化。例如，月球在不同的国家原来有不同的神话，你的月球神话跟我的月球神话不同，那是地区的传统文化。人类登月成功之后，拍下了月球的照片，拿回了月球的土块，月球的面貌从神话变成现实，大家有了对月球的共同认识，这是国际性的现代文化。

现代文化是现代知识的最新成果。知识是逐步积累、不断更新、永远前进的。中国古代相信“天垂象”，这样的迷信在西欧也曾经流行过。例如，1066年，欧洲发现彗星，欧洲人认为这是诺曼底人征服英国的预兆。天是什么东西，人类在几千年中无法看透。天体运行的规律到1687年牛顿发现万有引力才有初步的解释，1905年爱因斯坦提出相对论之后得到进一步的理解，后来发现的宇称不守恒现象又补充了关于天体的知识。现代文化是当前的最新成就，当然还需要不断研究和更新。

现代文化以科学和源出于科学的技术为主体。人类的文化发展在原始文化之后可以分为三个时期：早期以宗教为主体，中期以哲学为主体，后期以科学为主体。科学是一元性的，全世界科学家一致认可才是科学，没有公说公有理、婆说婆有理的民族科学。苏联创造米丘林生物学和马尔语言学的失败经验已经证明了这一点。

现代文化既有物质、又有精神。物质和精神是相互依存、相互促进的，不是彼此矛盾、彼此分离的。现代文化已经把人类生活彻底改变，既改变了物质，也改变了精神。有人说物质和精神的分别是，物质有重量，精神无重量。如果这个说法能够成立，那么，硬件是物质，软件是精神，硬件和软件是形影不离的。

有了现代文化，不是就不要传统文化了。现代文化和传统文化是并行不悖的。现代人是“双文化人”，既需要现代文化，又需要传统文化，甚至既需要科学，又需要宗教。现在世界上有四种传统文化：西欧传统文化、西亚传统文化、南亚传统文化和东亚传统文化。西欧文化传播到北美，合称西方文化，其他三种亚洲的传统文化（西亚、中亚、东亚）都是东方文化。以中国文化为主导的东亚传统文化是东方文化之一种。中国不能独占“东方”的名义。把现代文化说成西方文化，是不正确的；说成美国文化，更加不正确。把东西文化看作势不两立，不是东风压倒西风，就是西风压倒东风，那是不了解文化演变的历史规律。现代文化是从不同的传统文化相互接触之后，经过彼此学习、提高、检验、公认而后形成的新文化。没有公认的部分照旧保留于地区的传统文化之中。在现代文化向全世界传播的潮流中，各个地区的传统文化都在自动适应，自我完善，自然代谢。

简评：现代文化的核心价值：民主与科学。海外新儒家认为中国的传统文化自然包含民主、科学的精神实质，其实不然。中国向来有民本思想而无民主意识，有技术传统而无科学精神。当然，由于中国文化具有极强的包容性，使得它虽然缺乏民主、科学的传统，但并不排斥民主和科学。中国文化对西方文化的消化、融合是一个相当漫长的过程。更重要的是，我们在吸收消化现代文化时，不是就不要传统文化了，认识到现代文化和传统文化的并行不悖，是现代人应有的态度。

情圣白居易

韩静霆

一

那年夏天，我在洛阳龙门石窟，拜谒了众石佛，回头便去拜望唐代大诗人白居易。白诗人最后的归处，与众佛隔河遥遥相望，就在龙门山麓。天阴沉得很急，从石佛这边儿望去。晚霞升腾，乌云攒集，山峦若失，江岸消遁，不知白公安在?

白居易五十七岁那年离别帝京长安，逃开官场的倾轧，选定洛阳度过残生，再也没回头。他在洛阳一住就是17年，一直到死。他在古都洛阳的最后的日子，很凄凉的。闹了肺病，害眼病，眼病未好，又患脚疾，最折磨人的是脑血栓，半身不遂，弄得他颠来倒去，半死不活。俗话说，病来如山倒，病去如抽丝，诗人本来就形容枯槁，常常以病鹤自比。这时更是瘦成了秫秸扎的纸活儿一般，似乎风一吹就能把他掀到河里去。他七十三岁这年，已经在冥冥中听到了阴曹地府阎罗君的呼唤，自知所剩时日不多了。这年他最后一次到附近的赵村去看杏花，拱手与杏花诀别，叹息道："今春来是别来。"如今洛阳杏花依旧，诗人却音容杳然了!

也还是白居易七十三岁这年冬天，他还在想着拼却余生为百姓做点儿事情。他看见：龙门潭下，八节滩里，常有舟船颠覆。劳苦船工过滩时，只好跳进冰水里推船。他听船工们饥冻哀号，听了一整夜，听得心动，发誓要凿通这段水路。诗人抱着病残之躯，主持监理，奔走呼号，险滩终于凿成了通途。一千一百五十多年以后，我辈晚来凭吊白公，此时此刻，八节滩上，龙门潭中，在风雨来临之前，正是白波似箭，白居易，白居易，你身在哪里?

对于诗人来说，比疾病更残忍的是孤独。几乎是弹指之间，白居易平生最好的四个朋友，元稹、刘禹锡、崔玄亮、李建，一个个撒手而去，死了。他的哥哥白幼文死了，他的弟弟白行简死了，他的女婿谈宏暮死了，他三岁的小儿子阿崔死了,连他无言的伙伴华亭鹤也死了……白居易老泪纵横,蹒蹒跚跚,送了朋友送兄弟,几乎还没来得及擦干眼泪,白发人又送黑发人,送了人又送鹤……一生只为情字生的老诗人,屡屡经历着沉重的情感打击。孤苦难耐,病索难解,无人可与诉说,只好借酒消愁了。其实,白居易喝酒根本不行的。一杯两杯还凑合应付,三杯四杯下肚就天旋地转了。一壶酒独酌独饮,能让他醉死三回。明知一醉等于一病,滋味并不好受,可是不喝酒又能干什么?回眸看看一生的坎坎坷坷,几经丧乱,磨劫,贬谪,诽谤。世人既不知爱人,岂知惜才?至于人们传诵他的天才诗篇,是远处的事,是缥缈后世的事,他生活的那个权谋者的空间不容他,也不饶他。想想那些至爱亲朋的音容笑貌呢,——杳如黄鹤,去不复来。白居易白天不思一粒米,夜里片刻睡不着,喝点酒就倒下起不来。"满头霜雪半身风"的诗人,干瘦成了枯柴棒的诗人,寂寞到了身上连虱子都没有可扪的地步,病苦到了连一只酒杯都拾不起来的程度。头白齿折,眼昏腿软,也只有学佛坐禅的份儿了。他在那个秋风隐隐西来的八月,最后长眠在龙门山的如满和尚塔旁边了。诗人,诗人,你长年与如满和尚衣钵舍利相伴,风中可能听到你的禅语?

白居易墓左右的泥土,岂止是湿的?简直是飞着泪雨!我跨进"墓门"的时候,大雨突然从天而降。腥风斜侵,白雨跳珠,打翻了龙门的水,遮去了龙门的山,众石佛全在虚无缥缈之中了。红漆大门内外除了乱涌乱淌的水,游客全无,人声全无,世界一片空蒙。我一进门槛,就陷进了泥潭,两脚成了"泥箩筐"。抬头看乱摇在树枝上的藤蔓,全成了蘸水的鞭子,低头看一池枯荷,只剩下无数光杆如乱戟狂摇。好在半坡上有一个亭子能避一避雨,我忙爬进去打抖。

夜,借着雨的威风和雷电的啸叫,来得极不平常。

龙门山,我今夜是爬不上去了。

白居易!学生与您失之交臂了。

白居易一生经历的风雨太多太多了。诗人临终前不久,还写诗说自己是"远行装束了",

白居易老人家,今夜是不是正在龙门的山水上行走?你能侥幸避过这场大风大雨吗?

二

离开洛阳很久了，那场龙门风雨，还是常常在我心头喧响。或许，隔着大风大雨凭吊白居易，更贴近真实的白居易。能听到他情感的狂潮冲撞躯壳的声音。白居易是性情中人。他虽然长眠龙门，可他的情采，情韵，情肠，情泪，情话，永远撼动着我等后辈的心灵。当然，他自己也为情所累，为情所伤。他生活的那个虚伪的官场，人人须戴着假面，感情用事必招致祸端。官场藐视诗人，诗人越是情怀激烈越糟糕，名气越大越容易遭致嫉恨。几千年历史下来，我们不得不承认，历朝历代，嫉妒是国粹，流言是国器，小人的舌头磨成锋利的箭镞，穿透了许多风流才子的胸膛！被流放的屈原抱石沉江；被诽谤的苏东坡锒铛入狱；被陷害的稽康弹罢千古绝响《广陵散》，身首异处……天才们一个接一个在我们眼前悲哀地走向绝地。比起来，白居易是很幸运的，没有遭致灭顶之灾，保了个全尸。

我们不能不提到长安城中那场惊心动魄的政治风雨。那是公元815年6月3日拂晓，天地一片混沌，长安还没睡醒，浓雾在街衢臃塞。宰相武元衡率随从去上早朝，骑马刚走出家宅靖安坊不远，突然有冷箭嗖嗖飞来。几乎与冷箭的速度同步，昏暗中冲出刺客，把马拉住，一刀削下了武元衡的半个头。刺客提着宰相鲜血和脑浆齐迸的半个头。像提着个椰子壳。刺客扬长而去的时候，逃散的随从还没来得及叫出声来。与此同时，当朝御史丞裴度也在上朝的路上，被刺客用暗器击中头颅，坠马渠沟。裴度的随从王义一把抱住了刺客，狂呼“抓刺客”，话音没落，胳膊已被砍断……这场暗杀之迅猛和凶残，足令后世职业杀手自愧弗如。配合暗杀，“谁抓我，我宰了谁”的恫吓信，投遍长安府县衙门。暗杀的缘由是唐宪宗听用武元衡等人之策，讨伐割据的藩镇。拥兵的藩镇恐慌得要命，派遣刺客到两京肇事，纵火，暗杀，挑拨离间。“六三暗杀”震慑朝廷，卿相一时间全傻了，觉得杀机四伏，自身难保，噤若寒蝉。正在没人说话的时候，白居易为臣相惨死的国家奇辱情怀激昂，痛愤呼号，当日中午就上书皇上，奏论“扑贼雪耻”。他根本没想过在他之上的谏官御史说没说话，也不管轮没轮到他这个“赞善大夫”小吏发言，就“出位”上书了。

在卿相们看来，白居易“出位”，比“暗杀”也许更具危险性，更有威胁。白居易，你小子不顾一切"出位"，你高出卿相一头，你争宠邀功，你逞能你狂妄你不守本分你野心勃勃！官场对于白氏"出位"的反应，比对于"六三暗杀"来得快，立即有人提请圣上注意这个不知深浅的小吏，苟活的宰相韦贯之早已对这个"小人物"屡次出位有感觉。同僚们从来都充满了警惕，眼神左右一瞟，就要用妒嫉的眼线勒死人。可是，白居易的激昂陈辞，两日内满城争传，定他的罪过不再找点岔子，难平民心。这种行径，我们都在政治运动中领略过，叫做"凑材料"和"上纲上线"。政治阴谋家并没有多少新伎俩，手段多半历代承袭沿用。

欲加之罪，何患无词?于是，官员们翻腾起了四年前白母的死因。白母陈氏寡居，素有心疾和神经病，曾因忧愤癫狂自杀。因婢女看护疏忽，堕井死亡。白居易最后得到的罪名是：不该再作赏花和新井的诗，"甚伤名教，不应在朝"。上方贬授白居易江州司马，诏令出京，不必等家眷收拾停当，一个人立刻滚蛋。

是年，白居易四十三岁。忧国忧民的诗人，四十岁开始滋生白头发，贬谪这年弄得人不人鬼不鬼的，"面瘦头斑"。到了第二年，一下子就"两鬓半苍苍"，一半的头发白了。白居易离开长安是八月初秋，旱路到襄阳，水路由汉水浮入长江，一路风雨，到江州已经是十月深秋了。

整整一年以后，又是"枫叶荻花秋瑟瑟"的季节，白居易出手了千古绝唱《琵琶行》!

人生命运就是这样让人捉摸不透。平常日子，我们没有办法参透《易经》神秘的昭示，怎么一会儿运交"帝旺"，"火"得不能再"火"；转眼又有一爻是"羊刃"，宰羊的刀子带着冷气奔向了人的脖子。接着，可能又"否极泰来"了。爻辞告诉你，事情糟糕到了头儿，就向好的方面腾挪了。对于白居易来说，江州恰恰是他必经的走向大成功的人生驿站。试想，倘若不是贬谪，北人白居易哪能得到浔阳江头?不到浔阳江头，怎么听得水上琵琶如怨如诉?不听长安故倡的琵琶，心中何由发出"同是天涯沦落人"的感叹?没有这番彻骨透髓的至情的感叹，哪会有《琵琶行》?《琵琶行》就是白居易，白居易就是《琵琶行》。这首空前绝后的叙事诗篇充满了诗人深刻的人生感悟，是他最重要的作品，也是中国文学史上一座巨匠之碑。八十八行诗句，唐代文人与故倡两个阶层的感伤史，一部复调式长篇小说的容量。

我们不妨稍稍回顾一下十年前白居易的状态。那阵子,白居易经皇帝钦选登科,虽官儿是县尉,县团级,可前程无量。第二年就改授翰林学士并喜结良缘。这时候他畅游仙游寺,写下了缠绵绯恻的爱情传奇《长恨歌》,那宛转动人的浪漫品格倾倒天下。这时候他心清气朗。只有白居易已经是悲凉彻骨的白居易了,才有《琵琶行》。他的哀伤与京都故倡的悲怨,

糅在一处,那种情感的穿透力不可抵挡!

宋代《容斋随笔》的作者洪迈猜测,琵琶女子属子虚乌有。他说白居易谪居江州,有多大胆子,敢夜入陌生女子船中,又喝酒,又"极弹丝之乐",大半夜才离开。难道不怕女人的丈夫回来诽谤议论,弄得满城风雨吗?我以为,洪迈根本不懂白居易。一则,白诗人沦落浔阳,知音难觅,听舟中琵琶"有京都声",岂肯放过?二则,唐代法网对此宽大,"纪检"部门对此睁一只眼闭一只眼,但可放心大胆地去听琵琶。三则,闻声情动,此曲只应天上有,管他三七二十一!四则,白诗中有"座中泣下谁最多"的句子,可见"移船相近邀相见"的还有别人,大不必惧怕"瓜田李下"之嫌。说来,那长安故倡,也绝非狂蜂浪蝶。叫人家出来聊聊天儿,也真不容易。白居易执拗地叫了一声又一声,千呼万唤始出来。这种事儿,恐怕也只有情圣白居易干得出来。

多亏白居易情之所至这么干,否则,我们哪里能有一边吟诵得齿颊生香,一边泪流满面的幸福呢?

三

我算是从小学民族音乐的,行里叫"坐科"。在中国音乐学院念书的时候,碰巧我也弄过琵琶,深知用诗句描摹琵琶弹奏的情状太难了,弹得说不得。白居易绝对是一位为诗歌、也为琵琶而生的天才。白居易酷爱音乐,但他学习弹琴,至少是五十岁以后的事。读《琵琶行》,却不能不承认他简直是一个琵琶精怪!"犹抱琵琶半遮面",那种人与琵琶合而为一的情态,十分专业。说到调弦,"转轴拨弦三两声",四弦只调"三两声",而且"未成曲调先有情",到这儿就可知其女的音乐感有多好了。下面,一会儿拢,一会儿撚,一会儿抹,一会儿挑,大弦嘈嘈,小弦切切,冰泉冷咽,四弦裂帛,虽唐代用拨,今人用甲,但白居易却概括了古今琵琶的指法轮、光、分、拂、夹弹、扫弦,还有滑指、揉弦,包括休止

符，全写了个透，比“行家”还要“行家”。

历史老人在冥冥中推出文学巨匠的时候，是极富于节奏感的。他老人家要不断地给后人惊奇与喜悦，在李杜、韩柳之后，适时地推出了天才诗人白居易。关于白诗人成功的遗传因素，我们能够考证的不多。只知道白氏祖居太原，是老西儿，后来迁居河南。白居易排行第二，兄白幼文和弟白行简也都登科做了官，呈人才的链状结构。白居易生时，母亲陈氏18岁，父亲白季庚年44，属中年又得贵子。上苍给了白居易极高的智商与情商，给了他超人的悟性，又安排他获得人生的阅历，剩下的，就看他自己了。白居易幸运地捕捉到了中国优秀文化传统“乐府”为羽翼，才使他有可能在李杜高峰之后，又一飞冲天，翱翔于诗林之上。自然，我们不能苛求白居易成为最大“公约数”，除尽天下人。宋代大诗人苏东坡说过“元轻白俗”。苏轼难于理解白居易快意透骨的诗风，是一孔之见，学术之争。历代诗坛也有不少人以为白居易诗作过多过滥，叶燮说，“其中颓唐俚俗十居六七，若去其六七而有二三，皆卓然名作也”。这话不能说不中肯。白居易倘若一生只写那二三百首名作，写一个响一个，开口就吐“血燕”，张嘴就是天鹅的“绝唱”，当然好，可这样一来，白居易就不是白居易了。他浩繁的诗作，是他的人生历史，是他的自传。站在我们面前的白居易，是一位有情有泪有悲有喜有畅达有坎坷有俊雅也有俚俗的血肉之躯。诗人让人评说，正是诗人的价值和光荣。我所难于理解的是，前些时，报纸上突然出现一个题目《白居易是个大流氓!》这可着实吓了我一大跳。这个题目多少有点儿“大字报”的味道，有点儿像“举报”，像“炮轰”和“火烧”什么的。幸好“组织”上没有内查外调立案侦查，也没有提起诉讼，从这一点上说，白居易的确已经是我们常说的“死老虎”了。著文指控白居易是“大流氓”的，不知何许人也，白居易当然还是白居易，是那个写出《卖炭翁》《赋得古原草送别》《长恨歌》和《琵琶行》的文学大师。

白居易在《与元九书》中，谈过他的诗歌主张：“根情，苗言，花声，实义。”他把真诚炽烈的情感，看成是作诗为文的根由。观其为人为文为诗，确是一个“情”字了得!

他痛惜爱情的诀别长恨，咽泪唱到，“悠悠生死别经年，魂魄不曾来入梦”；

他感喟于“同是天涯沦落人”，顿倾泪雨，“座中泣下谁最多，江州司马青衫湿”；

他悲悯“天宝大征兵”时用石头砸断自己胳膊才得苟活的“新丰折臂翁”，面对88岁的老人，他心上流着泪，听见了“村南村北皆哭声”；

他叹息兄弟离散，天各一方，“共看明月应垂泪，一夜乡心五处同”；

他翻阅老友的诗卷，凄怆悲楚，不仅吟出“相看泪眼情难说，别有伤心事岂知”的诗句，蘸泪写在诗卷的空白处；

他追怀逝去的同庚老友元稹和崔群：“泣罢几回还自念，情来一倍苦相思”；

他正在病中，心爱的白鹤病了。他《病中对病鹤》，泪眼迷离，“但作悲吟和嘹唳，难将俗貌对昂藏”；

他三岁的女儿金銮子死了。他“朝哭心所爱，暮哭心所亲”，直弄得“泣尽双眸昏……”

多少情泪在诗中！

读白居易的诗，为他那至情所撼，是必须多备一块手帕的。诗人首先感动了自己，然后才能感动别人。面对白居易的诗篇，虽千年之隔，也不能不“泪眼相照”。诗人心中存贮的情感，太浓太多太真太切了。他的诗作，在他生活的当代就不胫而走，完全是由于他的情感之舟，张扬着“新乐府”的帆，有所依凭的缘故。几乎可以说，不是白居易找到了诗歌，而是诗歌找到了白居易，找到了情感的活水，才使诗船远航。白居易一路喷发着情感的人生旅程是很悲壮的。他“中朝无缌麻之亲，达官无半面之旧，策蹇步于利足之途，张空拳于战文之场”，全凭真情，真爱，真学养，屹立于诗坛竞争最激烈的唐代，影响穿越时空，撼及二十世纪的今日世界。他自己也有幸看到了世人品尝诗人“诗果”的情形：“自长安抵江西，三四千里，凡乡校佛寺逆旅行舟之中，往往有题仆诗者；士庶僧徒孀妇处女之口，每每有咏仆诗者”。

四

洛阳龙门白居易墓前的土长年不干，恐怕不仅仅是因为后人络绎不绝洒酒祭奠，其中定有白公点点情泪！白居易在他与世长辞之前不久，写过诗篇《不能忘情吟》并序，便是证明。

原来，陪伴白居易晚年的，有一名歌舞俱佳的小女子樊素和一匹叫骆的老马。白公一时心血来潮，想安心学佛并省些经费，让樊素离去，将马卖掉。不料，马刚被牵出门外，竟然回首长嘶。樊素听见凄惨的马嘶声，眼泪夺眶而出，刷刷流下两腮，跪倒不起来，说道："樊素跟您十年，三千六百天了……马可以为您代步，樊素可以唱歌为您下酒，一旦离去，有去无回。樊素将别，其辞也苦，骆马将去，其鸣也哀，人之情，马之情，都是这样，难道只有您无情吗?"樊素声泪俱下。白居易难过得半晌无言，忽然长叹一声，让人把马牵回来，同时接过了樊素手中的酒杯，一饮而尽，快吟数十声，诗句长长短短，如江水出闸，似悬崖跌瀑，一下子吟成二百三十五行诗句。叹曰：

> 噫！予非圣达，不能忘情，又不至于不及情者。事来搅情，情动不可。因自哂，题其篇曰："不能忘情吟"。

白居易在这里让一个"情"字儿弄得死去活来。他原想一咬牙一跺脚辞去樊素，来个"忘情"，却终于为情牵累，一吟两百三十五行诗句。他感叹自己虽然衰老，却并没到乌江边那死到临头的项羽的地步，干嘛在一天之内别了"虞姬"，又别"乌骓马"?想到这儿，多情的白诗人反倒责怪自己不懂感情了。他泪眼朦胧地看着樊素，请樊素再为他唱一曲《杨柳枝》，他来酌酒，愿与樊素同入醉乡……

折腾来，折腾去，白居易还是感念自己年事衰颓，忍痛割舍了樊素。他命樊素走出了家门，心上却时时留连着樊素的影子，一吟三叹道：

> 病共乐天相伴住，春随樊子一时归。

他想象着樊素和春一同回来的婀娜的样子，两眼又湿润了："觞咏罢来宾阁闭，笙歌散后妓房空"……

樊素到底走了。

别离没到两年，诗人溘然长逝……

嗟夫！不能忘情！

嗟夫！情圣，白居易！

简评：洛阳是诗人的最后归宿。在唐代诗人中，白居易应该说是一个清醒的现实主义者，在诗歌领域里推进了《诗经》以来的现实主义传统，在理论和创作上掀起了一个波澜壮阔的现实主义诗歌高潮。“心中为念农桑苦，耳里如闻饥冻声”，多少情泪在诗中！57岁那一年，为远离黑暗的官场，决定在洛阳度过余生。已进入生命幕年的白居易，还深情地记挂着洛阳老百姓的饥苦，“为情所累，为情所伤”。“情圣白居易”，于古，于今，于公，于私，都是当之无愧的。

作家谈读书

提升课堂讲授的文化品位，就是要使课堂讲授成为“文化对话”的过程。文化对话意味着观点的多元性与多样性，意味着文化交往，意味着信息、思想、观点、理论的多种交流，意味着允许思想、观念和世界观的冲突。这就要求教师在备课的过程中，更多地进行文化方面的准备，把握人类文化的流脉，洞悉本学科的文化历程，并结合具体的知识内容，进行文化讲述。要提供多元的文化观点，不断引领学生进行文化的反思和批判，让学生在各种文化事例中感悟和理解知识。此外，还应鼓励学生从文化层面理解课程与教材，与教材进行文化对话。

——李长吉：《提升课堂讲授的文化品位》，《教育研究》2011.10.

精彩的远方

长大，一定要经过一场远行。成熟，一定要经过多次远行。你会看见风景，看见历史，遇上形形色色的人，遇上大大小小的事。你要学会独处，习惯孤独，构造起坚硬的外壳以保护心灵永远柔软。七大洲，五大洋，一张图就能画得下，一生却很难走得完。叶落归根，人之常情。然而，年轻的时候，不能少了“埋骨何须桑梓地”的豪情。远行与际遇，看到世界，懂得故乡；看到他人，了解自己。外面的世界很精彩，让你渐渐学会应对无奈。

雅舍

梁实秋

到四川来，觉得此地人建造房屋最是经济。火烧过的砖，常常用来做柱子，孤零零的砌起四根砖柱，上面盖上一个木头架子，看上去瘦骨嶙嶙，单薄得可怜；但是顶上铺了瓦，四面编了竹篦墙，墙上敷了泥灰，远远的看过去，没有人能说不像是座房子。我现在住的“雅舍”正是这样一座典型的房子。不消说，这房子有砖柱，有竹篦墙，一切特点都应有尽有。讲到住房，我的经验不算少，什么“上支下摘”，“前廊后厦”，“一楼一底”，“三上三下”，“亭子间”，“茆草棚”，“琼楼玉宇”和“摩天大厦”，各式各样，我都尝试过。我不论住在哪里，只要住得稍久，对那房子便发生感情，非不得已我还舍不得搬。这“雅舍”，我初来时仅求其能蔽风雨，并不敢存奢望，现在住了两个多月，我的好感油然而生。虽然我已渐渐感觉它是并不能蔽风雨，因为有窗而无玻璃，风来则洞若凉亭，有瓦而空隙不少，雨来则渗如滴漏。纵然不能蔽风雨，“雅舍”还是自有它的个性。有个性就可爱。

“雅舍”的位置在半山腰，下距马路约有七八十层的土阶。前面是阡陌螺旋的稻田。再远望去是几抹葱翠的远山，旁边有高粱地，有竹林，有水池，有粪坑，后面是荒僻的榛莽未除的土山坡。若说地点荒凉，则月明之夕，或风雨之日，亦常有客到，大抵好友不嫌路远，路远乃见情谊。客来则先爬几十级的土阶，进得屋来仍须上坡，因为屋内地板乃依山势而铺，一面高，一面低，坡度甚大，客来无不惊叹，我则久而安之，每日由书房走到饭厅是上坡，饭后鼓腹而出是下坡，亦不觉有大不便处。

“雅舍”共是六间，我居其二。篦墙不固，门窗不严，故我与邻人彼此均可互通声息。邻人轰饮作乐，咿唔诗章，喁喁细语，以及鼾声，喷嚏声，吮汤声，撕纸声，脱皮鞋声，均随时由门窗户壁的隙处荡漾而来，破我岑寂。入夜则鼠子瞰灯，才一合眼，鼠子便自由行动，或搬核桃在地板上顺坡而下，或吸灯油而推翻烛台，或攀援而上帐顶，或在门框桌脚上磨牙，使得人不得安枕。但是对于鼠子，我很惭愧的承认，我“没有法子”。“没有法子”一语是被外国人常常引用着的，以为这话最足代表中国人的懒惰隐忍的态度。其实我的对付鼠子并不懒惰。窗上糊纸，纸一戳就破；门户关紧，而相鼠有牙，一阵咬便是一个洞洞。试问还有什么法子？洋鬼子住到“雅舍”里，不也是“没有法子”？比鼠子更骚扰的是蚊子。“雅舍”的蚊风之盛，是我前所未见的。“聚蚊成雷”真有其事！每当黄昏时候，满屋里磕头碰脑的全是蚊子，又黑又大，骨骼都像是硬的。在别处蚊子早已肃清的时候，在“雅舍”则格外猖獗，来客偶不留心，则两腿伤处累累隆起如玉蜀黍，但是我仍安之。冬天一到，蚊子自然绝迹，明年夏天——谁知道我还是住在“雅舍”！

“雅舍”最宜月夜——地势较高，得月较先。看山头吐月，红盘乍涌，一霎间，清光四射，天空皎洁，四野无声，微闻犬吠，坐客无不悄然！舍前有两株梨树，等到月升中天，清光从树间筛洒而下，地上阴影斑斓，此时尤为幽绝。直到兴阑人散，归房就寝，月光仍然逼进窗来，助我凄凉。细雨濛濛之际，“雅舍”亦复有趣。推窗展望，俨然米氏章法，若云若雾，一片弥漫。但若大雨滂沱，我就又惶悚不安了，屋顶湿印到处都有，起初如碗大，俄而扩大如盆，继则滴水乃不绝，终乃屋顶灰泥突然崩裂，如奇葩初绽，砉然一声而泥水下注，此刻满室狼藉，抢救无及。此种经验，已数见不鲜。

“雅舍”之陈设，只当得简朴二字，但洒扫拂拭，不使有纤尘。我非显要，故名公巨卿之照片不得入我室；我非牙医，故无博士文凭张挂壁间；我不业理发，故丝织西湖十景以及电影明星之照片亦均不能张我四壁。我有一几一椅一榻，酣睡写诗，均已有着，我亦不复他求。但是陈设虽简，我却喜欢翻新布置。西人常常讥笑妇人喜欢变更桌椅位置，以为这是妇人天性喜变之一征。诬否且不论，我是喜欢改变的。中国旧式家庭，陈设千篇一律，正厅上是一条案，前面一张八仙桌，一边一把靠椅，两旁是两把靠椅夹一只茶几。我以为陈设宜求疏落参差之致，最忌排偶。“雅舍”所有，毫无新奇，但一物一事之安排布置俱不从俗。人入我室，即知此是我室。笠翁《闲情偶寄》之所论，正合我意。

“雅舍”非我所有，我仅是房客之一。但思“天地者万物之逆旅”，人生本来如寄，我住“雅舍”一日，“雅舍”即一日为我所有。即使此一日亦不能算是我有，至少此一日“雅舍”所能给予之苦辣酸甜，我实躬受亲尝。刘克庄词：“客里似家家似寄。”我此时此刻卜居“雅舍”，“雅舍”即似我家。其实似家似寄，我亦分辨不清。

长日无俚，写作自遣，随想随写，不拘篇章，冠以“雅舍小品”四字，以示写作所在，且志因缘。

简评：《雅舍》秉承了中国散文艺术的平淡自然。开始以客观介绍的方式，声色微露，意平情淡。第二段叙雅舍的优劣，优不见喜、劣不见愁，平平叙来。第三自然段，文章生气始见，读者也恍入佳境。第四自然段，才华横溢，古文句法，使句子如珠玑滚动，使人有情动意快之感。第五段又趋于平实。第六段用议论作结。第七段一句收束全文。如袅袅炊烟，散入天际。综观全文，自然中有起伏，平淡中有变化。读其文观其屋，以“雅舍”名之实不敢恭维。“有个性就可爱”，梁翁实秋，这得有多么旷达宽阔的胸怀！

作家谈读书

读一遍未必够，而且大多是不够的，于是读第二遍第三遍。读过几遍之后，若还有地方不明白不了解，就得做翻查参考的功夫。

总之，阅读以了解所读文篇书籍为起码标准。所谓了解，就是明白作者思想情感，不误会，不缺漏，作者表达些什么，就完全领会他那什么。必须做到这一步，才可以进一步加以批评，说他说得对不对，合情理不合情理，值不值得同情或接受。

——叶圣陶：《中学国文学习法》，原载《中学生手册》，开明书店，1948.7.

碧云寺的秋色

钟敬文

这几天，碧云寺的秋意一天天浓起来了。

寺门口石桥下的水声，越来越显得清壮了。晚上风来时，树木的呼啸，自然不是近来才有的，可是，最近这种声响更加来得频繁了，而且声势是那么浩大，活像冲近堤岸的钱塘江的夜潮一样。

最显著的变化，还在那些树木叶子的颜色上。

碧云寺是一个寺院。它里面有不少殿塔、亭坊，有许多形态生动的造像。同时，它又是一个大林子。在那些大小不等的院子里，都有树木或花草。那些树木，种类繁多，其中不少还是活了几百岁的参天老干。寺的附近，那些高地和山岭上，人工种植的和野生的树木也相当繁密。如果登上金刚宝座塔的高台向四周望去，就会觉得这里正是一片久历年代的丛林，而殿堂、牌坊等，不过是点缀在苍翠的林子里的一些建筑物罢了。

我是旧历中秋节那天到搬到寺里来的。那时候山上的气温自然已经比城里的来得低些。可是，在那些繁茂的树丛中，还很少看到黄色的或红色的叶子。

秋色正在怀孕呢。

约略半个月过去了。寺里有些树木渐渐开始在变换着颜色。石塔前的几株柿子树，泉水院前面院子里那些沿着石桥和假山的爬山虎，它们好像先得秋意似的，叶子慢慢地黄的黄，赤的赤了。

可是，从碧云寺的整个景色看来，这不能算是什么大变化。绿色的统治基本上还没有动摇，尽管它已经走近了这种动摇的边沿。

到了近日，情景就突然改变了。黄的、红的、赤的颜色触目都是。而且它来得那么神速，正像我们新中国各方面前进的步子一样。

我模糊的季节感惊醒过来了。

在那些树木里变化最分明的，首先要算爬山虎。碧云寺里，在这个院子，在那个院子，在石山上，在墙壁上……我们都可以看见它那蔓延的枝条和桃形及笔架形的叶子。前些时,这种叶子变了颜色的,还只限于某些院子里。现在,不论这里那里的,都在急速地换上了新装。它们大都由绿变黄,变红,变丹,变赤……我们要找出它整片的绿叶已经不很容易了。

叫我最难忘情的,是罗汉堂前院子里靠北墙的那株缠绕着大槐树的爬山虎。它的年龄自然没有大槐树那么老大,可是,从它粗大的根干看来,也决不是怎样年轻了。它的枝条从槐树的老干上向上爬,到了分杈的地方,那些枝条也分头跟着枝桠爬了上去,一直爬到它们的末梢。它的叶子繁密而又肥大(有些简直大过了我们的手掌),密密地缀满了槐树的那些枝桠。平常的时候,我们没有注意到它跟槐树叶子的差别。因为彼此形态上尽管不同,颜色却是一样的。几天来,可大不同了。槐树的叶子,有一些也渐渐变成黄色,可是,全树还是绿沉沉的。而那株爬山虎的无数叶子,却由绿变黄,变赤。在树干上、树枝上非常鲜明地显出自己的艳丽来。特别是在阳光的照射下,那些深红的、浅红的、金黄的、桔黄的……叶子都闪着亮光,人们从下面向上望去,每片叶子都好像是透明的。它把大槐树也反衬得美丽可爱了。

我每天走过那里,总要抬头望望那些艳丽的叶子,停留好些时刻,才舍得走开。

像这样地显明而急速地变化着颜色的,除了爬山虎,当然还有别的树木。释迦牟尼佛殿前的两株梧桐,弥勒佛殿前的那些高耸的白果树,泉水院前院石桥边的那株黑枣树……它们全都披上了黄袍了。中山纪念堂一株娑罗树的大部分叶子镶了黄边,堂阶下那株沿着老柏上升到高处的凌霄花树,它的许多叶子也都变成咖啡色的了……

碧云寺的附近,特别是右边和后面的山地上,那些柿子树和别的许多树木……我们就近望去,更是丹黄满眼了。

自然,寺内外那些高耸的老柏和松树之类,是比较保守的。尽管有很少的叶子已经变成了刀锈色,可是,它们身上那件墨绿袍子是不肯轻易褪下的。许多槐树的叶子,也改变得不踊跃。但是,不管怎样,现在,碧云寺的景色却成为多彩的了。这里一片黄,那里一片赤……

不像过去那样,到处都只见到青青绿绿的。

这种景象,自然地叫我们想起那春夏之间鲜花盛开的花园来。可是,彩色的秋林,到底有它自己特别的情调和风格。它的美景是豪壮的、庄严的。花园的美不能代替它，也不能概括它。

我们古代的诗人，多喜欢把秋天看作悲伤的季节。“悲秋”，是我们古诗歌传统上一个最常用的名词。引起诗人们伤感的自然现象，当然不是单纯的，草木的变色和零落，却可以说是当中有力的一种，我们知道，过去许多“悲秋”的诗篇或诗句，多半是提到“草木黄落”的景象的。

其实，引起人们的伤感，并不一定是秋天固有的特性。从许多方面看，它倒可以说是叫人感到愉快的一种时辰。在农业经济上，秋天是收成的季节；在气候上，在一般自然景色上，秋天也是很可爱的（这，你只要把它去跟接着来的冬天比一比就得了）。古人所谓“春秋佳日”，决不是没有根据的一句赞语。

我们还是谈谈叶子变色的话吧。

在夏天，草木的叶子都是绿油油的，这固然象征着生长，象征着繁荣。但是，从视角上说，从审美的眼光上说，它到底不免单调些。到了秋天，尤其是到深秋，许多树木的叶子变色了，柿红的、朱红的、金黄的、古铜色的、赭色的，还有那半黄半绿，或半黄半赤的……五颜十色，把山野打扮得像个盛装的姑娘。加以这时节天色是澄明的，气候是清爽的。你想想，它应该怎样唤起人们那种欢快的感情啊！

自然，我们晓得古代诗人所以对秋风感喟，见黄叶伤情，是有一定的社会生活的原因的。在过去的社会里，诗人们或因为同情人民的苦难，或因为叹惜自己阶级的衰败，或因为伤悼个人遭逢的不幸……那种悲哀的心情，往往容易由某些自然现象的感触而发泄出来。加以他们对自然、社会的知识的局限，就更加强了这种情思的表现。他们对于变色或凋零的草木感到悲伤，主要的原因就在这里。

现在，造成过去诗人哀感的那种社会根源，基本上已经不存在了。人们对于事物也有了比较正确的认识能力。今天，我们的诗人，我们的广大人民，都以饱满的精神，健康的思想，参与着雄伟的新社会建设工程。美好的自然景象，对于我们只有激起欢乐的情怀。旧诗词中那种常见的哀愁，跟我们的诗的灵感是缺少缘分的。

就说在古代，也并不是所有的诗人，或诗人们的一切作品，对于那些变了色的叶子都是唉声叹气的。“停车坐爱枫林晚，霜叶红于二月花”（杜牧句），这固然是明白地颂扬红叶的美丽的；“扁舟一棹归何处？家在江南黄叶村”（苏轼句),诗人对于那种江南秋色,不正是带着羡慕的神气吗?此外,如像“红树青山好放船”(吴伟业句)、“半江红树卖鲈鱼”(王士祯句)……这些美丽的诗句,都不是像“满山红叶,尽是离人眼中血”那样饱含着哀伤情调的。大家知道,“现在”跟“过去”是对立的。但是,在历史的长河中,它们又有着一脉相联的源流。因此,即使是生活在旧时代里的诗人,对于某些事物也可以具有一定的正常感情。

我们没有权利判定,过去一切诗人对于红叶和黄叶的美,都必然是色盲的。

我不是什么老北京。可是,凭我这些年来的经验,我敢大胆地说,秋天是北京最可爱的一个季节,尽管我们还嫌它的日子短了些。当这房子里火炉还没生火,气候凉爽可是并不寒冷的时候,观览香山一带(包含碧云寺在内)自然的丰富色彩,正是北京市民和远方游客一种难得的眼福。让古代那些别有怀抱的伤心人,去对叶子叹息或掉泪吧！我们却要在这种红、黄、赤、绿的自然色彩的展览中,做一个纵情的、会心的鉴赏家!

简评:秋色在文中被表现得欢快纵情。通过名胜古迹极力渲染色彩的变化多样,突出的是丰富和艳丽,如同一幅图画,占据中心位置的是一片丛林,是树木叶子的颜色,是多彩的艳丽。其他景物成了陪衬。碧云寺中的主体应是殿堂、金刚座塔,而在文中却成苍翠林子里的点缀。秋天草木凋零、树叶变黄,应是某种伤感的象征,苍松翠柏被人们赞赏,这里,传统的审美观念完全颠倒过来。古人所谓“春秋佳日”和本文在秋的理念上是相通的。

成都的春天

刘大杰

成都天气，热的时候不过热，冷的时候不过冷，水分很多，阴晴不定，宜于养花木，不宜于养人。因此，住在成都的人，气色没有好的，而花木无一不好。在北平江南一带看不见的好梅花，成都有，在外面看不见的四五丈高的玉兰，二三丈高的夹竹桃，成都也有。据外国人说，成都的兰花，在三百种以上。外面把兰花看重得宝贝一样，这里的兰，真是遍地都是，贱得如江南一带的油菜花，三分钱买一大把，你可以插好几瓶。从外面来的朋友，没有一个人不骂成都的天气，但没有一个不爱成都的花木。

成都这城市，有一点京派的风味。栽花种花，对酒品茗，在生活中占了很重要的一部分。一个穷人家住的房子，院子里总有几十株花草，一年四季，不断地开着鲜艳的花。他们都懂得培植，懂得衬贴。一丛小竹的旁面，栽着几树桃，绿梅的旁面衬着红梅，蔷薇的附近，植着橙柑，这种衬贴扶持，显出调和，显出不单调。

成都的春天，恐怕要比北平江南早一月到两月罢。二月半到三月半，是梅花盛开的时候，街头巷尾，院里墙间，无处不是梅花的颜色。绿梅以清淡胜，硃砂以娇艳胜，粉梅则品不高，然在无锡梅园苏州邓尉所看见的，则全是这种粉梅也。“疏影横斜水清浅，暗香浮动月黄昏”，林和靖先生的诗确是做得好，但这里的好梅花，他恐怕还没有见过。碧绿，雪白，粉红，朱红，各种各样的颜色，配合得适宜而又自然，真配得上“香雪海”那三个字。

现在是三月底，梅兰早已谢了，正是海棠玉兰桃杏梨李迎春各种花木争奇斗艳的时候，杨柳早已拖着柔媚的长条，在百花潭浣花溪的水边悠悠地飘动，大的鸟小的鸟，颜色很好看，不知道名字，飞来飞去地唱着歌。薛涛林公园也充满了春意，有老诗人在那里吊古，有青年男女在那里游春。有的在吹箫唱曲，有的在垂钓弹筝，这种情味，比起西湖上的风光，全是两样。

花朝，是成都花会开幕的日子。地点在南门外十二桥边的青羊宫。花会期有一个月。这是一个成都青年男女解放的时候。花会上与上海的浴佛节有点相像，不过成都的是以卖花为主，再辅助着各种游艺与各地的出产。平日我们在街上不容易看到艳妆的妇女，到这时候，成都人倾城而出，买花的，卖花的，看人的，被人看的，磨肩擦背，真是拥挤得不堪。高跟鞋，花裤，桃色的衣裳，卷卷的头发，五光十色，无奇不有，与其说是花会，不如说是成都人展览会。好像是闷居了一年的成都人，都要借这个机会来发泄一下似的，醉的大醉，闹的大闹，最高兴的，还是小孩子，手里抱着风车风筝，口里嚼着糖，唱着回城去，想着古人的"无人不道看花回"的句子，真是最妥当也没有的了。

到百花潭去走走，那情境也极好。对面就是工部草堂，一只有篷顶的渡船，时时预备在那里，你摇一摇手，他就来渡你过去。一潭水清得怪可爱，水浅地方的游鱼，望得清清楚楚，无论你什么时候去，总有一堆人在那里钓鱼，不管有鱼无鱼，他们都能忍耐地坐在那里，谈谈笑笑，总要到黄昏时候，才一群一群地进城。堤边十几株大杨柳，垂着新绿的长条，尖子都拂在水面上，微风过去，在水面上摇动着美丽的波纹。

没有事的时候，你可以到茶馆里去坐一坐。茶馆在成都真是遍地都是，一把竹椅，一张不成样子的木板桌，你可以泡一碗茶（只要三分钱），可以坐一个下午。在那里你可以看到许多平日你看不见的东西。有的卖字画，有的卖图章，有的卖旧衣服。你有时候，可以用最少的钱，买到一些很好的物品。郊外的茶馆，有的临江，有的在花木下面，你坐在那里，喝茶，吃花生米，可以悠悠地欣赏自然，或是读书，或是睡觉，你都很舒服。高起兴来，还可以叫来一两样菜，半斤酒，可以喝得醺醺大醉，坐着车子进城。你所感到的，只是轻松与悠闲，如外面都市中的那种紧张的空气，你会一点也感不到。我时常想，一个人在成都住得太久了，会变成一个懒人，一个得过且过的懒人。

简评：成都的春天内涵是丰富的，有个性的。作者抓住了两个方面：成都的花木；成都的人。比起其他地方，成都的花木：奇、多、好、长、早。处处与其他地方相比，充分显示出成都春天的特色。成都的人天性爱花，爱美，不唯富人才植兰品梅，穷人的院子里也总有几十株花草。一丛小竹旁面栽着几树桃，绿梅旁面衬着红梅，蔷薇的附近植着橙柑，这种衬贴扶持，显出调和，显出不单调。没有人的爱好，成都的花木自然会减色不少。成都春天还有那让人不能忘怀的是遍地的茶馆。

芙蓉城

罗念生

燕京城像一个武士，虽是极尽雄壮与尊严，但不免有几分粗鲁与呆板；芙蓉城像一个文人，说不尽的温文，数不完的雅趣。芙蓉城的地基相传是西王母大发慈悲，用香灰在水面炼成的：城中从来不敲五更，因为敲了便会沉没；不信，掘地三尺便可见水，好像历城一样到处都是水源。这城在一个高原的盆地中央，四周环绕着“蓊郁千山峰”。西望灌县的雪岭犹如在瑞士望阿尔卑斯山的雪影一般光洁。春天来时，山上的积雪融化了，洪水暴发，流到一个极大的堰内；堰边筑着一道长堤，防范这水泛滥。这堤比黄河的堤防还更坚实，还更紧要，特派一员县令治理；倘若疏心一点，那座城池顷刻就会变作汪洋。堰内的水力比起奈阿格拉瀑布的还强：磨成水电，全省可以不烧柴炭。从这堰口分出几十支河流，网状般会萃在岷沱二江，芙蓉城就在这群水的中央。谷雨时节，堤边开放一道水门，让清亮的雪水流下盆地给农家灌溉。这些农田多是方方块块的，有古井田的遗风，也就像我们顶新派诗人底“整齐主义”一样美。这儿的土壤很肥沃，一年计有三次收获；今天割了麦，明天便插秧，眼见黄金换成翡翠。这儿也许冷，但冷的不让结冰；也许吹风，但不准沙石飞扬；也许有尘埃，但不致污秽你的美容；这儿云多，云多是这儿的光彩：“锦屏云起易成霞”，所以南边的邻省叫做“云南”。

“蜀先人肇自人皇”，在很古时代，就有人想到西方的“古天府”；但那时无路可通，“秦开蜀道置金牛”，才辟了一条“金牛道”。后来发现了西方有灵气，“大耳儿”据了芙蓉城南面称尊；至今少城内还遗存一座金銮宝殿，恍惚京师的太和殿一般尊严华丽。不久，又有一位风流皇帝在马嵬驿抛了爱妃，逃到“天回镇”：他望见那儿有一团异氛，忙命太子返旆兴师；自己却跑到芙蓉城乐享天年。如今改朝换代，还有人觉得那儿山川险峻，可攻可守；所以我们的国父戎机不顺时，想进去闭关休养；长胜将军“匹马单刀白帝城”，也逗留在那边疆上，一心想进驻蓉城。

芙蓉城对穿九里半，周绕四十里。从孟昶开端，城上遍植芙蓉，硕美鲜艳。"二十四城芙蓉花，锦官自昔称繁华"。中央有少城，也有一座煤山。西南角石牛寺旁有块"支机石"，高与人齐，略带青紫，相传是织女的布机坠下人间；还有一块尖锐的"天涯石"，生在宝光寺，象征远行人的壮志。城中古迹要数文翁兴学的"石室"，君平算命的卜肆，扬雄的"子云亭"和他钞太玄经的洗墨池。

西郊外可寻访相如的古琴台，在市桥西岸，也就是文君当垆涤器的地方。北门外可望凤凰山，满生着青蔚的梧桐。山旁有驷马桥，相如当日豪语道："不乘高车驷马，不过此桥"。

附近有昭觉寺，寺大僧多，古柏苍翠。明代的"和尚天子"曾在那儿选高僧辅佐诸王，可知名器的隆重了。

东关外有望江楼，不亚于黄鹤楼的举目空旷：前人有半边对字，缺少下联："望江楼，望江流，望江楼上望江流，江楼千古，江流千古"。旁有一口古井，每个名士，每个游人都要取点井水来品尝：因为多才多色的薛涛的香魂潜没在井中，所以这水就香艳名贵了。江上顶好玩是端午的龙舟竞渡：名士，美人，观客，重重叠叠聚在江边；耳听火炮一响，龙舟鸣金击鼓奔向彩舫；忽然一只酒醉的水鸭从舫上飞下，群龙怎样奋勇也擒不住它。江水流到峨嵋山麓，转变黑了，特产一种美味的墨鱼，相传东坡洗砚台染黑了的。

南郊不远就到武侯祠。祠有几抱大的古柏，传说是孔明亲手植的，恍惚像孔林的枯桧。这老柏有些灵怪，不逢盛世，不发青枝。祠内竹林修茂，气象森威；先帝的衣冠坟像一个山头，横斜着楠木几本。正殿上有副扁联："三分割据纡筹策，万古云霄一羽毛"。殿旁古式的草亭里存放着空城计弹用的古弦琴，亭周题满了名句，还记得几字："问先生所弹何调，居然退却十万雄兵"？想司马氏见了，当如何懊恼。到如今依然祭祀隆重，时有过客瞻拜；庙宇重修，正梁是千里外运来的一根"乌木"。

南门口有一道长拱的石桥，很像颐和园的十七洞桥。"万里桥西一草堂"，逆流西上，行过很长的芦花小径，直通"草堂寺"。寺门很古雅，两旁题着："花径不曾缘客扫，蓬门今始为君开"，你见了也必心中荣幸，充满了无边的诗意。石砌上的苔痕，垣墙外的野草，虬干的古梅，清幽的竹径，都是杜公从前的诗料。堂前有一方很深的池塘，塘内养着许多鱼鳖，有的白鲤已长到"丈大丈长"。如果你抛下一块面饼，那些鱼会团起来吞食，嘴皮伸到水面有茶碗样大，吞起东西来"通通"的响。一个暮春晚上，杜公在池畔吟诗未成，忽觉青蛙叫得烦腻，他用朱笔在蛙的头上点了一点，封它到十里外去唤“哥哥”：所以如今草堂寺的青蛙头上有一点红痣。逢到四月十九“浣花节”，你可邀约良朋，泛舟到草堂，摆一台“浣花宴”，醉酒赋诗，极尽雅人雅事。

出寺不远就到百花潭，又叫浣花溪：水涯竹木丛生，天然幽韵；这溪水用来濯锦，格外鲜明，薛涛曾取这水制造十色笺。“百花潭水即沧浪”，后人因爱慕这名句，在溪边的柏林里年年春举办“花朝会”。全省的花卉宝器都送到那儿赛会，远近的人都爱到那儿观赏。城内的戏园，茶社，酒肆，商场，和音乐，武艺，球戏等娱乐都移到花会去。见天有成千成万的游客观花玩景：会场内笑声与管弦合奏，美色与名花斗艳。妇女们更有别样的心事，进青羊宫道院去摸弄青羊，许下求嗣的心愿。你高兴可以到处游玩，有何首乌，有灵芝草，江安的竹器，精巧玲珑，峨眉山的“嵋尖”，清甜适口。倦了，你踏进酒家酌饮几杯，别忘了当垆的美人。醉后，你醺醺的在十里花圃中息芳香，看美色，这艳福几生修到！

芙蓉，你的自然美妙，你的文艺精英，我还不曾描出万一。愿你永葆天真，永葆古趣，多发几片绿叶，多开几朵鲜花；别给楼高车快的文明将你污秽了，芙蓉！

简评：芙蓉城即成都，然文中一字不提成都，处处以芙蓉代之，除了因成都城中遍植芙蓉而有此美称外，可能还源于作者的识见：特有的清雅之气，唯有芙蓉二字才能配得上，道得出。诚如作者所言，本文描绘的一是芙蓉城的自然美妙，二是芙蓉城的文艺精英，二者都离不开清雅。写名城非易事，然本文却能巧妙地化用历史典故、文章诗句，以之强化芙蓉城的芙蓉气质，将一座城写得如清雅脱俗的花，如玉洁冰清的人。

所应有的分子呢?他这样想时,这天他所雕出的微笑,竟成为娼妇的微笑了……

冬天过去,复活节不久就在面前。他的工作呢:各样的笑,都已雕成,而天使的微笑却只留在少女的面上。等到他雕出娼妇的微笑时,他十分沮丧:他看她是一个没有根缘的人,不配从事于这个工作。——寒冷的春晚,他把少女抛在工作室中,无聊地跑到外边去了。少女一人坐在家中,她的微笑并没有敛去。

他半夜回来,醉了的样子像是一个疯人,他把他所雕的一切一件件地毁去,随后他便昏昏地倒在床上。少女不懂得这是什么事情,只觉得这里已经没有她的幸福。她不自主地走出房中,穿过静寂的小巷,她立在赛纳河的一座桥上。

彻夜的歌舞还没有消散,两岸弹着哀凉的琴调。她不知这是什么声音,她一点儿也听不习惯。她想躲避这种声音,又不知向什么地方躲去。她知道,修道院的门是永久地关闭着;她出来时外边有人迎接,她现在回去,里面却不会有人等候。工作室里的雕刻家又那样怕人,她再也不想同他相见,她只看见河里的星影灯光是一片美丽的世界,水不断地流,而它们却动也不动,只在温柔的水中向她眨眼,向她招手,向她微笑。她从没有受过这样的欢迎,她一步步从桥上走到岸边,从岸边走到水中……带着她永久的微笑。

雕刻家一晚的梦境是异样地荒凉。第二天醒来,炉灰早已寒冷。屋中除却毁去的石块木块外,一切的微笑都已不见。

他走到外边穿遍了巴黎的小巷。他明知在这些地方不能寻到她。而他也怕同她见面,但他只是拚命地寻找,在女孩、少妇、娼妓的中间。

复活节的钟声过了,一切都是徒然……

一天他偶然走过市场,见一家商店悬着一副"死面具"。他看着,他不能走开。

店员走过来,说:"先生想买吗?"

他摇了摇头。店员继续着说:

"这是今年初春赛纳河畔溺死的一个无名的少女。因为面貌不改生态,而口角眉目间含着一缕微笑,所以好事的人用蜡注出这副面具。价钱很便宜,比不上那些名人的——"

雕刻家没有等到店员说完,他便很惊慌地向不可知的地方走去了。

这段故事，到这里就算终了。如今那副死面具早已失落，而它的复制却传遍了许多欧洲的城市。带着永久的无边的微笑好像在向我们谈讲着死的三昧。

简评：本文最突出的特点是，文中所弥漫的浓郁而神秘的诗情使它像首凄美的诗。诗的灵魂，是作者对于人类理想追求作出的一个美丽的寓言，这篇寓言认真地告诉我们：人类应该脚踏实地把握住“实在的生”，努力把人间建设成天堂般的人间，这才是人类真正的理想追求。雕刻家的工作象征着人类这一理想追求；少女死于温柔的水中，制成面具到处流传，表达人类觉得自己追求的理想，代代相传，永不破灭。

作家谈读书

因为学堂假定你们不会读书，不肯读书，所以把你们关在课堂，请你们静坐，用“注射”、“贯输”的形式，由教员将知识注射于你们的脑壳里。无如常人头颅都是不透水的，所以知识注射普通不大成功。但是比如依我方法，假定你们是会看书，要看书，由被动式改为发动式的，给你们充分自由看书的机会，这个成效如何呢？

——林语堂：《读书的艺术》，《中学生》1931年第2号.

五月的青岛

老　舍

因为青岛的节气晚，所以樱花照例是在四月下旬才能盛开。樱花一开，青岛的风雾也挡不住草木的生长了。海棠，丁香，桃，梨，苹果，藤萝，杜鹃，都争着开放，墙角路旁也都有了嫩绿的叶儿。五月的岛上，到处花香，一清早便听见卖花声。公园里自然无须说了，小蝴蝶花与桂竹香们在绿草地上用它们的娇艳的颜色结成十字，或绣成几团；那短短的绿树篱上也开着一层白花，似绿枝上挂了一层春雪。就是路上两旁的人家也少不得有些花草；围墙既矮，藤萝往往顺着墙把花穗儿悬在院外，散出一街的香气；那双樱，丁香，都能在墙外看到，双樱的明艳与丁香的素丽，真是足以使人眼明神爽。

山上有了绿色，嫩绿，所以把松柏们比得发黑了一些。谷中不但填满了绿色，而且颇有些野花，有一种似紫荆而色儿略略发蓝的，折来很好插瓶。

青岛的人怎能忘下海呢。不过，说也奇怪，五月的海就仿佛特别的绿，特别的可爱；也许是因为人们心里痛快吧?看一眼路旁的绿叶，再看一眼海，真的，这才明白了什么叫做“春深似海”。绿，鲜绿，浅绿，深绿，黄绿，灰绿，各种的绿色，联接着，交错着，变化着，波动着，一直绿到天边，绿到山脚，绿到渔帆的外边去。风不凉，浪不高，船缓缓的走，燕低低的飞，街上的花香与海上的咸味混到一处，浪漾在空中，水在面前，而绿意无限，可不是，春深似海！要欢喜，要狂歌，要跳入水中去，可是只能默默无言，心好像飞到天边上那将将能看到的小岛上去，一闭眼仿佛还看见一些桃花。人面桃花相映红，必定是在那小岛上。

这时候，遇上风与雾便还须穿上棉衣，可是有一天忽然响晴，夹衣就正合适。但无论怎说吧，人们反正都放了心——不会太冷了，不会。妇女们最先知道这个，早早的就穿出利落的新装，而且决定不再脱下去。海岸上，微风吹动少女们的发与衣，何必再去到电影园中找那有画意的景儿呢！这里是初春浅夏的合响，风里带着春寒，而花草山水又似初夏，意在春而景如夏，姑娘们总先走一步，迎上前去，跟花们竞争一下，女性的伟大几乎不是颓废诗人所能明白的。

人似乎随着花草都复活了，学生们特别的忙：换制服，开运动会，到崂山丹山旅行，服劳役。本地的学生忙，别处的学生也来参观，几个，几十，几百，打着旗子来了，又成着队走开，男的，女的，先生，学生，都累得满头是汗，而仍不住的向那大海丢眼。学生以外，该数小孩最快活，笨重的衣服脱去，可以到公园跑跑了；一冬天不见猴子了，现在又带着花生去喂猴子，看鹿。拾花瓣，在草地上打滚；妈妈说了，过几天还有大红樱桃吃呢！

马车都新油饰过，马虽依然清瘦，而车辆体面了许多，好作一夏天的买卖呀。新油过的马车穿过街心，那专作夏天的生意的咖啡馆，酒馆，旅社，饮冰室，也找来油漆匠，扫去灰尘，油饰一新。油漆匠在交手上忙，路旁也增多了由各处来的舞女。预备呀，忙碌呀，都红着眼等着那避暑的外国战舰与各处的阔人。多咱浴场上有了人影与小艇，生意便比花草还茂盛呀，到那时候，青岛几乎不属于青岛的人了，谁的钱多谁更威风，汽车的眼是不会看山水的。

那么，且让我们自己尽量的欣赏五月的青岛吧！

简评：老舍先生一支生花妙笔把五月的青岛写得诗情画意，生机盎然，最精彩的是那段对青岛五月的大海"绿"的生动描绘，"绿"是春天的颜色，生命的象征，写好绿就写出了五月青岛的生机，让我们感觉到走进了一个花团锦簇、春深似海、生气勃勃的城市，绚丽明媚得让我们想笑、想唱、想跳……五月的青岛是花的海洋、绿的世界。人们在海边尽情地享受着轻风和细浪，海岸上微风中的少女恰似春天里一道移动的风景，孩子们在游玩嬉戏，人们享受着五月的青岛、享受着美好的生活。

我还没有见过长城

惊沙坐飞之二

吴伯箫

朋友,真惭愧,我还没有见过长城。

记得六年故都,我曾划过北海的船,看那里的白塔与荷花;陶然亭赏过秋天的芦荻,冬天的皓雪;天桥,听云里飞,人丛里瞧踢毽子的,说相声的;故宫与天坛,我赞叹过它的壮丽和雄伟;走过长长的西长安街,与夫挤满了旧书及骨董的厂甸;西郊赶过正月十五白云观的庙会,也趁三月春好游过慈禧用海军费建造的颐和园,那里万寿山下有昆明湖,湖畔有铜牛骄蹇。东郊南郊都作过漫游,即无名胜,近畿小馆里也可喝茶,吃满汉饽饽。还有走走就到的东安市场,更是闲下来蹓跶的大好地方。可是,六年,西山温泉我都去过,记得就没去什刹海。为此,离开了故都曾被人嫌弃说"太陋"。说:"什刹海都没逛过,还配称什么老北京!"当时真也闭口无言。有一年发狠,凑巧有缘重返旧京,记得还没有进旅馆的门就雇好了去什刹海的车子。夏天,正赶上那里热闹;地摊子戏,搭台的茶座,直挨着访问了个足够。印象仿佛并不好,心头重负却卸去了。记得第二天,才有空去文津街,进国立图书馆。

朋友,现在想:什刹海不见算什么呢?没去看长城才是遗憾!呵,万里长城!去北平只不过几点钟的火车。

万里长城,孩提时的脑子里就早已印上了它伟大的影子了。读中国古代史,知道战国时候,魏惠王,燕昭王,胡服变俗的赵武灵王,都曾段落地筑过长城,来卫国御胡;秦始皇遣蒙恬斥逐匈奴之后,又因地形,制险塞,从临洮至辽东将长城来了个连络的修筑,延袤万余里;工程的浩大,那不是杨广的运河,西欧的苏伊士所能比拟的。就秦始皇说,他的焚书,坑儒,建阿房,销兵器,千百年后在人的脑子里事迹已经淡了,独独筑长城还铄古灼今鲜亮着。但是,拿始皇来与长城比,那前者却又太渺小不够响了。万里长城!在谁的心上不用大字摆着呢!那是世界人类的标帜。也仿佛中华这四千余年的文明古国有了它才不朽了似的。华夏的象征?虽然不似英国的西敏寺那样神圣,在那里萃聚着若干帝王哲人的魂灵与骸骨,这却是几千万古代华胄血肉的结晶!啊,比拟,希马拉雅山的额非尔士峰或可望望项背罢，若论伟大的话。

曩昔，在骆驼书屋，听主人告诉：有一次趁平绥车，过南口车站，意欲去青龙桥，偶尔站台小立，顺了一目荒旷的山麓望去，遥瞻依地拔天的万里长城，那雄伟的气象，使你不觉要引吭高呼。嵯峨的山巅是蜿蜒千回的城墙，是碉堡，是再上去穹庐似的苍天。山下是乱石，是谷壑，是秋后的蔓草婆娑。西风刷过，那一脉萧萧声响，凄凉里含了悲壮，令人巍然独立，觉得这世间只有自己，却又忘怀了自己。很记得，主人说时，从沙发椅上跳起来，竖起大拇指，蔼然的脸上满罩了青年的光辉，拿破仑般的气度。记得从骆驼书屋出来的归途，披了皎洁的三五月，自己迈的是鸵鸟般的大步。

又一回，一个青年画家的朋友，谈到自己绘画的进步，说几乎像英国拜伦一觉醒来成了加冕的诗人一样，是逛了一次长城，才将笔法放开，心胸也跟着宽阔了的。那谈吐的神情，也简直令人疑惑他生生吞下了一座长城的关口。是呢，听说太史公司马先生周览了名山大川文章才满蕴了磅礴的奇气。江南风物假若可以赋人以清秀的姿容，艳丽的才藻，塞北的山峦与旷野是会给人以结实的体魄，雄厚的灵魂的。啊，长城！

从山海关一路数去，朋友，你知道么？像喜峰口，古北口，像居庸关，雁门关，一个个中原的屏藩要塞，上口真要有霹雳般的响亮呢。一夫当关，万夫莫敌，守得住一处，就可保得几千里疆域。唉，真愿挨门趋访，去问问古迹，温温古名将的手泽，从把守关口的老门丁和城下淳朴的住户那里，听取一点孟姜女的传说，金兀术与忽必烈的史实，但是我还没去，竟然已无缘去了！

朋友，你可想过，在长城北边，那黄河九曲惟富一套的地方，带一帮茁壮的男女，去组织一处村落，疏浚纵横支渠，灌溉田亩，作一番辟草莱斩荆棘的开垦事业么？那里地土最肥，人烟还稀。你想过，在兴安岭的东南阴山山脉的南部那一抹平坦的原野，去借滦河、饮马图河的流水，春夏来丰茂的牧草，来编柳为棚，叠土为壁，于“马圈子”里剔羊毛，养骆驼，榨牛奶么？那工作顶自由，顶洒脱。不然，骑马去吧！古北口的马匹有名哩。凑煦日当头，在平沙无垠的原野里，你尽可纵身于野马群中，跨上一匹为首的骏骥，其余的会跟你呼啸而至的。不要怕那嚎嚎嘶声，那不是示威，应是迎迓的狂欢，你就放胆驰骋奔腾罢，管许将你满怀抑郁吹向天去。“毡幕绕牛羊，敲冰饮酪浆”，那边塞寒冬霏雪凝冰时的生活，你也想尝尝么？住蒙古包，烤全羊，是有它的滋味的。汉王昭君曾戎装乘马抱琵琶出塞而去，文姬归汉，也曾惹得胡人思慕，卷芦叶为吹笳，奏哀怨的十八拍。巾帼中有此矫健，难道你堂堂须眉就只知缩了尾巴向后退么？

唉，说什么，朋友，我还是没有见过长城！在恨着自己，不能像大鹏鸟插翅飞去；在恨着自己，摆不脱蜗牛似的蹊径，和周身无名的链索。投笔从戎倒好，可惜没有班仲升的韬略。景慕张骞，景慕马援，但又无由去出使西域，去马革裹尸。奈何！唫，“匈奴未灭，何以家为！”汉骠骑将军霍去病那才算有骨头！无怪他六出伐匈奴，卒得威震异域。

朋友，我还没有见过长城！但是，长城我是终于要见见的！有朝一日，我们弟兄从梦中醒了，弹一弹身上的懒惰，振一振头脑里的懵懂，预备好，整装出发，我将出马兰峪，去东北的承德，赤峰；出杀虎口，去归绥，白灵庙；从酒泉过嘉峪关，去西安，哈密，吐鲁番。也想，翻回来，再过过天下第一关，去拜拜盛京，问候问候那依旧的中国百姓！

简评：“我还没见过长城”，是难以为文的，但是，本文写得如此婉致深秀而又豪情激越，如此摇曳多姿而又疏密有致，比到过长城的人记城更为别致，更有丰采。起点不写长城，谈起故都六年的游历，从远处拉近是本文的特点之一。活生生的形象烘托，丰富的联想是本文的又一特点，长城的历史，长城对现实人事的伟大作用，有限的艺术天地蕴含了长城的一切雄壮之景、悲凉之情、历史传说和人文地理汇于一炉。

桨声灯影里的秦淮河

朱自清

一九二三年八月的一晚，我和平伯同游秦淮河；平伯是初泛，我是重来了。我们雇了一只“七板子”，在夕阳已去，皎月方来的时候，便下了船。于是桨声汩——汩，我们开始领略那晃荡着蔷薇色的历史的秦淮河的滋味了。

秦淮河里的船，比北京万生园、颐和园的船好，比西湖的船好，比扬州瘦西湖的船也好。这几处的船不是觉着笨，就是觉着简陋，局促，都不能引起乘客们的情韵，如秦淮河的船一样。秦淮河的船约略可分为两种。一是大船，一是小船，就是所谓“七板子”。大船舱口阔大，可容二三十人。里面陈设着字画和光洁的红木家具，桌上一律嵌着冰冷的大理石面。窗格雕镂颇细，使人起柔腻之感。窗格里映着红色蓝色的玻璃；玻璃上有精致的花纹，也颇悦人目。“七板子”规模虽不及大船，但那淡蓝色的栏杆，空敞的舱，也足系人情思。而最出色处却在它的舱前。舱前是甲板上的一部，上面有弧形的顶，两边用疏疏的栏杆支着。里面通常放着两张藤的躺椅。躺下，可以谈天，可以望远，可以顾盼两岸的河房。大船上也有这个，但在小船上更觉清隽罢了。舱前的顶下，一律悬着灯彩；灯的多少，明暗，彩苏的精粗，艳晦，是不一的，但好歹总还你一个灯彩。这灯彩实在是最能勾人的东西。夜幕垂垂地下来时，大小船上都点起灯火。从两重玻璃里映出那辐射着的黄黄的散光，反晕出一片朦胧的烟霭，在黯黯的水波里，又逗起缕缕的明漪。在这薄霭和微漪里，听着那悠然的间歇的桨声，谁能不被引入他的美梦去呢？只愁梦太多了，这些大小船儿如何载得起呀？我们这时模模糊糊的谈着明末的秦淮河的艳迹，如《桃花扇》及《板桥杂记》里所载的。我们真神往了。我们仿佛亲见那时华灯映水，画舫凌波的光景了。于是我们的船便成了历史的重载了。我们终于恍然秦淮河的船所以雅丽过于他处，而又有奇异的吸引力的，实在是许多历史的影象使然了。

秦淮河的水是碧阴阴的，看起来厚而不腻，或者是六朝金粉所凝么？我们初上船的时候，天色还未断黑，那漾漾的柔波是这样恬静，委婉，使我们一面有水阔天空之想，一面又憧憬着纸醉金迷之境了。等到灯火明时，阴阴的变为沉沉了：黯淡的水光，像梦一般；那偶然闪烁着的光芒，就是梦的眼睛了。我们坐在舱前，因了那隆起的顶棚，仿佛总是昂着首向前走着似的；于是飘飘然如御风而行的我们，看着那些自在的湾泊着的船，船里走马灯般的人物，便像是下界一般，迢迢的远了，又像在雾里看花，尽朦朦胧胧的。这时我们已过了利涉桥，望见东关头了。沿路听见断续的歌声：有从沿河的妓楼飘来的，有从河上船里度来的。我们明知那些歌声，只是些因袭的言词，从生涩的歌喉里机械的发出来的；但它们经了夏夜的微风的吹漾和水波的摇拂，袅娜着到我们耳边的时候，已经不单是她们的歌声，而混着微风和河水的密语了。于是我们不得不被牵惹着，震撼着，相与浮沉于这歌声里了。从东关头转湾，不久就到大中桥。大中桥共有三个桥拱，都很阔大，俨然是三座门儿；使我们觉得我们的船和船里的我们，在桥下过去时，真是太无颜色了。桥砖是深褐色，表明它的历史的长久；但都完好无缺，令人太息于古昔工程的坚美。桥上两旁都是木壁的房子，中间应该有街路?这些房子都破旧了，多年烟熏的迹，遮没了当年的美丽。我想象秦淮河的极盛时，在这样宏阔的桥上，特地盖了房子，必然是髹漆得富富丽丽的；晚间必然是灯火通明的，现在却只剩下一片黑沉沉！但是桥上造着房子，毕竟使我们多少可以想见往日的繁华，这也慰情聊胜无了。过了大中桥，便到了灯月交辉，笙歌彻夜的秦淮河，这才是秦淮河的真面目哩。

大中桥外，顿然空阔，和桥内两岸排着密密的人家的景象大异了。一眼望去，疏疏的林，淡淡的月，衬着蔚蓝的天，颇像荒江野渡光景；那边呢，郁丛丛的，阴森森的，又似乎藏着无边的黑暗：令人几乎不信那是繁华的秦淮河了。但是河中眩晕着的灯光，纵横着的画舫，悠扬着的笛韵，夹着那吱吱的胡琴声，终于使我们认识绿如茵陈如酒的秦淮水了。此地天裸露着的多些，故觉夜来的独迟些；从清清的水影里，我们感到的只是薄薄的夜——这正是秦淮河的夜。大中桥外，本来还有一座复成桥，是船夫口中的我们的游踪尽处，或也是秦淮河繁华的尽处了。我的脚曾踏过复成桥的脊，在十三四岁的时候。但是两次游秦淮河，却都不曾见着复成桥的面，明知总在前途的，却常觉得有些虚无缥缈似的。我想，不见倒也好。这时正是盛夏。我们下船后，藉着新生的晚凉和河上的微风，暑气已渐渐消散；到了此地，豁然开朗，身子顿然轻了——习习的清风荏苒在面上、手上、衣上，这便又感到了一缕新凉了。

南京的日光，大概没有杭州猛烈；西湖的夏夜老是热蓬蓬的，水像沸着一般，秦淮河的水却尽是这样冷冷地绿着。任你人影的憧憧，歌声的扰扰，总像隔着一层薄薄的绿纱面幂似的；它尽是这样静静的，冷冷的绿着。我们出了大中桥，走不上半里路，船夫便将船划到一旁，停了桨由它荡着。他以为那里正是繁华的极点，再过去就是荒凉了，所以让我们多多赏鉴一会儿。他自己却静静的蹲着。他是看惯这光景的了，大约只是一个无可无不可。这无可无不可，无论是升的沉的，总之，都比我们高了。

那时河里闹热极了，船大半泊着，小半在水上穿梭似的来往。停泊着的都在近市的那一边，我们的船自然也夹在其中。因为这边略略的挤，便觉得那边十分的疏了。在每一只船从那边过去时，我们能画出它的轻轻的影和曲曲的波，在我们的心上；这显着是空，且显着是静了。那时处处都是歌声和凄厉的胡琴声，圆润的喉咙，确乎是很少的。但那生涩的，尖脆的调子能使人有少年的、粗率不拘的感觉，也正可快我们的意。况且多少隔开些儿听着，因为想象与渴慕的做美，总觉更有滋味；而竞发的喧嚣，抑扬的不齐，远远的杂沓，和乐器的嘈嘈切切，合成另一意味的谐音，也使我们无所适从，如随着大风而走。这实在因为我们的心枯涩久了，变为脆弱，故偶然润泽一下，便疯狂似的不能自主了。但秦淮河确也腻人。即如船里的人面，无论是和我们一堆儿泊着的，无论是从我们眼前过去的，总是模模糊糊的，甚至渺渺茫茫的；任你张圆了眼睛，揩净了眦垢，也是枉然。这真够人想呢。在我们停泊的地方，灯光原是纷然的；不过这些灯光都是黄而有晕的。黄已经不能明了，再加上了晕，便更不成了。灯愈多，晕就愈甚；在繁星般的黄的交错里，秦淮河仿佛笼上了一团光雾。光芒与雾气腾腾的晕着，什么都只剩了轮廓了；所以人面的详细的曲线，便消失于我们的眼底了。

但灯光究竟夺不了那边的月色；灯光是浑的，月色是清的。在浑沌的灯光里，渗入一派清辉，却真是奇迹！那晚月儿已瘦削了两三分。她晚妆才罢，盈盈的上了柳梢头。天是蓝得可爱，仿佛一汪水似的；月儿便更出落得精神了。岸上原有三株两株的垂杨柳，淡淡的影子，在水里摇曳着。它们那柔细的枝条浴着月光，就像一支支美人的臂膊，交互的缠着，挽着；又像是月儿披着的发。而月儿偶尔也从它们的交叉处偷偷窥看我们，大有小姑娘怕羞的样子。

岸上另有几株不知名的老树，光光的立着；在月光里照起来，却又俨然是精神矍铄的老人。

远处——快到天际线了，才有一两片白云，亮得现出异彩，像是美丽的贝壳一般。白云下便是黑黑的一带轮廓；是一条随意画的不规则的曲线。这一段光景，和河中的风味大异了。但灯与月亮能并存着、交融着，使月成了缠绵的月，灯射着渺渺的灵辉，这正是天之所以厚秦淮河，也正是天之所以厚我们了。

这时却遇着了难解的纠纷。秦淮河上原有一种歌妓，是以歌为业的。从前都在茶坊上，唱些大曲之类。每日午后一时起，什么时候止，却忘记了。晚上照样也有一回，也在黄晕的灯光里。我从前过南京时，曾随着朋友去听过两次。因为茶舫里的人脸太多了，觉得不大适意，终于听不出所以然。前年听说歌妓被取缔了，不知怎的，颇涉想了几次——却想不出什么。这次到南京，先到茶舫上去看看，觉得颇是寂寥，令我无端的怅怅了。不料她们却仍在秦淮河里挣扎着，不料她们竟会纠缠到我们，我于是很张皇了，她们也乘着"七板子"，她们总是坐在舱前的。舱前点着石油汽灯，光亮眩人眼目：坐在下面的，自然是纤毫毕见了——引诱客人们的力量，也便在此了。舱里躲着乐工等人，映着汽灯的余辉蠕动；他们是永远不被注意的。每船的歌妓大约都是二人；天色一黑，她们的船就在大中桥外往来不息的兜生意。无论行着的船，泊着的船，都要来兜揽的。这都是我后来推想出来的。那晚不知怎样，忽然轮着我们的船了。我们的船好好的停着，一只歌舫向我们来了，渐渐和我们的船并着了。

烁烁的灯光逼得我们皱起了眉头；我们的风尘色全给它托出来了，这使我踧踖不安了。那时一个伙计跨过船来，拿着摊开的歌折，就近塞向我的手里，说："点几出吧！"他跨过来的时候，我们船上似乎有许多眼光跟着。同时相近的别的船上也似乎有许多眼睛炯炯的向我们船上看着。我真窘了！我也装出大方的样子，向歌妓们瞥了一眼，但究竟是不成的！我勉强将那歌折翻了一翻，却不曾看清了几个字，便赶紧递还那伙计，一面不好意思地说："不要。

我们……不要。"他便塞给平伯，平伯掉转头去，摇手说："不要！"那人还腻着不走。平伯又回过脸来，摇着头道："不要！"于是那人重到我处，我窘着再拒绝了他。他这才有所不屑似的走了。我的心立刻放下，如释了重负一般。我们就开始自由了。

我说我受了道德律的压迫，拒绝了她们，心里似乎很抱歉的。这所谓抱歉，一在对于她们，一面对于我自己。她们于我们虽然没有很奢的希望，但总有些希望的。我们拒绝了她们,无论理由如何充足,却使她们的希望受了伤;这总有几分不做美了。这是我觉得很怅怅的。至于我自己,更有一种不足之感。我这时被四面的歌声诱惑了,降伏了;但是远远的,远远的歌声总仿佛隔着重衣搔痒似的,越搔越搔不着痒处。我于是憧憬着贴耳的妙音了。在歌舫划来时,我的憧憬,变为盼望,我固执的盼望着,有如饥渴,虽然从浅薄的经验里,也能够推知,那贴耳的歌声,将剥去了一切的美妙;但一个平常的人像我的,谁愿凭了理性之力去丑化未来呢?我宁愿自己骗着了。不过我的社会感性是很敏锐的;我的思力能拆穿道德律的西洋镜,而我的感情却终于被它压服着。我于是有所顾忌了,尤其是在众目昭彰的时候。道德律的力,本来是民众赋予的;在民众的面前,自然更显出它的威严了。我这时一面盼望,一面却感到了两重的禁制:一,在通俗的意义上,接近妓者总算一种不正当的行为;二,妓是一种不健全的职业,我们对于她们,应有哀矜勿喜之心,不应赏玩的去听她们的歌。在众目睽睽之下,这两种思想在我心里最为旺盛。她们暂时压倒了我的听歌的盼望,这便成就了我的灰色的拒绝。那时的心实在异常状态中,觉得颇是昏乱。歌舫去了,暂时宁静之后,我的思绪又如潮涌了。两个相反的意思在我心头往复:卖歌和卖淫不同,听歌和狎妓不同,又干道德甚事?——但是,但是,她们既被逼得以歌为业,她们的歌必无艺术味的;况她们的身世,我们究竟该同情的。所以拒绝倒也是正办。但这些意思终于不曾撇开我的听歌的盼望。它力量异常坚强;它总想将别的思绪踏在脚下。从这重重的争斗里,我感到了浓厚的不足之感。这不足之感使我的心盘旋不安,起坐都不安宁了。唉!我承认我是一个自私的人!平伯呢,却与我不同。他引周启明先生的诗,"因为我有妻子,所以我爱一切的女人,因为我有子女,所以我爱一切的孩子。"他的意思可以见了。他因为推及的同情,爱着那些歌妓,并且尊重着她们,所以拒绝了她们。在这种情形下,他自然以为听是对她们的一种侮辱。但他也是想听歌的,虽然不和我一样。所以在他的心中,当然也有一番小小的争斗;争斗的结果,是同情胜了。至于道德律,在他是没有什么的,因为他很有蔑视一切的倾向,民众的力量在他是不大觉着的。这时他的心意的活动比较简单,又比较松弱,故事后还怡然自若;我却不能了。这里平伯又比我高了。

在我们谈话中间,又来了两只歌舫。伙计照前一样的请我们点戏,我们照前一样的拒绝。我受了三次窘,心里的不安更甚了。清艳的夜景也为之减色。船夫大约因为要赶第二趟生意，催着我们回去；我们无可无不可的答应了。我们渐渐和那些晕黄的灯光远了，只有些月色冷清清的随着我们的归舟。我们的船竟没个伴儿，秦淮河的夜正长哩！到大中桥近处，才遇着一只来船。这是一只载妓的板船，黑漆漆的没有一点光。船头上坐着一个妓女；暗里看出，白地小花的衫子，黑的下衣。她手里拉着胡琴，口里唱着青衫的调子。她唱得响亮而圆转；当她的船箭一般驶过去时，余音还袅袅的在我们耳际，使我们倾听而向往。想不到弩末的游踪里，还能领略到这样的清歌！这时船过大中桥了，森森的水影，如黑暗张着巨口，要将我们的船吞了下去。我们回顾那渺渺的黄光，不胜依恋之情；我们感到了寂寞了！这一段地方夜色甚浓，又有两头的灯火招邀着；桥外的灯火不用说了，过了桥另有东关头疏疏的灯火。我们忽然仰头看见依人的素月，不觉深悔归来之早了！走过东关头，有一两只大船湾泊着，又有几只船向我们来着。嚣嚣的一阵歌声人语，仿佛笑我们无伴的孤舟哩。东关头转湾，河上的夜色更浓了；临水的妓楼上，时时从帘缝里射出一线一线的灯光；仿佛黑暗从酣睡里眨了一眨眼。我们默的对着，静听那汩——汩的桨声，几乎要入睡了；朦胧里却温寻着适才的繁华的余味。我那不安的心在静里愈显活跃了！这时我们都有了不足之感，而我的更其浓厚。我们却又不愿回去，于是只能由懊悔而怅惘了。船里便满载着怅惘了。直到利涉桥下，微微嘈杂的人声，才使我豁然一惊；那光景却又不同。右岸的河房里，都大开了窗户，里面亮着晃晃的电灯，电灯的光射到水上，蜿蜒曲折，闪闪不息，正如跳舞着的仙女的臂膊。

我们的船已在她的臂膊里了；如睡在摇篮里一样，倦了的我们便又入梦了。那电灯下的人物，只觉得像蚂蚁一般，更不去萦念。这是最后的梦，可惜的是最短的梦！黑暗重复落在我们面前，我们看见傍岸的空船上一星两星的，枯燥无力又摇摇不定的灯光。我们的梦醒了，我们知道就要上岸了，我们心里充满了幻灭的情思。

写于一九二四年一月二十五日

桨声灯影里的秦淮河

俞平伯

我们消受得秦淮河上的灯影，当圆月犹皎的仲夏之夜。

在茶店里吃了一盘豆腐干丝，两个烧饼之后，以歪歪的脚步踅上夫子庙前停泊着的画舫，就懒洋洋躺到藤椅上去了。好郁蒸的江南，傍晚也还是热的。"快开船罢！"桨声响了。

小的灯舫初次在河中荡漾；于我，情景是颇朦胧，滋味是怪羞涩的。我要错认它作七里的山塘；可是河房里明窗洞启，映着玲珑入画的曲栏干，顿然省得身在何处了。佩弦呢，他已是重来，很应当消释一些迷惘的。但看他太频繁地摇着我的黑纸扇。胖子是这个样怯热的吗？

又早是夕阳西下，河上妆成一抹胭脂的薄媚。是被青溪的姊妹们所薰染的吗？还是匀得她们脸上的残脂呢？寂寂的河水，随双桨打它，终是没言语。密匝匝的绮恨逐老去的年华，已都如蜜饧似的融在流波的心窝里，连呜咽也将嫌它多事，更那里论到哀嘶。心头，宛转的凄怀；口内，徘徊的低唱；留在夜夜的秦淮河上。

在利涉桥边买了一匣烟，荡过东关头，渐荡出大中桥了。船儿悄悄地穿出连环着的三个壮阔的涵洞，青溪夏夜的韶华已如巨幅的画豁然而抖落。哦！凄厉而繁的弦索，颤岔而涩的歌喉，杂着吓哈的笑语声，劈拍的竹牌响，更能把诸楼船上的华灯彩绘，显出火样的鲜明，火样的温煦了。小船儿载着我们，在大船缝里挤着，挨着，抹着走。它忘了自己也是今宵河上的一星灯火。

既踏进所谓"六朝金粉气"的销金锅，谁不笑笑呢！今天的一晚，且默了滔滔的言说，且舒了恻恻的情怀，暂且学着，姑且学着我们平时认为在醉里梦里的他们的憨痴笑语。看！初上的灯儿们一点点掠剪柔腻的波心，梭织地往来，把河水都皴得微明了。纸薄的心旌，我的，尽无休息地跟着它们飘荡，以致于怦怦而内热。这还好说什么的！如此说，诱惑是诚然有的，且于我已留下不易磨灭的印记。至于对榻的那一位先生，自认曾经一度摆脱了纠缠的他，其辩解又在何处？这实在非我所知。

我们，醉不以涩味的酒，以微漾着，轻晕着的夜的风华。不是什么欣悦，不是什么慰藉，只感到一种怪陌生，怪异样的朦胧。朦胧之中似乎胎孕着一个如花的笑——这么淡，那么淡的倩笑。淡到已不可说，已不可拟，且已不可想；但我们终久是眩晕在它离合的神光之下的。我们没法使人信它是有，我们不信它是没有。勉强哲学地说，这或近于佛家的所谓“空”，既不当鲁莽说它是“无”，也不能径直说它是“有”。或者说“有”是有的，只因无可比拟形容那“有”的光景；故从表面看，与“没有”似不生分别。若定要我再说得具体些；譬如东风初劲时，直上高翔的纸鸢，牵线的那人儿自然远得很了，知她是那一家呢?任凭那鸢尾一缕飘绵的彩线，便容易揣知下面的人寰中，必有微红的一双素手，卷起轻绡的广袖，牢担荷小纸鸢儿的命根的。飘翔岂不是东风的力，又岂不是纸鸢的含德；但其根株却将另有所寄。请问，这和纸鸢的省悟与否有何关系?故我们不能认笑是非有，也不能认朦胧即是笑。我们定应当如此说，朦胧里胎孕着一个如花的幻笑，和朦胧又互相混融着的；因它本来是淡极了，淡极了这么一个。

漫题那些纷烦的话，船儿已将泊在灯火的丛中去了。对岸有盏跳动的汽油灯，佩弦便硬说它远不如微黄的灯火。我简直没法和他分证那是非。

时有小小的艇子急忙打桨，向灯影的密流里横冲直撞。冷静孤独的油灯映见黯淡久的画船(?)头上，秦淮河姑娘们的靓妆。茉莉的香，白兰花的香，脂粉的香，纱衣裳的香……微波泛滥出甜的暗香，随着她们那些船儿荡，随着我们这船儿荡，随着大大小小一切的船儿荡。有的互相笑语，有的默然不响，有的衬着胡琴亮着嗓子唱。一个，三两个，五六七个，比肩坐在船头的两旁，也无非多添些淡薄的影儿葬在我们的心上——太过火了，不至于罢，早消失在我们的眼皮上。谁都是这样急忙忙的打着桨，谁都是这样向灯影的密流里冲着撞；又何况久沉沦的她们，又何况飘泊惯的我们俩。当时浅浅的醉，今朝空空的惆怅；老实说，咱们萍泛的绮思不过如此而已，至多也不过如此而已。你且别讲，你且别想！这无非是梦中的电光，这无非是无明的幻相，这无非是以零星的火种微炎在大欲的根苗上。扮戏的咱们，散了场一个样，然而，上场锣，下场锣，天天忙，人人忙。看！吓！载送女郎的艇子才过去，货郎担的小船不是又来了？一盏小煤油灯，一舱的杂物，他也忙得来像手里摇铃，这样叮咚而郎当。

杨枝绿影下有条华灯璀璨的彩舫在那边停泊。我们那船不禁也依傍短柳的腰肢，欹侧地歇了。游客们的大船，歌女们的艇子，靠着。唱的拉着嗓子；听的歪着头，斜着眼，有的甚至于跳过她们的船头。如那时有严重些的声音，必然说："这那里是什么旖旎风光！"咱们真是不知道，只模糊地觉着在秦淮河船上板起方正的脸是怪不好意思的。咱们本是在旅馆里，为什么不早早入睡，掂着牙儿，领略那"卧后清宵细细长"；而偏这样急急忙忙跑到河上来无聊浪荡？

还说那时的话，从杨柳枝的乱鬓里所得的境界，照规矩，外带三分风华的。况且今宵此地，动荡着有灯火的明姿。况且今宵此地，又是圆月欲缺未缺、欲上未上的黄昏时候。叮当的中锣，伊轧的胡琴，沉填的大鼓……弦吹声腾沸遍了三里的秦淮河。喳喳嚷嚷的一片，分不出谁是谁，分不出那儿是那儿，只有整个的繁喧来把我们包填。仿佛都抢着说笑，这儿夜夜尽是如此的，不过初上城的乡下老是第一次呢。真是乡下人，真是第一次。

穿花蝴蝶样的小艇子多到不和我们相干。货郎担式的船，曾以一瓶汽水之故而扰近来，这是真的。至于她们呢，即使偶然灯影相偎而切掠过去，也无非瞧见我们微红的脸罢了，不见得有什么别的。可是，夸口早哩！——来了，竟向我们来了！不但是近，且扰着了。船头扰着，船尾也傍着；这不但是扰着，且并着了。厮并着倒还不很要紧，且有人扑冬地跨上我们的船头了。这岂不大吃一惊！幸而来的不是姑娘们，还好。（她们正冷冰冰地在那船头上。）来人年纪并不大，神气倒怪狡猾，把一扣破烂的手折，摊在我们眼前，让细瞧那些戏目，好好儿点个唱。他说："先生，这是小意思。"诸君，读者，怎么办？

好，自命为超然派的来看榜样！两船挨着，灯光愈皎，见佩弦的脸又红起来了。那时的我是否也这样？这当转问他。（我希望我的镜子不要过于给我下不去。）老是红着脸终久不能打发人家走路的，所以想个法子在当时是很必要。说来也好笑，我的老调是一味的默，或干脆说个"不"，或者摇摇头，摆摆手表示"决不"。如今都已使尽了。佩弦便进了一步，他嫌我的方术太冷漠了，又未必中用，摆脱纠缠的正当道路惟有辩解。好吗！听他说："你不知道？这事我们是不能做的。"这是诸辩解中最简洁，最漂亮的一个，可惜他所说的"不知道？"来人倒真有些"不知道！"辜负了这二十分聪明的反语。他想得有理由，你们为什么不能做这事呢？因为"为什么？"佩弦又有进一层的曲解。那知道更坏事，竟只博得那些船上人的一哂而去。他们平常虽不以聪明名家，但今晚却又怪聪明，如洞彻我们的肺肝一样的。这故事即我情愿讲给诸君听，怕有人未必愿意哩。

"算了罢,就是这样算了罢;"恕我不再写下了,以外的让他自己说。

叙述只是如此,其实那时连翩而来的,我记得至少也有三五次。我们把它们一个一个的打发走路。但走的是走了,来的还正来。我们可以使它们走,我们不能禁止它们来。我们虽不轻被摇撼,但已有一点杌陧了。况且小艇上总载去一半的失望和一半的轻蔑,在桨声里仿佛狠狠地说,"都是呆子,都是吝啬鬼!"还有我们的船家(姑娘们卖个唱,他可以赚几个子的佣金。)眼看她们一个一个的去远了,呆呆的蹲踞着,怪无聊赖似的。碰着了这种外缘,无怒亦无哀,惟有一种情意的紧张,使我们从颓弛中体会出挣扎来。这味道倒许很真切的,只恐怕不易为倦鸦似的人们所喜。

曾游过秦淮河的到底乖些。佩弦告船家:"我们多给你酒钱,把船摇开,别让他们来罗嗦。"自此以后,桨声复响,还我以平静了,我们俩又渐渐无拘无束舒服起来,又滔滔不断地谈谈方才的经过。今儿是算怎么一回事?我们齐声说,欲的胎动无可疑的。正如水见波痕轻婉已极,与未波时究不相类。微醉的我们,洪醉的他们,深浅虽不同,却同为一醉。接着来了第二问,既自认有欲的微炎,为什么艇子来时又羞涩地躲了呢?在这儿,答语参差着。佩弦说他的是一种暗昧的道德意味,我说是一种似较深沉的眷爱。我只背育岂君的几句诗给佩弦听,望他曲喻我的心胸。可恨他今天似乎有些发钝,反而追着问我。

前面已是复成桥。青溪之东,暗碧的树梢上面微耀着一桁的清光。我们的船就缚在枯柳桩边待月。其时河心里晃荡着的,河岸头歇泊着的各式灯船,望去,少说点也有十廿来只。惟不觉繁喧,只添我们以幽甜。虽同是灯船,虽同是秦淮,虽同是我们;却是灯影淡了,河水静了,我们倦了,——况且月儿将上了。灯影里的昏黄,和月下灯影里的昏黄原是不相似的,又何况入倦的眼中所见的昏黄呢,灯光所以映她的浓姿,月华所以洗她的秀骨,以蓬腾的心焰跳舞她的盛年,以饧涩的眼波供养她的迟暮。必如此,才会有圆足的醉,圆足的恋,圆足的颓弛,成熟了我们的心田。

犹未下弦,一丸鹅蛋似的月,被纤柔的云丝们簇拥上了一碧的遥天,冉冉地行来,冷冷地照着秦淮。我们已打桨而徐归了。归途的感念,这一个黄昏里,心和境的交萦互染,其繁密殊超我们的言说。主心主物的哲思,依我外行人看,实在把事情说得太嫌简单,太嫌容易,太嫌分明了。实有的只是浑然之感。就论这一次秦淮夜泛罢,从来处来,从去处去,分析其间的成因自然亦是可能；不过求得圆满足尽的解析，使片段的因子们合拢来代替刹那间所体验的实有，这个我觉得有点不可能，至少于现在的我们是如此的。凡上所叙，请读者们只看作我归来后，回忆中所偶然留下的千百分之一二，微薄的残影。若所谓“当时之感”，我决不敢望诸君能在此中窥得。即我自已虽正在这儿执笔构思，实在也无从重新体验出那时的情景。说老实话，我所有的只是忆。我告诸君的只是忆中的秦淮夜泛。至于说到那“当时之感”，这应当去请教当时的我。而他久飞升了，无所存在。

……

凉月凉风之下，我们背着秦淮河走去，悄默是当然的事了。如回头，河中的繁灯想定是依然。我们却早已走得远，“灯火未阑人散”；佩弦，诸君，我记得这就是在南京四日的酣嬉，将分手时的前夜。

写于一九二三，八，二二，北京

简评：两位五四以来的文学大家以同一题目，同一题材，写出了两篇风格迥异的散文，这在文坛是不多见的。两文的整体框架大体相同，但在描写的细腻上各有不同：朱文“细腻而深秀”；俞文“细腻而委婉”。秦淮河的夜景二位都写得影影绰绰，原因在这不是一条普通的河，六朝繁华，流过悠远的年代——现实折射出历史的沧桑，乃至前者笔下“暗昧的道德意味”、后者笔下“似较深沉的眷爱”，很多事真是欲说还休！

公寓生活记趣

张爱玲

读到“我欲乘风归去，又恐琼楼玉宇，高处不胜寒”的两句词，公寓房子上层的居民多半要感到毛骨悚然。屋子越高越冷。自从煤贵了之后，热水汀早成了纯粹的装饰品，构成浴室的图案美，热水龙头上的H字样自然是不可少的一部分；实际上呢，如果你放冷水而开错了热水龙头，立刻便有一种空洞而凄怆的轰隆轰隆之声从九泉之下发出来，那是公寓里特别复杂、特别多心的热水管系统在那里发脾气了。即使你不去太岁头上动土，那雷神也随时地要显灵。无缘无故，只听见不怀好意的“嗡……”拉长了半晌之后接着“訇訇”两声，活像飞机在顶上盘旋了一会，掷了两枚炸弹。在战时香港吓细了胆子的我，初回上海的时候，每每为之魂飞魄散。若是当初它认真工作的时候，艰辛地将热水运到六层楼上来，便是咕噜两声，也还情有可原。现在可是雷声大，雨点小，难得滴下两滴生锈的黄浆……然而也说不得了，失业的人向来是肝火旺的。

梅雨时节，高房子因为压力过重，地基陷落的原故，门前积水最深。街道上完全干了，我们还得花钱雇黄包车渡过那白茫茫的护城河。雨下得太大的时候，屋子里便闹了水灾。我们轮流抢救，把旧毛巾、麻袋、褥单堵住了窗户缝；障碍物湿濡了，绞干，换上，污水折在脸盆里，脸盆里的水倒在抽水马桶里。忙了两昼夜，手心磨去了一层皮，墙根还是汪着水，糊墙的花纸还是染了斑斑点点的水痕与霉迹子。

风如果不朝这边吹的话，高楼上的雨倒是可爱的。有一天，下了一黄昏的雨，出去的时候忘了关窗户，回来一开门，一房的风声雨味，放眼望出去，是碧蓝的潇潇的夜，远处略有淡灯摇曳，多数的人家还没点灯。

常常觉得不可解，街道上的喧声，六楼上听得分外清楚，仿佛就在耳根底下，正如一个人年纪越高，距离童年渐渐远了，小时的琐屑的回忆反而渐渐亲切明晰起来。

我喜欢听市声。比我较有诗意的人在枕上听松涛，听海啸，我是非得听见电车响才睡得着觉的。在香港山上，只有冬季里，北风彻夜吹着常青树，还有一点电车的韵味。长年住在闹市里的人大约非得出了城之后才知道他离不了一些什么。城里人的思想,背景是条纹布的幔子,淡淡的白条子便是行驰着的电车——平行的,匀净的,声响的河流,汩汩流入下意识里去。

我们的公寓近电车厂邻,可是我始终没弄清楚电车是几点钟回家。"电车回家"这句子仿佛不很合适——大家公认电车为没有灵魂的机械,而"回家"两个字有着无数的情感洋溢的联系。但是你没看见过电车进厂的特殊情形吧?一辆衔接一辆,像排了队的小孩,嘈杂,叫嚣,愉快地打着哑嗓子的铃:"克林,克赖,克赖,克赖!"吵闹之中又带着一点由疲乏而生的驯服,是快上床的孩子,等着母亲来刷洗他们。车里的灯点得雪亮。专做下班的售票员的生意的小贩们曼声兜售着面包。有时候,电车全进了厂了,单剩下一辆,神秘地,像被遗弃了似的,停在街心。从上面望下去,只见它在半夜的月光中袒露着白肚皮。

这里的小贩所卖的吃食没有多少典雅的名色。我们也从来没有缒下篮子去买过东西。(想起《侬本痴情》里的顾兰君了。她用丝袜结了绳子,缚住了纸盒,吊下窗去买汤面。袜子如果不破,也不是丝袜了!在节省物资的现在,这是使人心惊肉跳的奢侈。)也许我们也该试着吊下篮子去。无论如何,听见门口卖臭豆腐干的过来了,便抓起一只碗来,蹬蹬奔下六层楼梯,跟踪前往,在远远的一条街上访到了臭豆府干担子的下落,买到了之后,再乘电梯上来,似乎总有点可笑。

我们的开电梯的是个人物,知书达理,有涵养,对于公寓里每一家的起居他都是一本清账。他不赞成他儿子去做电车售票员——嫌那职业不很上等。再热的天,任凭人家将铃揿得震天响,他也得在汗背心上加一件熨得溜平的纺绸小褂,方肯出现。他拒绝替不修边幅的客人开电梯。他的思想也许缙绅气太重,然而他究竟是个有思想的人。可是他离了自己那间小屋,就踏进了电梯的小屋——只怕这一辈子是跑不出这两间小屋了。电梯上升,人字图案的铜栅栏外面,一重重的黑暗往下移,棕色的黑暗,红棕色的黑暗,黑色的黑暗……衬着交替的黑暗,你看见司机人的花白的头。

没事的时候他在后天井烧个小风炉炒菜烙饼吃。他教我们怎样煮红米饭:烧开了,熄了火,停个十分钟再煮,又松,又透,又不塌皮烂骨,没有筋道。

托他买豆腐浆,交给他一只旧的牛奶瓶。陆续买了两个礼拜,他很简单地报告道:"瓶没有了。"是砸了还是失窃了,也不得而知。再隔了些时,他拿了一只小一号的牛奶瓶装了豆腐浆来，我们问道：“咦？瓶又有了？”他答道：“有了。”新的瓶是赔给我们的呢还是借给我们的，也不得而知。这一类的举动是颇有点社会主义风的。

我们的《新闻报》每天早上他要循例过目一下方才给我们送来。小报他读得更为仔细些，因此要到十一二点钟才轮得到我们看。英文、日文、德文、俄文的报他是不看的，因此大清早便卷成一卷插在人家弯曲的门钮里。

报纸没有人偷，电铃上的钢板却被撬去了。看门的巡警倒有两个，虽不是双生子，一样都是翻领里面竖起了木渣渣的黄脸，短裤与长统袜之间露出木渣渣的黄膝盖；上班的时候，一般都是横在一张藤椅上睡觉，挡住了信箱。每次你去看看信箱的时候总得殷勤地凑到他面颊前面，仿佛要询问：“酒刺好了些吧？”

恐怕只有女人能够充分了解公寓生活的特殊优点：佣人问题不那么严重。生活程度这么高，即使雇得起人，也得准备着受气。在公寓里“居家过日子”是比较简单的事。找个清洁公司每隔两星期来大扫除一下，也就用不着打杂的了。没有佣人，也是人生一快。抛开一切平等的原则不讲，吃饭的时候如果有个还没吃过饭的人立在一边眼睁睁望着，等着为你添饭，虽不至于使人食不下咽，多少有些讨厌。许多身边杂事自有它们的愉快性质。看不到田园里的茄子，到菜场上去看看也好——那么复杂的，油润的紫色；新绿的豌豆，熟艳的辣椒，金黄的面筋，像太阳里的肥皂泡。把菠菜洗过了，倒在油锅里，每每有一两片碎叶子粘在篾篓底上，抖也抖不下来；迎着亮，翠生生的枝叶在竹片编成的方格子上招展着，使人联想到篱上的扁豆花。其实又何必“联想”呢？篾篓子的本身的美不就够了么？我这并不是效忠于国社党，劝诱女人回到厨房去。不劝便罢，若是劝，一样地得劝男人到厨房里去走一遭。当然，家里有厨子而主人不时地下厨房，是会引起厨子最强烈的反感的。这些地方我们得寸步留心，不能太不识眉眼高低。

有时候也感到没有佣人的苦处。米缸里出虫，所以掺了些胡椒在米里——据说米虫不大喜欢那刺激性的气味，淘米之前先得把胡椒抠出来。我捏了一只肥白的肉虫的头当做胡椒，发现了这错误之后，不禁大叫起来，丢下饭锅便走。在香港遇见了蛇，也不过如此罢了。那条蛇我只见到它的上半截，它钻出洞来矗立着，约有二尺来长，我抱了一叠书匆匆忙忙下山来。正和它打了个照面。它静静地望着我，我也静静地望着它，望了半晌，方才哇呀呀叫出声来，翻身便跑。

提起虫豸之类，六楼上苍蝇几乎绝迹，蚊子少许有两个。如果它们富于想象力的话，飞到窗口往下一看，便会晕倒了罢？不幸它们是像英国人一般的淡漠与自足——英国人住在非洲的森林里也照常穿上了燕尾服进晚餐。

公寓是最合理想的逃世的地方。厌倦了大都会的人们往往记挂着和平幽静的乡村，心心念念盼望着有一天能够告老归田，养蜂种菜，享点清福，殊不知在乡下多买半斤腊肉便要引来许多闲言闲语，而在公寓房子的最上层你就是站在窗前换衣服也不妨事！

然而一年一度，日常生活的秘密总得公布一下。夏天家家户户都大敞着门，搬一把藤椅坐在风口里。这边的人在打电话，对过一家的仆欧一面熨衣裳，一面便将电话上的对白译成了德文说给他的小主人听。楼底下有个俄国人在那里响亮地教日文。二楼的那位女太太和贝多芬有着不共戴天的仇恨，一棰十八敲，咬牙切齿打了他一上午；钢琴上倚着一辆脚踏车。不知道哪一家在煨牛肉汤，又有哪一家泡了焦山仙。

人类天生的是爱管闲事。为什么我们不向彼此的私生活里偷偷地看一眼呢，既然被看者没有多大损失而看的人显然得到了片刻的愉悦？凡事牵涉到快乐的授受上，就犯不着斤斤计较了。较量些什么呢？——长的是磨难，短的是人生。

屋顶花园里常常有孩子们溜冰，兴致高的时候，从早到晚在我们头上咕滋咕滋锉过来又锉过去，像瓷器的摩擦，又像睡熟的人在那里磨牙，听得我们一粒粒牙齿在牙龈里发酸如同青石榴的子，剔一剔便会掉下来。隔壁一个异国绅士声势汹汹上楼去干涉。他的太太提醒他道："人家不懂你的话，去也是白去。"他揎拳撸袖道："不要紧，我会使他们懂得的！"隔了几分钟他偃旗息鼓嗒然下来了。上面的孩子年纪都不小了，而且是女性，而且是美丽的。

谈到公德心，我们也不见得比人强。阳台上的灰尘我们直截了当地扫到楼下的阳台上去。"啊，人家栏干上晾着地毯呢——怪不过意的，等他们把地毯收了进去再扫吧！"一念之慈，顶上生出了灿烂圆光。这就是我们的不甚彻底的道德观念。

简评：旷世才女张爱玲的散文显示出超出常人的机俏漂亮，通脱智慧而又文采丰赡，理性、情趣、灵悟自然出之。本文是她居住在上海的高层公寓时种种切身生活感受的自诉，写得有情有味亲切自然。她能超然达观地承受高层公寓的种种缺陷和不便，并饶有兴致地以审美态度去品味个中的酸甜苦辣。行文中艺术感觉的敏锐和想像力的丰富活跃以及运用比喻的精当奇妙，常令人击节赞赏。

作家谈读书

中学国文就是“启导学生思想感情之钥”，使活动于社会生活的情感中，受“潜移默化之功”而不自觉，这和其他社会学科、哲理学科仅属于知识传递者不同。进一步说，社会学科、哲理学科以至其他学科的专精兴趣，也需国文学科在思想情感的生活中间培养它。更进一步说，人类所需的文化是团体生活，团体生活的思想情感的陶冶基础，必于国文学科筑成，因为它有媒介的功能……

——张存拙：《中学国文教材的改进和社会本位文化》，《国文月刊》1948年第74期.

窗

钱钟书

又是春天,窗子可以常开了。春天从窗外进来,人在屋子里坐不住,就从门里出去。不过屋子外的春天太贱了!到处是阳光,不像射破屋里阴深的那样明亮;到处是给太阳晒得懒洋洋的风,不像搅动屋里沉闷的那样有生气。就是鸟语,也似乎琐碎而单薄,需要屋里的寂静来做衬托。我们因此明白,春天是该镶嵌在窗子里看的,好比画配了框子。

同时,我们悟到,门和窗有不同的意义。当然,门是造了让人出进的。但是,窗子有时也可作为进出口用,譬如小偷或小说里私约的情人就喜欢爬窗子。所以窗子和门的根本分别,决不仅是有没有人进来出去。若据赏春一事来看,我们不妨这样说:有了门,我们可以出去;有了窗,我们可以不必出去。窗子打通了大自然和人的隔膜,把风和太阳逗引进来,使屋子里也关着一部分春天,让我们安坐了享受,无需再到外面去找。古代诗人像陶渊明对于窗子的这种精神,颇有会心。《归去来辞》有两句道:“倚南窗以寄傲,审容膝之易安。”不等于说,只要有窗可以凭眺,就是小屋子也住得么?他又说:“夏月虚闲,高卧北窗之下,清风飒至,自谓羲皇上人。”意思是只要窗子透风,小屋子可成极乐世界;他虽然是柴桑人,就近有庐山,也用不着上去避暑。所以,门许我们追求,表示欲望,窗子许我们占领,表示享受。这个分别,不但是住在屋里的人的看法,有时也适用于屋外的来人。一个外来者,打门请进,有所要求,有所询问,他至多是个客人,一切要等主人来决定。反过来说,一个钻窗子进来的人,不管是偷东西还是偷情,早已决心来替你做个暂时的主人,顾不到你的欢迎和拒绝了。缪塞(Musset)在《少女做的是什么梦》那首诗剧里,有句妙语,略谓父亲开了门,请进了物质上的丈夫(materielepoux),但是理想的爱人(ideal),总是从窗子出进的。换句话说,从前门进来的,只是形式上的女婿,虽然经丈人看中,还待博取小姐自己的欢心;要是从后窗进来的,才是女郎们把灵魂肉体完全交托的真正情人。你进前门,先要经门房通知,再要等主人出现,还得寒暄几句,方能说明来意,既费心思,又费时间,那像从后窗进来的直捷痛快?好像学问的捷径，在乎书背后的引得，若从前面正文看起，反见得迂远了。这当然只是在社会常态下的分别，到了战争等变态时期，屋子本身就保不住，还讲什么门和窗！

世界上的屋子全有门，而不开窗的屋子我们还看得到。这指示出窗比门代表更高的人类进化阶段。门是住屋子者的需要，窗多少是一种奢侈，屋子的本意，只像鸟窠兽窟，准备人回来过夜的，把门关上，算是保护。但是墙上开了窗子，收入光明和空气，使我们白天不必到户外去，关了门也可生活。屋子在人生里因此增添了意义，不只是避风雨、过夜的地方，并且有了陈设，挂着书画，是我们从早到晚思想、工作、娱乐、演出人生悲喜剧的场子。门是人的进出口，窗可以说是天的进出口。屋子本是人造了为躲避自然的胁害，而向四垛墙、一个屋顶里，窗引诱了一角天进来，驯服了它，给人利用，好比我们笼络野马，变为家畜一样。从此我们在屋子里就能和自然接触，不必去找光明，换空气，光明和空气会来找到我们。

所以，人对于自然的胜利，窗也是一个。不过，这种胜利，有如女人对于男子的胜利，表面上看来好像是让步——人开了窗让风和日光进来占领，谁知道来占领这个地方的就给这个地方占领去了！我们刚说门是需要，需要是不由人做得主的。譬如饿了就要吃，渴了就要喝。所以，有人敲门，你总得去开，也许是易卜生所说比你下一代的青年想冲进来，也许像德昆西论谋杀后闻打门声所说，光天化日的世界想攻进黑暗罪恶的世界，也许是浪子回家，也许是有人借债（更许是讨债），你愈不知道，怕去开，你愈想知道究竟，愈要去开。甚至每天邮差打门的声音，也使你起了带疑惧的希冀，因为你不知道而又愿知道他带来的是什么消息。

门的开关是由不得你的。但是窗呢?你清早起来，只要把窗幕拉过一边，你就知道窗外有什么东西在招呼着你，是雪，是雾，是雨，还是好太阳，决定要不要开窗子。上面说过窗子算得奢侈品，奢侈品原是在人看情形斟酌增减的。

我常想，窗可以算房屋的眼睛。刘熙译名说："窗，聪也；于内窥外，为聪明也。"正如凯罗（Gottfried Keller）《晚歌》（Abendlied）起句所谓："双瞳如小窗（Fensterlein），佳景收历历。"同样地只说着一半。眼睛是灵魂的窗户，我们看见外界，同时也让人看到了我们的内心；眼睛往往跟着心在转，所以孟子认为相人莫良于眸子，梅特林克戏剧里的情人接吻时不闭眼，可以看见对方有多少吻要从心里上升到嘴边。我们跟戴黑眼镜的人谈话，总觉得捉摸不住他的用意，仿佛他以假面具相对，就是为此。据爱戈门(Eckermann)记一八三〇年四月五日歌德的谈话，歌德恨一切戴眼镜的人，说他们看得清楚他脸上的皱纹，但是他给他们的玻璃片耀得眼花缭乱，看不出他们的心境。窗子许里面人看出去，同时也许外面人看进来，所以在热闹地方住的人要用窗帘子，替他们私生活做个保障。晚上访人，只要看窗里有无灯光，就约略可以猜到主人在不在家，不必打开了门再问，好比不等人开口，从眼睛里看出他的心思。关窗的作用等于闭眼。天地间有许多景象是要闭了眼才看得见的，譬如梦。假使窗外的人声物态太嘈杂了，关了窗好让灵魂自由地去探胜，安静地默想。有时，关窗和闭眼也有连带关系，你觉得窗外的世界不过尔尔，并不能给与你什么满足，你想回到故乡，你要看见跟你分离的亲友，你只有睡觉，闭了眼向梦里寻去，于是你起来先关了窗。因为只是春天，还留着残冷，窗子也不能镇天镇夜不关的。

简评：本文是一篇典型的随笔。奇情异想，层递迭出，恰如一段充满不和谐变奏的随想曲，不求某个“中心”或“主题”，而在思绪的散步中引人遐想，省察，体悟一番，全篇文字充满了活泼的张力。尤其是关于窗的比喻真是令人拍案叫绝！我们常说，眼睛是心灵的窗户，本文旁征博引的阐释不唯让人心悦诚服，更使人思考。不过，为阅读的方便，是否可以这样说：“窗”的意象对应于“门”，“门”大致上代表了人的基本物质生存条件，“窗”象征了人的文化与精神的需求。比如“门”供人们日常出入，“窗”则可以观景赏月，遥知外面的世界。正好对应了人的精神世界的复杂。

天目山中笔记

徐志摩

佛于大众中说我当作佛闻如是法音疑悔悉已除初闻佛所说心中大惊疑将非魔作佛恼乱我心耶——莲华经譬喻品山中不定是清静。庙宇在参天的大木中间藏着,早晚间有的是风,松有松声,竹有竹韵,鸣的禽,叫的虫子,阁上的大钟,殿上的木鱼,庙身的左边右边都安着接泉水的粗毛竹管,这就是天然的笙箫,时缓时急的参和着天空地上种种的鸣籁。静是不静的,但山中的声响,不论是泥土里的蚯蚓叫或是轿夫们深夜里"唱宝"的异调,自有一种各别处:它来得纯粹,来得清亮,来得透彻,冰水似的沁入你的脾肺;正如你在泉水里洗濯过后觉得清白些,这些山籁,虽则一样是音响,也分明有洗净的功能。

夜间这些清籁摇着你入梦,清早上你也从这些清籁的怀抱中苏醒。

山居是福,山上有楼住更是修得来的。我们的楼窗开处是一片蓊葱的林海;林海外更有云海!日的光,月的光,星的光,全是你的。从这三尺方的窗户你接受自然的变幻;从这三尺方的窗户你散放你情感的变幻。自在,满足。

今早梦回时睁眼见满帐的霞光。鸟雀们在赞美;我也加入一份。它们的是清越的歌唱,我的是潜深一度的沉默。

钟楼中飞下一声宏钟,空山在音波的磅礴中震荡。这一声钟激起了我的思潮。不,潮字太夸;说思流罢。耶教人说阿门,印度教人说"欧姆""o——m",与这种声的嗡嗡,同是从撮口外摄到阖口内包的一个无限的波动:分明是外扩,却又是内潜;一切在它的周缘,却又在它的中心:同时是皮又是核,是轴亦复是廓。这伟大奥妙的"om"使人感到动,又感到静;从静中见动,又从动中见静。从安住到飞翔,又从飞翔回复安住;从实在境界超入妙空,又从妙空化生实在:——"闻佛柔软音,深远甚微妙。"

多奇异的力量!多奥妙的启示!包容一切冲突性的现象,扩大霎那间的视域,这单纯的音响,于我是一种智灵的洗净。花开,花落,天外的流星与田畦间的飞萤,上绾云天的青松,下临绝海的巉岩,男女的爱,珠宝的光,火山的溶液:一婴儿在它的摇篮中安眠。

这山上的钟声是昼夜不间歇的，平均五分钟时一次。打钟的和尚独自在钟头上住着，据说他已经不间歇的打了十一年钟，他的心愿是打到他不能动弹的那天。钟楼上供着菩萨，打钟人在大钟的一边安着他的“座”，他每晚是坐着安神的，一只手挽着钟槌的一头，从长期的习惯，不叫睡眠耽误他的职司。“这和尚，”我自忖，“一定是有道理的！和尚是没道理的多：方才那知客僧想把七窍蒙充六根，怎么算总多了一个鼻孔或是耳孔；那方丈师的谈吐里不少某督军与某省长的点缀；那管半山亭的和尚更是贪嗔的化身，无端摔破了两个无辜的茶碗。但这打钟和尚，他一定不是庸流不能不去看看！”他的年岁在五十开外，出家有二十几年，这钟楼，不错，是他管的，这钟是他打的（说着他就过去撞了一下），他每晚，也不错，是坐着安神的，但此外，可怜，我的俗眼竟看不出什么异样。他拂拭着神龛，神坐，拜垫，换上香烛，掇一盂水，洗一把青菜，捻一把米，擦干了手接受香客的布施，又转身去撞一声钟。他脸上看不出修地的清癯，却没有失眠的倦态，倒是满满的不时有笑容的展露；念什么经；不，就念阿弥陀佛，他竟许是不认识字的。“那一带是什么山，叫什么，和尚？”“这里是天目山，”他说。“我知道，我说的是那一带的，”我手点着问。“我不知道，”他回答。

山上另有一个和尚，他住在更上去昭明太子读书台的旧址，盖着几间屋，供着佛像，也归庙管的，叫作茅棚。但这不比得普渡山上的真茅棚，那看了怕人的，坐着或是偎着修行的和尚没一个不是鹄形鸠面，鬼似的东西。他们不开口的多，你爱布施什么就放在他眼前的篓子或是盘子里，他们怎么也不睁眼，不出声，随你给的是金条或是铁条。人说得更奇了。有的半年没有吃过东西，不曾挪过窝，可还是没有死，就这冥冥的坐着。他们大约离成佛不远了，单看他们的脸色，就比石片泥土不差什么，一样这黑刺刺，死僵僵的。“内中有几个，”香客们说，“已经成了活佛，我们的祖母早三十年来就看见他们这样坐着的！”

但天目山的茅棚以及茅棚里的和尚，却没有那样的浪漫出奇。茅棚是尽够蔽风雨的屋子，修道的也是活鲜鲜的人，虽则他并不因此减却他给我们的趣味。他是一个高身材，黑面目，行动迟缓的中年人；他出家将近十年，三年前坐过禅关，现在这山上茅棚里来修行；他在俗家时是个商人，家中有父母兄弟姊妹，也许还有自身的妻子；他不曾明说他中年出家的缘由，他只说“俗业太重了，还是出家从佛的好。”但从他沉着的语音与持重的神态中可以觉出他不仅是曾经在人事上受过磨折，并且是在思想上能分清黑白的人。他的口，他的眼，都泄漏着他内里强自抑制，魔与佛交斗的痕迹；说他是放过火杀过人的忏悔者，可信；说他是个回头的浪子，也可信。他不比那钟楼上人的不着颜色，不露曲折：他分明是色的世界里逃来的一个囚犯。三年的禅关，三年的草棚，还不曾压倒，不曾灭净，他肉身的烈火。“俗业太重了，不如出家从佛的好”；这话里岂不颤栗着一往忏悔的深心？我觉得好奇；我怎么能得知他深夜趺坐时意念的究竟？

佛于大众中说我当作佛闻如是法音
疑悔悉已除初闻佛所说心中大惊疑
将非魔作佛恼乱我心耶

但这也许看太奥了。我们承受西洋人生观洗礼的，容易把做人看太积极，入世的要求太猛烈，太不肯退让，把住这热虎虎的一个身子一个心放进生活的轧床去，不叫他留存半点汁水回去；非到山穷水尽的时候，决不肯认输，退后，收下旗帜；并且即使承认了绝望的表示，他往往直接向生存本体的取决，不来半不阑珊的收回了步子向后退：宁可自杀，干脆的生命的断绝，不来出家，那是生命的否认。不错，西洋人也有出家做和尚做尼姑的，例如亚佩腊与爱洛绮丝，但在他们是情感方面的转变，原来对人的爱移作对上帝的爱，这知感的自体与它的活动依旧不含糊的在着；在东方人，这出家是求情感的消灭，皈依佛法或道法，目的在自我一切痕迹的解脱。再说，这出家或出世的观念的老家，是印度不是中国，是跟着佛教来的；印度可以会发生这类思想，学者们自有种种哲理上乃至物理上的解释，也尽有趣味的。中国何以能容留这类思想，并且在实际上出家做尼僧的今天不比以前少，（我新近一个朋友差一点做了小和尚！）这问题正值得研究，因为这分明不仅仅是个知识乃至意识的浅深问题，也许这情形尽有极有趣味的解释的可能，我见闻浅，不知道我们的学者怎样想法，我愿意领教。

简评：本文有一个耐人寻味的地方：它被有意地分成了三节。第一节主要写天目山中有景物，尤其是各种声响；第二、三节分别写了两个和尚。这种景物和人事的判然分离，显得有点不协调，尤其是第一节，似乎是很孤立地放在那里的，但细读起来则会发现，这三节其实是三种不同的佛境的表现："我"倾听各种声音达到对佛教的理解；和尚的生活方式是无知却又是大智；和尚体现了一种苦修。三种佛境传达了徐志摩思想感情的独特状态。

作家谈读书

一谈到"欣赏"，就容易发生一种错误，那就是"不求甚解"。在中学生，虽然是白话文了，文艺欣赏也并不能说是一件多么容易的事。欣赏的快乐须通过种种功夫才能获得。……至于其中有些字还不能认得准确，文章的内容尚不能有一个大致的轮廓，这样，在读的时候也许有动心处，有领会处，然而时过境迁，便不再发生作用，对于生活，对于作文，都没有什么帮助。这样随便看，随便念的办法，只能算是消遣，不能算是欣赏。

——李广田：《论中学国文教材应以文艺性的语体文为主》，《国文月刊》第31、32期.

威尼斯的水和“水”

刘思慕

威尼斯——于我有一点引入神秘的想像的魔力。浪漫的故事，中世的情调，商人王国的豪华，满载着东方的珍宝和奇谈归来的海客，尤其是那里的水，——把这中古的城市包围，穿插，激溅，翻涌，淹没的水，和水上的万千的巨舴和游船。

不知在什么时候，我看见了一幅威尼斯城的画片或照片，我悠然神往。从国外回来的朋友说起威尼斯的风物——烟水，桥和游艇，我听着像听海客谈海上的神山那样。往古诗歌所歌咏，笔记所渲染，尤其是《桃花扇》所记叙的秦淮河的景物，是我童年所憧憬的画图之一。临河的旧家亭苑，傍岸的画舫，虹样的桥头，那是幽期密约的所在地，那是产生缠绵悱恻的情歌的摇篮。威尼斯与秦淮当无二致。想像月明之夜，烟波微茫，天水一色，双桨拨水作声，隐闻情侣的谑笑和间作的微叹，更或送来数声竖琴的琤琮哀响，与海潮的呜咽和海浪的澌溅相和，滨海的威尼斯似乎又比秦淮多致了。

我又想，或者也有这样一夜吧！月黑，风一丝儿也不动，怪异古式的海船在舣待着，废圮的旧宅，呆跨着的无数的桥，船身和修长的船桅，这一切的灰黑的影，倒在黝黑的柔弱的河水上，没有激溅，没有荡漾。死一样的静，绝对的静……

潜伏在下意识中未能免俗的宿命论的模糊的见解，见着这种想象的材料的滋养，便常演成幽奇的梦。河幻作忘河了，那奇异的船仿佛就是命运的船——载到冥土去的船。沉重，静默，压罩着一切。我曾企图以诗的词句描写这种梦幻，人生的黑影，但是我失败了，梦幻和黑影也不是诗所能把捉模拟的吧！

秦淮河的巡礼，给我的只是幻想底破灭，濒于干涸的龌龊灰绿的河水，破旧的船艇，连可以歌咏流连的旧痕，也使人辨不出来，更说不到供我想象的驰骋了。威尼斯，我希望，总能给以异样的印象吧！

从维也纳到威尼斯去，不过是十二个钟头的路程。火车抵站刚到午饭时候。我心里盘算，假如约过接车的朋友爽约的话，我便雇一部汽车跑到他住的旅馆访他。然而我的朋友早已在站里候我，更有出人意外的，就是他告诉我这里只靠船只来往，此外便是步行，车呢，不论汽车或马车连影儿也看不见。这句话，一出车站栅门便证实了，别的大城市的车水马龙的喧闹，这里是见不着的，车站位在河边，站旁就是来往威尼斯各地的小轮船的渡头。我们坐上小轮先到朋友住的旅馆去。船在一条颇阔的运河中行，河外就是阿得里亚海。河中有小汽船、摩托艇、小艇，梭一般穿插着。小艇蜿蜒作龙形，尾端，向上跷起，平时是一个人用橹摇的。这种饶有中古意味的游艇大抵是意大利特有的吧。运河的两旁多半是富家的邸宅别墅，墙宇虽多已颜色剥落，然画栋珠帘的豪华的规模，还没有失去多少。每家都有门临河，门前多停着房主人自备的小摩托艇或游艇。每隔数丈便有支运河，水道像网一样纵横穿插着。从每一运河望过去，便看见无数形状参差的桥跨着，我们坐的小船阅三数分钟便站一站，时而此岸，时而彼岸。我想，大运河之于威尼斯正如大马路之于其他城市那样，而渡客的小火轮就是其他城市的电车了。时见有青年的妇人站在门口的阶石上柔声唤舟，一橹摇来，便把妇人载去，妇人坐在船后的靠椅上，开卷浏览，泰然自若。

我原也是生长在多水的地方，江南的云水之乡也曾着过我的足迹。然而那里的水和水上的风物总是那样的单调，清淡，比起威尼斯的千态万状来，真有点像写意的中国山水画与西洋油画的差别那样。

船行二十分钟，便到了我想下宿的旅馆前面。旅馆位在运河口的海边三层的建筑，房舍已有点陈旧了，但设备倒还齐整，我把行李安顿之后，饱餐了一顿甘脆可口的午膳，喝了几杯朋友特为我预备的醇旧的红葡萄酒，便再趁小火轮到离威尼斯城不远的里多(Lido)岛去。

里多是威尼斯城附近的一个有名的避暑的小岛，那里有海水浴场及许多娱乐场所。我们往游的时候已是深秋天气，游人已是星散了。街道幽静得很，沿途的咖啡店和酒馆静悄悄的，美术品和装饰品店没有一个主顾，女售货员在门前悠闲地张望着。我们拣了一个近海的大咖啡馆进去歇歇。

咖啡店是由三间高敞的厅堂构成，外头还有一个宽大的廊，可以眺海，恰成一个凸字形。门窗的玻璃明净如雪，天花板和墙粉作浅蓝色，图案是中古的底子而现代化了。帘帷桌椅还是夏天的陈设。顾客不过二三十人，散坐在大堂的角隅，正如晨星之点缀着蔚蓝的天空那样。堂的中央是音乐队的所在，乐师三人，而掌管的是钢琴，提琴和大提琴的弹奏。每隔数分钟，他们便懒洋洋地奏起来。我们各叫了一壶咖啡，味道倒还不恶。坐在舒服的藤做的沙发上，我们悠然漫谈着意大利的风景。一会来了三数十个的瑞士旅行团，围着一长桌子坐着，侍役开始奔走张罗了，屋子顿形热闹，音乐师的弹奏似乎也有点起劲。但是大的厅堂还是空去十分之七八，季节的阑珊仍不能掩盖。

我们来的时候，天已是阴阴的，我们坐不到半个钟头，天便下起丝丝细雨来。我们跑到前廊眺望着。灰色的雨云从远远地平线上浮过来，刹那间，海中的万千的船艇，岛中的楼宇，历历在望的威尼斯城，城中的马古斯寺，国家画廓，一切都浸在微茫灰白的烟雨中了。我曾在北平的西山上的破屋中眺过雨，还留在脑子里的印象是龙奔似的白云，如洗的山容，在风中猛摇曳着的枣树，和瀑布似的向下冲流的雨潦。我独游明兴城（德国）的斯丹堡湖（Sternberger Sea）的时候，在半道也遇着雨，我便在道旁的亭子上等待到雨晴。湖光山色和沿湖的树木给雨沐浴过之后，格外的娇柔鲜妍，像初抹色的图画那样。西山上的雨多少带一点狂暴，湖上的雨遗留给我的印象虽有点与这次在“水国”所遇的相仿佛，然总没有那样的融和伟大，气象万千。说句笑话：湖上的雨不过是小家碧玉，浣纱西子，而“水国”中的雨却是仪态万方的Cleoatra了。

从里多岛回到威尼斯城，雨已住了，天还没有黑，我们便到大街上走去。先跑到威尼斯城最有名的马古斯（Marcus）寺的广场去。广场上有一了望全城的高塔，塔上和广场中飞着走着千百的鸽子。广场上的游客人不少，鸽子见了人来也不惊飞。马古斯教堂是以嵌镶图画（Mosaic）著名。那里的神像，寺顶的图案绘画都是由彩色的石嵌镶而成，虽是经过悠久的年代，但还是那样的闪着辉煌的金碧，斑斓的五色。在幽暗的光线之下，越使人感到神秘而谐和的色香。中古威尼斯王国的黄金时代，可以从这些嵌镶细工窥见一斑。我尝鉴赏过巴黎的圣母寺（NotreDame）的彩色的画玻璃，我曾游过波特斯达姆（Potsdam）（柏林附近）的贝宫，那都是帝王和寺院可以傲百世的伟大的艺术品，然鬼斧神工，终比马古斯寺逊一筹吧！

沿着广场的前面和右侧，开设着光怪陆离的美术品的商店。出了广场便是威尼斯城最热闹的街市。街道是窄窄的，商店密密地排着，行不了数步，便须拐弯，便须过桥，水不断在望。我们从马古斯寺出来的时候，已是黄昏，华灯初上，街上的行人渐多起来。因为街道狭窄，而没有车马的缘故，格外见得拥挤。

当我还在维也纳的时候,先我一月归国的朋友已有信来,艳称威尼斯的女人之美。我这回在渡客的小轮上和里多岛上已发见了一些美好的脸庞。在热闹街市走的时候,我留心张望着,更觉得似乎女人多过男人,而且女子中十居八九是带着青春和美貌。丑恶倒成为例外了。修长合度而轻盈的身材,丰满而微长的脸孔,白而带淡褐的颜色,深棕或黄色的头发,秀长的眉峰下,薄薄的眼皮包着灰蓝的双眸,清亮而不流于尖锐,柔软而不失诸佻薄的语音。这一切是我所见的威尼斯女人底型,但这绝不能尽她们之美,更不是说她们的美是那样的整齐一致。她们没有施浓厚的脂粉,也没有着意穿戴。她们的美在于她们的体态的匀称,在于她们的富于表情的眉眼,浅笑,和活泼而又温柔的步武。那是天然的美,谐和的美,动的美,海的美,——据说巴黎以女人艳称于世,我曾在巴黎逗留了三四天,那里的女人没有给我什么印象。从德国跑到维也纳去的头几天,我便觉得,连站在街边的卖淫妇也比德国的高明,但奥京的女人比起威尼斯来却失之浓艳了。匈牙利京城三日之游,使我至今还感到鞑靼(Magyr)女人的黝深的双眸的魔摄。但是,匈牙利女人底美是草原的美,终究欠点温柔,欠点流动,欠点含蓄。苏州的女人,似乎与威尼斯的女人有点近了。然而不是太过轻软便是带了病态。究竟不能并为一谈。《红楼梦》说,女人是水做的。"水国"的水不凡,"水"当然也不凡了吧!

我一路在人丛中左顾右盼地慢慢走着,我在欣赏,我在赞美——这女人的乐园呵!连两旁的商店也大半是为女人而设,不是卖女人的项链,便是陈列着女人用的手袋,手袋上的图案,多半是威尼斯的风景——桥,游艇,和水。

我们回到旅馆吃晚饭的时候,餐室里已坐了七八个客人。就中有两个从德国来的希特勒女信徒,一个上了三十岁的白俄女人和两个从意大利乡下来的母女。德国女人是很年青的,但那股粗劲,教人不生什么美感。白俄女人,在浓淡得宜的装扮之下,益之以两个笑涡和流动的双眸,使人相对忘了她已是过时的花朵,但是没骨般的柔媚,不能诉动人们以较高尚的情绪。那意大利女郎,也有廿四五岁了,相貌倒还华贵秀艳,但端庄中失之凝重,与威尼斯底型终有不同。我是不相信地理决定论的人,但这回竟有点迷惑了。水,真个做成威尼斯女人的美吗?

晚上我们跑到小歌剧场去。我曾听过德奥匈的有名的小歌剧,意大利的演奏也没有什么特别使我怀念的地方。但是威尼斯女人的声音之美，我更充分领略了。意大利的字尾全为母音，与日本语相似，声调比法语低沉，男子说起来不很好听，但女子较高的声带说起来，便有抑扬，像东京女子之说日本话那样，有音乐的意味。

剧终人散，已是夜半，我们带着微雨，踏过一道又一道的桥，回到旅馆。翌晨雨转大了，我们因船期所限，冒着风雨，乘小火轮到大船停泊的地方去。

别了，威尼斯！在风雨中别了！我在威城只过了一宿，也没有作过幽奇的梦；我只走马看花般匆匆把威城看了几眼，连有名的游艇我也没有坐过，更谈不到浪漫的艳遇了。但是，威尼斯之游没有使我失望，而且我还有意外的收获，那便是水以外的"水"之瞻礼。然而水的美只有音乐可能描摹一二，"水"底美之赞颂恐怕更在音乐的能力以外，遑论文字。但是，我这篇不伦不类的东西，终不免唐突之诮了！

简评：标题有些费解，读了文章的第四部分方才明白，"水"指的是威尼斯美丽的女人。这使人想到《红楼梦》里关于"女儿是水做的"说法。通过比较衬托，让人感到威尼斯女人的美。可以借用宋玉的说法："增之一分则太长，减之一分则太短，傅粉则太白，施朱则太赤"。威尼斯的水不仅如秦淮河一般的缠绵，又有着海的宏阔的气魄，故威尼斯女人的美是"天然的美，谐和的美，动的美，海的美"一句最为传神。

作家谈读书

阅读当然越快越好，可以经济时间，但是得以了解为先决条件。糊里糊涂读得快，不如通体了解而读得慢。练习的步骤该是先求其无不了解，然后求其尽量地快。出声读须运动口腔喉舌，总比默读仅用"目治"来得慢些。为阅读多数书籍报刊的便利起见，应该多多练习"目治"。

——叶圣陶：《中学国文学习法》，原载《中学生手册》，开明书店，1948.7.

古庙杂谈(四)

章衣萍

我初到北京的那一年,东安市场仿佛是一片焦土,只有几间矮小的店铺,还留着几壁烧残的危墙。伴我到东安市场的T君,指着一堆瓦砾的焦土告我说,“那里从前是很闹热的。”

“哦!”我毫无感想地回答T君。

不知过了几月,而东安市场在鸠工动土了。又不知过了几月,而东安市场焕然一新了。

那时我相识的似乎只有T君,所以再陪我去逛新建筑的东安市场的仍然是他。

“呵! 如今的东安市场比从前宽敞得多,整齐得多了。房屋比从前高大,街道也比从前开展了。”T君赞美的说。

“哦!”我含糊地回答T君,脑中引起许多的感想来。

我们徽州的热闹商埠,当然要推屯溪镇了,所以徽州人都称屯溪镇为小上海。

有一年,那时我头上还梳着小辮子罢,屯溪镇失火了,一晚便烧去几百家。

我惨然了,听见这火灾的消息以后。

“那有什么呢?屯溪镇是愈烧愈发达的。”父亲毫不在意的说。

“难道烧去许多房屋财物也不可惜么?难道这样大的损失反愈损失愈发达?”我似乎不相信父亲的话地说。

“损失,这不过暂时的。我所看见的屯溪镇是:火烧一次,房屋整齐而且高大一次;火烧一次,街道宽大而且洁净一次;火烧一次,市面繁华一次。”

我当然不懂了,因为父亲说的是屯溪镇的历史上的话;而我那时年纪很小,我的头脑中简直没有屯溪镇的历史。

但后来也渐渐明白了,从我的头上的小辮子剪了以后。

我看见了许多古旧的老屋,在我的故乡,污秽而且狭隘,墙壁已倾斜得摇摇欲倒了,然而古屋里的人们照样地生活着,谈着,笑着,他们毫不感觉危险而且厌恶。

我怀疑而且不安了，“这么古旧的老屋还不想法子改造么?”

“改造，谈何容易，要损失，还要代价。”一个老年人很藐视地告诉我，他是我的亲戚。

我恍然了，知道改造不是那么容易。

然而狂风吹来，古屋倒了，新屋又建筑起来了；大火烧来，古屋毁了，新屋又建筑起来了。狂风和大火底下，当然损失了不少的生命和财产，然而新屋终于建筑了起来。

从此以后，我赞美狂风，也赞美大火，它们诚然是彻底的破坏者；然而没有它们，便也没有改造。

有时我也替愚蠢的人们可怜；有时我又想，为了改造，为了进步，愚蠢的人们是应该牺牲。

我希望狂风和大火毁坏了眼前之一切的污秽而狭隘的房屋，在荒凉的大地上，再建筑起美丽而高大的宫殿来。我希望彻底的破坏，因为有彻底的破坏，才有彻底的建设。

我赞美东安市场过去的大火，因为有了它，东安市场才有现在的新建设。

简评：“破坏惹起发展”。只有经过认真的咀嚼，才能感受到作者所谓“破坏”的真正意义。目睹了东安市场的大火后不由得想起了故乡屯溪的同样灾难。而后，“我希望彻底的破坏，因为有彻底的破坏，才有彻底的建设。”破坏和再建设是社会发展过程中不可缺的，那么作者所说的破坏是一种什么样的破坏呢?应该不是一般意义的破坏。

特利尔的幽灵

梁　衡

《共产党宣言》的第一句话就是:“一个幽灵,共产主义的幽灵,在欧洲游荡。”我不知道德文的原意,中文翻译时为什么用了这个词。中国人的习惯,幽灵者,幽远神秘,缥渺不定,威力无穷。看不见,摸不着,似有似无,信又不信,几分敬重里掺着几分恐惧,冥冥中看不清底细,却又摆不脱对它的依赖。大概这就是幽灵。

或许就是这幽灵的魅力,我一到德国就急着去看马克思的故居。马克思出生在德国西南部的特利尔小城。那天匆匆赶到时已近黄昏,我们在一条小巷里找到了一座灰色的小楼,在清静的街道上,在鳞次栉比的住宅区,这是一处很不引人注意的房舍。落日的余晖正为它洒上一层淡淡的金黄。我推门进去,正面一个小小柜台,陈列着说明书、纪念品,门庭很小,窗明几净,散发出一种家庭式的温馨。最引人注目的是墙上的一张马克思像,不是照片,也不是绘画,是一部用《共产党宣言》的文字组成的肖像。连绵不断的英文字母排成长长的线,勾勒出马克思的形象,我们所熟悉的大胡子,宽额头和那双深邃的眼睛。我在这张特殊的肖像前默站了好大一会儿。一个人能用自己驰名世界的著作来标志和勾勒自己的形象,这真是难得的殊荣。

故居的小楼共分三层,环形,中间有一个小小的天井。一层原是马克思父亲从事律师职业时的办公室,现在做了参观的接待室。二层是马克思出生的地方,现在陈列着各种资料,介绍马克思的生活和当时国际共运的背景。三层陈列马克思的著作。其实,马克思出生后在这里只住了一年半,他父亲1818年4月租下这座房子,5月5日马克思出生,第二年10月全家便搬走了。马克思于此地可以说毫无记忆,他以后也许再没有来过。但是后人记住了它。1904年,这座房子被特利尔一位社会民主党人确认为就是马克思的出生地,党组织多次想买了它,限于财力,未能如愿。到1928年才用10万金马克从私人手中买下并进行修复,计划在1931年5月5日开放。但接着政治形势恶化,希特勒上台,1933年5月,房子被没收,并做了法西斯地方组织的党部。直到第二次世界大战结束，社会民主党才重新收回了这座房子，1947年5月5日终于第一次开放。

世事沧桑，从马克思1818年在这座房子里出生到现在已过了170年，这其间世界变化之大，超过了这之前的1700年。但是世界仍然在马克思的脑海里运行。陈列馆里有一张当年马克思投身工人运动和为研究学问四处奔波的路线图，一条条细线在欧洲大地来回穿梭，织成一张密网。英国伦敦是细线交汇最集中的地方。我目光移驻在这个点上自然想到那个著名的故事，马克思在大英博物馆读书、写作，时间长了，脚下的石板给蹭出了一条浅沟。就像少林寺石板上留下了武僧的脚窝一样，不管是文功还是武功，都是要下工夫的。马克思从开始就把整个地球，把地球上的经济形态、生产关系、科学技术、人的思维，及这个世界上的哲学等等，全部作为他的研究对象。他要为世界究出个道理，理出个头绪。他是如阿基米德或者像中国的老子那样的哲人。他看到了工人阶级的贫困，但他决不只是想改变一时一地工人的境况。他不是像欧文那样去搞一个具体的慈善实验，就是巴黎公社，他一开始也不同意。他是要从根本上给这个乱糟糟的世界求一个解法。这座楼里保存最多的资料是马克思的各种手稿和著作的版本。我们最熟悉的当然是《共产党宣言》和《资本论》了。这里有最珍贵的《共产党宣言》第一版。在这之前还没有哪一本书能这样明确地告诉人们换一种活法，能在全世界范围内掀起一场持续百年而不衰的运动。我们只要看一看这橱窗里所陈列的从1848年首次出版以来，各地层出不穷的《宣言》版本，就知道它的生命力，它怎样为世界所接受，又怎样推动着世界。据统计，《宣言》共出版过70多种文字的1000多种版本。它传到中国是1920年，由陈望道先生译出第一个中文本。从此起起落落经历了两千年农民起义的神州大地卷起了一种崭新的风暴，共产主义的风暴。那些在油灯下捧读了麻纸本《宣言》的泥腿子，他们再不准备打倒皇帝做皇帝，而是头戴斗笠，肩扛梭标，高喊着“全世界无产者联合起来”，呼啸着冲过山林原野。三楼的第22展室是专门收藏和展出《资本论》的。最珍贵的版本是《资本论》第一卷的平装本。《资本论》是一本最彻底的教人认识社会的巨著，全书160万字，马克思为它耗费了40年的心血，为了写作，前后研究书籍达1500种。在这之前谁也没有像他这样讲清资本和劳动的关系。恩格斯在马克思的墓前说，马克思一生有两大发现，一是发现物质生产是精神活动的基础，二是发现了资本主义的生产规律。这本书不只是教人认清剥削，消灭剥削，它还教人认识生产力和生产关系，组织经济，发展经济。甚至它的火焰逼得资本家也不得不学《资本论》，不得不承认劳资对立，设法缓和矛盾。《资本论》是一个海，人类社会的全部知识，经过了在历史河床上的长途奔流，又经过了在各种学科山林间的吸收过滤，最后都汇到了马克思的脑海里来，汇到了这本大书里来。我看着这些发黄的卷了边的著作，和各种文学的密密麻麻的手稿，看着墙上大段的书摘，还有规格大小不一、出版时间地点不同的各种版本，一种神圣的感觉爬上心头。我仿佛是从大海里游上来，长途跋涉，溯流而上来到青藏高原，来到了长江、大河的源头，这里水流不多，一条条亮晶晶的水线划过亘古高原，清流漫淌，纯净透明，整个世界静悄悄的，头上是举手可得的蓝天白云。夕阳从天井里折射进来，给室内镀上了一层灿烂的金黄。

150年前马克思宣布了"共产主义幽灵"的出现，欧洲一切反动势力真是茫茫然，吓得手忙脚乱。150年后，当我站在特利尔这座小房子里时，西方人已经不怕马克思了，这窗户外面就是资本主义世界。这个世界完整地保存了这座房子，还在它的旁边开辟了马克思纪念图书馆。在对马克思主义的幽灵经过了那个"神圣的围剿"后，现在已不得不承认它的存在，并认真地从中汲取着养分。1983年马克思逝世一百周年时，当时的西德曾专门发行832万枚铸有马克思头像的硬币，其中35万枚专供收藏。而在此前，西德马克上只铸历届总统的头像。联邦政府国务秘书就此事在议会答辩说："马克思的政治观点在西方虽有争论，但他无疑是一位重要的学者，应该受到人民的尊敬。"牛津大学希腊文教授休·劳力埃德琼斯说："现有的大量文献，包括一部分很有价值的，都是在马克思主义的基础上产生的。不仅在历史、政治、经济和社会各门学科中，而且在美学和文学批评领域中，马克思主义都是每个有常识的读者必须与之打交道的一种学说。"他们就像一位输在对方剑下的武士，恭手垂剑，平心静气地讨教技艺。

从留言簿上看，来这里参观最多的是中国人。马克思主义于中国有太多太多的悲欢。这个幽灵在中国一登陆，旧中国的一切反动势力立即学着欧洲的样子"对这个幽灵进行神圣的围剿"。就是共产党内，在经历了十月革命一声炮响送来马克思主义的一阵兴奋之后，接着便有无穷的磨难。这个幽灵一入国门，围绕着怎样接纳它，运用它，便开始了痛苦的争论。幽灵是万灵之药，是看不见的，是来自遥远欧洲的提示，是冥冥中的规定，是马克思的在天之灵。中国这个封建文化深厚，崇神拜上习惯一统的国度，总是喜欢有一个权威来简化行动的程序，省却思考的痛苦。中国历次农民起义总要先托出一个神来。陈胜吴广起义托狐仙传说，刘邦起义斩蛇树威，直到洪秀全创拜上帝会自称上帝的代言人。总之，要从幽冥之中借来一个威严的声音，才好统一行动。于是传播共产主义幽灵的书一到中国，便立即有了革命的“本本主义”，这种借天上的声音来指导地上的革命所造成的悲剧，择其大者有两次。一次是土地革命时期，王明的左倾路线，导致根据地和红军损失殆尽。是毛泽东摒弃了洋本本，包括摒弃了共产国际派来的那个马克思的老乡，军事指挥官李德，而只用其神，只用其魂。

他不要德国的、欧洲的外壳，他用中国语言，甚至还带点湖南味道大声说：打得赢就打，打不赢就走，农村包围城市。一下就讲清了中国革命的战略问题。幽灵才真的显灵了。革命重又“六盘山上高峰，红旗漫卷西风”。第二次是建国后，对生产关系的错误估计导致了大跃进、公社化对生产力的破坏，直至“文化大革命”。是邓小平再次摒弃了洋本本，他又再一次甩开强加给共产主义幽灵的沉重的外壳，用中国语言，甚至还有点四川味道说了一声：不管白猫黑猫，抓住老鼠就是好猫。并大胆问了一句：“到底什么是社会主义?”一下子就使中国这个老大社会主义跳出了共产主义的狂想，跳出了红色纯正的封闭。当我们这几年逐渐追上了发展着的世界时，回头一看，不禁一身冷汗，一阵后怕，马克思当年批评大清帝国说：“一个人口几乎占人类三分之一的大帝国，不顾时势，安于现状，人为地隔绝于世，并因此竭力以天朝尽善尽美的幻想自欺。这样一个帝国注定最后要在一场殊死的决斗中被打垮。”如果我们还是那样封闭下去，将要重蹈大清帝国的覆辙。

读了几十年马克思的书，走了几十年曲曲折折的路，难得有缘来到马克思最初降临人间的地方，观看这些最早出现在人世的福音珍本。但这时我已不像当年在课堂里捧读时那样，面前一片空白。心中的思考有如眼前这些藏书一样的沉重。我注视着墙上用《宣言》文字组成的马克思肖像，他像佛光中的佛祖一样，忽然清晰，又忽然模糊。一会儿浮现出来的是马克思的形象，他的宽额头大胡子，一会儿人不见了，只是一行行的字母，字里行间是百年工运的洪流和席卷全球的商业大潮。我想，我们还是不了解马克思，许多年来我们对他若即若离，似懂非懂。这几年，我们也曾急切地追问：“资本主义为什么腐而不朽，打而不倒呢？这个幽灵为什么不灵了呢？”但是就在这个房间里，打开这尘封色退的书稿，马克思老人早在1859年就指出：“无论哪一个社会形态，在它所容纳的全部生产力发挥出来以前，是决不灭亡的。而新的更高的生产关系，在它的物质存在条件在旧社会的胞胎里成熟以前，是决不会出现的。”过去我们也曾认真地对照马克思的书，计算过雇几个工人就算是资本主义，数过农民养几只鸡，就算是资本主义。但是我们又忽略了，仍然在这些书稿里，马克思面对人们急切地询问他社会主义的步骤时说：“现在提出这个问题是虚无缥渺的。”恩格斯说得更明白：“我们不打算把什么最终规律强加给人类。关于未来社会组织方面的详细情况和预定看法吗？您在我这里连它们的影子也找不到。”马克思是一个伟大的思想家，而我们却硬要把他降低为一个行动家。共产主义既然是一个“幽灵”就幽深莫测，这是一种思想而不是一个方案。可是我们急于对号入座，急于过渡，硬要马克思给我们说下个长短，强捉住幽灵要现灵。现在回想我们的心急和天真实在让人脸红。到一个半世纪后，中国共产党在北京召开十五大，认真地总结本世纪以来的经验教训，指出党决不能提什么超越现阶段的任务和政策。江泽民同志说：社会主义初级阶段的历史进程至少需要一百年。这就是历史唯物主义。中国俗话讲：日久见人心。心者思想也。常人之心，年月可现；哲人之心，世纪方知。马克思实在是太高深博大了，在过去的岁月里，无论是东方的还是西方的学者，无论是资本主义的还是社会主义的实践者，其固定资产都才刚刚从皮毛上理解了他的一小部分，便就立即或好或恶地注入感情，生吞活剥地付之行动。他们经过许多跌跌撞撞、磕磕碰碰之后，再又来到他的肖像前，他的故居，他的墓旁，他的著作里，重新认识马克思。

从故居出来，天已擦黑。特利尔很小，只有十万人口，却是德国最古老的城市。街上灯火辉煌，我们找了一家很有现代味道的旅馆，便匆匆安歇了。我从东半球飞到西半球，就像唐僧要到释迦牟尼的老家去一趟一样，跋涉万里，终于还了这个愿。我带着圣地给我的兴奋和沉思慢慢进入梦乡。第二天早晨一醒来，满屋阳光。推开窗户，惊奇地发现街对面竟是一座古罗马的城堡，一座完整的城门和向两边少许延展的残墙，距今已2400年。城堡全由桌子大小的石块砌成，石面已长满绿苔，石缝间也已长出了手臂粗的小树，就像一位已经石化了的罗马老人，好一派幽远的苍凉。我感受到了历史的灵魂。而越过城堡的垛口向南望去，还有一座尖顶的古教堂，据说也已经1400年。沉重的红墙，窄窄的窗口，里面安置着主的灵魂。城堡和教堂只隔几条街，历史却跋涉了一千年，到它再走进我们住的这座旅馆，又用了五百年，咫尺方寸地，岁月两千年啊。我注视着这个宁静的历史的港湾，不禁想到，凡先驱者的思想，总是要留给我们一段长时间的理解和等待。就在离特利尔不远的乌尔姆还诞生了德国的另一个大哲人爱因斯坦，他的相对论发表之初，据说全欧洲只有八个人懂，到40年后第一颗原子弹爆炸，人们才信服了他。而就是现在许多人对其深奥也还是似懂非懂。我又想起一件事。也是马克思的老乡，天文学家开普勒经过16年的呕心沥血，终于发现了行星运行规律，他欣喜若狂，在实验笔记上大书道："大事告成，书已写出，可能当代就有人读它，也可能后世才有人读它，甚至可能要等一个世纪才有读者，就像上帝等了六千年才有信奉者，这我就管不着了。"

思想家只管想，具体该怎么做，是我们这些后人的事。既然是灵魂，它就该有不同的躯，它就有永远的生命。

简评：这是一篇游记体散文。作者运用夹叙夹议的手法，以游为线索，重点围绕《共产党宣言》和《资本论》叙议。全文回顾了1818年马克思诞生至今170年间全世界共产主义运动及社会发展的历程，以翔实的材料，透彻的说理，揭示了人们对共产主义这个"幽灵"由浅入深的认识过程。许多年来我们对马克思的了解若即若离似懂非懂，关键在于"马克思是一个伟大的思想家，而我们却硬要把他降低为一个行动家"。共产主义既然是一个"幽灵"当然就会幽深莫测，本质上是一种思想而不是一个行动方案，我们不能要求思想家既要去想又要去做。特别是西方人从害怕到研究并信服这个"幽灵"过程的叙述，很有意思。在东西方思想文化既碰撞又交融的今天，读此文意义颇大。

阳关雪

余秋雨

中国古代，一为文人，便无足观。文官之显赫，在官而不在文，他们作为文人的一面，在官场也是无足观的。但是事情又很怪异，当峨冠博带早已零落成泥之后，一杆竹管偶尔涂划的诗文，竟能镌刻山河，雕镂人心，永不漫漶。

我曾有缘，在黄昏的江船上仰望过白帝城，顶着浓冽的秋霜登临过黄鹤楼，还在一个冬夜摸到了寒山寺。我的周围，人头济济，差不多绝大多数人的心头，都回荡着那几乎不必引述的诗。人们来寻景，更来寻诗。这些诗，他们在孩提时代就能背诵。孩子们的想象，诚恳而逼真。因此，这些城，这些楼，这些诗，早在心头自行搭建。待到年长，当他们刚刚意识到有足够脚力的时候，也就给自己负上了一笔沉重的宿债，焦渴地企盼着对诗境实地的踏访。为童年，为历史，为许多无法言传的原因。有时候，这种焦渴，简直就像对失落的故乡的寻找，对离散的亲人的查访。

文人的魔力，竟能把偌大一个世界的生僻角落，变成人人心中的故乡。他们褪色的青衫里，究竟藏着什么法术呢?

今天，我冲着王维的那首《渭城曲》，去寻阳关了。出发前曾在下榻的县城向老者打听，回答是："路又远，也没什么好看，倒是有一些文人辛辛苦苦找去。"老者抬头看天，又说："这雪一时下不停，别去受这个苦了。"我向他鞠了一躬，转身钻进雪里。

一走出小小的县城，便是沙漠。除了茫茫一片雪白，什么也没有，连一个皱折也找不到。在别地赶路，总要每一段为自己找一个目标，盯着一棵树，赶过去，然后再盯着一块石头，赶过去。在这里，睁疼了眼也看不见一个目标，哪怕是一片枯叶，一个黑点。于是，只好抬起头来看天。从未见过这样完整的天，一点儿也没有被吞食，边沿全是挺展展的，紧扎扎地把大地罩了个严实。有这样的地，天才叫天。有这样的天，地才叫地。在这样的天地中独个儿行走，侏儒也变成了巨人。在这样的天地中独个儿行走，巨人也变成了侏儒。

天竟晴了，风也停了，阳光很好。没想到沙漠中的雪化得这样快，才片刻，地上已见斑斑沙底，却不见湿痕。天边渐渐飘出几缕烟迹，并不动，却在加深，疑惑半晌，才发现，那是刚刚化雪的山脊。

地上的凹凸已成了一种令人惊骇的铺陈，只可能有一种理解：那全是远年的坟堆。

这里离县城已经很远，不大会成为城里人的丧葬之地。这些坟堆被风雪所蚀，因年岁而坍，枯瘦萧条，显然从未有人祭扫。它们为什么会有那么多，排列得又是那么密呢？只可能有一种理解：这里是古战场。

我在望不到边际的坟堆中茫然前行，心中浮现出艾略特的《荒原》。这里正是中华历史的荒原：如雨的马蹄，如雷的呐喊，如注的热血。中原慈母的白发，江南春闺的遥望，湖湘稚儿的夜哭。故乡柳荫下的诀别，将军圆睁的怒目，猎猎于朔风中的军旗。随着一阵烟尘，又一阵烟尘，都飘散远去。我相信，死者临亡时都是面向朔北敌阵的；我相信，他们又很想在最后一刻回过头来，给熟悉的土地投注一个目光。于是，他们扭曲地倒下了，化作沙堆一座。

远处已有树影。急步赶去，树下有水流，沙地也有了高低坡斜。登上一个坡，猛一抬头，看见不远的山峰上有荒落的土墩一座，我凭直觉确信，这便是阳关了。

树愈来愈多，开始有房舍出现。这是对的，重要关隘所在，屯扎兵马之地，不能没有这一些。转几个弯，再直上一道抄坡，爬到土墩底下，四处寻找，近旁正有一碑，上刻“阳关古址”四字。

这是一个俯瞰四野的制高点。西北风浩荡万里，直扑而来，踉跄几步，方才站住。脚是站住了，却分明听到自己牙齿打战的声音，鼻子一定是立即冻红了的。呵一口热气到手掌，捂住双耳用力蹦跳几下，才定下心来睁眼。这儿的雪没有化，当然不会化。所谓古址，已经没有什么故迹，只有近处的烽火台还在，这就是刚才在下面看到的土墩。土墩已坍了大半，可以看见一层层泥沙，一层层苇草，苇草飘扬出来，在千年之后的寒风中抖动。眼下是西北的群山，都积着雪，层层叠叠，直伸天际。任何站立在这儿的人，都会感觉到自己是站在大海边的礁石上，那些山，全是冰海冻浪。

王维实在是温厚到了极点。对于这么一个阳关，他的笔底仍然不露凌厉惊骇之色，而只是缠绵淡雅地写道：“劝君更尽一杯酒，西出阳关无故人。”他瞟了一眼渭城客舍窗外青青的柳色，看了看友人已打点好的行囊，微笑着举起了酒壶。再来一杯吧，阳关之外，就找不到可以这样对饮畅谈的老朋友了。这杯酒，友人一定是毫不推却，一饮而尽的。

这便是唐人风范。他们多半不会洒泪悲叹，执袂劝阻。他们的目光放得很远，他们的人生道路铺展得很广。告别是经常的，步履是放达的。这种风范，在李白、高适、岑参那里，焕发得越加豪迈。在南北各地的古代造像中，唐人造像一看便可看出蒙娜丽莎般的微笑，你立即就能感受，这种恬然的自信只属于那些真正从中世纪的梦魇中甦醒、对前路挺有把握的艺术家们。唐人造像中的微笑，只会更沉着、更安详。在欧洲，这些艺术家们翻天覆地地闹腾了好一阵子，固执地要把微笑输送进历史的魂魄。谁都能计算，他们事情发生在唐代之后多少年。而唐代，却没有把它的属于艺术家的自信延续久远。阳关的风雪，竟越见凄迷。

王维诗画皆称一绝，莱辛等西方哲人反复论述过的诗与画的界线，在他是可以随脚出入的。但是，长安的宫殿，只为艺术家们开了一个狭小的边门，允许他们以卑怯侍从的身份躬身而入，去制造一点娱乐。这里，不需要艺术闹出太大的局面，不需要对美有太深的寄托。

于是，九州的画风随之黯然。阳关，再也难于享用温醇的诗句。西出阳关的文人还是有的，只是大多成了谪官逐臣。

即便是土墩、是石城，也受不住这么多叹息的吹拂，阳关坍弛了，坍弛在一个民族的精神疆域中。它终成废墟，终成荒原。身后，沙坟如潮；身前，寒峰如浪。谁也不能想象，这儿，一千多年之前，曾经验证过人生的壮美，艺术情怀的弘广。

这儿应该有几声胡笳和羌笛的，音色极美，与自然浑和，夺人心魄。可惜它们后来都成了兵士们心头的哀音。既然一个民族都不忍听闻，它们也就消失在朔风之中。

回去罢，时间已经不早。怕还要下雪。

简评：阳关西出的荒凉，作者凭借大气华丽的语句为我们挖掘了荒凉背后的华丽，这是我们读此类文章第一个收获。且不说历史上“西出阳关”，凝固了多少人的情感，演绎了多少人间的悲喜剧；现代人的地域观念，“阳关”已失去了它的本意，但是，王维的《渭城曲》在人们心头堆起的“西部情绪”是永恒的。如果我走在阳关的烟尘中，不管气候如何恶劣，王维是一定会和我们同行的。

云是故乡——印象里的黄宗英

阎纯德

在我写作间的书柜里,陈放着小手掌那么大小、高宽不过10厘米、长不过20厘米的椭圆形草编,中间放着一枚鸡蛋大小、深褐色、褶皱重重叠叠的干果。来访的朋友总问我那是什么宝贝,可是谁也没有猜对过那是什么。

干果是黄宗英11年前,从西藏带到成都,作为礼物送给我的木瓜,连同那个诺亚方舟一样的精美草编。我把它们从天府之国带到北京,作为纪念系列的一员,一直保留到现在。

木瓜被岁月汲干了血液,但当初它那少许的深绿,大部的深红,一副走向成熟的形象,在我心里却永葆其生命的红润和芬芳。每当我看见那草编,那木瓜,便想起黄宗英。

1982年11月末,我到成都四川人民出版社修改《中国文学家辞典》,住在锦江饭店。几天之后,黄宗英自西藏归来,也住在锦江饭店二层,与我的房间很近,于是,彼此来往。除了文学创作,文坛轶事,社会见闻,海阔天空,谈锋似脱缰的野马,冲破时空的疆界,上天入地,八方驰骋。

黄宗英是作为上海代表团团长赴西藏访问的,任务完成后她却不肯回去。是西藏美丽的高山峡谷、奇花异草、奇风异俗迷惑了这位当年已经58岁的女作家吗?还是为了在喜马拉雅山脚下的拉萨河畔猎奇什么?西藏是一块巨大的磁铁石,吸引着她,自从她拥抱了这方圣土之后,西藏在她心上便真真实实占有了一个伟大的位置。她对我说:“文学上的事,认真起来,也无所谓。但我看到的事,是大事,不能忘。”当她写好遗书,交给同入藏访问的作家时,不免令人目瞪口呆。而她,轻松地说一声再见,然后便随一小支科学考察队翻过冰山雪岭,到原始森林去了。整整3个月,她为林业工人做饭,与科学家们同吃苦受罪;在茫茫的古老森林里,我想她一定拣到了很多浪漫的童话。是的,她向我讲述了许多奇闻奇遇,最重要的是她要同女科学家徐凤翔一起做一个梦——建立一个“小木屋”,作为森林生态定位观察站。为了这个梦,她没有选择飞机,而选择了卡车,同徐凤翔挤在驾驶室里。这部“刹车不灵、离合器不灵、底盘的螺丝钉四个掉了仨、防滑链挂不上去”的卡车，在“冰峰、雪岭、浓雾、月夜”，载着她们，“险中有稳，稳中有险地驰过、蹭过、转过、溜过了大玛拉山、雀儿山、二郎山等一重又一重天险。”黄宗英说：“那六天六夜的路，是山，是雪，是冰，下面跌下悬崖峭壁年年都有。我不是不怕，有时候我也闭上眼睛，等待可能发生的一切……当我想到死时，也问自己：还有啥事没办？——就是《赵丹传》！如果不死，回去就写它……”

她比赵丹小10岁。黄宗英说：“此生原本只想做一个好女儿、好姊妹、好妻子、好母亲，而此一角色在个人际遇、民族兴亡、时潮激荡中演化出种种情节。情节者性格之历史也。其实，一生中迂回跌宕最‘出戏’的情节，也不过是‘难为赵丹妻’。黄宗英1946年开始拍电影，翌年与赵丹相遇，1948年结婚，她所以爱上赵丹，“主要是因为他是个落拓不羁、饱经风霜、乏人照料的有正义感的艺术家”。黄宗英说，在赵丹不得志时，她陪着他，在他好过时，就干自己的事。“他到广西画画，我写《闻一多》，为他写《闻一多》。我从来就不是贤妻良母，我有自己的事业。”那几天，黄宗英时而激动时而平静地给我讲述她的故事。

在西藏，黄宗英真的写了遗书。她被那一个研究牦牛的和两个研究草原的，深深地感动了；冰天雪地，她把自己的衣服给了司机。阳坡长树，阴坡也长树，这不是童话。在黄宗英讲述那些平常而又奇特的故事时，我在想：一个人在正常情况下怕死，是对生的追求，对光明和爱的向往；这种心态，在特殊环境下，便会转换成不怕死的英雄气概。我想，中国不仅需要徐凤翔这样的科学家，也需要像黄宗英这样的作家。

在成都，最有趣的是我生日那天，我们同游离成都不远的新都，在建于东汉年间的宝光寺罗汉堂里，在五百个或坐或瘦或笑容可掬或横眉立目的形态神情各异的罗汉中，各自寻找自己的形象。自然，黄宗英无法找到“自己”。之后，大家与一位美丽的玉雕菩萨合影留念。在菩萨面前照相，也许是为了一个追求。追求是什么？谁也说不清。那尊盘腿而坐约1.2米高的玲珑剔透的玉雕菩萨，是我有生以来看到的最善、最真、最美、最具有人情味的艺术品，她那呼之欲出的美丽动人，令人倾倒。他们告诉我，那是清朝时期缅甸的贡品。

出了宝光寺的大门，对面二十多米处，那座像九龙壁一样的影背墙上，有个很大的“福”字。从寺里出来的人，几乎都要蒙上双眼，向前走，直奔“福”字，到了墙根，再用手摸，这叫“摸福”。据说谁要是摸到“福”，会一生都走好运。

人们对命运本来就是有的信有的疑，有的半信半疑，不过谁也不想错过这个机会，都要试试自己的运气。但那些对命运深信不疑者，往往是却步不前，不敢去摸，很怕摸不到好结果。我是第一个勇敢面对“现实”的，但我的成绩最坏，因为我的判断离“福”字最远。他们的成绩比我好，不过也没有真正拥有“福”。

黄宗英最为我遗憾。她觉得生日我该得福。为了弥补这种不该有的“失落”，他们决定到成都最好的一家“四川小吃”为我“祝寿”。席间，黄宗英送我一个从西藏带来的洁白而玲珑的细草编篓，小篓里放着一枚芳香四溢的木瓜。然后，又在我的纪念册上为我“摸福”和生日留下一首这样的诗：

> 诗人不写诗章，更令我为难；/叫我写点什么？为你的寿诞。/恰今朝锦江畔，/同访杨升庵，/弄不懂他干什么与土地相揖？/闹不清他缘何又与福字毗连？/闭着眼，/福——，究竟在哪边？/睁着眼，/福——，本在咫尺间！/一个福字，天地人寰，/千种解释，万种心愿。/既然来到这世上，/谁都有呱呱坠地的宣言。/愿我们年年生之日，/向往里再生出新天。/祝你活得像成都的小吃——/多彩、麻辣、香甜！

这首急就章，是黄宗英在我们吃饭时即兴随手写在我的纪念册上的。大家都说好，我心里很佩服她的才情和文思。

黄宗英40年代步入影坛，60年代又闯入文坛，她的《小丫扛大旗》和“文革”后的《大雁情》，都是读者交口称道的好作品，她的文名也早已名满天下。她的报告文学、散文集《桔》和《叶》、《小木屋》及《黄宗英报告文学选》，都是新时期文学中的优秀之作，是她留给20世纪的温馨纪念。那一次，在成都，我们还陪她到四川大学，为学生作关于报告文学创作的报告。黄宗英说：“前次来成都，你们四川人说欢迎我回到家乡，啊，因为我曾经是梅表姐（她在电影《家》里演的角色）。这一次也是回家……我们的心是通的，都为我们的国家担忧、分心。说到电影，我没有想当演员，说到文学，我没有想当作家。我父亲曾留学日本，他和我们一起去爬树，我们把他当马骑。可我9岁就失去了父亲。我二姐终身未嫁，为了我们弟妹。我为了弟弟读书，便去演戏，是一个偶然的机会被推向艺术舞台的。父亲有很多书，30年代我读《福尔摩斯》。我哥哥办报，叫《黄金时代》，不到10岁就给他投过一篇稿。可我在高中的课桌前只坐过两个礼拜。说到文学，就不能不说我的道路。时代的风云是文学的父母，有什么样的遗传因子，就有什么样的染色体。我是没想当作家的作家，是时代把我推向了前沿。“文化大革命”中我怕天亮，因为天一亮不知要发生什么事情。我和王丹凤洗的衣服可以晾一个大操场；回家时用一个小包带几个小炸糕还得笑着回来，把一切忧愁包起来……”她还讲到，在劳改队当队长，带着巴金、吴强等一群名作家组成的“牛鬼蛇神”，“深挖洞”，竟奇迹般地“修筑”了“地下长城”——两条150米的防空洞。她劳动时，工人老找她谈话，让她到食堂，4点起床洗菜，后又隔离，同《收获》主编顶牛（她属牛）。当时赵丹被关了5年3个月，出来后又去干校；三个孩子都在插队，全家“一片红”。那时她看到孩子们那样的处境，心里难过，很想改变他们的命运。她写了一篇批判资产阶级走资派的文章，经过编辑的修改，在《人民日报》上发表后，受到孩子们的一致批评。黄宗英说，这真是一生最难忘的，人不能失真，不能失节！“今后，不管做人还是作文，不能愧为一个作家，要真诚地对待人民！”

黄宗英口若悬河，演讲富有鼓动性煽动性，但她的话是真诚的，所以很能打动人心。

她觉得西藏是个谜，是个说不清的谜。亲眼看到西藏人磕长头之后，她没有怀疑他们的虔诚。“你能谴责他们吗?作家不能谴责自己的祖国和人民，如果我能在那里生活两三年，也许还能带回两三块小‘炸糕’笑着回来，但我不能写。我找不到真正的火把，但还能看到火星。在巴黎的凡尔赛宫，国王的包厢有一个可以溜掉的小门，这很值得人们深思……”

最后，她对大家说：“拿笔的人，首先要有热情；塑料花是没有生命的，我宁愿做山头上的小野花；作家主要靠记忆储存来写作，人在忘我的时候记忆力最强，最悲痛最紧张的时候，都是记忆力最强的时候，记忆力最强的文章，才最有深度。生活上，我首先是一个普通的人，但认识上要比普通人高，这样才能打开真正生活的通道。我写过许多废稿，江青抄我们的家，凡有字的纸张、纸条都抄走了，其中有一麻袋我的废稿。文学创作上我追求亲切，这是我心目中的最高境界。时代的折光，通过我们的笔，留下一点儿脚印，所以作家负有圣洁的使命。文学上我有不能胜任的题材，但我努力驾驭我的所长。如果我们的希望都能变成实践和行动，希望才是真诚的希望……”

成都幸会期间，那时她正在写作报告文学《小木屋》，为了给这篇作品补充生活，她又要到四川乡下采访。望着她已经灰白的头发、远去的背影，我心里暗暗地望她“保重！”

一晃几年过去了，黄宗英的消息时常见诸报端。她在《人民日报》上以“云中走笔”为题。连续发表她在中国最大的实验田——深圳特区的所见所闻所思的文章。可以说在作家队伍里，她是最早置身于时代潮的一位勇士。她在“题记”里说，人家说她是属云的，可是云也是脚，而自己，闯天涯，游海角，连个永久通讯处都没有。那时她在蛇口还办了一个影视公司，还办书店，任广东蛇口工业区宝耀有限公司副总经理。对于人生，她信奉“人活着是为了给，不是为取”，又遵循“义所当为，毅然为之”。她是一位奋斗型的拼命三郎，心里只有事业。她从法国等处朋友那里筹集了一笔巨款，不料竟被一位神秘失踪的香港合作者拿走了，于是她的梦想成了梦，文坛和新闻界便有了走红数年的大新闻。她还有过一场官司。虽然她的事业受到致命的打击，精神受到创伤，但她没有停止她的艺术活动和创作。1987年，春末的一天我突然接到她的电话，说她就在我们北京语言学院。她是在我们学校拍片子，住在一间普通的学生宿舍里。我请她到家里吃饭都挤不出时间，就在摄影棚随便吃点什么。再后来，中央电视台播放那部大型纪实影片《望长城》时，在长城上，风尘仆仆，又看到了她的风采。

我又想起了黄宗英，是在我看见那枚木瓜的时候，不知她在何处？她是云，真在天涯海角耕耘吗？

当我结束这篇小文时，赫然发现1993年12月11日《光明日报》上，刊有《月如无恨月当圆——与冯亦代黄宗英共度良宵》的新闻特写，为我找回了黄宗英。几位文坛老友——杨宪益、范用、邵燕祥、许以祺，还有丁聪、沈峻夫妇等人，由张洁张罗，在自己家里，水酒几杯，把酒吟诗，一起为这历尽沧桑人未老、暮年途中相遇相知的两位老友一对新人祝贺新婚之喜。这消息令我兴奋，即打电话，是冯亦代接的。冯先生与我1978年认识，所以彼此并不陌生。我打电话一是祝贺他们，二是想和黄宗英通话。那是晚上，早已是万家灯火闹京华了，冯先生告诉我：“真不巧，黄宗英学英语去了。”“在什么地方？”“北京师范大学……”

“几点回来？”“大约9点……”一天之后，我们终于联系上了。“老阎，我刚回来。”她的声音还是那么清脆响亮，同十年前没有两样。

放下电话，立在窗前，心里像三月春风掠过的湖面，又像春日铺满绿草鲜花的田野，好一个自然形态的市声沸腾的北京；远方仿佛突然驶来一叶小舟，划破心湖的平静，使我陷入沉思。我看见满头白发的黄宗英，急匆匆，招招手，说了一句什么格言，然后笑一笑，从我眼前走过。我知道，她又要到很远很远的地方去了。她不停地走路，不停地工作，不停地思考，生活属于她，世界属于她。两天后，她给我一信，还有几张照片及一纸《断章残句》：

往不懂的地方去，往对我十分陌生的地方去。

想做什么就立刻去做，像闪电之后紧跟着炸雷。

能一边呆着，就一边呆着是美德；该一边呆着，就一边呆着是文明。

断章不断，残句不残——这是她的性格和人格，岁月和生活终把黄宗英熬炼成一位思想家。展读信后，我又想起那个晚上，在成都告诉我的她脱口而出的家训：

骏马登程奔四方，
任尔到处立纲常；
身在异乡犹吾境，
人在他乡是故乡。

这一次，她在寄我的《自述》里说："只做别人无法代替你做的事，少做或不做人人都能做的事。""一个人，干什么，有生存环境和时代振幅的影响；而不干什么，则是理性的选择。作为人，一生的交待，做了什么是'物体'，不做什么是'砝码'。"最后说："归隐书林，还我本性，勤习'针凿'，是此时此际我的梦。"

也许她真的累了。但我深信黄宗英就是黄宗英——她是云，她到哪，哪里就是故乡，无论到哪里，都会有收获；她是艺术的绿阴，是精神的雨露……

简评：本文通过对女作家黄宗英生活、工作的一些片断的描述，表现了她的善良、贤惠、正派、刚直和对真善美的艺术的执着追求，对光明和爱的向往，尤其突出地展示了她勇闯天涯、漫游海角。到哪里哪里就是故乡的云一般的独特风格，唐朝诗人王维有诗云：行到水穷处，坐看云起时。“水穷”何必绝望，那正是希望的开始，山里的水因雨而起，有云彩就有水，就不要放弃希望。风风火火女作家黄宗英就是一朵能给我们带来希望的云。“雨露”是云的精灵。

作家谈读书

课外的略读，注重在思想的开导，知识的汲取，材料的吸收，阅读范围要广泛，要有计划，有方法，要看得多，看得快，还要作笔记；要使学生从被动的阅读变成自动的阅读，从盲目的翻阅变成正确的选读，从看书变成爱书，从偶一涉猎变成手不释卷；要使他们爱看书籍也爱看报纸杂志，总之，要使他们养成自动阅读的习惯。

——庞翔勋，1944年

汉家寨

张承志

那是大风景和大地貌会集的一个点。我从天山大坂上下来，心被四野的宁寂——那充斥天宇六合的恐怖一样的死寂包裹着，听着马蹄声单调地试探着和这静默碰击，不由得屏住了呼吸。

若是没有这匹马弄出的蹄音，或许还好受些。三百里空山绝谷，一路单骑，我回想着不觉一阵阵阴凉袭向周身。那种山野之静是永恒的；一旦你被它收容过，有生残年便再也无法离开它了。无论后来我走到哪里，总是两眼幻视、满心幻觉，天涯何处都像是那个铁色戈壁，都那么空旷宁寂、四顾无援。我只有凭着一种茫然的感觉，任那匹伊犁马负着我，一步步远离了背后的雄伟天山。

和北麓的蓝松嫩草判若两地——天山南麓是大地被烤伤的一块皮肤。除开一种维吾尔语叫uga的毒草是碧绿色以外，岩石是酥醉的红石，土壤是淡红色的焦土。山坳褶皱之间，风蚀的痕迹像刀割一样清晰，狞恶的尖石棱一浪浪堆起，布满着正对太阳的一面山坡。马在这种血一样的碎石中谨慎地选择着落蹄之地，我在曝晒中晕眩了，怔怔地觉得马的脚踝早已被那些尖利的石刃割破了。

然而，亲眼看着大地倾斜，亲眼看着从高山牧场向不毛之地的一步步一分分的憔悴衰老，心中感受是奇异的。这就是地理，我默想。前方蜃气溟濛，是海拔-154米的吐鲁番盆地最低处的艾丁湖。那湖早在万年之前就被烤干了，我想。背后却是天山；冰峰泉水，松林牧场都远远地离我去了。一切只有大地的倾斜；左右一望，只见大地斜斜地延伸。嶙峋的石头，焦渴的土壤，连同我的坐骑和我自己，都在向前方向深处倾斜。

——那时，我独自一人，八面十方数百里内只有我一人单骑，向导已经返回了。在那过于雄大磅礴的荒凉自然之中，我觉得自己渺小得连悲哀都是徒劳。

就这样，走近了汉家寨。

仅仅有一炷烟在怅怅升起，猛然间感到所谓“大漠孤烟直”并没有写一种残酷。

汉家寨只是几间破泥屋，它坐落在新疆吐鲁番北、天山以南的一片铁灰色的砾石戈壁正中。无植被的枯山像铁渣堆一样，在三个方向汇指着它——三道裸山之间，是三条巨流般的黑戈壁，寸草不生，平平地铺向三个可怕的远方。因此，地图上又标着另一个地名叫三岔口；这个地点在以后我的生涯中总是被我反复回忆，咀嚼回味，我总是无法忘记它。

仿佛它是我人生答案。

我走进汉家寨时，天色昏暮了。太阳仍在肆虐，阳光射入眼帘时，一瞬间觉得疼痛。可是，那种将结束的白炽已经变了，汉家寨日落前的炫目白昼中已经有一种寒气存在。

几间破泥屋里，看来住着几户人。

不知从什么时候起，有了这样一个地名。新疆的汉语地名大多起源久远，汉代以来这里便有中原人屯垦生息，唐宋时又设府置县，使无望的甘陕移民迁到了这种异域。

真是异域——三道巨大空茫的戈壁滩一望无尽，前是无人烟的盐碱低地，后是无植被的红石高山，汉家寨，如一枚被人丢弃的棋子，如一粒生锈的弹丸，孤零零地存在于这巨大得恐怖的大自然中。

三个方向都像可怕的暗示。我只敢张望，再也不敢朝好些入口催动一下马蹄了。

独自伫立在汉家寨下午的阳光里，我看见自己的影子一直拖向地平线，又黑又长。

三面平坦坦的铁色砾石滩上，都反射着灼烫的亮光，像热带的海面。

默立久了，突然意识到什么。转过头来，左右两座泥屋门口，各有一个人在盯着我。一个是位老汉，一个是七八岁的小女孩。

他们痴痴盯着我。我猜他们已经好久没有见过外来人了。老少两人都是汉人服饰；一瞬间我明白了，这地方确实叫做汉家寨。

我想了想，指着一道戈壁问道：

——它通到哪里？

老人摇摇头。女孩不眨眼地盯着我。

我又指着另一道：

——这条路呢?

老人只微微摇了一下头，便不动了。女孩还是那么盯住我不眨眼睛。

犹豫了一下，我费劲地指向最后一条戈壁滩。太阳正向那里滑下，白炽得令人无法了望。地平线上铁色熔成银色，闪烁着数不清的亮点。

我刚刚指着，还没有开口，那老移民突然钻进了泥屋。

我呆呆地举着手站在原地。

那小姑娘一动不动，她一直凝视着我，不知是为了什么。这女孩穿一件破红花棉袄，污黑的棉絮露在肩上襟上。她的眼睛黑亮——好多年以后，我总觉得那便是我女儿的眼睛。

在那块绝地里，他们究竟怎样生存下来，种什么，吃什么，至今仍是一个谜。但是这不是幻觉也不是神话。汉家寨可以在任何一张好一点的地图上找到。《宋史·高昌传》据使臣王延德旅行记，有“又两日至汉家砦”之语，砦就是寨，都是人坚守的地方。从宋至今，汉家寨至少已经坚守着生存了一千多年了。

独自面对着那三面绝境，我心里想：这里一定还是有一口食可觅，人一定还是能找到一种生存下去的手段。

次日下午，我离开了汉家寨，继续向吐鲁番盆地前行。大地倾斜得更急剧了；笔直的斜面上，几百里铺伸的黑砾石齐齐地晃闪着白光。回首天山，整个南麓都浮升出来了，峥嵘嶙峋，难以言状。俯瞰前方的吐鲁番，蜃气中已经隐约现出了绿洲的轮廓。在如此悲凉严峻的风景中上路，心中涌起一股决绝的气概。

我走下第一道坡坎时，回转身来想再看看汉家寨。它已经被起伏的戈壁滩遮住了一半，只露出泥屋的屋顶窗洞。那无言的老人再也没有出现。我等了一会儿，最后遗憾地离开了。

千年以来，人为着让生命存活曾忍受了多少辛苦，像我这样的人是无法揣测的。我只是隐隐感到了人的坚守，感到了那坚守如这风景一般苍凉广阔。

走过一个转弯处——我知道再也不会有和汉家寨重逢的日子——我激动地勒转马缰。遥遥地，我看见了那堆泥屋的黄褐中，有一个小巧的红艳身影，是那小女孩的破红棉袄。那时的天山已经完全升起于北方，横挡住大陆，冰峰和干沟裸谷相映衬，向着我倾泻般伸延的，是汉家寨那三岔戈壁的万吨铁石。

我强忍住心中的激动，继续着我的长旅。从那一日我永别了汉家寨。也是从那一日起，无论我走到哪里，都在不知不觉之间，坚守着什么。

我不知道那是什么。我只觉得它与汉家寨这地名天衣无缝。在美国，在日本，我总是倔强地回忆着汉家寨，仔细想着每一个细节。直至南麓天山在阳光照耀下的、伤痕累累的山体都清晰地重现，直至大陆的倾斜面、吐鲁番低地的白色蜃气以及每一块灼烫的砾石都逼真地重现，直到当年走过汉家寨戈壁时有过的那种空山绝谷的难言感受充盈在心底胸间。

简评：张承志写北方的河、北方的山以至本文的绝地戈壁，都有一种个性独特的大气。本文的汉家寨带有某种象征的意味，成为“坚守”的代称。作者喜欢骑着马孤身长旅，他说：“只要活着，我总是面临着这跋涉的压力，总是思考着各种大命题，思考着怎样活得美和战胜污脏。”“千年以来，人为着让生命存活曾忍受了多少辛苦，像我这样的人是无法揣测的。我只是隐隐感到了人的坚守，感到了那坚守如这风景一般苍凉广阔。”应从这几句品读全文。

大兴安岭深处

肖玉华

“高高的兴安岭，一片大森林……”好多年来，我是从50年代广为流传的这首鄂伦春民歌中认识大兴安岭的。今年7月，我有机会来到位于祖国最北端的额尔古纳河畔的大兴安岭深处林区——伊图里河和莫尔道嘎，听到看到这块神奇土地上发生的巨大变化和前所未闻的故事。

盛夏，正值今年华北地区气温高达零上40度的时候，伊图里河，这个四面环山的小镇，气温也就零上27、28度，是一年中气温最高的时节，早晚出门要穿外衣。一条东西百余米的小街上，临街有十几家商店和杂货铺，无一家经销冰箱、空调，连电风扇都没有，不是这里的购买力低，而是用不着。当地人说：“瞧，这兴安岭是天然的空调机”。伊图里河，鄂温克语是清澈的河，位于大兴安岭西北坡，原始森林腹地，是我国最寒冷的地区，年平均气温-4℃；一年中，无霜期仅有62天。当我们从齐齐哈尔乘火车经过十几小时的行程，快到达伊图里河时，我趁火车转弯之机凭窗望去，这个林区小镇恰如唐朝诗人杜牧的诗中所说：“远上寒山石径斜，白云生处有人家”。列车行驶沿途，偶尔看到林地间有被开垦的土地，种植的也仅是土豆、大头菜等几种少得可怜的蔬菜，玉米、黄豆等大田作物种不了，因为这儿的无霜期太短。当初也有人试种过玉米，6月份播种，8月中旬就下霜，刚长出的玉米棒上只是稀稀拉拉地长出几个苞米粒，当地人叫它“瞎玉米”。

50年代，这里还是一望无际的莽莽原始森林，从事游猎的鄂伦春族人民在这里世世代代繁衍生息，过着“一呀一匹烈马，一呀一杆枪，獐狍野鹿打呀打不尽”的以狩猎为主的原始形态的生活。60年代初，从抗美援朝战场上撤下来的刚由志愿军改制的铁道部13工程局官兵，穿着褪了色的黄军装，迎着刺骨的寒风开进大兴安岭深处，历尽艰辛，修筑了这条通往伊图里河直至共和国最北端的火车站莫尔道嘎几百里长的铁路，使这片沉寂多少世纪的笼罩着神秘面纱的土地与外面世界有了沟通往来。有了火车站，有了林业局。建立了学校、商店、医院、邮局，来自祖国各地“南腔北调”的建设者以及北大、复旦、南开等大专院校的男女大学生们也投入这场开发、建设大兴安岭的难忘的战斗。

那天晚上，我坐在伊图里河铁路招待所的院子里，迎着从不远处白桦林里吹来的湿润、凉爽的习习晚风，倾听曾在伊图里河铁路分局教育处工作过的老韩讲述当年创业者经历感人故事。他说：这一带冬季最低气温零下56℃，用“滴水成冰”来形容一点不过分，同时，是我国少见的长年冻土地带，即使在盛夏7月，到任何一个地势低洼地带，用铁锹往地下挖一锹头深，就会遇到带冰碴儿的冻土层。说到这儿，他笑了笑：我接待过来自北京和哈尔滨的作家，知道你们搞文学的讲求典型环境中的典型性格，听我说，这儿比保尔·柯察金当年修路的条件还要艰苦多少倍。就说吃、住、行吧，当年这里流传的顺口溜说：“吃水靠麻袋、开门用脚踹、五黄六月吃干菜、火车不比牛车快”。因为这里是冻土地带，打不了井，吃水得到河泡子凿下冰块用麻袋背到木楞房里由大铁锅烧化做饭或饮用。“为啥开门用脚踹呢?”我问。他说：这儿的冬天经常是呼啸的风雪，常常把木楞房门封死，不用脚踹难以把门推开。一年四季，这里有3个季节是飘雪的日子，即使是夏天，运送不及时，也要以吃干菜度日。说到火车不比牛车快，那是因为在最寒冷的日子里，铁轨上有时结有一层薄薄的冰霜，上坡时，车轮与铁轨间，没有摩擦力，火车无法行驶。每当这时，司机及沿线员工只好带着抹布，用嘴一口一口哈气或用自己的体温一点一点地将凝结在铁轨上的薄冰融化、擦去，火车才能正常行驶……

在这罕见的恶劣自然条件下，人得以怎样的精神和毅力在这里生活啊！60年代从南开大学化学系毕业的谭玉春与从天津大学毕业的爱人一同来到这里，下了火车就走到四处漏风的木楞小学教书，晚上睡在楞房子里，睡觉要穿皮大衣、戴狐皮帽，女人也要这样，否则有冻伤的危险。如今，谭玉春夫妇已到退休年龄。他们一生把最美好的年华都献给祖国北疆的大兴安岭。原伊图里河铁路分局副局长贾万全1965年大连铁道学院毕业后与医学院毕业的妻子一起来到这里，一干就是33年。老贾对我说：其实，这些年来，有许多机会可以调到内地工作，可是，不知怎的，一动真格的，要走，还真舍不得这大森林和这里纯朴的人们。你说怪不怪?

第二天清晨，当薄雾还似洁白的轻纱在翠绿的山巅缭绕的时候，我们又乘3个小时的火车来到莫尔道嘎。莫尔道嘎，鄂伦春语：白桦林生长的地方。因为这里有块占地50余公顷的保存完好的我国最后一片寒温带明亮针叶原始森林。下了火车，我们便乘汽车径直前往。当我踏入古木参天、倒木横卧、一切都处于原始状态的这片森林时，感到一切都是那么新鲜，那么真切，那么容易使人产生无限遐想；我的脚下踩着无数个世纪以来形成的落叶、枯枝、苔藓等混杂宛若松软的地毯般的厚厚的植被，呼吸着大森林中没有一点污染的洁净透明的空气，真正领略到以往散文作品中所讲的“清新”。走着走着，陪同我们的莫尔道嘎林业局局长韩斌像是看出我们的心思，说：早些年，这一带的獐狍野鹿有的是，正如俗语所说：“棒打獐子瓢舀鱼，野鸡飞到饭锅里。”现在不行了。这些年，自然生态破坏太厉害，这大兴安岭深处也就偶尔还能看见狍子，60年代还可见到的黑熊、野鹿已无影无踪了。所以，我们把这块原始林保护起来了，否则，后人连原始森林是啥样都不知道了。我们很赞赏他的这番话。后来在闲唠中得知，他是1964年从内蒙古林学院毕业的，在大兴安岭一干就是35年。

我们走出原始森林，乘车回到莫尔道嘎，已是入夜时分。多少年、多少代，在这深山沟里，每当擦黑，都是奶奶拨亮油灯给围拢过来的儿孙们讲述那一代又一代流传下来的瞎话（摸黑讲的民间故事）的时候。而今，展现我们面前的这个有8千名林业职工、3万人口的小镇，霓虹灯及各式彩灯在夜空中熠熠闪烁，都市里有的卡拉OK、桑拿、肥牛火锅这儿随处可见；具有现代气魄与装修的龙岩山宾馆、8层带电梯的林业局办公大楼、红尖房顶的职工医院、如同童话世界的幼儿园、100多座精美的城市雕塑……最为火爆的是市中心“大家乐”公园露天舞厅，随着“今天又是好日子”的欢快乐曲，汉、蒙、鄂伦春、俄罗斯各族青年及中老年男女翩翩起舞。谁能想象得到，这就是大兴安岭深处，这就是祖国北疆最寒冷的冻土地带。

简评：文中采用了一些顺口溜、俗语，如：“一呀一匹烈马”、“吃水靠麻袋”等，来描写林区自然条件的恶劣和人民群众的生活状况，很有祖国边疆的生活气息。大兴安岭的恶劣的自然条件和霓虹灯及各式彩灯在夜空中熠熠的闪烁，具有现代气魄与装修的龙岩山宾馆，如童话世界的幼儿园形成巨大的反差。谁能想到，这就是大兴安岭深处。而文中作者记下的那些自愿把青春留在这里的建设者们的坚守是一曲曲奉献的颂歌，他们拥有的无悔青春是开发祖国万里边疆无语的丰碑。大兴安岭深处最可宝贵的是这里的人。

山寨静悄悄

和国才

在美丽神奇的西双版纳，我常被那无边无际莽莽苍苍的热带雨林陶醉，为那奇大无比、憨态可掬的野象群着迷，被那高耸入云、直刺蓝天的望天树折服，被那傣族姑娘仪态万方、婀娜多姿的孔雀舞吸引，但最令我激动，最令人久久回味的是僾尼人与自然和谐相处的情景。

从西双版纳州州府景洪到勐伦中国热带植物研究所的路边，有一个叫孔明的僾尼山寨像磁铁一样吸引着我，无论我走到哪里，那秀丽的景象总在眼前浮现。那是一个四五十户人家的小山寨，山寨依山傍水，几十栋褐黑色的三角形屋顶，鳞次栉比，像一群熟睡的婴儿，静静地躺在山水织就的摇篮中，非常协调地与大自然融为一体。寨子前是密密麻麻的热带雨林，寨子的右边还是密不透风的热带雨林；寨子中，除了那几栋房子，剩下的也全是热带雨林，几乎看不到人类生活的痕迹。在雨林中，成千上万种植物竞相生长，它们从地下一直挤到天空，整个林间树叶压着树叶，树枝挽着树枝，树干挤着树干，树根叠着树根，层层叠叠，密密麻麻，连阳光、风都无法到达林中。这些植物生长得都十分夸张，有的火柴棍般细的藤条就有几十米长，有的藤条则如水桶般粗；巨大的豆荚长到一米多长，两三斤重，豆粒如鹅蛋般大；有的树叶就像一把巨大的伞，足有四五平方米宽；有的树根犹如一堵墙，直立在林中；有的则几百条上千条从岩头上一直伸到崖底，就像一道壮观的瀑布；有的树高七八十米直刺云天；有的树粗大无比，几个人也围不拢。有的树根变树，树变根，形成一片林子，号称独木成林。寨子周围没有田地，没有菜园，没有刀砍斧劈的痕迹，甚至连果树也没有。

热带雨林是僾尼人的天然菜园，里边有取之不尽，用之不竭的各种植物供人们享用。这些植物不但营养丰富。而且还有很高的药用价值，他们经常食用这些东西，一个个变得身强力壮。埋在地下的有野山药、野百合、臭参、野萝卜、野魔芋、野芋头；结在树上的有野黄瓜、树菠萝、野山豆、芭蕉花叶；林中水旁还长着竹笋、花椒叶、野韭菜、水蕨菜，各种蘑菇，山树胡子，老芦皮。

热带雨林是最大的天然果园，西双版纳是中国大陆仅有的生长热带野生水果植物的地方，水果资源异常丰富。现在发现的野生热带水果植物有五十多种，如毛荔枝、刺栲、野荔枝、野杨梅、无花果、山季子、蒲桃、大叶藤葱、布渣叶、大奶果、印度栲、曼果、梭子果、酸角、番荔枝、油梨、鸡蛋果、蛋黄果、菠萝、余甘子、龙眼、红毛丹、柚子、橙子、芒果等。这些野生水果都是实生苗，生长旺盛，产量很高，其中有很多是遗传育种方面很有价值的物种资源。生活在这里的僾尼人便是这果的受益者。他们不仅采摘食用，还上街出售。换回一把把的钞票，换回了阿爸爱喝的糯米酒，阿妈爱戴的玉镯子，阿妹喜欢的小花布。僾尼族创世纪民歌《葫芦》中也这样唱道："茫茫森林是我们的家园/豺狼虎豹是我们的家狗/孔雀百鸟是我们的家鸡/满山药草是我们的摇钱树。"

热带雨林是僾尼人的命根子，僾尼人把热带雨林当做像人一样有生命、有感觉的灵物对待，不会随便修整它，无论生产生活都是依自然而行。如盖房子，也不辟土平地，不破自然原貌。他们的住房俗称千脚楼，根据地形，在地上栽上几百根长短不一的木棍，高处短些，低处长些，上边铺上篾巴，大抵就形成了一大块平地，再在上面盖起竹楼，使用的材料也都是从自然林地过密的林中间伐来的。房顶不是用山茅草，就是小石片，柱子、椽子、楼板，墙全是竹子做的，这种竹楼冬暖夏凉，不仅外形与自然融为一体，十分和谐，而且也适合人类居住。不破坏森林，僾尼人连烧柴也不破坏树木，除了在林中捡些干枝枯叶外，他们还在房前屋后的空地种了一种叫"黑心树"的速生木，作为烧柴林。"黑心树"因树心呈黑而得名，学名叫铁刀木。这是树种中生长速度最快的一种，开始，每年可长两米左右，几年后每年长一米多。但砍伐两年后，生长速度加快，每年长三四米，两三年又可以砍伐了。由于它越砍长得越旺，连砍几番后会形成一大篷，僾尼人称它为砍不死。黑心树质地坚硬耐磨，抗虫，可做家具、房梁等。用它做柴烧，易燃耐烧，发热量大，火力猛，炭火好，一家人只要能种上几十棵，烧柴就不成问题了。

我每次路过孔明寨，都要停下车，坐在寨子对面的山头上仔细地观察体味。早上，朝阳映红了寨子，每栋竹楼上炊烟袅袅，人来人往，充满生机，这寨子就像这块热带雨林的心脏，有节律地跳动着，给整个森林提供了无限的活力。中午浓密的森林遮住了火辣辣的日头，整个寨子清风阵阵，流水潺潺。下雨了，千条万条银线直落热带雨林，直落山寨，这时，整个僾尼寨子都变得朦朦胧胧的一片。山寨和森林把无止无尽的雨水毫不保留地吸收了。山寨中流动的小溪还是那样清,还是那么一股,几乎没有变。就像一幅巨大的画像,每看一次都有一次的感觉。第一次看它,只觉得这个山寨的僾尼竹楼鳞次栉比,和绿色在一起,就像丛林中的一片绿叶,很有特色。后来再次看到它。就觉得这个寨子与大自然很好地融为一体,很有诗情画意。再后来,就感到这个寨子没有田地、菜园,连果树也没有,整个村子依山随势而建,一点也没有破坏自然风貌。进而琢磨村民们吃什么菜,烧什么柴,水果问题怎么解决,看着想着,我也慢慢地融到了这片一尘不染、洁净欲滴的土地中。

简评:人要和自然界和睦相处,又要不破坏自然风貌,这是现代社会发展中的难题,这个难题被一个叫孔明的僾尼山寨解决了。这里的热带雨林被保护得很好,就像原始森林那样完整无缺。这里人们盖房,烧火取柴,都以不破坏自然环境为宗旨,想方设法找到一条“捷径”,从而使山寨成了一尘不染,洁净欲滴的土地。文中“我”以外,没有出现其他人物,这是一种“素描式”的散文。

作家谈读书

在中等以上的教育里,经典训练应该是一个必要的项目。经典训练的价值不在实用,而在文化。有一位外国教授说过,阅读经典的用处,就在教人见识经典一番。这是很明达的议论。再说做一个有相当教育的国民,至少对本国的经典,也有接触的义务。

——朱自清:《经典常谈·序》,文光书店1946.5.

莫扎特的造访

赵丽宏

真正的天堂是没有的,所谓天堂,都是梦想幻想或者是人工营造的情境。我曾经在一篇文章里把美妙的音乐比作天堂的声音,听者沉浸在这美妙的音乐中,就好像走到了天堂门口。音乐会把你的灵魂带进人间看不到的神奇世界,其中风光的旖旎和色彩的丰繁,任你怎么夸张地描绘也不会过分。当然,并不是所有的音乐都可以把你引进天堂,音乐家也有烦躁不安的时候,当音乐家把他的烦躁不安化为旋律时,这样的旋律带给你的也可能是烦躁和不安。所以我不可能喜欢一个音乐家的所有作品,包括伟大的贝多芬。但是,有一位音乐家例外,那便是莫扎特。莫扎特往往是漫不经心地站在我的面前,双手合抱在胸前,肩膀斜倚着一堵未经粉刷的砖墙,他微笑着凝视我们全家,把我们带进了他用光芒四射的音符建造的美妙天堂。

既然生活中有这样一个天堂,而且她离我们并不遥远,那么,为什么不经常到天堂里去游览一番呢?而且莫扎特无所不在。此刻,在我写这篇文章的时候,我家的音响中正播放着莫扎特的《F大调第一钢琴协奏曲》。妻子在读一本画报,儿子在做功课,音乐对我们全家都没有妨碍,尤其是像莫扎特第一钢琴协奏曲这样的作品,我们三个人可以在音乐的伴奏下各自做自己的事情。

我曾经告诉儿子,莫扎特写这部作品的时候,还不到十岁。儿子睁大了眼睛,惊奇地问:“真的?他是天才?”

“是的,是天才,他是上帝派到人间传播美妙音乐的天才。”我这样回答儿子。

十岁的莫扎特,心里没有任何阴霾,没有忧伤和恐惧,只有对未来的幻想和憧憬,一切都明丽而鲜亮,莫扎特把童年时代的梦幻都倾吐在他的音乐中了。我喜欢这样的音乐在我周围幽幽地回荡,从钢琴上蹦跳出的音符,轻盈而圆润,犹如一滴滴清澈透明的雨珠,从冥冥的天空中落下来,在宁静的空气中闪烁飘荡,你看不见它们,接不住它们,却真切而优美地感觉到它们的存在,感觉到它们在轻轻地拨动你的心弦。它们滴落在任何地方,都会反弹出清幽脆亮的回声。美妙的旋律无微不至，仿佛是春天的微风从草地上拂过，没有什么能躲过那柔情的手指的抚弄，闭上眼睛你就可以看见那些在微风中颤动的野花，还有在花瓣上滚动的露珠，小小的蝴蝶扇动着它们的彩色翅膀，从这片草叶上，飞到那片草叶上，终于在一朵金黄色的小花上停下来，微微喘息着，让湿润的风吹拂那对美丽的翅膀……

我问儿子，在莫扎特第一钢琴协奏曲的旋律中想到了什么，儿子说："看见一个金头发的孩子在弹琴，他坐在花园里，身边有很大的喷泉，喷出银色的火花，漫天飞舞。"妻子说："我看见一条小溪在绿色的山坡上流淌，溪里都是五彩的石头。"儿子笑着总结："有喷泉，也有小溪，还有春天下雨时在树林里听到的声音。"

说完话，我们仍然自己做自己的事情，除了音乐，家里没有其他声音，然而世界上一切美丽的音响都在我们小小的家中回荡……有莫扎特的音乐陪伴着，家里是多么安静多么好，连阴郁的天气我们也能感受到阳光灿烂的情调。莫扎特，谢谢你的造访。

当然，莫扎特决不像有的人说的那样，他的旋律中永远是快乐和愉悦，仿佛除了欢乐，他没有其他情绪。这怎么可能，莫扎特毕竟不是不食人间烟火的神仙，生活的艰辛和人生的磨难不可避免地也会出现在他的音乐中，只是他从不嚎啕大哭，他永远用优美的声音来表达自己的感情，即便这感情充满了忧郁和哀伤。有一次，听莫扎特的《旋塔德勒五重奏》，一支闲而出神入化的单簧管，在几把提琴的簇拥下，如泣如诉地吹出委婉迷人的旋律。这是莫扎特晚年的作品。儿子评论说："这段音乐，好像有点伤心。"是的，孩子，你听出来了，是有些伤感。虽然和他的其他作品一样优美，但那种无可奈何的伤感情不自禁地从优美的旋律中流露出来。和他的第一钢琴协奏曲相比，这是完全不同的情绪，前者是孩童对世界美妙的期待，后者是一位饱经沧桑的艺术家发自心灵的叹息。都是莫扎特，都是那么清澈纯净，但反差是如此之大。这就是人生的印记，谁也无法超越它们。

"他为什么要写这首曲子?"儿子问我。我告诉他，有一个吹单簧管的音乐家，名字叫施塔德勒的。这是对友情的怀念和歌颂。"哦，莫扎特在想念他的朋友。"儿子自言自语。

人间的友情，难道就是这样蕴涵着深深的忧伤?

单簧管如同一个步履蹒跚的旅人、尽管疲倦劳顿，却依然保持着优雅的姿态。提琴们犹如一群白衣少女，在他身后翩翩起舞，少女们追随着他，他却只顾往前走，不紧不慢，和少女们保持着小小的距离，他们的脚步声汇合成和谐沉稳的节奏……在寒冷、饥饿的窘迫中，真挚高贵的友情是这样一种色彩吗？我在单簧管优雅而踉跄的步履中闭上眼睛，我看见了那个吹单簧管的音乐家，他忘情地吹着，陶醉在一颗高贵的心赠予他的友情的歌声里，温暖的烛光随着音乐的旋律在他的脸上晃动。烛光照射的范围是那么狭窄，听众们都在不远的黑暗之中。黑暗中，莫扎特站在人群的后面，正像我想象的那样，他斜倚在墙上，默默地听他的朋友把涌动在他心中的音符一节又一节地表达出来。在音乐的光芒中，他苍白的脸上显得那么焕然，他的眼睛里闪烁着晶莹的泪珠……美好的音乐不能改变惨淡的人生，然而它们却把无数奇妙的瞬间留在了能听懂这些音乐的灵魂中。哦，莫扎特，你的欢乐和忧伤都是人心中至美的诗篇，喧嚣的噪声永远无法淹没它们。在你的诗篇笼罩下，人心是可以沟通的，不管你是年老还是年轻，不管你说的是何种语言。

儿子刚生下来时，我就让他听音乐，我从我的并不丰富的音乐录音带中挑选了半天，选出的是莫扎特的一组钢琴曲。妻子说："行吗？给他听这样的音乐？"我说："为什么不行？莫扎特不是深不可测，难以接受的。你怀孕的时候，不是也常常听这样的音乐吗？儿子在你的肚子里时，已经听过了，他不会感到陌生。"妻子笑了。当时根本没有什么高级的音响设备，一个很简单的匣式录音机，放在摇篮边，把音量开得很小。音乐就这样在出生不久的儿子耳边响起来。一个遥远的外国人，用亲切的口气，向我们的婴儿描绘起来。一个遥远的外国人，用亲切的口气，向我们的婴儿描绘着他的仙境一般梦幻……儿子安安静静地听着，眼睛睁得很大，望着天空，似乎想在空中找到那美妙旋律的影子。最有意思的是，每当他哭闹时，只要打开录音机，让莫扎特的旋律在他耳边响起来，他立即就会停止啼哭，变得十分安静。他的小手舞蹈般在空中挥动着，仿佛是想抓住飘荡在他耳边的那些奇妙的音乐。他永远抓不住那些奇妙的声音，所以这些声音就越来越奇妙。他常常是听着音乐安然入睡，莫扎特在轻轻地为他催眠……在蒙昧混沌的世界中，有这样的音乐渗入心灵，会怎么样呢？音乐会不会像种子，落进尚未耕耘过的心田中，悄悄地发芽长叶，开出清馨典雅的花朵？

我告诉儿子，莫扎特离开人世时，两袖清风，一无所有，他甚至没有为自己留下买一口棺材的钱。在风雪中，他被不认识的人埋葬在谁也不知道的地方。人们甚至无法在他的墓地上献上一朵小花。

“他为什么那么穷？”儿子的目光里饱含着困惑和不平。

“因为那时音乐不值钱。”我的回答无奈而黯然。

这时，我们的耳边充满了莫扎特的音乐，是他的最后一部交响乐《第四十交响曲》。那是蓝色的海水，平静地冲洗着沙滩，那是人心和天籁的融和，是超越时空的预言，是不死的灵魂在呼唤，天地间回响着那永恒的潮汐，无穷无尽……

“钱算什么！”儿子突然喊道，“钱会烂掉，音乐活在人的心里！”

我和妻子相视一笑。在音乐的流水声中，我们狭小的屋子变得无比宽阔，所有的墙壁都消失了，可以看到最遥远的风景。莫扎特像一个目光平和的天使，在我们的前方翩翩地飘行。我们幻想中所有美丽的地方，他都能引导我们抵达……

简评：本文想象奇特，笔法凝练，有莫扎特的音乐陪伴着，一个三口之家是多么安静、多么美好；让人感动的是，一个遥远的外国人用亲切的口气，向婴儿描绘着他的仙境一般的梦幻，婴儿被打动了，这便是音乐的魅力。贯穿全文的线索是通过“我”与“儿子”的答问，叙述了作者全家对莫扎特作品的痴迷与陶醉，也揭示出音乐家与社会之间的矛盾和冲突，并从中提炼出哲学的思辨：“钱会烂掉，音乐活在人的心里。”

且 观且珍惜

读，既是读书，也是读生活。读多了，思是一件顺理成章的事情。合起来，便是对生活的用心观察。读历史，读人生，读文学，读情趣：读得多了，生命便容纳了比自己亲历的时光丰富得多的内容。思历史，思人生，思文学，思情趣：思得多了，头脑便拥有了比自己亲为的行动厚重得多的深度。且读且思，通达透彻，便是一朵花，一片叶，一只小虫，一滴细雨，看在眼中也是饶有情趣。人生不满百年，却重逾千钧。心有猛虎，细嗅蔷薇。观大千世界，惜似水年华。

“今”

李大钊

我以为世间最可宝贵的就是“今”，最易丧失的也是“今”，因为他最容易丧失，所以更觉得他可以宝贵。

为甚么“今”最可宝贵呢?最好借哲人耶曼孙所说的话答这个疑问:“尔若爱千古，尔当爱现在。昨日不能唤回来，明天还不确实，尔能确有把握的就是今日。今日一天，当明日两天。”

为甚么“今”最易丧失呢?因为宇宙大化，刻刻流转，绝不停留。时间这个东西，也不因为吾人贵他爱他稍稍在人间留恋。试问吾人说“今”说“现在”，茫茫百千万劫，究竟哪一刹那是吾人的“今”，是吾人的“现在”呢?刚刚说他是“今”是“现在”，他早已风驰电掣的一般，已成“过去”了。吾人若要糊糊涂涂把他丢掉，岂不可惜?

有的哲学家说，时间但有“过去”与“未来”，并无“现在”;有的又说，“过去”“未来”皆是“现在”。我以为“过去未来皆是现在”的话倒有些道理。因为“现在”就是所有“过去”流入的世界，换句话说，所有“过去”都埋没于“现在”的里边。故一时代的思潮，不是单纯在这个时代所能凭空成立的，不晓得有几多“过去”时代的思潮，差不多可以说是由所有“过去”时代的思潮，一凑合而成的。

吾人投一石子于时代潮流里面，所激起的波澜声响，都向永远流动传播，不能消灭。屈原的《离骚》，永远使人感泣，打击林肯头颅的枪声，呼应于永远的时间与空间。一时代的变动，绝不消失，仍遗留于次一时代，这样传演，至于无穷，在世界中有一贯相联的永远性。昨日的事件，与今日的事件，合构成数个复杂事件。此数个复杂事件，与明日的数个复杂事件，更合构成数个复杂事件。势力结合势力，问题牵起问题。无限的“过去”，都以“现在”为归宿。无限的“未来”，都以“现在”为渊源。“过去”“未来”的中间，全仗有“现在”以成其连续，以成其永远，以成其无始无终的大实在。一掣现在的铃，无限的过去未来皆遥相呼应。这就是过去未来皆是现在的道理，这就是“今”最可宝贵的道理。

现时有两种不知爱“今”的人：一种是厌“今”的人，一种是乐“今”的人。

厌“今”的人也有两派。一派是对于“现在”一切现象都不满足，因起一种回顾“过去”的感想。他们觉得“今”的总是不好，古的都是好。政治、法律、道德、风俗，全是“今”不如古。此派人唯一的希望在复古。他们的心力全施于复古的运动。一派是对于“现在”一切现象都不满足，与复古的厌“今”派全同。但是他们不想“过去”，但盼“将来”。盼“将来”的结果，往往流于梦想，把许多“现在”可以努力的事业都放弃不做，单是耽溺于虚无飘缈的空玄境界。这两派人都是不能助益进化，并且很足阻滞进化的。

乐“今”的人大概是些无志趣无意识的人，是些对于“现在”一切满足的人，他们觉得所处境遇可以安乐优游，不必再商进取，再为创造。这种人丧失“今”的好处，阻滞进化的潮流，同厌“今”派毫无区别。

原来厌“今”为人类的通性。大凡一境尚未实现以前，觉得此境有无限的佳趣，有无疆的福利；一旦身陷其境，却觉不过尔尔，随即起一种失望的念，厌“今”的心。又如吾人方处一境，觉得无甚可乐；而一旦其境变易，却又觉得其境可恋，其情可思。前者为企望“将来”的动机；后者为反顾“过去”的动机。但是回想“过去”，毫无效用，且空耗努力的时间。若以企望“将来”的动机，而尽“现在”的努力，则厌“今”思想却大足为进化的原动。

乐“今”是一种惰性(inertia)，须再进一步了解“今”所以可爱的道理，全在凭他可以为创造“将来”的努力，决不在得他可以安乐无为。

热心复古的人，开口闭口都是说“现在”的境象若何黑暗，若何卑污，罪恶若何深重，祸患若何剧烈。要晓得“现在”的境象倘若真是这样黑暗，这样卑污，罪恶这样深重，祸患这样剧烈，也都是“过去”所遗留的宿孽，断断不是“现在”造的；全归咎于“现在”，是断断不能受的。要想改变他，但当努力以回复“过去”。

照这个道理讲起来，大实在的瀑流，永远由无始的实在向无终的实在奔流。吾人的“我”，吾人的生命，也永远合所有生活上潮流，随着大实在的奔流，以为扩大，以为继续，以为进转，以为发展。故实在即动力，生命即流转。

忆独秀先生曾于《一九一六年》文中说过，青年欲达民族更新的希望，“必自杀其一九一五年之青年。而自重其一九一六年之青年。”我尝推广其意，也说过人生唯一的蕲向，青年唯一的责任，在“现在青春之我，扑杀过去青春之我;促今日青春之我,禅让明日青春之我。”“不仅以今日青春之我,追杀今日白首之我,并宜以今日青春之我,豫杀来日白首之我。”实则历史的现象,时时流转,时时变易,同时还遗留永远不灭的现象和生命于宇宙之间,如何能杀得?所谓杀者,不过使今日的“我”不仍旧沉滞于昨天的“我”。而在今日之“我”中,固明明有昨天的“我”存在。不止有昨天的“我”,昨天以前的“我”,乃至十年二十年百千万亿年的“我”,都俨然存在于“今我”的身上。然则“今”之“我”,“我”之“今”,岂可不珍重自将为世间造些功德。稍一失脚,必致遗留层层罪恶种子于“未来”无量的人,即未来无量的“我”。永不能消除,永不能忏悔。

我请以最简明的一句话写出这篇的意思来:

吾人在世,不可厌“今”而徒回思“过去”,梦想“将来”,以耗误“现在”的努力;又不可以“今”境自足,毫不拿出“现在”的努力,谋“将来”的发展。宜善用“今”,以努力为“将来”之创造。由“今”所造的功德罪孽,永久不灭。故人生本务,在随实在之进行,为后人造大功德,供永远的“我”享受,扩张,传袭,至无穷极,以达“宇宙即我,我即宇宙”之究竟。

简评:读本文可以和冰心老人的《谈生命》结合起来,一面是生命的普遍规律和表现形式,另一面是“宜善用今以努力为将来之创造”,两位伟人均以自己深刻的思想和独特的睿智告诉我们,无限的过去,都以现在为归宿,无限的未来,都以现在为渊源。尤其是本文的作者,中国共产党创始人之一,经济学教授李大钊先生,从时间的流逝、从历史的发展、从现实和人生诸方面为我们作出了思辨的指点。

女吊

鲁迅

大概是明末的王思任说的罢:“会稽乃报仇雪耻之乡,非藏垢纳污之地!”这对于我们绍兴人很有光彩,我也很喜欢听到,或引用这两句话。但其实,是并不的确的;这地方,无论为那一样都可以用。

不过一般的绍兴人,并不像上海的“前进作家”那样憎恶报复,却也是事实。单就文艺而言,他们就在戏剧上创造了一个带复仇性的,比别的一切鬼魂更美,更强的鬼魂。这就是“女吊”。我以为绍兴有两种特色的鬼,一种是表现对于死的无可奈何,而且随随便便的“无常”,我已经在《朝花夕拾》里得了绍介给全国读者的光荣了,这回就轮到别一种。

“女吊”也许是方言,翻成普通的白话,只好说是“女性的吊死鬼”。其实,在平时,说起“吊死鬼”,就已经含有“女性的”的意思的,因为投缳而死者,向来以妇人女子为最多。有一种蜘蛛,用一枝丝挂下自己的身体,悬在空中,《尔雅》上已谓之“蚬,缢女”,可见在周朝或汉朝,自缢的已经大抵是女性了,所以那时不称它为男性的“缢夫”或中性的“缢者”。不过一到做“大戏”或“目连戏”的时候,我们便能在看客的嘴里听到“女吊”的称呼。也叫作“吊神”。横死的鬼魂而得到“神”的尊号的,我还没有发见过第二位,则其受民众之爱戴也可想。但为什么这时独要称她“女吊”呢?很容易解:因为在戏台上,也要有“男吊”出现了。

我所知道的是四十年前的绍兴,那时没有达官显宦,所以未闻有专门为人(堂会?)的演剧。凡做戏,总带着一点社戏性,供着神位,是看戏的主体,人们去看,不过叨光。但“大戏”或“目连戏”所邀请的看客,范围可较广了,自然请神,而又请鬼,尤其是横死的怨鬼。

所以仪式就更紧张,更严肃。一请怨鬼,仪式就格外紧张严肃,我觉得这道理是很有趣的。

也许我在别处已经写过。“大戏”和“目连”,虽然同是演给神,人,鬼看的戏文,但两者又很不同。不同之点:一在演员,前者是专门的戏子,后者则是临时集会的Amateur——农民和工人；一在剧本，前者有许多种，后者却好歹总只演一本《目连救母记》。然而开场的“起殇”，中间的鬼魂时时出现，收场的好人升天，恶人落地狱，是两者都一样的。

当没有开场之前，就可看出这并非普通的社戏，为的是台两旁早已挂满了纸帽，就是高长虹之所谓“纸糊的假冠”，是给神道和鬼魂戴的。所以凡内行人，缓缓的吃过夜饭，喝过茶，闲闲而去，只要看挂着的帽子，就能知道什么鬼神已经出现。因为这戏开场较早，“起殇”在太阳落尽时候，所以饭后去看，一定要做了好一会了，但都不是精彩的部分。“起殇”者，绍兴人现已大抵误解为“起丧”，以为就是召鬼，其实是专限于横死者的。《九歌》中的《国殇》云：“身既死兮神以灵，魂魄毅兮为鬼雄”，当然连战死者在内。明社垂绝，越人起义而死者不少，至清被称为叛贼，我们就这样的一同招待他们的英灵。在薄暮中，十几匹马，站在台下了；戏子扮好一个鬼王，蓝面鳞纹，手执钢叉，还得有十几名鬼卒，则普通的孩子都可以应募。我在十余岁时候，就曾经充过这样的义勇鬼，爬上台去，说明志愿，他们就给在脸上涂上几笔彩色，交付一柄钢叉。待到有十多人了，即一拥上马，疾驰到野外的许多无主孤坟之处，环绕三匝，下马大叫，将钢叉用力的连连刺在坟墓上，然后拔叉驰回，上了前台，一同大叫一声，将钢叉一掷，钉在台板上。我们的责任，这就算完结，洗脸下台，可以回家了，但倘被父母所知，往往不免挨一顿竹(这是绍兴打孩子的最普通的东西)，一以罚其带着鬼气，二以贺其没有跌死，但我却幸而从来没有被觉察，也许是因为得了恶鬼保佑的缘故罢。

这一种仪式，就是说，种种孤魂厉鬼，已经跟着鬼王和鬼卒，前来和我们一同看戏了，但人们用不着担心，他们深知道理，这一夜决不丝毫作怪。于是戏文也接着开场，徐徐进行，人事之中，夹以出鬼：火烧鬼，淹死鬼，科场鬼(死在考场里的)，虎伤鬼……孩子们也可以自由去扮，但这种没出息鬼，愿意去扮的并不多，看客也不将它当作一回事。一到“跳吊”时分——“跳”是动词，意义和“跳加官”之“跳”同——情形的松紧可就大不相同了。台上吹起悲凉的喇叭来，中央的横梁上，原有一团布，也在这时放下，长约戏台高度的五分之二。看客们都屏着气，台上就闯出一个不穿衣裤，只有一条犊鼻裤，面施几笔粉墨的男人，他就是“男吊”。一登台，径奔悬布，像蜘蛛的死守着蛛丝，也如结网，在这上面钻，挂。他用布吊着各处：腰，胁，胯下，肘弯，腿弯，后项窝……一共七七四十九处。最后才是脖子，但是并不真套进去的，两手扳着布，将颈子一伸，就跳下，走掉了。这“男吊”最不易跳，演目连戏时，独有这一个脚色须特请专门的戏子。那时的老年人告诉我，这也是最危险的时候，因为也许会招出真的“男吊”来。所以后台上一定要扮一个王灵官，一手捏诀，一手执鞭，目不转睛的看着一面照见前台的镜子。倘镜中见有两个，那么，一个就是真鬼了，他得立刻跳出去，用鞭将假鬼打落台下。假鬼一落台，就该跑到河边，洗去粉墨，挤在人丛中看戏，然后慢慢的回家。倘打得慢，他就会在戏台上吊死；洗得慢，真鬼也还会认识，跟住他。这挤在人丛中看自己们所做的戏，就如要人下野而念佛，或出洋游历一样，也正是一种缺少不得的过渡仪式。

这之后，就是“跳女吊”。自然先有悲凉的喇叭；少顷，门幕一掀，她出场了。大红衫子，黑色长背心，长发蓬松，颈挂两条纸锭，垂头，垂头，弯弯曲曲的走一个全台，内行人说：这是走了一个“心”字。为什么要走“心”字呢？我不明白。我只知道她何以要穿红衫。

看王充的《论衡》，知道汉朝的鬼的颜色是红的，但再看后来的文字和图画，却又并无一定颜色，而在戏文里，穿红的则只有这“吊神”。意思是很容易了然的；因为她投缳之际，准备作厉鬼以复仇，红色较有阳气，易于和生人相接近，……绍兴的妇女，至今还偶有搽粉穿红之后，这才上吊的。自然，自杀是卑怯的行为，鬼魂报仇更不合于科学，但那些都是愚妇人，连字也不认识，敢请“前进”的文学家和“战斗”的男士们不要十分生气罢。我真怕你们要变呆鸟。

她将披着的头发向后一抖，人这才看清了脸孔：石灰一样白的圆脸，漆黑的浓眉，乌黑的眼眶，猩红的嘴唇。听说浙东的有几府的戏文里，吊神又拖着几寸长的假舌头，但在绍兴没有。不是我袒护故乡，我以为还是没有好；那么，比起现在将眼眶染成淡灰色的时式打扮来，可以说是更彻底，更可爱。不过下嘴角应该略略向上，使嘴巴成为三角形：这也不是丑模样。假使半夜之后，在薄暗中，远处隐约着一位这样的粉面朱唇，就是现在的我，也许会跑过去看看的，但自然，却未必就被诱惑得上吊。她两肩微耸，四顾，倾听，似惊，似喜，似怒，终于发出悲哀的声音，慢慢地唱道：

奴奴本是杨家女，
呵呀，苦呀，天哪！……

下文我不知道了。就是这一句，也还是刚从克士那里听来的。但那大略，是说后来去做童养媳，备受虐待，终于弄到投缳。唱完就听到远处的哭声，这也是一个女人，在衔冤悲泣，准备自杀。她万分惊喜，要去“讨替代”了，却不料突然跳出“男吊”来，主张应该他去讨。他们由争论而至动武，女的当然不敌，幸而王灵官虽然脸相并不漂亮，却是热烈的女权拥护家，就在危急之际出现，一鞭把男吊打死，放女的独去活动了。老年人告诉我说：古时候，是男女一样的要上吊的，自从王灵官打死了男吊神，才少有男人上吊；而且古时候，是身上有七七四十九处，都可以吊死的，自从王灵官打死了男吊神，致命处才只在脖子上。中国的鬼有些奇怪，好像是做鬼之后，也还是要死的，那时的名称，绍兴叫作“鬼里鬼”。但男吊既然早被王灵官打死，为什么现在“跳吊”，还会引出真的来呢?我不懂这道理，问问老年人，他们也讲说不明白。

而且中国的鬼还有一种坏脾气，就是“讨替代”，这才完全是利己主义；倘不然，是可以十分坦然的和他们相处的。习俗相沿，虽女吊不免，她有时也单是“讨替代”，忘记了复仇。绍兴煮饭，多用铁锅，烧的是柴或草，烟煤一厚，火力就不灵了，因此我们就常在地上看见刮下的锅煤。但一定是散乱的，凡村姑乡妇，谁也决不肯省些力，把锅子伏在地面上，团团一刮，使烟煤落成一个黑圈子。这是因为吊神诱人的圈套，就用煤圈炼成的缘故。散掉烟煤，正是消极的抵制，不过为的是反对“讨替代”，并非因为怕她去报仇。被压迫者即使没有报复的毒心，也决无被报复的恐惧，只有明明暗暗，吸血吃肉的凶手或其帮闲们，这才赠人以“犯而勿校”或“勿念旧恶”的格言，——我到今年，也愈加看透了这些人面东西的秘密。

简评：鲁迅从绍兴“乃报仇雪耻之乡”的历史起笔，刻画了一个复仇女性的形象。以精确、简明的笔触，从形貌、动作、表现和声音诸方面，把一种反迫害、抗邪恶的复仇精神鲜明地表现出来，这个女鬼狞厉的美，像一尊复仇女神，闪耀出神性的光泽，读者仿佛从中看到中国国民情感意识上的一阵闪光亮点，也能体会出作者不妥协、不屈服的个性，同时向他的敌人再度强调：随你们怨恨去，我一个都不宽恕!这是“荷戟独彷徨”的鲁迅韧性的战斗精神宣泄。

黄　昏

季羡林

黄昏是神秘,只要人们能多活下去一天,在这一天的末尾,他们便有个黄昏。但是,年滚着年,月滚着月,他们活下去。有数不清的天,也就有数不清的黄昏。我要问:有几个人觉到过黄昏的存在呢?——

早晨,当残梦从枕边飞去的时候,他们醒转来,开始去走一天的路。他们走着,走着,走到正午,路陡然转了下去。仿佛只一溜,就溜到一天的末尾,当他们看到远处弥漫着白茫茫的烟,树梢上淡淡涂上了一层金黄色,一群群的暮鸦驮着白色飞回来的时候,仿佛有什么东西轻轻地压在他们的心头。他们知道:夜来了。他们渴望着静息;渴望着梦的来临。不久,薄冥的夜色糊了他们的眼,也糊了他们的心。他们在低隘的小屋里忙乱着;把黄昏关在门外,倘若有人问:你看到黄昏了没有?黄昏真美呵。他们却茫然了。

他们怎能不茫然呢?当他们再从屋里探出头来寻找黄昏的时候,黄昏早随了白茫茫的烟的消失,树梢上金色的消失,鸦背上日色的消失而消失了。只剩下朦胧的夜,这黄昏,像一个春宵的轻梦,不知在什么时候漫了来,在他们心上一掠,又不知在什么时候走了。

黄昏走了。走到那里去了呢?——不,我先问:黄昏从那里来的呢?这我说不清。又有谁说得清呢?我不能够抓住一把黄昏,问它到底。从东方么?东方是太阳出的地方。从西方么?西方不正亮着红霞么?从南方么?南方只充满了光和热,看来只有说从北方来的最适宜了。倘若我们想了开去,想到北方的极端,是北冰洋,我们可以在想象里描画出:白茫茫的天地,白茫茫的雪原,和白茫茫的冰山。再往北,在白茫茫的天边上,分不清那是天,是地,是冰,是雪,只是朦胧的一片灰白。朦胧灰白的黄昏不正应当从这里蜕化出来么?

然而,蜕化出来了,却又扩散开去。漫过了大平原,大草原,留下了一层阴影;漫过了大森林,留下了一片阴郁的黑暗;漫过了小溪,把深灰色的暮色溶入琤琮的水声里,水面在阒静里透着微明;漫过了山顶,留给它们星的光和月的光;漫过了小村,留下了苍茫的暮烟……给每个墙角扯下了一片,给每个蜘蛛网网住了一把。以后,又漫过了寂寞的沙漠,来到我们的国土里。我能想像:倘若我迎着黄昏站在沙漠里,我一定能看着黄昏从辽远的天边跑了来,像——像什么呢?是不是应当像一阵灰濛的白雾?或者像一片扩散的云影?跑了来,仍然只是留下一片阴影,又跑了去,来到我们的国土里,随了弥漫在远处的白茫茫的烟,随了树梢上的淡淡的金黄色,也随了暮鸦背上的日色,轻轻地落在人们的心头上,又被人们关在门外了。

但是,在门外,它却不管人们关心不关心,寂寞地,冷落地,替他们安排好了一个幻变的又充满了诗意的童话般的世界,朦胧,微明,正像反射在镜子里的影子,它给一切东西涂上银灰的梦的色彩。牛乳色的空气仿佛真牛乳似的凝结起来。但似乎又在软软地黏黏地浓浓地流动里。它带来了阒静,你听:一切静静的,像下着大雪的中夜。但是死寂么?却并不,再比现在沉默一点,也会变成坟墓般的死寂。仿佛一点也不多,一点也不少,幽美的轻适的阒静软软地黏黏地浓浓地压在人们的头,灰的天空像一张薄幕;树木,房屋,烟纹,云缕,都像一张张的剪影,静静地贴在这幕上。这里,那里,点缀着晚霞的紫曛和小星的冷光。黄昏真像一首诗,一支歌,一篇童话;像一片月明楼上传来的悠扬的笛声,一声缭绕在长空里亮唳的鹤鸣;像陈了几十年的绍酒;像一切美到说不出来的东西。说不出来,只能去看;看之不足,只能意会;意会之不足,只能赞叹。——然而却终于给人们关在门外了。

给人们关在门外,是我这样说么?我要小心,因为所谓人们,不是一切人们,也绝不会是一切人们的。我在童年的时候,就常常呆在天井里等候黄昏的来临。我这样说,并不是想表明我比别人强。意思很简单,就是:别人不去,也或者是不愿意去这样作。我(自然也还有别人)适逢其会地常常这样作而已。常常在夏天里,我坐在很矮的小凳上,看墙角里渐渐暗了起来,四周的白墙上也布上了一层淡淡的黑影。在幽暗里,夜来香的花香一阵阵地沁入我的心里。天空里飞着蝙蝠。檐角上的蜘蛛网,映着灰白的天空,在朦胧里,还可以数出网上的线条和黏在上面的蚊子和苍蝇的尸体。在不经意的时候蓦地再一抬头,暗灰的天空里已经嵌上闪着眼的小星了。在冬天,天井里满铺着白雪。我蜷伏在屋里。当我看到白的窗纸渐渐灰了起来,炉子里在白天里看不出颜色来的火焰渐渐红起来、亮起来的时候。我也会知道:这是黄昏了。我从风门的缝里望出去:灰白的天空,灰白的盖着雪的屋顶。半弯惨淡的凉月印在天上,虽然有点儿凄凉;但仍然掩不了黄昏的美丽。这时,连常常坐在天井里等着它来临的人也不得不蜷伏在屋里。只剩了灰濛的雪色伴了它在冷清的门外,这幻变的朦胧的世界造给谁看呢?黄昏不觉得寂寞么?

但是寂寞也延长不多久。黄昏仍然要走的。李商隐的诗说:“夕阳无限好,只是近黄昏。”诗人不正慨叹黄昏的不能久留吗?它也真地不能久留,一瞬眼,这黄昏,像一个轻梦,只在人们心上一掠,留下黑暗的夜,带着它的寂寞走了。

走了,真的走了。现在再让我问:黄昏走到哪里去了呢?这我不比知道它从哪里来的更清楚。我也不能抓住黄昏的尾巴,问它到底。但是,推想起来,从北方来的应该到南方去的罢。谁说不是到南方去的呢?我看到它怎样走的了。——漫过了南墙;漫过了南边那座小山,那片树林;漫过了美丽的南国。一直到辽旷的非洲。非洲有耸峭的峻岭;岭上有深邃的永古苍暗的大森林。再想下去,森林里有老虎——老虎?黄昏来了,在白天里只呈露着淡绿的暗光的眼睛该亮起来了罢。像不像两盏灯呢?森林里还该有莽苍葳蕤的野草,比人高。草里有狮子,有大蚊子,有大蜘蛛,也该有蝙蝠,比平常的蝙蝠大。夕阳的余晕从树叶的稀薄处,透过了架在树枝上的蜘蛛网,漏了进来,一条条的灿烂的金光,照耀得全林子里都发着棕红色,合了草底下毒蛇吐出来的毒气,幻成五色绚烂的彩雾。也该有萤火虫罢。现在一闪一闪地亮起来了,也该有花;但似乎不应该是夜来香或晚香玉。是什么呢?是一切毒艳的恶之花。在毒气里,不正应该产生恶之花吗?这花的香慢慢溶入棕红色的空气里,溶入绚烂的彩雾里。搅乱成一团;滚成一团暖烘烘的热气。然而,不久这热气就给微明的夜色消溶了。只剩一闪一闪的萤火虫,现在渐渐地更亮了。老虎的眼睛更像两盏灯了。在静默里瞅着暗灰的天空里才露面的星星。

然而,在这里,黄昏仍然要走的。再走到那里去呢?这却真地没人知道了。——随了淡白的疏稀的冷月的清光爬上暗沉沉的天空里去么?随了眨着眼的小星爬上了天河么?压在蝙蝠的翅膀上钻进了屋檐么?随了西天的晕红消溶在远山的后面么?这又有谁能明白地知道呢?我们知道的,只是:它走了,带了它的寂寞和美丽走了,像一丝微飔,像一个春宵的轻梦。

走了,——现在,现在我再有什么可问呢?等候明天么?明天来了,又明天,又明天。当人们看到远处弥漫着白茫茫的烟,树梢上淡淡涂上了一层金黄色,一群群的暮鸦驮着日色飞回来的时候，又仿佛有什么东西压在他们的心头，他们又渴望着梦的来临。把门关上了。关在门外的仍然是黄昏，当他们再伸头出来找的时候，黄昏早已走了。从北冰洋跑了来，一过路，到非洲森林里去了。再到，再到哪里，谁知道呢?然而，夜来了:漫漫的漆黑的夜，闪着星光和月光的夜，浮动着暗香的夜……只是夜，长长的夜，夜永远也不完，黄昏呢?——黄昏永远不存在在人们的心里的。只一掠，走了，像一个春宵的轻梦。

简评:这是一篇轻盈幽婉的乐章。黄昏，“只一掠，走了，像一个春宵的轻梦。”则是反复咏唱的主旋律，澄清幽婉的心灵追寻着美丽而寂寞的黄昏的踪迹，又将发现的多彩多姿的画卷付诸柔丽轻妙的文笔，“远处弥漫着白茫茫的烟，树梢上淡淡涂上了一层金黄色，一群群的暮鸦驮着日色飞回来”则是反复出现的意象，作者感慨人们对美丽黄昏的漠然，“半弯惨淡的凉月印在天上，虽然有点儿凄凉，但仍然掩不了黄昏的美丽”。在这样一串美丽的意象后面，闪动着一双明亮的眼睛，流溢出好奇、欣赏而又略带忧郁的目光。“黄昏”真像一首诗、一支歌、一篇童话，真是意兴遄飞，很是难得。

作家谈读书

我学国文也是先由看小说着手。读课外书是辅助国文，国文课内所讲述的对于作品的欣赏分析，犹如一把尺，你可以运用它去衡量课外读物，老师在课堂里所讲的，就是要你们对于“尺”的运用，能够熟练，能够正确起来。

——龙正大，1948年.

匆 匆

朱自清

燕子去了,有再来的时候;杨柳枯了,有再青的时候;桃花谢了,有再开的时候。但是,聪明的,你告诉我,我们的日子为什么一去不复返呢?——是有人偷了他们罢:那是谁?又藏在何处呢?是他们自己逃走了罢:现在又到了哪里呢?

我不知道他们给了我多少日子;但我的手确乎是渐渐空虚了。在默默里算着,八千多日子已经从我手中溜去;像针尖上一滴水滴在大海里,我的日子滴在时间的流里,没有声音,也没有影了。我不禁头涔涔而泪潸潸了。

去的尽管去了,来的尽管来着;去来的中间,又怎样地匆匆呢?早上我起来的时候,小屋里射进两三方斜的太阳。太阳他有脚啊,轻轻悄悄地挪移了;我也茫茫然跟着旋转。于是——洗手的时候,日子从盆里过去;吃饭的时候,日子从饭碗里过去;默默时,便从凝然的双眼前过去。我觉察他去的匆匆了,伸出手遮挽时,他又从遮挽着的手边过去,天黑时,我躺在床上,他便伶伶俐俐地从我身上跨过,从我脚边飞去了。等我睁开眼和太阳再见,这算又溜走了一日。这掩着面叹息。但是新来的日子的影儿又开始在叹息里闪过了。

在逃去如飞的日子里,在千门万户的世界里的我能做些什么呢?只有徘徊罢了,只有匆匆罢了;在八千多日的匆匆里,除徘徊外,又剩些什么呢?过去的日子如轻烟,被微风吹散了,如薄雾,被初阳蒸融了;我留着些什么痕迹呢?我可曾留着像游丝样的痕迹呢?我赤裸裸来到这世界,转眼也将赤裸裸地回去罢?但不能平的,为什么偏要白白走这一遭啊?

你聪明的,告诉我,我们的日子为什么一去不复返呢?

简评:这是作者一首著名的散文诗。人生苦短,时光不再,这是历代文学作品咏叹的主题,朱自清如何抒写这种情怀的呢?先以古诗起兴引发时光不再的感慨,然后以诗化的语言化抽象为具体,把内心的感喟化为可感的形象,对过去、现在和未来进行反思、深省,抒写内心的感奋与不甘。文章看似一挥而就,实际上仍体现出朱自清散文构思巧妙的特点,连珠炮似的问句不仅造成时日匆匆的紧迫感,也牵引着全文的发展,启迪读者思考。

笑

冰　心

雨声渐渐的住了，窗帘后隐隐的透进清光来。推开窗户一看，呀!凉云散了，树叶上的残滴，映着月儿，好似萤光千点，闪闪烁烁的动着。——真没想到苦雨孤灯之后，会有这么一幅清美的图画!

凭窗站了一会儿，微微的觉得凉意侵人。转过身来，忽然眼花缭乱，屋子里的别的东西，都隐在光云里；一片幽辉，只浸着墙上画中的安琪儿。——这白衣的安琪儿，抱着花儿，扬着翅儿，向着我微微的笑。

"这笑容仿佛在哪儿看见过似的，什么时候，我曾……"我不知不觉的便坐在窗口下想，——默默的想。

严闭的心幕，慢慢的拉开了，涌出五年前的一个印象。——一条很长的古道。驴脚下的泥，兀自滑滑的。田沟里的水，潺潺的流着。近村的绿树，都笼在湿烟里。弓儿似的新月，挂在树梢。一边走着，似乎道旁有一个孩子，抱着一堆灿白的东西。驴儿过去了，无意中回头一看。——他抱着花儿，赤着脚儿，向着我微微的笑。

"这笑容又仿佛是哪儿看见过似的!"我仍是想——默默的想。

又现出一重心幕来，也慢慢的拉开了，涌出十年前的一个印象。——茅檐下的雨水，一滴一滴的落到衣上来。土阶边的水泡儿，泛来泛去的乱转。门前的麦垄和葡萄架子，都濯得新黄嫩绿的非常鲜丽。——一会儿好容易雨晴了，连忙走下坡儿去。迎着看见月儿从海面上来了，猛然记得有件东西忘下了，站住了，回过头来。这茅屋里的老妇人——她倚着门儿，抱着花儿，向着我微微的笑。

这同样微妙的神情，好似游丝一般，飘飘漾漾的合了拢来，绾在一起。

这时心下光明澄静，如登仙界，如归故乡。眼前浮现的三个笑容，一时融化在爱的调和里看不分明了。

简评：冰心"爱的哲学"以童心、母爱和自然为基石。本文可以说就是"爱的哲学”的诗意盎然的文学表达。为着追求一个理想的天国般的境界，所以字里行间孕满了女性的温柔和美丽的境界，只有像冰心这样一个才情横溢、沉没在爱的世界里的无忧无虑的才女才创造得出，三个“微微的笑”为主线，共同成就了一个圣洁美好的世界。这年冰心21岁。

作家谈读书

教育家夏丏尊、叶圣陶1926年给开明书店立下五条社规：

（1）礼拜六派的小说不出。（出现于民国初年的文学流派，宣扬游戏的、消遣的趣味主义文学）

（2）武侠小说不出。

（3）以应付升学考试为目的的升学指南、辅导教材、复习题、解答题之类的书籍不出。

（4）速成法之类的书不出。

（5）描写词典不出。

鹰之歌

丽　尼

黄昏是美丽的。我忆念着那南方的黄昏。

晚霞如同一片赤红的落叶坠到铺着黄尘的地上,斜阳之下的山冈变成了暗紫,好像是云海之中的礁石。

南方是遥远的;南方的黄昏是美丽的。

有一轮红日沐浴着在大海之彼岸;有欢笑着的海水送着夕阳的渔船。

南方,遥远而美丽的!

南方是有着榕树的地方,榕树永远是垂着长须,如同一个老人安静地站立,在夕暮之中作着冗长的低语,而将千百年的过去都埋在幻想里了。

晚天是赤红的。公园如同一个废墟。鹰在赤红的天空之中盘旋,作出短促而悠远的歌唱,

嘹唳地,清脆地。

鹰是我所爱的。它有着两个强健的翅膀。

鹰的歌声是嘹唳而清脆的,如同一个巨人底口在远天吹出了口哨。而当这口哨一响着的时候,我就忘却我底忧愁而感觉兴奋了。

我有过一个忧愁的故事。每一个年青的人都会有一个忧愁的故事。

南方是有着太阳和热和火焰的地方。而且,那时,我比现在年青。

那些年头!啊,那是热情的年头!我们之中,像我们这样大的年纪的人,在那样的年代,谁不曾有过热情的如同火焰一般的生活?谁不曾愿意把生命当作一把柴薪,来加强这正在燃烧的火焰?有一团火焰给人们点燃了,那么美丽地发着光辉,吸引着我们,使我们抛弃了一切其他的希望与幻想,而专一地投身到这火焰中来。

然而,希望,它有时比火星还容易熄灭。对于一个年青人,只须一个刹那,一整个世界就会从光明变成了黑暗。

我们曾经说过:“在火焰之中锻炼着自己”;我们曾经感觉过一切旧的渣滓都会被铲除,而由废墟之中会生长出新的生命,而且相信这一切都是不久就会

成就的。

然而，当火焰苦闷地窒息于潮湿的柴草，只有浓烟可以见到的时候，一刹那间，一整个世界就变成黑暗了。

我坐在已经成了废墟的公园看着赤红的晚霞，听着嘹唳而清脆的鹰歌，然而我却如同一个没有路走的孩子，凄然地流下眼泪来了。

"一整个世界变成了黑暗：新的希望是一个艰难的生产。"

鹰在天空之中飞翔着了，伸展着两个翅膀，倾侧着，回旋着，作出了短促而悠远的歌声，如同一个信号。我凝望着鹰，想从它底歌声里听出一个珍贵的消息。

"你凝望着鹰么？"她问。

"是的，我望着鹰，"我回答。

她是我底同伴，是我三年来的一个伴侣。

"鹰真好，"她沉思地说了，"你可爱鹰？"

"我爱鹰的。"

"鹰是可爱的。鹰有两个强健的翅膀，会飞，飞得高，飞得远，能在黎明里飞，也能在黑夜里飞。你知道鹰是怎样在黑夜里飞的么？是像这样飞的，你瞧，"说着，她展开了两只修长的手臂，旋舞一般地飞着了，是飞得那么天真，飞得那么热情，使她底脸面也现出了夕阳一般的霞彩。

我欢乐底笑了，而感觉了兴奋。

然而，有一次夜晚，这年青的鹰飞了出去，就没有再看见她飞了回来。一个月以后，在一个黎明，我在那已经成了废墟的公园之中发现了她底被六个枪弹贯穿了的身体，如同一只被猎人从赤红的天空击落了下来的鹰雏，披散了毛发在那里躺着了。那正是她为我展开了手臂而热情地飞过的一块地方。

我忘却了忧愁，而变得在黑暗里感觉奋斗了。

南方是遥远的，但我忆念着那南方的黄昏。

南方是有着鹰歌唱的地方，那嘹唳而清脆的歌声是会使我忘却忧愁而感觉奋兴的。

简评：鹰，作为一种象征，一种意象，屡屡出现在古今中外的文章诗句中。本文，未见鹰的踪迹，我们已先被作者笔下南方黄昏景象迷住了：晚霞如赤红的落叶;红日沐浴在海中,欢笑的海水,夕阳的渔船;仿佛站立了千年的老榕树。大肆的渲染之后,鹰出现了!何其壮美的一幅图画。这幅图画一定在作者的脑海里刻得很深很深,因为它与我曾经有过的“一个忧愁的故事”紧紧连在一起。诗一般的语言抒写了作者的一段恋情,作者不忘南方的谜揭开了。

作家谈读书

网络为优化学生学习方式提供了空前有利的条件,网络可以为变革语文学习方式发挥巨大作用。网络上的讨论与现实中“面对面”的讨论至少有三点不同。一是比较从容。所发表的意见不会稍纵即逝,大家来得及对别人的观点进行思考。二是比较宽松。个性不同的各类学生均便于参与,即使内向的孩子也无“羞赧”之虞。三是“学生资源”充分共享。学生提交的帖子均被保存,可以随时观摩,互相激励。当然,网上学习并不能解决一切问题,应当把网上学习和现实学习有机结合起来。解决某些共性问题,在师生面对面的情况下效果会更明显;而满足个性化的学习需要,是网络学习之所长。二者整合,构建有益于自主、合作、探究学习的新型教学环境,是使网络成为变革语文学习方式“助推器”的关键。

——顾德希:《网络可以成为变革语文学习方式的助推器》,《基础教育课程》2010.8.

大自然的礼赞

李长之

世界不是荒凉的。我们感觉没有人的时候，另外却另有别的令我们向往的东西，而且这种东西却一定存在。仿佛一个堂皇伟大、神秘而崇高的剧场吧，观众是愚妄的，这不要紧，因为他们可以散去，戏曲是鄙俗的，这不要紧，因为可以改，脚色平凡，这也仍然能令人忍耐下去，因为可以希望有更不平凡的来代替，所有这些失望的痛苦，和不甘于失望，又追求新的幻影和疲劳，我们都为一点补偿了，也就是多多少少是一种慰藉了，因为剧场总是好的，一切靠不住，剧场靠得住，剧场却比较悠久些。

这剧场就是大自然。一切变，大自然不变，这剧场永远是堂皇，伟大，神秘，崇高的。观众，戏曲，脚色，都渺小吧，这剧场却越发庄严。戏散了，这剧场也依然巍峨地矗立着。

所以，只要没忘掉这剧场的人，他是可以心平气和下去的，并且也不会寂寞。

有谁感到没有归宿的么?到大自然里去。

最不自量，而又最不安分的动物，恐怕只有人类吧。人类企求一切，而超越了实际的能力。大自然在这地方却恰是人类的母亲，她不会打消孩子们的梦的，虽然早知道那是梦，她却只用种种暗示，种种比喻，种种曲折而委婉的辞令，让人们自己去觉悟。在人们的能力限度以内，她却又鼓舞人们，完成人们，务在把人们所仅有的一点能力，去作一些最善的发挥。

大自然有种种规则，是剧场吧，有剧场的规矩，作母亲呢，也有母亲的教导之方。不过人们不容易知道。熟悉剧场的人，自然会熟悉剧场的规矩。一个母亲的爱恶，也常是不能明白地说出来的，但是一个骄儿会恰恰符合了母亲的意向。

大自然的骄儿就是天才。大自然永远爱护天才，她有种种设计，是让天才完成自己，虽然不必事先告诉。歌德，屈原，李白，康德，贝多芬，曹雪芹，高尔基，达文西，这都是在大自然的爱护之下，而完成了自己的。

大自然往往给她的骄儿一种伟大课题，以课题为重，大自然便不惜给她的骄儿以种种的或甘或苦的经历，几乎不能胜任。她不溺爱，可是她对于她的子孙并不平等。

愚妄的人们，对她是可以怨尤的，然而她不管，她呈现给愚妄的人们的，就是驳杂，混乱，她不求愚妄的人们的了解，也因为他们不能了解。

大自然在天才们的眼前，却是和悦的，她那条理和秩序，完全启示于天才。

天才没有不了解大自然的，大自然对天才，也永不会不爱护。

大自然，有情感，也有意志。她不盲目，也不麻木。她不是没有智慧，她的智慧乃是溶化于情感、意志之中。情感最可靠，大自然是任情感的，一如她所爱护的天才然。

她不但任情感，而且喜欢表现出来，你就看浓绿如油的春水吧，这是她的情感的表现，高空淡远的秋云呢，也是她情感的表现。她处处在流露，她处处似乎情不自禁。

大自然是感官的，是色相的。她忘不掉美，丑的出现，只是在人们对于美的破坏之际。她要点缀一切，她要种种色调，而且那色调要纯粹，要单一，你瞧吧，雪，红叶，云，秋霁的文岚，夏木的浓荫……

大自然就是艺术家。音乐和绘画，她天天在创造。人间一切艺术，不过是大自然的艺术的副本。在人们忘掉，或者忽视了大自然的艺术的时候，往往是人间艺术堕落的时候，一旦携手，那才可以抬头。

艺术家必有意匠，大自然的意志就表现在她创造的艺术品的意匠里。大自然的意志是生，所以所有大自然的艺术，是生的表现的艺术。和这不相连的，只有人间的天才。

大自然，天才，艺术，是宇宙间最永恒的，最伟大的，最庄严的。然而这一切源于大自然的，因作大自然礼赞。

简评：自然真是值得礼赞的，它孕育人们永恒伟大的艺术和天才，它提供给人们一个永恒的剧场。“大自然，有感情，也有意志。她不盲目，也不麻木。”我们都是自然的孩子，我们不一定都成为自然的骄儿天才，但是，我们应该尽量地去了解自然，从自然中学生存的艺术，学会“诗意的栖居”，那时“人与自然的结合都退至艺术的深处，那里浸润着一切生长者的根”（里尔克语）。这是现代著名文学评论家对大自然的一种深远的哲理思考。

阴

杨　绛

一棵浓密的树，站在太阳里，像一个深沉的人，面上耀着光，像一脸的高兴，风一吹，叶子一浮动，真像个轻快的笑脸，可是叶子下面，一层暗一层，绿沉沉的郁成一团幽静，像在沉思，带些忧郁，带些恬适。松柏的阴最深最密，不过没有梧桐树胡桃树的阴广大，荫蔽得多少地亩。因为那干儿高，树枝奇怪的盘折着，针叶紧聚在一起，阴不宽，而且叫人觉得严肃。疏疏的杨柳，筛下个疏疏的影子，阴很浅，像闲适中的清愁。几茎小草，映着太阳，草上的光和漏下地的光闪耀着，地下是错杂的影子，光和阴之间，郁着一团绿意，像在低头凝思。

一根木头，一块石头，在太阳里也撒下个影子。影子和石头木头之间，也有一片阴，可是太小，太简单了，只看见影子，觉不到那阴。墙阴大些，屋阴深些，不像树阴清幽灵动，却也有它的沉静，像一口废井，一潭死水般的静，只是没有层叠变化的意味，除非在夜色中，或者清晓黄昏，地还罩在夜的大阴里，那时候，墙阴屋角，若有若无的怀着些不透的秘密。

可是那不单是墙阴屋阴了，那是墙阴屋阴又罩上了夜的阴。

山阴又宽坦了，有不平的起伏，杂乱的树木。光从山后过来，捎过树林石头和起伏的地面，立刻又幻出浓浓淡淡多少层的光和影，随着阳光转动，在变换形状，变动位置。山的阴是这般复杂，却又这般坦荡，只是阴不浓密，不紧聚，很散漫的。

烟有影子，云有影子。烟的影子太稀薄，没阴。大晴天，几团云浮过，立刻印下几块黑影，来不及有阴，云又过去了，够笼罩整片的地，整片的海。于是天好像给塞没了。晦霾中，草像凄恻，树像落寞，山锁着幽郁，海压着愤恨，城市都没在烟尘里，回不过气的样儿，沉闷得叫人发狂，却又不让发狂，重重的镇住在沉闷里，像那棵树，落寞的裹在一重皮壳里，像那草，乏弱得没有了自己，只觉得凄恻。不过浓阴不能持久，立刻会变成狂风大雨。持久的阴，却是漠漠轻阴。阴得这般透明，好像谁望空抛了一匹轻纱，软薄得飏在风里，虽然撩拨不开，却又飘忽得捉摸不住。恰似初解愁闷的少年心情。愁在哪里?并不能找出个影儿。

缺少着什么?自己也不分明。蒙在那淡淡的阴里,不是愁闷,不是快活,清茶似的苦中带些甜味。风一吹,都吹散了。吹散了么?太阳并没出来,还是罩在轻阴里。

夜,有人说是个黑影。可是地的圆影,在月亮上,或是在云上,或是远远的投射在别的星球上。夜,是跟着那影子的一团大黑阴。黑阴的四周,渗进了光,幻出半透明的朝暮。在白天,光和影包裹着每件东西。靠那影子,都悄悄的怀着一团阴。在日夜交接的微光里,一切阴模糊了,渗入了夜的阴,加上一层神秘。渐渐儿,树影,草阴,墙阴,屋阴,山的阴,云的阴,都无从分辨了。夜消融了所有的阴,像树木都烂成了泥,像河流归入了大海。

简评:散文中写花鸟虫鱼的很多,描写“阴”的真是凤毛麟角。“阴”是一种常见的自然现象,表现在具体的事物上,各不相同。作者犹如一个悠闲的品茶人,慢悠悠地只说些阴和影子的闲话,写下这一段神思飞动轻灵文字。首先是作者的细致观察和与众不同的感受,“一棵浓密的树,站在太阳里,像一个沉思的人。”生动的姿态并赋予了人的性格。接下来以轻快的笔调描写了大量的阴:“松柏的阴”、“梧桐树胡桃树的阴”,就连“一根木头、一块石头”也“在太阳里撒下了影子”。最后的“在日夜交接的微光里,一切阴都笼罩在大地的阴里,蒙上了一层神秘。”作者写下的这些自然界的现象,但似乎所要表达的又不仅仅于此,而是更深层次地引发读者对人性的思考,对朦胧而又神秘的宇宙力量的思考。

黄　昏

何其芳

马蹄声，孤独又忧郁地自远至近，洒落在沉默的街上如白色的小花朵。我立住。一乘古旧的黑色马车，空无乘人，纡徐地从我身侧走过。疑惑是载着黄昏，沿途散下它阴暗的影子，遂又自近至远地消失了。

街上愈荒凉。暮色下垂而合闭，柔和地，如从银灰的归翅间坠落一些慵倦于我心上。我傲然，耸耸肩，脚下发出凄异的长叹。

一列整饬的宫墙漫长地立着。不少次，我以目光叩问它，它以叩问回答我：

——黄昏的猎人，你寻找着什么？

狂奔的猛兽寻找着壮士的刀，美丽的飞鸟寻找着牢笼，青春不羁之心寻找着毒色的眼睛。

我呢？

我曾有一些带伤感之黄色的欢乐，如同三月的夜晚的微风飘进我梦里，又飘去了。我醒来，看见第一颗亮着纯洁的爱情的朝露无声地坠地。我又曾有一些寂寞的光阴，在幽暗的窗子下，在长夜的炉火边，我紧闭着门而它们仍然遁逸了。我能忘掉忧郁如忘掉欢乐一样容易吗？

小山巅的亭子因暝色天空的低垂而更圆，而更高高地耸出林木的葱茏间，从它我得到仰望的惆怅。在渺远的昔日，当我身侧尚有一个亲切的幽静的伴步者，徘徊在这山麓下，曾不经意地约言：选一个有阳光的清晨登上那山巅去。但随后又不经意地废弃了。这沉默的街，自从再没有那温柔的脚步，遂日更荒凉，而我，竟惆怅又怨抑地，让那亭子永远秘藏着未曾发掘的快乐，不敢独自去攀登我甜蜜的想像所萦系的道路了。

简评：黄昏，是作者对中国传统文化与传统美学境界认同的一个方式，也内化成了他自身生命的一种颜色，一种境界。“夕阳西下，断肠人在天涯。”是黄昏唤醒了人的孤独体验、还是孤独的人对黄昏别有钟情，可能二者是互依互存的。总之，何其芳跨进了这么一个孤独的黄昏。有关资料证明，这孤独的渊源，是他的初恋。

错误让我如此美丽

林　鸣

我有两位性格迥异的挚友。

一个没完没了地惹祸,被众人讥为"三分钟一个主意"。少年时骑自行车去内蒙古探险,险些叫狼叼了去;曾上过战场,枪炮一响,吓尿了裤子。面对不断的打击和挫折,他每回都能踉跄着爬起来。一连串磕头绊腿的生活经历倒像勋章,挂在他相当自信的胸前。奇怪,这盏并不省油的灯,不仅事业小成,在人群中还是个受欢迎的人物。

另一位则乖得很:从幼儿园、上学到工作单位一直担任领导职务,每天洗脸,不讲脏话,从不擅自去运河游泳,上课不说话,开会不打盹,家中收藏最多的就是他历年所得的镜框奖状,现为公认的副局级好人。然而副局级好人也有苦恼,一次听他吐了句真言:一生像一张白纸,没感觉,没劲。由于他的婚姻是遵父母之命而来,现在儿子都上街打酱油了,他连一次"我爱你"也没对老婆说过。上回两口子吵架,这位仁兄按捺不住,平生头回口中带出个脏字儿。事后,他怪新鲜地悄悄介绍体会:嘿,别说,骂人真的挺痛快!

第一只猿猴"错误"地下树直立行走,所以今天的人类才不用趴着敲电脑;尼克松总统"错误"地偏离当时美国的既定政策,于是叩开中美关系的大门。自古以来,无论科技政治,柴米油盐,因意外或错误而发现并促进社会前进的例子多多。错误也分上中下三等,笨蛋级的错误,每日里人人在犯。惟独悟性极高的高手,才有资格犯下高层次的错误。这类错误的发生,则意味着创新的又一抹曙光。

错过了犯错误的年龄,也是错误。读过港报一篇感人至深的文章,一位得知自己不久于人世的老者写道:"如果我可以从头活一次,我要尝试更多的错误,我不会再事事追求完美。"

然而,我们仍在一厢情愿地制造着完美。为了少出错儿,智者热衷在人间设置条条框框,然后再将大家的鞋带系在上面,那叫一颗健康的心如何奔跑?日前欣赏到一奇文,四言诗体裁,好像叫什么新时代儿童道德准则。整整齐齐一大张，一条条地将做人的高风亮节啰嗦个遍，满篇旧时《女儿经》的滥腔调。最后，谆谆教导孩子应该条条做到。暂且不论新时代有无培养呆头圣人的必要，只斗胆问一句作者：小的时候，您没惹妈生气？现在您老恁大岁数，究竟落实几条几款？正如北京的一位大妈早起遛弯儿，正逢附近小学校举行升旗仪式，学生们阵容整齐，齐刷刷向国旗敬礼。她扭头瞥见队尾的老师们，或蹲着，或叉腰，正菜咸醋酸地侃得欢实呢。老人感动之余，添了些气不顺。

活着是美丽的，工作着是美丽的，必要时，犯错误亦不失为一种美丽。正如一辈子不离开地面，自然避开溺水的危险。但只有经历呛水和疲惫，才能领略另类生活的风采和快乐。

简评：我们常常为了完美，为了避免错误而过分循规蹈矩，谨小慎微，甚至不惜泯灭个性，拒绝独立思考，丧失宽容和幽默感等极为重要的品质，这样的完美，这样的无过错有多大意义呢？错误是真理之友，上帝才是真理之敌。有了此等认识，再来看待别人的错误，当然也包括自己的，恐怕要坦然得多。

作家谈读书

我们如果希望学生对于国文一门有一点确实的心得，除非把“被动听讲”改成“自动阅读”不可。……学生的研究精神和讨论兴趣，须由教员慢慢地培养。

——朱经农，1924年

虫豸小品

刘　征

戏　虎

马戏台上出现五只白虎，雌的雄的，老的少的，无不狰狞威猛，令人望而色变。他们的天灵盖上都有一个黑毛聚成的“王”字，无异于奉天承运的丹书铁券。

驯虎士，一手电棍，一手肉块。但见他指手画脚，又是大声吆喝，又是柔声劝诱。那虎呢，居然善解人意，一会儿蹲坐，一会儿人立，一会儿打滚，一会儿跳舞，一会儿越障碍，一会儿钻火圈，一会儿两虎拥抱，一会儿众虎搭肩。五只虎都如同被抽去了魂魄，柔软如面团，顺从如婢女，娇媚如猫咪，匍匐如叭儿狗。山林之王，一啸而大风起，一跳而万木偃，身上的一点腥气足令百兽发抖，那种威风竟然扫地以尽。

我没感到一点开心，只感到悲哀。我仿佛看到古今英雄的失落和胜利，两者同样可悲可惨，崇高和壮烈竟如儿戏。我期待猛虎复归山林，腾跃怒吼。那是虎的真魂。

悼　鸡

市场上摆着一笼活鸡，现卖现宰，是真正活的。

竹篦编的鸡笼里挤满二三十只鸡，毛色不同，老嫩肥瘦各异。鸡笼旁边放着明晃晃的屠刀和一锅沸水，还有盛鸡毛的筐和接血的盆子。但鸡们对笼外的事不加理睬，正忙着笼内的争斗。

你看，有的鸡在争夺方寸之地，终于挤走他鸡，多了一点站脚的地方；有的鸡在争风吃醋，打斗得血肉横飞。可是忽然笼门打开，伸进一只人类的大手，把鸡小姐抓去了。一边抓，一边有个声音说：“保证是今年的小母鸡，没下过蛋的。”砰的一声，笼门又紧闭。打斗者延颈而望，望了一阵子不见小姐回来，也就在莫名其妙中各干各的了。有的鸡在争啄盆里的小米，大家都在尽快尽多吞食。只有多食才能延年益寿，这是从老祖宗那里传下来的祖训。一笼鸡闹哄哄，笼子就是他们的整个世界。

他们并非把生死置于度外的大彻大悟的有道之士，其可怜的智慧不足以使他们弄懂鸡笼之外的事情，不足以使他们看到近在咫尺的杀身恶运。

想到这闹哄哄的人间世还有多少笼鸡似的愚昧，我要哭出来。

听　蝉

“蝉噪林愈静”是诗人的耳朵对蝉鸣的理解。我们非诗的俗耳只感到厌倦、烦躁，恨不得一竿子打下去，还夏日绿荫一片宁静。

蝉的唱歌艺术也许是昆虫界最拙劣的，没有和谐的韵律和动听的腔调，一味直着脖子喊，沙哑，粗鲁，刺耳，疯狂。只顾自己痛快，不管听者受怎样的折磨。像撒下一张大网，一切众生都笼罩在内，都要忍受钝刀子的切割，一条一条的，一块一块的。像用湿漉漉的棉絮填塞五官，填塞脏腑，填塞每个毛孔，填塞一切，吸不进也透不出一丝空气。天越热它越喊叫，越喊叫天越热。

然而它能够恒久地占据高枝，用压倒一切的声势占领山林的歌坛，能够恒久地沐清风，吸甘露，披绿荫，抚白云，洋洋得意，不可一世。这种鸣蝉现象不是偶然的。昆虫界，想必有大人物有听蝉癖，想必有大老板看准这笔交易为它包装，想必有媒体为它紧锣密鼓地炒作。

它的奖状奖杯委任书聘请书想必已装满几箱，一百卷《鸣蝉评传》想必已一版再版，其中考证出鸣蝉祖先是西王母的侍从，常为王母的偷情传书递笺，而它的曲谱是从王母的乐队里偷来的。

但人们最感兴趣，也是最值得研究的是蝉的成功秘诀，它是运用怎样的谋略、施展怎么的手段获得如此显赫的成功的。蝉爬到我的耳边悄声说：“没有什么秘诀，这不是秘密，我是从你们人那里学来的，学得很不到家，小巫见大巫，惭愧！”

观　蚁

远看，地面上有一片黑，在蠕动。近看，原来是一堆蚂蚁，成千上万，密密麻麻，熙熙攘攘，每一只都在协作。细看，没有规整的队形，没有划一的路线，却乱中有序，并不互相妨碍，互相挤压。

它们在干什么？

如此大规模的"群众行动"，也许是一场大战前的誓师，也许是一代圣君的加冕大典。必定有一个神圣的宗旨，为着实现这宗旨必定有神圣的宣言，这宣言在蚂蚁心目中宏大如宇宙、昭明如日月。然而，它们的渺乎其微使它们无从得知，一个比它们巨大千百倍，聪明千百倍的智能生物体正站立在它们的近旁，它们的宏大和昭明抵不过一粒尘埃。

面对群蚁，我的脸上才露出一丝怜悯和讽笑，却又忽然感到毛骨悚然，不觉汗颜。如果我们人类的身旁也站立一位——

好在没有如果，或者如果虽在，我们尚一无所知，人类仍不妨傲然宣布：天上地下，唯我独尊。

赞鹦鹉

在海外的一家百鸟园里看过一场鹦鹉表演。那鹦鹉就是普通的鹦鹉，但善学人言，达到惊人的地步。

她能兼用华语（普通话）和英语数数儿，一到十。发音大体无误，只是英语音节转折处略嫌迟拙。不特此也，还能唱歌。用华语唱道："客人来到家，爸爸不在家。客人客人你坐下，请你喝杯茶。"唱得大体合乎歌谱，很像孩子的童声。真是神乎其神，博得热烈掌声。

"鹦鹉学舌"，是个贬义的比喻，但这同鹦鹉毫不相干。鹦鹉，不懂得巴结上司以求升官，不懂得巴结老板以求发财，不懂得巴结名流以求抬高身价，它的灵魂是干净和自由的，学舌又何妨？可以尽情模仿，模仿数数儿，模仿唱歌，模仿朗诵诗，也不妨模仿唱大戏，将模仿艺术发扬光大，成为超级模仿大师。弥正平《鹦鹉赋》赞道："嬉游高峻，栖跱幽深，飞不妄集，翔必择林。绀趾丹觜，绿衣翠衾,采采丽容,咬咬好音。”鹦鹉何等美丽而高洁,是美人也是君子。

简评:拟人手法是小品写作常用的手法。动物也是有悟性的,除了动物本性外,有时也有人性式的思维。动物和人有区别也有共性。可笑的是,社会上有些人在相处时,还不如一些动物之间那般和谐,那般安静,相互之间的争斗,较动物为烈,甚至思维方式也倒退到动物界。从动物的身上可以人的弱点,当然人是不可能回到动物群中,不过,讲究一点动物之“道”,或许对人类本身也是有好处的。

作家谈读书

人生活在文化中,生活在语言中。生活在历史中。观今宜鉴古,无古不成今。现在是由过去发展而来的,没有昨天,也就没有今天,更不会有明天。今天的一切,都来自昨天的吸纳和积累。而今天以前人类的宝贵经验和痛苦教训,都保存在浩如烟海的书籍之中。在现代社会里,一个不重视阅读的学生是一个缺乏获取新知识能力、缺乏发展潜能的学生;一个不重视阅读的家庭是一个文化内涵浅薄的平庸家庭;一个不重视阅读的学校是一个呆板沉滞的令人窒息的学校;一个不重视阅读的民族必然是一个没有希望的民族。

——柳斌:《读书与思考》,《中国教育报》2008.1.24.

善良

王 蒙

善良似乎是一个早就过了时的字眼。在生存竞争中,在阶级斗争中,在各种各样的人际关系中,利益原则与实力原则似乎早已就代替了道德原则。

我们当然也知道某些情况下一味善良的不足恃。我们听过不少关于善良即愚蠢的寓言故事。东郭先生,农夫与蛇,善良的农夫与东郭先生是多么可笑呀。故事告诉我们,如果你的对象是狼或者蛇,善良就是自取灭亡,善良就是死了活该,善良就是帮助恶狼或是毒蛇,善良就是白痴。

但我们也不妨想一想,那些需要帮助的人当中,那些等待着向他们伸出善良的援助之手的冻僵者或是重伤者当中,有多大比例是毒蛇或者恶狼?我们还要问,宇宙万物中,有多大比例是毒蛇和恶狼?为了有限的毒蛇和恶狼而不惜将一切视为毒蛇和恶狼,不惜以对付毒蛇与恶狼的法则为自己的圭臬,请问这是一种什么疾病?

我们还可以问一下,我们以对待毒蛇和恶狼的态度对待过的那些倒霉蛋当中,又有多少人是经得住时间考验的当真的毒蛇和恶狼?如果说,面对毒蛇和恶狼而一味善良便是糊涂的农夫或东郭先生;那么面对并非毒蛇或恶狼的人却坚决以对待毒蛇或恶狼的态度对待之,我们成了什么了呢?是不是我们自己有点向蛇或狼靠拢了呢?

善良与凶恶相对的时候,前者显得是多么稚弱而后者显得是多么强大呀。凶恶会毫不犹豫地向善良施出毒手,而善良却处于不设防乃至不抵抗的地位。凶恶是无所不为的,凶恶因而拥有各种各样的武器。而善良是有所不为的,善良的武器比凶恶少得多。善良常常败在凶恶手下。

然而人们还是喜欢善良,欢迎善良,向往善良。善良才有幸福,善良才能和平愉快地彼此相处,善良才能把精力集中在建设性的有意义的事情上,善良才能摆脱没完没了的恶斗与自我消耗,善良才能实现健康的起码是正常的局面,善良才能天下太平。

这就是善良的力量。善良的力量就在于她是人的。她属于人,她属于历史属于文明属于理性属于科学。她属于更文明更高尚更发展得良好的人。它属于更文明更民主更发展更富强的社会。

凶恶每“战胜”一次善良就把自己压缩了一次，因为它宣告了自己的丑恶。善良每败于凶恶一次，就把自己弘扬了一次，因为它宣扬了自己的光明。

善良也是一种智慧。是一种远见。是一种自信。是一种精神力量。是一种精神的平安。是一种以逸代劳的沉稳。是一种文化，是一种快乐，一种乐观。

善良可以与天真也可以与成熟的超拔联系在一起。多数情况下善良之不为恶，非不能也，是不为也。善良的人不是不会自卫和抗争，只是不滥用这种“正当防卫”的权力罢了。往往是这样，小孩子是善良的，真正参透了人生与世界的强大的人也是善良的，而一瓶子不满半瓶子晃荡的人最不善良。

君子坦荡荡，小人常戚戚。恶人更是常常四面楚歌，如临大敌，其鸣也凄厉，其行也荒唐，其和也寡，其心也惶惶。而善良者微笑着面对现实，永远不丧失对于世界和人类、祖国、友人、理想的信心。

我喜欢善良。我不喜欢凶恶。我认为即使自以为是百分之百地代表着真理和正义也不应该滥恶，滥恶本身就不是正义了。我相信，国人终归会愈来愈善良而不是相反。例如文革当中，凶恶不是已经出尽风头了么?凶恶不是披尽了“迷彩服”了么?后来又怎么样了呢?

简评：善与恶是一对矛盾的组合，而善良比之凶恶，要弱小得多，但为何善良最终总能战胜凶恶?善良的力量属于文明属于理性属于科学，善良是一种智慧，是一种远见，是一种自信，是一种精神力量，即使善良可以与天真也可以与成熟的超拔联系在一起，是因为善良者微笑着面对现实，永远不丧失对人类、祖国、良知的信念。善良任何时候也不会过时。

上升为理论

徐　斌

在一份晚报上《京剧走向青年》的报道中，提到大学生发出了“我们要了解京剧，热爱国粹”的呼声，并说有的大学准备开设京剧选修课，“让学生不光从欣赏的角度，而且还要从京剧艺术的……等等做深入的探讨。”

我并不反对在大学里开设京剧选修课，只要不把它上升为理论，如果那样做了，上升为理论的课程的考试就会非常的可怕，所有的审美的要素都会被排除在考试内容以外，代之以理论，或曰：条条杠杠。每逢考期临近而要背诵大量的条条杠杠以应付各门业已“上升为理论”的课程的考试是我大学生活中最为黑暗的一面。

我的求学经历每每向我证明上升为理论的课程是无聊且无用的。比如二年级时上英文写作课，所用的课本在前几章里先就一些写作、修辞名词梳理了一个遍（赶巧使用此套课本的老师也是极按部就班的人），此番梳理的结果是使得我等学子认为英文写作须另有别才，不是晚生小辈可以学会的。幸好三年级时来了个活宝美国老太太，才让我们认识到写作不过是另一种形式的说话，解放了思想，不然的话，恐怕我们不仅英文写作做不来，汉语写作也做不来了。

再就是四年级时要学习教学法的课。很不幸，我们的老师是专攻此术的教学法硕士，可以想见，他教的东西，是上升到了理论的。于是我们的教学法课就成为老师口若悬河宣讲理论，学生笔走龙蛇记笔记的听写练习课。天可怜见那些辛辛苦苦背诵了这些理论在最后的考试中拿了好成绩的一些同学：直到他们哆哆嗦嗦站在讲台上，才发现这些理论既不能使他们讲的课更有趣，也不能使之更有条理。大学毕了业，在另一个城市求学的朋友送我一本书，英国朗文公司出版的，名为*Teaching English Through English*。真正教给我实用的教学法的正是这本书和其他讲课真正有趣的老师的言传身教。

前两天监考，发现当年我所学的一门不成系统的课现在也“上升为理论”了，名曰“教师口语”。其前身乃“普通话”课是也。当年的普通话课没有给我的普通话任何助益，我很想知道它上升为理论后是怎样的情形。于是在监考的同时翻看一下学生的课本，结果第一页就使我头发昏。再看一下学生的，发现自己的普通话知识根本不足以对付从头到尾充满理论的试题。有学生私下里告诉我这是垃圾，我一百个赞成。我粗略算了一下，我上大学有三分之一的时间是有人向我灌输这样的垃圾知识。随着上升为理论的东西的进一步增加，现在的孩子还有多少有效的学习时间，实在令人怀疑。

既然有人总是抱有把一切上升为理论的壮志，我认为我现在完全有理由对某些学校已开设和将开设的京剧选修课心存疑虑。我希望这样的选修课保持一种欣赏课的状态，万万不可上升为理论。虽然我说过了，我本人不喜欢京剧，可我也不愿意有人要把它上升为理论，倒掉那些还努力想去喜欢它的青年人的胃口。在我的学生时代，要是有人跟我讲京剧的理论，我敢肯定我是要逃课。但是若有人给我讲一讲某出戏的唱词，没准儿我还满有兴趣的呢。

简评：不能说理论全无意义，但理论不等于理性，有些理论是不理性的。有一种倾向，什么东西似乎只有学院化、理论化了才有价值，才能成为“学术”，利益驱动，难免有人制造理论垃圾、学术泡沫，这样理论就走到了它的反面，因为理论必须在实践中接受检验，一旦成为实践之父，它的生命也就停止了。好些教科书都是“上升为理论”的典型，它的最大的优点为便于背诵和应试，结果使人厌恶乃至痛恨学习。试想《庄子》、《红楼梦》、鲁迅著作，百读不厌，历久弥新，而那“上升为理论”的煌煌巨著呢，而今安在哉?理论是灰色的。

可贵的是真诚

王学泰

人际关系之间，只有以诚相见，才能达到真正的谅解，俗语云，“精诚所至，金石为开”，就是这个意思。战国期间，赵国上将军廉颇，居功自傲，以为老子天下第一，凌辱有大功于国的上卿蔺相加。相如一心为国，不计较个人面子，再三忍让。廉颇得知真情后，负荆请罪，真诚忏悔，二人不仅捐弃前嫌，而且成为刎颈之交。真诚不仅拭净了廉颇性格上的灰尘，而且使其高大起来。

赵南星《笑赞》中写了这样一个故事：有位贫士，到了十一月还穿着一身夹衣，冻得哆哆嗦嗦，有人问他：“天这么冷，为什么还穿夹衣呢?”贫士回答说：“单衣更冷。”

作者评论说：“夹衣胜过单衣，单衣也比无衣强。如果我们这样看问题，那么就能够安贫乐道了。而有位穷朋友，耻于向别人说自己家穷。冬天他穿着单衣拜访友人。朋友问他：‘天这么冷，怎么还穿着单衣呢?’他回答说：‘我本有热病，不敢穿多了。’朋友知道他在说谎，便留他到天晚，入夜送他到花园凉亭里去歇宿。夜里，穷朋友被冻急了，便连夜逃回了家。过些日子，两人相遇，朋友问起前些日子留宿之事，‘为什么次日不肯再会呢?’这位穷朋友回答说：‘我怕太阳出来天太热，于是便趁着早晨凉快，不辞而别了。’”

两个故事都是笑话，但有着不同的意义。贫士到十一月还穿着夹衣，这种大背时令的着装必然引起旁观者的惊讶与疑问。作者通过简单的叙述把读者的思维意向引导到贫士应该穿棉衣或皮衣御寒上去。可是贫士的回答却出人意料：“单衣更冷”，仿佛问者期待他穿单衣似的。这与读者期望相反，突破了读者的心理定势。从而引出了一片笑声。

贫士的回答，并不是幽默滑稽中惯用的故意所答非所问，从而使读者(或听众)期待受挫引起发笑。贫士的回答是诚实的，他也有其特殊的思维定势。因为穷困，他只有夹衣和单衣，不穿夹衣，即穿单衣，所以他只能作此回答。因此，这个笑话读时令人忍俊不禁，思之更是使人绝倒。这种笑不是蔑笑或嘲笑，而是善意的笑，同情的笑。贫士的穷困和诚实激起了人们的同情，这与赵南星在“赞”中所说的“乐道安贫”不相干。贫士是个老实人，他不以贫困为耻，并且诚实地向人们说出，不扩大也不缩小。如果他是现实生活中的人，我想大家也许都愿意帮他一把。

“赞”中所提到的那个穷人，可以说是与“贫士”相对立的典型。他以贫穷为耻，不仅讳言穷，而且百般掩饰，打肿脸充胖子，结果不仅得不到人们的普遍同情，连朋友也要戏弄他。而他的那些极其拙劣的谎话与表演也必然会引起读者的笑。这种笑，带有很浓的“耻笑”或“哂笑”的成分，可见人们对虚伪与谎言的厌恶。为什么这位穷朋友忌讳说穷，宁肯让自己的肌肤受苦，也要猪鼻子插葱——装象呢?关键是个面子问题。国人是特别注重脸面的，特别是在穷富——这事关个人价值的问题上。“千金之子，坐不垂堂”，一个人有了钱，其生命的价格也就升值；至于“窭人之子”则什么也不是了。在大荒大灾的年月，那些卖儿鬻女者也卖不上什么好价钱，在有钱人眼中，“两条腿的人有的是”!因此人们总结出一条处世箴言:没什么也别没钱。

向往有钱只是人们的善良愿望，不幸跌入无钱王国的还是大多数。这些无钱王国的穷哥儿们为了维护自己的脸面，求得社会或他人的尊重就要装阔。先秦就有以乞食为生而归来骄其妻妾的齐人，近世那些断了铁杆庄稼的八旗子弟即使穷到无米断炊，出门也要用肉皮把嘴擦得油光，表示刚刚吃完鸡鸭鱼肉，实际上这些都是自己痛苦自己知道罢了，这还只是个人行为，影响不大，但已留笑柄于千古了；更可悲的是有时全民族也卷入这种死要面子活受罪的戏剧化活动之中。

十年浩劫期间，经济已面临崩溃的边缘，可是为了维护革命促进生产的神话和中国是世界革命中心的虚誉，用库存不多的外汇无私援助那些真真假假、来自世界各地的“革命同志”，其中有不少就是骗子，看到只要奉送几句吹捧谄谀之词就可以拿走大把大把的美元，于是便虚囊而至，满载而归。有的钱骗到手还嘲笑主人的愚蠢，真是应了“盗憎主人”的那句话。

七十年代初尼克松访华，当时市面萧条，百物匮乏，已非一年半载，这是尽人皆知的。为了维护脸面，显示文化大革命的威力，在美国人到达的当天，突然市场上要啥有啥。据事后作的一个报告说，当时有位老工人穿得很旧，走进商店，本来并不想买什么，可是看到许多外国记者，于是“爱国心”陡生，买下了许多鸡鸭鱼肉，外国记者赞叹不已，纷纷向他采访，为他拍照，谁说中国人穷呢?

事实胜于雄辩。记者采访完走了。这位老工人把鸡鸭鱼肉都退回给商店,理由是家中没有那么多人,也吃不了这么多鸡鸭鱼肉。在当时,这个故事传为美谈,许多人都听过。我在敬聆这位"老工人"爱国伟绩时,脑海中不禁浮现出孔子的一句话:"吾谁欺,欺天乎?"

贫穷并不可怕,更不可耻,只要方向对头,努力奋斗就能由穷变富。十几年的改革实践说明了这一点。可怕的是一贫到骨而不承认穷,还要装成大手大脚的阔少。这样的人即使穷死也得不到人们的半点同情,反而会招致无情的讥笑。

简评:人人都要吃饭,所以吃饭不是美德;人人都应真诚,真诚何以成了美德?因为人有私欲、有虚荣心,真诚就会受到来自方方面面的挑战。加上一些特殊的环境和条件,于是便有了假话、官话、鬼话。鲁迅说,"面子"是中国人的精神纲领。许多人为了要"面子",可以不要"脸",但真理告诉我们,现在越要"面子"将来就越要丢"面子"。虚伪在任何时候对任何人没有任何益处,然而有时候真诚却需要很大的勇气。

作家谈读书

国文的讲授原重在指示读书与思想方法,养成读书与思想的习惯。

——朱自清,1925年.

“第三条道路”存疑

杨　森

为历史人物翻案的事从来都有，但像近年来这么大的声势，倒还不多见。有的案是翻得了的，譬如对辜鸿铭、吴宓；有的案翻得就不怎么成功，譬如对曾国藩、吴三桂和冯道。任凭怎么“观念更新”，使尽解数，可大多数人就是不买你的帐，原因何在?

且以冯道为例。冯道是五代时的一个大官僚，一生历仕唐、晋、汉、周四朝十帝，而且都是“位极人臣”，做到宰相、三师、三公那样的高位。史书上说他“滑稽多智，浮沉取容”；“依违两可，无所操决”(《资治通鉴》)。凭着这一手，他在五代这样一个战乱频仍、朝代更迭像走马灯一样的时代里，居然始终得到重用，有“不倒翁”之称。他自称“长乐老”，并作《长乐老自叙》，对于自己的宦途春风颇以为荣。他最后得罪了周世宗，被罚去监修陵墓，死在任上。这是他一生中惟一的一次失算。

问题的焦点是冯道历仕四朝，屈附契丹，不以亡国丧君为意的行为是否“无耻”。为冯道辩护的人认为，特殊情况应当特殊看待。冯道所事的四朝连同契丹在内总共不过三十一年，平均每朝仅六年余。这些小朝廷都是靠阴谋、武力夺权起家的，那些皇帝基本都是劣迹昭彰的昏君。因此，冯道朝秦暮楚的行为就谈不上“忠”与“不忠”。同时，他们又指出：冯道一生清廉俭朴，不受四方之贿，关心民间疾苦，注意减轻农民负担，首创雕板翻印佛经等。

由此来证明冯道的无辜。有人进而认为在这样一个动乱的年代里，只有三种选择：一是逃避现实，匿迹山林；二是忠于其中一朝，矢志不渝；三是不顾个人毁誉，打破“狭隘的国家、民族观念”，调和矛盾，弥合创伤，寻求和平与恢复的道路。冯道所走的正是这“第三条道路”。

不能说这样的分析毫无道理，比起五代时官吏的贪暴放纵来，冯道也算得上“清俭宽弘”，然而这个案仍然难翻，得不到大众的认可。这究竟是什么缘故呢?中国人历来是看重气节的。一层是民族气节，一层是忠君的气节。这两道关口冯道都没能通过。后晋高祖石敬瑭臭名昭彰。向契丹割让了幽云十六州的大片土地，认贼为父，甘当“儿皇帝”。当石敬塘派冯道出使契丹表示敬意时，他毫不犹豫，说什么“陛下受北朝(契丹)恩，臣受陛下恩，有何不可?”有人说这是“打破狭隘的民族观念”，说得通吗!冯道历事四朝，新君登基，他马上入朝拜贺求官，惟求保全自己的身家富贵，还腆着脸自嘲“无才无德，痴顽老子”。这种弃前朝如敝屣的举动，无论怎么曲为之辩，总会招致人们的厌恶。可见，“忠君”的第二关他也还是通不过。

近来的翻案文章差不多都是在这两道关口上碰壁，并不是偶然的。对外来侵略者无比痛恨，对卖国求荣的民族败类无比鄙视，对维护国家尊严的爱国志士无比崇敬：这些观念早已深入人心，积淀到所有中国人的意识深处了。在这些“大节”上，一点也不能含糊。

出使匈奴，被扣十九年，杖节牧羊，啮雪啖毡的苏武之于苟且偷生的李陵与卖国求荣的卫律；精忠报国，直捣“黄龙”，“壮志饥餐胡虏肉，笑谈渴饮匈奴血”的岳飞之于卖国贼秦桧与万俟卨；百折不挠，九死一生，“臣心一片磁针石，不指南方不肯休”的文天祥之于投降派吕师孟、贾余庆；死守扬州，慷慨就义，“梅花如雪，芳香不染”的史可法之于认贼作父、引狼入室的洪承畴、吴三桂……

谁个是忠，谁个是奸，善恶昭彰，爱憎分明。“公忠者雕以正貌，奸邪者刻以丑形”(吴自牧《梦梁录》)，大众在心目中早就把这两方面的代表人物都作了加工定型，要想重砌炉灶，另作文章，难度很大。

在封建时代，忠君和爱国往往是联系在一起的。说到“忠君”的问题稍稍复杂一点。君王至少有两类，即贤君和昏君、暴君。孟子早就说过，“闻诛一夫纣也，未闻弑君也”(《梁惠王》)。这样看来，像桀纣那样的昏君暴君，不但可弃，而且人人可得而诛之，不为不忠。商汤讨桀，武王伐纣，不但谈不上“不忠”，而且是正义之师。但这只是事情合乎逻辑的一个方面。另一方面就不大好理解：明摆着的是昏君暴君，可依旧对他们忠贞不二的人，也同样受到人们的赞赏。伯夷、叔齐这哥儿俩便是代表。殷纣可杀，但当武王起兵东征时，哥儿俩便急忙赶去叩马而谏，还要义正辞严地责问道：“以臣弑君，可谓仁乎?”夷齐这样的人物一直受到后世的推崇，司马迁作《史记》，把他俩列在“列传”第一，地位不低。屈原又是一个例子。楚怀王和顷襄王都是十足的昏君，听信谗言，被佞臣艳妾所包围，屈原的谏诤一句也听不进去，还嫌他碍眼，把他流放得远远的，欲置之于死地。可就是这样，屈大夫依旧是“低回而不遽舍”、“一篇之中三致志焉”。他的忠诚，也被誉为“千古独绝之忠”（王夫之《楚辞通释》）。

问题有点儿混乱。简括起来说：若是贤君，忠诚自不成问题。对于昏君暴君，杀了也不为大过，但“愚忠”在国人的心目中似乎也值得称道。一句话，不管是何等皇帝，只要能“忠”，总可以博得大家的同情，送了性命的则评价更高（如比干）；相反，反复无常的臣子，即便是弃暗投明，择木而栖，终究是大节有亏，靠不住的。这是中国人的传统心态。冯道之病，就在于他的反复无常。一个首鼠两端、全无操持的人物，是不会留下什么好口碑的。“气节者，君子之梗概也。”要走“第三条道路”，至多只能在纸上发发议论，真要改写大众心中这一部久成定论的“铁函心史”，只怕是很难办到的呢！

简评：标题所谓“第三条道路”，不是学术界所说的基于二十世纪西方两大政治思潮之外的新的政治学说。是指在改朝换代的动乱时期一种“调和矛盾，弥合创伤，寻求和平与恢复的”政治态度。对人物的评价不能离开当时的具体环境，在“朕即国家”的封建时代，爱国和忠君是一样的。别林斯基说：谁不属于自己的祖国，他就不属于人类。维护本民族利益的人，常常能赢得敌人的尊敬，而出卖本民族利益的人往往遭到双方的唾弃。我们在肯定秦、元朝的统一的历史贡献时也肯定屈原、文天祥的爱国精神；我们在肯定清朝的统一时，决不会赞赏吴三桂、洪承畴之流。

水至清则无鱼

冯士彦

中国有些警句名言，流传千百年，人们常常忘记了他的本义，甚至望文生义，以讹传讹。说到“无为而治”，便认为什么也不要干，就可以坐享其成，一片歌舞升平。还有“难得糊涂”，这本是郑板桥孜孜以求的那种忘却一切尘念的貌似“糊涂”的高境界，有人却理解为“很少糊涂”了。

同样，《汉书·东方朔传》中“水至清则无鱼，人至察则无徒”这句话，用类比的方法，说明不要对人求全责备，以致失去人才，重在后一句，岂料，久而久之，人们只截取前一句，胡乱杜撰，随意发挥。既然“水至清则无鱼”，那么，“水浑可养鱼”，甚至“浑水好摸鱼”，越演越荒唐。有些人便将误解、曲解的“古训”当作哲理和行为准则，身体力行，终于走向反面。

当今，人们不论做什么事，爱贴上人文标签，讲一点文化档次，在什么经典里找到一点依据。什么弗洛依德，苏格拉底，亚里士多德或老庄孔孟，乃至耶酥、释迦牟尼，否则“名不正，则言不顺，言不顺，则事不成”(《论语·子路》)。

某机关的领导突然提拔一个心术不正的人负责后勤部门，大家都说这是请来个黄鼠狼管鸡，领导笑笑，说“用人不疑，疑人不用”，要相信人都会变，都在变。然而，以后的事实证明，人们的担心不是多余的，假公济私、顺手牵羊的事屡有发生。人们又开始议论，说领导太糊涂、太官僚，不要弄到不可收拾的地步。岂料领导听了还是笑笑，民愠不急，对几个“好心人”上起课来：你们懂什么叫“水至清则无鱼”吗?不懂吧，教给你。清澈见底的一洼贫水，鱼儿什么也吃不到，一举一动又被看得清清楚楚，还活得下去吗?你们不要神经过敏!知道“难得糊涂”的名言吗?还是“糊涂”些好。没有一些人的积极工作，我能“无为而治”吗?你们只看人家的表面，不看人家的实质、主流!我心里清楚着哩!

实在是“杞人忧天”。原来是领导的用人之术和高明的选择。对啊，鱼鹰的肚子不先填饱，它会起劲为你捕鱼吗?荒年还不饿厨师呢，你不给他揩些油水，他哪来的积极性?

于是大家哑口无言，到底是领导，看问题“居高临下”，实在是高!一个个自叹弗如，离去了。

五年之后，恍然大悟。这名后勤部长连同他的恩人领导一起因经济犯罪而被判刑。原来，这位领导先蓄一塘浑水，将鱼儿养肥，再从中渔利。老子说："将欲夺之，必固与之。"于是，实惠就会源源地流进自己的腰包。说他完全"无为"也不对，他毕竟"慧眼识英雄"，选准并提拔了一个"有用之才"，不但对其"上下其手"的行为故意视而不见，而且对群众的议论也故意充耳不闻，还用一些高深莫测、似是而非的"理论"淡而化之，一笑了之，这真叫做"无为而无不为"了。

中国人在用人上历来强调德才兼备，其实要害的一条是看能否"为我所用"，对我是否有利。至于是选择清明廉洁者还是言污行浊者都并不重要。谓予不信，请看当今一些污吏、奸商，一个个"红"了自己，也"红"了亲信；一个个"肥"了自己，也"肥"了亲信。沆瀣一气，风雨同舟，闹到后来，同归于尽。

"水至清则无鱼"。对人不求全责备，不等于姑息养奸，更不等于狼狈为奸。春秋时代管夷吾在病榻上，并没有向齐恒公推荐早年曾救过自己性命并保举自己为相的鲍叔牙接替自己的位子，他说："鲍叔牙，君子也。虽然，不可以为政。其人善恶过于分明。夫好善可也，恶恶已甚，人谁堪之?鲍叔牙见人之恶，终身不忘，是其短也。"然而，他也坚决反对重用易牙、竖刁、开方三个巧言令色的大恶人。宽容是有原则的，对于劣迹昭彰的"能人"，尽管他伪装得巧妙，对自己很忠诚，也不能用。可惜桓公不听，管仲死后不久便重用易牙等人，致使桓公一死这三人就争权乱国。

无疑，像鲍叔牙一类的道德君子是主张水清一点好，甚至认为水越清越好，有个君子国最好。然而，那只是美好的理想。现在实现不了，将来在相当长的时间内也实现不了。那么，水搅浑了，鱼鳖也长不大，显然也不好，尤其是当今世界，沉渣泛起，物欲横流，价值观念混乱。如果把水彻底搅浑了，到那时再去呼唤"圣人出，黄河清"，于时晚矣!

简评：大多数人会像渔父一样努力适应现实，对屈原这样有"道德洁癖"的人往往敬而远久。但是没有屈原，一段历史将黯然失色。我们可以用屈原的人格激励自己，却不能强求所有的人都这样。在高尚人格和伦理底线之间存在着一个广阔的空间，对此应采取宽容的态度，但是，对突破伦理底线的行为则不能无条件地宽容，否则就会让一些人"浑水好摸鱼了"。

论快乐

钱钟书

在旧书铺里买回来维尼(Vigny)《诗人日记》,信手翻开,就看见有趣的一条。他说,在法语里,喜乐(bonheur)一个名词是“好”和“钟点”两字拼成,可见好事多磨,只是个把钟头的玩意儿。我们联想到我们本国话的说法,也同样的意味深永,譬如快活或快乐的快字,就把人生一切乐事的飘瞥难留,极清楚地指示出来。所以我们又概叹说:“欢娱嫌夜短!”因为人在高兴的时候,活得太快,一到困苦无聊,愈觉得日脚像跛了似的,走得特别慢。德语的沉闷(Langeweile)一字,据字面上直译,就是“长时间”的意思。《西游记》里小猴子对孙行者说:“天上一日,下界一年。”这种神话,确反映着人类的的心理。天上比人间舒服欢乐。所以神仙活得快活,人间一年在天上只当一日过。以此类推,地狱里比人世间更痛苦,日子一定愈加难度。段成式《酉阳杂俎》就说:“鬼言三年,人间三日。”嫌人生短促的人,真是最“快活”的人;反对来说,真快活的人,不管活到多少岁死,只能算是短命夭折。所以,做神仙也并不值得,在凡间已经三十年做了一世的人,在天上还是个初满月的小孩。但是这种“天算”,也有占便宜的地方:譬如戴君孚《广异记》载崔参军捉狐妖,“以桃枝决五下”,长孙无忌说罚讨得太轻,崔答:“五下是人间五百下,殊非小刑。”可见卖老祝寿等等,在地上最为相宜,而刑罚呢,应该到天上去受。

“永远快乐”这句话,不但渺茫得不能实现,并且荒谬得不能成立。快乐的决不会永久;我们说永远快乐,正好像说四方的圆形、静止的动作同样地自相矛盾。在高兴的时候,我们的生命加添了迅速,增进了油滑。像浮士德那样,我们空对瞬息即逝的时间喊着说:“逗留一会儿罢!你太美!”那有什么用?你要永久,你该向痛苦里去找。不讲别的,只要一个失眠的晚上,或者有约不来的下午,或者一课沉闷的听讲——这许多,比一切宗教信仰更有效力,能使你尝到什么叫做“永生”的滋味。人生的刺,就在这里,留恋着不肯快走的偏是你所不留恋的东西。

快乐的人生里,好比引诱小孩子吃药的方糖,更像跑狗场里引诱狗赛跑的电兔子。几分钟或者几天的快乐赚我们活了一世,忍受着许多痛苦。我们希望它来,希望它留,希望它再来——这三句话概括了整个人类努力的历史。在我们追求和等候的时候,生命又不知不觉地偷度过去。也许我们只是时间消费的筹码,活了一世不过是为那一世的岁月充当殉葬品,根本不会享到快乐。但是我们到死也不明白是上了当,我们还理想死后有个天堂,在那里——谢上帝,也有这一天!我们终于享受到永远的快乐。你看,快乐的引诱,不仅像电兔子和方糖,使我们忍受了人生,而且仿佛钓钩上的鱼饵,竟使我们甘心去死。这样说来,人生虽然痛苦,却并不悲观,因为它终抱着快乐的希望;现在的账,我们预支了将来去付。为了快活,我们甚至于愿意慢死。

穆勒曾把"痛苦的苏格拉底"和"快乐的猪"比较。假使猪真知道快活,那么猪和苏格拉底也相去无几了。猪是否能快乐得像人,我们不知道;但是人会容易满足得像猪,我们是常看见的。把快乐分肉体的和精神的两种,这是最糊涂的分析。一切快乐的享受都属于精神的,尽管快乐的原因是肉体上的物质刺激。小孩子初生下来,吃饱了奶就乖乖地睡,并不知道什么是快活,虽然它身体感舒服。缘故是小孩子的精神和肉体还没有分化,只是混沌的星云状态。洗一个澡,看一朵花,吃一顿饭,假使你觉得快活,并非全因为澡洗得干净,花开得好,或者菜合你口味,主要因为你心上没有挂碍,轻松的灵魂可以专注肉体的感觉,来欣赏,来审定。要是你精神不痛快,像将离别时的筵席,随它怎样烹调得好,吃来只是土气息、泥滋味。那时刻的灵魂,仿佛害病的眼怕见阳光,撕去皮的伤口怕接触空气,虽然空气和阳光都是好东西。快乐时的你,一定心无愧怍。假如你犯罪而真觉快乐,你那时候一定和有道德、有修养的人同样心安。有最洁白的良心,跟全没有良心或有最漆黑的良心,效果是相等的。

发现了快乐由精神来决定,人类文化又进一步。发现这一个道理,和发现是非善恶取决于公理而不取决于暴力,一样重要。公理发现以后,从此世界上没有可被武力完全屈服的人。发现了精神是一切快乐的根据,从此痛苦失掉它们的可怕,肉体减少了专制。精神和炼金术能使肉体痛苦都变成快乐的资料。于是,烧了房子,有庆贺的人;一箪食,一瓢饮,有不改其乐的人;千灾百毒,有谈笑自若的人。所以我们前面说,人生虽不快乐,而仍能乐观。譬如从写《先知书》的所罗门直到做《海风》诗的马拉梅(Mallarmé)都觉得文明人的痛苦，是身体困倦。但是偏有人能苦中作乐，从病痛里滤出快活来，使健康的消失有种赔偿。苏东坡诗就说："因病得闲殊不恶，安心是药更无方。"王丹麓《今世说》也记毛稚黄善病，人以为忧，毛曰："病味亦佳，第不堪为躁热人道耳！"在着重体育的西洋，我们也可以找着同样达观的人。工愁善病的诺凡利斯（Novalis）在《碎金集》里建立一种病的哲学，说病是"教人学会休息的女教师"。罗登巴煦（Rodenbach）的诗集里有专咏病味的一卷，说病是"灵魂的洗涤"。身体结实、喜欢活动的人采用了这个观点，就对病痛也感到另有风味。顽健粗壮的十八世纪德国诗人白洛柯斯（H.H.Brockes）第一次害病，觉得是一个"可惊异的大发现"。对于这种人，人生还有什么威胁？这种快乐把忍受变为享受，是精神对于物质的大胜利。灵魂可以自主——同时也许是自欺。能一贯抱这种态度的人，当然是大哲学家，但是谁知道他不也是个大傻子？

是的，这有点矛盾。矛盾是智慧的代价。这是人生对于人生观开的玩笑。

简评：我们都希望快乐，可"永远快乐"是不现实的，并且荒谬得不能成立，似乎也可以用得上"知足常乐"来平衡自己的心灵。对于快乐我们要珍视。在快乐时，我们的生命滋润着，而一旦发现快乐由精神来决定，人类文化又进了一步。由于作者的知识渊博，"快乐"置身于广阔的历史与现实的交汇处。期盼永远快乐，用作者的话说"这有点矛盾。"

漫话慢蜗牛

梁锡华

敝寓周围的林木草地间，蜗牛不时出没。以外壳作标准，一般长约两三寸。所以，读者可以想象，当某夜我发现一头五寸大牛时，忽然间心跳到什么程度，对着这庞然巨物，不禁念到牛族的命运。它们慢爬漫爬，方向尽管糊涂，但魂牵梦萦的明确目标倒有一个，就是觅食。然而，它们沉甸甸地背负求存的重担在分寸间博一点默默的挪移，却往往遭人在有心或无意的残暴下一脚踹瘪。生之惨伤，亦无过于此了。本来从觅食到寻死，不限蜗牛，其他动物也差不多，包括人类，但面前这头大蜗牛无疑是祖父母辈的了，若说年轻力壮的动物谋生已觉艰难，耆寡的又怎样呢……我把那老牛捡起带回家去。

养宠物我完全外行，因为一生似乎都是自顾不暇的。这次因缘际会，人牛共处，第一个难题就是吃。我的面包乳酪似乎不合牛性，而在灯下看它延颈伸角，很有求哺之意，使我惶急到连手指都冒汗了。那时，忽然想及农人最痛恨蜗牛，于是灵机一动，翻倒垃圾桶捡出几片白菜的败叶权充救济粮。哈!果然所料不差，菜叶原来正合那位老人家的胃口。不过看它疯噬狂啃的吃态，自己倒有点惊怕，因为它用膳时实在凶相毕呈，而且齿牙间轧轧作响。我想，要是扩音百倍或千倍，跟鳄鱼吃人时的吞肉嚼骨声应该相同——多恐怖啊!又假如我是小人国的一员，瞧见这巨无霸的老丑上下左右见菜即咬，怕不吓得晕倒地上?

膳之后，问题当然是宿了。蜗牛若跟我共榻，虽然大家都不至犯异性恋或同性恋，但总有说出的那个。何况偶一不慎，不是它冷黏黏的尊体把我全人化作鸡皮，就是我一翻身把它压扁?不过这问题并不恼我。一个投闲置散经年的空金属罐，正好作它铜墙铁壁的安乐窝。事实上我大错特错了。它虽然上了年纪，但看来很讲究卫生，因为饭后要散步观夜色以助消化。住碉堡式的住宅吗?庄子说得好:“神虽王，不喜也。”

两天后，我已懂得老牛的习性了。它在黄昏后便为口腹勉力慢“跑”，饱餐了便稍舒筋骨，接着找个阴暗的角落休息。白天死人一样不吃不动的，最爱贴在略湿的砖头旁边，有点青苔的更妙。每天照例拉屎一回，尿好像没有，屁没有听过。最惬意的食物是青菜。西瓜、香蕉、苹果也受欢迎，果肉最好，万一为势所迫，皮也可以勉强将就。淀粉质的东西不合肠胃，猪鸡等肉更不敢领教。这位素食主义者，生活节奏既然缓慢，又善养它浩然之气，看光景活一百岁也不希奇。

一周过去，人牛关系，正如外交官的口头禅，空前良好。我顾念它的寂寞，于是找了两只小家伙给它作伴，算是为它收养了一对孩子。其中较大的，有点不良少年倾向，饭前饭后照例在露台它们的家园内外闲荡。它的食量最大，这也是意中事了。一次它失踪了一整天才回家，是私约了女朋友还是男朋友干其不可告人之事，还是参与黑社会活动?这事至今没查明，不过，此后它也规矩下来了。在外头谋生，总不容易吧。小的那一只食少睡多，大概属娃娃级，且不哭不闹，乖得可人。老牛对于二少者，不打骂、不教导、不呵护、不理睬，表现得既无亲情，也无代沟，我看这家道未符理想，于是着意为老的找伴侣，半月后，成功了，是雨后的一夜无意得之的。新牛四寸多，以人龄换算，约四五十岁吧，配个六十岁汉子，也不致太委屈。可是，一转念，心下立刻没把握了。我怎知道它们的性别呢?要是我想错了，其他的可能有三个：第一，老中二牛俱属雄性。这会生意见或闹不道德之恋。第二，同是女身。那更糟了，因为吵起来，一定更凶。第三，老的雌，中的雄。那会弄成老妻少夫的局面，不合中华国情。唉，一提到终身伴侣，没有的，失神，已有的，失色。这世界，莫说终身大事，就算非终身大事的露水姻缘，也难撮捏得美满，除非是所谓天作之合，或那种超露水，名为人作之合的闪电式撞击。我面对困扰，智谋尽丧，最后只好用愚人之法，让这四口之家混一个时期再作打算。

但牛家形势之大好，实在出乎意料。它们不吵架、不打斗、不抢吃、不偷盗、不嫉忌，而且脾气好得像棉花软糖。它们偶尔在“食桌”边缘碰上了，大家就用触角打个招呼，然后各吃其吃，或各游其游。它们固然不非礼，不强奸，但好像也不屑恋爱。彼此君子淑女到这个直追梁山伯祝英台的境界，虽然很有圣经所示在地若天的新耶路撒冷风味，但在人间，或牛间，总有点遗憾。不过，稍后我失笑了!原来，我现在知道了，蜗牛是雌雄同体的，功能自生自灭，意能自满自足，情能自收自放，一切正如它们的贵体，自伸自缩，所谓用舍自如，行藏在我者是。哲学到如斯神妙入化，我们，一大堆自命万物之灵的愚男蠢女，能不愧死?

苏东坡才高气迈，下笔无所不透，他写过《蜗牛》诗，但其言差矣，且听：“腥涎不满壳，聊足以自濡。升高不知回，竟作黏壁枯。”蜗牛固然自濡，但也相濡，绝不像自私的人类那么鄙陋。至于“升高”，那是少之又少的。牛性谦卑自牧，干时冒进，拼命求升的事，它们才不干！它们最不奉承那炙手可热的太阳。当这位高高在上，万人瞻仰，光辉烈烈的阿波罗以满身金光的威势出现，它们就赶紧躲起来了。怎能“黏壁枯”？蜗牛的美德，上面已顺笔提及，然而尚不止此。你看它们进行的步伐：慢，不错，但谁及它们稳重？它们两对触角作先锋探路，遇物必缩。你说它们畏这畏那吗？非也。它们其实是步步为营，却又锲而不舍。缩，是的，但绝非一缩永缩，而是缩后必伸。壳内坚定的信念只有一个：再探头舒颈时外边世界又是一番新意了，至少所呼吸的空气已经不是半分钟前那一股旧流。它们在前进的道上，即使遇阻遇挫，还是一分分，一寸寸地力爬，此路不通则彼，彼路不通则此，哪里像我们人类中的一类，失败了就骂，就哭，就赌气，就怨天，就尤人，就寻死！人不如牛，我们难道还有什么可辩的？卡洛尔写《爱丽思漫游记》，称蜗牛为“可爱”，他的胸襟和见识，在这一点上就超过了苏东坡。莎士比亚对蜗牛也敬礼有加。他在《空爱一场》一剧中，称赏爱情的感觉，是以蜗角的柔细灵敏作陪衬的。苏东坡在这方面亦未见友善，他说“蜗角虚名，蝇头微利，算来着甚干忙”（《满庭芳》）。把爱情样美丽的蜗角牵上“虚名”，不免损害蜗牛的实名，但要怪东坡居士不如骂庄周，后者大概是开损毁蜗牛形象之先河的。他在《则阳》一文内，有所谓蜗角左右各有一国而“时相与争地而战，伏尸数万”。这种浪漫的想法，和蜗牛本性，相去远矣。

养蜗牛已差不多有三个月了。我给它们的，只是一些菜叶果皮，但它们惠我的启迪，却是意味深长的。世人只要略效蜗牛，什么明枪暗箭，大小打斗，就可以消弭了，但拈酸呷醋，爱恨情仇一类恶事恐怕是不免的，除非造物主可怜我们，全部来一个大变性，让我们人人雌雄同体，自得其乐且同享遐龄。最后，我要发一则讣闻：我最小的一头婴牛，前数天失足从三楼跌到水泥地上，壳破牛死了。想到这小乖乖的意外夭折，不免凄然，谨借用上引卡洛尔“可爱的”三个字作吊辞，以表示那难挂在林木草地，却永挂在眉间心上的一缕萦念。

简评：从取材上说本文实在难得，以小见大，加之语言上亦庄亦谐，与其说是漫话蜗牛，不如说是漫话社会人生，很能打动人。作者似乎童心未泯，向我们讲述了他与几个蜗牛交往的趣事:得牛、饲牛、观牛、赞牛、祭牛。通过细致的观察,他发现蜗牛具有种种"美德"、和谐相处,从不争斗;沉着坚忍,锲而不舍与其它。由此产生了对人类社会的感慨,叹息,升华了文章的主题。文章叙议结合,深得情趣和理趣之妙。

作家谈读书

读书的理解能力,大抵建筑在两个基础之上,一个是读书的生活经验与知识水准,另一个是丰富的词汇、敏锐的语感和相当足够的文法知识。所谓理解,当然不仅是逐字逐句的了解,更重要的还要能够找出整篇文字的中心思想,记住它的要点,更进一步使它成为读者自己的思想的一部分而能影响到他们的行为。

——傅彬然:《读书的心理》,《国文杂志》1942年第1卷第2期.

月　出

李　纲

1960年，内华达山的老山民安塞尔·亚当斯风尘仆仆，来到落基山下的新墨西哥州。此行他照例扛着笨重的照相座机，这三条褪的独眼老饕与他形影不离，一路上已大吃小嚼了不少风景。

遥想三五少年时，他偶然去约塞米蒂国家公园，过了一把拍照片的瘾，竟鬼使神差地迷上了这种瞬间游戏，一发不可收，而此前他每天都按部就班地敲打键盘，一心做着钢琴家的白日梦。人生的转变往往就像按一下快门那样迅捷，是何原因他自己也说不清，迷了一生的东西毕竟是缘。

比较音乐给人的感受，有点像坐在静止的空间里倾听时光流淌；摄影则是刹那的凝固，是瞬息即成的空间艺术。从音乐到摄影，只不过是从耳朵到眼睛，距离何其短，亚当斯却足足涉了几十年几万里。自打25岁时拍摄《约塞米蒂的半圆丘》，一夜名声鹊起，如今的他，已被公认为美国当代风景摄影大师，佳作等身，开一代先河。想到这一点他双眼闪闪放光。但58岁的年纪，不觉老之将至，弄得满脸沟壑一腮秋草；况且在山里钻久了，难免又沾些土气，亚当斯也无所谓，宽边牛仔帽戴在头顶，依旧是十足自信的西部汉子。有时他也侧身回望，似闻钢琴在远方自鸣，怎奈背后早甩下河流纵横山岳参差，回不去了。

其实，亚当斯的摄影生涯一直踏着旋律走路，灵魂里透出的音乐气质弥漫在全部作品中：瀑布、阳光与风的三重奏，红杉树康塔塔，云的叙事曲，湖水滑出华尔兹的圆，以及山林的音诗和海的交响……他已习惯于眼睛谛听自然界的声音。只要镜头一对准风景，这怪老头的行为就更像尽职的清道夫，他坚持不懈地把人这种讨厌的动物驱赶出画面，以防污染，这方面他有洁癖。人对于大自然，好比蝗虫对于庄稼。

两年之前在犹他州，亚当斯曾把身影映在嵌着闪电石纹的山壁上，拍下一张具有象征意义的自摄像，构思绝妙。所谓摄影家，就是不断抓住闪电的人，他在无数个刹那中接近不朽。当然，亚当斯业余也要讨价还价拍拍广告，种种商业田，不嫌其俗气，这会使他更加感到大自然的纯净。

此行到新墨西哥州已经是第五次了，前几次他的创作收获总算不大不小：在北部拍出过谐谑曲一般的小白杨，那幅作品无论构图层次影调都让他得意，技术上也摈弃了他惯常使用的小光圈；此外他还拍了几张妇人、沙丘、干打垒土墙什么的，凭着多年玩弄光与影的老经验，不起眼的草木石头由他一点便可成金。这一回卷土重来，大小景物自然不会放过，但亚当斯心里寻找的却是月亮。

月亮是永远的诱惑，亚当斯无法摆脱它的磁力，他的作品中不能没有月亮。

月亮有许多种。大都会病态之月亚当斯不屑一顾，而情人地带的月亮又总是色迷迷的且患有偷窥欲，让这好老头儿羞于举镜对视。他要寻找的月亮健康、原始，没有被颂歌和诅咒污染，也不曾被种种哲理弄得疲惫不堪。这天宇中不发光的反光体，夜王国的统治者，阳光一经它冷却再洒向大地，世界即变得宁静神秘。

早先亚当斯也拍摄过月亮，1935年在加州的那幅《高原日出之月》，仅能算作尝试，强烈的阳光使月亮变成空中的一个泥点，多少有些可怜的滑稽；到了1948年，他又去约树亚树拍成了《月和岩》，朦胧柔和的月亮与黝黑粗糙的岩石形成强烈对比，但构图略嫌单调，无论怎么看还是不尽人意。这些都不算!十二年间月光一夜一夜把亚当斯照亮，他琢磨它，从美国的各个角度审视它，现在好像一切都成熟了。

这一天晚上天气晴朗，怀着突然袭来的创作欲，亚当斯像老狐狸一样山行，总觉得脚踩着一段熟悉的旋律，仿佛是德彪西著名的《贝加莫组曲》第三乐章，那是月光的旋律，自己早年弹过的，他随着旋律，嘴里反复哼出的却是魏尔伦的诗句：“去参加欢畅的假面舞与贝加莫舞。”这时刻能想起这样的曲子和诗总归算好兆头。他收紧了心，乱喘粗气。

亚当斯架好了照相机，月亮出现在眼前，他和新墨西哥大地同时感受到月光的重量。天边的云带飘浮如白绸子，落基山脉的雪峰在远处闪光。他有点儿魂不守舍，望着月亮上模糊的斑纹，想起中国人曾说那是一个女人的宫殿，而在自己看来，今晚的月亮是上帝之眼，咄咄逼人，只有像他这样心如明镜的人才敢于仰视。

一阵胡思乱想之后，亚当斯定了定神，极力排除掉欣喜若狂的个人情绪，恢复了大师常态，目光冷静深邃。面前的景物那么清晰：树木，村落，小教堂屋顶和墓地的白十字架,生命正以梦幻和死亡两种形式在安睡。栅栏的影子悄悄移动。风发出宇宙长笛的声音。草地起伏绵延。田野在呼吸。女人在月光下怀孕。而在这一切之上,月亮是辽远的,无机、冷寂,原始又永恒。天幕深蓝,没有星辰。

还等什么?亚当斯启动了快门。

1960年,在新墨西哥州北部一个真正的夜晚,安塞尔·亚当斯完成了这幅不朽的摄影名作,黑白胶片,小光圈,题名为《月出》,宏大如史诗。亚当斯准确地表现出月亮的原始形态,同时赋予它孤独高傲的个性和一层淡淡的宗教色彩,高超地体现了智慧的生命对宇宙本质的把握。这一年在他发祥的老地方约塞米蒂,他还拍摄了另一幅名作《月亮和半圆丘》,那是光与影的世纪之碑。

二十多年以后我来到美国,其时安塞尔·亚当斯已谢世四载。夜晚走在新墨西哥州的原野,感觉仍走不出大师的画面。我仰视天空,月亮仍那样迷人——不,惊心动魄。

简评:亚当斯1935年拍摄《高原日出之月》"多少有些可怜的滑稽"。1948年的《月和岩》"构图略嫌单调",1960年完成的《月出》却是宏大如史诗般的不朽名作。艺术的生命在于不断地创新,而创新的艰难在于它需要作者的心灵与自然的激情撞击。空灵缥缈的文字,记叙了《月出》的诞生,摄影师艺术创作的过程描写得淋漓尽致,我们在阅读时决不能忽略了字里行间隐含着作者对自然对生命的思索。

撼树记

孙立先

谁想要笑傲江湖，就让他和武松、鲁智深式的和尚去过招，即使被打趴下，也虽败犹荣。如果对手是弱不禁风的林妹妹，便是打得她鼻青脸肿，也只会被人笑骂。如果想做文物鉴赏家，须从赝品中辨出真品，将真品证为赝品，且还得是国家级的文物。要想在文坛上一鸣惊人，最好去批鲁迅。证实了鲁迅的渺小就是自己的伟大，就是敢于批评，也会产生与鲁迅平起平坐甚至居高临下的美妙感觉。

近年得此诀窃的不止一人，但想证实鲁迅何足道哉，谈何容易。能指出《阿Q正传》荒谬绝伦，或证明其为抄袭之作，再好不过，但难；能将《灯下漫笔》、《拿来主义》、《论费厄泼赖应该缓行》驳得体无完肤，更好，但更难。那么，最好是从"动机"入手。有如只要散布一位舍生忘死救助落水少女的好汉，原是垂涎姑娘年轻貌美，不过是想乘机抱一抱，这"英雄"就近于"流氓"了。

鲁迅为什么战斗呢?据一文作者说，根源在"受虐"：幼时父亲强迫背诵经文，家道中落寄人篱下遭奚落，出入当铺药店遭受冷眼和侮辱，乃至七八岁时受一孩童欺侮，遭他曾爱护过的青年的误会、背弃以至暗算，于是鲁迅成了"复仇之神"，意气用事，借文以泄愤。并声言鲁迅"在这'无血的大戮'中，获得了极度快意"。鲁迅成了不分青红皂白排头砍去的李逵。李逵尚在一面"替天行道"的大旗下，鲁迅却简直成了以笔为刀滥杀无辜的歹徒了。

作者既然研究鲁迅，难道没有研究过鲁迅"弃医从文"的由来，杂文无私仇的论述?没有看到鲁迅锋芒所向的"正人君子"是些什么人?而照此一分析，战斗一生的鲁迅不过是泄私愤图报复，打杀一切，只图个人快意，这是"横眉冷对千夫指，俯首甘为孺子牛"的鲁迅先生吗?

人品与文品不可分。我国传统上又一直人品重于文品，这也给"批评家"以可乘之机。攻文常从攻人下手：人既不足称道，文亦不足取了。于是什么鲁迅当年做教育部的官啦，与朱安未离婚而与许广平同居啦。更有一些"据访问"，什么鲁迅与羽太信子的关系和周作人冲突的起因啦，甚至断言鲁迅与许广平在上海“是相敬中有伤害，和睦下潜伏着冲突的九年”（不知作者何以能知他们夫妻间“潜伏”的事）。还有什么“据谣言”，称鲁迅当年是用日本特务经费来出书的。这些“批评家”深知，虽然人赃未获，可人们更相信“无风不起浪”；虽“查无实据”，人们更信“事出有因”。未被“捉赃”的“贼”，未曾被“捉双”的“荡妇”，在人们心目中与真贼真荡妇是没有多大差别的，否则谣言何以能杀人？

历史上的鲁迅难以否定，有人又设法将他拉到当代“拷问”。近日见到一文，断言鲁迅如长寿活到解放后，命运不外有三：一是被打成“右派”、“现行反革命”；二是屈从“左”的政治压力，做“遵命文学”；三是三缄其口，明哲保身，无所作为。言外之意是幸亏你鲁迅短命，否则想伟大也伟大不了。仿佛鲁迅生活在“风雨如磐”的旧社会是莫大幸事。

这逻辑就极可笑。评价鲁迅只能到1936年10月19日止。他不能回答寿终正寝之后的任何问题，也不能为身后的现实负责。假如让这样的作者回答：对二十一世纪五十年代你有何评论？如何答案铸成铭文，定会驴唇不对马嘴而令后人喷饭。就像对屈原，只能评价战国时挟剑长叹的屈原，何需设想他在今天是载歌载舞还是跳楼。因这样的设想，无论是褒是贬，都是强加于人。

“回归”式的文章并非不可做，但不该打着“回归”的旗号将历史人物送入地狱。近年来这类文章有泛滥之势，对战斗过的，从事过“遵命文学”的，都要加以“拷问”，甚至打杀。评价历史人物，应该沿着他们走过的轨迹，视其生活的时代背景，是非功过给予公允的评说。否则，就不仅歪曲了历史人物的是非功过，也歪曲了历史。郭沫若茅盾被冷落与周作人张爱玲炙手可热，颠倒的仅仅是他们个人吗？

简评：鲁迅是拔地而起的山峰，在中国思想文化的天地里雄视古今，招惹一些人的品头评足，也在所难免，如果真是本着探讨学术文化的高低，是应该的，如果有别的其他的什么目的，我们还是不要理解他为好。近年，不是有人对中小学语文教材中从鲁迅、毛泽东到叶圣陶郭沫若，从巴金何其芳到艾青、郭小川全部作品品头论足吗？而在这品评之后，隆重推出的是周作人、胡适、梁实秋。决无否定后者的意思，至少应该宽容些，站在现在的角度对历史上的人物指手划脚，首先在逻辑上就不通。

钱钟书不堪比鲁迅论

朱海军

在《鲁迅研究》月刊难以为继，而“钱学”如日中天之际，我一直很想知道钱钟书怎样评价鲁迅。然而遍读钱钟书已经出版的全部著作未发现一次鲁迅之名。“煌煌巨著”《管锥篇》在中国古代小说史方面多次与鲁迅论述不谋而合或不一致，却不提鲁迅。最后终于在“誉满神州”的《钱钟书传》中找到了钱钟书到美国讲学回答提问时说过的一句话，他说鲁迅的小说太短气(short-winded)，像《阿Q正传》就该删削一下。这让酷爱鲁迅小说又熟知钱钟书小说的我义愤填膺!

鲁迅激愤于日本课堂上那张中国人围观中国人被杀的幻灯片，决意扔柳叶刀操羊毫笔。这一事件本身标志着中国人的觉醒，具有深远的历史意义。鲁迅是以伟大的思想家的姿态从事小说创作的，由于鲁迅有着对旧中国社会的痛切体验，又饱涵中外古今小说艺术修养，他的每一篇小说不重复地蕴含着他对中国社会弊病、中国民族文化性格劣根性的清醒认识和深刻揭示。鲁迅将所谓的“启蒙小说”写尽写绝了，他塑造的典型形象达到了饱和。

而钱钟书的《人·兽·鬼》和《围城》都只是玩世不恭者的游戏之笔。《人·兽·鬼》各篇没有时代背景、没有地域性，是书斋里翻飞的想象，只如高空变幻的浮云。《围城》之书名乍听颇有硝烟味，又是写抗战时期，它却没有在任何意义上反映出那个时代主流知识分子的精神面貌。“外面的人想进去，里面的人想出来”是永恒哲理?一个已经沉淀成为法国成语的说法还有什么深刻性和独创性?

鲁迅、钱钟书都以讽刺见长，在我看来，鲁迅用显微镜诊断出了时代民族的病根，而钱钟书只是用望远镜看见了人性表皮之斑疹。《阿Q正传》连载发表时，不少人怯怯害怕又恼羞成怒，以为是专骂自己的。众所周知，鲁迅是在责骂声中提早让阿Q“画圆圈”的，许多人都嫌《阿Q正传》不够长，读着不太过瘾，钱钟书却说该删削一下，口气俨然教师批改学生作文。《阿Q正传》入木三分地剔抉出了失败的中华民族的自大自虐症，《围城》只是冷嘲了被无数作家热讽过的怯懦、冷漠、虚伪、自私等人性通病。《阿Q正传》的讽刺深入骨髓，《围城》的讽刺如隔衣挠痒。所以，读《阿Q正传》我感到痛苦而沉重，而读《围城》感到很逗乐。我想哪位严肃的比较文学评论也不会对《围城》和《阿Q正传》来一番比较研究，因为它们压根儿不属同一档次。治感冒的郎中能比治癌症的医生吗？

小说家鲁迅有大恨大爱、大痛苦、大思想，而小说家钱钟书只有诙谐、滑稽、幽默、调侃，鲁迅是20世纪中国一代巍峨的文化巨人，而钱钟书的“文化昆仑”没有立起已见风化。

简评：一位是思想巨人，一位是文化昆仑。在思想巨人的泽被下打造自己的思想，在文化昆仑的山之巅峰饱览文化的光彩，这原来是中华民族的子孙引以为自豪的事，不可能、也决无必要让“巨人”和“昆仑”比一比高下，分一分轩轾。既然我们啜取思想文化的琼浆时，两位老人必然要和我们同行，我们还须审视。当然，不是分出彼此，更不是非此即彼，因为在中国思想文化史上，我们很难把他们分开，他们注定要和我们一路同行。

作家谈读书

经典训练不限于学校教育的范围而推广到整个社会，是很有必要的。历史不能割断，文化遗产跟当前各条战线上的工作有直接或者间接的牵连，所以谁都一样，能够跟经典有所接触总比完全不接触好。

——叶圣陶：《重印〈经典常谈〉序》，《叶圣陶集》第17卷，江苏教育出版社，1994.6.

不朽的失眠

——写给没考好的考生

张晓风

他落榜了!一千二百年前。榜纸那么大那么长,然而,就是没有他的名字。啊!竟单单容不下他的名字"张继"两个字。

考中的人,姓名一笔一划写在榜单上,天下皆知。奇怪的是,在他的感觉里,考不上,才更是天下皆知,这件事,令他羞惭沮丧。

离开京城吧!议好了价,他踏上小舟。本来预期的情节不是这样的,本来也许有插花游街、马蹄轻疾的风流,有衣锦还乡袍笏加身的荣耀。然而,寒窗十年,虽有他的悬梁刺股,琼林宴上,却并没有他的一角席次。

船行似风。

江枫如水,在岸上举着冷冷的爝焰,这天黄昏,船,来到了苏州。但,这美丽的古城,对张继而言,也无非是另一个触动愁情的地方。

如果说白天有什么该做的事,对一个读书人而言,就是读书吧!夜晚呢?夜晚该睡觉以便养足精神第二天再读。然而,今夜是一个忧伤的夜晚。今夜,在异乡,在江畔,在秋冷雁高的季节,容许一个落魄的士子放肆他的忧伤。江水,可以无限度地收纳古往今来一切不顺遂之人的泪水。

这样的夜晚,残酷地坐着,亲自听自己的心正被什么东西啮食而一分一分消失的声音。并且眼睁睁地看自己的生命如劲风中的残灯,所有的力气都花在抗拒,油快尽了,微火每一刹那可能熄灭。然而,可恨的是,终其一生,它都不曾华美灿烂过啊!

江水睡了,船睡了,船家睡了,岸上的人也睡了。惟有他,张继,醒着,夜愈深,愈清醒,清醒如败叶落余的枯树,似梁燕飞去的空巢。

起先,是睡眠排拒了他。(也罢,这半生,不是处处都遭排拒吗?)而后,是他在赌气,好,无眠就无眠,长夜独醒,就干脆彻底为自己验伤,有何不可?

月亮西斜了,一副意兴阑珊的样子。有乌啼,粗嗄嘶哑,是乌鸦。那月亮被它一声声叫得更黯淡了。江岸上,想已霜结千草。夜空里,星子亦如清霜,一粒粒零绝凄绝。

在须角在眉梢,他感觉,似乎也森然生凉,那阴阴不怀好意的凉气啊,正等待凝成早秋的霜花,来缀他惨绿少年的容颜。

江上渔火二三,他们在干什么?在捕鱼吧?或者,虾?他们也会有撒空网的时候吗?世路艰辛啊!即使潇洒的捕鱼人,也不免投身在风波里吧?

然而,能辛苦工作,也是一项幸福吧!今夜,月自光其光,霜自冷其冷,安眠的人在安眠,工作的人去工作。只有我张继,是天不管地不收的一个,是既没有权利去工作,也没福气去睡眠的一个……

钟声响了,这奇怪的深夜的寒山寺钟声。一般寺庙,都是暮鼓晨钟,寒山寺庙敲"夜半钟",用以惊世。钟声贴着水面传来,在别人,那声音只是睡梦中模糊的衬底音乐。在他,却一记一记都撞击在心坎上,正中要害。钟声那么美丽,但钟自己到底是痛还是不痛呢?

既然无眠,他推枕而起,摸黑写下"枫桥夜泊"四字。然后,就把其余二十八字照抄下来。我说"照抄",早因为那二十八个字在他心底已像白墙上的黑字一样分明凸显:

月落乌啼霜满天,
江枫渔火对愁眠。
姑苏城外寒山寺,
夜半钟声到客船。

感谢上苍,如果没有落第的张继,诗的历史上便少了一首好诗,我们的某一种心情,就没有人来为我们一语道破。

一千二百年过去了,那张长长的榜单上(就是张继挤不进去的那纸金榜)曾经出现过的状元是谁?哈!谁管他是谁?真正被记得的名字是"落第者张继"。有人会记得那一届状元披红游街的盛景吗?不!我们只记得秋夜的客船上那个失意的人,以及他那场不朽的失眠。

简评:既然是竞争,就必然有落荒者;既然是选拔考试,就必然有落榜者。在考试中名落孙山,当然不是什么值得庆贺的事,即使在落榜者的队伍中出现了"夜半钟声到客船"的作者,人们也不会把"落榜"看作一件很荣耀的事。不过，在今天你的名字如果真的出现在落榜者中间，那也不必觉得自己到了世界末日，就是不能像张继那样名垂后世，也不至于从此就江河日下，日暮途穷，榜上无名，脚下有路，这路必须你自己走呵？

作家谈读书

我一直主张无功利阅读。现在的读书氛围已经被功利之心彻底污染：为考试而读书；为评职称而读书；为出国而读书……这种阅读带来的常常是对书和阅读的厌倦。选择自己喜欢的，选择能够开启智慧天窗的，选择能够安抚平静自己心灵的，选择能够让自己感到幸福的，以自己喜欢的方式阅读，这样的阅读才能成为一个人精神生命的呼吸，才能成为一种生活方式。

——《中国教育报》2008.3.1.

悟性是魂

韦　群

青年书法家桂国强初学隶书时，其师翁闿运指令要他临帖1000遍，结果桂国强临摹一遍，自觉满意，便面师请教。翁老师见一幅骨挺字秀的隶书展现于眼前，询问学生临摹多少遍。桂国强恐怕老师责其不听话，谎称写了100遍。翁老先生点头称赞学生，临帖百遍竟能书此隶书，实在聪明。其实桂国强的方法是，不先急于临帖，而是把功夫花在读帖上面，细嚼慢咽，得其要领，窥其精髓，烂熟于心，挥笔而就。桂国强学隶书的成功，靠的是一种富有深层内涵的悟性。

悟性这东西太厉害了，她是一种高智能的理解力，是一种智慧型的穿透力，又是一种具有强磁效应的吸附力。天下公开的兵书何其多，但能成为常胜将军的有几人；古往今来，泼墨挥毫者不计其数，但能步入艺坛，独树一帜的只是凤毛鳞角；艾柯克，松下幸之助这些大师们的经营管理秘诀的著作早已公布于世，但万千经营者，有多少能成为游刃有余，独辟蹊径的企业家。成功的要素是诸多方面的，但是，对于学习，借鉴、领会前人经验，而能获得长进或成功的，恐怕悟性是起了关键性也是吊魂勾神作用的。

悟性是一种醒悟点，觉悟点，看似神奇，其力无比，真乃“心有灵犀一点通”。但是，要获得某种悟性却也并非登天之难，只需花费一番功夫，悟性就可能在你脑际中闪现、升腾。

要使自己的大脑始终作为一种开放的体系。世界是多彩的，生活是美好的，自我封闭是可悲的，要使自己的思维经常处于一种积极运转的状况，以敏锐的观察力、分辨力去处理各类稍纵即逝的信息，去吸纳那些有价值的思想、见解、主张，去捕捉那些貌似平常，却能昭示事物本质或规律的社会现象和自然现象。信息量的剧增，预示着悟性的到来。思维的亢奋状态及快速动作过程是醒悟点的催生婆。地球引力的发现、蒸汽机的发明，张旭狂草书法的成功，无一不是由于这些科学、艺术大师们的大脑体系经常处于最大限度的开放度的结果。

深入一步，再想一层。一位哲人说，读书要看到书的背后的东西。这就要求我们：要保持思维的锐气和穿透力。读书，听话，科研之大忌就在于浅尝辄止。水位涨到岸坝，登山邻近峰巅，对文章的谋篇布局已近成熟，量的逐步积累，事物已到了99度+1度的程度，这里，需要的是再往前跨出一步，一纸捶破，灵气溢出，顿悟即现。真所谓："寂然凝虑，思接千载，悄焉动容，视通万里。"在某列火车上有一对夫妇，妻子高，丈夫矮，恩爱异常。同车乘客皆持好奇心，具有特殊观察力与灵性的作家感慨之余，让思维的触角继续延伸、发展下去。随后创作了著名小说《高女人和她的矮丈夫》。（著名作家冯骥才有小说《高女人和她的矮丈夫》——编者注）

要善于把复杂的事情简单化。计算机可将世界上最难解的数学题，分解成0、1，然后按程序进行高速运算，求得答案。这足以证明复杂的事物可以简单化。但是，面对林林总总的大千世界，处在矛盾错综复杂的日常生活和工作之中，很容易使人脑中茫茫一片，拎不出要点，看不透底蕴，"剪不断，理还乱"。而悟性是个闪光点，如云淡风清之夜的天际一颗急速流逝的星点。这就要善于从纷繁杂乱的现象中理出头绪来，从无序中找出有序。要深入到事物中去，把大部件拆散成一个个各自独立的零部件，逐一加以观察、分析，弄清每一部件的构架和特征，然后综合起来，从整体、客观上加以思考，抽象出某种精神，原则，用通俗简练的语言或形象方式表现出来。

要有生活积累，厚积而薄发。没有对30年代十里洋场中的各色人物的近乎一年的观察、体验，就不可能有文学巨著《子夜》的问世；没有十上黄山的丰富阅历，也难以创作出成批的悲凉坚挺、繁枝茂叶的黄山松涛图；没有数十载的企业管理的经历，很难想象企业家黄关从能在短短几年中连创三个大企业转制的成功业绩。生活是宽厚敦实的大地，顿悟是落地萌发的种子；生活是正在火与锤铸炼中的坚硬的优质铁条，悟性是经过千锤与万炼的铁条突变成锋光逼人的倚天长剑的一瞬间。对于悟性来说，缺少生活实践，缺少人世阅历，犹如无本之木，无源之水。因此，积累生活，从丰富而艰难的，和谐而冲撞着的，愉悦而痛苦的生活中去逐步体验，感觉那种近乎神秘，然而又十分简单的人生哲理，是多么的重要。

简评：我们都知道成功是99%的汗水加上1%的灵感，这1%的灵感大概可比悟性。悟性不是遥不可及的星空，它是一种具有强磁效应的智慧与灵气。“生活是宽厚敦实的大地，顿悟是落地萌发的种子；生活正是在火与锤铸炼中的坚硬的优质铁条，悟性是经过千锤与百炼的铁条突变成锋光逼人的倚天长剑的一瞬间”。没有汗水灵感源自何方？所以先哲有言：这1%的灵感比99%的汗水更为重要。在文章文采斐然，佳句迭现的背后，我们应该有所悟。

作家谈读书

嗜好的读书，宜由自己泛览，自己抉择，将书上得来的一切，经过自己的思索，要如王阳明所说：“反心不安，虽言出孔子，未敢以为是。”要勿犯德国哲学家索宾霍尔所说“脑子里给别人跑马”，然后去和实社会接触，使所读的书得到体验。

——许寿裳：《青年期的读书》，1937年.

名牌的话题

叶芝余

报刊上,“名牌”成了热门话题。

有说振兴经济就要振兴名牌的;有说振兴名牌就能激发爱国主义的;有说要保护名牌的;有说名牌就是市场的;也有说要警惕合资吞噬中国名牌的……

议论蜂起,不是坏事。它至少表明,经济发展到今天,人们已不再满足于中国生产了什么或能生产什么,而且关心中国的产品有多少是真正的名牌,足以自立于世界产品之林略无愧色。这标志着中国人名牌意识的觉醒。

不能说中国人过去毫无名牌意识。“酒好不怕巷子深”就可以说是名牌意识初始阶段的一种表述。然而,在信息闭塞、交通不便、市场分割、生产规模狭小的时代,这种初始的名牌意识与当代名牌意识不可同日而语。

当代名牌意识是在世界成为一个统一的市场、经济竞争日趋激化的情况下形成的。名牌,既是竞争的产物,又是竞争的手段。经济竞争体现为产品竞争、市场竞争。要巩固已有的市场份额,要占有更多的市场份额,就要有过得硬的名牌产品。中国出口的产品不少,但许多产品几乎成了廉价品的同义词,而中国的国内市场也愈来愈多地被国外名牌产品挤占。这表明中国还缺少消费者公认的名牌。感受到竞争的压力,油然而生紧迫感、危机感,这就是名牌一时成为热门话题的背景。

名牌的产生,是企业综合实力的表现。企业的科技水平、设计水平、工艺水平、管理水平、营销水平都物化于名牌商品之中。因此,创名牌就要在提高企业的综合实力上下工夫。铺天盖地的广告固然可以制造一时的虚名,却不能确立商品的名牌地位。广告有用,但亦有限。肥皂泡式的“名牌”,膨胀得快,破灭得也快。这在经济竞争中不乏前车之鉴。

如果可以把企业的综合实力比作内功,把广告推销比作外功,那么,名牌的创造必须内外兼修。中国的产品因外功欠佳而未成名牌的固然有,但更为普遍的还是内功未到火候。

不知是出于怀旧心理,还是想借助于旧有的名声,人们一提名牌就想到了

"老字号"。"老字号"曾经是响亮的名牌，在消费者中有过较大的号召力。但老并不等于好。过去好也不等于现在好。"老字号"的衰落，大抵是因为不能与时俱进。技术在发展、观念在更新，消费者的嗜好在改变，墨守成规、以不变应万变者，必遭淘汰。无论是创造新名牌或是恢复老名牌，都要立足于今天——今天的科技水平，今天的消费观念，适乎时代潮流，合于人群需要，也就是推陈出新。中国的豆腐，世界第一。前些年说要引进国外生产线还有人以为是笑谈，但这笑谈今天已成事实。中国的丝绸，世界第一。但若不学习人家的先进技术，已很难独占鳌头。中国是自行车王国，但在中国的国内市场上，原有的名牌已被引进的新品牌挤得难以立足。数十年一贯制的中国名牌，如不能与时俱进，很难不在激烈的竞争中被吞噬、被淘汰。

有人提出"保护自己的名牌"。那用心是不错的。中国人应当爱护自己的名牌产品。但如何保护，则要推敲。如果所谓"保护"是指给生产名牌的企业创造一个完善的、良好的经济环境，使它们能在平等的条件下参与竞争，在竞争中发展、壮大，那是完全应该的。如果所谓"保护"，是用行政手段排斥对手，使其处于无竞争的环境中以保住"名牌"，那只会养成企业的依赖心，如某些地方保护主义的做法，是不足取的。"关起门来称大王"，总有一天会王冠落地的。

以运动竞技为例。中国女排曾以五连冠的纪录称雄于世，当然是响当当的名牌。然而一旦实力下降，名牌也便失落。中国女排只有靠实力地位的提高才能再创辉煌。从本届奥运会的比赛中，可以看到她们为恢复名牌所作的艰苦努力。企业界应当从中学到：以综合实力的提高来创造名牌，以综合实力地位的保持来保护名牌。

有人抱怨中国人不买中国货。诚然，中国人应当喜欢中国货，但他也可以喜欢外国货，不能轻易地与爱国不爱国联系起来。我们的政策是开放的政策，我们的经济是开放的经济。在开放的条件下，中国货只有比人家更新、更强、更好，才能自立于世界产品之林。不能指望用抵制洋货的办法来保护国货。这便正如不能用召开没有外国运动员参加的运动会来增加中国的金牌一样。

确有盲目迷信洋货而轻视国货的现象。但纠正的办法只能依靠建立国货在市场上的信誉。一家企业曾作出这样的许诺：同样的质量，价格更低；同样的价格，质量更高。诚能如是，谁不愿意购买他们的产品呢？

“合资吞噬了中国的名牌”。这又是一种议论。对此,要作分析,不能一概而论。在经济发展的过程中,一些品牌消失了,一些品牌创立了,一些品牌落伍了,一些品牌更强了,这都是正常的现象。当然,外国企业凭借其雄厚的资本和技术优势来争夺中国市场,也是一个值得重视的问题。有人曾用引狼入室以增强鹿的素质的故事来证明开放的必要,但我们也要防止鹿被狼吃光。这就存在着一个如何扶持我们的优秀企业和优势产业,使其增强竞争实力的问题。这里,宏观调控特别重要,要有一个总体发展战略,放弃什么,力保什么,如何保。这方面,韩国发展汽车工业的经验可以借鉴。

名牌话题,是一个重要的话题。中国经济发展到今天,应当致力于创立自己的名牌,发展壮大自己的名牌。这是争夺市场的需要,也是发展经济的需要。

简评:有人说,名牌是市场之生命;有人说,名牌是经济之源泉;也有人说名牌是人生风采之装点,一种名牌,万千气象!生活中我们每一个人直接或间接都会和名牌有着千丝万缕的关系。我们在关注名牌的同时,从商业意识到经济规律,到价值取向,恐怕也会生出许多无奈。

茶思啜香

石　头

神通八极的是酒，思联四方的是茶。黄浦江的潮水起起落落，申城的月色或明或暗。

古人道：好酒的可作侠客，爱茶的方为隐士。

古之为士，或相忘于江湖，或济世于庙堂，现在不行了。有时，心头一暗，就抛却了雄心大志，找一家茶馆，饮茶去了。

沪上的茶坊层出不穷，新有红茶坊，是台湾商人的创意；旧有城隍庙湖心亭，是本世纪初就存在着的老式茶馆；最便宜的便是几乎找不到了的老虎灶茶铺。

一

湖心亭的茶，像是耄耋老人宽厚的面容，深深地吸引我很久。

本世纪初王韬在《蘅华馆日记》等笔记中写到当时豫园一带茶市的风光："园中茗肆十余所，莲子碧螺，芬芳欲醉，夏日卓午，饮者杂沓。"时序更迭，老式茶楼或改建，或功能转移，只有湖心亭硕果仅存了。

湖心亭落成于清乾隆四十九年（公元1784年），原为四个经营青蓝大布的商人集资建成，用于同行实业家议事之用，有点像现在的俱乐部。但到咸丰五年，因青蓝布业受到洋布的巨大冲击，日趋凋敝，这样俱乐部也不得不迁出办公，湖心亭就改做茶楼。

如今湖心亭经过多次修缮，整旧如新，焕发青春，成了游人小憩观景的最佳场所。依然是民族风格，厅堂内置放着红木家具，采自宜兴陶都的紫砂茶具不一而足。时有丝弦爱好者前来自娱自乐，使品茗的游人在满室馥郁的茶香中又能静听到犹如淙淙流水般的乐声，从而进入物我两忘的境界。湖心亭为普通老百姓着想，每天清晨开张，每位茶资才一元五角。不少老人就揣着两枚油酥饼进来泡一壶茶，畅所欲言，朝霞将他们脸上的皱纹熨得十分平服。

上午九点钟以后，茶客逐渐多起来，湖心亭为他们准备了精美的茶食，有茶叶鹌鹑蛋、白汁豆腐干、金腿粽子、北京蜜饯等，滋味十足。

由于湖心亭有点像民俗博物馆，不少文人和政要也经常光顾。1986年英国女王伊丽莎白畅游老城隍庙就到湖心亭小坐，品香茗、尝美点、听丝弦，领略了一番十足的东方情调，茶毕后还特地向表演笛子演奏的陆春龄赠送了一支袖珍的银笛，脱了手套跟他握手，这可是极高的礼遇了。直至今天，湖心亭服务员还在津津有味地争论当时女王是否情不自禁地吃下了由绿波廊送来的船点中的一对小白兔。

湖心亭有一张凳子，大约有十多位外国政要坐过，现在就平平常常地放在湖心亭里，谁都可以坐，这样很好，老百姓也可以坐在那里喝茶，这种看上去不懂生意经的做法其实是很有民主精神的，也真正体现了茶的高贵品质。

不过，湖心亭的绿茶很好，但乌龙茶略差一点。服务小姐心一急，注了第一道水马上就洗杯，其实应该至少闷上半分钟的。至于茶资，一杯龙井35元，一壶乌龙40元，配以几碟茶食，自然是不能指望吃得尽兴。所以，老茶客们都喜欢聚在一楼，喝着比较大众的茶，让老外们上二楼吧，他们用心不在茶，在于领略风情，多收他们几只角子一点也不必谦虚。

我在湖心亭的二楼招待过远来的客人。有从青藏高原上下来的中年作家，还有早年失去父亲的女大学生。女孩子很爱湖心亭，她说："我宁愿这个城市荒凉，也不愿她肮脏。"

我无言以对。

茶一直喝到深夜。黄浦江上的轮船汽笛阵阵。在纯洁与决绝并存的极端之中，我只能吟唱：

> 黄浦江的汽笛声声，
> 徘徊的是午夜的人。

那一晚，我们走在昏黄的路灯下，形神的凝聚，全在于那一杯清茶。

二

老虎灶，是用旧式自来水管连接在锅灶上的煮水装置。由于以前是用煤球、煤饼生火，耗煤量极大，形如老虎开口食肉，故称老虎灶。

以前，常有老虎灶老板在门前摆上一张八仙桌，招揽客人。

现在，最后一个老虎灶消失的消息见诸报端，不知老茶客们心头的涟漪泛起几许？

但是，我还算幸运，在古北支路苏州河的边上，找到了一家老虎灶。

喝茶的客人有老人，也有中年男人，有的是下岗职工，到这里打几圈麻将，以祛郁闷。

我则捧着一本周作人译的《如梦记》，感念着素朴的文字。

有时，我会想起一位中年作家的故事。他说："二十多年前，我曾经在郊县一个农村学农，有一次跟房东老爹到小镇办点事，出门前，老爹从米缸里抓了一把米，双手捧着走了两里路，到了镇上先找到桥堍一家老虎灶茶馆，把米交给掌柜的过秤，然后拉我去办事。办完事，又回到茶馆喝茶，这时我才明白刚才那把米算是顶了茶资。那天，我们一老一少喝了一壶茶，酽酽的，听了老乡们说的故事，怪怪的。晚霞满天时才回家，走在飘着牛粪气息的田埂边，心里有说不出的激动。现在，能喝到这样的茶吗？"

在老虎灶的古旧窗棂下，我深深地爱着在苦难中祈祷，在困顿中闲适的生活感受。

三

在上海这个现代化步履匆匆的城市里，豪华的广厦商城如雨后春笋般地耸起，在商品经济的大潮冲击下，那种富有人情味的茶馆如一片烂木头，永远地搁在海滩上了。取而代之的是新式茶馆的崛起，他的功能已经从休息聊天的本位功能渐渐移向公关性酬酢，对于老茶客而言，进入新式茶艺馆，就如刘姥姥进入了大观园。门口伫立着身材修长面容姣好的应接小姐，一袭丝绸旗袍勾勒出了美丽曲线，那微笑更是一般高消费场所常见的职业符号，已将旧时茶馆的市俗气息不容商量地挡在门外。客厅内的陈设呢，墙上往往挂满了名人的应景之作，墙角处供奉着福禄寿三星，一炷线香正袅袅地冒着祥和的青烟，一堵博古架上陈列着景德镇的瓷器和宜兴的紫砂壶，倒也相宜，只是做工并不见好，价钱却昂贵得不敢请小姐拿下来看仔细。厅堂里的大理石拼出花哨的图案，柱子也做成了树干状，大厅里散置着十几套茶桌，都是漆成墨绿色的藤制品。细一打听，这是从马来西亚进口的，一套茶桌五千元以上，让平民出身的人们有点不敢坐上去。

喝茶本是品茗交心，洗神护念的人群艺术。这样的茶艺，斥穷人、苦人于门外，又有几分民间精神呢?形式再优美，人心却冷下去了。

幸好泡沫红茶坊又冒出来了，仅在被房地产商称做高尚地段的衡山路一带就有好几家：寒舍泡沫红茶坊、耕读园书香坊、红蕃啤酒城等，似乎就要形成上海"泡沫红茶一条街"了。

泡沫红茶是用调酒器炮制的。特性是可浓可淡，浓者口感强烈，淡者回味隽永，而且可以与不同材料混合调味，如茉莉花香、柠檬、桂圆、苹果，变化多端。那些年轻的朋友也都颇为爱好。

喝吧，不能指望再有唐宋的银铫煮水、锡壶注茶，或者明清的紫壶散泡，至于古诗中的"煮白石，泛绿云，一瓢细酌邀桐君"，那是我梦里都不太会有的事了。

所以，每每回到陋居，细啜起自己屋中的茶壶清汤，寂寞是原来的事相。

茶香无边，清芬是来自阳光雨露。

简评：茶坊的兴起，是上海商业的一大特色。借茶坊一角，偕亲朋好友，啜香品味，坐上几小时，海阔天空聊事谈心，实为休闲中的一大乐事，城隍庙湖心亭的茶室，早已名闻遐迩，老百姓常来，政要名流也在此留下了足印。茶坊里的老虎灶现已功成身退，但上海对它情有独钟。老茶客大可不必过分沮丧，社会的发展和进步，有时候是要以部分的消失为代价的。其实，作为抹不断、挥不去的记忆，老虎灶又岂只仅留在上海人的记忆中。

听雨看云

印永清

讲中西文化比较，多高头讲章。倘若不是坐而论道，只是闲侃一二，似也有些意思。中国人喜欢听雨，卅多年前我去苏州，就有人带我去某园看“听雨阁”，说是坐在阁里，听雨落荷叶，其声妙，其情远。可惜我那时正当青年，不能领会听雨背后的文化。后来看了清人邓辅纶的《听雨轩坐秋》诗，云，“阴连荷气润，梦坠叶声凉”，才有那么一点郁郁的情意。

其实中国人很早就喜雨，《诗经》中就有“风雨凄凄，鸡鸣喈喈；风雨潇潇，鸡鸣胶胶”。以后历代多有写雨佳句，如晋傅玄的“霖雨如到井”，南朝谢朓的“朔风吹飞雨”。杜甫更是写雨的高手，一句“好雨知时节”百年读不厌。其实他的“小雨晨光内，初来叶上闻”更是精致。宋人写雨，好把生活中的无限情趣，化作丝丝的雨意，淌进读者的心坎。如韩琦的“洗干春色无多润，染尽花光不见痕”；如苏轼“急雨潇潇作晚凉，卧闻榕叶响长廊”。东坡写雨落榕叶确实是美，不过唐人写听雨似也不在宋人之下，如李端“闻君次夜东林宿，听得荷池几番声”，元稹“曾问西江船上宿，惯闻寒夜滴篷声”等等，都有一种中国文化独特的意境，得慢慢意会。在中国，岂止诗人爱听雨，广东不是有《雨打芭蕉》的美乐么?吴门画家沈周还有《西山观雨阁》，元人倪瓒有《雨后空林》，都是情趣万千，难以言尽。而西方人呢……

西方人喜欢看云。俄国诗人莱蒙托夫有一首《云》诗，赋予云很强的人性。诗中云：“天空的行云啊，永恒的流浪者!”莱蒙托夫不是以闲适的心情看云，就如同岳飞一样，也会唱出“潇潇雨歇”的满腔悲愤。据说莱蒙托夫朗诵完这首《云》诗，热泪盈眶。英国诗人雪莱也有一首《云》诗，有人说这首诗是他在泰晤士河上泛舟时，坐看云起，而以云自喻，用第一人称写的：“我是大地和水的女儿，也是天空的养子，我往来于海洋，陆地的一切空隙，我变化，但是不死……”诗中的云，就像一个活泼的青年，自由舒展，变幻无穷。

除了诗，西方的艺术家也爱画云。如巴洛克时期西班牙画家葛雷柯的名作《托利多风景》，将画面的三分之一多画上了层次丰满的云，浓云白光，震撼人心!法国画家米勒的《牧羊女》,《祈祷》,以黄昏瑰丽的云霞为背景,深邃浑远,衬托出乡野宁静而神秘的景色,勾勒出人物特定的心理,有巨大的艺术感染力。

但我想中国爱雨的程度胜过了西人的爱云,中国人也爱云,但仅将云作为雨的一种衬托,而突出雨。如梁代朱超"落照依山尽,浮云带雨来",唐杜审言"日气含残雨,云阴送晚雷";如白居易"拂波云色重,洒叶雨声繁";如孟郊"朝见一片云,暮成千里雨";如王安石"钟山未放朝云散,奈此黄梅细雨何"。不是主次分明么。

西方人有时赋于云一种浓烈的人文气氛,甚至孕育重大变革,中国人对雨也有些描述,梁启超"一雨纵横亘二洲,浪淘天地入东流。"毛泽东的"大雨落幽燕"等,不都有一种革命的气度,磅礴的气势吗?

中国人爱雨,有一种地理的背景,如干旱了,就拜佛求雨。而在南方则多雨,有一种听雨的氛围。雨已经融化在中国人生活之中,如建筑上的听雨阁、观雨轩、甚至取名号也带个雨字,如《红楼梦》中的雨村,近代学者雨僧(吴宓)等等。

简评:中国人爱雨,西方人喜云,各个民族似乎有着不同的人文背景与意识。雨是云孕育而成的,是云的精灵。但雨还有一种远胜过云的意境,那就是雨的降落是一次欢快的大自然的奏鸣曲,随着雷声的响起,伴着微风,雨点簌簌地撞击着田地。有诗,也有情。

缤纷络绎锦绣有章——余光中文体论

伍立杨

余光中先生曾在《逍遥游后记》中说他真想在中国文字的风火炉中炼出一颗丹来。此语既出，作品随之。音声异采，照人心眼。余光中的作品，不独散文、诗歌、举凡随笔、译文、评论，皆可作为独立自足的文学文本，供人品藻，百读不厌。余光中把似可通灵的中国文字抻长、锤扁、浓缩、扩展，忽长驱，忽收拢，前后左右，纵横捭阖，而无不得心应手，移步生莲，绝无捉襟见肘的窘态。这样做，为的是“试验中国文字的速度、密度和弹性。”进而造成一种变化万殊的句法，句式游云惊龙，句意奥博纵横，隐显不可方物，其浩荡如万壑松涛之鸣，其衍变如高峰山雾之幻，他的宏深磊落不羁之才，足可睥睨当世。

余光中先生毕业于人文荟萃的台湾大学的中文系，在美国精研西洋文学多年（其间教书授课四年），其外国文学素养之深湛，自不待言，而他自幼积累起来的中国古典文学造诣，又作为一种“早先经验”，喷涌而出。东西方两种文化学殖在他丰富的艺术库存中融汇贯通，连类互印，发而为文，功候内藏，回音强劲，纵的承继与横的移植恰到好处，绝无古董家的沾沾自喜和假洋人的虚无消极。

柯灵先生，1981年在香港大学的一次现代文学研讨会上，得识晚他一辈的余光中，为之佩服心折，接触余光中的作品，余光中的文章，确乎每一篇都有自己独特的意蕴，意境，面貌和个性。柯灵先生尝谓余光中的句法：“句子的结构灵活多变，短句短到点点滴滴，一字一句，三字二字一句，长句像连绵不断的雨脚，杂以流动自然的少量韵语段落，方块字的形象性和平仄声，神而化之，声色光影，纵横交织而成，这在五四以来的散文领域中算得别辟一境。”实为剀切中理的见道之论。

近世之谈艺者尝以内容、形式二者互为水火，割裂文字与思想。实则在文章中，语汇往往就是思想，语汇与思想内容，如鱼水相依，如血肉相连，合则双美、离则两伤。苏东坡文章意味深长，表情达意一如意中所欲出，乃因其藻思，学养，以及如源涌出的清词丽句融盐于水，味道深郁。鲁迅尝于《坟》的后记中说他因为读过许多旧书，耳濡目染，影响他的白话作品，“常不免流露出它的字句，体格来。”文言旧词的调整、化用借鉴，正是使文章文采郁郁，耐人咀嚼的一个重要因素。余光中的作品能在五四以来的文字中独辟一境，此类细微之处正不可忽视。五四前后的白话文学，因为转型的急湍，在转折和过渡的时期，用语往往猥杂生硬，缺乏洗炼、更有种种缠杂不通之处，即在文章大家，也多所难免。而文章到了余光中手上，语已无所谓俗雅，文字无所谓新旧，他以调和鼎鼐的妙手奇想，铸就了深郁宏越的和谐，虽然来得那样陡劲，却又万般的稳当。

“而且静。海拔七千英尺以上的那样的，万籁沉淀到底，阒寂的隔音。值得歌颂的，听觉上全然透明的灵境。森林自由自在地行着深呼吸。柏子闲闲落在地上。绿鸠自管自地吟啸。所以耳神经啊，你就像琴弦那样松一松吧，今天轮到你休假。”(《山盟》)

“一过米苏里河，内布拉斯卡摊开它全部的浩瀚，向你，坦坦荡荡的大平原，至阔，至远。永不收卷的一幅地图，噫啊西部。”

“芝加哥在背后，矮下去，摩天楼群在背后。七月，这是，太阳打锣太阳擂鼓的七月。草色呐喊连绵的鲜碧，从此地到落矶山那边。”“因为这是落矶大山，最最有名的岩石集团。群峰横行，挤成千排交错的狼牙，咬缺八九州的蓝天。郁郁垒垒，千百兆吨的花岗岩片麻岩，自阿拉斯加自加拿大西境滚滚碾来，龙脉参差，自冰河朝自火山的记忆碾来，有一双手说，好吧，就在此地，于是就劈出科罗拉多州，削成大半个西部。”(《咦呵西部》)

这真可以说是实大声宏，气色苍浑。实在又于其中洋溢缱绻悱恻和骁腾骠悍。既有雅丽的古典情怀，又有陡劲的现代风调，语言经过了智慧的心眼拉长，压缩，拆开并拢，拆来迭去，变得质实丽靡，而具有无尽的表现力。中文之有无限内涵，乃因历代杰出作家赋其新境，在余光中这里，他实验新的组合，增强中文的弹性和密度，创造了一种得心应手的言语，给中文添了一种全新的机能。

全新的言语铸就全新的文体，而在词汇，藻思与文体之间，则是全新的句法。余光中是大诗人，他的文章句法，恰到好处地化用了诗的音韵，重重叠叠的叠字叠句，方块字的形象性和平仄声，融化在蛇行明灭的句法中，造成一个复合多义的整体，此种句法，略似战术上的“三层火网，子母连环，上下掩护，内外策应。”又略似书法上的“上波郁拂，微势缥缈”和“纤波浓点，错落其间”。清代吴见思《史记论文·封禅书论》：“文章一笔之中，多具四面，一句之内，必分数层，所谓横看成岭侧成峰也。”诗、书、画、兵法，有同理焉。余光中先生的随笔、文论、散文等诸文类，灿若天文之布曜，蔚若锦绣之有章，缤纷络绎，纷华璀璨，揉以炉火纯青的比喻，逼人心眼的妙趣、妙语、妙解，使我们不禁为这种全然是自家面目的文体栩然而醉。

简评：台湾作家余光中的散文在大陆广有读者，他热爱中国传统文化，热爱中国。他说，“蓝墨水的上游是汨罗江。”“我的血系中有一条黄河的支流。”有人说，他呼吸在当今，却已走进了历史，他的名字已经写进中国新文学史册。散文家柯灵特别指出余光中的句子结构的灵活多变，“在五四以来的散文领域中算得别辟一境”。读余光中的散文是一种艺术享受。本文在介绍余光中新颖别致的文体时，也注意到了评论文章语句的精练和句子的修辞，所以其本身也是一篇特色鲜明的美文。

作家谈读书

中学生应具的国文程度：他能从文字上理解他人的思想感情，用文字发表自己的思想感情，而且能不至于十分理解错，发表错。

——夏丏尊：《国文科课外应读些什么》，1932.11.

圆的魅力

邓高如

创世者，莫非你偏心？造物主，莫非你徇情？为何在缔造世间万物时偏就钟爱“圆”的模样？

举目观苍穹，上天是圆的；俯以察地理，地球是圆的；借助紫金山天文望远镜，欲穷千里目，放眼望宇宙：太阳、月亮、“牛郎”、“织女”、北斗、南极，一切天球地体，莫不是圆的！

回首看舍间，不少物什也呈圆形。案上的电灯、笔筒是圆的；筐里的鸡蛋、苹果是圆的；缸里的豆米芝麻是圆的；还有阳台上那盆含苞待放的栀子花，也微张花瓣奋力向圆发展哩！

不禁哑然失笑。

某人个子不高，却头圆肚圆，本是窈窕淑女不屑一顾的人物。然则一次郊游，田坎上几个村姑，嫂子窃窃夸赞：“圆的，大官！”此人惭愧之余近前盘问，一嫂子喜眉笑眼道来：“不是大官，也是像官。看你头圆、肚圆，一脸官相，还不像官？”真令人忍俊不禁：“圆，真有魅力啊！”

发生在身边的这件小事，却使我潜心观察起圆的艺术，萌发了研究“圆文化”的念头。

去问生物学家。他说：圆是生物选择、进化、生存的需要和结果。目前自然界绝大多数微生物如细胞、细菌之类都是圆的。可是很早很早以前，也多有条形的、方形的或者不规则形的。但经不住物质的摩擦、地体的引力，同类的相撞、打磨，久而久之，削其棱角，变成圆形、椭圆形、流线形了。放大到动物界说，你看水中的蝌蚪出世之初，拖着长长的尾巴，一摇三摆，形态可爱，曾几何时，尾巴脱光，变成圆乎乎的了！

去问物理学家。他说：自然界多数物体呈圆形，是力的“作用图”。车轮呈圆形便于滚动；苹果呈圆形，减少脱落；弹指即破的气球呈圆形，同样是要最大限度地减轻地球的引力，增大对外界的抗力，方能“好风凭借力，送我上青云”！

再去问工程技术人员，回答更使人茅塞顿开：物体多呈圆形，主要是为了实用需要。因为一切形态中圆形容积最大,肚量最宽,用材料最少。他说数学家早已测出,一立方体的表面积要比一个容积相同的球体表面积多用24%的材料!难怪肚圆头圆者,穿衣用料却不比瘦高条多出什么!

问学归来,不亦乐乎,我倒头便睡,以解连日奔波之疲劳。“月朦胧,鸟朦龙”,朦朦胧胧见周公时,“哎哟”一声我醒了。原来翻身时碰着了别在床头上的绣花针。负痛之人,再难成眠,索性再想开去。由眼前的绣花针想到老奶奶做鞋使用的锥子,头圆了要磨光;石匠开山凿石用的凿子,用秃了要打尖;石油工人钻石油用的钻头钝了,可否也要换尖的呢?“青竹蛇儿嘴,黄蜂尾上针”,莫不保持其锋利。“尖”能穿云裂石,“锋”能所向披靡,“针”能灸病医疾。看来,自然界、人类社会在有“圆”之时,又实不可少了“尖”、“锋”二事。

由尖又想到方。文人学士的爱物——砚台、书报、纸张是方的;戏剧中帝王将相迈步是方的;追述古往,官印玉玺一概是方的;当今流行的货币虽然叫“圆”,当初也曾“外圆内方”,誉之为“孔方兄”。由此得知,“方”也有过辉煌的历史!这才是“横看成岭侧成峰,远近高低皆不同”哟!

于是我斗胆说出:大千世界,应是“圆、尖、方”并存;人类社会,必然“麻、辣、烫”俱有。如果硬要问我爱哪头?我说:圆有圆的伶俐,尖有尖的锋芒,方有方的风范……

简评:圆的魅力实在大得很,不过,大千世界又岂是圆之一家天下。正如同中国人喜欢善于变通的人,也欣赏坚持原则的人,“外圆内方”的古钱币恰好可以象征中国人的理想人格——外柔内刚。古人说:可爱者不必可敬,可畏者不复可亲,非致之难,兼之实难也。但是如能做到“春华秋实,既温且肃。金和玉节,能润而坚”,就令人:爱之,旋复敬之;畏之,亦复亲之。所以,“圆有圆的伶俐,尖有尖的锋芒,方有方的风范”。托物言志,是有几分道理的。

西北汉子

畅 岸

大动荡的洪荒时代，印度半岛漂移在和西北与欧亚板块碰撞的阵痛中，山与火的狂欢热恋里，天咆哮、地颤栗，喜马拉雅山拔地而起的瞬间，阳性遗传因子肩负着历史的重托，孕育了西北汉子的风骨。

在人猿相揖别的蓝田山洞，就是他们——西北汉子的先祖向着太阳直起腰杆。用烈火焚烧了荒蛮的岁月，用几片磨过的石块打碎了天地间冷寂，顶天立地地站在黄土高原上，在混沌的天地扉页间写了个人字。

就是他，姬水之滨一个叫轩辕的西北汉子，审时度势带领强悍的西北兄弟擒蚩尤、征邪恶，平息战乱统一了天下，铸就了炎黄民族之魂。

继轩辕之后还有公刘、姬昌、姬发、姜尚、姬旦、嬴政等等一行行西北汉子。他们呼风唤雨、扭转乾坤、改造山河，在中华民族的发展史上，其功勋如日月经天辉煌灿烂。

更多的是那世世代代面向黄土背朝苍天耕耘着大西北的汉子。他们像茫茫戈壁的骆驼，漫漫的征途中他们驮着日月、驮着山河、驮着周秦汉唐宋元明清，也驮着共和国。他们不畏艰难，不畏酷暑严寒，一步一步地跋涉，在中华民族的长河里，把西北汉子的顽强、豪爽深深地写在苍凉的荒漠。他们一代一代地跋涉，一代一代地倒下，用生命和血肉肥沃着脚下的黄土，积淀着中华民族的古老文明。

有人说西北汉子像头黄牛。不错。一方水土养一方人物。西北汉子以高山为屋沟壑为邻，信步茫茫草原戈壁，饥食牛羊渴饮黄河。大西北的广袤、刚烈、峻峭、浑厚养育了西北汉子黄土地一样的坦荡和大度。雅士很难理解他们的胸怀，花前柳后的骚客也无法写出他们的风骨。他们是牛，忍耐是他们的天性，给予他们的事业。太史公司马迁就是一头忍辱负重的牛，他像故乡的黄土地一样，能忍能耐。遭受奇耻大辱之后，喉结蠕动了几下，全咽下去了。受宫刑后，他还是男人，还是铁骨铮铮的西北汉子。他把满腔爱和恨倾注在如椽的笔端，写出了“史家之绝唱、无韵之离骚”的惊世鸿著。

阿房宫、兴庆宫，秦砖汉瓦无一不渗透着西北汉子的血与汗。抗日战争、解放战争，谁知有多少西北汉子血洒黄土、为国捐躯。革命胜利后，他们又回到那块黄土地，守着那黑黑的窑洞，过着自己穷苦的光阴。他们那宽广大度的胸怀什么都生长，就是不生怨气。

西北汉子有牛一样的顽强和耐性，也有牛一样的脾气。在忍无可忍的时候，他们的脾气一旦发作也像他们的忍受一样惊人。李自成就是发了脾气的西北汉子，他一怒之下如火山爆发不可收拾。他伸手竖起造反的大旗，砸碎了明王朝大厦，历史的车轮就向前滚动了，在万众开门迎闯王的欢呼声里，他头戴斗笠，身穿皂衣，带西北高原的尘埃和刚烈威风凛凛地踏进了北京城。杨虎城也是一个发过怒的西北汉子。他一怒之下，就和张学良一起活捉了“皇上”。死，对西北汉子是不足畏的。割头不过是碗大的疤。出生入死那是几辈辈汉子们走过的熟路。李自成、杨虎城他们生为西北人，死亦为西北鬼。他们不知去照汗青，只求无愧于西北的土地。

西北汉子哭是哭笑是笑，藏是藏露是露。高原的太阳和西北风把他们雕琢得像沙漠胡杨一样铁黑。眼角、嘴角、鼻尖、耳轮的线条硬朗朗的像木刻像铁铸。他们很少言语。要说，就掷地有声说一不二；要笑，就放声大笑，笑得够味；要哭，就哭得淋漓尽致，哭得有力。他们不会中庸不会皮笑肉不笑更不会高技巧的犹抱琵琶半遮面。

安塞腰鼓就是西北汉子感情彻底释放的强音。苦也敲甜也敲，直至彻底的释放。雄浑宽厚的鼓声似飞流直下，似万马奔腾，在彻底的释放中追求真善美。它是高原的主旋律，是西北大地的脉气。

秦腔是吼出来的，底气不足不行。植根在高山厚土的西北汉子，大地就是他们的底气。喜怒哀乐时对着旷野吼几句秦腔，能兴奋也能消愁。秦腔的魂是军乐，是秦军灭六国统一天下的协奏曲。西北汉子吼秦腔，图的就是那地道的军味，那正宗的秦风。

西凤酒是辛辣的，没有烈性的肝胆是不能饮用的。西北风中长起的西北汉子，他们比西北风更刚烈。他们耐辛辣耐西凤酒，端着大碗痛饮，他们能从辛辣中嚼出甜美。从祖辈那里西北汉子就惯于吞咽辛辣和苦涩。西北的日月水土酿成的西凤酒，浓浓地溶着大西北的春秋，它辛辣带劲，西北汉子爱喝。

粗犷的西北汉子也有阴柔细腻的情怀。他们置秀美于阳刚之中，就如颜真卿柳公权的书法艺术一样。颜筋柳骨就是西北汉子筋与骨的形象化。它们不仅有筋骨之刚，也有血肉之丰满，其力、其秀、其美巧夺天工。细细品味，你一定会悟出那一点一画的运气走笔乃阴阳实虚之浑然天成。

西北汉子的爱藏得很深很深。就像陕北的油田气田，深深地潜埋在高山大川之下。没有发现和开采，它们默默地守到天荒地老。一旦有知情者发现，它就带着企盼、带着憧憬、带着炙人的热汹涌喷吐，以惊人的贮藏量和喷射力震动海内外，而且会永不休止地将光和热无私地奉献给开采者直到枯竭。貌似无情的西北汉子，一旦爱起来，用大山一样的双臂拥抱起妻子，除了幸福和甜蜜，那强烈的力量感、安全感、伟岸感只在西北汉子身上独有。

简评：本文与其说是在讴歌西北粗犷的汉子，不如说是在讴歌西北的地域文化，从人猿相揖别的蓝田山洞的蛮荒岁月，到抗日战争、解放战争血洒黄土地的革命英烈，这难道不是一部浓缩了的西部文化史？炎黄子孙的辉煌，原来在西部、黄河，我们的母亲河，千年流淌的是黄土地的歌。“九曲黄河万里沙，浪淘风簸自天涯”。时至今日，西部开发，追根溯源，不是完整意义上伟大的民族复兴么！

作家谈读书

最要紧的，阅读不是没事做闲消遣，无非要从他人的经验中取其正确无误的，于我有用的，借以扩充我的知识，加多我的经验，增强我的能力。就是读文艺作品如诗歌小说等，也不是没事做闲消遣。好的文艺作品中总含有一种人生见解和社会观察，这对于我的立身处世都有极大的关系。

——叶圣陶：《中学国文学习法》，原载《中学生手册》，开明书店，1948.7.

摩登新秀

刘心武

在日本访问，逛东京地下街时，我提出来要看看卖VCD光盘的商店，翻译小姐带我找来找去，只找到两家卖录像带和CD唱盘的店铺。当然，东京绝对有卖VCD光盘的商店，但是并非每条街上都有，这令我颇为吃惊。后来我进一步发现，日本的若干白领，甚或身份相当高的经理人员、大学教授、知名作家，他们的家里，并没有放映光盘的VCD机，还在耐心地用录放机放录像带看，并且，日本一般家庭所使用的电视机，还是21英寸、甚或更小尺寸的，拥有超大屏幕的并不多；至于配备得有“家庭影院”装置的，更是凤毛麟角。在风景名胜地，日本游客往往使用价值低廉的一次性带胶卷的相机拍照，倒是外国的游客，如我，不惮烦地携着重量不菲的“佳能”相机摇来晃去。

日本社会的普遍富裕，一目了然，尽管眼下经济不景气，满大街的人也穿着都很体面，就连偶尔看到的流浪汉，虽然鬓发蓬乱，脸色身躯却毫无营养不良的征兆。这样的社会，家里是不是拥有大屏幕彩电、“发烧”音响、VCD机等等，显然已并非标志富裕积蓄的符码，所以在使用这些东西方面，显得有些漫不经心。

从日本回来，再反观我们自己，则发现中国人的若干方面的讲究劲儿，在享受高科技新产品包括奢侈品的热情上，似乎已高过了他们。了解欧美社会的状况的朋友告诉我，国人的这种时髦风气也似乎超过了欧美，比如那边社会上，哪有那么多人消费XO级的高价酒，然而在中国，不仅大城市里很畅销，一些中小城市里也颇多嗜饮者。

中国是实实在在地富起来了。尽管富起来的还只是先富一步的少数人，但这部分人的绝对数字，搁到任何别的国家也都挺吓人的。当然中国还有个区域间贫富不均的问题。总的来说，富了是好事。中国人一度以是否拥有自行车、手表和缝纫机来作为家庭富裕程度的符码，现在这些东西的这种符码价值丧失殆尽，除非你拥有的是镶钻石的限量制作的劳力士手表；并且不少家庭已将缝纫机“驱逐出境”，因为根本不再穿补过的衣物，想穿什么拿钱去买就是，有些人更把缝纫机视为一种寒酸碍眼的东西。

不过中国人毕竟富得还不久，所以有点“烧包”，还是忍不住要追逐些新潮的玩意儿，在拥有某些东西的时候，心理需求还是超出了实际需要，比如总想比别人早一步置备大尺寸彩电，最好还是有“画中画”功能的；用上了“全球通”的“大哥大”，如是需要自己交费，其实连国内长途也舍不得打，但极乐于拿着它在街上打市内电话，尤其是在过马路时，或在百货公司的厅堂里大声通话。有的人把XO级的洋酒就着涮羊肉整瓶整瓶地喝，其实一点也品不出其妙处。

中国人曾把“现代”音译为“摩登”。中国早期左翼电影有《三个摩登女性》，名伶尚小云排演过《摩登佳女》，一来二去的，“摩登”一词在中国已与“新潮”、“时髦”相通，有个老外用中国话跟我说，他觉得现在中国“很摩登”，大城市里的某些景象与一些中国“选富者”的气派，“摩登”得超过了西方。我说，这该算“摩登新秀”吧。但我想起来，中国人也曾把卓别林一部电影译为《摩登时代》，那可是部充满辛辣讽刺的作品，愿全世界已富和想富的人都琢磨一下，该要什么样的“摩登”。

简评：中国社会按通行的说法，已进入了小康。日本人普遍富裕，但富得有些漫不经心。中国人也实实在在地富起来了，尽管先富起来的还是小部分人，但富起来后所面临的问题并不少，本文的作者在日本所遇到的事，能不叫人尴尬?洛克菲勒、福特，这些名闻世界的富翁，报纸的边缘还要裁下使用，子女哪怕用一分钱也必须学会记账，这是吝啬吗?不是。国人未富先阔的作派，说到底还是国民的素质问题。

温馨提示

为了提高读者的人文素养，我们选编了“五四”以来现当代经典作家的散文作品。这些作品穿越时空，历经岁月的打磨，散发出人性和美的光辉。我们与收入本书作品的作者进行了广泛的联系，得到了大力支持，非常感谢！有部分作者因地址不详尚未联系上，敬请诸位有著作权的作者联系我们。谨致谢忱！

联系人：安徽师范大学出版社办公室
邮　编：241002
电　话：0553-3883579